世界传世藏书

【图文珍藏版】

世界名人百传

王书利◉主编

线装书局

图书在版编目（ＣＩＰ）数据

世界名人百传：全6册 / 王书利主编. —— 北京：
线装书局, 2014.6
ISBN 978-7-5120-1395-7

Ⅰ.①世… Ⅱ.①王… Ⅲ.①名人 – 列传 – 世界
Ⅳ.①K811

中国版本图书馆CIP数据核字(2014)第087908号

世界名人百传

主　　编：王书利
责任编辑：高晓彬
装帧设计：博雅圣轩藏书馆　Boyashengxuan Cangshuguan
出版发行：线装书局
　　　　　地　址：北京市西城区鼓楼西大街41号（100009）
　　　　　电　话：010-64045283　64041012
　　　　　网　址：www.xzhbc.com
经　　销：新华书店
印　　制：北京德富泰印务有限公司
开　　本：787mm×1092mm　1/16
印　　张：168
彩　　插：8
字　　数：2040千字
版　　次：2014年6月第1版第1次印刷
印　　数：0001 – 3000套

定　　价：1580.00元（全六册）

新大陆的发现者——哥伦布

　　哥伦布（约1451～1506），意大利航海家，生于意大利热那亚，卒于西班牙巴利亚多利德，一生从事航海活动。先后移居葡萄牙和西班牙，相信大地球形说，认为从欧洲西航可达东方的印度和中国。在西班牙国王支持下，先后4次出海远航(1492～1493，1493～1496，1498～1500，1502～1504)，开辟了横渡大西洋到美洲的航路，先后到达巴哈马群岛、古巴、海地、多米尼加、特立尼达等岛，在帕里亚湾南岸首次登上美洲大陆；考察了中美洲洪都拉斯到达连湾2000多千米的海岸线，认识了巴拿马地峡，发现和利用了大西洋低纬度吹东风，较高纬度吹西风的风向变化，证明了大地球形说的正确性，促进了旧大陆与新大陆的联系，他误认为到达的新大陆是印度，并称当地人为印第安人。他留下的航海日记和信件，是研究航行美洲的重要史料。

美国开国元勋——华盛顿

　　乔治·华盛顿（1732年2月22日～1799年12月14日），美国首任总统，美国开国元勋，美国独立战争大陆军总司令。1789年成为美国第一任总统（其同时也成为全世界第一位以"总统"为称号的国家元首）。1787年，华盛顿主持了制宪会议。会议制定了现在的美国宪法；1789年，他经过全体选举团无异议的支持而成为美国第一任总统，他在两届的任期中设立了许多持续到今天的政策和传统，在他主导下发布的《独立宣言》是美国建国以来最重要的文件之一，在整个人类历史中也有着深远的影响，在两届任期结束后，他自愿放弃权力不再谋求续任。由于他扮演了美国独立战争和建国中最重要的角色，故被尊称为"美国国父"，学者们则将他和亚伯拉罕·林肯、富兰克林·罗斯福并列为美国历史上最伟大的总统。

征服欧洲的"军事巨人"——拿破仑

　　拿破仑(1804～1815)，法兰西帝国缔造者，卓越的军事家，野心勃勃的政治家。先后多次打垮了欧洲各个封建君主国组织的"反法同盟"，保卫了由法国资产阶级进行的法国大革命胜利果实，并在欧、非、北美各战场上，进行了对欧洲各封建国家的战争，削弱了欧洲大陆的封建势力；重要功绩还有他颁布了《拿破仑法典》，确立了资本主义社会的立法规范，至今还发挥着重要作用。　拿破仑为法国带来了荣耀，法国人民始终爱戴这位法兰西战士，滑铁卢战役失败后，被流放于英国的圣赫勒拿岛后病逝于该岛，1840年12月他的遗体运抵巴黎后，90万巴黎市民冒着严寒迎接他。而在多年后，拿破仑也赢得了对手的尊敬，1855年英国维多利亚女王携王储（即后来的爱德华七世）到老残军人院，女王让王子"在伟大的拿破仑"墓前下跪。

纳粹德国的元首——希特勒

　　阿道夫·希特勒(1889~1945)，奥地利裔德国政治人物，1921年成为纳粹党党魁，1933年被任命为德国总理，1934年成为德国元首。第一次世界大战爆发后，希特勒在巴伐利亚步兵团作为志愿兵服役，他参加了著名的索姆河战役、阿腊斯战役、伊普莱斯战役，并在战斗中两次负伤；第二次世界大战期间，他兼任德国武装力量最高统帅，他被公认为是二战的主要发动者。在二战前期，德国及其他轴心国占领了大部分的欧洲、北非、东亚及太平洋诸岛屿，然而1942年之后，盟军开始反攻，德军渐居劣势，1945年德国战败，他的下落成为历史之谜。不仅如此，希特勒本身就是一个充满未解之谜的人物，一个非德国本土出生的人，既没有政治经验，也没有资金和政治背景，居然成为了德国元首，并发动了改变世界历史进程的二战。

创造奇迹的"铁娘子"——撒切尔夫人

　　玛格丽特·希尔达·撒切尔（1925~2013），又译戴卓尔夫人，英国前首相、保守党领袖，被誉为"铁娘子"，1925年10月13日生于英格兰肯特郡的格兰瑟姆，先后获牛津大学理学士、文科硕士学位，1959年当选保守党下议院议员，1961年~1964年任保守党政府年金与国民保险部政务次官，1965—1969年先后任保守党要职，1970年保守党再度执政，任教育和科学大臣，1975年当选保守党领袖，1979年出任英国首相，1983年6月、1987年6月两次连任。她不仅是英国历史上第一位女首相，也是本世纪内执政时间最长的政府首脑；1990年11月，因政策分歧失去内阁支持，22日宣布退出保守党领袖竞选，并辞去首相职务，次年4月正式去职。曾4次访问中国，1984年在北京代表英国政府与中国政府签署了《关于香港问题的联合声明》，2013年4月8日，撒切尔夫人去世，享年87岁。

微软公司创始人——比尔·盖茨

　　比尔·盖茨（1955年10月28日~ ），美国微软公司的董事长，他与保罗·艾伦一起创建了微软公司，曾任微软CEO和首席软件设计师，并持有公司超过8%的普通股，也是公司最大的个人股东。在微软公司上市的12年时间里，盖茨已向慈善机构捐献8亿多美元，包括向盖茨图书馆基金会捐赠2亿美元，以帮助北美的各大图书馆更好地利用信息时代带来的各种新技术；1995年到2007年的《福布斯》全球亿万富翁排行榜中，比尔·盖茨连续13年蝉联世界首富，连续20年成为《福布斯》美国富翁榜首富；2008年6月27日正式退出微软公司，并把580亿美元个人财产尽数捐到比尔与美琳达·盖茨基金会；2012年3月，福布斯全球富豪榜发布，比尔盖茨以610亿美元位列第二；2014年比尔·盖茨辞去董事长一职 并击退卡洛斯·斯利姆重回世界首富。

前　言

历史塑造了名人，名人创造了历史。世界名人，或以其深邃的思想推动了世界文明的进步，或以其叱咤风云的政治生涯影响了历史的进程，或以其在自然科学领域中的巨大成就造福于人类。了解他们的生平、思想、智慧以及人格魅力，必然会对我们的人生产生重大的影响。

本书放眼人类文明进程，从整个世界人类历史上精选出 100 多位最具代表性的著名人物，共分为"世界帝王""世界政要""政界枭雄""传奇女主""军事将领""商界巨擘""世界女杰""一代文豪""科技巨匠""艺术大师""思想圣哲"和"探险名人"十二大板块，从创世领袖到军政要人，从革命先驱到思想巨匠，从工商俊杰到科技精英，从文化泰斗到科学大家，林林总总，细说其详，全面展示他们的成长历程，回顾他们的盖世功业，评述他们的深远影响，大量珍贵的历史图片让读者身临其境般感受他们引领时代、创造历史的不朽形象。另外编者对所选历史名人的功过是非不妄下结论，而是将历史事实如实展现在读者面前，详述历史名人的生平事迹，探寻其发家成功的轨迹和奥秘，尽显其神秘内心世界。收历史风云舒卷到眼底，展人杰雄才大略于面前，绘妖娆妩媚之态于纸上，通过描述刻画这些名人命运的跌宕起伏，展示世界各国历史的动荡变迁。

读《世界名人百传》，就是在和 100 多位世界级成功人士对话！他们高尚的品德感染着我们，成功的经验启迪着我们，拼搏的精神激励着我们，坚定的信念和顽强的毅力震撼着我们……

你可以了解政治家缔造国家、开创时代的丰功伟绩，军事家纵横沙场、百战不殆的战斗经历，科学家潜心钻研、执着探索的心路历程……

你可以收获杰出名人的成功秘诀：信心、决心、主动、热情、学习、顽强、敏锐的目光、果敢的行动、顽强的意志力……假如成功只有一个秘诀，那就是——坚持，

你可以思考名人最强音：拿破仑，真正的才智是刚毅的志向；爱迪生，成功就是百分之一的灵感加百分之九十九的汗水；贝多芬，我要扼住命运的咽喉……

阅读本书，看罗丹用他在古典主义时期锻炼得成熟而有力的大手，用他不被传统束缚的创造精神，为新时代打开现代雕塑的大门；看利玛窦一方面用汉语传播基督教，另一方面用自然科学知识开启西学东渐，为日后其他传教士进入中国充当先锋，开创日后 200 多年传教士在中国的活动方式；看马可·波罗漂洋过海，开辟中西方直接联系和接触的新时代，打开欧洲的地理和心灵视野，激发欧洲人此后几个世纪的东方情结；看罗斯福受任于危难之际，在空前的经济危机中临危不乱，力排众议实施新政；看毕加索在一生中画

法与风格几经变换,在保持自己粗犷刚劲个性的基础上汲取印象、后印象、野兽等各派的艺术手法于他各种变异风格中,达到内部的统一与和谐……

本书用生动、富于文采的语言描述了各领域名人的生平轶事和成功轨迹,行文流畅,文笔优美,引人入胜。不同于以往的名人传记大量罗列人物所取得成就的做法,避免他们行文苍白、单调的缺点,我们从另外的视角全方位以一个常人的角度来记述人物的一生,客观评价人物性格,看待人物的喜怒哀乐、人生起伏,从而在他们身上得到可以在今天的现实生活中实际应用的人生智慧和处世准则,同时也吸取他们身上的教训,在阅读名人人生故事的过程中完善自我人格。

总之,通过介绍拿破仑、曼德拉、毕加索、卓别林、诺贝尔、达尔文、苏格拉底、亚历山大、莎士比亚、托尔斯泰、米开朗琪罗等这些从古到今著名的外国名人的生平事迹和思想贡献,可以让我们更透彻地了解每一位名人以及当时的历史背景,更加丰富我们的生活阅历和知识。在这套丛书里,我们可以结识到许多更伟大的人物,在与这些伟人的"交往"过程中,会进一步认清我们自己的思想品格,提高自己的修养,并以这些伟人的典范品行来衡量自己的行为,激励自己不断去追求更理想的目标。

目　录

世界帝王

把地球踩在脚下的"雄狮"——亚历山大大帝 …………………………………… (3)

　　王子建功 ……………………………………………………………………… (4)

　　年轻盟主 ……………………………………………………………………… (7)

　　勇胜波斯 ……………………………………………………………………… (9)

　　摧毁推罗 ……………………………………………………………………… (16)

　　历史杰作 ……………………………………………………………………… (19)

　　波斯灭亡 ……………………………………………………………………… (21)

　　悲剧梦想 ……………………………………………………………………… (25)

　　兵息印度 ……………………………………………………………………… (29)

　　归途艰险 ……………………………………………………………………… (31)

　　逝者如斯 ……………………………………………………………………… (34)

罗马帝国的过渡人——恺撒大帝 ………………………………………………… (39)

　　生在贵族 ……………………………………………………………………… (40)

　　初历磨难 ……………………………………………………………………… (42)

　　政坛新秀 ……………………………………………………………………… (44)

　　初战告捷 ……………………………………………………………………… (46)

　　征服高卢 ……………………………………………………………………… (51)

　　称雄欧洲 ……………………………………………………………………… (54)

中世纪欧洲第一大帝王——查理曼 ……………………………………………… (63)

　　继承祖业 ……………………………………………………………………… (64)

　　东征西讨 ……………………………………………………………………… (66)

　　加冕称帝 ……………………………………………………………………… (69)

　　统治帝国 ……………………………………………………………………… (71)

　　复兴文化 ……………………………………………………………………… (76)

　　蛮族遗风 ……………………………………………………………………… (81)

开创黄金时代的太阳王——路易十四 …………………………………………… (89)

欺主揽权 ································· （89）

集权专制 ································· （90）

海外争霸 ································· （91）

俄罗斯帝国教父——彼得大帝 ········· （94）

峥嵘岁月 ································· （95）

心向大海 ································· （99）

西行使团 ································· （102）

改革之始 ································· （106）

初战瑞典 ································· （109）

走向胜利 ································· （112）

持续变革 ································· （116）

营建新都 ································· （122）

进军里海 ································· （125）

严惩腐败 ································· （127）

征服欧洲的"军事巨人"——拿破仑 ···· （132）

军旅生涯 ································· （133）

初试锋芒 ································· （136）

葡月将军 ································· （139）

出兵北意 ································· （142）

远征埃及 ································· （147）

雾月政变 ································· （149）

内政改革 ································· （153）

对外战争 ································· （156）

百日皇朝 ································· （162）

孤岛遗恨 ································· （166）

走向神坛的东洋强人——明治天皇 ····· （169）

新皇继位 ································· （170）

明治维新 ································· （171）

君主专制 ································· （172）

谋私敛财 ································· （174）

罗马帝国的缔造者——屋大维 ········· （175）

进入罗马 ································· （176）

结成同盟 ································· （176）

祖国之父 ································· （177）

走向成功 ································· （178）

波斯帝国的缔造者——居鲁士 ········· （179）

身世离奇 ……………………………………………… (179)

东征西伐 ……………………………………………… (181)

宽容怀柔 ……………………………………………… (182)

一代君主 ……………………………………………… (182)

以佛法立国治世的古印度帝王——阿育王 …………… (184)

阿育降生 ……………………………………………… (184)

锋芒初露 ……………………………………………… (190)

灌顶登基 ……………………………………………… (194)

皈依佛门 ……………………………………………… (200)

广播佛法 ……………………………………………… (208)

孤苦离世 ……………………………………………… (214)

世界政要

美国开国元勋——乔治·华盛顿 …………………… (227)

出任大陆军总司令 …………………………………… (228)

奇袭波士顿 …………………………………………… (229)

约克镇战役 …………………………………………… (230)

倡议制定新宪法 ……………………………………… (231)

当选总统 ……………………………………………… (232)

迟来的爱情 …………………………………………… (233)

新时代伟大的解放者——林肯 …………………… (235)

同情黑奴 ……………………………………………… (236)

婚姻爱情 ……………………………………………… (237)

反奴斗士 ……………………………………………… (237)

拯救危机 ……………………………………………… (239)

发表宣言 ……………………………………………… (240)

遇刺身亡 ……………………………………………… (242)

圣胡安山英雄——罗斯福 ………………………… (244)

竞选州长 ……………………………………………… (244)

入主白宫 ……………………………………………… (245)

推出新政 ……………………………………………… (246)

见筹联盟 ……………………………………………… (247)

构建联合国 …………………………………………… (248)

打开中美关系大门的总统——尼克松 …………… (250)

勤奋的儒将 …………………………………………… (250)

向政府进军 …………………………………………………… （251）

跻身总统府 …………………………………………………… （252）

难过"水门"关 ………………………………………………… （253）

伟大的国际外交家——基辛格 …………………………… （256）

童年身世 ……………………………………………………… （257）

行伍生涯 ……………………………………………………… （260）

哈佛情结 ……………………………………………………… （265）

问津白宫 ……………………………………………………… （268）

初显身手 ……………………………………………………… （271）

和平在望 ……………………………………………………… （273）

秘密访华 ……………………………………………………… （276）

改变世界 ……………………………………………………… （282）

中东外交 ……………………………………………………… （289）

在野舞台 ……………………………………………………… （295）

英国最伟大的首相——丘吉尔 …………………………… （297）

当选议员 ……………………………………………………… （298）

千面政客 ……………………………………………………… （298）

临危受命 ……………………………………………………… （299）

智斗希特勒 …………………………………………………… （300）

巧谋登陆 ……………………………………………………… （301）

政策违民意 …………………………………………………… （302）

布尔什维克党的创始人——列宁 ………………………… （303）

生在革命之家 ………………………………………………… （304）

无产阶级革命创始人 ………………………………………… （307）

领导武装起义 ………………………………………………… （313）

革命之火可以燎原 …………………………………………… （317）

巨星的陨落 …………………………………………………… （322）

国际共产主义活动家——斯大林 ………………………… （326）

穷鞋匠的儿子 ………………………………………………… （327）

残酷的"大清洗" ……………………………………………… （327）

希特勒的克星 ………………………………………………… （328）

宿敌赫鲁晓夫 ………………………………………………… （329）

孤独的晚年 …………………………………………………… （330）

苏共最后一任总书记——戈尔巴乔夫 …………………… （332）

平步青云 ……………………………………………………… （333）

进入莫斯科 …………………………………………………… （335）

着手改革 …………………………………………………（337）

凄惨晚年 …………………………………………………（343）

共产主义皇帝——齐奥塞斯库 ……………………（347）

赢得辉煌 …………………………………………………（348）

走向异化 …………………………………………………（351）

自食恶果 …………………………………………………（355）

南斯拉夫铁人——铁托 ……………………………（359）

投身共产党 ………………………………………………（360）

抵御法西斯 ………………………………………………（363）

对抗斯大林 ………………………………………………（366）

越南国父——胡志明 ………………………………（370）

南北驱驰 …………………………………………………（371）

缔造共和 …………………………………………………（374）

鞠躬尽瘁 …………………………………………………（379）

从邮相到内阁总理大臣——田中角荣 ……………（382）

青少年时代 ………………………………………………（383）

向政界挺进 ………………………………………………（387）

从邮相到首相 ……………………………………………（391）

中日邦交正常化 …………………………………………（396）

在贪污案中倒台 …………………………………………（403）

朝鲜共和国永远的主席——金日成 ………………（410）

反日争独立 ………………………………………………（410）

反美卫和平 ………………………………………………（414）

鞠躬尽瘁为统一 …………………………………………（417）

国际顶尖反美斗士——卡斯特罗 …………………（422）

反美巨人 …………………………………………………（423）

对华友好 …………………………………………………（426）

谁来接班 …………………………………………………（429）

世界名人百传

世界帝王

王书利⊙主编

导　读

　　一部人类的文明史（及其野蛮史）乃是几千年来人类文明（或野蛮）积淀的结果，是历来各个民族的人民都参与其中的人类共业。但是每个人在其中的作用和贡献及其影响却各不相同，我们总是会希望了解历史上所有的人，但实际上往往只能是了解其中少数特别突出的人、个别的人，因为这些人足以代表或集中反映了他们的时代及其特色。

　　《世界帝王》这卷书就选择了历史上最有特色和最具影响的世界大帝，凝练又不失生动地介绍了他（她）们的生平业绩和影响。作为宏大历史的主角，他们的贤愚仁暴关乎着国运兴衰、政治清浊、民生安乐，他们的故事总能给后世以镜鉴；而他们作为个体的修养与成长，治家与处世的智慧也可以给今天的每个人以启迪。

　　这是一部讲述血色王朝帝王雄主的历史大书。本书呈现的是一个个在历史生态中遨游的活生生的人物，而不是收藏在博物馆中的孤立的、冰冷的脱离了时代的名人标本，在那些最具文化风骨的时代，残酷与血腥，痛苦与逍遥，时刻都在演绎多角度深层次地解说世界历史的传奇！

把地球踩在脚下的"雄狮"

——亚历山大大帝

人物档案

简　历：亚历山大大帝，古代马其顿国王，亚历山大帝国皇帝。世界古代史上著名的军事家和政治家。他足智多谋，在担任马其顿国王的短短 13 年中，以其雄才大略，东征西讨，先是确立了在全希腊的统治地位，后又灭亡了波斯帝国，使马其顿成为当时世界上领土面积最大的国家。于公元前 323 年 6 月 13 日在巴比伦病逝，年仅 33 岁。

生卒年月：公元前 356 年 7 月 20 日~公元前 323 年 6 月 13 日。

安葬之地：埃及亚历山大港的亚历山大陵墓。

性格特征：他举止自信，积极活跃，做任何事都充满热情。同时，遇到需要谨慎处理的紧急情况时他还能冷静、镇定、考虑周到，深思熟虑，目光远大。

历史功过：统一希腊，征服埃及，灭亡波斯阿契美尼德王朝，建立亚历山大帝国，开启希腊化时代，促进东西方文化交流。

名家点评：拿破仑评价说："我对于亚历山大最美慕的地方，不是他的那些战役，而是他的政治意识，他具有一种能赢得人民好感的能力。"

王子建功

马其顿王国位于希腊北部,公元前 4 世纪,当这个山地王国悄然崛起时,希腊的辉煌时代已经过去。

公元前 5 世纪,雅典首席将军伯利克里通过一系列改革措施,振兴了雅典,把希腊推向了繁荣的顶峰。但是,雅典与斯巴达人长期残酷的战争使它日益衰亡。希腊诸邦之间谁也无力统一希腊,而战乱却日甚一日。与此同时,城邦内的阶级矛盾也日益激化,经济出现了萧条。在亚洲,波斯的触角也伸进了巴尔干半岛,干预着诸城邦的内部事务。希腊富有民主的传统,而人们却开始怀疑民主的价值,对自己的体制丧失了信心,对于专制统治的优点他们开始发掘并加以颂扬。总之,历史在此呼唤一个勇猛专横但又不乏圣明的专政者出现,统一希腊,使希腊文明能够远播四方,恩泽世界。马其顿,随着历史的潮汐,开始繁荣强盛,威胁着整个希腊。

马其顿王国出现了几个圣明的国王,亚历山大的父亲菲利浦二世便是其中之一。

菲利浦二世是一个雄才大略的军事领袖,他在即位以前,曾经在当时最强的希腊城邦底比斯作人质。在那里,他受益匪浅,不仅熟悉了希腊的形势,并且从底比斯军事家艾巴密朗达那里学得了"方阵"战术。他做了君主之后,便招募马其顿的牧民和农民,仿照底比斯的军事体制组织了一支强大的军队;这支军队是步兵与骑兵混合的纵队,而当时希腊各邦尚未有骑兵。菲利浦也着手改革了币制,施行"双金制",银本位币与金本位币并用。当时,银币雄霸希腊世界,金币为波斯所采用,而菲利浦则使银币与金币并行,降低了金币的价格,极大地刺激了马其顿经济的发展。

最初,菲利浦率军向东北开疆辟地,一直打到达达尼尔海峡和多瑙河下游一带,接着他便挥兵南下,来征服整个希腊。此时,重新成为希腊各邦雄长的雅典内部分裂成两派,一派以雄辩家伊索克拉底为首,主张联合马其顿,重新发动全希腊对波斯的战争,以雪国耻,同时以战争来解救希腊,使其摆脱内部的贫困,经济的危机和民气的不振,走出衰亡的穷途。另一派以大演说家德谟斯提尼为首,坚决主张制止马其顿的扩张,以保卫希腊各邦的独立与自由。

"如果你自己不能持有武器,那么就应该与持有武器的人为友"——这是菲利浦的雅典拥护者的言论;菲利浦也给予了他的支持者不少帮助,他不吝金钱,他曾说:"驴子驮去黄金,驮回牢固的城堡。"的确,他的外交政策被历史证明十分有效。

"马其顿人的狡猾阴谋毋庸置疑,菲利浦的唯一目的是掠夺希腊,夺走它的财宝和繁荣,它的自由和独立,……"德谟斯提尼发表了多次演说,号召为祖国的独立反对马其顿而战,为保障民主制反对马其顿王的军事独裁而战,其演说汇集成集,即《斥菲利浦》。其言铿锵有力,令人感叹不已。然而这些慷慨激昂的言辞,竟成了希腊城邦政治的最后挽歌。

公元前 338 年,菲利浦二世在喀罗尼亚一举击溃雅典与底比斯的联军,结束了希腊半岛上城邦林立的局面,此后,希腊诸邦虽然保持了其旧有的政治组织,但在军事和外交上则须听命于马其顿。

喀罗尼亚一役举足轻重,被视为马其顿统一希腊半岛之起点。而在此辉煌的战果中,年轻的马其顿王子亚历山大功不可没。此时他年仅 18 岁。率军在左翼一举击溃了著名的底比斯神圣兵团,初次显示了他杰出的军事天赋和身先士卒、骁勇善战的卓绝品质。

毫无疑问,亚历山大独特的个人品质、出众的智力、敏锐的判断和随机应变的才能较多地得益于他的青少年生活,而他的青少年生活及其出生则富有传奇色彩和神秘雾纱。

亚历山大的母亲是希腊——城邦的公主,她性情刚烈,坦率直露。传说菲利浦与这位奥林匹阿斯公主一见钟情,不久即结为伉俪。第二年夏,即公元前 356 年,亚历山大在马其顿首府派拉降生了。

大凡伟大人物,因其卓尔不群,多为附会的征兆和传说所环绕,亚历山大也不例外。

传说菲利浦婚后不久就梦见他放了一块封蜡在他妻子的子宫上,醒后他不得其解,便邀当时的大占卜师阿里斯坦解梦。阿里斯坦则说:"封蜡只能放在实处,王后已身怀六甲,若日后得子,其禀性必符封蜡上所印图形。"菲利浦说封蜡上是一头狮子,阿里斯坦就恭维说:"王子必如狮子般猛迅,可成就霸业。"

古代还流传另一种传说。亚历山大降生之夜,小亚细亚的以弗所城的阿耳特弥耳(月亮与狩猎之神)神庙失火,居民忙于救火,而一位历史学家却袖手旁观。尔后发表议论说:"女神忙于迎接伟大的亚历山大,庙宇被焚,她也会置之不顾,我等凡人救火何用之有?"神庙的冲天火光中,以弗所城的巴比伦祭司们四处奔逃,声言大难即将临头,亚细亚不久将沦于他手。

传说虽为附会,但年幼的亚历山大也确实不寻常,常有非凡之举。他承袭了父母的诸多禀性,母亲奥林匹阿斯性如烈火,耽于幻想;亚历山大从她身上继承了丰富瑰奇的想象力,神秘莫测和反复无常的恶劣脾气,他一生正如其母,狂妄自大,唯我独尊;父亲菲利浦头脑冷静,讲求实际,善于解决实际问题,且富有远见卓识,亚历山大也继承了他父亲的诸多优点,而且表现得比其父更为出色。

亚历山大幼时腿脚敏捷,善于奔跑,有人就问他是否愿意在奥林匹克竞技场上较量一番,而目空一切的亚历山大说:"是的,假如我的对手都是国王的话。"

还有一次,亚历山大与父亲在平川上试马,有匹骏马布斯法鲁斯,性情极野,很难驾驭,无人敢骑,亚历山大却与父亲打赌试骑。他奔向布斯法鲁斯,扭住马头,飞身跃上马背,策马疾驰而去,惊得众人瞠目结舌。当他以合乎规律的姿势驰骋,继而兴高采烈地驰回时,人们不禁大声呼喊,菲利浦高兴得泪流满面,他亲吻着儿子说:"我的孩子,去寻找一个配得上你自己的王国吧,马其顿这个小水塘盛不下你啊!"

亚历山大青少年时期的许多事迹都体现了他的机智勇敢,桀骜不驯,凭借这些品质,他足以成为一个伟大的君主。但亚历山大更有超凡出众之处,他有探索新知的兴趣,有追求理想并付诸实现的热情。一次远征中,亚历山大负责接待波斯使臣,他友善的态度和有节制的提问令使臣心悦诚服。他没有询问波斯帝国的新鲜事和波斯贵族的豪奢,而是问起该国道路的长度和波斯国王的用兵才能和胆略,还询问了波斯的政治体制和传统,他知道自己需要知道什么。一位使臣最后惊讶说:"这个孩子才真是一个伟大的君主,而我们的国王只不过徒有钱财罢了。"

生于王族,亚历山大无可避免地习染了不少宫廷环境的观点和习惯,但他热爱荷马史诗,《伊利亚特》中的阿客琉斯是他崇拜的英雄,据说他在睡时始终把荷马史诗与剑置于枕下。他受到良好的教育,尤其是从师于亚里士多德。亚里士多德担任亚历山大的教师历时数年,有三年时间二人朝夕相处。受亚里士多德的熏陶,亚历山大培养了广泛的兴趣,在医学、自然现象、地理学以及珍稀植物等方面颇感兴趣。他常说,他最尊崇的是亚里士多德,他爱亚里士多德甚于自己的父亲,因为后者仅仅生育了他,而前者却教会他怎样做高贵的人。

亚里士多德对亚历山大的影响主要在热爱知识,尊重文化这方面。远征东方期间,亚历山大还命人返回希腊为其运来许多书籍。他赞助了亚里士多德在雅典的研究工作,派了众多人员供其支配,有打猎的、捕鱼的、养蜂的、喂鸟的等等,分布在希腊和亚洲各个地区。这样为亚里士多德建成了一个规模可观的生物实验室,他还曾下令为亚里士多德征集法律政制资料,为其提供费用。

然而,师生二人的思想、作为、性格情趣却无共同之处,亚历山大曾被亚里士多德灌输非希腊人皆为奴隶的思想,而亚历山大在征服东方期间,则力图谋求各民族平等相处社会理想的实现。

关于亚历山大个人的品质,无论现代或古代历史作品中,都曾有过且至今还有种种分歧的看法。有的过于夸大,有的则轻视失当。然而亚历山大具有大智大慧,具有意志力和坚毅的精神,则无可置疑。波里比阿曾说:"此子才智异常,无可争辩。"

亚历山大身材适中,相貌英俊,体型像竞技者,著名的雕刻家吕西玻斯曾为他塑像。

从仿制于罗马时代的大理石像看,这位年轻的马其顿王子眼神温柔明澈,脖颈稍向左倾,恬静淡然,透着文雅儒静的书卷气息,你很难与其一生征伐苦战相联系。或许历史的伟大之处就是这样蕴藏在极其深刻的平凡之中。

年轻盟主

喀罗尼亚一役,希腊联军三分之二沦为俘虏,千人战死于沙场,其余则溃散,此后,希腊诸城邦任何反对马其顿的图谋,皆是不足道的了。于此危急存亡之秋,希腊人采取了紧急措施——解放矿场、作坊和农场中做苦役的奴隶,但也于事无补。德谟斯提尼流亡异地,反马其顿党土崩瓦解。

希腊的惨败,缘于马其顿的战术和物资上的优越性,也缘于希腊内部不和及德谟斯提尼的政纲不合时宜。德谟斯提尼的理想是希腊往昔的民主理想,而它在当时已失去了巩固的社会经济的根基,反马其顿党经济上脆弱,人数较少,难以持久抗战。

的确,从前希腊人的爱好自由的精神已如青烟般消散,伟大的政治问题已成为过去,希腊人优秀于蛮族的民族自豪感和战斗精神也一并消失。其时一切都可以买卖于市场,往昔雅典人的关心社会事业,爱国主义,勇敢刚毅,自我牺牲,都换上了唯一的欲望:不纳税、不服兵役,而接受国家的援助。肆无忌惮的利己主义、个人主义已破坏了往昔雅典出色的城邦统一。

国力的衰败,民众的失和与战场上的惨败终于在喀罗尼亚摧毁了希腊人的信心。而被德谟斯提尼斥为蛮人、僭主、暴君的菲利浦二世,则以胜利者的威仪,召集希腊诸邦代表,在科林斯召开了全希腊会议。会议的第一件大事是全面和平,并规定以后希腊结盟的原则。尔后用隆重的言辞宣布私产的神圣不可侵犯,严禁任何以革命为目的重分土地,取消债务,解放奴隶。改组后的希腊联盟与马其顿订立攻守同盟,将组织联军,共同声讨波斯。

科林斯会议标志着东方希腊化(接受希腊影响)的历史新阶段,以马其顿为首的侵略集团形成了。马其顿与希腊的军界、商界中的人士,更是特别地热衷于去争夺东方的巨大财富。

一时间,许多奇谈传说和诗歌幻想,以东方及其秩序、信仰和财富为主题产生出来。

然而,远征波斯的重担似乎并不在菲利浦二世身上,而须由其子亚历山大来承担。公元前336年,菲利浦在其女儿结婚时遇刺身亡。

女儿大婚之日,全希腊王胄贵族云集于马其顿埃加的大剧院里。典礼于清晨开始,长长的仪仗队吹着号角开道前往大剧院,其后是高擎 12 个奥林匹斯山神像的男人,而菲利浦的雕像也作为第 13 名神祇尾随其后,不祥之兆似乎已经出现。

菲利浦二世一身素装,顶冠华贵无比,气宇轩昂地走了进来,眉宇间透着凛然的神圣和难抑的喜悦。而此时,一马其顿贵族突然冲出人群,拔剑刺向菲利浦,菲利浦及侍卫尚未回过神来,惊慌中已被一剑刺中,这位力图改变世界的君王,即刻倒于血泊之中。

刺杀菲利浦的阴谋,是一种带有政治性的举动,策划者就是不满菲利浦的极权政治的马其顿贵族,据说波斯王也参与此事。但可悲的是,亚历山大的母亲、菲利浦的弃妇奥林匹阿斯也插手其中,从遭受遗弃那刻起,这位刚烈女子就决意报复自己曾经深爱的男人。

亚历山大的战马

或许仅仅是巧合,喀罗尼亚大战之后,菲利浦纵酒大醉,在战死的雅典及其盟军的尸首之间举行歌舞饮宴,国王以醉声反复唱道:"德谟斯提尼,德谟斯提尼的儿子,提议吧,提议啊!"雅典演讲家狄马德斯当时也陷身为俘虏,看见菲利浦,看见菲利浦的行动便惶恐起来,向他喊道:"王啊,你在扮演太尔西提斯的角色啊,可是命运已经决定了你做阿伽门农的悲剧角色了。"太尔西提斯是史诗《伊利亚特》中的丑角,阿伽门农是埃斯库伦斯悲剧的角色,他为其妻所暗杀。酒醒之后,菲利浦回想前事,不禁惶惶然,而两年之后,他果然遭到妻子的报复。

菲利浦死于非命之后,当时的历史学家瑟奥庞波斯评价说:"总而言之,欧洲还从未出现过像菲利浦这样的伟人。"但无论如何,亚历山大以后东征西讨的无比辉煌,他是无法分享的了。

父王被刺后,亚历山大赢得了军队的效忠,从而也赢得了全马其顿,在一片欢呼声中,他被拥戴为马其顿国王。即位后,他便处死了刺杀菲利浦的凶手。这一年,亚历山大年方 20 岁。

自菲利浦死后,反马其顿情绪在希腊又高涨起来。在雅典方面,反马其顿的民主党抬头了,德谟斯提尼卷土重来,恢复了昔日威信。他穿着盛装,头戴花环,向神作谢恩献祭。然而,反马其顿还未组织起来反抗之时,亚历山大已出现在希腊。亚历山大进兵科林斯,在重兵压境的情况下,同盟大会又一次召开,这位尚显稚嫩但又英姿焕发的国王,挥剑跃马成为远征波斯的领导者。

远征波斯的意图，亚历山大与其父差异很大，他的初衷不仅仅是掠夺财富，他要实现自己一统天下的梦想，他要永久地占据控制整个波斯，甚至他们知道的整个世界。为此，他为远征波斯做了两年准备，扫荡了北部和西部，以便在他真正远征之时，他的后方马其顿及其侧翼能确保无虞。另外，他带来一批科学家和作家到亚细亚做了一番考察，他需要真正了解自己的敌国。

扫荡西部和北部，亚历山大着力于把他的军队锤炼成忠诚无比、所向无敌的一支铁军。他挥师北上，从今天的保加利亚多瑙河，穿越莽莽森林，爬越崇山峻岭，迎受野蛮部落的袭击。亚历山大懂得威慑的力量。他向所到之处的土著炫耀武力，令其震服。其后，他又渡河到现今罗马尼亚，降服了那里的部落，随之挥师北指，入侵南斯拉夫故土。

亚历山大离国之后，反马其顿势力重新勃兴，波斯也不惜金钱予以物资帮助。谣传亚历山大战死，这更加速了各地起义。底比斯率先发难，伯罗奔尼撒若干城市闻风而动，雅典乘机进行征伐，宣布独立……

风云诡谲莫测，亚历山大便火速回师，在十四天内直逼底比斯城（也称忒拜城）。他先礼后兵，让全底比斯人后悔思过，当他们拒绝后，便猛攻底比斯，最终把它焚为焦土，城中仅保存庙宇和诗人品达一家而已。亚历山大警告全希腊：背叛科林斯盟约，定葬身火海；而保存庙宇和诗人品达一家，为了表明自己对希腊文化的尊重和崇仰，也是为了有别于恣意破坏希腊寺庙的波斯侵略者。

毁灭希腊古城底比斯确是一桩滔天罪行，但其比较于以后亚历山大的杀戮劫掠，就黯然逊色许多。然而，古往今来，一、二城池被毁司空见惯，亚历山大较之于其他武力滥施者，却能显其仁慈。纵观其征略一生，总的来说，他对城池、居民一般还是给予了人道待遇。

伊索格拉底这样评价底比斯的毁灭："底比斯，我们的邻邦底比斯，在一天之内被逐出希腊心脏之外，让他们自受其猖狂的政策的惩罚吧！但是他们之所以盲从和无知，不是由于他们自己的过失，而是神的过失！"

正是由于火与血，宽恕和宽容，亚历山大恩威兼施，迅速平息了叛乱，尔后，向波斯进军，列入了亚历山大的日程之内。

勇胜波斯

公元前334年，亚历山大立即准备征伐波斯。

亚历山大是义无反顾的。出师前,他把所有的地产、收入、奴隶、畜羊分赠友人,假若他一旦出师未捷,纵使其祖国马其顿能够接纳他,他充其量也仅是一衰败贵族而已。而亚历山大则抱着必胜的信心和毅然的决断,他的一个战友问他还有什么留给自己,亚历山大淡然一笑,回答说:"希望!"

他的战友受了他的热情和远征的决心的感动,也效法君主,一时间,全军上下喧腾,士气高涨,同仇敌忾。

出征前两年的西征北战,经过长途行军,攻城陷地,亚历山大的军队已训练有素,骁勇善战。这表明亚历山大并不是一个不顾后果的投机冒险家,他总是缜密地制定和严谨地执行自己的计划。

亚历山大的军队是一支职业军队,由服役并训练多年的马其顿贵族和健壮的农民组织。这支军队在当时别具特色。一是亚历山大善于组建骑兵,他赋予骑兵以横扫千军之勇,使其成为手中一支正规的突击利器,这是其创新之举;其次,亚历山大在一切军事行动中,不论是对阵战,还是可能只有一支小分队参加的小规模遭遇战,他都能够将骑兵、步兵和轻装部队联合运用其中。亚历山大认真从事,善于随机应变,他说:"战术就是思考。"

他的战术是:大队骑兵按兵不动,先静观动态,伺敌军阵线上出现突破口后,便向缺口发起猛攻,并以侧翼包抄敌军。他常用右翼兵力作为突击力量。

亚历山大的著名战斗方阵由9000名马其顿步兵组成。每行16人,256人为一个作战单位。严格的训练与严明的纪律是方阵的突出特点:每两人之间必须留有3英尺的间隔,因为如果军队过于密集,遇到坑洼不平的地面或敌人突然冲锋时,不可避免地会有一大片人摔倒而相互践踏。而这种方阵则是灵活多变,容易调动。战斗方阵一般为矩形,但也可变化为正方形和其他形状。阿里安关于亚历山大的文章曾如此记载:

"亚历山大先命令步兵挺矛直立,然后接既定的讯号,士兵俯身做投掷状,长矛密集,时而向左,时而向右。接着他命令方阵快速前进,先奔向右翼,接着奔向左翼,多次以极快速度调动队形,最后使方阵化作楔形向左朝敌军冲去,敌军被亚历山大阵势的快速变化吓呆,结果无力抵挡,败阵而走。"

此种阵法一则可减少士兵伤亡;二者可利用心理战术迫使敌军不战自降。

亚历山大的军队装备精良,士兵皆戴青铜盔,穿胸铠,着胫甲(护腿),步兵配备盾牌、战剑和长矛,骑兵配备短剑、短梭镖和小圆盾牌。远征波斯的军队共有3万步兵、5千多骑兵,戎装整齐,军纪严明。

出征前夕,据说天上出现了很多不祥之兆,特别是木制的俄尔甫斯神像(希腊神话中的竖琴手,演技出众,其所奏音乐可感动鸟兽木石)出了汗,这件事令众人惊骇。大占卜师阿里斯坦宣称这是因为亚历山大此行创业维艰，需要诗人为之挥汗讴歌。

战争的时机选择得十分适宜，波斯君主大流士三世优柔寡断，朝纲不振，波斯帝国处于深重的内部危机之中，濒临崩溃。西部地区与希腊诸邦多有往来，他们痛感波斯的羁缚，准备依附希腊人了。他们视马其顿为救世主，解救他们于波斯的压迫。此时波斯帝国的存在依赖于武力，而武力所维系的，经不起武力的冲击，况且波斯军队的战术装备并不高，许多方面都抱守残缺，它的农民军非常厌战，军事纪律也十分松懈。而更为可怕的是，倨傲的波斯将领大多轻视亚历山大的军事才能。

亚历山大统率马其顿、希腊军队渡过赫勒斯滂海峡（今达达尼尔海峡），登上了亚洲大陆，船至中流时，他命令向诸神献祭，登陆后又设坛献祭宙斯，雅典娜和赫丘力士，以谢"保佑"。

亚历山大善于用一些非常之举使其行动"神化"、合法化，善于以此宣扬他的正义、勇敢，以达到赢得支持振奋军心的目的。踏上亚细亚土地后，他派中年将领帕米尼欧率主力部队直赴格兰尼库斯河，迎击波斯军队，而他本人则与一些部属直捣特洛伊城。

特洛伊城萦绕着无数的神话传说，也遗留着往昔战争的残痕。900多年前，阿伽门农曾率希腊大军由此入攻亚细亚，为希腊人赢得了骄傲和自豪。而亚历山大则自称是史诗中神勇战将阿基里斯的后裔，此时，他是否会是第二个阿伽门农呢？他要瞻仰特洛伊城的伟姿，要在希腊人的心里唤起千百次自豪的回忆。

特洛伊这座历史名城接受了亚历山大谦恭的巡视，在此，亚历山大把油涂在阿基里斯的墓碑上，然后按照习俗，在墓前裸身与其伙伴赛跑，以显承续伟业慷慨情怀。尔后，他向阿基里斯献上了花环。牺牲献在了雅典娜的祭坛上，酒水洒在了英雄们的墓前，亚历山大默默地屹立着，向他的祖先和英烈们默许心事。祈祷他们能帮他完成伟业。望着色彩斑斓的花环，亚历山大不禁热泪盈眶，他也许在想900年后，是否会有人在他的墓前献祭；他也许感知了自己正在开创一项惊天动地的事业，向神奇的特洛伊，向他所崇拜的英雄们诉说自己的到来。

公元前334年5月，瞻仰了特洛伊城之后，亚历山大立即返回军中挺进格兰尼库斯河。格兰尼库斯河河岸陡峭峻立，河床狭窄，水流湍急，它的岸边，一场血战爆发了。

波斯军中有位将军名叫门农，很有才干。率领着精锐的希腊雇佣军，他深明情势，主张实行焦土政策，避免与亚历山大正面交锋，以期诱其深入波斯内陆，再伺机歼灭。然而，历史并没有成全这位独具慧目的将军，他遭到了同僚们的嘲笑。

波斯骑兵聚集在河岸边沿，后面是步兵，自负的波斯将军们希望马上阵斩亚历山大。

亚历山大观察了对方的阵势，唇角不禁泛起一丝冷笑，敌军骑兵紧临河岸，没有回旋的余地、冲锋的可能，也不可能有凌厉的攻势。亚历山大即下令列队迎敌。

战术家帕米尼欧素以谨慎著称，劝阻亚历山大说："尊敬的王，此时天色已晚，不宜发起进攻，我军在如蝗如雨般的飞矢和梭镖下渡河作战必定血染清波。"帕米尼欧的担心确实有其道理。

此时，西边红霞满天，夕阳已沉，暮色正笼盖四野，而亚历山大战意已决，他不容

波斯骑兵

许敌军有修正阵形的机会，便挥剑调动兵力。他望着愕然的帕米尼欧说："在这条蛇般的小溪面前，我们踟蹰不前，这将是赫勒斯滂的耻辱！"

在亚历山大眼里，格兰尼库斯河在其大军的铁蹄之下，可轻跃而过。

帕米尼欧指挥左翼，亚历山大指挥右翼，剑拔弩张，列阵于河岸，两军隔河默默相持着。都不敢轻举妄动，突然，亚历山大举剑冲锋，希腊军排山倒海般扑向对岸。

激流汹涌鸣咽，浪头朝士兵山岳般地压下，溺水者难以计数；梭镖如滂沱大雨，铺天盖地，惨叫声令人心颤；一些士兵爬上对岸后陷于泥淖，无力自拔，而得以登岸的则遭到了猛烈的攻击。

亚历山大率先登岸，率部奋然迎敌，他头戴闪光的头盔，盔冠两侧的白羽毛迎风飘展，厚厚的亚麻布铠甲早已血迹斑斑。乱军之中，他成为围攻的主要目标，一支梭镖射穿了他的胸铠结，尔后，两位波斯将军策马向他疾冲而来。亚历山大勒马迎战，拼杀之中，长矛折断，他唯能拔剑抵挡。两马交错的一瞬，对方战斧劈向亚历山大头部，他俯身躲闪，头盔被砍落在地，危急时刻，他的总角之交克雷图斯策马救驾，一矛刺穿了敌胸，亚历山大则把另一名波斯将军刺落马下。

待马其顿的方阵渡过河来，敌势已微，波斯军在马其顿骑兵的冲杀之下开始溃败。暮色下沉之时，格兰尼库斯河畔则响起了马其顿士兵的欢呼。

此役，亚历山大的亲兵马队仅损失24人，亚历山大命著名雕刻家吕西波斯为他们雕塑了24尊铜像，竖立在希腊以志纪念，而两个被俘的希腊雇佣军则被戴上镣铐押回马其顿，在荒凉地区从事垦田。

次日，亚历山大埋葬了阵亡将士，并颁布法令免除死者双亲子女的税收。他看望了受伤战士，勉励他们应为自己的战功而自豪。对于敌军尸体他也下令认真掩埋，然后，向雅典人赠送了三面盾牌作礼品，而他送给母亲的，仅是波斯人的面具和一件紫色单袍。

格兰尼库斯河一战,对于亚历山大来说有决定性的意义,他赢得了全军将士的崇拜和希腊后方的热情支持。对于未来,这位青年将领也雄心满怀。

在中亚细亚沿岸有大量的希腊城邦,他们受到了波斯的专制统治。而现在,亚历山大则以解放者的身份来到了这里,亚历山大宣称此行为了恢复民主政权。在他的号召下,以弗所等诸多的城邦走到了他的阵营中,而在米勒图斯等地的抵抗则不堪亚历山大一击。

他进入了卡里亚地区后,当地土著女王阿达表示希望收他为义子,亚历山大十分高兴地赞同了这个意见。通过继嗣方式,他可以宣布自己为这些野蛮人的君主。

亚历山大知道应怎样维持全军高涨的士气。

他也拥有自己的一支舰队。这支舰队原由一些雅典的战船组成,它们是雅典的抵押品,亚历山大以此舰队来确保那座紫罗兰花环绕的古城不会背叛自己。而现在,他要解散它了。他知道自己的海军同敌人相比处于明显劣势,远征初捷之后,他不愿海军的一次失败影响全军士气,那种影响要比吃败仗本身的影响大得多。解散海军后,他便进入了小亚细亚腹地,在那里他任命了"野蛮人"当两个省的地方总督,初步显示了亚历山大对各民族一视同仁的宽阔胸怀。

公元前 333 年春,亚历山大抵达戈尔迪乌姆,在这座城市的卫城上有一辆四轮战车。这辆车据说是神话中的皇帝戈尔迪乌姆的战车。车轭上用山茱萸皮打了一个绳扣。传说谁要能解开这个绳扣,就能够统治亚细亚。亚历山大参观了这辆战车,他惊叹于制造战车的技艺,但为了解开绳扣费了不少心思。经过仔细观察,他发现绳的两端都巧妙地藏在结中。于是他拔剑劈开绳扣,绳扣在利刃下断开。亚历山大扔了剑,手舞足蹈,大声喊道"我解开了,我解开了"。

当天夜里,骤然电闪雷鸣,狂风大作,占卜师认为这是上天示兆诣神的意愿将得以满足。占卜之后,亚历山大及其将士欢呼雀跃。而是夜,波斯名将门农的死讯传来,不久前大流士派门农统领海军,计划袭击希腊。而今,一切皆成泡影,亚历山大兴奋不已,便设宴痛饮。

偶有闲暇,亚历山大便在军中安排竞技,进行文学、音乐比赛,十分关心将士的休息娱乐,而他也或挽弓习射,或驱战车格斗,晚饭时他常召见厨师和面包师,问明是否已做好开晚饭的准备工作。

黄昏时,亚历山大则常与朋友们共进晚餐,一同饮酒叙旧,戎马倥偬中,他身负征略重任,与朋友们的关系难免日渐疏远。所以,他便借此来重温旧谊。

经过不时的修整和兵员补充,马其顿士气更为旺盛,其所到之处,攻无不克,战无不胜。不久,亚历山大率部队进入土耳其的奇里乞亚平原。

时值酷暑，天气十分炎热。有天，汗流浃背的亚历山大纵身跳进清凉的基得努斯河中畅游了一番。结果得了病，时而发冷，时而发烧，医生菲利普是亚历山大的朋友，他为亚历山大配了剂药方，用于逼便去实，而就在此时，亚历山大收到从大曼送来的帕米尼欧的亲笔信，信中要他提防菲利普，信中说大流士已说服菲利普害死亚历山大，答应赏以重金，并把一个女儿许配于他。亚历山大把信压在枕下秘不示人。当菲利普带着药进来时，亚历山大把信拿给他让他念。

菲利普颇感蹊跷，在亚历山大含笑的目光中打开了信，而亚历山大则不紧不忙地打开药包，就水冲服。

菲利普读着读着，脸色由青变白，汗珠顺着脸颊滴下，他嗓音颤抖，手指几乎捏不住信纸了。终于，他再也无法看下去，惶恐地向亚历山大望去。

亚历山大绝不相信自己的密友会对自己怀有二心，他信任菲利普，服了药，他就看着他惊恐不已的朋友。

两人的目光相遇了，一双眼充满了惊惧，另一双眼则充满了信赖。菲利普惊愕地张开了嘴巴，亚历山大露出了欣慰的笑容。

没多久，亚历山大便已康复，但风传说他需要很长时间才能痊愈，这无疑是诱使大流士进入奇里乞亚平原的一部分，因为该区地形不利波斯军展开阵形。

秋天，亚历山大离开奇里乞亚。但当他获悉大流士进入奇里乞亚时，便立即回师，在当年即公元前333年10月底抵达伊苏斯，当大流士隔品那洛斯河驻扎，两军进行了第二次交锋。

这是一场大会战，波斯国王大流士亲率号称60万的大军参战，亚历山大仅有5000多骑兵，不足3万的步兵先锋参战，二者实力相差悬殊，伊苏斯会战充分体现了亚历山大灵活用兵的杰出才能，是历史上著名的一次以少胜多的战役。

为了赢得战场上的胜利，亚历山大召开军事会议，对敌我军情做了认真的分析。他认为，敌人唯一的有利条件是兵多，但都部署在这块狭窄的地形中，不易机动；而马其顿军则占有开阔地，不受地形限制；波斯军长期沉浸在舒适享乐的环境中，战斗力不强；而马其顿军则拥有一批有才干的将领和欧洲最勇敢善战的士兵。同时，亚历山大也认识到了此役的艰巨性，将与之交锋的是波斯各地区征集的精锐部队，因此，亚历山大指出不利条件后，还针对大流士已有准备，并把大军迂回到马其顿军队背后摆开阵势这一情况作了周密的部署。根据右翼靠山、左翼临海、正面是开阔的这一战场的地形特点，亚历山大把兵力中的主力骑兵摆在左右翼，方阵放在中央，其余骑兵为左翼，并令左翼的帕米尼欧死守海岸，以防波斯军从侧翼包抄。

大流士三世则把他的大部分骑兵部署在靠海的右翼，把另一部分骑兵放在左翼靠山的地方,后又因地形狭窄,骑兵施展不开,又将其左翼骑兵的大部调到右翼,大流士本人则坐阵大军的中央。

亚历山大观察到波斯骑兵几乎都部署在沿海左翼,便立即调整自己的部署,调右翼一部分兵力从方阵背后悄悄转移到左翼,从中央抽调两支部队加强右翼,并命右翼分为两段,形同叉状,一股面对波斯主力和大流士本人,一股朝向占据马其顿后方一些小山的敌军。

暗中调整妥当后,亚历山大遂率部队前进,开始速度很慢以保持队形,进入敌军射程之内后,亚历山大立即率随身部队向敌军扑去,力图尽快进入混战状态。

厮杀异常激烈,冠提斯在描述此景时写道:"亚历山大既是指挥官,又身先士卒,因为大流士趾高气扬地立在战车上,所以其前面景象奇特:朋友们奋身护卫,而敌方凶狠地袭击他。当大流士的兄弟奥克撒拉斯看见亚历山大扑向其兄长时,便率骑兵横在战车前面。奥克撒拉斯身材高大,勇冠三军,冲向他的人一一被砍翻马下。"

"马其顿人簇拥着亚历山大高声呐喊,互相激励,突然出现在阵前,接着是一片令人目不忍睹的惨景,大流士战车四周僵卧着一些高级将领,他们死的光荣,全都脸向地,伤口都在前身。……马其顿人的伤亡也很惨重,无数人悲壮战死,亚历山大本人也股上中剑,这时大流士战车上的马匹受伤狂奔,大流士几欲跌下。"最终,大流士担心丧命,拨转战车落荒而逃。

大流士的败逃极大地影响了波斯军的斗志,结果波斯军全线溃败,被歼十万余人。亚历山大则全力追击。

亚历山大返回伊苏斯后,发现部下已为他收拾了大流士的大帐,帐内陈设华丽,珠宝珍玩琳琅满目,亚历山大立即脱下铠甲走向浴室,他边走边说:"让咱们在大流士的浴室中洗去战斗中的汗水吧!"他的一位朋友答道:"不对,应该说是你亚历山大的浴室,因为被征服者的财产属于征服者。"

浴室中,水管、水罐、首饰盒都是造型优美的金制品,香料和膏脂的香味氤气蒸腾。亚历山大对于东方的豪奢有了深刻的认识。

大流士的母亲、妻子和两个女儿都沦为俘虏,亚历山大知道这消息后,就说:"我的敌手是大流士,敌手只有大流士一人而已,她们本是无辜的,要依照旧时的生活供应她们。"

数年之后,亚历山大为使自己的统治合法化,同大流士的一个女儿结婚。大流士的妻子是极其出众的美人,但亚历山大从未动过非分之想,与大流士之女结合是他第二次娶妻,在这之前他曾同一伊朗贵族之女罗克桑结婚。他的两桩婚姻都是政治交易。另据古文献记载,亚历山大从未有过情妇,他也许无暇接近女色。

胜利次日,亚历山大抚慰了将士,设坛向诸神谢恩,并举行隆重的仪式埋葬阵亡将士。

自亚历山大越过赫勒斯滂以后，历时仅一年半，他赢了两次对波斯的对阵战，驱逐了中亚细亚沿岸的波斯驻军，统辖了小亚细亚，也收复了无数山区部落。为了促进经济繁荣，亚历山大也开始从事公共建筑的建设工作，他重建了以弗所的阿尔特弥耳神庙，他出生当夜这所神庙曾被焚毁。

此外，亚历山大恢复了大多数城邦的民主政体，出征时，他的身份是马其顿国王，科林斯同盟盟主，他以此身份进入了小亚细亚，与此同时，他还是沿海诸希腊城邦的同盟者，一土著女王的义子。

摧毁推罗

推罗城是腓尼基海岸的重要海港，当时最繁荣的商业中心，同时也是波斯舰队最重要的海军基地。

波斯虽然在亚洲大陆连连战败，但其海军却完好无损，依然称雄爱琴海。这支精良的舰队若与希腊反马其顿力量联合起来，亚历山大的运输线就有被切断的危险。那样，兵员补充困难，物资无法补给，马其顿军在亚细亚的战果可能将一举丧失，且有被歼之险。

亚历山大已意识到当时处境的不容乐观，伊苏斯会战绝没有令波斯屈服，当务之急是歼灭波斯海军，巩固自己的后方，保障自己的运输线，而他没有海军。

但亚历山大深信，如果他攻下腓尼基诸城，如果他占领了波斯海军的大本营和基地，那么，波斯舰队就成了海上游魂，水手就会弃船投奔。他的这个推论果然应验了。当马其顿军沿海岸推进时，一个个城市闻风而降，而推罗城例外。

推罗城自有它骄傲和自信之处。新巴比伦王国国王尼布甲尼撒曾率大军围攻推罗，但它坚守城池达十三年之久。它是一个小岛，远离大陆一英里半，城墙由石头砌成，高深坚固，而推罗人尚拥有强大的海军，拥有当时新奇先进的作战器械。

摧毁推罗城，成了亚历山大最辉煌的战绩。

亚历山大兵临城下，推罗人便使出了缓兵之计，派使节献城投降，并希望亚历山大能帮助他们拓展大陆。看了降表，亚历山大说："非常感谢你们的诚意，愿我们能够共享和平的幸福。"他接着和颜悦色地对使节说自己非常想到岛上观光，并去祭祀岛上闪米特族玛尔克特神的圣祠，此神在希腊被认为是赫克里斯，是亚历山大的祖先。"我们都非常崇拜他，只有用虔诚隆重的祭奠，我们才能表达对他的热爱。"

但推罗人拒绝了亚历山大进驻城内。这样,假降的骗局也被揭穿,战争便不可避免地发生了。

据说,大战之前有许多预兆,亚历山大声称他梦见赫克里斯引导他进了城,大占卜师阿里斯坦便说这意味着这场攻城战要付出很大的代价,因为赫克里斯的成就是用力气取得的。而又据说不少推罗人梦见太阳神阿波罗要离开他们到亚历山大那边去,于是他们就把阿波罗的塑像钉在座垫上面,就好像阿波罗是一个叛逃未遂的投敌者。

亚历山大下令修筑一道从陆地通向小岛的宽 200 英尺的长堤。他亲自参加了劳动,不失时机地发表鼓动性讲话,并以重金嘉奖干活出色的人。起初,筑堤工程十分顺利,但当长堤延伸到岛城附近时,水深已达 18 英尺,推罗人从城上袭击筑堤士兵,而且,长堤还不时遭到推罗人战舰的攻击。

马其顿士兵在堤上筑起两座塔楼,外面包上皮革以抵挡推罗人的火箭,楼内安装石弩射击敌舰,在枪林箭雨中,长堤缓慢地向前延伸。

一天,大风从海面吹向海岸,推罗人便划出了一艘火船。宽大的船舱和甲板上满载干柴、树脂和硫磺。两根桅杆的桁端悬挂着装满了燃料的大锅。船的负载使船尾下沉,船首高翘。火船接近长堤时被火把点燃,风助火势,直袭塔楼。由于桅杆被火烧坏,大锅中的易燃品便全部倾出,洒在长堤和塔楼之上,瞬时间,塔楼浓烟滚滚,烈焰四窜,马其顿士兵纷纷跳海逃生。

长堤被毁,亚历山大立即命令另筑一道长堤,较之原来要宽得多,上面筑起了更多的塔楼。这道长堤后来被泥污壅塞,所以现在建在推罗城旧址上黎巴嫩苏尔城已是大陆的一部分。

此时,面对推罗人的战舰,亚历山大也须组建自己的舰队与之抗衡。他在腓尼基其他城市及塞浦路斯收降了近 200 艘战舰。接着,为了建造更多的船只,他带军入山采集雪松作船料。

亚历山大青年时代的老师雷西马楚斯也参加了这次远征,因为年迈体衰,差点掉队丧命,亚历山大冒死把他救了出来。当时天色已晚,雷西马楚斯远远落在了队伍后面,亚历山大不愿他只身落伍,便与他同行,两人沿着陡峭的山路前进。是夜寒冷异常,林中远处尽是敌人的篝火,亚历山大悄悄摸到最边的一堆篝火旁,用矛刺倒了两个敌人,抓起了一根燃烧的树枝返回到他那一小队人中。接着他们点起大堆的篝火,故意大声喧哗,利用疑兵之计吓跑了敌人。这些忠于友情与袍泽患难与共的小事和他的骁勇善战一样,使亚历山大深得人心,赢得了全军战士的衷心拥护。

亚历山大组建了一支庞大的舰队,浩浩荡荡地向推罗进发。推罗人见之大惊,便紧闭城门,拒不出战,并封锁了附近的两个塔口。同时全城人倾城而出加固城防,面向堤岸的城墙最后竟达 150 英尺。这段城墙全由巨石掺和胶泥筑成。竣工之后，他们又把一些大石块推进浅海，以阻止船只靠近城墙。

马其顿人用小艇搬运巨石，推罗人就派人潜水割断船锚的缆绳。最后，马其顿人不得不用铁链代替缆绳，并用起重器扫清航路。

经过多日拼抢，马其顿人终于扫清了道路，靠城墙搭起了多座浮桥，亚历山大便下令攻城。

接到攻城命令，早已愤怒的马其顿士兵潮水般涌向城墙，当他们还未来得及架起云梯，墙上便撒下了一面面大网，被套进去撒进深海。得以登城的，又被推罗人用叫作铁蒺藜的兵器拽下城去。亚历山大派遣士兵用大撞锤撞击城门，推罗人就把锋利的镰刀绑在长竿上割断撞锤的绳索。推罗人在城上架起了大铁锅，把沙子烧得滚烫，向城下倒，并把烧红的大铁块投向马其顿的船只和士兵。一些马其顿人被俘，推罗人就把他们推向城头，当众杀死，尸体抛进大海。

这场围攻战历时七个月，马其顿人使用了大撞锤、攻城塔、云梯、穿城螺旋锥等所有的攻城器械，终于击塌了推罗城的一段城墙。亚历山大立即命令战舰朝两个港口疾驶，并调一些战舰在浅水处向城内投掷梭镖，开弓射箭。于是推罗人四面受敌，无路可退。接着，亚历山大又命从另一些船上搭起浮桥，由艾德米图斯率全身披挂的马其顿步兵攀登城墙，亚历山大也在士卒之中。艾德米图斯第一个登上城头，当他向他的部下欢呼时，被一矛刺中，壮烈牺牲。

推罗城终于被攻陷了。

亚历山大下了屠杀令，登时，推罗城内哭声震天，有八千多推罗人被杀，幸存者有 3 万余人，也全被掠卖为奴。

推罗一战，亚历山大的手段无所不用其极，犯下了滔天罪行，他必须攻占推罗，否则他就无法实现向埃及进军的下一步计划。当亚历山大决心实现其目标时，他可以不择手段，虽然他的目标究竟有多大，在当时他也不清楚。

但有一点可以明确，亚历山大的目标并不在掠夺，一个新型社会正在他头脑中酝酿，这些可从他在小亚细亚的行政安排上可以看出：他希望各个民族、各个种族都成为他王国中平等的一员。

围攻推罗期间，亚历山大收到了大流士的一封信，大流士提出了和谈，表示愿意割让幼发拉底河以西领土，赔款一万塔兰特（1 塔兰特约等于现今 1800 美元），并愿送嫁一个女儿给亚历山大。亚历山大与其友人商议此事时，帕米居欧说："如果我是亚历山大，就会接受这些条件，结束战争。"亚历山大回答道："假如我是帕米尼欧，一定会这样做。"他告诫他的友人说："只有真正结束的战争才会带来和平。"会后，亚历山大傲慢地给大流士回信说:作为全亚洲的统治者,当我有希望取得全部波斯时,我不希望只得到它的一部分。

历史杰作

在天涯出现了您美丽的形象

您,这活的阿顿神,生命的开始呀!

当您从东方的天边升起时

您将您的美丽普施于大地

您是这样的仁慈,这样的闪耀

黎明时,您从天边升起

您,阿顿神,在白天照耀着

您赶跑了黑暗,放出光芒

上下埃及每天都在欢乐

人们苏醒了,站起来了

这是您,使他们站起来的

公元前332年11月,亚历山大以阿顿神的形象出现在埃及,他驱逐了波斯人,把埃及人从暴政统治之下解放出来。马其顿军队享受到了王师之尊,被恭恭敬敬地迎进了埃及。

希腊与埃及在此很早以前就互通有无,亲密往来,有不少希腊人迁居埃及,在这里,两种原本不同的文化逐渐融合。埃及的文化古老灿烂,希腊文化在当时占尽风流。埃及人在保持着矜持的自尊心同时,仰慕希腊文化的辉煌和伟大,希腊人对埃及那古朴悠久的文化充满了尊敬,尤其对埃及的宗教倍感神秘,既敬且畏。在所有的存在物中,文化则具有相对较长的恒久性和凝聚力,在彼此仰慕之中,尊重与和睦则集中体现了它无以比拟的力量。

于是,亚历山大在这里找到了他最重要的东西——统治帝国的新思想。在他埃及充分感到了希腊文化的地位之重要,影响之巨大,使他更确信了希腊文化的优越性。武力可以暂时维持一个帝国的完整,但无法阻止一个帝国最终破碎分裂的局面出现。唯有人们普遍接受或乐于接受的政治体制,繁荣兴盛的经济贸易,公正理性的法律规范,充满活力且具有无穷魅力的文学艺术,基本一致且善于应变协调的思想观念,甚至相似或因相互影响而趋同的生活方式,才能真正使一个帝国永葆青春,疆土永固且不断开拓。

　　我们无法确切地说亚历山大此时的思想已臻于完善成熟,但至少可以从历史的痕迹中看到,他循着这样的思维去做了。他大兴土木建成了亚历山大港即亚历山大里亚,这座港口在今天依然是世界最大最繁忙港口之一,古希腊文化在此,像太阳神阿蒙一般,光芒辐射四散,他朝拜了在锡瓦绿洲的阿蒙神谕宣示所,被祭司们认作阿蒙的儿子,在埃及取得了与法老同样的合法地位,并得到了埃及人的认同,尤其突出的是,他信任埃及本土人,委之以重任,以其宽宏大量赢得了埃及人的尊重。

　　亚历山大里亚是亚历山大的杰作,建址于一个叫拉科德的乡村附近,在尼罗河西端的河口以西。由于地中海海流的冲击,这个港口没有泥沙的淤塞。亚历山大之所以能够在短时间选定港址,得益于本人的博学和他随侍在左右的一批科学家。

　　在亚洲,亚历山大建立了不少城市,也多以其名命名,但其中大多是在原城址上加以整饬或扩建,在原来的居民中加入了一些殖民者,且移居者主要是年老体衰或负伤的士兵。这些"新"城也大多位于战略要地,军事意义尤为重要,而亚历山大港则完全是从无到有,且具有多重作用,它既是继推罗城之后地中海沿岸的商业中心,且是联系东西方的洲际桥梁,另外,它也在后来成为一个大行政中心。

　　亚历山大港中聚集了许多希腊与马其顿士兵,以及一些希腊移民。在这里,他们把希腊的习俗、法律、艺术和生活方式带给了周围的蛮荒世界,使埃及在此后的希腊主义时代成为尤为重要突出的区域。这座城市,建构、成熟、体现着亚历山大的治国方略。

　　一座高 400 英尺的灯塔曾守护着这座港口,被誉为世界七大奇景之一。

　　在兴建亚历山大港期间,亚历山大向利比亚沙漠中的绿洲——锡瓦进行了朝拜,在锡瓦,矗立着宙斯——阿蒙的神谕宣示所,希腊认为它仅次于提佛的阿波罗神谕宣示所。

　　有关横穿沙漠的旅行,阿里安根据他所收集的史实写道:"他们迷了路,连最好的向导也不知路在何方。这时,他们发现两大毒蛇,这两条蛇发出骇人的声音,向前爬行;笃信神兆的亚历山大便命令向导跟着两条蛇走……"但无论如何,亚历山大终于到达了锡瓦绿洲。

　　锡瓦祭司们欢迎了他,在他们看来,一个外国人到达锡瓦绝非凡举。公元前 6 世纪波斯冈比西斯吞灭埃及之后,就亲率大军奔赴锡瓦,企图摧毁令他厌烦的神庙,但在浩瀚的大沙漠,全军覆没,无一生还。事隔两个世纪,亚历山大却比较顺利地到了锡瓦,但那些僧侣们欢迎亚历山大的一个重要原因还在于他们欣赏他的慷慨,只要这些僧侣有所暗示,亚历山大就会把大批的奴隶,肥沃的耕地和无数的珍宝赠给他们。几千年来,贪婪已成为这些历来坐享其成的僧侣们的特征。

　　神庙富丽堂皇,前所未有。整座大庙犹如一个金石堆成的坚固城堡,全部用黄金涂漆、庙内的甬道路面是银漆的,所有的门道都镀着纯金,建筑十分宽大,一切装饰都是经久不变的。阿蒙神像是名贵的玉石经能工巧匠之手雕凿而成,高大雄伟,庙宇高不可攀,黎明时分,它的光芒像太阳一样直射人面。有一个御座由黄金和名石砌成,庙的正面则竖着许多黄金铸就的旗杆。

亚历山大在由衷的赞叹中被祭司引进了神庙,他单独在庙内领受了神谕,出来后,他仅仅说:"神的意旨与我的旨意完全相同。"其余的一切则讳莫如深,后世不得而知。

在这里,亚历山大成为埃及王权的合法继承人,他被祭司们看作阿蒙的儿子。

埃及的哲学家普萨蒙也给予了亚历山大很大的影响,亚历山大接受了这样的教诲:无论何时、何地、何种情况下,王权与统治都是神的赐予,那么全人类都应服从于神的统治。亚历山大则把这则教诲演化为:神的确是全人类的共有之父。但对于那些人类中最高尚、最优秀的人,他将特别地变成自己的化身。而这最优秀的人,每一个民族都可能出现。

在埃及期间,亚历山大思考了许多,他深知,胜利肯定会带来和平。而和平又令他深思,因为在战场内外同"野蛮人"的接触中,他相信所有人的本质都是相同的。他这样总结说:"人们应该把所有好人都视为自己的同族,只有坏人才是异族。"

至今,埃及人民依然敬仰亚历山大这位英雄。埃及现代史学家阿·费克

亚历山大大帝铜像

里这样写道:"那时,马其顿英雄之星,亚历山大开始在世界地平线高高地升起……他无疑是伟大的将领,或许可称为古代最伟大的人。他的伟大之处,不仅在于他军事上的勇武,也在于他闻名于世的博学与宽宏气量……他受到了埃及人的欢迎,他曾是埃及人的解放者,把他们从可恨的波斯人手中解放出来……他临终只有一个希望,他忘掉了母亲,忘掉了他的家,也忘掉了他的帝国和他所有的一切。他想到的只是那块绿洲……与埃及人亚历山大有着同样情感的根脉。"

波斯灭亡

居鲁士是波斯帝国的开国大帝,公元前 550 年,他推翻米底帝国而据有其地;公元前546 年,他攻陷两河流域的昌底亚帝国首府萨底斯,掳走其王;8 年之后,他又占领迦勒底

帝国的首都巴比伦;其子冈比西斯在公元前525年征服埃及;大流士一世东拓疆土至印度河流域,建立庞大的海军,向西与希腊争锋,这个武功赫赫的帝国曾囊括伊朗高原、两河流域、小亚细亚、叙利亚、巴勒斯坦、埃及以及色雷斯。在古西洋史、古西亚史上,在两个多世纪中,它声名远扬,威震四邦,有着难以言述的风流与辉煌。

但是,穷兵黩武与横征暴掠,民族间隙与阶级矛盾,使这个庞大帝国在亚历山大的兵锋之下气喘吁吁,捉襟见肘,亡国之日渐渐迫近。

公元前331年春天,亚历山大在埃及补充了兵员物资之后,便引兵东侵,深入到了波斯帝国腹地。

在底格里斯河河畔,发生了一次月全食,这在马其顿军中引起了极大的恐慌。为了消除疑虑,亚历山大祭祀了月亮、太阳和大地,并请占卜师阿里斯坦卜测。经过一番忙乱,阿里斯坦郑重宣称:献祭的牺牲预示本月可获大胜。

是月,两军果然在高米加拉对阵。

大流士在全帝国广征新兵,添造战车,组织了一支号称百万的大军(主力步兵约八万,骑兵约一万五千)。他选择高米加拉作为战场,是为了避免伊苏斯会战时因地形狭小而引发的失利。为了使带大弯刀的战车有更大的用武之地,他甚至命人铲平了一些山丘。

大流士一直认为对手会突然袭击,也确实有人力劝亚历山大这样办。但是亚历山大扎好营盘后就下令让士兵吃饭睡觉,而他本人则与阿里斯坦德一起在营帐前举行某种神秘的宗教仪式祭祀费尔神。与此同时,帕米尼欧和一些久经沙场的军官们眺望着整个平原上敌军的篝火,倾听从敌营中传出如海潮般的喧声,看来似乎很清楚他们要想在白天击退敌人是不可能的,因此,一等亚历山大祭祀完毕,他们就催促他趁黑夜马上向敌人发起攻击,但亚历山大拒绝了这个建议,他认为在夜袭中会造成混乱和危险,自己军队的精锐优势难以发挥。他最后用幽默的口气对他们说:"我不想偷取我的胜利。"说罢便上床睡觉去了。

翌晨,亚历山大还酣睡未起,军官们只好自作主张下令让士兵吃早饭。最后,迫于形势危急,帕米尼欧只好走进亚历山大的官帐,几次直呼其名唤他醒来。他看到亚历山大睡意未消,急得直跺脚,他大声向亚历山大大喊道:"我们全军将士的生命和全希腊的前途都在今天决定,而你却好像已经打了胜仗一样。"亚历山大闻言却笑了,反问道:"亲爱的朋友,你不认为胜利已经属于我们了吗? 我们无须再四处打大流士了,他送上了门,我们不应该睡个安稳觉吗?"

前两日,亚历山大已认真侦察了敌军,知道敌方军队不仅有精锐的中亚骑兵和印度象队,还配置了二百辆装备着锋利刀轮的战车,这种战车具有极大的杀伤力。在一次战前军事会议上,他特别强调了这次作战和过去作战的不同之处:不是为了夺取叙利亚、腓尼基,也不是为了占领埃及,而是要在此解决整个亚洲的主权问题。他要求每个人都必须从全军的安危着想,需要安静时,要做到鸦雀无声;需要搏斗时,要喊出惊天动地的喊声,全军上下都要机敏地服从命令,该进则进,该止则止,互相呼应,紧密协同。会后,亚历山大又进一步对战场和大流士的军事部署做了全面的侦察,掌握了波斯军队的阵形配置情况:两翼是骑兵,中央是一线步兵,二线全部是步兵,中央前方是象队,左翼前方配置了一百五十辆刀轮战车,右翼前方配置了五十辆战车,主力在左翼,大流士位于中央。他针对波斯军的布阵特点,把自己的兵力作了严谨的部署:以步兵为主力,把密集的方阵置于正中,两翼配置轻装骑兵,在第一线背后两翼外侧设一条后备线,正好与第一线成斜角。如果第一线被敌军包围,后备线即迂回到侧翼进入迎击;如果敌军想绕过侧翼进攻,后备线则直接攻击敌军侧翼;如果敌人不这样打,后备线就向内旋转,以增强正面的兵力。在第一线中央方阵前面,他还精心地埋伏了一些优秀的弓弩手和一支标枪队,以打击波斯的战象和战车。从整个部署来看,马其顿军队的阵形为一空心大方阵,具有较大的机动性。后备线可以面对任何方面,各处都可以构成正面。

这天是公元前 331 年 10 月 1 日,一切准备就绪后,亚历山大跨上战马布斯法鲁斯,把长矛换到左手,举起右手祈祷诸神给希腊人和马其顿人以庇护和力量。在行列中骑着马的阿里斯坦身披大斗篷,头戴金冠,他用手指点着亚历山大头顶上飞翔的雄鹰,此鹰随即直向敌阵飞去,这一情景使马其顿人勇气倍增。

大战旋即启幕,为了摆脱波斯战车和战象的冲击,率右翼向右前方斜角推进。大流士担心亚历山大右翼越过平坦开阔的战场,使战车丧失作用,遂命令其左翼前排迅疾绕过亚历山大右翼,企图迫使亚历山大停止前进。亚历山大即派出部分兵力阻击波斯军迂回,并将其击退。当右翼骑兵与波斯军正进行混战时,大流士指挥他的刀轮战车,全力扑向马其顿方阵。但列于马其顿阵前的梭镖手和其他轻装部队刺杀了一些战马,还把另一些骑手拉下马来;冲到马其顿人主战线的战车则发现马其顿人遵照指示分开放他们进去。此时亚历山大已率右翼击退了波斯军左翼的反突击,接着他调上了整个方阵,直冲大流士的步兵方阵。

大流士被这凶猛的攻势吓破了胆,拨转马头,溜之大吉。马其顿的右翼战斗方酣,其左翼也发生了恶战。由于亚历山大向大流士方向猛烈冲击,使马其顿军的左右翼之间形成了一道缺口,波斯将军梅沙乌斯乘机涌进这道缺口,但被马其顿的后备部队顶住,帕米尼欧也迅速向准备追击大流士的亚历山大请援,亚历山大旋即回师,与波斯骑兵展开了激烈的拼杀。战斗异常激烈,亚历山大有 60 名亲兵横尸沙场,其好友赫斐斯申等人也都负了伤,但大流士逃跑的消息传来,令波斯军士气大落,皆无心恋战,夺路落荒而逃,于是波斯军全线溃败。

亚历山大举行了隆重的祝捷仪式和祭神仪式,以金钱和财产犒赏诸将士,并自诩为亚细亚之主。高加米拉决战,使波斯人元气大伤,一蹶不振,亚历山大便乘胜进军,直逼古都巴比伦。

尚未抵达巴比伦,帕米尼欧在高加米拉战役中的劲敌梅沙乌斯便率军投降。亚历山大尽其一切可能安抚了他们,任命梅沙乌斯当了地方总督,但为了相互牵制,数名马其顿军官则担任了军事和经济方面的职务。对于宗教建筑,亚历山大则命令一一重建,那些庙宇包括马德克庙宇,均毁于波斯人之手。

富庶的波斯行政首都苏萨成为亚历山大的下一个进攻目标。几乎未经什么战斗,苏萨便沦陷,苏萨城经历几代君主苦心经营,储存了五万多塔兰特的金币和金块。城中陈列着一罐罐尼罗河水和多瑙河水,它们象征着伟大统治者的权力无所不在,现今也皆成为战利品。在这里,亚历山大进行了休整,为庆祝胜利举行了祭神大典、火炬赛跑和竞技。

接着,波斯首都珀塞波利斯也被势如破竹的马其顿军攻占,日期为公元前330年2月。亚历山大在此掠走的珍宝不计其数,另外还有贵重的家具和紫色染料。而被掠走的金币和金块共达126,000塔兰特。亚历山大利用掠来的金币和金块,铸成雅典的通行货币。并投入市场流通,他并且大兴土木,建设了许多庞大的公益设施。

而在这里,马其顿军人的豪华奢侈更突出地显现着,亚历山大对部下赏赐十分丰厚,其母奥林匹阿斯也抱怨说,这种大方,简直等于待朋友以君王之礼。一个士兵的战靴上带的是银马刺,另一个居然从埃及用骆驼运来浴用爽身粉,还有一些人竟然不用橄榄油而用贵重的"没药"洗澡。亚历山大也察觉到了这些倾向,便告诉士兵们说:"靠艰苦取胜的征服者比那些被艰苦所征的人睡得更要稳。同波斯人比较,应当懂得奢侈是一种耻辱。艰苦节俭才是一种美德,因为征服的目的是为了避免被征服者的覆辙。"

波利斯王宫是波斯皇帝的得意之作,它雄伟宏大,气势磅礴,其中藏着无数的珍宝和文物,可惜已变化一片焦土,它被亚历山大一把火烧掉。

有这样一件著名轶事,在一次宫里的宴会上,宾客如云,将军满座,妇女也参加了。其中有一个女人叫泰丝,是亚历山大部将普托拉米的女儿,痛饮之余,这个名不见经传的女人说走遍了亚细亚,如果能在薛西斯(波斯国王)的皇宫放上一把火,当子孙谈起时,会说一个随亚历山大征战的女人给予波斯人的惩罚比全体将士所给予的还要重,这样真是太有意思了。她的话引起了一片疯狂的喝彩。亚历山大头戴花环,兴奋地亲自为其开道,于是全体人手持火把把波利斯王宫焚为焦土。

但这不是事实。实际上,只是亚历山大蓄意所为。当王宫在熊熊大火中即将完全倾倒时，亚历山大又下令救火。他之所以有这样戏剧性的举动，是为了向所有的世人宣告：波斯帝国已在火光中灰飞烟灭，人类未来的命运之幕，即将由亚历山大揭开。

悲剧梦想

英雄或伟大人物的许多方面都可以用一个词来概括：孤独。

他们属于一个时代，但他们却往往超越他们的时代，因为他们是本时代的领导者，下一个时代的开创者；他们属于一个群体，但他们的诸多思想、行为与其所处群体的规范、氛围往往有所抵触，甚至背道而驰。因为他们必须身体力行地搜集整理新的事物，而他们也往往率先须领悟它们；他们代表着灿烂辉煌的前景，是生命、生活和世界伟大之处的发现者、创造者。但这些非凡之处，虽甚渺茫，或须经艰苦卓绝的奋斗才可能有所发现，便常被作为无稽之谈、狂妄之想、如此种种，英雄们与平凡人，包括他们的追随者便无可避免地存在着间隙和距离。这些距离正是他们之所以成为英雄，史碑留名的原因，但这段距离也可能造成不解、误会、反对和阴谋的实现。为了拯救自己的事业，英雄不得不使用果敢的手段，而反对者为了自己的尊严、利益、甚至一己之见，也大多当仁不让。于是，悲剧便常在亲人、挚友、领导者与追随者之间发生。

亚历山大在追击大流士远涉波斯腹地以及后来远征中亚途中，这种类似的悲剧发生了多起，他的战友、士兵开始不满，马其顿人与希腊人认为他开始背弃自己的民族和祖国。

亚历山大曾扬言要直捣世界尽头，他的梦想是征服整个世界，按照自己的思想缔造起一个伟大的帝国。杀戮与掠夺，仅是他实现梦想的必要手段中的一部分，安逸享乐，既非他追寻的目的也非他追寻的最终理想。而这些，却被他的大多数部下当作乐事和生存的唯一目的，贻误军机、不服命令经常发生，抗议反对、哗变、背叛、嗜杀的阴谋也时时出现。虽然亚历山大以坚韧无比的精神和能力达到了自己的目的，但那段岁月，毕竟成为他短暂一生中最艰难的一段。

当大流士搜集残部逃到米地亚王国古都埃克巴塔时，亚历山大便立即向那里进发。当他到达该城，大流士已于 5 天前逃之夭夭。

亚历山大没有马上去追击大流士，而是停驻在了埃克巴塔纳。在这里，他与他的将领之间发生了争执。这里是他们那代人所知道的东方最远的地方，许多人进军到此之后可能要问：亚历山大现在还要往前走吗？ 战争还未结束吗？

满足感和厌战情绪在军中高涨起来，亚历山大在这个都城度过了平静的几个星期之

世界帝王

后，便解散了他的希腊盟军，这样做有其妙处，它意味着大希腊复仇战争已告结束。在和希腊城市打交道时，科林斯同盟军依然是有用的工具，但是亚历山大与希腊人在战争中的特殊伙伴关系已不复存在。从此，浩荡前进的将是亚历山大的帝国大军而不再是同盟军。亚历山大给每个士兵发了薪饷并且犒赏一份礼物，言明他们可以回家，还可以留下来以个人名义重新入伍，不少希腊士兵选择了后者。

当亚历山大命令帕米尼欧率军向米地亚地区出发时，遭到了拒绝。帕米尼欧在埃克巴塔纳按兵不动，他认为亚历山大已使不少地区臣服，可以就地收兵。在他身上，集中体现了马其顿人对亚历山大的不满，最终的结果是帕米尼欧被解除了兵权，不久，又因其子叛乱被株连处死。

在德黑兰附近的拉格伊，波斯总督、大流士的弟弟必修斯扣留了大流士，获此信息，亚历山大立即率部向拉格伊进军。

在一个清晨，亚历山大和极少数部下冲入了敌人在达格罕的营地。该地一片混乱，丢弃的财宝金银到处都是，满载妇女、儿童的四轮马车被军队遗弃，歪歪斜斜到处都是。必修斯刺杀了大流士后仓促逃走了。

在一辆四轮马车上，奄奄一息的大流士被发现了，他遍体伤痕，一个马其顿士兵给他端了一点水喝，他让人告诉亚历山大，说他感激亚历山大仁慈地对待他的家小，言毕身亡。

亚历山大将自己的战袍盖在了大流士身上，并下令将他的遗体以君主之礼安葬。数月之后，必修斯被俘，受到了审判，被以屠杀罪、杀害亲属罪等罪名判以死刑，在两棵树上，他被分尸惨死。

在迎击必修斯期间，令亚历山大费神的不是波斯人，而是他的军队，他需要时时向部下做鼓励工作，以保持其命令得以贯彻和起码的士气，需要时时警惕军队的哗变，阻止所有阻碍他前进的思想发展，而同时，为了在所征服地区维持有效的统治，笼络当地人的民心，他要时时注意自己的政策是否正确可行，尽其可能消除亚细亚人的敌对情绪。

有人说，亚历山大的军队征服了亚细亚人的身体，而他们的灵魂则是被亚历山大用衣着赢得的，在某些场合，尤其是隆重盛大的公共仪式上，亚历山大经常穿着波斯服装，他这样做是为了提高亚细亚人的民族精神，逐步消除希腊人和马其顿人的自傲心理，以便使亚细亚人能够和睦相处，共同生活在一个国度之中。但是由此谣言四起，说亚历山大已沉湎于东方的奢华享乐之中，已彻头彻尾地腐化堕落。这一切，严重地离间了亚历山大与其所率军队的亲密关系。

在出发追击必修斯之前，亚历山大着手组织了一次对里海的考察，这次行为遭到了部下们的反对，亚历山大首次面对了一次真正的叛军。

必修斯自封为大皇帝后，亚历山大原计划循直接向东追击，但是由于他的侧翼发生了一起武装叛乱，他被迫引兵向南，进入德朗金纳：在此地他得悉，菲洛塔斯正在策划一个阴谋，菲洛塔斯是帕米尼欧的儿子，也是亚历山大孩提时代的朋友，他专横恣肆，不可一世。过去，马其顿国王与贵族们交往时不拘形迹，二者几乎都是平起平坐的，而此时亚历山大成为万人敬仰的至尊，马其顿贵族便极为不满，形成了以菲洛塔斯为核心的反对派，菲洛塔斯指使人实施武装叛乱的计划，被几名青年军官发觉，于是菲洛塔斯被捕，不久他与父亲帕米尼欧都被处死，亚历山大也充分流露出了他的铁腕手段和刚愎自用。

在东伊朗，亚历山大遭到了他有生以来最顽强最长的抵抗，一场被伊朗民族主义悄悄点燃的游击战争等待着他，疾病、伤亡、哗变、伏击和暗杀屡有发生。

亚历山大占领了巴克特里亚之后，立刻向奥克苏斯河进军追击必修斯，在关键时刻，塞萨利亚人骑兵哗变了，这支精锐部队原隶属于帕米尼欧，在高米加拉及整个远征中战功赫赫。指挥者的被诛杀，征战无了期带来的渺茫感，使他们背弃了亚历山大。别无选择，亚历山大只好将他们调回希腊老家。

处境相当危急，身在遥远的亚细亚，而军队士气不振，一支精锐又离他而去，此时，整个远征军的成败系千钧于一发，甚至可能全军覆没，是否向西回师，功亏一篑而返呢？

决不退缩也是亚历山大的一个特性，他认为应从危难之中找到生的希望。他开始在亚细亚人中征募新兵，大量东方人有史以来被补充进欧洲军队中。

这是一场独特的试验。如果这种种族间的合作能成功，如果这些东方人的部队的确能够效忠且勇敢善战，那么就能说明朝大同世界又迈出了最重要的一步。在不久的将来，肯定会发展出震撼世界的民族融合模式。

斯波塔门斯是索格吉安那部落的杰出领袖，他勇敢刚毅，极富才干，在公元前329～328两年间，领导了抵抗亚历山大的游击战争。他的军队得到了附近居民的积极支持，他采取游击战术，避开亚历山大的主力部队，袭击他的零星部队。亚历山大对此无可奈何。

在索格吉安那，酷暑行军、战斗和叛变、负伤和患病，使亚历山大的军队疲于应付，士兵们的精神濒于崩溃。为了松弛紧张的神经，调整士兵们的情绪，亚历山大经常举行大宴会，他本人很少喝酒，而在马拉坎达的一次欢宴上，他却喝醉了。

席间，一名亚细亚青年唱起小曲讥讽了败阵于斯安塔门斯的军官，使席间气氛开始紧张起来。一些人呵斥他停止哼唱，而亚历山大却喊着让他继续唱下去。亚历山大童年时代的朋友克雷图斯伸出双手，提醒说就是这双手在格兰尼库斯河救过他的命，并说亚历山大是靠了马其顿才有了今天的荣耀，不应当目中无人，要尊重马其顿人。他还说，那些战死疆场的马其顿人比起嘲笑他们的人强十倍。宴会上紧跟着响起一片欢呼声。亚历山大转身指着那些马其顿人对两个希腊人说："在这群野兽中，你们不觉得是神的后代吗?"言毕抓起一个苹果打中克雷图斯,接着又找他的长剑。

克雷图斯被人推出门外又返回大厅,背诵着欧罗庇得斯悲剧中的一句话:"苍天啊!希腊出现了一个多么邪恶的政府!"亚历山大从一名卫士手中夺过长矛,一掷结束了他童年伙伴的生命。

这不仅是一桩罪行,而且是个人的大悲剧。一连三天,亚历山大闭门不出,拒绝饮食,口中喊着克雷图斯和他姐姐兰妮丝的名字。兰妮丝曾经带养过亚历山大。众人便出来努力使亚历山大恢复正常的健康状态。为此,占卜师说这件事是酒神狄俄尼索斯出于愤怒杀死了克雷图斯,雄辩家阿非卡楚斯一进亚历山大的门就喊道:"瞧,这就是亚历山大,全世界都注视着亚历山大。但他就像个奴隶似的在哭泣,难道你不知道宙斯的两旁有正义和法律,就是为了说明世界之主所做的一切都符合法律和正义吗?"

尽管有嫉妒,争吵甚至阴谋和反叛,但远征依然进展顺利,凭借自己的天才和高压手段,亚历山大仍牢固地控制着他的军队。

在中亚期间,亚历山大娶了一个部落首领的女儿罗克珊。罗克珊美丽动人,婀娜多姿,与亚历山大一见钟情。虽然,这场婚姻有不少的政治色彩,但也一时在军中传为佳话。亚历山大也劝说马其顿士兵效仿,娶当地女子为妻,这也是他结束在此的游击战争的举措之一。

曾有人提议尊亚历山大为神。在那无成熟宗教的时代,一些显要人物与神并列司空见惯,亚历山大也有意如此。面对敌人,可以兵来将挡,水来土掩;面对士兵哗变,可调邻近部队换防;而面对一群不大可靠的军官,亚历山大该如何呢?他决心摒弃其间的伙伴关系,以神化自己的方法来结束人们半心半意的支持和可能出现的阴谋。他认为,时代要求他必须正式成为一个专制君主。但最终亚历山大放弃了这种做法,因为有人公开表示了反对,其中有亚里士多德的侄儿卡里斯塞尼。

随后不久,皇室的年轻侍从人员就策划杀害亚历山大。阴谋被发现后,这些人供认是卡里斯塞尼唆使,于是,卡里斯塞尼及其党羽统统被处死。这件事,亚历山大从未得到亚里士多德的宽恕,也使许多读书人对亚历山大采取了敌视态度。他们也着手把亚历山大塑造为人们所熟悉的形象:起初非常好,但后来却成了一个杀人如麻的暴君。亚历山大在历史上的本来面目也被掩盖了。

面对历史,我们可以发现:亚历山大既非魔鬼,也非神祇,而是一个兼有严重缺陷和崇高美德的人,是一个有着局限和矛盾的人。那个时代,是一个征服的时代,亚历山大作为征服者,冷酷无情,战绩辉煌,而又极端残忍;但继征战杀戮之后又极为宽容。他到每处几乎都要杀戮,但是许多异族人,也多把他当作伟大的解放者,随着征服的胜利,民族融合也将成为他整个帝国的驱动力和聚合力。

兵息印度

大军威慑、无情屠杀、堡垒封锁、离间收买,运用了种种手段,亚历山大终于征服了中亚,公元前 327 年,他率军向印度进发。

亚历山大对印度所知甚少,据他所知,印度是世界的最南端和最东端,征服了印度,他那"直捣世界尽头"的狂想便实现了。

据说酒神狄俄尼索斯和赫克里斯二神曾到过印度,这对亚历山大的冒险起了极大的支配作用。另外,他还了解到波斯帝国曾一度延伸到印度,而波斯帝国现在已属于他亚历山大,他必须一睹这个帝国的各个角落。

他所率军队约有 35000 人左右,后来又有来自帝国各地的援兵赶来。在印度,亚历山大实行的是血腥的屠杀政策,中亚的游击战争令他吃尽苦头,使他相信只有血流成河才会换来屈服,只有不折不扣的恐怖政策才会令该地人民闻风而降。

但印度是一个有着悠久历史文化的国度,当时,已有系统的政治、文化、宗教;印度人民有着不屈不挠的斗争精神和英勇善战的品性。虽然,在征服印度时亚历山大占据了印度河流域的广大地区,但印度人民从未真正屈服过。抵抗和起义行动接踵不断,当亚历山大逝世之后,印度首先从其帝国中脱离出来,重新恢复了原状。

当时,印度西北不存在统一的国家,诸邦林立,彼此敌对。塔克拉苏与波鲁斯王国是两个较强大的王国,彼此也是仇敌。亚历山大尚在中亚苦战时,塔克拉苏的头领塔克西尔斯就派特使觐见亚历山大,献塔克拉苏城给马其顿人,企图利用亚历山大攻灭死敌波鲁斯,尔后坐收渔利。

亚历山大在越过兴都库什山后,就立刻实行了惨绝人寰的大屠杀,整个的部落被消灭,他的凶残令一些部落风闻他大兵临近,马上焚城逃走。

占领阿诺什是亚历山大在印度的突出战绩。阿诺什遗址直到 1926 年才被找到,该地山势险峻,易守难攻,城堡建在一条名叫帕尔—萨的山脊上。

帕尔—萨是由两个陡峭的山脊组成,主峰高 7100 英尺,5000 英尺的峭壁直下印度河;另一条山脊高 8270 英尺,也有同样的悬崖峭壁,两条山脊成直角接合在一块,接合处是一块 800 英尺高的锥形巨岩,名叫巴尔—萨。阿诺什在希腊语中是鸟儿也飞不到的地方,为攻克该城,马其顿士兵用了四天时间在巴尔—萨峰下堆了一座山丘才得以成功。

海达斯帕斯战役在印度有着重大影响,经过此役,亚历山大征服了波鲁斯王国,俘获了国王波鲁斯。这次战役,也是亚历山大所进行的最后一次对阵战,是最后一次大战役。

公元前 327 年 6 月,两军在海达斯珀斯对岸列阵。波鲁斯身材魁梧高大,飒爽英武,他有二百多头战象,几百辆刀轮战车,步兵数量众多,但骑兵却占劣势,他在沿岸严密设防,决心阻止亚历山大过河。

河宽水深,强渡极难成功。亚历山大让兵分数路,沿河向不同方向移动,自己也率一部人马来回活动。这样,既可以破坏敌方的物资供应,侦察较好的渡河点,又能诱使波鲁斯到处设防,分散兵力。与此同时,亚历山大审慎选择渡河时机。如果白天渡河,敌人的战象会吓惊马匹,使其落水。基于此,亚历山大决定夜间偷渡,为了使偷渡成功,亚历山大带领部分骑兵高喊冲锋口号,沿河岸来回奔跑。久而久之,敌军习以为常,放松了警惕。亚历山大见敌人中计,便把部队带到事先选好的渡河点,在沿河各处都设置了岗哨,各岗哨处于高度警备状态,彼此保持联络。

一切就绪之后,亚历山大指挥部队到处点起篝火,喧嚷不止,如此一连几宿,连波鲁斯都麻痹大意了。一天夜晚,大雨倾盆,亚历山大调度好部队之后,自己带领五千骑兵率先抢渡。

过河后,亚历山大的人即与波鲁斯的儿子率领的两千军队遭遇。经一番激战,波鲁斯的儿子被杀,所部被歼。这使波鲁斯举棋不定,他须迎击亚历山大,还须阻挡欲在他大本营处渡河的其他马其顿人。波鲁斯决定留下一些战象迎敌,自己率余部迎击亚历山大。

波鲁斯选择了一块沙地作为战场。在 4 英里长的地段上摆开了他的百余只战象,战象间部署了步兵,步兵和战象构成了波鲁斯的中军,两翼各有两千名骑兵,左右两翼则各有百余辆战车。

当亚历山大逼近敌人时,却下令部队原地休息,他则研究起对方阵式。他没有象队,骑兵也无力与战象对阵。他决定采取的最佳策略

亚历山大远征波斯

是,先攻击波鲁斯的另一部分军队,再从背后攻打象阵。为此,中军他布置为步兵,并嘱咐当敌人骑兵被打垮后再投入战斗。然后在两翼则集中了他的全部骑兵,由他指挥。

波鲁斯看到亚历山大的调兵布阵,就调整自己的阵式,把所有骑兵都调到两翼去迎

战亚历山大。亚历山大在这一瞬间做出反应命令两翼骑兵出击。由于马其顿骑兵攻势凌厉,势不可挡,波鲁斯的骑兵慌忙向象队靠拢,结果造成混乱。马其顿步兵趁机便向象队投掷武器,大象受伤后横冲直撞,踏伤了己方的不少骑兵。

这时亚历山大命令步兵把盾牌靠在一起发起攻击,而他和他的骑兵则包围住整个战线把敌人围在其中。

海达斯帕斯之战激战了8个小时,波鲁斯抵挡不住,只好投降。他勒住了战象,下来步行走向亚历山大,态度异常庄重。亚历山大十分赞赏波鲁斯的气概,问他希望受到怎样的对待,波鲁斯回答说:"像一位国王那样。"当亚历山大问他还有何话说,他说一切都已包括在那句答话之中了。

这场战役,使亚历山大对印度有了新的认识,惊诧于印度人的才干和斗志。为此,他擢升塔克西尔斯由总督变为一个独立的国王,波鲁斯仍旧统治原来的王国。这样,两个印度藩王也和解了。亚历山大希望这个以他为宗主国的自由联盟能够产生影响,之后,他继续东征。

广袤的印度和它众多的人口,酷热和热带季风,无休止的行军作战,使马其顿士兵难以忍受,他们拒绝再向前进军。

亚历山大把军官们召集起来发表了热情洋溢的演说,让他们想到他们正在创造一个繁荣的世界性国家,而且最终的胜利就在眼前。但他的演说迎来的是一片沉默。一个名叫克依努斯的军官站起来鼓足勇气说:"从家乡同来的伙伴现在还有几人呢?我们无数的战友已战死疆场,我们这些幸存者现在也精疲力尽,我们没有别的心愿,只希望能够活着回到故土,能够见到我们日思夜想的亲人。"克依努斯的话引起一阵经久不息的欢呼声,有的甚至泪流满面。

一切都无可挽回。

几天之后,亚历山大宣布回国。

为了纪念这次远征,高大的纪念碑被树立起来,希腊诸神的祭坛也一座座树立起来,巨型的盔甲、马具散放四处,亚历山大知道,他将永远不会再踏上这片土地了。

归途艰险

回国的路线是由亚历山大选定的。

他的许多努力未能说服他的军队,回家是一种迫切难抑的渴望。亚历山大所能做的,只是依顺广大官兵们的要求。没有人想废黜他,因为只有他才能使每个人回到自己的家。横穿印度的计划功亏一篑,闲步地球最东端的梦想也无法实现,于是,亚历山大便以退为进,把归国路线定为:顺印度河直下到大洋,取海道沿伊朗海岸进入波斯湾。

这并非一条直接回国的捷径,而是一条一路激战不已,伤亡惨重甚至几乎全军覆没的艰险路途。

亚历山大欲勘察印度河水系,了解帝国东南部的情况。在海达斯皮斯,他兴建了两座城市,建造了一支拥有近千艘战船的舰队,尼俄楚斯被任命为舰队的统帅,亚历山大的总计划是扫清行路途中的一切障碍,以期尽快到达大洋。骑兵、步兵、弓箭手和其他轻装部队乘舰启航,克拉特鲁斯与赫斐斯申各率大部人马,分别行在左右两岸。

公元前326年11月的一个黎明,舰队启航,行军阵容极其壮观,船只首尾相接蜿蜒数里,旌旗招展,鼓声与船夫的呼号声直冲云霄;两岸,辎重车、驮马队不见首尾。回家,激动着每一个士兵的心,他们欢欣鼓舞,热泪滚滚。

围观的印度人也激动异常。面对着异国军队的庞大阵容,他们唱起了歌,跳起了舞,直至舰队消失在印度河的滚滚清波之中。

前行不久,为了镇压已有异心的印度人,亚历山大立即夷平了一座有5万人口的城镇,把一个部落斩尽杀绝,逃难的人被逐进丛林和沙漠。

在马勒镇,亚历山大遇到了顽强抵抗。马勒镇人以其勇敢善战闻名于整个印度,誓死保卫城池,而亚历山大欲把马勒镇作为自己的一个军事据点,也欲以攻克马勒镇来威慑整个印度。

但城高池深,攻城的次次冲锋受挫,亚历山大便愤怒地夺过一架云梯亲自登城,身后只跟了三名侍卫。双方战士都为之震惊,当马其顿人意识到统帅处境危急后,便潮水般拥向城墙。云梯一架架塔起,但由于人多体重,不少云梯被压折,城头上的飞矢、擂石雨点般地飞下。

亚历山大不顾一切地登上城头,与围攻的敌人展开拼杀战。他的三名侍卫一名被杀,另两名也负伤多处,但誓死护卫亚历山大。此时一箭穿透了亚历山大胸铠,卡在肋骨之间,鲜血顿时染满战袍,他跪倒在地,背靠墙上,挥剑拼杀,随即又几处受伤,数次差点晕倒。

他视死如归的英雄气概极大地鼓舞了马其顿人,士兵们都奋不顾身地爬上城头,浴血奋战。马勒镇终被攻克,城中的所有士卒、居民皆遭杀戮。

亚历山大的伤势非常严重,手术后,他的身体一直难以恢复。于是,他死去的谣言传开了,在军中造成了极大的不安,士兵也开始为自己的命运未卜而惶恐不已。缺少亚历山大,便无人有能力率全军克敌制胜,越过千山万水和无垠沙漠返回故土。亚历山大颁下手谕安抚军心,说明了病情,并表示不久将与众将士聚首,同归故里。但很少有人相信手谕的真实,甚至当他的座船驶回军中时,他们还半信半疑,认为船上可能是亚历山大的尸体。

巨舰缓缓驶进众船之中,亚历山大在船头挥手向士兵们致意,他的出现引起了经久不息的欢呼,士兵们欢呼雀跃,高兴得手舞足蹈。在欢呼声中,亚历山大舍船上马驰回营帐,士兵们一拥而上,把他围在其中,争相伸手抚摸他,以证明亚历山大的确活着,无数的花环投向亚历山大,他的赞歌也随之在大营中飘荡起来。

最后,亚历山大又重新顺流而下,一路上他攻城略地,修建城池,沿途的印度人或逃或降,无不屈从,但一些婆罗门教人却对亚历山大视若不见。

在塔克拉苏时,婆罗门就对亚历山大充满了敌意,甚至敢于当面冒犯。一个婆罗门僧侣看到亚历山大走近他时,便跺着脚说:"你亚历山大脚下有一片土地,我的脚下也同样有一片土地。"当有人说亚历山大是神时,那些僧侣便说:"那么,我也是神。"

在归途中有这样一个传说,生动地描述了亚历山大与婆罗门的一次交往。

有十个印度哲学家,人称裸身智者。他们被俘后,亚历山大决定出道难题来验证他们的聪颖,并且说答错者立即处死,他选了其中一个老者作为裁判。

亚历山大开始提问了,10个婆罗门泰然自若,似乎胸有成竹。他问第一个人说:"生者与死者,哪一个多?"答曰:"生者多,因死者已不复存在。"第二个问题是:"大兽生于海中还是陆地?"答曰:"陆上产大兽,因为海只是大地的一部分。"第三个人被问哪种动物最狡猾,他回答说:"人尚未发现的动物。"第四个人被问你为什么要煽动士兵造反?答曰:"我希望他或是活下去或是体面地死去。"第五个被问道,昼与夜何者久些?答曰:"昼长,但就一日而言。"亚历山大甚表惊讶,他们便说对于难题应以深奥的答案选之。接下去,亚历山大问下一个人:一个人怎样才能真正被人敬爱。印度人回答说:"他必须非常威严但又不使人畏惧。"第七个被问:一个人怎样才能成为神,他答道:"为他人之所不能为。"亚历山大问下一个人:生与死,哪一个更艰难?此人答道:"是生,因其将忍受更多苦难。"问最后一个人的问题是:人活多久最为适宜,答曰:"活到死亡比生命看起来更称心如意。"

然后,亚历山大转向那个裁判人,令他做出判决,那个老者说依他看,回答得一个比一个糟。亚历山大更是惊讶,最后将这些高深莫测的智者全都打发走,并以礼物相赠。

是年七月,亚历山大到达了印度河三角洲。此时,印度洋也遥遥在望。亚历山大认为他已到达了地球的最南端。在此,他也曾扬帆驶入印度洋,想弄清楚是否还有陆地存在。盛大的祭祀活动也如期举行,亚历山大祈请诸神能保佑他的舰队平安驶入底格里斯河和幼发拉底河。随后,亚历山大在三角洲大兴土木,修建城池,筑造码头,疏浚港口,设置要塞,这些将成为日后帝国贸易的最东南据点。

关于如何返回美索不达米亚，亚历山大则兵分两路，尼俄楚斯率领舰队走海道，他本人率万余名士兵走陆路，沿途为舰队供应给养。就这样，亚历山大先期而行，率军穿越了伽德马西亚和卡曼尼亚沙漠。最终，两军在公元前 324 年初会师于巴比伦境内的奥皮斯城。舰队一路顺风，无甚困扰。而亚历山大在沙漠中却历尽艰辛。

行军伊始，亚历山大尚能按原计划沿海岸打井和建立粮食供应点，甚至又建了一座亚历山大城。但不久，他自己的供应便已耗尽，士兵们便划开加封的粮袋，擅自动用了粮食，为此，亚历山大也只好网开一面。在泰罗山，军队不得不穿越 200 英里的浩瀚沙漠。沙漠中酷热难耐，只好夜间行军。

一路上，亚历山大与广大士兵同甘共苦，他下马徒步行军，当有人专门为他送上一点水时，他或立即拒绝或当众把水泼在地上。行至沙漠中心，因粮食已尽，驮运物资的牲口被杀掉，笨重的辎重车也被砸碎。整个军队疲惫不堪，无数的伤病员倒在了路边。

到达奥皮斯时，亚历山大的军队已所剩无几，随军的妇女、儿童幸存者屈指可数。但是，到达奥皮斯时，他们倍感自豪与骄傲，一路腥风血雨，如今终到尽头。

海陆两队军队会师后，在奥皮斯举行了盛大的阅兵仪式，音乐和竞技比赛也持续了多日。尔后，大军向波斯本部进发，后来抵达巴比伦。

此次归国行军的历史意义也十分伟大。尼俄楚布斯探出了一条尚未为人知的海岸，并在东西方间开创了一条航道，直接为以后的东西方贸易开了通途。两军会师标志着亚历山大的 10 年远征结束，经过浴血奋战，亚历山大建立了一个前所未有的庞大帝国，它的版图，西起希腊，马其顿，东到印度河流域，南临尼罗河第一瀑布，北至药杀水（今锡尔河），首都则定在巴比伦。

逝者如斯

对于艺术品，自然所造就的残缺可以成就一种美，维纳斯的断臂并未减损这精妙绝伦之作的丰韵，相反，她在人们的想象中却生长着无与伦比的玉手，紧握着世人们由衷的赞美。毫无疑问，伟大人物也应是历史造就的艺术品，生命的短暂迅忽，也无疑是他们天然的残缺，而这种残缺，留给世人的是悲叹、感慨和无以弥补的遗憾。历史固然不会有太多的完美以不失其多彩多姿，它也不会满足人们主观的某种愿望和祈求，但它的残缺所造成的损失却完全有理由令人扼腕痛惜。

公元前 323 年 6 月 10 日，亚历山大病逝，时年仅 33 岁。

他是历史长河中一块崚嶒突出的岩石，汹涌的河水在他身上溅出了美丽的壮观景象，他冷铁般的气质和至死燃烧的热情汇入水流，泅进史册，沉积在人们仰望的心中。这一块巨岩，它本可能激起更多的壮丽和惊叹，而在疟疾的侵袭下，轰然倒塌。

若天假以年，我们纵然难以想象出他所创立的帝国的所有繁盛，但起码可以想见这个帝国会日益巩固，各种体制将逐步完善把众多的民族、种族维系在一个国度中，而不至于像历史上的事实那样分崩离析，火烧萧墙；和平也会较长久地在地中海世界给人民带来安定、团结和幸福；西班牙、意大利半岛、小亚细亚、印度、埃及甚至更多的地区将会更加紧密地联系着，人类前进的步伐在那里也可能会更快一些，甚至波及我们的现在。

然而，历史总是水波不兴，镇静自若地掐灭一个个假设，让我们带着叹息来缅怀叱咤风云的英雄人物。

在波斯古都帕萨尔加德的一片荒岭蔓草中，耸立着居鲁士的陵墓。当亚历山大披着征尘拜谒它时，他看到的是一片零乱和凄凉，墓碑横斜在地，坟头的野草在风中抖瑟，原本陈列般严整的林木已七零八落，有的被连根挖走，有的被拦腰砍断，有的则被野火烧焦。亚历山大跃下马背，一步步走向这位昔日雄豪的安息地，碎瓦砾石中，他的脚步愈来愈沉重。居鲁士，也曾挥刀跃马，踩过一道道城池，踏过一团团血洼，也曾把一个帝国搁在剑下；而今，清风冷月，残垣断壁之中便是他的所在。亚历山大所曾仰慕的先辈正在向他诉说一种悲凉之情，这种沧桑巨变的悲怆也随着舞草鸣兽汲进他的心头，亚历山大左手按剑，神色肃穆地在居鲁士的墓碑前站住了。

墓碑上刻着："人啊，不论你是谁，也不论你来自何处（因为我知道你终归要来的），我，居鲁士，是波斯帝国的缔造者，不要吝惜这一方供我葬身的土地吧！"

逝水流年中，煊赫一世的君主帝王也有这般真实的无奈，亚历山大解剑向居鲁士深深鞠首，在他弯腰的一瞬间，他会想些什么呢？二千多年后的今天我们能否看到他眼中的感伤和忧郁？

回到营中，亚历山大即拨款修葺陵墓，并下令由工匠阿里斯特布鲁斯负责守护。

从远征归来到亚历山大病死，这近两年期间，他竭心极虑地建设着帝国，当他刚刚归来时，迎接他的是混乱的局面，许多希腊人，马其顿人和蛮人的高官辜负了他的信任，亚历山大的儿时伙伴哈帕鲁斯被任命为帝国金库总管，而他于亚历山大在印度浴血征战之时却席卷了大量的财宝逃回希腊，埃及的财务总监贪赃枉法，移居亚细亚的希腊人、马其顿人为争取返回家乡而不时作乱；更多的地方长官则热衷于割据称雄，面对这种局面，亚历山大痛心疾首，无数战士浴血拼杀换来的业绩正被蛀空，他果断地下令拘捕作奸犯科的官员。

但在整治河山的过程中，亚历山大也错杀了许多无辜，他急于清理那些贪官污吏而不惜大动干戈，一些人因轻微的罪行也遭到了极刑，一些人则受到莫须有的罪名的指控而死于他的刀下。十年的征战已使亚历山大对死视作平常之事,一个人的生命在他眼中变得极其轻微,他希望按自己的理想来实现整个帝国的繁荣,不愿任何有违自己意愿的事情发生,暴戾已成为他的最大敌人,自信,狂妄,嗜权在他身上暴露无遗。

身先士卒,战无不胜为亚历山大赢得部下的崇拜。人们对他敬畏不已。而此时滥杀的无情又使人对他充满了憎恨,许多人对自己的命运未卜深感不安和不满。

印度哲学家卡兰努斯曾率先投奔了亚历山大,对亚历山大的思想曾有过深刻的影响,在公元前324年春,他对亚历山大的许多做法表示了不满,并要求火葬,

亚历山大征服欧亚大陆

他说:"一个人对自己笃信的事物产生了怀疑时,对自己寄予厚望的事物无可挽回的失望时,生命还有什么存在的意义,我不如此时死去。"

亚历山大对此感到震惊,便苦口婆心地劝说卡兰努斯,他说:"你没理由就此去死,这个世界有充分的理由挽留你,对于过去的事因为操之过急而有失法度,我负有责任,并以愧悔的心情向你道歉,请你原谅我,因为这一切都源于我对这个国家的美好要求。"卡兰努斯对他的劝说无动于衷,他告诉亚历山大说:"尊贵的人,我恳求你堆起高高的柴垛,用火把它引燃,火焰中我能找到最好的归宿"。

火葬在苏萨的一个广场举行,亚历山大安排了一列全副武装人马的行进式,卡兰努斯头戴着印度式的花环,坐在轿子上。送葬的印度人唱着圣歌送别,当队列行进到柴堆前,卡兰努斯对亚历山大说:"我很快就会在巴比伦与你相见。"

随之卡兰努斯神情庄重地走上柴垛,他环顾了一周后便吩咐点火,登时火舌四起,浸了油的干柴熊熊燃烧,卡兰努斯渐渐地湮没在烈焰和浓烟之中,一时间,号角齐鸣,士兵们挥戈举盾发出战斗时的呐喊,大象也长声嘶叫。

卡兰努斯的自焚在一定程度上体现出人们思想上的分歧。确实,当时各类思想政见纷纭涌现,希腊人、马其顿人要求取得征服者的身份,享有奴役他族的特权;其他蛮族要求各个民族平等相处,或要求独立自治;不少军官沉溺于享乐之中;驻扎异地的士兵迫切希望能回家与妻儿团聚。如此种种离心力,使亚历山大举步维艰,他迫切的希望能有一种思想或理想,最大限度地把帝国的各个部分紧紧团结起来。他时常穿着波斯服装出现

在盛大场合，以便维护波斯人的自尊和自信；他采取了波斯的行政体制。也许在众心不一的情境中专制不可或缺，亚历山大开始乐意接受人们奉他为神明的行为。

种族间联姻，是亚历山大力图融帝国为一体的重要方式，在巴克特拉他曾娶巴克珊为妻，现在，他又娶了大流士的女儿巴尔赛茵。异族通婚获得了官方的赞许和支持。

亚历山大与巴尔赛茵结婚时，他在苏萨安排了一次盛大国宴，参加国宴的有同时结婚的千对新人，每对新人都是异族通婚，这个盛况空前的婚礼是按波斯风俗举行的，新郎成排而坐，宴席后，新娘走进来各自坐在新郎的身旁，然后从亚历山大开始，每个新郎握住新娘左手亲吻，亚历山大给每对新人都赏赐了彩礼，而且对那些多年来与外族女子有永久或短暂结合的希腊、马其顿士兵，也一一馈赠了礼品。

总之，在亚历山大的苦心经营下，一个多民族的帝国日显雏形，各民族的联系和融合日益加深。在行政机构中成千上万的蛮人被委以大小官职，有的甚至占据要职，军队也由多民族组成；各个地区的贸易往来逐渐恢复且更显频繁。很明显，这是一种新的姿态，这是实现一个大同世界的理想，数百年来彼此敌对仇视的人们将共同开创新的生活。

但是，新思想一时并不能为大多数人所理解，在马其顿官兵当中，种族的优越感和征服者的狂妄已根深蒂固，他们认为应当成为他族的主人而不应是朋友。当这种思想遭到批评时，他们便公开流露出怀旧情绪，认为像菲力普那样才是马其顿的英主。不久，在底格里斯河畔，一部分马其顿士兵哗变，亚历山大对此颁令让年老和受伤的士兵回乡，然而军中的年轻人也坚决要求回乡，并挑起了叛乱。

亚历山大下令逮捕了首恶分子，随后他召集了马其顿士兵，登上讲坛。

他说："我对你们的行为感到羞耻，你们正在抛弃我们十几年来从事的事业，伟大的菲利浦为我们指明了方向，是他唤醒了马其顿人的自尊，并领导我们走出了希腊半岛，在整个世界中为马其顿人争了光荣，我们的王国难道无法超越山之阻隔？我们难道只有在故土上才能创造幸福的生活？难道马其顿人仅有狭隘自私的思想，只愿自己独享神的恩惠，而无力把明媚的日子带给每一个人，无论他是希腊人，还是埃及人，波斯人？菲利浦已经告诉我们，我们十几年也正循着他的指引而去战斗，整个世界才是马其顿人的家，我们必须跨越国界，跨越达达尼尔海峡，让世界的每个角落都充满快乐和幸福，让马其顿人无论走到哪里都会得到感激和颂扬！为此，我们要用公正、无私、勇敢、慈善来回答世界。一个曾经弱小的民族能够支撑起整个世界，十几年来，无数的马其顿人，神的最优秀的子民，为了这个光荣神圣的使命，把鲜血洒在地中海之中，把尸骨抛在了印度河畔。他们死得其所，因为他们开创的是前所未有的伟业。现在，这项事业我们已经完成了一半，我们已经把亚细亚人、埃及人、腓尼基人、印度人都团结在身旁，使他们为我们的事业添砖加瓦。亲爱的战友们！你们应当明白：真正的主人会拥有宽宏大度的美德，会用微笑和友善的手获得别人尊重和服务,并使一切都合情合理,奴仆们没有怨言,朋友们没有间隙,而你们……"

"是的,你们可以走,我决不阻拦,你们可以回到你们的家,去做儿子,丈夫,去享受安逸但卑微琐碎的生活。走吧! 当你们回到家乡时,你们可以高兴地告诉家人:我们抛弃了祖国的前途,抛弃了国王,抛弃了流血和艰辛,连同责任、使命和一切崇高都抛弃了。是的,你们可以愉快地诉说一切,是的,你们可以回去了。"

一片死寂,已经放下武器、卸下衣甲的马其顿士兵万分沮丧,目送亚历山大走下讲坛,走进自己的营帐。

三天之后,士兵们聚在亚历山大的帐前请求宽恕,亚历山大欣然迎接,士兵们说:"伟大的亚历山大,你不应把外人当作至亲的朋友。"亚历山大释然一笑:"至亲的朋友,你们都是。"

恩仇泯于一笑之间,9000 人参加的盛宴中,希腊人、马其顿人、米提亚人、波斯人、其他各族人等欢聚一堂。

制订计划,举行会议是亚历山大每天生活的一个日程,在他的计划中包括又一个远征方案。但是当一切方兴未艾,亚历山大却在日夜操劳中走到了生命的尽头。

他偶发寒热竟缠绵不愈,最终卧床不起,疟疾,成为这位战无不胜的英雄的克星。他的士兵时刻关注着他的病情,一日,他高烧不止,几乎昏迷,广大士兵知道后不顾阻拦闯入宫中,在亚历山大的床前热泪滚滚。此时,亚历山大已无法言语,他强力支撑着向来者挥手致意,皇家日志详细记述了亚历山大的患病情况,结尾写道:"越二日,薄暮,君薨,天意也。"这时是公元前 323 年 6 月 13 日,亚历山大大帝年仅 33 岁,在位 12 年又 8 个月。

随后不久,帝国分裂,三足鼎立,马其顿仍为一国;将军塞卢库斯占据了亚细亚,普托拉米(托勒密)则开创了埃及托勒密王朝。

罗马帝国的过渡人

——恺撒大帝

人物档案

简　历:恺撒大帝,罗马共和国(今地中海沿岸等地区)末期杰出的军事统帅、政治家,并且以其优越的才能成为了罗马帝国的奠基者。恺撒出身贵族,历任财务官、祭司长、大法官、执政官、监察官、独裁官等职。公元前44年3月15日,恺撒遭到以布鲁图所领导的元老院成员暗杀身亡,享年56岁。恺撒死后,其甥孙及养子屋大维击败安东尼开创罗马帝国并成为第一位帝国皇帝。

生卒年月:公元前100年7月13日~公元前44年3月15日。

安葬之地:古罗马广场的恺撒大帝墓。

性格特征:性格霸道、专横,尊贵。恺撒嗜杀但是不滥杀,绝对不允许别人拂动他的逆鳞。

历史功过:公元前60年与庞培、克拉苏秘密结成前三头同盟,随后出任高卢总督,在8年的时间里征服了高卢全境(今法国一带),还袭击了日耳曼和不列颠。加强了中央集权制,巩固统治基础。公元前49年,他率军占领罗马,打败庞培,集大权于一身,实行独裁统治。制定了《儒略历》。

名家点评:恺撒被一些历史学家视为罗马帝国的无冕之皇,以其就任终身独裁官的日子为罗马帝国的诞生日。有罗马君主以其名字"凯撒"作为皇帝称号;其后德意志帝国及俄罗斯帝国君主亦以"凯撒"作为皇帝称号。

生在贵族

尤利乌斯·恺撒于公元前 100 年 7 月 13 日出生在罗马的一个贵族家庭中。尤利乌斯家族是罗马最古老的世家之一,他们的始祖是传说中古罗马的缔造者——女神维纳斯之子埃涅阿斯。尽管拥有显耀的贵族地位,尤利乌斯一族的家史上还没有产生过任何功业显赫的人物。罗马的门第在共和国后期,随着新贵的崛起,已经没有先前那样大的作用了。恺撒一家虽然出身显贵,但家境不太富裕,在传统上却是同反对元老院体制的思想观念相联系的并带有浓厚的改革派倾向。

在恺撒的家族成员中,对恺撒影响最大的是他的姑父盖约·马略。盖约·马略是古罗马杰出的军事统帅、著名的政治家。公元前 157 年,马略生于阿尔平努姆城附近采列阿特村一个普通农民的家庭。马略出身低微,少年时代在乡村度过,没有受到正规教育。从青年时期开始,马略即已从戎,历任参将和军队财务官。

公元前 119 年,马略当选为保民官。公元前 115 年,再度竞选公职,勉强当选为最后一名行政长官。任满之后,出任西班牙行省总督。各种职务和经历锻炼了马略的才能,并且使他积累起相当多的财富,得以跻身骑士行列。

公元前 100 年,盖约·马略第六次出任罗马共和国的执政官,这是他自公元前 104 年,第二次出任此职以来连任的第五年了。大约也就是在这一年,马略的妻子尤利娅得到了一个侄子。

对于那个时代的罗马人来说,教育大多是在家中进行的,斯蒂罗的拉丁文法学校在恺撒出生后不久的某一年才在罗马首次出现,后来,罗马又陆续建立了一些拉丁修辞学校。在家庭教育中,父母是主要老师。父亲抱起刚刚出生的孩子,也就意味着他要对这个孩子担负起教育的责任了。

恺撒自幼资质聪颖,小小年纪便带有不服输的劲头。恺撒特别爱读关于英雄事迹的诗歌,他崇拜希腊神话中的大力士海列克斯,崇拜自己的祖先埃涅阿斯。

恺撒家有一位精通拉丁文法的老奴,老奴教给他各种知识,天文、地理、几何、算术、法律、音乐、修辞,等等。每天临睡前,恺撒常常会读些书,而奈维乌斯的《年代记》、老伽图的《起源》、波利比乌斯的《罗马史》则是他枕边的良友。

恺撒十分喜爱修辞学,小小年纪便会模仿大人的语气与人进行辩论,尤利娅早已不是他的对手,他便缠着家中有文化的奴隶、来访的亲朋,与他们辩论。父亲担任大法官时,有时带回来一些诉讼词,他也常常拿来朗读一番,和父亲讨论哪一方有理,哪一方的

恺撒雕像

诉讼词写得更好。9岁的恺撒思路敏捷、口齿清楚,不仅令来往的亲朋吃惊,也令严谨的父亲暗暗称道。

恺撒稍大以后,父亲就带着他出席家庭会议、城邦公众集会,让他听听长辈的言论,让他懂得为人的言行规范。父亲也会带上他出席亲朋好友的宴会,告诉他各种礼仪,让他学习众人的行为规范。

后来,由于马略的提携,恺撒13岁时当选为朱比特神的祭司,使他更加有意识地模仿姑父的处世风格。

公元前184年,朱比特神的祭司恺撒由姑父马略和姑母优利娅牵线,同执政官、民主派秦纳的女儿克妮莉亚结了婚,由此翻开了他人生的又一页。

初历磨难

　　恺撒的姑父马略就任罗马执政官后,特别重视军事训练,严肃军事纪律,提高了罗马军队的战斗力。这种战斗力,初次显效于朱古达战争,使这场战争连连取得胜利。

　　改革改变了士兵和统帅的关系,使军队变为一支新的政治力量。由此,罗马的军队开始卷入政治纷争,为军阀制度和军事独裁制的出现创造了条件。马略军事改革的另一直接后果便是苏拉的独裁和恺撒的独裁。

　　恺撒不仅从马略的军事改革中得到了好处,而且也从马略身上学到了很多治军之道。马略治军,注重身体力行,这也是罗马教育的一大特色。马略当兵时不畏艰苦,当了统帅后,依然能和士兵一样过艰难的生活,挖壕沟,建营寨,总也少不了他。马略对待部下赏罚分明,恩威并施,士兵们也乐于服从他。马略治军作战的方法在日后恺撒的身上也有诸多表现。

　　马略依靠着他的新型军队,平息了8年的朱古达战争,打退了条顿尼人和森布里人的进攻,保卫了意大利。他也因此受到了罗马人的拥护,被誉为"罗慕路斯第二"和"罗马的救星"。

　　没有过渡没交代,苏拉随着马略的改革而受挫,威望一落千丈,因此苏拉对跟随马略的恺撒攻击也没放过。

　　苏拉想尽了办法,也不能使年轻的恺撒屈服,恺撒的倔强激怒了苏拉,使自己陷入困难而又危险的境地。克妮莉亚的嫁妆被全部没收,恺撒本人也被剥夺了继承父亲遗产的权利。

　　小家庭失去了所有的经济来源,克妮莉亚也因为父亲的亡故、家族的灾难而倍受打击,她终于病倒了。这时,恺撒家的朋友、苏拉的同党听说苏拉准备逮捕恺撒,连忙赶来通风报信,让恺撒先逃出去避避风头。恺撒忙把病中的妻子托付给母亲,自己连夜逃出了罗马城。

　　为了躲避苏拉的迫害,恺撒在萨宾尼亚人居住的地方流浪了一段日子。

　　恺撒父亲的亲戚中有些同苏拉有来往,玛莫库斯·艾米科乌斯和奥列利乌斯·科塔还在苏拉的政府中任着一官半职,奥列利娅一方面向他们提出请求,一方面又去向维司塔(罗马神话中的女神)贞女们乞求。

　　经过多方斡旋,苏拉迫于无奈,勉强答应了对恺撒的赦免,从而他也发现了恺撒背后那些关系的力量。出于一种精明的预见,他对一些人说:"他们爱保就让他们保他吧,只是别忘了，他们如此热心搭救的这个人有朝一日是会给他们和我所共同支持的贵族事业带来致命打击的。要知道，在这个恺撒身上有好多个马略呀！"其后，他又一次警告权贵们，要提防那个不好好束腰带的男孩儿，因为恺撒的腰带总是束得很松。

有人认为，苏拉之所以说出这样一番话，是得到了神的启示，恺撒的命运、罗马的命运已经被神安排好了。

不管怎么说，苏拉网里的一条小鱼溜了。无论恺撒日后是龙是鱼，到现在为止，他还只是一条小鱼。

不管怎样，恺撒在得到正式的赦免以后，仍然认为离开罗马为好，而且，他已经到了参政的年纪。就是说，显贵出身的青年人应当开始在国家政治事务中来寻找自己的仕途了。于是恺撒动身去亚细亚行省，在那里他很快就成了行政长官克温图斯·米努奇乌斯·提尔穆斯麾下的一名军官。不久他便从这里被派到比提尼亚去见该国的国王尼科美德斯，他的任务是要尼科美德斯向提尔穆斯提供作战急需的舰队。

恺撒回到米努奇乌斯·提尔穆斯这里之后，就参加了攻占米提列涅的战斗，他在战斗中由于表现勇敢而得到橡冠的奖赏。公元前 78 年，他又渡海去奇利奇亚，参加属于苏拉派的执政官普布利乌斯·谢尔维利乌斯·瓦提亚在这里进行的清剿海盗的战争。

公元前 78 年，一个令人震惊的消息传来，权倾一时的苏拉突然病死。随着时光的流逝，民主派的活动又日渐活跃，各派政治势力都在积聚力量，准备在即将来到的新的权力斗争中一展身手。有着敏锐的政治嗅觉的恺撒认定这是他施展个人政治抱负的极好时机，于是他便在公元前 77 年离开军队，暂时结束了他的军营生活，回到罗马，开始以合法方式进行职业政客生涯。恺撒深知，欲成大事，先得民心。为此，他有意识地开始在罗马做争取民心的工作。

他发现苏拉的党羽仍然强有力地控制着罗马的局势。冷静的恺撒没有采取任何过激行动，而是非常慎重地采取旁观的态度，以等时局的变化。

公元前 77 年，恺撒首先拿苏拉派的盖乌斯·科尔涅利乌斯·多拉贝拉开刀，向法庭指控他的勒索罪。

尔后在公元前 76 年，恺撒受人之托，又控告了另一位苏拉派的官员。这个官员曾任希腊的骑兵长官，有贪污和勒索的劣迹。但由于苏拉派的相互袒护，致使这个贪官逍遥法外。

不久，恺撒再次离开罗马到罗德斯岛去听著名的修辞学家阿波罗尼乌斯·毛路的讲课。在他返回的时候，遇到了一件有趣的事情——他的船在途中被海盗截获。海盗们根据衣着和举止认定他是一个显贵的人物，便向他索取一笔数目可观的赎金。恺撒对此毫不在意，甚至指出海盗们把他估计得太低了，说他们至少应该获得多一倍的赎金。当恺撒的同伴为他筹集这笔款项的时候,他自己带着两名奴仆跟海盗们一起生活了 40 天。恺撒获得自由后立即装备了几艘船只,尾随海盗,穷追不舍,最后终于夺回了赎金,处死了他们。

政坛新秀

公元前 73 年,恺撒回到罗马,经过了这么多次的磨难,恺撒变得更加机智、沉稳和圆滑。城中愈来愈复杂的政治斗争使他不再成为元老院仇恨的焦点。随着时间的推移,罗马的政局在发生着悄悄地但却是深刻的变化。苏拉在世时的政治结构和人事状况正在改变,反苏拉力量开始上升。公元前 68 年,恺撒终于担任了财政官。财政官这一职务十分重要,因为按照惯例,人们只有在担任过财政官这个公职后,才能进入元老院。

恺撒担任财政官后,社交场合更多了。他充分利用自己职务上的影响力,频繁交友。他的温和有礼的作风以及豪奢的交友方式大大有助于扩大他的影响。起初,恺撒的敌人对此并没引起高度重视,认为只要他的财产耗尽,他必然会收敛。但出乎预料的是,恺撒的钱无论如何也不可能枯竭,因为他具有一切贵族出身的青年人的"擅长",即善于借债,并且善于生活在债务里而又不失去生活的欢乐。

这一年,他的姑母、马略的妻子尤利娅去世。尤利娅是位很有政治头脑的女性,她曾经对恺撒思想的发展产生过深刻的影响。鉴于姑母和姑父马略生前反苏拉的政治态度,恺撒觉得有必要把葬礼搞得隆重一些,以此向苏拉派进行政治示威,从而翻过历史的旧案,扩大自己的影响。于是恺撒为姑母举行了隆重的葬礼。在悼词中,恺撒介绍了自己高贵家族的渊源,赞扬了尤利娅和马略。不仅如此,在送葬的时候,他还公然抬出了马略的模拟像,这在当时引起了不小的轰动。因为马略作为苏拉的死敌,他的像过去是被禁止在公开场合出现的,这次出现是自苏拉宣布马略为公敌后的第一次。当时参加葬礼的大多数人对恺撒的举动表示理解和赞许。这次葬礼显示出恺撒锐利的政治斗争锋芒和不断上升的实力。同一年,恺撒的妻子克妮莉亚也去世了。在当时的罗马,按惯例一般对年轻女子是不发表歌颂的演说的,但恺撒却不怕违反习俗,发表了一篇十分动情的演说。

任财政官期满后,恺撒被派到西班牙的长官手下做事。在这里他呆的时间很短,没有什么奇特不凡的经历。但是,有一件事却可以反映出恺撒此时的心情。当时他奉上司之命巡视西班牙各地,在经过加地斯的一座神庙时,他突然看到了马其顿的亚历山大的雕像,于是感慨万千,叹息道:"亚历山大在这个年纪已经征服了全世界,而我到现在却任何一件像样的事情也没有做。"这句话表达出恺撒急于成功的迫切愿望。

恺撒卸任后，从西班牙返回罗马，时隔不久，便结识并爱上了一位姑娘，这位姑娘的名字叫庞培娅，她是当时罗马最显赫的庞培将军的一位远亲，同时也是马略的政敌、已故的苏拉的外孙女。她和苏拉的血缘关系随着苏拉的去世已显得并不重要了，但她和罗马风云人物庞培的亲戚关系，对此时还是个小人物的恺撒来说，是非常重要的。很快恺撒和庞培娅的婚礼便如期举行，时间大概在公元前 67 年。从此，恺撒在自己的言论和行动上都表明他已站在庞培一边了。

恺撒婚后不久，被任命为阿皮亚大道的监督官。这个职务虽然不高，但对急需扩大影响的恺撒来说，还是十分重要的。

恺撒初战告捷

恺撒负责的是从罗马到意大利南部的大道，这是一条干线。这条大道利用率很高，几乎所有的罗马成年人每年都要从这条大道上通过多次。恺撒毫不吝惜金钱，他也舍得动用劳力，因此这条道路始终处于最佳状态。因为他意识到如果能把这条路维护的比较成功，他将会得到广泛的赞誉，从而为自己争得新的群众。

在公共事业中，恺撒想尽方法花钱收买人心；在私人生活中，他也是大手大脚地花钱。实际上，恺撒的铺张只不过是那个时代的一个例子罢了。

虽然有人对恺撒开始表露出明显的不满或反对。但这却是恺撒势力渐增的一个后果。经过这些年的努力,耗去大量的财物,恺撒终于给自己增加了声望,振臂一呼就会涌出一批响应的人。没有戎马生涯的艰苦,没有在权力顶峰白热化的勾心斗角,没有辗转流离的颠沛,即使身着华装画服,在花天酒地里纵情声色,也不会出人头地。也许,这一段时光也是恺撒生命中时间延续最长的一段时光了。

罗马一位有政治抱负的富商克拉苏,看出恺撒是一个有政治发展的人,他决意拉拢恺撒,在经济上给予支持。克拉苏与恺撒相互勾结,相互利用,结成了同盟。恺撒利用克拉苏的巨额资财继续收买贫民。他还在卡匹托林恢复了马略的纪念像,以此来博得马略派老兵的支持。公元前62年,恺撒当选为大祭司,还被选为行政长官。

这种"成绩"是建筑在金钱之上的,可如果认为恺撒因为钱就愿意屈居在克拉苏的羽翼之下,那就大错特错了。恺撒一方面与克拉苏交好,一方面又积极向庞培靠拢。

这几年里,恺撒在进行争取民心和拉拢上层人物等活动的同时,还参与了罗马的一些政治斗争,特别是钩心斗角的肮脏争斗,这对于那些参与者们来说并不光彩,但对恺撒来说,却经受了一定的磨炼。恺撒并不是一个一开始就走运的人,虽然他出身显赫的家庭,但由于政治斗争的反复性,恺撒的家庭背景还会给他带来一些麻烦。他主要是靠自己的奋斗和智慧来生存和发展。可以说,他绝不是轻松地从一个胜利走向另一个胜利,他前进的每一步都带有风险和痛苦。这一段生活经历对他今后的发展无疑是十分重要的。此时他就已经表现出了一些可贵的特点,这就是在困难面前不泄气、不悲观。

初战告捷

公元前59年,恺撒在成功地完成出任西班牙总督使命之后,又回到罗马参加执政官的竞选。他统观全局,左右逢源,见机行事,运用自己的捭阖之术和超群的才智,巧妙地赢得了当时罗马两位最具影响的军政要人庞培、克拉苏的支持,成功地取得了公元前59年罗马执政官之职。

执政官是罗马最高官职,每年举行一次竞选,选出的执政官任期为一年,执政官手中具有无上的军事权和民政权。作为军事大权的代表者,他是罗马军队的总司令,他有权征调军队、任命手下将官和对外领导军事行动。作为民政权的代表者,执政官负责召集元老院和公民大会,担任会议主席,提出议案和主张,并按照元老院和公民大会的决议去布置实施,同时他还负有领导选举官吏职责。

在罗马每年都选出两位执政官,二人职权相同,他们每个人都有对另一个人的反对权。对于一切重要的民政事务他们共同行动。但对于要求单独领导的某些行动来说,就用抽签或和平协议的办法加以解决。如果发动战争，由一人带兵到前线征战，另一人则留在城中。

执政官身边有 12 个侍从，在执政官执行自己职责时，他们便跟随在他的身边，手里拿着棍束，作为执政官大权的标记。在城界之外，就是作为总司令官的执政官拥有全权的地方，则在棍束中插上斧头，以代表至高无上的权力。这种棍束的谐音便是"法西斯"，这就是沿用至今的法西斯的由来。

恺撒的目的不仅仅是为了当执政官，这只是他长远计划的第一步。

他首先提出了极为激进的法案，建议把人们最关心的土地进行重新分配，还要依靠现有的国家实力积极扩张，拓殖广大的殖民地，从而进一步扩大罗马的版图和声望。

按理说，根据罗马的传统规矩，这些建议应由最激进的护民官提出，方才较为合适，现在恺撒以执政官的身份提出，很不适宜。但颇有计谋而又精于权术的恺撒，就是善于抓住每个最敏感、最尖端的问题，来加强和扩大自己的影响，取悦于广泛的民众。

对恺撒的这种超常做法，一些因循守旧但又享有较高声望、手中还握有大权的元老们，无疑感到极度的愤慨。他们纷纷指责恺撒的这种越权行为，试图阻止恺撒提出的法案的实施。

恺撒对于元老们的反对，却大不以为然。他依旧坚持他的主张，以其坚忍的毅力和不屈不挠的精神，来施行他的计划。那些养尊处优、自命不凡的元老们又一次陷入了他的政治圈套。元老们对恺撒的种种激烈做法，无疑给恺撒留下了可供合理反击的口实。于是恺撒大声疾呼，提出强烈抗议，对事态大加渲染，以求民众的支持和拥护。说他的体恤民意的正义之举如何如何受到那些元老们的干涉，说元老们的各种侮辱谩骂及苛刻的行为如何逼得他走投无路，进而最后只有去寻求最具正义感的民众的支持和帮助。他匆匆地走出元老院，急不可耐地来到群众中间，向他们讲解他如何专心致力于民众的目标与利益，借以表现他良好的愿望和无私的勤政。

这一招果然奏效。当他向那些倍受感染的民众征询对他所提出的法案的意见时，他得到的是热烈的欢呼和赞赏。然后他又用温和、诚恳而又不乏煽动性的口吻向民众寻求援助，请求他们帮助他去对付那些声言要以刀和剑来反对他的人们。结果他如愿以偿，得到了民众的这种援助。更叫他兴奋的是，他赢得了当时拥有罗马军政大权的庞培的拥护。庞培甚至宣称他也将用他的剑和盾去对付那些人的剑和盾，以维护正义的权威、德善法律的实施，以及恺撒的生命安全。

然而恺撒对这些并不满足，尽管他现在已成为罗马城中最有影响的代表人物之一。他比谁都清楚自己的处境，他没有卓著的战功、强大军队，没有丰厚的政治资本。

只沉溺于眼前的利益、安于现有处境，那是无能者的短见。恺撒打破了罗马的常规，运用武力修改了原来元老院为他所做的规定，即在他执政官卸任之后到一个不甚重要的行省去任职。恺撒赢得了在他执政官卸任之后担任当时罗马最为重要的高卢行省总督的权利。

公元前58年，恺撒终于如愿以偿。他带着庞培拨给他的4个军团的大军前往高卢，去实现他长期以来积压在心底的野心勃勃的宏伟征战计划。

历时10年的艰苦卓绝的征战终于开始了。

公元前50年代的高卢，分为三个组成部分：山南高卢、纳尔波高卢和山北高卢。山南高卢也叫"长袍高卢"，由于它离罗马较近，交通也比较便利，所以它几乎完全被罗马所同化，因此它的文明程度也较高。山北高卢则称为"长发高卢"或"野蛮高卢"，包括今天的法国、比利时的几乎全部领土，荷兰的一部分，瑞士的一大部分和莱茵河的左岸。

这时的高卢地区并不是一个统一的联合整体，它是由许多情况各异的部族所组成。各部族之间差异也很大，有的比较发达、富有，有的比较落后、贫穷。各部族的巨大差异造成了各种矛盾和冲突，相互的兼并厮杀笼罩着整个的高卢地区。

富饶的物产、肥沃的土地、众多的人口、广阔的地域，成了罗马商人、包税人和军事冒险家炙手可热的追逐目标。

然而一切都得之不易。看似极为容易的事情，一旦付诸实施，许多困难的甚至是难以克服的因素便显现出来。因为拥有高卢地区的是一群勇猛好战的强大民族，他们那种作战方式和作战风格，即便是以善战著称的罗马人也不能不为之心惊胆寒。

此时的山南高卢和纳尔波高卢已被罗马所征服。唯有山北高卢仍在罗马高卢行省的管辖之外。这一地区的高卢人常以凶悍、强暴而闻名于周边地区，并时常骚扰归服于罗马的高卢其他地区。

当公元前58年恺撒到达高卢行省的时候，北部高卢地区正处在动荡不安之中，三个较为强大的部落正在那里进行着激烈的争权斗争。其中爱杜伊人以罗马为靠山，而另外两个较为强大的民族则以北部强大的日耳曼族为靠山，形成了两个敌对的阵营。

为了斗争的需要，谢克瓦尼人不惜采取引狼入室，借刀杀人的办法，把日耳曼人的军队引渡过莱茵河，并在长期的斗争中战胜了爱杜伊人。而谢克瓦尼人在取得胜利的同时，也不得不付出一定的代价，就是把自己的一部分土地割让给帮了他忙的日耳曼人。

随着日耳曼人的突入，厄尔维几人——居住在现在瑞士西部的一个部落也动了起来，这个民族是周边部落中一个比较有实力的强大民族。就勇武方面而言，它要远远超过于高卢的其他民族。因为它离文明和教化较远，那些文明世界的商贩很少到达这里，也没有把那些文明世界中萎靡不振的东西带进来。另外它和日耳曼人较近，天天的作战，使他们在战争中形成了勇武好斗的性格。

这时厄尔维几人中有一个最显赫、最富有的人,叫奥尔及托列克斯。出于篡夺王位的野心,他极力劝诱本国人带着他们所有的钱财,离开自己的领土。他说因为他们的勇武超过所有的人,所以要取得整个高卢的霸权是件极为容易的事情。另外再加上周围环境的闭塞,使厄尔维几人感到自己所立足的这块土地是没有发展前途的。

他们要争得新的空间,呼吸群山之外清新的空气,观赏那开阔的原野壮景和那诱人的富足生活。

于是他们决定移居伽鲁姆那河口。

他们烧毁了所有的市镇、村庄、建筑物,以及一大批带不走的储备粮食。这样便把所有回家的希望断绝干净了。他们带着足够3个月的粮食便匆匆上路了。

通往伽鲁姆那河口的共有两条路可供选择,一条是崎岖狭窄但不经过罗马管辖地区的小路,另一条是通过受罗马控制的宽阔平坦的大道。这些自恃强大的厄尔维几人当然要选择大道,因为他们并没有把罗马人放在眼里。

厄尔维几人迁移的消息很快传到了恺撒的耳朵里。恺撒闻讯后火速赶往外高卢,到达与厄尔维几人原先居住地特别近的军事重镇——日内瓦城。

到达日内瓦城后,恺撒丝毫不加停歇,立刻派人拆除了由厄尔维几通往日内瓦城的一座极为重要的桥梁,并率领外高卢唯一的一支仅由5000多人组成的军团在日内瓦城布防,下令在高卢行省大规模地征召军队。

厄尔维几人见此情景,便立刻派一使团与恺撒媾和,请求恺撒允许他们经过由罗马管辖的普洛文奇亚地区,并保证他们在途经过程中不会对当地人有任何伤害。

机敏、果敢的恺撒当然不会答应他们的请求,他们的到来对于恺撒来说真是太及时了。恺撒要雪洗这些凶悍的蛮族以前留在罗马军队身上的奇耻大辱,他要为公元前107年死于这群蛮族部落手中的罗马执政官卡西乌斯报仇。

然而恺撒不是一介有勇无谋的武夫。他知道凭自己现在手中的5000人是无法与这群多达30多万的善战民族相抗衡的。他需要的是时间和援军,所以他以含混的办法回答了厄尔维几人的使者,说他要花几天时间考虑一下,如果他们希望得到答复,可以在4月13日再来。显而易见,恺撒在拖延时间,等待援军的到来和进行开战前的准备工作。

当厄尔维几人的使者第二次走进恺撒大营的时候,恺撒已修筑了一条从列曼努斯湖到犹拉山长达19罗里、高达16罗尺的城墙和壕堑。等待他们的是恺撒坚定的回绝。

厄尔维几人试图以武力冲破这道防线,但只能是徒劳。没办法,厄尔维几人只能选择另外一条比较窄小而又难以通行的道路。

退避不等于安全,恺撒岂能就此罢休?被他瞄准的目标,休想从他那坚忍而又近于残酷无情的心中逃脱。他把自己的副帅留下来守护他修筑的工事,然后他就到山南高卢去了,并从山南高卢带回了 5 个军团。

这时恺撒接到爱杜依人的求援,因为他们眼下遭受厄尔维几人的侵扰、屠杀和掠夺。于是恺撒率军日夜兼程、不知疲倦的快速尾追这群进犯之敌。他以其迅猛、快速、坚决、果敢的作战风格,率领军队很快追上了敌人。

厄尔维几人万万没想到恺撒会带兵追来,更没想到他们会来得如此之快。正当他们横渡阿拉河并已渡过了 3/4 人数时,恺撒率大军赶到,对他们剩下的人进行了奇袭。猝不及防的攻击,使这些身负重荷而未来得及渡河的人遭受了毁灭性打击。他们大多数被杀,剩下的也都四散奔逃,狼狈不堪地躲到最近的森林里。之后他命人在阿拉河上建起了一座桥,带着军队很快渡了过去,继续追击厄尔维几人的队伍。

恺撒的出现,使厄尔维几人大为吃惊。因为他们花了 20 天才渡过的河流,恺撒却只花 1 天就过来了。厄尔维几人深深地感到,出现在他们面前的这伙敌人是支不可轻视的劲旅,尽管他们的人数要比自己少得多。

此后恺撒率军继续尾随他们,下令自己的部下不准向厄尔维几人挑战或应战,只需牵制他们就行了。

时间一天天的过去,恺撒紧追不舍,他们已远离了爱杜依人的城区。天气变得日益寒冷起来,粮草给养也日益匮乏,再加上长途的持续征战,使恺撒陷入了极度的困境之中。艰苦的环境,并没有使恺撒退缩。他那顽强的毅力和骨子里对荣誉的向往使他仍旧焕发出极大的热情。他把他这种崇高的荣誉感、高远的志节和英勇顽强的精神融合在一起,灌输到他手下每个士兵的心田之中,使他们和他一样保持旺盛的斗志。

离例行向士兵分粮的日期仅有两天了。为了解燃眉之急,恺撒不得不改变计划,进军爱杜依邦最大、积储最富足的市镇毕布拉克德,这时恺撒的军队离该市镇仅有 18 罗里。就在前往该市镇的途中,恺撒军队遭到了厄尔维几人的奇袭。恺撒面对突如其来的变故,镇定自若,有条不紊地指挥他的军队迎战厄尔维几人。

当他的卫兵把马牵到他面前时,他坚定地说:"当我在这次战役中获胜的时候,我将骑着这匹马去追击敌人,但是在目前,还是让我们徒步和敌人去作战吧!"随后他命人把所有的马匹送到很远的地方。

他这样做是想激励大家和他一样同担风险,绝不存逃脱的希望。很快,他们在恺撒的率领下投入到惨烈的战斗当中。

最后,厄尔维几人在恺撒居高临下的凶猛攻势下,败退下来,逃向身后的一座小山,罗马军紧追不舍。常言道:欲速则不达,穷寇莫追。恺撒本想一鼓作气,彻底消灭厄尔维几人。但就在他们即将追上厄尔维几人的残兵败将的时候,他们却遭到厄尔维几人后备留守军的袭击。结果恺撒军陷入了腹背受敌的境地。

这场战斗持续了很长时间，从早晨一直到傍晚。最后厄尔维几人终于抵不住恺撒的军队猛烈进攻，开始退向他们的大本营。这一次恺撒遇到的是更为顽强的抵抗，就是厄尔维几大本营中的妇女儿童也都英勇地投入了这场战斗。战斗直到深夜还在进行。

营垒被攻破了，他们首领的儿子和女儿以及大批士兵都成了恺撒的俘虏。厄尔维几人大约有 1.3 万人得以在这场战斗中逃生。

厄尔维几之役，使恺撒名震高卢、罗马，仅以 2 万多人，竟能把多达 30 多万的善战民族打得丢盔卸甲、溃不成军，不能不说是军事史上的奇迹。

这场战役本来就辉煌无比，恺撒却还要在它的上面锦上添花。他做出了一个在那个年代确确实实称得上极为仁慈和高尚的行为。他把那些侥幸在这场战役中生存下来的大约达 10 万之众的厄尔维几人集合起来，强制他们重新返回被他们放弃的地区和被他们自己焚毁的家园。

恺撒之所以这样做，是因为他担心这块被厄尔维几人废弃的空白地区，很容易被日耳曼人乘虚而入，加以占领。那样的话麻烦就大了。

征服高卢

继厄尔维几战役之后，恺撒又将目标对准了勇猛善战的日耳曼族。

他召集了高卢地区几乎所有公社的领袖。他们不但对恺撒和罗马大加歌颂，而且还跪倒在恺撒——他们这位救世主面前陈述他们的苦衷和他们从日耳曼人那里得到的耻辱，并请求恺撒帮助他们解除这种灾难性的威胁。

然而这种引狼入室反受其害的恶果又能怪谁呢？当初高卢的塞广尼人和阿弗尔尼人为了和爱杜依人争夺高卢霸权，竟不惜重金雇来日耳曼人，由此日耳曼人到高卢来的越来越多。在沉重地打击了爱杜依人之后，他们就厚着脸皮留了下来，并取得了高卢地区的主宰地位。

恺撒对厄尔维几人的胜利，无疑给高卢地区的各公社注入了一针强心剂，使它们原本奄奄一息的肌体又稍稍充满了一点活力。

而他们又都把自己生存下去的希望寄托在恺撒身上。恺撒见此情景大为高兴，在他看来这又是他确立自己在高卢统治地位的大好机会。

于是恺撒顺水推舟，很快与高卢各公社结成联盟，利用他们的支持来消灭与罗马争夺高卢地区的日耳曼人。尽管在此之前罗马曾同日耳曼族首领阿里奥维斯都斯结为盟友。

　　继给高卢的头目们开过会之后,恺撒便开始了同阿里奥维斯都斯的谈判。倔强、自负而又自恃自己强大的阿里奥斯都斯绝不肯屈尊于恺撒的脚下,他对恺撒的使者回答说,他用武力所征服的那一部分高卢中,没有什么事情用得着恺撒和罗马人来操心。

高卢战争

　　面对日耳曼人的桀骜不驯,恺撒保持了应有的克制和理智。他又第二次派遣了使者,以一个庞大帝国的身份向日耳曼人下了最后通牒。

　　这一次阿里奥维斯都斯变得更加粗野无礼,他狂傲地对罗马使者说,他对高卢地区的征服和罗马对高卢的征服并没有什么区别,所以罗马方面没有权利来指责、干涉日耳曼的这种做法。

　　恺撒闻此,大为恼火。庞大而强盛的罗马和享有威望的伟大的罗马军统帅,岂能容得一个蛮夷之邦对他的如此冒犯和不敬?况且这样一个凶悍而又胆大妄为的民族驻足于高卢,无疑会对罗马造成巨大的威胁,而恺撒在实现其长远的大规模的扩张计划,这支蛮族势力也无疑成了强大的难以克服的阻力。恺撒决定要消灭这支日耳曼族的侵略军。

　　恺撒召集了各个百人队的百夫长。在会上他再一次以自己卓越的军事统率才能和超群的演讲口才赢得了士兵们的拥护,振奋了士兵们的勇气和信心。

　　他斥责了那些胆小怕事的人,劝他们最好离开他的队伍,因为他不希望看到他的队伍中夹杂他们这样毫无丈夫气概的懦夫。他并且告诉他们,即使他们全都离去,那他也会义无反顾地率领他的嫡系部队——英勇善战的第十军团,去和那些野蛮人交锋。为此,第十军团向他表示了感激之忱和效忠之心,其他军团的士兵也纷纷指责他们的军官。

这样一来罗马军队士气大振,恺撒也趁此率领这支群情高昂的军队向阿里奥维斯都斯驻扎的方向进军了。

快速、敏捷是恺撒的特色,他也把这种特色带到军队中来,并把它发扬光大,根植于每个士兵的心里,从而形成了自己这支军队的特色。行军3日,恺撒接到报告:阿里奥维斯都斯率全军去占领塞广尼人最大的储有大批战备物资的军事重镇——维松几阿。于是恺撒率军急急追去,唯恐这个重镇落到日耳曼人的手里。他日夜兼程、风餐露宿,直向维松几阿奔去。

几天的连续快速行军使这支军队疲惫不堪,但恺撒却显示出了旺盛的精力和永不知疲倦的发奋精神。他不仅以身作则,与士兵们共吃同住,共同越山岭、涉泥潭,而且还把自己这种不畏苦劳、坚忍不拔的精神留给每一个士兵,使他们焕发出高昂的斗志。在恺撒的带领下,他们历经艰辛,终于抢先攻占了最有战略意义的军事重镇——维松几阿。随后恺撒在得到充足给养的同时,又开始了对日耳曼人的追击。

很快,两军在今天的阿尔萨斯地区相遇。恺撒的到来,使阿里奥维斯都斯大为吃惊,他绝没有料到罗马人会来追击日耳曼人,既使出于保护罗马在高卢地区的子民的安全,罗马也不敢与日耳曼人相抗争。结果出人意料,罗马人首先向他提出了挑战。

双方一方面谈判,一方面进行小规模的较量,各有胜负。但总体上来说,阿里奥维斯都斯方面总是极力地避免大规模的军事冲突,尽管气盛好战的恺撒想方设法要和日耳曼人进行一场实力的较量。

恺撒通过俘虏得知,日耳曼人对于他的追击感到很突然,这在日耳曼人的心理上产生了消极影响,就连他们的统帅阿里奥维斯都斯也不得不放下那种傲慢的姿态,重新审视自己面前的这个新敌手了。另外,恺撒还了解到,日耳曼人按照传统习惯,请日耳曼圣女对这次战事进行占卜,那个圣女借着观察河水的漩涡、溪流的蜿蜒曲直和河水的溅激之声,做出了日耳曼人在下次出现新月之前不宜出战的预言。

机不可失,时不再来。恺撒率领他的军队向处在沮丧忧惧中的日耳曼军队发动了进攻。

起初,日耳曼人避而不战,后来在罗马军队的一再挑逗激惹之下,终于全线出击,迎战罗马大军。

一场大战在莱茵河西岸5公里的地方展开。战斗是极为激烈而残酷的,双方的实力旗鼓相当。

最后日耳曼军队终于被罗马人击溃,阿里奥维斯都斯带着他的残兵败将狼狈逃窜,而恺撒则率大军乘胜追击,直抵莱茵河畔。在这片广大的战场上,布满了战利品和尸体,只有极少数人得以渡过莱茵河,免于遭受死亡的厄运。这中间就有阿里奥维斯都斯本人,而他的两个妻子在逃跑时死掉了,两个女儿中一个被杀死,另一个则成为阶下囚。

罗马军队取得了辉煌的胜利,尽管付出了较为惨重的代价——但这种代价是以日耳曼人付出 8 万人的生命这样更为惨重的代价来交换的。

对日耳曼人的决定性胜利,使恺撒在高卢地区名声大震,也确立并巩固了罗马在高卢地区的统治基础。

正当恺撒为自己的胜利而高兴的时候,占据高卢大约 1/3 领土的比尔吉人又联合其他部族,准备向驻守在高卢地区的罗马军队发动进攻。

恺撒迅即带兵,日夜兼程,向被比尔吉人蹂躏的高卢地区挺进。由于恺撒的高超指挥和罗马军队的机动灵活、英勇善战的作风,很快击败了高卢地区这一最大的民族。敌人的尸体填满了沼泽和深河,罗马军队得以顺利通过。大批部族纷纷投向罗马这一边,于是恺撒趁机又向诺维人发动了进攻。

诺维人生活在密林深处,神出鬼没,时隐时现。正当恺撒军毫无防范之时,一支大约有 6 万人的诺维人向恺撒尚未扎稳的营寨进行了奇袭。出其不意的进攻,使罗马军队陷入了绝境,罗马骑兵大败,第七和第十二军团被包围,恺撒也身在其中。战斗进行得异常惨烈,恺撒也不得不亲自参加战斗。他从手下的士兵手中夺过盾牌径直冲向前列。他呼喊每一个百人团长的名字,命令他们转入进攻。他左奔右突,始终冲不出包围圈。幸好此时的第十军团从小山顶上冲下来,突破重围,才使恺撒和他的军队免遭大难。结果 6 万名敌军中生存者不过 500 人,在他们 400 名参议员中,生存者不过 3 人。

到公元前 56 年,经过浴血奋战,高卢真正成了罗马的统治地区,恺撒取得了辉煌的胜利。

称雄欧洲

恺撒率领罗马军队,通过猛烈攻击的方法,占领了 800 多座城市,征服了 300 多个部族,同 300 万人作战,并消灭了其中的 100 万人,俘虏了近 100 万。他攻占和并入罗马版图的土地,其面积达 50 万平方公里。这位以健康不佳和柔弱闻名的罗马花花公子,竟然抛弃了舒适的贵族生活,和士兵们一起吃着粗糙的食物,忍受着行军作战生活的艰苦。

通过高卢战争,恺撒获得了丰富的军事知识和政治经验。更重要的是,他的兵力、财力和声望大大提高了。他把从高卢掠夺来的大量财富用于公共娱乐、发放粮食、收买拥有公民权的贫民,扩大了自己在平民中的影响;数不清的金钱和数以万计的奴隶源源不断地流入罗马,在罗马市场上,黄金多到按磅出售,而且它的价格比银子还低四分之一,这使他获得了奴隶主们的支持。罗马的骑士们看到从高卢、不列颠流入罗马的大量财富和罗马版图的扩大，更加拥护恺撒。尤为重要的是，他已经拥有了 10 个久经战火、纪律严明、愿意跟随他到任何地方去战斗的军团。这使他在同自己的政敌斗争中处于优势地位，为他后来实现个人军事独裁奠定了坚实而可靠的基础。恺撒在政治、军事、经济上的崛起，引起以罗马军队统帅庞培为首的保守集团贵族派的嫉恨和反对，进一步激化了恺撒和贵族派之间的矛盾，也使他和庞培之间的裂痕日益扩大，矛盾越来越深。庞培和恺撒都竭力谋求个人独裁，势不两立。恺撒不得不下定决心以武力推翻罗马政府。于是，罗马的一场内战已不可避免。

庞培与元老院勾结起来，要阴谋剥夺恺撒的兵权。然而恺撒对此早有防备，他一面利用罗马的物力与兵力来镇抚高卢，一面又利用从高卢掳夺来的财富控制罗马。当元老院提议取消恺撒的兵权时，曾经勾引恺撒的妻子，现在是恺撒代言人的保民官克罗狄乌斯出来发话了。他指出，为了罗马的安全，有必要保持恺撒与庞培两人的力量均衡，要么同时解除，要么同时保留。

恼羞成怒的庞培与元老院把克罗狄乌斯赶出罗马城，这给了恺撒发动兵变的充足理由。此时庞培又颁布了一道法令，法令的实质是限制高卢总督任期，限他在公元前 49 年 3 月任满时立即解职回国。如果他想担任别的行省长官，须等待 5 年以后方可任职。庞培的这一法令的颁布，引起恺撒的强烈不满，促使恺撒与庞培最后决裂。

恺撒与庞培，一个有从高卢战事中获得的财富、声望和一支久经沙场的军队作资本；另一个有元老院、整个罗马的国库以及除高卢以外的所有行省作后盾，可以用合法政府的名义发号施令。双方都有恃无恐，终于使内战的爆发变成不可避免的事实。

公元前 50 年，恺撒率军越过阿尔卑斯山，回到意大利边界的拉文那城，顿时恺撒要率领他的全部军队进攻罗马的谣传飞遍了整个城市，罗马的居民极为惊恐。

恺撒与庞培终于兵戎相见，但此时他的绝大部分军队仍留在北高卢，身边仅有 1 个军团和一些辅助部队以及 300 名骑兵。然而，庞培在意大利境内共有 10 个军团，在西班牙有 7 个军团，还有许多的支队散布在各地。恺撒的战略意图是：用一支精锐的部队，秘密渡过卢比孔河，以迅雷不及掩耳之势，直捣罗马，出奇制胜，一举歼灭庞培。于是，他决定带领自己身边的 5000 人马在这次战争中首先采取攻势，以先发制人的手段，取得有利的地位。

当恺撒进军的消息传到罗马时，罗马全城呈现出一片惊慌失措的状态。没有人相信恺撒会只率领 1 个军团和 300 名骑兵进行远征，人们都认为他是率领着一支庞大的军队杀奔而来。

庞培曾多次说过，他与恺撒的战争是不可避免的，并为此做出了准备。但在恺撒已经越过意大利边境的时候，他才发现自己什么也没有准备好。庞培的手边并没有能够阻挡恺撒的军队，他的主力部队在西班牙。在意大利招募军队需要充足的时间，而恺撒的迅速进军完全打乱了他的计划。庞培深知自己在罗马将无所作为。

显然，这时庞培没有足够抵挡恺撒的兵力，元老们感到罗马城很快就要被攻下来了，开始后悔当初为什么不接受恺撒的建议。恐惧之心终于使他们从党派的愤怒中转向了理智的思考，开始认为恺撒的建议还是十分公平的。于是，有人提出了派使者到恺撒那里议和。经过一番激烈的辩论，通过了一项决议，把最高统帅权交给庞培，理由是谁惹起了这场大祸，就应由谁来了结此事。

对于元老院的推卸责任式的授权，庞培也做出了一个出乎意料的决定，那就是迅速撤离罗马。他说："只要你们跟着我走，你们就能够保有这些军队，不要想到离开罗马就会惊恐万状，在必要时连意大利也可以离开。"随后，他还补充说，那些想留下来保留他们的财产而不听从指挥的人都应被看作祖国的敌人！

1月17日，庞培离开了罗马，到卡普亚去指挥他的军队，两个执政官跟随左右。其余的长老还处在犹豫不决之中，一起在议事厅度过了十分漫长的一夜。黎明时分，他们也大部分离开了罗马，急匆匆地去追赶庞培，匆忙之中既没有来得及举行战争时应举行的牺牲奉献仪式，也没有来得及把国库带走，甚至个人财产也只带上了一些随身必需品。

恺撒命令里欧率13军团的三个步兵中队向伊古维乌姆推进，自己则带13军团的其余士兵向奥克西莫姆进发。不久，恺撒的军队又迅速穿过了整个皮凯努姆地区，在这些军事行动中几乎没有遇到任何抵抗。这时，12军团也奉命从山北高卢赶到了。

恺撒的军队开到了科尔菲尼乌姆城下，只用了7天时间便攻下了这座城市，活捉了多米提乌斯。随后，恺撒做出了一个有些让人意想不到的举动，就是不加任何伤害地释放了该城的上层人物——元老、骑士、军团司令官——总共50人。尽管被放者中的大多数人又逃回到庞培的身边，但恺撒这一"仁慈"的举动却很快传遍了意大利。

庞培得知科尔菲尼乌姆失守的消息后，就率军经过卡努西乌姆到了布伦狄西乌姆，这里汇集了他新招募的军队。3月17日，庞培的最后一批人马登上了去巴尔干的舰船，原因显然是庞培控制了几乎所有的海上力量。这一优势由来已久，是恺撒所不能匹敌的。

这样，恺撒在短短不到60天的时间里就没有流一滴血地成了整个意大利的主人，而庞培的逃命却引起了人们的极大不满，尤其是庞培的拥护者们。其中，西塞罗的反应最为激烈。尽管还有一些人为庞培辩护，说他渡海是一次十分成功的军事计谋，但事实上，庞培毕竟放弃了他一向苦心经营的老巢，离开了意大利。

庞培在希腊西海岸有一支庞大的舰队，有500只战船和大量轻型警备船，在马其顿有步兵九个军团,斯奇比奥又从叙利亚带来了两个兵团,共有 7000 骑兵,全部由罗马和意大利训练有素的青年组成。此外还有不计其数的东方的联盟国家和城市派来的辅助军。在这一年的备战中,庞培还亲自参加了步兵和骑兵的种种训练,事事在前,尽管他已经 58 岁了,他因而得到了士兵们的好评和爱戴。

而恺撒,虽然他手里共有 12 个军团,但它们的战斗力却参差不齐,许多参加过高卢战争的人早已盼望着退役,从西班牙开来又使士兵们筋疲力尽。最麻烦的是,当恺撒来到布伦狄西姆时,竟没有足够的船只把军队运到隔海相望的巴尔干岛上去。但是,恺撒并没有拖延,他把两万人安排到所有船只上,避开了敌人的舰队,在公元前 48 年 1 月 5 日顺利地登上了埃皮鲁斯沿岩。

得知恺撒已经登陆后,庞培便率军前往,以便使恺撒不能占据希腊西海岸的城市。不过,恺撒的动作十分迅速,在登陆的当天就向欧里库姆城推进,不久便占领了包括该城在内的好几个城市。为了不失去另一个重镇杜尔拉奇乌姆,庞培日夜兼程地率先赶到了那里。不久,恺撒的军队也到了。看到敌人有了在那里驻守过冬的打算,恺撒暗自高兴,因为他要等待意大利军团的到来。

但是,冬天过去了,运送军团的舰船仍不见踪影,主要原因在于庞培的舰队司令玛尔库斯·毕布路斯对全部沿岸做了最严格的警戒与监视。形势对恺撒十分不利。

4 月 10 日,玛尔库斯·安托尼乌斯和富里乌斯·卡列努斯按照恺撒的一再要求终于率领满载军队的舰船离开了布伦狄西乌姆,在恺撒和庞培的视线中,沿着伊里亚行进了,并在离意利苏斯不远的地方成功登陆。尽管庞培作了阻止他们会师的努力,但由于安托尼乌斯的巧妙调度,两支大军还是会合在一处。这样,恺撒手下就有了大约 3 万步兵和 1400 名骑兵。

即便如此,庞培手中的兵力还是超过了恺撒兵力一倍。但这并没有动摇恺撒进行决战的决心,他甚至想方设法地让庞培接受他的挑战。可庞培自认为处于有利地位,并不急于进攻,而是采取了防御战术,把营地设在一个离海岸不远的高地上。这样,双方都准备打一场阵地战。

恺撒针对庞培兵力集中,部队作战消极的现实,决定先对其进行外围封锁和不断消耗他们的兵力,而后寻机歼敌。

环绕着庞培营寨的是许多高峻而崎岖的山岭,恺撒首先派部队占据了这些山岭,在上面筑起有防御工事的堡垒,然后利用地形筑了一道工事,把堡垒一个接一个地连接起来,用以围困庞培。

恺撒恐怕被敌人舰队在外面反包围,于是在海边造了一条双重的壁垒,一旦遇到两面攻击可坚守作战。但是由于他的工事围起来的这个圈子长达 17 英里,工程浩大,庞培趁对方工程还未完工,决定进行一次突围。

这种突围和反突围的作战样式,无论就堡垒数目之多,活动范围之广,以及防御工事规模之大,都是罗马战史上没有过的。就军事常规而论,总是强军围困弱军。但在这次,恺撒却用比较弱的兵力包围一支有相当战斗力的军队。庞培的各种物资供应也极为充裕,每天都有大量船只从四面八方赶来,运送给养。但恺撒一方却十分困难,处在极端的窘迫之中。在双方相持中,一个偶然的机会,恺撒的士兵发现了一种叫作"卡拉"的植物根,把这种东西和牛奶混合起来,或者把它做成面包的样子,口感很好,而且"卡拉"数量极多,军队的缺粮现象大大缓解了。在阵地上,庞培部下的人在谈话中取笑恺撒士兵挨饿时,士兵们把这种"面包"扔到他们那边去,使他们大吃一惊。庞培在品尝了这样一片"面包"之后,恐惧地感叹道:"天哪!我们简直是在和一群野兽打仗!"

经过几次反复的较量,双方都受到相当大的损失,但决定性的时刻尚未到来。恺撒佯作撤退,向内地推进,庞培进行了追击。在法萨卢附近的平原上,双方摆开了阵势。

应该说,在法萨卢战役之前,庞培在军事上仍然占据绝对的优势。他共有5万多人,是恺撒兵力的两倍半,骑兵所占的优势尤其明显,恺撒有骑兵1000人,而庞培拥有的骑兵达7000人。在战前的发言中,庞培再次乐观而骄傲地指出了自己在军事实力上的绝对优势,得到了将士们的一致赞同,他们纷纷表示自己一定会作为胜利者返回营地。

为了拉开对方的战线,庞培不主动出击而是列队等待敌方的进攻。恺撒发出了进攻的信号。

当中间的骑兵展开了激烈的战斗的时候,正如恺撒所预料的那样,庞培的骑兵冲破了恺撒骑兵的防线,开始迂回到恺撒的没有得到掩护的右翼。见此情景,恺撒立即向早已安排好的第四线步兵中队发出了战斗的信号,而这一突如其来的打击使庞培的骑兵纷纷溃逃,弓箭手由于得不到掩护而被全部消灭。

右翼的胜利决定了整个战局的发展,为支援它,恺撒又投入了第三线的兵力,于是庞培的军队不得不全部的溃逃。

与庞培不同的是,恺撒决不会就此罢休,虽然天气酷热难当,战士们杀得筋疲力尽,但恺撒仍然命令士兵们继续向敌人的营地推进。

被击溃的军队试图先躲到近郊的山地那边去,然后再去拉里撒。恺撒对他们进行了追击,第二天,他们就投降了。恺撒全部赦免了失败者。就在同一天,恺撒率领几个军团赶到了拉里撒。但庞培已经不在了,他已经日夜兼程地直奔海岸,并设法找到了一艘商船,准备在那里渡海逃亡。

在帕尔撒路斯之战中,庞培方面战死了15000人左右,被俘24000人;恺撒方面还俘获了184面战旗和9个军团的鹰帜。使恺撒十分高兴的是,他的一个不共戴天的敌人路奇乌斯·多米提乌斯·阿埃诺巴尔布斯被杀死在附近的小山上。恺撒方面阵亡的士兵好像还不到 200 人，使恺撒极为痛心的是，这其中竟有 30 位战功卓著的百人团长！

这样，法萨卢之战一举结束了巴尔干的战事。

恺撒取得的一系列胜利不仅要归功于士兵们的英勇善战和他的指挥有方，还得到了行省和自治城市上层的支持，不管这种支持是主动的还是被动的。在这一点上，他表现出了十分出色的外交才能。

庞培乘一条小船来到了列斯波斯岛上的密提林，接了他在这里的妻子科尼利亚和一个儿子，又乘船来到海上。他在那边受到暴风雨阻碍，耽搁了两天，给他的船队补充了一些快艇，又来到西里西亚，再从那里赶到塞浦路斯。他在那里得知，在全体安条克人以及在那里经商的罗马公民一致同意之下，人们已经武装起来，阻止他前去避难，还派使者说如果他们去，他们的生命会出现极大的危险。庞培了解了这些情况，放弃逃奔叙利亚的念头，他攫取了包税团体的金钱，又向某些私人借了款子，并在船上贮放了大量供士兵使用的铜币。他武装起 2000 人，率领他们到达埃及。在那边，正好碰上年幼的国王托勒密同自己的姐姐克里奥帕特拉作战。国王在几个月以前，依靠自己的亲友帮助，把克里奥帕特拉逐出了亚历山大。庞培派人到国王那里去，要求他看在自己和他父亲友谊的面子上，允许自己进入亚历山大，并且以他的力量来庇护遭难的人。但他所派去的那些人在完成了使者的任务之后，开始自由自在地和国王的士兵交谈起来。庞培的使者发现，国王的士兵中有许多人原来就是庞培的部下，他们是从叙利亚庞培的军队中抽调到这里的，于是庞培的使者鼓励他们继续忠诚于庞培。使者的言行引起了国王近臣的警觉，他们担心庞培的到来会引起军队的混乱，同样还可能把恺撒得罪了，于己不利。这些大臣经过商量和密谋，认为杀掉庞培才是上策。于是，他们表面上对庞培的使者作了慷慨大度的许诺，暗中却派一个大胆异常的人去杀死庞培。庞培受到他们十分殷勤有礼的招呼。当庞培转过身去的时候，他马上向庞培刺出第一刀，其余的人跟着他刺。庞培的妻子和朋友们远远地看到了这个情况，放声大哭，举手向天空祈祷神明，对破坏誓言者复仇。随后他们慌忙地航海而去，离开了这个国家。

当恺撒在亚细亚停留了几天之后，听说人们曾在塞浦路斯见到过庞培，便猜想庞培仗着自己和埃及国王的交情，一定是去了埃及。他现在随身带着一个军团和另一个从阿卡亚招来的军团，还有 800 名骑兵，10 艘从罗得岛来的和少数从亚细亚来的军舰。

恺撒一到埃及，埃及人就把庞培的人头献给了他。但是恺撒并没有接受这一可怕的礼物，他转过脸去，落了泪。他对这些见风使舵的家伙的卑劣做法十分反感并斥责了他们。庞培尸体的其他部分被人埋葬在岸上，墓前竖立了一块小小的墓碑，有人在碑上题了这样一个墓志铭：

恺撒凯旋图

"对于在神庙中这样富丽豪华的人,这是一个多么可怜的坟墓。"

对于死去的庞培,虽然恺撒失去了表现"仁慈"与"宽大"的机会,但仍然表现出了对他的敬意,下令把帕尔撒路斯战役后被人民从墓座上打倒的庞培像重新树立了起来。

西班牙的战事结束后,恺撒任命盖乌斯·卡尔里那斯为远西班牙行省的总督,随后便踏上了返回罗马的路程。

这次他走的是陆路,并选择了穿过山南高卢的一条道路。在路上他遇到了玛尔库斯·安托尼马斯,这样,他们可以一道回去了。

公元前 45 年 9 月 13 日,在拉提乌姆,离库路姆不远的恺撒私人庄园拉维卡努斯庄园,他作了一段时间的短暂停留,立下了自己的遗嘱,10 月初才回到了罗马。

恺撒回到罗马后,用阿底安的话来说,"人们对他的尊敬和畏惧是空前的",几乎所有的罗马社区、所有的行省和罗马同盟的王国把一切光荣都加到他的身上,以取悦于他。

他头戴着橡树的桂冠,被当作共和国的救星受到崇拜。这是罗马人的一个习惯,一个被人挽救了性命的人常使用这种办法酬谢他的救命恩人。他被宣布为"祖国之父",被选为终身独裁官和为期 10 年的执政官。他的身体被宣布为神圣不可侵犯的。法令还规定了他应该坐在黄金象牙的宝座上处理公务;批准他在出席一切会议时都可以穿着凯旋者的服装和红色的高筒靴——这种靴子是过去的阿尔巴——隆加的国王穿的。

元老院和人民还决定用国库的钱为恺撒在帕拉提乌姆山上修建一座豪华的宅邸;他历次取得胜利的日子被宣布为罗马城每天都要庆祝的公共节日;最高行政长官在他们的宣誓就职辞上增添了这样的内容:自己绝对不反对恺撒的任何命令。

恺撒被神化的活动也愈演愈烈。祭祀、赛会、公共场所和所有一切神庙都竖起了恺撒的雕像，在克里维努斯神庙里，在卡皮托利乌姆山的众王雕像中，恺撒的巨像与罗马城的保护神和远古的先王并列在一起，它所表达的意义是再清楚不过了。此外，法律规定，每五年僧侣们和维斯塔的女祭司们要为恺撒的安全举行一次公开的祈祷，祈祝他万寿无疆，许多神庙干脆被宣布为奉献给了恺撒，像奉献给神一样。其中有一个神庙是贡献给恺撒和仁慈女神的，仁慈女神被雕塑成了拍手的样子，这样，当人们对他的权势感到害怕的时候，就可以在这里恳求他的仁慈的爱护了。

不仅在行动上，恺撒在言辞中也时刻不加掩饰地表现出傲慢和对共和国的蔑视，可以说，这是元老们最不能容忍的。他曾经说："共和国什么也不是，只是一个没有形体的空名。"还说："现在人们跟恺撒讲话应当更加谨慎周到一点，应当把他说的话视为法律。"他竟然专横到了这样一种程度，有一次占卜者向他报告牺牲的将士内脏缺少心脏时，他却说："如果我希望如此的话，那么这样的预兆就是更为吉祥的；如果一个动物没有心脏，不应当被视为怪事。"又有一次，当他自己驾车在凯旋式上从保民官的座席前通过时，其中一个名叫庞提乌斯·阿奎拉的保民官没有起立，恺撒感到十分气愤，竟然怒声喊道："喂，保民官阿奎拉，你从我这里恢复共和国去吧！"

总之，恺撒已经自觉不自觉地使自己陷入了一个权力的旋涡当中，不能自拔了。权力即使他得到了满足，使他有一种成功感，又使他开始得意忘形，头脑发热，以至于抛开了一切潜在的危险，继续向着金光闪闪的皇帝宝座迈进，在宝座的四周顿时弥漫起了一股阴森恐怖的杀气。

公元前44年3月15日，在元老院入口前面，阴谋者安排特列波尼乌斯拖住他们害怕的玛尔库斯·安东尼。元老们在向恺撒打招呼时，都从座位上站起来表示尊重。以布鲁图斯为首的阴谋者分成两部分：一些人站在恺撒座椅的后面，另一些人则和图利乌斯·奇姆倍尔一道迎着他走去，为被驱逐的奇姆倍尔兄弟进行恳求。阴谋者一面恳求着，一面陪着恺撒直到他的座位的地方。恺撒坐到座位上之后，表示拒绝他们的请求，而当阴谋者更加执拗地请求时，恺撒便有了不满的表示。于是图利乌斯就用双手抓住了恺撒的外袍从颈部拉了下来——这是动手的信号。卡斯卡第一个用刺刀向恺撒的后脑刺去，但是伤口并不深，卡斯卡因为自己这一犯上的行为而感到手足无措。恺撒转过身去抓住了卡斯卡的刺刀，两个人几乎同时叫了起来。受伤的恺撒用拉丁语叫道："卡斯卡你这坏蛋，在干什么！"而这时卡斯卡则向他的兄弟叫道："兄弟，快来帮忙啊！"元老们吓得既不敢跑也不敢叫，也不敢挺身出来保卫恺撒。所有的阴谋者都抽出刺刀把恺撒围了起来。不管恺撒朝着哪个方向看，他都好像被猎人包围的野兽似的，受到直接刺向他的刺刀的攻击。因为阴谋者约定，所有的阴谋者都要参加刺杀。

恺撒反抗着,但这时他的私生子布鲁图斯也向恺撒的鼠蹊部位刺了一刀。有几位作家记述说,恺撒在反击阴谋者的时候,一面挣扎一面叫,但是当他看到布鲁图斯手里也拿着刀的时候,他用希腊语说了一句:"还有你!我的孩子!"然后就用外袍蒙住了头,甘愿挨刺了。也许是杀人的凶手自己把恺撒的尸体推到庞培像的台座那里去的,也许是恺撒的身躯碰巧倒在那里的,台座上溅了很多血。可以认为,庞培亲自向倒在他脚下的、遍体鳞伤并且还在血泊中挣扎的敌人进行了报复。

中世纪欧洲第一大帝王

——查理曼

人物档案

简　历:法兰克王国加洛林王朝国王(768年~814年1月28日在位),查理曼帝国建立者。768年,在父亲矮子丕平死后,查理曼与其弟卡洛曼分别加冕为王,瓜分法兰克王国。771年卡洛曼死后,查理曼合并法兰克全部国土。774年,查理曼以援助教皇哈德良为名,派兵灭亡伦巴第王国,将势力扩展至意大利北部与中部。从772年到804年,他针对萨克森人发动多次战争,并征服巴伐利亚,击败斯拉夫人、阿瓦尔人,使查理曼帝国的势力北抵波罗的海,南至亚得里亚海的东欧西部地区。800年,被教皇利奥三世加冕为"罗马人的皇帝"。806年,查理曼预立遗嘱,把帝国平分给三个儿子查理、丕平和虔诚者路易。814年1月28日,查理曼在亚琛逝世,享年72岁。

生卒年月:742年4月2日~814年1月28日。

安葬之地:亚琛主教座堂。

性格特征:生活朴素,对待来宾十分热情。

历史功过:征服西欧大部分地区,使法兰克王国领土达到鼎盛,重视文化发展,促成加洛林文艺复兴。他超越了神圣罗马帝国的版图和世界。可是,在他死后,其帝国就四分五裂了。

名家点评:德国威廉·吉赛布莱希特在《德意志皇帝史》中评价说:"很少有人能像查理大帝那样,将诸多的伟大统治者才能集于一身;也几乎没有任何一位天才,能够获得像查理大帝那样恰当的时机来名垂青史。"

继承祖业

　　查理是法兰克人。法兰克人是被罗马人轻蔑地、侮辱性地叫作蛮族的日耳曼人的一支。其实，他们和罗马人有共同的祖先，不过较罗马人落后而已。西罗马帝国被蛮族灭亡之后，法兰克人在墨洛温家族领导下，在今天的法国东北部建立起法兰克王国。它是日耳曼诸蛮族国家中最强大、持续时间最长的。查理的祖辈是法兰克王国的贵族，历位高官，地位显赫。

　　查理的曾祖父丕平，是法兰克的奥斯特拉西亚的宫相，被称为奥斯特拉西亚丕平。当时的法兰克王国实际上分成了奥斯特拉西亚、纽斯特里亚和勃艮第等三个王国。丕平家族是奥斯特拉西亚最富有、最有权势的大贵族之一。从丕平的祖父起，宫相这一职务就由丕平家族的人世袭。宫相起初只是王宫的总管，是国王的仆人，管理宫廷财产和服务人员，但后来权力日重，渐渐执掌机要。到公元7世纪时，宫相不仅控制内政，"挟天子以令诸侯"，也成为军队的最高首领。大多数宫相都由国王任命，但也有由贵族推选的。法兰克墨洛温王朝后期的国王都是些懒散成性、不理朝政的人，被人们称为"懒王"或"庸王"，是些一事无成的国王，大权完全掌握在宫相手里。不过，国王的懒散并不是王权旁落的唯一原因。根本原因是封建贵族势力的膨胀，而贵族势力的增长又是历代国王不断把大量土地赏赐给贵族造成的。这种赏赐同时又削弱了王室的力量。一位法兰克历史学家曾这样描述当时国王的无权地位："除了国王的空洞称号以外，什么都没有了，因为国家的财产和权力都入了宫廷长官——宫相之手，由他们操纵令权。国王是满足于他的空洞称号的。他披着长发，垂着长须，惯于坐在宝座上，扮演着统治者的角色，他倾听来自任何地方的使节的陈词，在他离去的时候，向他说一说别人教给他或者命令他回答的辞句，好像是出于自己的意旨似的。这就是他所执行的唯一职务。因为除了空洞的称号，除了宫相凭自己的高兴许给他的不可靠的生活费以外，他自己只有一处收入很微薄的庄园，此外一无所有。"但也有一些宫相支持国王，反对贵族。纽斯特里亚离罗马较近，受王权至高无上的影响较深。这里的宫相一般都支持国王。奥斯特拉西亚是日耳曼人集中的地方，它的宫相大都是贵族的代表。丕平任奥斯特拉西亚宫相期间，打败了纽斯特里亚的宫相，成为法兰克王国的实际统治者。

　　查理的祖父查理·马特是丕平的私生子。714年，丕平死，他的妻子把握大权，将查理·马特投入监狱。但随即发生叛乱，查理·马特乘机逃出监狱，召集军队，平定叛乱，继任宫相。查理·马特任宫相期间，法兰克王国面临阿拉伯人从南部、萨克森人从北部的侵略。查理·马特打退了他们的进攻,并在732年的普瓦提亚战役中,击败了阿拉伯骑兵,迫使阿拉伯人退到比利牛斯山以南,保卫了法兰克王国的独立。由于查理·马特在作战时,总是手握一把锤子指挥战斗,因而赢得"马特"(意为锤子)的称号。查理·马特把墨洛温王朝无条件赏赐土地的旧制改为采邑制。在这种制度下,接受分封采邑者,必须服骑兵兵役,这成为后来的骑士制度的基础。受封者死亡,采邑归还封主,不得世袭。但是在9世纪,采邑逐渐变成世袭领地。采邑制的推行,使上下之间结成封主与附庸的关系,领主有责任保护附庸,附庸要宣誓为封主效忠,随时应召为封主作战。大小封主一级一级地封授采邑,从而形成中世纪的封建等级制度。由于封授采邑以效忠封主和服骑兵兵役为前提条件,因而采邑制的推行,大大加强了查理·马特的政治、军事力量,并成为查理·马特控制贵族的重要手段。

　　741年,查理·马特病故。按照法兰克人遗产平分制度,他的两个儿子,也就是查理的父亲矮子丕平和他的伯父卡洛曼继承宫相职位平分国土,不过,表面上仍听命于国王。他们一上台,就面临外寇入侵的严重威胁,而查理·马特的一个私生子又积极网罗党羽,策划阴谋,反对他们两个兄长,要求继承权。在这种处境下,两人通力合作,战胜了外寇,平定了内乱。随后,兄弟俩又发生冲突。746年,卡洛曼在兄弟矮子丕平的逼迫下,放弃权力,进修道院做了隐修士。也有人说,卡洛曼窜入空门是出于对世俗事务的厌烦和对忏悔祈祷生活的喜爱。不管是出于那种原因,矮子丕平就这样成了法兰克王国的唯一的实际统治者,但名义上的国王仍是墨洛温家族的希尔德里克。大权在握的矮子丕平对这种虽有国王的权力却没有国王之名的地位十分不满。法兰克人对长期以来都听命于宫相、却还有一个不理事的国王这样名不副实的状态也迷惑不解。贵族要宣誓效忠国王,而国王却不过是宫相的傀儡。矮子丕平决心采取行动,夺取王位。他在取得本国贵族的赞同后,派使臣到罗马谒见教皇扎加利,吁请他给予支持。这时罗马正面临着伦巴德人的威胁,也想得到强大的法兰克王国的军事支持。因此,当矮子丕平的使者问教皇:"是徒有虚名的人做国王好,还是让真有实权的人做国王好?"教皇马上讨好地回答:"在我看来,让真有实权的人当国王好些。"他还宣称:"整个民族可以合法地在同一个人身上把国王的头衔和权力结合起来。而那个不幸的希尔德里克,这公共安全的牺牲品,则应免去职务,剃光头发,关进某个寺庙,到那里去度过他的余生。"有了教皇的支持,矮子丕平就在751年正式废掉了墨洛温王朝的最后一位国王希尔德里克三世,把他送进了隐修院,自己登上了王位。在教皇的安排下,为他举行了两次加冕礼。教皇亲自把王冠戴在他头上,罗马主教卜克法斯为他涂上圣油,并祝福。这样,法兰克王国墨洛温王朝就被加洛林王朝所取代,因这个王朝最有名的国王查理的拉丁文名字为"加洛林"故名。矮子丕平当上国王,是连续四世担当宫相的必然结果,是法兰克人的选择。同时,由于加冕,也就成了上帝的选择。日耳曼人的首领成了救世主。丕平的王权是神赐的,反对国王就是反对上帝。基督教也就成了加洛林王朝统治的重要精神支柱。

矮子丕平为酬谢罗马教会对他篡夺王位的支持,在754和755年间,两次亲自率兵远征意大利,迫使占领拉文纳总督区和罗马地区的伦巴德人交出所侵占的领土,撤兵它去。矮子丕平以"赠献"的形式把拉文纳总督区交给罗马教皇。教会史上把一事件称为"丕平献土"。"教皇国"开始形成。不过"丕平献土"并没把罗马交给教会,因为这时罗马名义上还归东罗马帝国管辖。

矮子丕平是个强有力的统治者,他统治下的法兰克王国也十分强大。768年,丕平病逝巴黎。按法兰克人的惯例,召开了一次庄严的民众大会,选举他的两个儿子查理和卡洛曼继任国王,平分国土。两兄弟共同管理国事,矛盾不断。查理还能宽容地忍受兄弟的寻衅和干扰,从不招惹兄弟,而卡洛曼的许多党羽则力图破坏他们兄弟之间的联盟,甚至煽动战争。但这种敌对状态,却由于卡洛曼在771年病死而意外地顺利消除了。卡洛曼早死才使查理能全部继承祖业,才使法兰克人避免了内战的威胁。查理合并了他兄弟的领土,成为法兰克人的唯一国王,开始大一统统治。而失去了丈夫的卡洛曼的妻子却不甘心就此屈从查理,她偕同她的儿子们和一些贵族逃亡到意大利,寻求伦巴德国王的保护。

东征西讨

查理继承的是一个强大的王国。由于他的先辈的改革和长期统治,这个王国有着一支主要由领得采邑而服骑兵兵役的骑士组成的强大军队,它和罗马教会也保持着良好的关系。从某种意义上说,查理所要做的只是贯彻他的先辈所开创的事业,并把它继续向前推进。

查理是一个典型的中世纪骑士。和他父亲个子低矮相反,他身材魁梧奇伟,精力过人。喜爱骑马、打猎、游泳,直到晚年,还不知疲劳和疾病为何物。他的一生大部分时间都是在战争中度过的。东征西讨,开疆辟土,是他所完成和发展他的先辈所开创的事业中,做得最为出色的。他是一位伟大的军事天才,一位征服者。每年春天,只要农作物有所增长,足以保证兵员和马匹的足够供应,军队就会聚集在练兵场。这是查理发布所有重要政治决定的场合。然后,大军在他的指挥下出发,在战场上度过夏天,秋天回师,解散,进入冬天的休养。就这样,年复一年,这一统治模式几乎无变化地持续了47年。查理一生共进行了53次扩张战争,亲自参加了30次远征,把从他的父亲继承来的疆土扩大了一倍以上。后世流传的歌谣把他形容成战无不胜的神话般的人物。

查理率军征战的头一仗，是由他父亲发动，却没结束的阿基坦战争。那时，他还和他的兄弟分治王国。他请求他的兄弟给予援助，而他兄弟卡洛曼却没有遵守诺言出兵。但查理仍以最大的精力和不屈不挠的毅力不断向阿基坦人进攻，迫使阿基坦的首领胡诺尔德放弃阿基坦，撤退到加斯康尼。查理紧追不舍。他挥兵渡过加龙河，并派使臣去见加斯康尼公爵，命令他交出逃亡者。769年，加斯康尼公爵在大军压境下，不但交出了胡诺尔德，自己管辖的地区也归附于查理治下。

平定阿基坦之后，查理便转而征伐意大利北部的伦巴德王国。查理的第一个妻子就是伦巴德国王的女儿，但这时已被他离弃。他出兵伦巴德可能还想抓获伦巴德国王庇护下的反叛他的弟媳和她的儿子以及一些追随她的法兰克贵族。不过，正式的冠冕堂皇的理由是应罗马教皇安德里安的请求。773～774年，查理亲率大军，翻越高耸入云的阿尔卑斯山，进攻伦巴德王国。他采取分兵奇袭、围困逼降的战术，经五次大战，彻底打败了伦巴德人，俘虏了他们的国王、他过去的岳父，占领了他们的全部领土。随即进入罗马，受到教皇热烈而隆重的欢迎。他向教皇重申了他父亲许下的诺言，把意大利中部奉献给罗马教皇。意大利南部的本尼文托公国在查理的武力威逼下成了法兰克王国的附庸。他的弟媳和她的子女落入查理手中，销声匿迹，不知所终。

772年，查理开始了他征服北部萨克森人的残酷的、旷日持久的战争。居住在莱茵河以东的萨克森人也是日耳曼人的一支，此时，还处在部落社会阶段，崇信鬼神，好斗强悍，被信奉基督教的法兰克人视为异教徒。他们热爱自由，对法兰克人的侵略和奴役进行了顽强的殊死的抵抗。由于力量悬殊，萨克森人曾多次被迫投降，向查理送交人质，并宣誓效忠。但只要一有可能，就立即掀起大规模的起义。782年的萨克森人的起义，席卷全境。查理调集大军，用残酷的手段把起义镇压了。他一次在同一地点就砍掉了4500名萨克森人的头。但萨克森人的起义仍时起时伏，连续不断。经过18次战斗、历经32年，付出了惨重的代价，直到804年，查理才最后征服了萨克森人。在征服萨克森人的过程中，查理还利用萨克森人各部落之间的矛盾，破坏他们之间的联合，甚至不惜以重金收买萨克森贵族。785年，萨克森贵族的著名代表人物、反法兰克人斗争的最重要的组织者之一，威都金公爵就被丰厚的礼物所收买，背叛了萨克森人，投向查理。查理强行迁徙被征服的萨克森人，使他们离开故土。易北河两岸的约一万居民、连同他们的妻子儿女，被分成多批，移植到日耳曼和高卢各处。他用基督教作为巩固征服的手段，在萨克森地区建立大教堂，强迫所有的萨克森人改信基督教，规定对于侵犯教堂和教士、不信基督教、不守教规、保留异教习惯者均可处死。各地居民都必须给教会提供土地、房屋、劳役和交纳什一税。查理用血腥的手段，强迫萨克森人做他的顺民，并把所征服的大片土地以采邑的形式封赐给法兰克骑士和投降的萨克森贵族。

查理最为人津津乐道、也是最著名的征战是对占据西班牙的阿拉伯人的战争。阿拉伯人被欧洲人称为萨拉森人。他们的一支从北非进入西班牙，建立了哥尔多瓦王国。778年，查理率领了一支他所能召集的庞大远征军，越过比利牛斯山，兵分两路，进攻西班牙的阿拉伯人，取得了一些胜利，接受了一些城镇和要塞的投降。但在查理准备进一步扩大战果时，传来了萨克森人叛乱的消息，只好放弃进攻，率军撤退。在他回军途中，发生了一次可能并不十分严重，但却非常有名的失利的战争——朗塞瓦尔峡谷战役。查理大军在通过比利牛斯山这一峡谷时，后卫部队遭到山地的土著居民的伏击，全军覆没，辎重全被夺走，有一名叫罗兰的军官也在战斗中身亡。当查理回师援助时，伏击者却在夜色掩护下逃走了。这次战斗由于著名史诗《罗兰之歌》而广为人知。在史诗中，罗兰被颂扬为中世纪骑士的楷模，而查理则是骑士应为之效忠的封建君主的典范。在这之后，查理还多次远征西班牙，经12次战斗，夺取了大片土地，把阿拉伯人赶到原布罗河以南。811年，建立了"西班牙边防区"。

查理在向西、向北扩张的同时，也向东扩张，787年，巴伐利亚公爵受欲为父亲伦巴德国王报仇的他的妻子的怂恿，与东邻阿瓦尔人结盟，对抗法兰克，向查理挑战。查理立即率领大军进行讨伐。面对查理的强大军队，巴伐利亚公爵束手无策，只好投降。查理几乎是兵不血刃就吞并了巴伐利亚。他废黜了巴伐利亚公爵，把他幽禁在修道院，让他削发为僧。

吞并巴伐利亚后，原巴伐利亚的东邻盟国阿瓦尔汗国就成了查理的兼并目标了。阿瓦尔汗国是亚洲的游牧部落柔然人迁往欧洲建立的国家，曾经强大一时，但这时已非昔比，开始衰落了。788年，查理发动了对阿瓦尔人的战争。这是除萨克森战争以外，查理进行的规模最大的战争，一直打了8年，到796年，战争才以查理的胜利而告结束。战争使昔日富饶的潘诺尼亚等地一片荒凉，渺无人迹。可汗的宫殿竟残破得连一丝居住的痕迹也没留下。所有的阿瓦尔贵族都在战争中死亡了，他们长期积累起来的金银财宝被掳掠一空。法兰克人发了大财，一直被认为是很穷的法兰克人富起来了，查理王宫里塞满了劫掠来的金银财宝。

经过这样一系列战争，查理把法兰克王国扩大成为一个西起大西洋、东止多瑙河、南到地中海、北抵波罗的海，其地域囊括今天的法国、比利时、德国、荷兰、瑞士及匈牙利、西班牙和意大利2/3以上土地的庞大帝国。

查理之所以打了无数胜仗，几乎是战无不胜、攻无不克，最主要的是他拥有一支随时可召集起来的、装备精良训练有素的强大军队。他建立了统一的兵役制。他的军队的中坚是骑兵，是由宣誓效忠于他的领取采邑的附庸组成的，还有人数几乎和骑兵相同的由贫苦百姓组成的步兵。打仗时，他的部队组成一个个方阵的战斗队形前进。弓箭手走在最前列。率领这支军队的查理，有让人一见就心惊胆战的威严。一位见过查理大军的人这样描绘查理和他的军队："他头上戴着铁盔，手上罩着铁手套，他那铁的胸膛和宽阔的肩膀掩蔽在一副铁的胸甲里，左手高举着一支铁矛，右手永远停放在他的无敌的铁剑上面，他的盾牌整个是铁的，他的战马是铁颜色，并有一副铁石心肠。所有走在他前面、走在他身旁、走在他后面的人，整个军队装备都是尽可能地密切效法他。田野和空地上都充满了铁，太阳的光芒被铁的闪光反射回去。"面对如此强大的声威吓人的由铁的统帅率领的铁的部队，许多对手几乎不战而降。

查理治军严厉，赏罚分明。平民立了战功也一定得到奖赏；贵族子弟违反军纪同样受到处罚。在与萨克森人的战斗中，有一次，有两个部卒，组成了一个猛攻队，非常勇敢地破坏了一座极其坚固的城堡的城墙。战后，查理在征得他们俩人的主人的同意后，委托一个为莱茵河和阿尔卑斯山之间地区的长官，赐给另一个一块土地。与此同时，有两个贵族子弟担任守卫国王帐篷的职务，却在一天晚上，喝得酩酊大醉，像死人一样，躺在地上。被夜里起来巡视的查理发现。天明，查理召集国内的显贵，问他们对向敌人出卖法兰克国王的人应处于什么惩罚。这些显贵不知发生了什么事，齐声回答应当处死。把那两个玩忽职守的吓得要死，查理看到他们已知自己错误的严重，并已达到教育大家的目的，便只是严厉斥责了他们一顿，从轻发落。这说明，查理治军，不仅严厉，而且很讲策略。对于那些临阵脱逃者，无论是贵族还是平民，一律处死，决不宽恕。

查理之所以不断获得胜利，还因为他的对手相对来说较弱，大都是些矛盾重重、没有联合起来的较落后民族。实际上，查理从未遇到过在人数、装备和训练上和他旗鼓相当、势均力敌的敌人。

当然，查理的胜利和他的军事才能、他的不屈不挠的毅力和他那令人惊奇的无比旺盛的精力是分不开的。他不打无准备的仗。每一次打仗前，他都要收集有关敌人的详细情报，调查敌方的兵力配置、兵器的种类和作战方法。战斗时，他往往兵分几路、从不同的方向发动攻击，打乱敌人的阵脚，然后集中力量攻击敌人要害，一举获胜。

加冕称帝

查理十分重视基督教。他的一些战争就是以征伐异教徒的名义发生的。他不仅用战争等强制手段强迫其他不信奉基督的民族改信基督教，而且用战争消灭了威胁罗马教廷安全和地位的伦巴德王国，把意大利中部地区奉献给教皇。查理为罗马教廷消灭了一个个敌人,但也把自己变成了罗马的主子,教皇的保护者。774 年,查理第一次来到罗马时,受到罗马教会和贵族的隆重而热烈欢迎,行政官员和贵族们举着旗帜,离城 30 英里迎接。在弗拉米尼亚大道上,在一英里长的大道两旁,站满了人群,青年高举武器,小孩手执棕榈或橄榄枝,为他们的伟大救星查理唱赞歌。教皇安德里安率领他的教士团在梵蒂冈的门廊上恭候。教皇和查理见面时,像朋友和兄弟一样拥抱,实际上,他们之间的关系并不是像朋友和兄弟那样平等的,查理是以罗马教皇的恩主的身份去罗马的,教皇的安全和地位是由他提供的和保护的。不过,查理也并不十分炫耀自己。他的举止显示他是一个基督教的虔诚信徒,在到达梵蒂冈前面的一排神圣的十字架和信徒们的徽章前面时,他立即从马上下来,领着他的贵族队伍徒步走向梵蒂冈。而当走下那里的阶梯时,他虔诚地亲吻着信徒们进出的通道中的每一台阶。

罗马教会们隆重热烈接待,除了显示对查理的感激之情外,还希望,通过和强大的法兰克王国结盟,能摆脱君士坦丁堡的控制,并使罗马教廷多年来孜孜以求的和东方教会争夺基督教首席地位的夙愿能最终实现。因此,他们一再宣扬法兰克王国的伟业,宣扬罗马帝国的复兴,宣扬"法兰克王国在查理国王统治下已成为新的罗马帝国"。但查理对"他是罗马帝国复兴者"之类的别有用心的拍马屁的话却并不那么欣赏。

776 年,教皇安德里安去世。利奥三世被选为新教皇,但遭到罗马贵族的强烈反对。为了取得强有力的支持,利奥给查理送来了"圣彼得墓"的钥匙和一面旗帜,以象征查理具有统治罗马的权力,并想借此挑起查理和君士坦丁堡之间的矛盾。查理对利奥送来的礼物没有太大的兴趣。他在给利奥的回信中写道:"正如我们同您的前任安德里安达成的协议一样,我们同样愿意同您建立牢不可破的关系。这种关系是建立在我们虔诚的信仰和仁爱的团结基础上的。……我的天职是用武力保卫教会,使它不受异教徒的攻击和蹂躏,在教会内部确保教会的纯正信仰。而圣父,您的职责是用祈祷支持我的武力。"查理在这里明确地阐述了双方的关系和职责。799 年,利奥三世遭到罗马反对派贵族的攻击,被暴打了一顿,险些弄瞎了眼睛和失去说话能力。在法兰克使臣的帮助下,他仓皇地潜逃出罗马城,向查理求救。查理并没立即行动,直到 800 年 12 月,查理才亲自带兵把利奥三世送回罗马,以武力召集所有的主教、神职人员和贵族举行会议,使利奥重新登上教皇宝座。利奥对查理感激不尽,力图报答查理的恩典。这一年的圣诞节,在查理应利奥的请求,身着贵族服装,在圣彼得教堂跪拜祈祷时,利奥突然将罗马皇帝的皇冠戴在这位法兰克国王的头上。在场的所有的人立即发出震耳欲聋的欢呼声:"生命和胜利,永远属于由上帝加冕的、罗马人的、伟大、和平的皇帝查理·奥古斯都!"随后,查理的头和身体被隆重地涂上御用的油膏。这样,一位蛮族的国王就成了罗马皇帝,查理成了查理大帝或查理曼。查理曼后来在谈及此当时,强调他事先完全不知道利奥三世要为他加冕,如果知道,他会设法躲开的。但有人认为查理的话不可信,是此地无银三百两。加冕仪式准备那么充分、进行得那么顺利和他自己过去不止一次地宣称要夺回皇帝头衔等都证明加冕称帝,是他向往已久的预谋的行动,他不会事先不知道。

不过,不管加冕称帝查理曼是否事先知道,他对此事的渴望程度的确不如罗马教会。对罗马教会来说,给查理曼加冕,是十分重要的历史事件。它不仅使罗马教会和一个强大的帝国不可分地联结在一起,从而在和东方教会争夺首席地位的斗争中处于优势地位,也极大地提高了罗马教会的地位,皇帝由罗马教皇加冕,也就等于承认罗马教皇的神权高于皇权。因此,罗马教会的确急不可待地要尽早给查理加冕。而且,给查理加冕也得到罗马和西方民众的欢呼和称赞。他们渴望昔日的罗马帝国复兴。

然而,对查理曼来说,加冕称帝的确也有使他犹疑不决的因素。一是他一直在考虑和君士坦丁堡的美丽的女皇艾琳的婚事,想通过联姻使自己成为东、西两个帝国的大君主,加冕,称罗马皇帝,显然侵犯了以罗马帝国的继承者自居的东罗马帝国的权利,不仅婚事告吹,还树立了一个强大的敌人。二是对教皇擅权反感,他不愿意还有一个高于自己的权力的神权。他之所以否认他事先知道利奥要为他加冕,也可能是处于这样一种心态,有意贬低加冕的意义,以显示他是至高无上的。不管查理曼如何考虑,结果是他接受了利奥三世为他加冕,他在加冕式上也许诺维护教会的信仰和特权,随后又向罗马教廷赠送了一笔丰厚的礼物作为加冕的回报。

教皇为查理曼加冕所产生的影响是深远的。它揭开了中世纪神权和王权之间的持续不断的斗争的序幕。

统治帝国

查理曼被称为查理·奥古斯都,加洛林帝国被看成是罗马帝国的复兴。其实,两者是完全不同的。查理曼是虔诚的基督教徒,而奥古斯都时,还没有基督教。奥古斯都也是一个虔诚的宗教信奉者,但只能称是异教徒,耶稣也是被罗马帝国的行省总督送上十字架的。查理曼是被罗马人视为蛮族的日耳曼人的代表,奥古斯都是罗马文明的象征。查理曼帝国和罗马帝国除了疆域广大、基本上统一欧洲这点有些相似外,也毫无共同之处,一个是奴隶制帝国,一个是封建帝国,与其说查理曼帝国是罗马帝国的继续,还不如说是蛮族的法兰克王国的继续。查理曼基本上是走在他的先辈所开创的道路上的。

在查理曼统治下,早就开始了的自由农民转化成依附农民的过程加速了。由于连年征战,大量农民破产,为了求得生存,只好委身于人。委身后的农民可从主人处得到一小

768 年查理登上法兰克王位后，展开了一系列的征服战争，
这幅画描绘的是查理的军队征战欧洲的战斗场面。

块土地，代价是要尽力为主人服务，要优先耕种主人自用地，随主人出征，为主人辩护，向主人缴纳各种捐税等。随着农民的破产和农奴化的加剧，以领主为核心的封建庄园成了查理曼帝国的经济基础。庄园的土地分成两部分，领主自用地和农奴占用地。一个庄园就是一个独立的经济单位。大约在 800 年，查理曼颁布了一个庄园敕令，是给王室庄园管理人员的指令、共有 70 条，对庄园的经营管理作了细致甚至显得过分零碎的规定，成为各地庄园法规的蓝本。敕令命令每个管理员每年必须将庄园的一年的收入向他作详细报告，敕令列举了报告的项目，对庄园的经营和管理也提出了具体的要求。甚至规定庄园内必须饲养天鹅、孔雀等观赏性禽鸟，来增加庄园的美观。庄园有生活设施俱全的厅室,有抵挡敌人的武器,有各种工人,总之应有尽有。王室庄园不仅给查理曼带来大量的经济收入,而且成了他的行宫别墅。查理曼经常带着家属、王室大臣和侍从,巡回于各王室庄园。

面对小农的日愈减少和农奴化趋势的加剧,查理曼曾想以准许较穷的农民每组只出一人服兵役和对最穷的农民豁免一般战场服役的办法来减缓这种趋势,但作用甚微。而军队和军事服役的制度化和委身制和豁免制的推行,却为以后的封建制度的发展奠定了牢固的基础。

查理曼对帝国的统治是一种集权统治。他把帝国划分成 48 个郡,原有的部落大公大部分被消灭了,郡的政务由查理曼任命的伯爵治理。不少伯爵是查理曼的亲信。大部分伯爵是原来的地方上的大贵族,拥有大量地产,在地方上很有势力。伯爵是终身职务,但也常被撤换。有一个故事说明伯爵的任免完全取决于查理曼的好恶。有一次,波斯派使臣给查理曼带来许多礼物。查理曼亲切地接见了他们,并和他们谈得十分融洽。于是,他们便借酒壮胆,向查理告起状来了。他们说:"皇帝陛下,您的威权诚然伟大,但比起流传于东方各国的关于这方面的报道来,却要小得多。"查理曼感到奇怪,反问他们:"你们为什么会有这样的想法呢?"他们乘机回答:"我们波斯人、印度人帕提亚人以及所有的东方居民对您比对我们自己的统治者要畏惧得多。马其顿人、希腊人对于您凌驾一切的伟大感到的恐惧,超过了对爱奥尼亚海的波涛的恐惧。我们一路上经过的所有的岛屿上的居民对您也都是倾心归附。但是,就我们看来,您本国的贵族,除非是在您面前,对您是不那么敬重的。因为,当我们作为远客来到他们那里,并且请求他们看在我们打算晋见您的份上,给我们一些照顾的时候,他们对我们毫不在意,反而把我们赤手空拳地打发出去。"查理曼一听,勃然大怒,下令把这些使臣所经过的地方的伯爵和修道院院长全部免职并罚交大量款项。这些免职者可能想不到竟会由于一次外事活动礼貌不周而丢官吧!伯爵的权力是很大的,他拥有对所辖地区的行政令权。他负责执行国王敕令,征收赋税,维持治安,征集物质和劳役,召集并指挥军队。因此有很强的分离倾向。查理曼为有效控制伯爵和限制地方滥用职权,作了种种努力,采取了不少措施。他规定一个伯爵只能管理一个郡,伯爵要经常向皇帝参觐述职。他和伯爵建立领主和附庸的关系,他授予伯爵采邑,伯爵们则要向他宣誓效忠,802 年,他设立了被称为"皇帝的眼睛"的巡按使,全国分为若干巡按区,每年都向各巡按区派出数批巡按使,通常一地两人,一教一俗。巡按使是查理曼派往一个特定地区巡国视察的官吏,除传达皇帝旨意外,还设有自己的法庭,仲裁重大案件,甚至有权依法罢免伯爵,负责监督地方的财政司法和教会、行政。巡按使是查理曼派驻地方的钦差,成为地方和中央的重要纽带。查理曼还在边界地区设立权力更大的统领几个伯爵区的边区,任命亲信担任边区侯。侯爵是比伯爵更高一级的官吏。查理曼还向大量没有担任伯爵的地方贵族授予采邑,使他们成为"国王的附庸",其中有一些还享有"特恩权",不受地方的管辖,有司法、征税等权力。他们对地方伯爵起了一定的监督和钳制作用,伯爵之下还有子爵和吏佐。

查理曼在中央设立了自己的私人秘书机构—秘书部,成员大都是教士,他们主要负责为皇帝草拟法令、文书、颁发文告、管理档案。地位不高,作用很大。查理曼还经常不定期召集一些教士、学者、宫廷学校教师、侍从人员和进宫参观的地方官吏及贵族开会,讨论国事。查理曼保留了地位最高的中央机构公民大会,即"五月校场"(因为大会于五月在校场召开故名),但实际上却把它变成了主要由僧侣和世俗贵族参加的贵族议事会。会议的召开和讨论的内容,都取决于查理曼的个人意愿。770~813年,查理曼共召开了35次公民大会。会议对查理唯命是从,很少出现反对意见。但公民大会给查理的个人集权统治多少抹上了一点集体意志的色彩。

查理曼帝国是由许多种族不同、语言各异、发展水平不一、法律和传统习惯差异甚大的地区组成的。因此,要维持和巩固这样一个帝国,就必须制定一部可通行全国、不论那个地区、那个种族都必须遵守的法规。查理曼为此花了不少精力。他下令把帝国领域内一切部族的法律和规章都收集起来,未形成文字的,写成文字,并对原有的法律进行整理,增补所缺少的部分,调和它们的歧义、订正内容或文字方面的错误。他一共颁布了65个敕令,包括1151项条款,其中有政治的、刑法的、教会法规的、民事的、道德的、宗教的和家内事务的,触及社会生活的各个角落。查理曼力图通过这些敕令,统一法规,将全国真正联结在一起。查理曼还改革了审判制度,建立了陪审作证制,但又规定任何人也不得以任何借口出席法庭为无理的人辩护。

查理曼的统治也是一种神权统治。他本人既是虔诚的基督教徒,也是基督教罗马教会的太上皇。他在帝国都城阿亨兴建了一座雄伟、美丽的教堂,饰以金银、配以烛台、正门、旁门都用坚固的黄铜制成,教堂的大理石柱是专门从罗马和拉文纳运来的。只要健康许可,清晨、傍晚、夜间和献祭时,他都到教堂去。他和罗马教皇关系十分密切,得知教皇安德里安去世时,他甚至悲伤得抱头痛哭。但他认为他是罗马教会的保护人,罗马教廷是他的附庸。他从来不承认教皇对他的统治权。在他看来,教会的职责只是"向天堂举起他的双手"为他的事业的成功而祈祷。他也并不认为罗马是基督教的中心,在他统治的47年里,他只去了罗马四次,而且每次都有明显的政治、军事目的,而不只是宗教原因。他实际上是把帝国的首都作为宗教中心,把他自己作为高居于罗马教皇之上的宗教领袖。他命名首都阿亨为"新罗马"。他坚持教会事务和世俗事务一样,都属于他的管辖范围。他对教会实行集权统治,不仅牢牢控制罗马教皇的人选,各地主教的任免权,派自己的亲信操纵教会事务,而且还掌握着召开和主持宗教会议、颁布教会法规的权力。查理曼在位期间，亲自主持了 16 次宗教会议，会议的决议都以查理曼敕令的形式公布，在查理曼的心目中，教会的主教等神职人员和他属下的封建贵族、地方官吏没什么不同。789 年，他颁布了一个有 82 章的有关教会的敕令，其中规定：主教和修道院院长应该按照所辖教区和修道院规模的大小、财产的多少，为法兰克王国的军队出人出钱。这和对世俗贵族的要求没什么两样。他甚至还经常以"敕令"的形式对宗教信条和宗教仪式的细节予以法律性质的规定，违反者，由国家监禁判罪。宗教法规被纳入了查理曼的统一法规之中。

为了控制和利用教会，查理曼对教会制度进行了一系列整顿和改造。他恢复了早已废弃的大主教区制，设大主教区。到他晚年，全国共建立了 22 个大主教区，管辖全国 22 个城市，包括罗马。大主教直接对查理负责，对于辖区内的一般主教有裁决和惩治权。和对世俗贵族一样，他也授给大主教等教会贵族采邑，和他们建立封主与附庸的关系。主教和修道院院长等教会贵族，不但享有世俗封建主的各种权利，还掌握控制人民思想意识和日常社会生活的专属教会的权力，是查理曼帝国的重要支柱。查理曼的许多行政要职也由教士担任，如巡按使等。文职官员一般都是由高级教士担任，因为这些人有文化。

查理曼在重用教会人士的同时，也对他们提出了一系列要求。他专门颁布敕令，要求教会人士必须依照宗教法规过"规律的生活"，主教、住持要谦虚、勤勉，为群众做表率。修道院的住持和僧侣要遵守清规戒律，服从主教命令，任何人都不得瓜分教会财产。一切神职人员都要遵照教规和信徒的准则去执行职责，不要过分地追求虚荣和世俗名利。有一个主教，骄傲而又好世俗俗利，查理曼听说后，想教训他一下，就让一个犹太商人就其力之所及、不管用什么方法狠狠地骗一下这个主教。这个商人常常去迦南圣地，并从那里带回一些稀世珍宝，运往海外国家。听了查理曼的话以后，捉了一只普通家鼠，在老鼠体内填满各种香料，然后拿上它去向那位主教兜售，说这是只前所未见的珍贵动物，是他从犹太国带回来的。主教听了商人的话，认为宝贝到家门口，是意外的运气，十分高兴，出价 3 镑银子购买。犹太商人说："对这样贵重的东西，三镑可真不是个好价钱啊！我情愿把它扔到海里去，也不愿任何人以这样低贱的、可耻的价钱买到它。"这个极为富有但从不济贫的主教为得到这稀世宝货，出价 10 镑，商人仍不卖，并继续欺骗说："亚伯拉罕的上帝不许我这样丧失我的劳动和长途跋涉的果实。"主教又增加到 20 镑，犹太商人仍不松口，假装怒气冲冲地拿上货物要离去。主教被犹太商人的花言巧语彻底蒙骗了，出了大量的银子，才得到这件"无价之宝"。商人把所得银子拿去见查理曼，向他报告了全部经过。几天后，查理曼在王宫召集全体主教和地方首脑开会。会开完后，查理曼叫人把那笔银子全部搬来放在宫殿中央。然后对大家说："长老们和保护者们，教会的主教们，你们应该帮助穷人，或者，更确切些说，帮助附着在穷人身上的基督，而不应追求浮华。但是，现在你们的行为与此相反，你们又虚荣、又贪婪，其程度超过所有其他的人。"他这样把所有的在场的主教和地方首脑责备和告诫了一顿后，接着说："你们中间有一个人曾经为一只假老鼠，把这全部银子给了犹太人。"那个受骗的主教汗流浃背、羞愧难当，扑倒在查理曼的脚下，请求恕罪。结果又被查理曼严厉斥责了一顿。

802 年，查理曼颁布了一道敕令，规定全国人民都必须对皇帝"宣誓效忠"。王国之内的每个人，不管是教士还是世俗人士，都要按照自己的誓言和职业，对皇帝表示忠诚，就像以前他是国王时，对他表示忠诚一样。凡年龄在 12 岁以上的男子，以前如没有宣誓效忠，必须宣誓效忠。宣誓必须在公共场合、在众人关注下进行。他用这种办法使全国的不同种族的各族人民都成为效忠于他的子民。

复兴文化

复兴文化是查理曼又一被人津津乐道的不世功绩。它的意义甚至可能超过了他的扩疆辟土。

西罗马帝国被蛮族灭亡后，蛮族的剑和铁骑不仅摧毁了罗马的政治和经济，使昔日繁盛的城市成为一堆废墟，农村满目疮痍，也摧毁了不朽的希腊、罗马古典文化。西方的历史进入了被称为"黑暗时代"的中世纪。蛮族的贵族首领都是些除了骑马打仗，别无所能的莽汉，许多人目不识丁，甚至还有贵至国王却写不好自己的名字的。在这样一个崇尚武力，轻视和践踏文化的社会。查理曼的出现，他对文化的重视和提倡，确实是西方文化的一大幸事。

查理曼本人的文化水平并不高，他开始学习文化的时间也很晚。少年时代可能没有学习文化的机会。流传下来的关于他的文化水平的叙说，可能夹杂了不少阿谀和夸张的成分。如当时人写的，被认为每一句都是正确的一本查理曼传中是这样描述查理曼的，"他的谈吐轻松而流畅，能够极其清晰地随心所欲地表达心中的想法。他对自己的母语并不满意，所以花时间钻研外国语，他对拉丁语的纯熟达到了与说母语不相上下的程度，而对希腊语，他的理解要比会话强得多。有时他的话滔滔不绝近于啰唆，他充满激情的汲取人文学科的养料，对那些教他的人满怀敬意并赋予他们很高的荣誉，他试着书写，他习惯于在床上的枕头底下放一些羊皮纸和书板，以使在起卧闲暇之时，练习着写字，不过他这个方面尝试得太迟，结果不很成功。"这里虽用了些可能言过其实的形容词，但却也透露出查理曼的真正文化水平，他的书写能力极差，到晚年也只能学着写字，除讲母语外,会讲拉丁语,希腊语能听懂一点。他的这点文化,如果用今天的标准,还不如小学生。但他的可贵之处,在于他对知识的尊重和对文化的追求和学习的鼓励。正是这一点,有人称赞他是所有君王中的一位最热切地寻求有识之士、并提供一切便利让他们安心痛快地思索研讨的君王。

在他唯我独尊地统治世界西部的开始之时,在他的王国内,探求学问之事几乎已被遗忘。有一天,有两个来自苏格兰的对宗教和世俗之事都颇为精通的人来到高卢海岸,他们在周围群众进行货物交易时,却日复一日在那里高喊:"嗨,谁需求知识,请靠近来,从我们手中领取,我们出售知识。"他们希望人们在购买货物时也买些知识,也可能他们是有意如此以便引起查理曼的注意。大家对他们的目的不理解,甚至认为他们是疯子。渴求知识的查理曼听说这件事后,便令人把他们请来,询问。他们是不是真的像传闻那样,随身带来了知识,他们回答说:"我们俩人都有知识,并且乐于以上帝的名义把它传给那些配得上寻求它的人。"查理曼问他们要什么代价,他们回答说:"啊,国王,我们不要任何代价,只要一个适当的地方来讲学和一些明快的头脑来受业;另外就是要有食物可吃,有衣服可穿,要是没有这些,我们就无法完成我们人生的历程。"查理曼听了他们的回答非常高兴,把他们留在身边。后来他让其中一个留居高卢,给他派去许多男孩子,名门巨第、中等人家和寒门小户出身的都有,供给他们所需要的食物,和适于学习的房屋。把另一个学者送到意大利,并把帕维亚附近的圣奥古斯丁修道院赠送给他,使那些有志于学的人聚集到那里跟他学习。

查理曼这种礼贤下士的举动,使许多博学之士慕名而来。查理曼不管他们来自何方、什么身份,只要真正有学问,都亲切接待,委以重任。这样,当时西方世界几乎所有的知名学者都投入他的门下,聚集在他周围。他们中有意大利的比萨的副主祭彼得,一个颇有造诣的语法学家,可能是查理曼的第一个老师。语法学家和诗人、弗留利的包利努斯,也是个神学家,后来查理曼委任他为阿魁利亚主教。出身伦巴德贵族家庭的保罗,语法学家、诗人、历史学家。西班牙人西奥达尔夫,诗人,也被委任为奥尔良主教并应查理曼之托写下了一系列神学著作。菲利克斯,也是西班牙人,乌尔吉尔的主教。还有爱尔兰人、语法学家克莱门斯、司各特斯。圣德尼的修士邓格尔、查理曼从他那里学到了"黑暗的性质"和在810年观察到日全蚀。迪奎尔,对算学、地理学和天文学有所专长。

查理曼周围的这些人的核心是英格兰人阿尔克温。他是位以虔诚和博学而蜚声于世的著名学者,当时人认为他对于学问无所不通,而且高居于那个时代的众人之上。查理曼是781年3月在罗马碰见这位博学之士的。查理曼邀请他帮助法兰克王国朝廷和教廷的教育和改革,他接受了。查理曼对阿尔克温是非常尊重的,终生都把他留在身边,甚至称自己是阿尔克温的学生,称阿尔克温为他的老师。阿尔克温也全心全意地把自己奉献给查理曼的目标的贯彻。从 782 年到 790 年他主要献身于查理曼本人及其宫廷的教育,后来在图尔的圣马丁修道院从事著述。

查理曼之所以如此尽力网罗并重用学问之士,目的是提高国内的学术和教育水平。这和他扩疆拓土建立一统的帝国的目的是一致的。他需要在精神上统一全国,他是虔诚的基督教徒,他认为,他的权力是上帝给的,他必须保护教会,维持臣民的道德,眷顾他们的信仰,因此,他必须让教士通晓信仰方面的问题,并在他们的布道中传授给人民,而要达到这一点,就必须有一部准确的、完整和统一的《圣经》文本。当时,多数教会只有不完整的《圣经》版本,而且顺序也不尽相同,还有许多歧异和互有出入之处。因此,查理曼要求"将天主教的书籍全部仔细地订正一遍"。这一任务理所当然地落在了阿尔克温身上。阿尔克温在查理曼的关怀下,从 797 年开始,经数年努力,在 800 年圣诞节查理曼登上罗马皇帝宝座的加冕典礼上,把《圣经》订正手稿赠送给了查理曼。这是查理曼在两个不同领域所取得成就的两座高峰的奇妙巧合。阿尔克温的《圣经》文本是在校勘订正各种不同的《圣经》手稿的基础上产生的,被教会普遍接受,成为学习和布道的范本,产生了广泛的影响。其他的"天主教著作"的订正和统一也在查理曼的关注和敦促下一一完成,如礼拜仪式方面的著作。阿尔克温对"圣礼书"进行了修正,查理曼在 800 年后不久,下令在他的领土上统一施行这本修正的圣礼书所记述的礼拜仪式。执事保罗完成了"布道书",按查理曼的要求,规定了基督教牧师对教徒会众布道时所要遵守的基本要求。在修正整理天主教著作中,查理曼还令人抄写了大量古典和早期基督教的著作加以保存,因此得以流传至今。

同时,查理曼还鼓励并力图在每一个方面都使用文字记录。他令人把那些只是口头代代相传的一些种族的民俗用文字记录下来,处理法律问题的法规要诉诸文字,皇帝的各种指令、赦令以及会议的日程,要留下文字,王室领地的管理人员也必须定期写出财产清单、报告和账目。查理曼的这种做法在当时是十分令人惊奇的。它反映了查理曼的这样一种思想,只有将这些东西一一写下来,国家才可能有秩序、稳定和安定。

查理曼提倡人们学习书写的文字主要是拉丁文,他自己也带头学拉丁语,虽不能书写,但却说得很流利。他周围的那些博学之士都同时是拉丁语法学家。阿尔克温就为他的学生写过拉丁语法书教材。他们不仅用拉丁语写出了一些优秀作品,而且在拉丁语的语法研究方面也颇有成果,丰富了拉丁语词汇。

查理曼把拉丁语作为官方行政和文化语言。各种法律文件、牧师会法规、箴言录和契约都使用拉丁语。拉丁语从查理曼的宫廷里扩展到作为一个整体的法兰克教士阶层中,拉丁语后来成为正统的书面语、教会语、文化和行政语以及欧洲的统一的一个因素,和查理曼的提倡不无关系。

但查理曼也并不排斥其他语言文字。他还想学习希腊语。他对他的母语法兰克语也很重视，他敦促手下人把一些蛮族的诗歌译成法兰克语，这些诗歌歌颂了他们往昔的国王的故事和战斗，他不想让这些事迹被遗忘。他还进一步着手为其家乡提供语法，并用其母语给所有的月份命名，他称1月为冬月，2月为泥月，3月为春月，4月为复活节月，5月为快乐月，6月为耕作月，7月为割草月，8月为收获月，9月为风月，10月为葡萄收获月，11月为秋月，12月为冬月。在这之前法兰克人所知的月，不是拉丁语的就是蛮族语的，他还给东、西、南、北风起了名字，他也为12种管乐器命了名。在他之前，最多只有9种有法兰克语的名称。

他虽然使《圣经》的拉丁文本得到修正和传播，并使拉丁语成为礼拜仪式的专用语言，但也不排斥其他语言在祈祷和布道中的作用。他让教士布道时使用人们听得懂的语言，从而使人们可以用每一种语言去崇拜上帝。查理曼对语言的这种态度对欧洲民族语言的产生起了促进作用。

要满足查理曼的要把一切都用文字记下来，把一切可形成文字的都形成文字的要求，就必须有一定数量的受过教育的人，他们能阅读和书写这些文件，正确理解它们，并把它们誊抄下来，而当时这样的人才是非常短缺的。因此，查理曼急切想通过教育来培养这样的人。他自己带头学习。他在自己的宫殿里，设立一个宫殿学校，教育那些被送进宫服侍君王的人，可能还吸收其他一些选送来的查理曼意欲加以培养的学生。他自己和他的王族成员也定时来听课。阿尔克温就曾主持过这所宫廷学校，他讲课时，面对一群难得的听众，有时查理曼也在其中，按他自己的话说，"充分享受"，所有的人都静静地聆听着他侃侃而谈的乐趣。有一则故事说，查理曼有一次亲自对这里的学生的学习情况进行考查。他让学得好的孩子聚集在他的右方，而让学得不好的孩子聚集在左方，对在右方的孩子说："我的孩子们，你们深得我的喜爱，因为你们竭尽全力去执行我的命令。你们今后要继续好好学习，以期达到完善；我将赐给你们主教管区和华丽的修道院，你们在我的眼睛里永远是光荣的。"然后转向左方的孩子，严厉的斥责他们："你们这些贵族，你们这帮大官们的少爷，你们这群超等的花花公子，你们仗着出身，仗着财产，对我让你们自己谋求上进的命令竟敢置若罔闻，你们忽视探求学问，你们恣纵于奢侈和嬉戏，沉溺于游物好闲和无益的玩乐。"说到这里，他抬起头，举起他的右手，继续怒斥他们："上帝在上，我看不上你们的高贵的出身和漂亮的仪表；虽然别人或许因此而羡慕你们。千万要明白，除非你们发奋读书，弥补从前的怠惰，你们永远不会得到查理的任何恩宠。"有人怀疑这则故事的真实性。但不管如何，它的流传说明，查理曼鼓励人们努力学习文化，把人的知识看得比人的出身和财富更重要的态度是广为人知并受到赞颂的。

查理曼兴建了许多学校。他在798年颁布的《普通告诫》中，要求各教区都"要设立

世界帝王

学校教孩子读书,要在每一个主教区和每一个修道院里教授赞美诗及其曲调,教授圣咏,计算和语法,要让教士们都有一丝不苟地订正过的书"。在一封写于 794~799 年之间的给一位修道院院长的信件中写道:"由基督的恩典托付给我们管辖的主教区和修道院,除了应遵守修道纪律和宗教生活的实践外,还应当对于那些被上帝赋予学习能力的人因材施教,热心地教他们读书写字。""让我们挑选那些有决心、有学力、并有教授别人的欲望的人来承担这一任务。"

通过设立地方小学,以及主教区和修道院所提供的略高一级的水准的教育,查理曼希望能给基督徒一些基本的宗教知识,同时又能吸收并教育一批能胜任工作的教区教士。当然更希望能给那些贵族出身的、将来要担当世俗和教会的高级职务的人足够的训练和教育。

查理曼对学习的课目和内容也做了规定。主要是基督教义和语法修辞、辩论、算术、

查理大帝加冕

几何、天文、音乐等内容的所谓古代七艺。在 805 年发出的一份指示中还列出这样一些内容:"阅读、歌咏、书写以使他们文通字顺、法律、其他学科、计算、医术,"他还让人给学校提供学习用的课本,阿尔克温就编过语法教材。他修正的"圣经",成为全国通用的《圣经》课本。

查理曼自己文化水平不高,但喜欢附庸风雅,爱好文艺。他的书写能力极差,但却用他的名字发表了许多作品。他贵为皇帝,当然有人给他写文章和送他文章,也不会有剽窃之嫌。查理曼还创立了一个帕拉丁纳学院。其实是不定期但经常召开的学术研讨会,出席会议的主要是查理曼和他周围的那些博学之士。在这种会议上,查理曼和他的朋友都不谈国事,全身心地投入到学问的争论中去。他们在会上,忘形地而又很有些情趣性

互相起绰号,而不以官衔和名字相称,绰号不是取自《圣经》,就是取自古典作品。查理曼被叫作大卫,阿尔克温被叫作弗拉克斯,安吉尔伯特为荷马,宫廷侍从麦昆弗莱德和管家西奥达尔夫则成了维吉尔诗中的人物塞尔西斯和默纳尔卡斯。会上还有吃喝,据西奥达尔夫的描述,在这种会上,"大卫(查理曼)手握节杖坐在当中主持,分给每人一份吃喝,以免发生混乱"。"阿尔奥纳斯长老(阿尔克温)只管坐着,偶尔冒出几句奇特的话,并用唇和手从容地吃着食物。每当盛着啤酒杯或白酒杯的盘子顺着圆圈传到他手边的时候,他便随意地接下一杯。因为他课教得比别人更好,当他吹起学问之笛时,他的笛管中流出的乐音也更加动听。"西奥达尔夫对其他参加会议的人也一一做了生动的描述。他在说到后来写了有名的《查理曼传》的个子矮小的艾因哈德时写道:"纳达勒斯(艾因哈德)这儿转转,那儿转转,从来闲不住,他那像蚂蚁一样前跑后蹿的停不下来的脚板在地上敲出嗒嗒的音响。一个伟大的客人寄居在这么小的躯壳里,伟大的思想也填满了他那细小心腔的空隙。"西奥达尔夫给我们描绘出一副多么生动的查理曼和他的朋友无拘无束地探求学问的画面。有人评价说,对追求学问的鼓励无疑反映出查理曼性格方面的最纯洁、最可喜的光泽。

显然,倡办文教事业是查理曼的特别受人赞誉的活动。尽管他创办的文教事业,从内容到形式都渗透宗教教育和神学的气味,他鼓励探求的学问大都是神学方面的,他办的学校、教师都是教士,学生学习的内容,也大都是为迷信服务的,它仍然给处在中世纪的黑暗愚昧之中的人们带来一线追求知识、学问的光明,它所取得的成就后来被称为"加洛林文艺复兴"。

蛮族遗风

查理曼的蛮族出身,使他身上保留了不少蛮族的古老传统。他喜欢骑马、打猎、游泳和吃起烤肉来毫无限制,和法兰克人本是游牧民族是一脉相承的。他一生从不知疲倦,马不停蹄的东奔西跑,除了打仗外,平时,他也很少在一个地方长住,不停地在各地巡游,他的这种活动也是民族的习惯所然。法兰克人的游荡生活一般就是消磨在狩猎、进香和军事冒险中的。查理曼的不同只在于,他的奔波、巡游、作战。随员众多和具有更重大的目的而已。

查理曼的穿着也是民族的。他平素喜欢穿法兰克人的服装,里面是麻布制的衬衣、衬裤,外面罩一件镶丝边的外套,脚穿长袜,腿上横缠着袜带,两只脚套在鞋子里。冬天则加穿水獭皮和貂皮做的短上衣来保护臂膀和胸部。他穿蓝色的衬衣,经常佩戴着一支有着金或银的剑柄和剑带的长剑,他不喜欢穿外国服装。只有二次例外。一次是由于罗马教皇安德里安的请求,另一次是罗马教皇利奥的请求,他才勉强穿上长外套、外衣和罗马式的鞋子。他平时的服装与普通人没什么区别,只有在节日,他才穿起织金的袍服、缀有宝石的靴子、外衣系上金束带、还戴上分外耀目的黄金和宝石的王冕,显示他的至高无上的皇帝身份。

查理曼的家庭生活也是法兰克人的,而和昔日的罗马的帝王相差甚远。他从小除传统的骑马、打猎的训练外,没受过什么其他教育,以致成年后还要刻苦学习文化。父亲死后,他按法兰克传统与兄弟卡洛曼分治法兰克,他的母亲和他生活在一起一直到老。他对母亲尊敬备至,从未发生过争执。只有一次例外。就是他的第一次婚姻。他奉母命娶了他可能不愿娶的伦巴德国王的女儿。他母亲死后,他把她葬在父亲埋骨之地圣德尼大教堂里。他只有一个姐妹,叫吉斯拉。她从小就专心过宗教生活,一生都在修道院里度过。

他妻妾成群。这点和西方的皇帝不一样,而有点近似东方的君主。西方的帝王,虽然可以有无数情妇,但决不能同时有两个妻子。查理曼先后迎娶了四位妻子,另外还娶了五个姨太太。这在东方不算什么,但却遭到西方人的非议。被认为是好色的证据。查理曼的第一个妻子是伦巴德国王的女儿。查理曼一开始就不满意,结婚仅一年,就被查理曼以体弱多病,不能生育为由离弃了。随后和出身于士瓦本族的名门望族的希尔迪加尔德结婚。希尔迪加尔德为他生了三男三女。希尔迪加尔德死后,他又娶了东法兰克人、也就是日耳曼人法斯科拉达。法斯科拉达为他生了两个女儿。法斯科拉达死后,又娶了阿勒曼尼族的柳特加尔德为妻,她没有生孩子。他的姨太太或妾为他生了6个子女,查理曼的家庭是个人丁兴旺、儿孙满堂的大家庭。

查理曼对他的孩子的教育比他父亲对他的教育要进步,但也没脱离法兰克传统。除了让他的儿子在年龄适合时,学习真正的法兰克人那样骑马和训练他们使用武器和打猎外,他还让他的儿女们全都学习他本人非常重视的语法、修辞、辩论和算术、几何、天文、音乐"古代七艺"。他要女儿们学习毛纺技术、用心操运梭子和线杆,以免闲散怠惰,并使她们养成高贵的品质。

他对继承人的考虑和安排完全是法兰克人式的。法兰克人的继承制度是诸子平分土地。查理曼本人也没有能跳出这一窠臼。平定阿基坦人的叛乱后,他就立其三子路易为阿基坦国王。774年灭伦巴德王国后,又将他的次子丕平立为意大利国王。781年查理曼专门访问罗马,请教皇为他的儿子丕平和路易分别正式加冕为伦巴德国王和阿基坦国王。806年,查理曼经慎重考虑,立下了遗嘱,把他的帝国平分给他的三个儿子查理、丕平和路易。他们三人都是查理的第二个妻子希尔迪加尔德所生。按照查理曼的遗嘱,只

查理曼,又称"查理大帝",法兰克加洛林王朝的第二个
国王,查理帝国的创立者、首任皇帝。

要他一死,他的帝国就分成三个国家了,他为之奋斗一生的统一大帝国就不存在了。烟飞星散了。后来,只是由于丕平和查理先后于810年和811年先他而去,他的帝国的分裂才稍稍推迟了。查理曼的这种安排继承人的办法是很原始的,是原始社会后期的平分死者财产的遗风。在查理曼眼中,他的帝国是他个人财产,因此必须由他的儿子平分。

查理曼重视家庭,对他的儿女感情很深。他的长子、次子和长女在他生前就先后去世,从不轻易落泪的查理曼,竟悲痛得不能自持,热泪长流。丕平留下一个儿子和五个女儿。丕平一死,查理曼立即指定丕平的儿子伯纳德继承父位,并把五个孙女接到宫中和自己的女儿一起抚养。

他对他的孩子的疼爱到了无以复加的地步。他一生公务繁忙,但只要在家,总是和孩子们一起吃饭。出游时,也总是带着他们一块去,他的儿子同他一起骑马,女儿跟在后面,有专门挑选出来的侍卫保护。去温泉沐浴游泳,也邀请儿子一起去。他的女儿众多,个个漂亮异常,查理曼对她们竟钟爱得舍不得把她们嫁出去,既不许配给本族人,也不许配给外国人，只有大女儿曾在 781 年和东罗马帝国的皇帝君士坦丁订婚，但不久婚约又解除了，直到查理曼死，他的女儿竟没有一个嫁出去的。查理曼自己说是因为他不能够离开她们，恋女情绪严重到如此地步，也实在是骇人听闻。

成群的妻妾陪伴还不满足，竟要女儿也常年陪伴在自己周围，这也只有这位蛮族出身的皇帝才做得出来。查理曼这样做不是爱女儿，而是害了女儿。查理曼和他的一个个无比妖艳的女儿的亲密关系，不仅使查理曼名声大损，丑闻秽事远播，也败坏了女儿们的名声。查理曼好色还由于不时发生的许许多多的下流而短暂的爱情活动和他给教堂送去的大量私生子而得到进一步证实。当然，这只是查理曼个人品德的污点，并不会给人民的幸福带来什么严重的影响。他的品德在其他方面似乎是无可挑剔的。在查理曼死后 11 年，有一个僧人撰写的维尔廷幻境中，查理曼被描写为和一只秃鹰同处在炼狱中，秃鹰一直不停地啄咬他的那有罪的生殖器，而作为他的品德象征的身体其余部分却安然无恙。这个编造的神话，从一个侧面反映了人们对查理曼好色的不满。

查理曼对儿女们也不是一视同仁的。他的那些私生子，是得不到他的爱的，他们生活在教堂里，连父母是谁也不知道。妾生的儿子和妻生的儿子待遇也不一样。他有一个庶子，名字也叫丕平，长得很漂亮，但是个残疾人，被人称为驼背丕平，不为父亲所爱。丕平心怀不平，在 785～786 年，在查理曼征战在外时，装病在家，和一些法兰克人的首领策划反对父亲的阴谋。这些法兰克人答应事成之后，让他当国王。结果，阴谋计划被查获。查理曼总算还有一点父子之情，没有砍去他的头，而只是剪去了他的头发，送到普鲁米亚修道院，让他去做一名修行的僧人，了其一生。

查理曼身体强壮，但晚年，身体每况愈下，去世前的四年，经常发烧，最后，一只脚也跛了。但即使这样，他也仍自行其是，而不听医生劝告，他甚至有些憎恨医生，因为医生劝他为了健康放弃他酷爱的烤肉改吃煮肉。

他自知来日不多了，813 年，他把他仅存的儿子阿基坦国王路易召到首都阿亨来，然后召集全国的法兰克贵族，让他们同意由路易和他共同治理国家，并继承皇帝称号。查理曼把皇冠加戴在路易头上，让大家称他为皇帝和奥古斯都，向他朝贺。查理曼的这一决定得到在场的人的热烈拥护。查理曼自己为儿子加冕也充分说明了，在他的眼中，他自己是高于教皇的，皇权是高于神权的。决定由谁来继承自己的皇帝之位，或如何分配自己的帝国，都是自己的家事，是无须考虑教皇的意见的，即使加冕这样代表上帝的神圣的事，也无须劳驾教皇，自己也完全有这样做的权利。这时教会还只是查理曼的工具，还无法与世俗政权分庭抗礼。倒是路易有点心虚，他继位之后，仍不放心，在 816 年让教皇替他重行加冕。他已经没有他父亲那样的傲视一切的气度了。

查理曼给路易加冕后，又把儿子打发回阿基坦去了。他自己虽年迈体弱，疾病缠身，

作为西欧中世纪初最强大的统治者,查理大帝一生征战无数。图为查理大帝指挥大军长驱直入孔波斯特拉。

却仍不改旧习,还要到距阿亨宫殿不远的地方去打猎,而且乐此不疲,一去就是一个秋天,直到秋尽,冬天来临,才罢猎,并于11月初回到阿亨过冬。在阿亨过冬时染上了严重的热病,并且一病不起。按法兰克人的传统,实行禁食,想通过这种自我锻炼来恢复健康。但结果又并发了肋膜炎,病情更加严重复杂。他却仍继续坚持禁食,只偶尔喝点东西维持体力,这样,一直延续到814年的1月28日才咽下了最后一口气,享年72年,在位47年。

据当时人的记载,查理曼末日临近时,出现了许多怪异的征兆。预示他将去世。如他在世的最后三年,经常发生月蚀和日蚀,太阳连续7天出现黑斑。皇宫和教堂之间巨大坚固的走廊在基督升天节突然倒塌,而且一直塌到房基。一座查理曼花了十年之力,以奇妙的技术修建的横跨莱茵河的木桥出人意外地突然起火,三个小时,就烧得除泡在水里的那部分以外连一片木板也没剩下。还有什么流星掠空而过、阿亨皇宫常常震动等等,这和中国皇帝死前都有征兆的说法是一个调儿。中外的天命观有异曲同工之妙。不过,查理曼对这些征兆毫不在意,他不怕死,也不像中国的秦始皇那样忌讳"死"字。他死前也曾想到他的那些妾生的儿女,他曾立下遗嘱让这些儿女继承他一部分遗产,但他的计划着手太晚,没能实现。不过他死前三年,曾当着朋友们和大臣们的面,把财富、金钱、袍服和其他动产加以分配,他请求在场的人在他死后出面承认和维护他的这种分配。

查理曼还在留下的遗嘱中再一次对他的财产进行了分配。他的遗嘱只是一份分赠文书,一份详细的他的财产的分配方案。人之将死,其言也善,从这份遗嘱,我们可以了

查理大帝儿女众多，其中他最喜欢三个儿子，他原打算他去世后，把帝国分给这三个儿子管理，可是没想到，其中两个儿子却先他而去世，最后只好让路易继承了王位。图为查理大帝与其中的一个儿子正在对话，书记官在一旁记录。

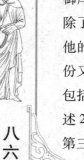

解查理曼死前的心理活动和他所最关心的事情。他在遗嘱中说明了他订立这份分赠文书的目的，一是保证用他自己的财富进行基督教徒的布施，二是使财产的分配毫无争执、毫无分歧，因为他把一切都规定得清清楚楚。分配的东西是他的全部财产和动产，包括御库里的所有金、银、财宝和皇宫里一切可搬动的值钱的或不值钱的器物和御用衣服。除了不动产土地庄园房屋外，他的一切财产都在他死后分光，一点不留。分配方式是把他的御库里的财产分成三份，他在写下这份遗嘱时就已经划分好了，放置在御库里，前两份又分成 21 份，也已分好了，分给他的领域内的 21 个由大主教管辖的城市，这些城市中包括罗马。第三份，在他未死前，留作日常之需，在他死后又分成四小份，一小份并入上述 21 份内，第二小份由他的子女及孙子孙女享有，并在他们之间加以公平合理的剖分，第三小份专用于济贫事业，第四小份用来维持宫中服役的男女仆役们的生活。这第三份

查理大帝的梦想

除了御库里的那份外,还包括宫里的一切器物、武器、衣服和一切可搬动的东西,在储藏室或贮衣室里所能找到的任何其他东西。

从查理曼的这份遗嘱中可看出,查理曼最关心的是教会,他的布施第一个对象就是教会,是21个大主教辖区,这说明查理曼不仅以教会的保护者自居,也是一个虔诚的基督教徒,当然,他这样至死不忘给教会、给基督教徒众布施,不只是为了博得虔诚的乐善好施的美名,也是为了死后进天国。他也十分关心他的家庭成员,他的子女和孙子孙女,但有一点值得注意,遗嘱中没有给他的妻妾分任何财产。这只能是法兰克的传统的结果。遗嘱中还反映了他对穷人的关心。济贫也是他遗嘱中的重要内容,他甚至要求把他大量收藏在他图书馆里的那些书籍卖掉,然后把所得的钱送给穷人。这虽是他的仁慈的一面。但,读书这件事也说明查理曼尽管热心学习文化,终究还是一个缺乏文明传统的蛮族首领。他本来是要把国土也分掉的,只是由于他三个儿子死了二个,才没分成。这种把死者的一切财产都分光的做法显然也是法兰克传统的。遗嘱中唯一不准分的是礼拜堂。礼拜堂的所有物品,包括他本人收集和赐予的,以及从他父亲那里继承来的,都必须保持完整,不得进行任何瓜分。礼拜堂是他死后唯一完整保存下来的东西。

查理曼对自己死后的安排,对他自己来说,简直是场悲剧。他为之奋斗一生的统一大帝国,他的巨大财富,他的一切一切,按他的本意,是都要瓜分的,是全部分光的,如何维持他的帝国,如何继承他的事业,竟在遗嘱中找不到一字,好像这已不是他的事,真是死后万事空啊!

　　他的遗体被安葬在阿亨的大教堂里,坟上树立了一座镀金的拱门,上留有他的雕像和铭文。铭文很简单:"在这座坟墓之下,安息着伟大的信奉正统宗教的皇帝查理,他崇高地扩大法兰克人的国家,隆重地统治了47年。"这里只突出了两点,一是查理曼信奉正统宗教,一是扩大了法兰克人的国家。对于他的其他功绩和众多的头衔,一字未提,罗马人的皇帝,奥古斯都,复兴文化等等,在法兰克人看来,毫无意义。

　　814年路易继位,因奉教诚笃,被称为虔诚者路易。除对宗教的虔诚和他父亲相比有过之而无不及外,其他方面皆有天壤之别。他既不是一个能干的军人,也不是个合格的统治者,即位只有3年(817)他就把帝国分给他的三个儿子。从而引起了一系列的瓜分斗争,兄弟阋于墙,内战不止。加洛林帝国实际上处于分裂状态。843年,他的儿子们终于签订了凡尔登条约,帝国一分为三,西法兰克王国,占有现在法国的大部分地区,东法兰克王国,占有今德国的大部分,中部王国和意大利王国,包括意大利北部和法德边界两边的一条开阔地带。后又经过进一步瓜分,成为近代法国、德国和意大利王国的源头,三国开始分道扬镳。

开创黄金时代的太阳王

——路易十四

人物档案

简　　历：路易十四，自号太阳王，是波旁王朝的法国国王和纳瓦拉国王。在位长达 72 年 110 天，是在位时间最长的君主之一，也是有确切记录在世界历史中在位最久的主权国家君主。登基之初，由他的母亲奥地利的安妮摄政，直到 1661 年法国宰相红衣主教马扎然死后他才真正开始亲政。

生卒年月：1638 年 9 月 5 日~1715 年 9 月 1 日。

安葬之地：巴黎城北的圣丹尼教堂。

性格特征：奢侈、脑瘫、变态、自大、狂妄；是一个非常聪明、有野心和决心的人。

历史功过：在任期间法国成为当时的欧洲最强的国家。开疆扩土，建立起绝对君主专制，发动法荷战争、西班牙王位继承战争和大同盟战争。奖励多位政治家如孟德斯鸠与伏尔泰及其他经济学者所开创的政治思想。发明高跟鞋。

名家点评：拿破仑赞美路易十四说："路易十四是一位伟大的国王，是他造就了法国在国际中的一流地位，自查理曼以来又有哪位君王能够与他相比？"（暗示只有自己可与查理曼和路易十四相比）

欺主揽权

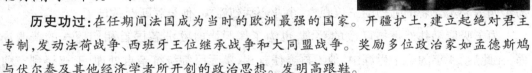

　　1643 年，路易十三因结核病去世，将皇位传给了他的儿子路易十四。因国王年幼，需要摄政。路易十三在去世前口授的声明中要求：成立由王后、王弟孔代以及政府官员组成的摄政会议。但是王后、奥地利的安娜通过巴黎高等法院废弃了丈夫的遗嘱,由她单独摄政。

安娜把大权交给她宠信的意大利人、红衣主教马扎然。传言两人关系暧昧。路易十四从小受到盲从首相的教育。在马扎然当权时,他并没有什么正经的大事要干。除了读书外,就是打猎,从事一些社交应酬活动。

马扎然很是专权,力图将荣誉与权力集于自己一身。在战胜西班牙军后,路易十四想跟随他去检阅得胜之师。但是,无论路易十四以国主还是以将士的面目出现,马扎然都不同意。路易十四也没钱犒赏士兵,君主的威严荡然无存。

马扎然既是路易十四的教父,又主管他的教育,还是他的重臣。但是,马扎然并没有好好培养他。据说,在马扎然去世后,路易十四曾说:"如果他再活得长一些,我真不知道自己会干出什么事来。"

他在学习时很担心学不好会使自己的声誉受损,因此显得非常胆怯,再加上马扎然故意使他懂得不多以便永远对自己盲从,整个宫廷都认为路易十四会像他父亲路易十三那样任人摆布。

集权专制

1661年3月9日,首相马扎然去世。23岁的路易十四为他戴孝服丧,接着开始亲政。

路易十四在政治上已经逐渐成熟。多年来对马扎然处理国家大事的冷眼旁观,与路易十四内心蕴含着的强烈的王权观念、事业心猛烈碰撞,他早就跃跃欲试了。

为了吸取马扎然把持朝政的教训,也为了摆脱当时欧洲各国首相们擅权的普遍局面,在此后54年的君主生涯中,他不再委任首相,事无巨细统统亲自处理,王权得到空前强化。

路易十四的口头禅是"朕即国家"。个人意志成为国家法令,一切国事公文都由他签署。他规定每个大臣的职权范围,责成他们定期汇报,不得疏忽。大臣们在任何事情上都不能反驳他,高等法院、三级会议、各地市政府等过去有相当影响的权力机构普遍被他剥夺了对王权的制衡作用。路易十四对当初巴黎高等法院制造福隆德运动更是耿耿于怀。1665年,在他第一次出征和教皇为他举行加冕典礼后。高等法院还想集会讨论国王颁布的敕令。路易十四从万森出发,身着猎装,脚穿大皮靴,手持鞭子,由全体宫廷人员簇拥着来到法院,断然宣布:"你们这些集会带来的祸害大家都知道。我命令你们停止已经开始讨论我的敕令的会议。首席法官先生,我禁止你准许开这类会议,禁止你们之间任何人要求开这类会议。"

路易十四意犹未尽,1668 年又来到高等法院,亲手从备忘录中撕下有关福隆德时期的篇页,声色俱厉地说:"先生们,你们认为国家是你们的吗?朕即国家。"随即宣布剥夺巴黎高等法院对国王敕令表示异议的权力。

路易十四把法律变成自己为所欲为的工具。他常签署"密札",随意逮捕为他所不满的人士,只要在密札上填写要逮捕的人名,司法机关就立即予以逮捕,将他们关入巴士底监狱。

为了使宫廷成为国家政治生活的核心,从 1671 年起,路易十四下令在巴黎西南郊营建富丽堂皇的凡尔赛宫,耗费了国库 1 亿 5 千万锂和无数建筑工人的生命,1682 年建成。在宫廷迁入时,还让大批贵族移居那里。

路易十四一改法国宫廷自由散漫的传统,采用西班牙宫廷庄严的仪式,建立了极其严格的礼仪制度,包括国王起床礼、就寝小礼、就寝大礼、用膳礼等等。国王的一举一动都要举行烦琐的仪式,并因此而设立了一系列荣誉职位,其中有御衣官等等,由那些大贵族荣膺,使他们能接近国王,向国王表示恭敬,同时也借此得到丰厚的俸禄和赏赐,过腐朽的寄生生活,从而丧失对抗王权的能力。

大贵族彻底被驯服了。孔代亲王居然也当上了宫廷大总管。那些从来不进宫或几乎不进宫的贵族肯定要失宠。一旦有人替他们向国王恳求点什么,国王便傲然说道:"这个人我不认识。"

在路易十四时代,有才能的人都为宫廷罗致到左右,住在外省是注定不能有所作为的。阿谀的廷臣称路易十四为"太阳王"。一个古玩商为他设计了一个图徽:一轮红日光芒万丈,下书"普天之下无与伦比"。路易十四欣然接受,把太阳作为自己的纹章,取意繁星从太阳取得光和力,法国从他身上汲取光和力。

海外争霸

路易十四的目标,是在国内实行绝对统治,在国外他和"他的"法国受人尊敬。17 世纪末的国际形势对路易十四贯彻其意图有利。

长期以来,欧洲秩序由统治奥地利、西班牙,把持神圣罗马帝国政权的哈布斯堡王朝主宰。但是,它在 30 年战争中遭到严重削弱。英国经历了资产阶级革命,1660 年,斯图亚特王朝虽然得以复辟,但英王查理二世(1660～1685 年在位)不得不仰仗法王,1662 年还把敦刻尔克割给了法国。瑞典、德意志诸国、波兰等在当时欧洲舞台上都显得无足轻重。唯一堪与匹敌的，是信奉新教的贸易强国荷兰。

路易十四利用日益雄厚的财力物力，在法国建立起一支自罗马帝国以来欧洲人数最多、最强大的常备军。其陆军 1667 年为 7.2 万人，在 18 世纪初更增至 40 万。1666 年建立舰队一支，海军迅速发展到大约 4 万人，有近 300 艘战舰。此外，还有 7000 门大炮。炮兵指挥官大多为专门学校毕业的学员。路易十四任用军事工程师沃邦元帅，对边界原有的 200 余旧堡垒进行改建，又新筑 33 个堡垒，并修建一些大的运河和港口，国防得到了巩固。

路易十四持"自然边疆学说"。他心目中法国的东北边界应是比利时——莱茵河。为扩展领土并大振国威，他发动了一系列战争。其中第一次大规模战争，是与西班牙和荷兰的领土争夺。

1665 年，路易十四的岳父、西班牙国王菲利普四世去世，继位的查理二世年仅 4 岁，体弱多病。路易十四乘机对西班牙提出领土要求。他致信哈布斯堡家族的利奥波德一世，直言不讳地提出瓜分西班牙遗产。他索取的地方包括弗朗什孔泰、佛兰德尔、纳瓦尔、那不勒斯。理由是当年西班牙公主玛丽·泰蕾兹出嫁时，路易十四的岳父允诺了非常可观的嫁妆。但由于西班牙长年战乱，民生凋敝，这一承诺从未兑现。因此，这场战争也称"王后权利战争"或"遗产战争"。

战争于 1667 年爆发。路易十四的近期目标是夺取西属尼德兰。他不宣而战，头顶钢盔，身披铠甲，御驾亲征布拉邦特，包围并占领里尔，同时派孔代占领了弗朗什孔泰。小试锋芒，便获如此大捷，路易十四喜不自胜。次年，他同意讲和，归还了弗朗什孔泰，但保留了很多占领地。

处于尼德兰北部地区的荷兰，担心路易十四的无敌舰队会使法国称霸海洋，遂与英国、瑞典缔结三国同盟。

路易十四本来就为上次战争时荷兰帮助保卫南部佛兰德尔来对抗他而余怒未消，又渴望得到荷兰的领土，因此便用金钱收买英王查理二世，拆散其同盟，亲率大军连下荷兰重镇多处。荷兰执政威廉三世下令掘开阿姆斯特丹堤坝，海水泛滥，才遏止住法军前进。1676 年，法国舰队在地中海战胜荷兰与西班牙联合舰队，陆上战争也取得最终胜利，迫使西班牙将勃艮第和佛兰德尔南部的许多地方割让给法国，法国疆土在东南、东北与正东各地都有急剧增广。1678 年和 1679 年，法国分别和交战的荷兰、西班牙、瑞典、丹麦签订《尼姆维根条约》，它开创了用法文代替拉丁文拟定外交文件的先例。从此，法文逐渐成为主要的外交文字。

路易十四还命令设立"属地收复裁决院"，专门调查落实以前历次条约中割让给法国的领土，并以武力强行兑现。1680 年至 1683 年间，蒙贝利亚尔伯爵领地、萨尔的几座城市、斯特拉斯堡及卢森堡等，都并入法国。这些兼并终于得到神圣罗马帝国皇帝和西班牙国王的认可。

路易十四的声威达到顶点。法国在欧洲的威望显赫不已，一切国家在它面前无不诚惶诚恐，被迫卑躬屈节。

俄罗斯帝国教父

——彼得大帝

人物档案

简　　历:俄罗斯罗曼诺夫王朝第五位沙皇、俄罗斯帝国首位皇帝,史称彼得一世。1682 年即位,1689 年亲政,1697 年,派遣使团前往西欧学习先进技术,本人则化名彼得·米哈伊洛夫下士随团出访,先后在荷兰的萨尔丹、阿姆斯特丹和英国的伦敦等地学习造船和航海技术,并聘请大批科技人员到俄罗斯工作。回国后积极兴办工厂,发展贸易、文化、教育和科研事业,同时改革军事,建立欧洲化正规编制的陆海军,继而发动战争。1721 年,彼得一世在与瑞典进行北方战争胜利后,被俄罗斯元老院授予"全俄罗斯皇帝"的头衔。1725 年 2 月 8 日,彼得一世在圣彼得堡去世。

生卒年月:1672 年 6 月 9 日~1725 年 2 月 8 日。

安葬之地:彼得保罗大教堂。

性格特征:勤勉理政,精力充沛,潇洒欢快。但是他性格暴躁,时常发脾气,饮酒过度时就大发雷霆。

历史功过:在政治上,改革的目的是建立完整的中央集权统治,加强工作效率。在社会问题上,彼得也主张实行西方化。另外,彼得大帝也实施了一系列文化改革,包括改善教育体制,普及文化知识,发展科学技术,促进文化交流等。但他也有一些失败和缺陷,如宗教政策失败、战争失败和政治改革不完善等等。

名家点评:俄罗斯联邦总统普京评价说:"彼得大帝是伟大的国务活动家、军事家、爱国者,将全部身心奉献给国家。彼得大帝在国家治理、经济、科学、文化、教育方面推行的大规模改革,提升了俄罗斯的国际威望,在很大程度上指明了俄作为强大的主权国家,于未来数百年内的发展道路。"

峥嵘岁月

1672 年 6 月 9 日,古老的莫斯科钟声轰鸣,交相呼应,极其隆重地向臣民宣告:王室添丁进口,一位取名为彼得的皇子已经诞生。欢快的钟声、盛大的庆典,竟日不绝,古都沉浸在一派节日的喜庆之中。但是没有人知道,人们以传统的方式恭迎的将是一位反传统的君主;也没有人知道,新皇子将要度过的是一个留下痛苦烙印的童年。

年过四旬的沙皇阿列克谢·米哈伊洛维奇,无法掩饰内心的喜悦,因为他终于有了可供选择的新继位人。已故的第一位皇后曾为他生下 11 个子女。但 5 个儿子中,有 3 人已先后夭亡,存活下的两个也有严重缺陷。年届 10 岁的费多尔体弱多病,稍小的伊凡智力发育不全,5 岁多说话还有困难。失望的沙皇出于立储的考虑,在 1671 年迎娶了年轻健美的纳塔莉雅·基里洛夫娜·纳雷什金为续弦夫人。第二年,彼得皇子及时降生,沙皇终于如愿以偿。新生儿不仅结实健壮,而且聪明异常。精心的照料,倍受重视的育养,没有人怀疑他寄托着沙皇的未来希望。然而,父皇未能把心中的愿望引导到符合逻辑的地步,就在 1676 年弃世而去。这一变故,改变了皇子的命运,也使他母亲的地位一落千丈。继位的费多尔是勉强的选择,大权很快就落在外戚米洛斯拉夫斯基家族手中。他们把皇后的拥戴者及家族成员驱赶出宫,彼得母子成为无足轻重的人物。

可是,多病的费多尔注定寿命不长,当政 6 年便一命归西。在大主教若阿辛的建议下,刚满 10 岁的彼得被立为沙皇。皇后的家族又燃起了新的希望。此时,早就觊觎皇位的彼得的同父异母姐姐索菲亚公主,并不甘心于本家族的失败。她暗中活动,策划了一个利用射击军叛乱来夺取政权的密谋。

射击军建立于伊凡四世时期(1550),为俄国最早装备火器的常备军。和平时期,队伍通常分驻各大城市特划区,依靠国家薪饷并兼营部分手工业为生。费多尔当政后,大贵族开始削减前代沙皇给予军队的种种特权,加上从事贸易和手工业的收入也逐渐减少,蛮横的军官经常借机克扣军饷,中饱私囊,这使得这支怨声载道的队伍,随时成为可被利用来引发暴乱的工具。索菲亚依靠自己的党羽,成功地在他们中煽起了对掌权的纳雷什金家族的怒火,并向他们传播谣言,说这个家族已杀害皇子伊凡。

怒不可遏的射击军在 1682 年 5 月 15 日,擂响了向宫廷进军的战鼓。被包围的王宫四处响彻着惩办杀害伊凡凶手的呐喊。纳塔莉雅皇后为狂怒的人群所震慑,她手拉伊

莫斯科圣瓦西里大教堂

凡、彼得两兄弟,出现在宫门的台阶上,希望用事实平息射击军的不满。但是,受人唆使的军队不肯善罢甘休,他们在"严惩叛徒领主"的呼喊声中,把多尔戈鲁基亲王拉下廷阶,用乱枪戳死,接着又杀死了辅政马特维耶夫,皇后的两个兄弟亦未能幸免。暴乱变成了有目的屠杀。年幼的彼得,惊恐万状,血腥的恐怖震撼了他的心灵,给他留下了终生难以磨灭的印象。

接下来,事变亮出了它的本来目的:伊凡在射击军的要求下,与彼得并立为沙皇;在他们未成年时,由索菲亚公主担任摄政。索菲亚借助射击军的力量扫荡了纳雷什金家族,以后又把射击军控制在自己的股掌之中。由此开始了索菲亚的7年统治。

失势的彼得母子,被迫迁居京郊普列奥布拉任斯科耶村离宫。在这远离京都的乡间,彼得度过了他那传奇式的少年岁月。这是一个半是沙皇、半是王子,同时又是顽童的奇特的混合时期。作为沙皇,他必须同伊凡一道履行公事、装潢门面,参加教堂的礼拜仪式,"接见"外国使节,在相关文件上签字;作为王子,他必须按规定学习文化,接受皇室的各种教育。由于庄严的活动并不那么频繁,加上负责他学习的启蒙先生也非执教严格的饱学之士,这就使得他有可能更多地扮演顽童的角色。乡间的广阔天地,与农家子弟不

彼得大帝青铜骑像

分尊卑的交往,冲淡了宫廷传统陈腐思想的束缚,使他的身心在无拘无束的环境中获得健康的发展。彼得把大部分的时间用来干自己爱干的事。有三种令他着迷的事,对他的未来产生了重要影响。

第一,是他从童年时的游戏中逐渐培养起对军事的浓厚兴趣。彼得从小喜欢玩军事游戏。他的玩具几乎全是"军用"品。他经常和小伙伴们一起构筑模拟的堡垒,运用木制枪炮攻打所谓的城堡、要塞,进行小规模的战斗。这些游戏兵玩得很开心,也很投入,经常以假当真,废寝忘食、不知疲劳。渐渐地,木制玩具被真枪实炮所代替,昔日的伙伴也变成少年军战士。彼得开始严格地训练他们,并把他们组织起来,分成普列奥布拉任斯基军团和谢苗诺夫军团。年深月久的操练和实战演习,使这两个团以后成为彼得的军事骨干。许多著名的军事要员都出之于当年的游戏兵团。这种军事游戏以后还扩大到水面上,形成"海上"游戏。开始局限于狭窄的河湾,以后又扩大到宽阔的湖面。水面的"战斗"激发了他对航海和造船的热烈向往,培养了他对大海的最初感情。

第二,是他对手工劳动表现出惊人的热爱。不像他那笃信上帝、气质文静的父皇,彼得从小就喜欢干手艺活儿,热爱体力劳动。他经常熟练地操刀弄斧、抡锤打铁。至成年时,已精通 12 种手艺,备有木匠、铁匠、石匠所使用的全套工具。他对劳动非常投入,技艺也很高超,许多不知道他身份的人,一旦弄清真相,往往惊讶不已。这种素质培养了他的吃苦耐劳精神,扩大了他的交往范围,对他以后重视学习先进的应用技术,也产生了重要影响。

第三方面的变化,来源于他同西方文化的最初接触。普列奥布拉任斯科耶村紧靠外侨区。生性好奇的彼得常在伙伴的陪同下,到那里领略异国风情。很快,他在那里有了许多西方朋友。他同他们一起聊天、喝酒、抽烟、跳舞。其中有人把西欧的文明讲给他听,也有人教他一些自然科学知识和炮术。在这些朋友中,荷兰人廷麦尔曼,苏格兰人戈登,瑞士人莱福尔特都从不同方面影响过少年彼得。特别是思想开朗、大胆坦率的莱福尔特,最讨彼得喜欢。他善于组织轻松愉快的晚会和各种别出心裁的娱乐活动,诸如公开嘲弄教会的游戏等,来启发彼得的革新意识。在一次活动的高潮中,他还在特意挖成的池塘里搞了一次模拟海战,激起彼得对大海和船只的兴趣。侨区的自由风尚和开放生活给彼得留下了深刻的印象,使他本能地意识到俄罗斯的封闭落后。他开始向往西方的文明和文化。这些都诱导并坚定了他日后同俄国旧传统决裂的信念和决心。

所以,远离克里姆林宫的生活,也许正是造就改革家所需要的生活。随着时间的推移,彼得的外表和精神面貌均已发生变化。乡间的简朴生活和不断的军事操练,赋予他生命活力,使他发育为一个身材高大、体魄雄健的热血青年;广泛的交游和长期深入下层人的经历,使他变得粗犷豪爽、情感奔放。一个富于进取、雄心勃勃的变革新星,开始在俄罗斯守旧传统的上空,冉冉升起。

相形之下,蛰伏宫中、玩弄阴谋的索菲亚,在经历了 7 年的平庸统治之后,已开始走向权力的尽头。她所倚重的射击军,因多次遭受愚弄,已不再简单地听命于她的差遣;由她的宠臣戈利津公爵亲率的两次克里米亚远征,无果而终,大大败坏了她的威信。摄政的统治已开始变得不得人心。彼得的茁壮成长,加重了索菲亚的忧虑,力量日渐雄厚的少年兵团已不容低估;更为重要的是,莫斯科的人心已开始倾向普列奥布拉任斯科耶村。双方的关系已突破过去表面上的平静,公开的敌对已变得日益显明。彼得的拥戴者,对索菲亚与两个沙皇联名签署文件的权力,表示不满;彼得本人则对异母姐姐参与宗教游行的亵神行为,进行公开抵制。新的冲突在 1689 年 7 月达到高潮。如前所述,戈利津公爵奉命攻打克里米亚再次无功而还。为了拉拢军队并提高宠臣威望,索菲亚不惜弄虚作假,组织了盛大的祝捷仪式对全军褒奖。彼得拒不参加奢华的庆功活动,以示对摄政的抵抗。恼羞成怒的公主认为这是对她的直接挑衅。一种新的阴谋开始在她心中酝酿：她想发动一场以剥夺彼得皇位为目的的政变，加快让自己加冕为王。射击军头目沙克洛维蒂受命在军队中展开密谋活动，有关纳雷什金家族要"除掉"沙皇伊凡的流言蜚语，再次不胫而走。射击军会再度兴师问罪吗？至少不会一致行动。再说对方已有两个军团的精锐力量。不过，一切迹象表明，双方斗争的结局就要来临了。正如在一切险恶环境中常见的那样，人们期待的结局，总以出人意料的形式表现出来。

　　1689 年 8 月 7 日深夜，克里姆林宫警报长鸣，响起了召集射击军的信号。有人放出谣言，说彼得的少年军团正向莫斯科进发。部分拥护彼得的射击军，误以为军队不是去保卫克里姆林宫，而是去讨伐京郊离宫的叛乱者。于是他们飞马直奔普列奥布拉任斯科耶村，向彼得报告了这一传闻。7 年前流血政变的可怕情景浮现在彼得的脑海。他没有多想，即刻身着内衣飞快地逃向附近的丛林。不多时，3 个仆从送来了马匹和衣服，他们连夜向莫斯科北郊谢尔盖耶夫三圣修道院驰去。这里围墙高厚、防守坚固，可望得到教会的保护。第二天，少年军团陪同母后，以及部分射击军都来到他身边。事实证明，昨晚的情报有误，他仅蒙受了一场虚惊。但是，事件暴露了索菲亚急于夺权的野心，沙克洛维蒂策动政变的阴谋已到处传扬。久受蒙骗的军队失去了对摄政的信任，大批地来到三圣修道院，向彼得效忠。贵族领主的态度也开始松动，一些人期待追随青年沙皇去建功立业。索菲亚意识到问题的严重，被迫以退为进，要求讲和。起初，她派大主教前往调解，谁知老者同情彼得，竟一去不返。索菲亚只得亲自出城试探，但行至中途，就被命令返回。彼得已转守为攻，双方的角色已完全调换。索菲亚被迫交出祸首沙克洛维蒂。后者及其同伙，经过严刑拷打，于 9 月 10 日被处死。最后，索菲亚被宣布为"无耻之徒"，关进新圣母修道院。经历了 7 年的漫长等待与抗争，血雨腥风的权力之争，最终以彼得的胜利而告终。

　　战胜索菲亚，也使皇兄伊凡从此无足轻重。尽管直至 1696 年去世，他仍然以沙皇身份例行公事，但在实际上，彼得已大权独揽。他在 17 岁零 4 个月时，已成为全俄罗斯的主宰。

心向大海

　　索菲亚的倒台，没有改变彼得的生活习惯，他依然沉迷于昔日的战争游戏，对履行沙皇的传统职能缺乏热情。除了必不可少的宗教活动和皇家庆典，他很少在宫廷露面，依旧常住普列奥布拉任斯科耶村，过着轻松、自由、有机会与下层人打交道的生活。自从

1690 年秋天，他组织了第一次少年军团与射击军的实战演习以来，这种使新军与旧军处于对立地位的"交战"，就成为他的习惯。他喜欢射击军扮演战败者的角色，兴致勃勃地观看两军骂阵，继而短兵相接，接着进入激烈的"厮杀"，最后是射击军的辎重车队和军旗为对方卤获、司令被俘，演习在礼炮齐鸣、双方举杯共饮的皆大欢喜中结束。

水面的战斗，同陆上的战斗一样引人入胜，佩列雅斯拉夫尔湖宽阔的湖面，已成为海战操练的场所。一座规模不大的造船厂，也在 1692 年建立起来。彼得经常亲自参加造船劳动。操练和造船交替地吸引着他的兴会，以至于宫廷高级官吏不得不经常前往现场劝驾，请他回莫斯科应付时有发生的国事活动和外交礼仪。

不过，佩列雅斯拉夫尔湖的水域毕竟有限，随着新船的下水，湖面就有些拥挤，也妨碍规模更大的操练。彼得开始渴望宽阔的大海和真正的海船。怀着这一愿望，1693 年，彼得率大批随员来到北方海港阿尔汉格尔斯克。这是当时俄国唯一同西欧保持着有限贸易的海口。在这里，彼得第一次看见运来呢绒、服饰和染料的真正海船——来自英国、荷兰和德国的海船。另外一些同类型的船正等着装载俄国的木材、皮毛和其他土特产。他也第一次乘上一艘不大的快艇，做了一次较短的海上旅行。咸涩的海风飘逸着盐的芳香，向站在船头的彼得迎面扑来。面对波涛汹涌、一望无际的大海，他神情激动、思潮起伏、感慨万端。这就是他朝思暮想的真正的大海！只有最勇敢的人，才敢于在这里搏击风浪，只有胸怀广阔的人，才能领略这壮观、动人心魄的风采。海天茫茫，涛声不已。人们的视野可一无阻挡地远达水天一色的尽头，但谁也不能在上面行走，马也不能在上面奔驰。这是个禁区，除非你有船。

"俄国需要的是水域！"年轻的沙皇喃喃自语。

的确，俄国需要的是水域。17 世纪的俄罗斯依然处于封闭状态，辽阔的领土事实上被切断了和海岸的联系。莫斯科公国历代沙皇的内陆蚕食政策，缔造了一个空前规模的帝国，但是积久成习的"抗海本能"，使它的臣民固守着僻居内陆的祖辈传统，而对航海生涯缺少热情。除了白海出海口——阿尔汉格尔斯克是这里仅有的港口——之外，俄国缺少任何足以同外部发展贸易和交通的出海口。而且白海一年有四分之三的时间被冰块封冻，不得通航，限制着俄国本来有限的外部联系。只有打开一条通向海洋的道路，特别是拥有同西欧国家交往的海上通道，才能打破俄国的封闭落后。这是彼得在巡视阿尔汉格尔斯克之后，留下的深刻启示。

大海充满了诱惑，也充满了挑战，只有拥有海船的人才能征服大海。巡视归来的彼得决心在阿尔汉格尔斯克建造海船，他把这一重任交给了该地总督阿普拉克辛。此人为未来的海军上将，彼得海上事业的执行人。第二年 6 月，彼得登上刚刚竣工的俄国海船，再度出海。途中遇到狂风暴雨，使他险些葬身鱼腹。两次海上遨游，虽有不同感受，但都激发了他对大海的深沉热爱，对海洋的向往开始成为他的生活，也是事业的一个重要组成部分。

1694年9月，由阿尔汉格尔斯克回来的彼得着手准备一场规模空前的陆上军事演习。在莫斯科近郊的科茹霍沃村，荷枪实弹的两支军队，各自兵员达15000人，在近20多天里，反复进行着包围和防守的激烈操练，形同真正的战争。这是彼得所进行的最后一次军事游戏。通过这一次演习，彼得开始萌生了把游戏变为"真正的事业"的念头。

如果我们把彼得自索菲亚倒台以来，对传统国务活动的冷漠、对军事操练的热衷、对大海的神往，这三件事加以综合考虑，就会不难理解：年轻的沙皇并非真正疏于政事，而是为他们国家传统生活所缺少的另外一些内容所吸引。为改变帝国传统的面貌，他首先要设法满足国家的正常发展所必需的外部条件，也就是，要把俄国从一个单纯的内陆国家变成濒海帝国。

刚刚结束的科茹霍沃军事演习，使彼得十分自信，他相信依靠这支力量，定能夺取海岸，打通俄国的需要的出海口。由于西伯利亚和远东尚处于开发阶段，那里的海岸线不能用于经济需要；西部的波罗的海虽对俄国有重大意义，但控制它的瑞典势力尚十分强大，俄国暂时缺乏必要力量收复沿海土地；只有势力日渐衰落的土耳其所控制的亚速海，或可打开俄国通过黑海进入地中海的水路。因此，彼得决定先对南部土耳其的藩属克里米亚汗国用兵，夺取南部出海口。

1695年3月，南下的军队兵分两路，由莫斯科出发。一路取水道沿莫斯科河、奥卡河和伏尔加河开往察里津；另一路顺顿河径直南下。7月末，俄国抵达亚速城下。亚速城早期曾为顿河哥萨克所占领。1642年为土耳其人所收复。土军通过加固城墙，深挖壕沟，并在顿河河口两岸设置三道铁链，成为阻滞俄军南下的强固堡垒。为了速战速决，俄军兵分三路包围了亚速。但由于缺少舰队，俄军无法阻止源源不断的土耳其援军登陆增援。加上防守严密，俄军经过两次冲击，均以失败告终。10月初，俄军被迫撤出包围，第一次远征无果而终。

但是，失败教训使彼得进行了认真总结。首先，他从实战中认识到，俄军工兵素质太差，用于轰炸亚速城墙的地雷没有炸城墙，却炸死了围城的自己人。其次，部队的指挥系统缺乏协调，发起突击的时间先后不一，各行其是。第三，部队缺乏严格的实战训练，战斗力不强。最重要的是，俄军没有舰队，不能从海上切断敌人从海上的增援，真正实现合围。针对上述弱点，彼得逐一采取新的措施进行了调整。他首先加强了部队的指挥系统，把原先三路平行的支队，集中为陆、海两大系统，分别由谢英大元帅和外籍友人莱福尔特统领。接着，他又通过颁布敕令，吸引了一大批农奴自愿报名应征，扩大了兵源，对他们积极进行新战术原则的训练，使军队的成分和素质发生了明显变化。最后，他决定在顿河岸边的沃罗涅什建立一座大型造船厂,营造适应海上战斗的舰船。经过半年多的经营,当然也是通过极其野蛮的强制手段,到 1696 年 5 月,已先后有 23 艘帆桨战船和 4 艘火船下水,俄国开始有了第一支真正的舰队。

完成了这些准备之后,第二次远征亚速的战争就拉开了序幕。1696 年 5 月,装备和军容焕然一新的海陆两军挥戈南下,于月底神速地出现于亚速城下。彼得亲任全军总指挥,统一协调陆上包围、海面封锁和发起总攻的军事行动。由于陆上的合围迅速得到海上封锁的呼应,猛烈的炮火无情地投向孤军困守的亚速。城墙被摧毁了,4000 名土耳其战舰被拦截在港外,弹尽粮绝的守军被迫投降。俄军第二次远征取得辉煌的胜利。

远征亚速的胜利,是信心、毅力和以野蛮征服野蛮的杰作,是彼得冲出俄罗斯的最初尝试。在这小试锋芒的成功中,彼得已感受到海军建设对俄国未来发展的全部意义。但是,占领亚速仅仅是俄国走向海洋所迈出的一小步,只要刻赤海峡仍掌握在土耳其人手中,俄国就不能进入黑海,从而打通同西欧的联系。土耳其虽已衰落,但相对于俄国仍十分强大。如何发展起一支强大的海上力量,将是巩固对亚速的占领,并进而打开通向黑海的水路的必要条件。

然而,建设一支强大的海军,对于贫穷落后的俄国来说,是一件颇不轻松的任务。首先,它需要大量资金,这意味着全国居民要做出远比征服亚速大得多的牺牲。其次,要改变名门贵胄的生活习惯,他们的子弟必须放弃从小过惯了的舒适环境,踏上陌生的征途,到陌生的边陲去建功立业,接受大海的挑战。第三,它需要借助西欧的技术力量和设备,创造出俄国的专门人才。对于前两者,需要用强力对国内进行敲骨吸髓的榨取,并革除旧的晋升传统;对于后者,需要派遣一个"高级使团"出国学习、访问。在第二次远征胜利归来的途中,沙皇已形成有关强化海上力量的种种设想。而派遣使团出国学习,是他首先要付诸实际的问题。使团要完成考察学习造船理论和技术以及招聘外籍专家、购买各类航海和军事器械的任务,同时也负有一项外交使命:尽可能地联合欧洲诸强,形成一个反土耳其大同盟。

总之,征服亚速是彼得一生致力于为俄国争夺水域的起点,以后争夺的方向虽有变化,但由此所引起的对俄国守旧传统的革新,都是以夺取俄国所缺少的沿海地带为转移,这一方向并未改变。由彼得亲身参加的大使团西欧之行,是这次战争的结果,也是启动他的西化改革的先声。

西行使团

1696 年 12 月 6 日,彼得向国家杜马宣布他将亲身参加大使团出访西欧,贵族领主闻讯一片惊愕。组织规模庞大的外交使团出访，这是俄国历史上的创举，而沙皇竟然随团出游，更是背离了俄国传统。在一片反对声中，彼得力排众议，不改初衷，恰当地处理了来自各方面的阻力，从容地致力于使团的准备工作。

使团罗致了各方面富有才干的代表性人物。深受信任、交游广泛的莱福尔特被任命为首席大使。作为外籍人能承担如此重要的使命，除了涉外工作的需要，它反映了彼得在人才使用上的开放气度。富有外交经验的戈洛文被任命为二把手。他曾参与签订《尼布楚条约》，享有慎重、老练的外交家声望。由于他最能体会沙皇的外交意图，是使团活动的实际组织者。第三大使的职务，由杜马书记官沃兹尼岑担任。此人稳健少语，但富于计谋，善于在谈判中极为巧妙地保护俄国利益。三人各有所长，有助于取长补短，应付最复杂的外交活动。

使团中有 35 名留学生。许多彼得游戏军中的伙伴，以及深受宠幸的亲信，都是其中成员。使团连同各类服务人员，总计达 250 余人。彼得在名义上作为普通成员随团出行，其化名为彼得·米哈伊洛夫。

1697 年 3 月，浩浩荡荡的使团从莫斯科出发。它的主要目的地是荷兰、英国，但在沿途的立沃尼亚、库尔兰、普鲁士均有所停留。在哥尼斯堡，沙皇会见了勃兰登堡选帝侯及其夫人和岳母。母女俩留下了有关沙皇仪表的最早记述：

"沙皇身材高大，容貌英俊，体态挺拔。可惜他除了天生的一切优良品质之外，他的趣味颇不风雅，殊堪惋惜……他对我们说，他亲自参加造船的劳动，还向我们出示双手，硬要我们摸摸他手上干活磨出的老茧。"

8 月初，使团到达荷兰。在造船业中心萨尔丹和首都阿姆斯特丹，彼得混杂在使团的一般成员之中，和他们一道虚心学习荷兰的造船技术。阿姆斯特丹市市长威特靖，身兼荷兰东印度公司经理，由于到过俄国，会讲俄语，他为使团的留学生在该公司造船厂学习，提供了方便。至 9 月初，留学生已学完造船学的初步理论。接着，在一位荷兰技师保罗的指导下，开始参与制造三桅巡洋舰的实践。一个半月后，留学生们亲自制作的"彼得保罗号"巡洋舰正式下水，他们已达到掌握造船工艺技术的标准。"彼得·米哈伊洛夫"特别受到老师的嘉许。他和其余的十多名学生都领到合格的毕业证书。

在学习造船活动的空隙时间，彼得特意游览了荷兰的名胜古迹，参加了各种节日庆典和交际活动，观看戏剧演出，并参观了一位教授的生物解剖室。总之，他不放弃对一切使他感兴趣的新鲜事物的了解、学习，这里充满生机的文明生活，吸引着他的全部注意力。

但是，随着对荷兰应用造船技术的掌握，使团的成员开始向往与造船技术相关的高深理论，于是他们把行动的目标转向了较之荷兰更为发达的英国。1698 年 1 月，彼得与

油画《彼得大帝在船坞》

伙伴们乘快艇渡过英吉利海峡，来到了资本主义文明的中心伦敦。在伦敦，依然隐姓埋名的彼得同成员们潜心于造船理论的学习，同时也走访了许多著名的科学文化中心。他们先后参观了牛津大学、英国皇家学会，以及格林尼治天文台。彼得十分欣赏天文探测、制造钟表等与航海密切相关的技术，同时也对先进的铸造货币技术具有浓厚的兴趣。最使彼得兴奋的是，在英国约请了若干专家到俄国任教，而在荷兰这点却未能如愿。彼得还与宗教界、商业界的一些代表人物进行了广泛的接触，孕育了在俄国实行宗教改革的计划，并同莫斯科外侨区相识者的一些亲友建立了商务联系。英国的议会制度也吸引着沙皇的注意力。他别出心裁地跑到议会大厦的屋顶上，隔着天窗观看那里开会的情景，而拒绝与议员正式晤面。不过，他对英国式的立宪制度能否在俄国实行，持怀疑态度。

在英国一共逗留了4个月，彼得打算按计划赴维也纳与奥皇会晤。此行的目的主要在于与奥地利建立巩固的反土耳其大同盟。但是，在西欧获得越来越多的消息表明：一场即将爆发的西班牙王位继承战争，吸引着列强的注意力，反土同盟大有瓦解之势。不过，沙皇还是没有放弃做最后的努力。

1698年7月，彼得一行辗转抵达维也纳。在这里，由于外交使命所系，沙皇不得不走出幕后，亲自与对手谈判。与奥皇列奥波得的会见，按讲究礼仪的维也纳宫廷的要求，做了精心安排。可是沙皇不拘礼仪的习惯破坏了这种刻板的设计。当年迈的奥皇拖着沙沙发响的脚步缓缓走向会见大厅中央的当儿，血气方刚的彼得却大步流星地迅速走完预定的路程。结果，两人在显然不合外交礼仪的地点晤面，奥地利方面甚是不快。谈判进行了 15 分钟，无休止的繁文缛节，使生性好动的沙皇如坐针毡。一等会见结束，他立即奔出宫门，跳上花园池子里的一只双桨小船，沿池子奋力划了几圈，才使由于竭力克制的精神松弛下来。

谈判未能取得预期的结果，奥皇无意扩大与土耳其的对立，甚至正在与土方谈判媾和。因为同法国争夺西班牙王位继承权的斗争，转移了他的全部注意力，奥方正希望从多年的对土战争中脱身。了解到这些情况，沙皇不得不放弃早先的打算，不过，他对忠实于反土盟约的威尼斯还抱有一线希望，打算在那里走一趟，并顺便了解一下这个城市国家航海事业的发展。但在这个时候，传来了国内射击军发动叛乱的告急文书。彼得当机立断，结束访问，立即回国。

自 7 月 19 日离开维也纳，沙皇日夜兼程向俄国进发。途中又传来了射击军叛乱已经平定的信函。这个消息没有改变他返回的决定，但归程的速度已大大放缓。他开始在沿途作长时间的停留。其间，在乌克兰利沃夫小城拉瓦鲁斯卡，他因会见萨克森选帝侯兼波兰国王奥古斯特二世，停留时间最长。这次偶然的会晤，是这次出访在外交上的一个成就，同时也改变了彼得对外政策的基本方向。

奥古斯特二世与彼得同年，两人都生得身材魁梧，体力过人。但禀赋各不相同。不像彼得，奥古斯特的过人精力，不是用来挥斧学工或操劳国事，而是耽于享乐，贪求风流。他曾以表演斗牛士的勇气和机敏来博取西班牙女郎的顾盼，也曾以高雅的风度和温婉的谈吐在社交界广有交游。他的好客作风和无拘无束的谈吐，很为彼得欣赏。他们之间的交游，很快由于彼此都很喜欢对方，变得亲密无间，当然，是在彼得的影响下，他们之间的会谈不久就深入到两国的外交政策方面。他们发现，他们之间有一个共同的敌人，这就是瑞典。瑞典作为波罗的海的霸主，直接威胁到俄国和波兰的利益，也同它的西部邻国丹麦的矛盾很深。如果两国能协同一致，再联合丹麦，那么，就足以向瑞典的霸权挑战。并且通过这次西欧之行，他明确知道西欧国家正在为西班牙王位继承问题所牵制，他们的联合行动不会受到意外的干涉。两位朋友很快地就相互承担的义务达成口头协议。一待与丹麦谈妥，他们就正式结成反瑞典同盟。

这次偶然的会晤，当然也出之于西行之后对全欧局势的了解，促使彼得坚决地改变对外政策。从此以后，争夺出海口的方向不再面向南方，而是改向西北，冲出波罗的海就成为彼得未来长达 21 年不变的既定国策。要完成这一使命，彼得需要同土耳其达成和议，以便集中兵力对付瑞典；同时，他要运用这次西行的成就，初步整饬和改变一下俄罗斯古旧的面貌。

改革之始

　　1698 年 8 月 25 日,经历了漫长的西欧之行的彼得和随行人员回到了莫斯科。为了给即将开始的变革留下新开端的印记,沙皇一反传统习惯,没有安排臣下用盛大的仪式去迎接他顺利归来。并且在他抵达的当天,甚至没有进入皇宫,而是回到普列奥布拉任斯科耶村他的寓所。因为彼得的心情是沉重的,沿途所到之处,俄罗斯贫穷落后与西欧先进国家的强烈反差,刺伤了他的自尊,他决心要为改变这种面貌而努力。

　　第二天,获悉皇上回京的朝臣纷纷来到普列奥布拉任斯科耶村,庆贺他胜利归来。领受了西方文明之风的沙皇,用礼貌而又客气的态度首先废除了旧式朝见的跪拜仪式。接下来,他以臣属意想不到的方式宣布革除俄罗斯陈规陋习的决心:他从侍从手中接过剪刀,亲自剪除了领主们的大胡子。位高权重的谢英大元帅最先接受这一“殊荣”,号称“公爵皇帝”的罗莫丹诺夫斯基接着也失去了他的美髯,在场的领主一无例外地告别了自己的胡须。几天之后,当然这不再由沙皇亲自动手,大小廷臣纷纷舍弃了自己的胡子。

　　体面人物失去了胡须,在俄国非同儿戏。因为留须是俄国最古旧的传统之一。东正教会认为,胡须是“上帝赐予的装饰品”,是仪表威严、品格端庄的象征,剪除胡须的行为是一种大逆不道的罪孽。但是,彼得正是选择这一传统的禁区,向传统挑战。他把剪胡须提高到普及新文明的高度,作为一种国策来推行。他明文宣布:剪胡子是全民族的义务,必须强制执行;除了宗教界,任何居民要留胡须,必须交纳留须税。

　　这件旨在改变俄国人外观的举措,看起来似乎微不足道,但实质上是彼得“西化”改革的开端。它表明,一个民族的外观和习尚正是其精神风貌的体现。崇尚守旧象征的胡须,将成为反对新事物的抗议标识。因此,新的变革必须从革除守旧传统的象征开始。

　　比剪胡子更具风险的变革,是彼得对射击军的“清算”。自索菲亚公主失势以来,射击军在形式上归附了并由沙皇控制。但是,这是一支没有得到彻底改造的队伍。在彼得看来,他们“不是军人,而是一群祸害”。这不仅因为射击军在组织形式上的落后和缺乏战斗力,主要是他们仍是俄国守旧传统的象征。他们从历史上继承下来的那种结构和生存方式,决定了他们反对变革的立场。

　　射击军从历史上便形成了从事商业和手工业的习惯,因而需要常年固守在大城市,特别是首都莫斯科,并能和家人团聚在一起。但是,沙皇的外交方针却要求射击军戍守边关,不要长期驻留首都。他们曾先后被派驻亚速和西部边境。由于勤务太重,薪饷太少,又失去了经营工商业的条件,所以,他们期望回到莫斯科,重操旧业,并照顾家人。可是这种愿望总是落空。他们开始把自己的不幸和不习惯的重负同彼得联系在一起。由此产生的仇视，使他们本能地成为俄国守旧传统的维护者。彼得出行期间，他们曾两度策动叛乱，最后甚至想扶持索菲亚东山再起。这些变故，以及彼得在执政前与射击军的恩恩怨怨，都促使他要下决心彻底剪除这一守旧势力。

彼得回莫斯科不久，就开始重新审查有关射击军两次起事的原因和处置的情况。他经过听取汇报和周密的了解，认为审讯工作浮皮潦草，处置措施也过于软弱，决定亲自重新审理这一案件。从 1698 年 9 月中旬开始，涉及 4 个团的 1041 名射击军全部押解莫斯科投入监狱，接下来是残酷的折磨和严刑逼供。结果，发现了索菲亚参与叛乱的线索。于是又开始了对公主的审讯。后者矢口否认同射击军的牵连。由于缺乏证据，无法给她定罪，审讯最后不了了之。但射击军叛乱却是事实，不等审讯结束，对他们的死刑判决已开始执行。除了 14 至 20 岁的青少年士兵，射击军共有 799 人被残酷地处死。

彼得一世铜像

从重新处置射击军的过程中，彼得暴露出生性极度的残忍和无情。但是，就整个射击军而论，他们依附于保守势力，蜕变为社会变革的阻力，也决定了其必然灭亡的命运。它是彼得以野蛮的方法和野蛮做斗争的具体表现。

在扫荡了射击军这支守旧的势力之后，彼得把注意力转向海军建设和初步的内政改革方面。10 月下旬，他动身前往沃罗涅什造船厂，视察那里两年来造船工程的进展状况。沃罗涅什，这个顿河岸边默默无闻的小镇，由于造船业的发展，已成为生气勃勃的航海工业中心。著名的阿普拉克辛已从阿尔汉格尔斯克调到沃罗涅什，主持军舰的建造工作。一艘能体现俄国技术水平的大军舰正在建造之中。据说它能装载 60 门发射 6 至 12 俄磅弹丸的大炮。届时，它将为俄国使团赴土耳其签订和约助威。由俄国人自己建造，并由俄国海员掌握的军舰为特使护航，有助于提高国威，是顺利地完成外交使命的坚强后盾。尽管沃罗涅什所造的船在质量上、造型上，还不能同英国或荷兰相媲美，但是它使第一批造船工人取得了经验，并第一次用水手补充了海军的编制，而不再用陆军士兵充数。在源远流长的俄国海军发展史上，这是真正富有实践意义的开端。

　　反映内政改革的行动,是 1699 年 1 月付诸实际的城市自治建设。赋予城市工商业者阶层一定的自治权利,是商品经济和城市经济繁荣发展的条件。早在 1667 年,政府就曾许诺城市居民,将为他们设立一个"适当的衙门",以保护和管理商人,使其免于地方行政当局的侵扰和无理干涉。但时过 30 年,政府的诺言一直未能兑现。1699 年,政府的敕令再度论证了成立城市自治机关的必要性,并决定在莫斯科建立市政厅(院),在外省城市设立地方自治局。厅、局分别为管理城市工商业居民的中央和地方自治机关。这些自治机构,由选举产生的工商业者的代表行使管理职能,并负责向国家交纳规定税收。它有助于较为自由地组织工商业活动,同时也为国家提供了及时、可靠的税收来源。

　　1699 年,还有另外两项改革措施付诸实践。一是,2 月间的一次庆典宴会上,彼得开始了剪除宽袖长袍的活动。这同剪除胡须一样,也是一次从外观和精神风貌方面革除旧传统的努力。俄罗斯贵族的传统服装宽袍大袖、用料考究,沙皇对这种妨碍行动、多有浪费的华丽衣着,早就深恶痛绝。随着贵族领主一个个失去胡子,沙皇觉得现在也是革除这种宽袖长袍的时候了。在场的宾客相继被剪去了袍袖。彼得安慰他们:"大袖子太碍事,到处惹祸,不是把玻璃杯拂落下地,打个粉碎,就是弄泼菜汤,撒满一身;剪下来的这一段,你还可以拿去做一双靴子。"啼笑皆非的领主,面面相觑,谁也不敢表示反对。不久,有关废除宽袖长袍装束的告示开始出现在大街小巷,沙皇以敕令的形式规定了外衣的长度和内外衣的比例。在这些细节问题上,同样体现了沙皇的习惯:一件小事,一旦付诸实际,他就千方百计将其贯彻到底。

　　另一件事是,彼得在 1699 年岁末,接受了以基督诞辰为纪年的新历法,并积极参加了新年庆祝活动。新历法使俄国计算时间的方法与欧洲所有国家趋于一致,深刻地改变了俄国的生活节奏,加速了俄国的西化历程,这对改变守旧落后的传统面貌,是具有积极意义的。

　　在新的一年,也是新的世纪——1700 年到来之际,沙皇为创建一个新的国家已经做了这样几件事:为夺取出海口,已建立海军舰队;城市已取得自治权;由于强制性地剪胡须、剪长袍,以及采用基督新历法,俄国的社会生活面貌已经开始发生重要变化。变化的目标只有一个,就是把俄国通过西方化,提高到现代化国家的水平。俄国能否实现、并巩固其西化改革,取决于她能否争取到影响自身发展的外部条件,并使这种影响持续进行下去。波罗的海诸省的征服,是实现这一目标的基本条件。但对于封建农奴制浓厚的俄国而言,这是一个颇不轻松的任务。战争的旷日持久,及其对国内生活的深刻影响,都使彼得的改革带有浓厚的军事目的。彼得将在夺取出海口的斗争中检验他的改革,深化他的改革,并利用改革成就支持长期战争。1699 年 11 月 11 日,俄、波、丹三国同盟建立,俄国正一步步走向新的战争。

初战瑞典

1700 年 8 月 8 日,俄国与土耳其缔结和约的消息传到莫斯科。久久盼望这个的彼得立即通知波兰国王:俄军立即行动,按北方同盟要求,向瑞典宣战。沙皇一声令下,一万辆满载炮火、粮食、装备的大车,绵延数十俄里,蜿蜒向西北方向进发。但是,当大军到达特维尔时,传来一个令人失望的消息:作为三国同盟之一的丹麦,由于瑞典国王查理十二世亲率 15000 大军在哥本哈根登陆,已在 8 月 8 日不战而降。波兰方面,虽先于俄国宣战,但围攻里加瑞典驻军的行动迄无进展。看来,战争的重负已经压在刚刚宣战的俄国身上。彼得已无别的选择,因为瑞典国王率领着 18000 人,正向里夫兰进发。双方交火的地点将是纳尔瓦。纳尔瓦位于纳尔瓦河下游临近芬兰湾处,是瑞典控制波罗的海的强固据点。平时仅有 8000 人据守,但都训练有素,如果得到查理十二援军的策应,俄军的形势就不容乐观。

查理十二用兵一贯神速,这时,他像突袭哥本哈根一样,出人意料地来到纳尔瓦。俄军围攻部队多达 10 万,已连续攻城两个星期,火药、炮弹都已用尽,但却毫无成效。11 月 19 日,集结完毕的瑞典军队向漫散、狭长的俄军围城工事,发动了闪电式的突然袭击。俄军顿时乱成一团。缺乏训练的贵族骑兵高喊"德国人出卖我们了",纷纷落荒而逃。不少士兵因强渡纳尔瓦河,葬身河底;不少人缴械投降,当了俘虏。唯有彼得的两个近卫军团表现出色,但寡不敌众,难以挽回颓势。

夜幕降临时,开始了投降谈判。瑞典军同意俄军携带随身军械撤出营地。但撤退中途还是遭到部分瑞典军的袭击。

纳尔瓦一战,俄军损失惨重:阵亡、溺毙及饿死者,达 6000 人之众;炮兵连同 135 门各种口径的大炮、丧失殆尽;高级军官几乎尽数牺牲。可是双方兵力对比悬殊,实际交火的力量:瑞军约 12000 人,而俄军则有 4 万之众。

纳尔瓦之战,是军事史上以少胜多的典范。18 岁的查理十二,由此获得第一流军事天才的荣誉。

纳尔瓦之败使彼得一世清楚地看到,他的军队是一支腐败的军队,从而迫使他立即实行全面的军事改革和发展工商业的计划。

纳尔瓦之胜,使查理十二过分小看了溃败后的俄国人。他不再把俄国放在眼里,不去继续进攻俄国以扩大战果,而是挥师西进,在波兰和萨克森打了 6 年仗。这样,就使彼得赢得了休养生息和改组军队所必要的时间。从战略上看,这是查理的一大失误。当然,它也取决于失败者对待失败的态度。事实表明,沙皇并不是一个轻易向失败示弱的人物。失败刺伤了他,同时也鼓舞着他。这种不懈的追求,以及客观形势所提供的可能,都决定双方在未来战争中的不同前途。从失败的一刻起,沙皇已着手锻造走向未来胜利的条件。

首先,他没有放弃同波兰的结盟。尽管事实证明奥古斯特二世是个胆小、自私、无所作为,并在军事上接连失败的君主,但对俄国来说,仍是不可多得的盟友。因为只要查理十二追赶奥古斯特的时间愈长,俄国赢得胜利的机会就愈多。所以,在纳尔瓦新败不久,彼得仍在比尔查与奥古斯特签订了盟约,不惜以大量的人力、物力支持这位地位岌岌可危的国王。除了一个由 1.5 万人组成的俄国军团,交由波兰方面指挥外,彼得还答应每年津贴国王 10 万卢布。这种情况一直延续到最后,甚至当奥古斯特在失去波兰王位的情况下,沙皇也没有动摇对波兰的支援。

其次,彼得也十分清楚,北方战争的责任已完全落到俄国身上。所以他必须加大力度进行改革,以适应长期战争的需要。纳尔瓦之战暴露了俄军的虚弱,所以改革须从强化军队开始。有三件事必须着手进行,即:变革军制,开辟财源,重建炮兵。

纳尔瓦的溃败证明,原来的贵族军队是难以在战场上取胜的,他决定实行义务兵役制。依据新军法案,每 25 户农民必须出一名新兵,按此标准,每年约有 3 至 4 万新兵应征入伍。入伍新兵须接受严格的军事训练。战士每天操练 3 次,稍有懈怠,即遭鞭打惩处。训练常在有经验的外国教官指导下进行。经过一个时期严格操练,新军已经学会怎样组成坚固的阵线,怎样整齐步伐,怎样打开排枪和怎样持枪搏斗等基本功。这种征集和训练方法,一直贯穿整个北方战争。其间,彼得共征兵 53 次,全国有 284000 人入伍。新的军制,为俄军提供了源源不断的有生力量,并以新的军事素质取代了松散、落后的贵族队伍。

筹措军费是一项十分严峻的任务。这方面彼得采取了极为野蛮的聚敛手段。他下令让造币厂的机器加速运转,用大批成色不足的钱币充斥市场。仅在两年内,俄国国内市场货币投放额就由 200 万卢布猛增至 4500 万卢布。此外,他还接受建议,向全体居民加征新税。自第一项新税——印花税付诸实际以来,名目繁多的各类新税接踵而至,包括马鞍税、马匹税、装具税、造船税、大车税、食品税等等,不一而足。这种残酷的敛财方法,虽满足了国家的战时需要,但也暴露了彼得改革的阶级局限,导致了国内阶级矛盾的激化。

重建炮兵的任务也十分艰巨。为了在短期内恢复炮厂,彼得下令征用教堂和修道院的铜钟。他规定每 3 个教堂须献出一口钟来铸炮。一年之内,用这种方法铸炮 300 门,相当于纳尔瓦战役中所损失的两倍多。此外,他还加速兴办各类冶金工厂,开始利用本国

16 世纪时俄罗斯铸造的大炮，重 40 吨，长 5.38 米，
口径 89 厘米，号称"炮王"，现存放在克里姆林宫。

铁矿石生产生铁、熟铁、大炮和炮弹。为适应军需供应，由王家主持的军服、制革和呢绒等手工工场也在莫斯科建立起来。

为了解决当时急需的军事专门人才，彼得除大力招聘外籍军官之外，1701 年专门建立了航海学校，学员们开始接受天文、算学、几何、航海等课程的系统教育。以后这类学校逐步扩大到炮兵、工兵等军种。

经过这些努力，彼得终于在短期内重建了军队。新军不仅在数量和规模上超过了原来的队伍，而且在组织和装备上取得了很大进展。这样，到 1702 年，俄军在局部战场上已恢复对瑞典的军事行动，并取得了一些初步的胜利。

为俄国赢得第一个胜利的是舍列麦捷夫将军。这位年届 50 的沙场老卒，素以稳健、谨慎著称于世，但作战勇敢，雷厉风行。他总结了纳尔瓦的教训，除非自己的兵力超过敌人两倍以上，决不贸然行事。在 1702 年初同瑞典军的遭遇战中，他以 17000 人之众，全歼瑞军施利宾巴哈将军所部 7000 余人，一举旗开得胜。沙皇欣喜若狂，表彰了全军将士，并由缅什科夫代表自己授予老将军一级安德烈勋章和元帅称号。这是最早获得这一殊荣的高级将领。此役一扫纳尔瓦战败后俄军的萎靡状态，对提高士气，具有重要意义。

接下来，俄军把主力集中于涅瓦河一线，希望拿下河口通向波罗的海的几个据点，从战略上分割瑞军。1702 年 10 月，俄军开始围攻诺特堡。诺特堡原名奥列雪克，意为"核桃"。1611 年瑞典占领该城堡后，经过加厚城墙，配置大炮，使这里成为一座固若金汤的要塞。沙皇为了围攻它，调集了 14 个团的兵力，并动用大炮轰击了三天，但是守军顽强抵抗，无动于衷。接下来，遵照沙皇的命令，开始了一场持续达 12 个小时残酷而又激烈的攻坚战。两军踏着震耳欲聋的炮声，在枪林弹雨中反复拼杀。最后，俄军冲上敌方城

堡的高墙,打开一道缺口,优势逐渐转到俄军方面。至黄昏,诺特堡终于投降,"核桃"被沙皇的新军所敲碎。彼得将城堡改名为施利色堡,意为钥匙,即他已掌握通向波罗的海大门的钥匙。

4月末,攻占涅瓦河下游入海口处的尼昂尚茨要塞战役,再度打响。这是争夺出海口的关键一战。俄军水陆两路分别从上游和南面实现了对城堡的合围。5月1日,经过10个多小时的猛烈炮击,尼昂尚茨的残垣断墙上竖起了白旗。三天后,两艘不知城堡已经陷落的瑞典军舰误入河口,俄军冒险以8只小艇勇敢出击,结果击毁并虏获了这两艘军舰。这是俄军在海上取得的第一个胜利。彼得把它称作"史无前例的大捷"。因为使用简陋的、只配备火枪和榴弹的小艇去攻击军舰,是冒了极大的风险,而获得的战绩却是敌人几乎全军覆没。所以,这是一种"空前的收获",它为俄国海军未来的光荣战斗传统奠定了基础。此战使彼得和缅什科夫同获一级圣安德烈勋章。后者自诺特堡战役打响以来,一直冲锋陷阵、不避生死,深受沙皇的钦佩,因而也获得最高褒奖。

攻占尼昂尚茨要塞之后,整个涅瓦河,上起包括施利色堡在内的发源处,下至入海口,已全部落入俄国手中。为了巩固这条伸向大海的通道,彼得决定在原城堡下游更靠近大海的一座小岛上,构筑一个新的要塞,以拱卫海口。这个要塞当时就取名为圣彼得堡,它成为未来帝国首都的摇篮。不过,直到1704年秋,俄军在7月一个月内,连克两座城市,初步巩固了在波罗的海的地位之后,才坚定了把彼得堡变为帝国首都的信念。其中第一座城市叫杰尔普特,第二座就是曾使俄军蒙受失败耻辱的纳尔瓦。前者依赖炮兵一个通宵的猛烈轰击,强行夺取;后者则由俄军装扮成瑞典援军,诱敌出城,聚歼敌人于城下而获成功。

从纳尔瓦之败到俄军胜利地攻克两城,中间相隔整整4年。4年来,俄军已由一群乌合之众,发展为一支强大的武装力量。依靠这支力量,俄军夺得了出口海,切断了瑞典各支军队之间的联系,并开始缔造强大的海军。但是,没有人知道,为这些胜利祝捷的炮声与最后胜利的和平礼炮之间,还相隔17年的岁月。这将是一个经受严峻考验,同时又充满希望的漫长岁月。

走向胜利

当俄军在波罗的海东岸取得局部进展的时候,沙皇的盟友——奥古斯特二世统领的萨克森军队却连连败北,两军的形势形成两个对比鲜明的极端。

奥古斯特二世,由于体格强壮,素有"强王"之称;他能一刀砍下一颗牛头,并能一下子把几个摞在一起的银盘掰弯，但是打起仗来总是接连失败。沙皇曾多次呼吁他给敌人一点"厉害"，但最终都是他先受敌人的"教训"。失败一个接着一个，从克利舍夫、普尔图斯卡到托伦，一无例外。

军事失败动摇了奥古斯特在波兰的地位。1704年7月，查理十二在华沙召开会议废除了奥古斯特的波兰国王称号，另立一位俯首帖耳的年轻人斯坦尼斯瓦夫·列琴斯基为新国王。为了帮助奥古斯特恢复王冠，俄军以盟军的身份开进波兰。到1705年12月，总兵力达4万人的俄军已集结在涅曼河畔的格罗德诺。沙皇给俄军的训令是：全力配合萨克森军参与局部战斗，切勿过于深入，切勿轻率与瑞军决战。但是萨克森军队持续性的失败，使俄军很难有所作为。此后，告警的消息纷至沓来，局势日益险恶。首先，瑞军在1706年冬季的酷寒驱使下，已抢先开到格罗德诺城下，俄军面临着被瑞军包围聚歼的危险，其次，萨克森军在最近的弗劳斯塔特战役中已全军覆没——3万之众的萨克森军在与8000名瑞军遭遇时，竟一触即溃。

战争开始落在俄国一国的肩上。

沙皇当机立断：俄军应迅速撤出被敌人包围的格罗德诺。

1706年3月24日傍晚，俄军开始撤出城堡，渡过涅曼河，到达对岸。此后，昼行夜宿，继续转移，12天后，到达布列斯特，才最终摆脱险境。这就是俄国军史上著名的"格罗德诺大转移"。这次转移避免了不利条件下的决战，巧妙地保存了俄军实力，为未来的决战准备了条件。它体现沙皇深远的战略意图和灵活的战争策略。

查理十二在攻占格罗德诺后，没有立即东征俄国，而是再度挥师西进，收拾奥古斯特二世的残部。这使俄军又获得一年的整休时机。调头西去的瑞典军，如风扫残云一般迅速占领莱比锡和德累斯顿，奥古斯特二世的萨克森王冠也面临着被打落在地的危险。在生死关头，奥古斯特决定向敌人投降。1706年10月19日，他与瑞典签订了屈辱性的《阿利特兰什塔特和约》，在放弃波兰王位，中断同俄国的联盟，并供养瑞典军队的条件下，保住了他的萨克森领地。新条约巩固了瑞典在波罗的海南岸的霸权，它也意味着，经过修整和补充的瑞军下一个目标将投向俄罗斯。北方战争已变成纯粹的俄、瑞战争。

1708年1月，查理十二率领4.6万能征惯战的瑞典军，越过俄境，向莫斯科进发。大军入境，迫使彼得采取了诱敌深入的退却和"焦土"政策。这一策略通常被称作"若尔克瓦防御计划"，因计划的诞生地若尔克瓦城而得名。实施这一计划的目的：一是保存实力；二是以零星的进攻，以及销毁粮秣等办法"把敌人拖垮"；三是在本国境内相机与之决战，全歼敌人。这一策略成为决战前俄军军事行动的基础。

生性浮躁的查理十二，急于寻找俄军主力决战。但是，在他于1708年7月3日取得戈洛夫奇诺的局部胜利之后，却长久按兵不动。原因很快查明：瑞军因在沿途得不到给养,已经断炊,他正等待莱文豪普特将军的辎重车队。但令人奇怪的是,他还没有等到粮秣和援兵车队,就又上路了。惯于冒险的国王,仍打算自己在沿途解决给养问题。不过,彼得已拿定主意,不管查理十二把他的军队开到哪里,都要使它们陷于十室九空的境地。饥饿已使瑞军陷于极度困难的境地,但国王仍没有坐下来等待粮秣的耐心。他这种难以理解的行动,即使莱文豪普特的辎重车队不停地追赶瑞军主力,也使主力部队因得不到给养,陷于涣散之中。这种情况,为俄军堵截、夹击他的辎重部队创造了条件。

9月28日,携带大量军需、粮草的瑞典辎重车队,在列斯那亚村被俄军团团围定。经过几小时的激战,拥有16000之众的莱文豪普特军团,几乎全军覆没。瑞军已失去把战争持续下去的全部军需和给养。

面对重大挫折,查理十二没有明智地选择罢兵休战,而是把侵俄不久就酝酿的计划付诸实际:改变直取莫斯科的进军路线,折向南方,向乌克兰进发。据说,那里有丰富的物质资源,可就地取得给养,也可获得对沙皇心怀不满的哥萨克的支持。

乌克兰气候温和,物产丰饶,有可能满足瑞典军队的粮秣要求。顿河流域的哥萨克素来也是沙皇政府的一支异己力量。1707年5月,那里发生的布拉文起义震撼了沙皇政府,其影响远及乌克兰。乌克兰的哥萨克统领马泽帕20年来一直居心反叛,但他一直用甜言蜜语和表面上的忠诚,蒙骗着对他至今仍十分宠信的沙皇。前不久,他还一面给彼得呈送表示忠心的奏禀,一面又向查理十二密表他等待国王驾临的焦急心情。正是出于这些考虑,查理十二始终坚持他的南下决心。他希望在乌克兰,也像在萨克森一样,度过一个温饱富足的冬天,来春再行决战。可是,查理的计划很快就落空了;1708年至1709年的冬天,是欧洲人记忆中最冷的冬天,乌克兰也不例外;由于在敌对的农村搞不到足够的物资,大批的瑞典士兵冻死在茫茫的俄罗斯原野上;乌克兰人也没有举行大暴动来协助查理,哥萨克首领马泽帕策动的反叛也被沙皇粉碎,他仅带领2000人马来投奔查理。情况已变得十分严峻。查理和他的军队冒着咆哮的暴风雪,踯躅在乌克兰大雪覆盖的草原上。他们食不果腹,无处栖身,随时遭受袭击,每拿下一个居民点都是一场生死搏斗。兵员在一天天减少,他们已误入歧途。

次年4月,南下的瑞军已抵达南俄重镇波尔塔瓦城下。波尔塔瓦是个战略要地,它的南部有一条通向克里米亚的大道,有助于与土耳其建立联系;北面贯通俄国造船中心沃罗涅什,并可直达莫斯科。占领这一要地,并能在此聚歼俄军主力,就打开了畅通无阻的北上大门,整个乌克兰就会倒向瑞典一边。国王的考虑与马泽帕的游说不谋而合,瑞军开始了围攻波尔塔瓦的全面准备。

远离战场的彼得得到瑞军包围波尔塔瓦的消息后,也认识到争夺该城在双方战略计划中的意义。他决定集结重兵,通过驰援该城,与瑞军进行战略决战。

瑞军也把总决战视为救亡图存的一线希望。但是，双方军事力量和素质与战初相比，已发生重大变化：严冬的折磨，长途行军的消耗，不断战败所带来的兵员减少，都使瑞军失去初战时期的锐气；相反，俄军以逸待劳，又经过不断的军事改革和经常性的后备补充，已变得相当强大。再加上彼得对这次战役的周详安排，以及亲临指挥，都坚定了俄军的必胜信念。

6月27日凌晨，孤注一掷的瑞军倾巢而动，率先向俄军发起进攻。早有准备的俄军首先以密集的炮火给敌人以迎头痛击。当时俄军拥有大炮102门，瑞军仅39门。在猛烈的炮击配合下，部署在侧翼的俄国骑兵，直贯敌阵，给进攻的瑞军造成巨大伤亡。查理十二因脚部受伤，发着高烧，乘坐在担架上巡视全军，声嘶力竭地激励士气，但仍无法阻止士兵在俄军炮火轰击下的溃逃。激烈的会战持续了两个半小时，瑞军抛下了8000具尸体，除了查理在马泽帕的陪同下和少量随从南逃土耳其之外，剩下的约16000瑞典官兵全部做了降俘。

波尔塔瓦会战，是战争转向战略决战的转折点。它结束了瑞典占优势时期，并在国际上使北方同盟各国恢复了对瑞典的军事行动，普鲁士也趁火打劫、加入了同盟。俄国乘胜在波罗的海沿岸大举进攻，扩大了原来的占领区。

战争持续到1712年，俄国不仅收复芬兰湾，而且占领芬兰南部一些据点，准备将战争推进到瑞典本土去。1714年7月，俄国海军在芬兰的汉科角战胜瑞典海军。这是一次足以和波尔塔瓦大捷相媲美的辉煌胜利。经过这次海战，瑞典本土已暴露在俄军的直接威胁之下。

俄国在波罗的海势力的增长，引起了一贯主张保持波罗的海势力均衡的英国的不安。1719年8月，英、瑞达成协议，英国对瑞典提供经援和军援，并派舰队深入波罗的海对俄国施加压力。但是，由于英、俄之间存在着广泛的商业利益，英国对瑞典的援助仅仅是虚张声势，而没有有效措施。彼得看穿英国的本质后，得寸进尺、步步进逼，不断地以军事胜利向敌方施加压力。瑞典终于发现自己处于孤立无援的危亡之秋；加上，查理十二这位军事天才早在1718年已阵亡于挪威前线，瑞典已失去恢复波罗的海统治的任何希望。

1721年8月底，俄、瑞双方在芬兰的尼什塔德签订和约。依据条约规定，瑞典把立沃尼亚、爱沙尼亚、英格利亚和卡累利阿（芬兰湾）割让给俄国；作为交换，俄军退出芬兰，并保留瑞典在里加和雷维尔免税购买价值500万卢布的粮食的权利。经过21年的长期战争，俄国终于获得了通往欧洲的第一个窗户——波罗的海出海口。俄国从此开始名副其实地成为一个濒海国家；她为自身的发展争取到了外部条件，也使自身成为影响未来欧洲局势的一支重要力量。为表彰沙皇的功绩，元老院加封彼得为：国父兼全俄皇帝彼得大帝。俄国亦开始正式易名为俄罗斯帝国。

持续变革

　　北方战争的胜利结束,使彼得有可能把全部精力转移到内政改革方面。事实上,他的内政改革实践在漫长的战时环境中从未停止,不过未能全面系统地展开而已。在波尔塔尔大捷以后,彼得曾一度恢复在战前就已着手进行的改革计划,到1715年已达到一个高潮。其间,有关设立行省、成立元老院、开办官办手工工场、简化印刷字母等举措,都已开始付诸实践。沙皇特别关注制度改革中的立法建设,他在诏谕中一再指示,要把丹麦、法国、荷兰、英国等西方先进国家的各种典章制度翻译过来,以便为改革中央机构提供借鉴。他还特别重视陆海军的制度化建设,以极大的精力投入《陆军条令》和《海军条令》的编纂工作。此外,他还颁布了关于长子继承制的敕令,关于禁止公务人员承包包工工程的敕令,等等。然而,由于战时环境的影响,这些改革还都不够深入,许多举措都是依照权宜的原则制定的;再加上协调北方同盟、发展波罗的海舰队等因素的牵制,他的改革都是断断续续进行的。其中1715年年底,彼得因养病出国旅行,当然也负有争取同盟的使命,他的"新政"一度被迫中断。直到1717年年底回国后,才又部分恢复。总之,在与瑞典缔结全面的和平条约之前,改革是无法系统、也无法深入进行的。现在,我们把彼得在战时和战后所进行的全面改革,联系起来,加以综合评述。

　　通常认为,彼得的改革是以军事改革为核心的,这一点在战时尤为突出。纳尔瓦战败后,彼得优先重视的就是军事改革,那些改革在战时已发挥出重要效力,但彼得没有就此却步,而是持续地进行了新的改革。1699年的义务兵役制,是军事改革的起点。其目的在于扩大军队的兵员。1705和1710年,彼得又先后两次颁布敕令,将服兵役的义务由一般农户和工商户,扩大到所有纳税阶层。这一制度,始终使俄军保持着一支庞大兵员,并源源不断地得到补充。

　　为了提高部队的军事素质,彼得十分重视按新战术原则对士兵进行严格训练。除了经常性的实战操练之外,彼得亲自参加编纂,制定了陆、海军条令,用新战术原则有目的地训练和武装部队。《陆军条令》公布于1716年。它是西欧军事思想和俄国军事经验相结合的结晶。沙皇为编纂条令煞费苦心,甚至在出国旅行期间,还抱病对条令进行大规模地修订和补正。条令全面地反映了俄军在战争年代所采用过的全部新战术,对快速突进、两列横队射击、肉搏战等作战方法做了具体阐述;对部队的组织管理、编制原则和服役期限也给予了明确规定。此外,条令同时也是一部刑事法典,对违犯军纪、破坏军队秩序的行为，也规定了详细的惩处措施。条令对此后百余年来，俄国军事艺术的发展产生了重要影响，培养和训练出了诸如鲁勉采夫、苏沃洛夫、库图佐夫等高级军事将领，使俄军成为一支在欧洲具有较大威慑力量的武装部队。

《海军条令》公布于 1720 年，是彼得海军建设经验和成就的汇集。条令根据俄国的具体情况，并参照英国、荷兰、法国、丹麦、瑞典五国的海军法规制定的。它对于发展较为年轻的俄国海军起了重要的指导作用。为了强化海军建设，在完成海军条令的制订工作之后，彼得又集中精力投入《海军部章程》的编纂工作。在长达两年多的时间里，他亲自动手，数易其稿，终于使俄国海军在编制、军阶、官兵的权利和义务方面，形成完整的法规依据。

为了用最先进的武器装备武装陆海军，彼得大力发展冶金工业、军火工业和造船工业。这些工业门类的出现和发展，既受军事需要的推动，也对整个经济生活发生着深刻影响。到 1725 年，俄国已有大型工场 233 所。其中冶金工业产品不仅满足了军队需用，而且开始向外国出口。军事工业的发展必然要促进民用工业的发展。因为保证军需供应和加强国防，原本是摆脱落后的手段，而且只有在本国经济实力充分发展的基础上，才有可能实现对外政策的目标。所以，彼得已不再简单地通过扩大铸币和增加捐税来解决军队的需要，而是接受西方的经验，重视发展工商业，甚至农业的发展，来提高国力，达到富国强兵的目的。为实现这一目标，彼得一方面鼓励外资在俄国兴办企业，希望经过一段时间的经营再转交俄国人承办；另一方面则直接从国外聘请有经验的技师，由他们帮助兴办官办手工工场。彼得两次出游西欧，都负有这一使命，并收到显著效果，体现了经济改革浓厚的"西化"特点。此外，彼得十分注意发展私营工商业。这不仅体现在他多次颁布地方自治法令，刻意保护工商业者的政治权利和利益方面，而且反映在他直接采用各种优惠办法，诸如贷款、津贴、免税和垄断等措施，鼓励私人投资、兴办企业。为了解决发展工业所需要的劳动力问题，彼得采用强制手段，征用大批农奴进入工场，从事工业生产。1721 年，他颁令规定工场主有权购买农奴和整个村庄。1722 年又法定，逃进工场做工的农奴，不再归还原来的主人。这样的强制措施，基本解决了农奴制条件下工业生产劳动力不足的问题。

彼得也十分重视对国计民生具有重要影响的内外贸易。为了促进国内贸易和全俄市场的形成，彼得主持开凿了维施尼伏洛乔克运河和拉多加环湖运河，大大加速了国内商品流通和内河航运的发展。在外贸方面，他采取了鼓励出口、限制进口，并以高额关税保护民族工业的策略。依据 1724 年的关税税则，进口货物应缴关税的多寡，直接以本国企业满足国内市场需要的能力为转移：某种商品，国内的产量越多，从国外进口同一商品的关税就定价越高，而对俄国输出的商品一般都征收很轻的关税。这些新税制实行到

1726 年，出口货物的价值已为进口货物的两倍。彼得堡的营建，在内外贸中发挥着极为重要的作用，它不仅是俄国对外贸易的窗户，而且是国内商业最大的集散地和中心商埠。

农业在封建农奴制极为强固的俄国，是一个较为落后的产业门类，但是彼得仍给予一定的重视，也取得了相应的进展。针对农民在重税、兵役、劳役重负下，几近破产的现实，彼得在《爱惜耕者令》中指出：农耕者"是国家的动脉，正像通过动脉滋养人体一样，国家也要靠耕者来滋养，因此应当爱惜他们，勿使他们劳累过度，而应保护他们免受各种非难和破产，特别是公务人员应当善待他们"。彼得曾责成各地方长官查明，地主中那些人的田园荒芜是由于农民官差过重而造成的。应将其呈报元老院，由元老院将其领地转拨给别人经营。这些认识和举措虽并非真正同情劳动者，而是出于对地主阶级整体利益的考虑，但在优先发展工商业的同时，能适当地看待农业中存在的弊端，提出一定的改革措施，仍然体现了变革者的远见卓识。除此而外，彼得的诏令中也不乏农业技术改革的内容。例如，当他发现用芟刀收割庄稼可达到更高的劳动生产率时，就专门颁布了改用芟刀的敕令。当运用新方法加工大麻纤维取得超过传统方法的收效时，他就责令按新方法行事。此外，对于扩大耕地面积，推广优良品种，培植经济作物，以及发展畜牧、养蚕等家庭副业，也都给予必要的引导和鼓励。这些，对于开发俄国潜力很大的农业资源，是具有积极作用的。

税制改革是完善国家收入机制的重要举措，在这方面彼得也留下了深刻的印记。17世纪以来，俄国盛行以农户为单位的征税办法。许多贵族地主为了逃避国税，往往把几个有亲属关系的家庭合为一户，结果发现了人口不断增长，而农户却逐年减少的奇怪现状。彼得经过调查，很快发现了其中的隐秘。于是，他接受总监察官涅斯捷罗夫的建议，决定废除以农户为征税单位的制度，改用按男丁征收"人头税"。人头税实行初期也同样受到地主贵族的抵制。他们中的一些代表人物，在上报所属农民人口清册时，往往以多报少，隐瞒实有农民人数，结果新税法仍未收到实际效果。后来，彼得被迫用死刑和没收被隐瞒的农奴相威胁，但领主们依然置若罔闻。直到 1723 彼得下令由军官组成专职办公厅，负责审查各地人口表册，这种隐瞒之风才得到一定纠正。审查结果，仍发现被隐瞒的男性农奴 100 余万。截至 1724 年春，才形成较为准确的纳税男丁：5400 万男性农奴。税制改革扩大了国库收入，为彼得的全面改革提供了财政保证。它削弱了传统贵族的经济实力，但也在一定程度上加重了农民的负担，导致了阶级矛盾的激化。彼得统治时期，多次发生的农民起义就是对这种聚敛政策的一种反应。

贵族是彼得维护其统治的支柱。彼得的改革也未能触动前者旧有的地位。但是，彼得主张要对贵族队伍进行改造，他需要缔造新的贵族队伍支持他的改革。首先，他认为贵族应承担一定义务，他们应与其先辈不同，不能再待在庄园里享受荣华富贵，而应该在陆海军中服务,或从事工商业,为国家的繁荣强大担负责任。彼得规定:贵族子弟应进入陆、海军学院,学习专门的知识和技术,完成国家所赋予的学习义务。有条件的贵族子弟,还应接受国家委派,到国外留学。出国留学在当时是一件十分困难的事。由于经费不足、语言不通,许多贵族子弟对此常常抵制,有些出国的人也想很快回国。彼得往往采用强制性的惩罚手段,如封闭府邸、削减官职、发配劳动等迫其就范。到1714年,彼得终于以新的改革举措取代了对个别贵族和成批贵族的惩罚措施,这就是公布了《长子继承令》。这是彼得在研究西方继承制度之后,旨在一劳永逸地解决贵族承担国家义务的制度化建设。敕令规定:贵族只能由长子继承全部不动产,其余没有地产的儿子必须自食其力,"靠服公务、靠学识、靠经营或者靠其他行当挣取自己的面包"。这道敕令维护了俄国的大地产制,但它迫使众多的贵族子弟去追求军功和商业,发挥各自的创造才能,对于改造旧有的贵族队伍,具有积极意义。

思想文化领域的改革,更体现了彼得鲜明的反传统色彩。因为变革和反变革的斗争总是首先在思想文化领域中表现出来。这方面首先要触及的一个领域是宗教。俄国的国教是10世纪从拜占庭传入的东正教。东正教不像西欧的天主教,它在历史上长期处于对国家政权的依附地位,是沙皇专制制度的精神工具。但是,教会拥有大量土地,控制着全国大约1/5的农业人口;由于垄断了精神工具并出于维护既得利益,他们往往是俄罗斯古风旧俗的维护者。对于彼得的改革事业而言,他们是一股强大的阻滞力量。彼得深知教会在国家政治生活中的地位,所以并不一般地反对宗教,而是主张把教会置于国家世俗政权控制之下,以利于自己的改革。早在1700年,当态度保守的大主教阿德里安去世以后,彼得就开始了谨慎而有计划的限制教权的改革。首先,他有意不指定大主教的继承人,而是任命对改革持温和态度的梁赞地区主教斯特凡·雅沃尔斯基,为"大主教圣座临时守护者",主持日常宗教事务。接着在1701年,他宣布教士应以古代僧侣为榜样,"用自己勤劳的双手为自己生产食物,共同生活,并用自己的手养活许多乞丐"。从这一年开始,他已禁止寺院购买和交换土地,并着手对教会和修道院的财产进行清理。1721年,当大规模的军事活动趋于结束时,他发动了对教权最具威胁性的进攻,成立了世俗性的宗教事务管理局,颁布了《宗教事务管理条例》,开始把教会严格置于世俗政权控制之下。条例规定:管理局的成员与世俗机关的官吏具有平等的地位;他们应宣誓效忠皇上,无条件地执行皇上的圣谕;各教区的主教不得插手世俗的事务和仪式;废除忏悔的保密制度;所有神甫应及时向政府密报有"叛变或造反"念头的忏悔者。彼得还力图改变出家人的生活方式和寺院的经济活动,他责令所有神职人员都要学会一门手艺,自食其力;寺院还要以自己的收入担负起赡养老弱残废官兵的义务,并设法为学校提供经费。此外,他还规定僧尼必须学习文化知识,没有受过教育的神职人员子弟不得接替前辈的宗教职位,只有有文化的僧尼才是优秀的神职人员。这些举措大大加速了教会的世俗化过程,对于整个改革的顺利推行具有重要促进作用。

思想文化领域的另一有影响的改革是文字改革和发展各种专业教育。彼得执政时期,俄国的文化水平十分落后,不仅普通百姓,而且在贵族子弟中也存在着许多文盲。为了普及文化,彼得主持了俄国的文字改革工作。文字,是语言交际的工具,也是知识的载体。但是传统的俄文字母是旧式教会斯拉夫字体,不仅构词复杂,而且发音、书写都很混乱,不利于文化推广。彼得统一、并简化了原有字母的笔画,取消了一些发音复杂的字母,削减了节略符号,宣布从 1708 年起,除教会祈祷用书,各类书籍的印刷一律采用新字母。文字改革奠定了现代俄语的基础,对于普及文化、吸收国外的先进技术成就,创造了有利条件。

教育方面,改革的起步是通过创办各类专业学校来实现的。这首先是为培养各种军事人才的需要,有目的地进行的。最先创办的学校,是 1701 年在莫斯科建立的航海学校。1705 年,该校已招收 500 名学员。以后,工程技术学校、医科专门学校、矿业学校,陆续建立起来。在莫斯科还建立了一所格鲁克中学,专门用来培养外交官,以外国语为基本课程。普通教育始于各省城创办的初等数学学校,到 1720 年前后,至少已有 42 个城市开办了这类具有启蒙性质的学校。由于服从战争需要的目的,彼得开办的学校在初期很像军营,学生也往往按新兵一样对待。许多学校都实行军事化管理,常由有经验的优秀士兵监督学生的学习和操行,对于违犯纪律不履行学习义务者,动辄施以鞭笞,而不管其出身如何高贵;徇情纵容者,同样严惩不贷。这种强制性的举措,一定程度上适应了俄国当时的人才需求,至 20 年代,俄国军官中已有 90% 由本国毕业生充任。其他方面的人才也逐步培养出来。

作为一个开放型的君主,彼得十分重视科学在整个文化事业中的地位。早在 17 世纪末随西行大使团赴英国考察期间,彼得就访问过科学中心皇家学会、格林尼治天文台和牛津大学,会见了包括牛顿在内的许多专家学者,并聘请部分学者到俄国任职。战争环境不允许他有系统地投入国内的科学文化建设,但在戎马倥偬的间隙,他仍然积极为科学的发展创造各种条件。除了多次派员勘测堪察加半岛、绘制各地区地图以及不断总结水利工程的经验外,彼得很早就计划兴建俄国科学院。1714 年,费多尔·萨尔蒂科夫就为沙皇拟订了在每省建立一所科学院的宏大计划。1718 年 6 月,彼得就在一份报告上批示:"一定要成立科学院。现在就应从本国人中物色学识渊博并有志于此的人。还应着手翻译一些法学和与法学有关的书籍。今年就着手办这些事。"但由于国务烦冗和招聘欧洲一流学者的计划一时难以落实,筹建科学院一事就延宕下来。直到 1724 年 1 月,经沙皇批准、元老院议定的建立科学院的计划才付诸实施。彼得坚持,建院方针"不可照搬别国所采用的模式",希望科学院要适合俄国国情,使科学研究与人才培养相结合。1725 年 8 月,俄国第一次科学院院士大会召开,它体现了彼得倡导的,把大学、中学、科学院本身融为一体的新体制。它是对西欧类似机构的实践有选择的否定,既保证了科学研究的正常进行,又加快了人才的造就和培养。彼得为保证科学研究的深入开展,为科学院制定了每年 25000 卢布的高经费预算,并答应给科学家以"优厚的薪俸"待遇。俄国科学院的研究活动在彼得去世之后才大规模地展开,但彼得奠定了俄国科学研究的基础。

彼得改革中耗时最长,用力最多的是行政机构改革。因为这是传统势力最集中的堡垒,变革很难一蹴而就。自 1711 年 3 月 2 日下令成立元老院以来,至晚年去世,彼得长期致力于国家机构的调整、改革,非战争牵制,无一刻有所松懈。1712 至 1715 年,是他利用战时间隙进行政务改革的一个高潮。在此期间,他曾命令元老院组织人力翻译"外国法典",并初拟了政府机构 6 个院的具体名称。他还诏令在外国招聘"学者和法学方面的行家里手,以便指导各院的工作"。他特别指示要注意收集丹麦中央机关结构的情报,包括院、州的数量和机构配置;因为他知道强大的瑞典,其国家机构模式是从丹麦学来的,既然战时不能直接研究瑞典的规章制度,那么就应从丹麦学习。彼得中央政府机构改革的核心,是用新建的"院"取代传统的"政厅"。政厅机构庞杂、职权不清,办事效率低下,它与领主杜马一道,是守旧贵族的世袭领地。院的建制将通过立法程序,明确职权范围,提高政府的集中化程度,并打破原有的世族门阀主义用人标准,为国家机构的运作,带来新的活力和效率。彼得的上述设想和初步的实践,由于战时环境,时断时续,直至 1721 年和约签订后,才全面系统地投入实施。

结合俄国的实际,彼得在元老院之下分设 9 个院,全面取代了原贵族杜马和诸多政厅的职能。这 9 个院分别是:外务院、陆军院、海军院、财政院、财务支付院、财务监督院、工厂管理院、矿务院、商务院。其中前 3 院为"头等"院。院的建制以后扩大到 12 个,它们统一隶属于元老院。元老院不同于贵族杜马,它虽负责从中央到地方的行政和事务,并在沙皇外出时代行处理军国大事,但其成员均为公务人员,不得世袭,随时可以撤换;此外,元老院比贵族杜马人数要少得多:后者最多时有 100 余人,而初设的元老仅有 9 人。各院院长,彼得大都量才录用,不计门阀,许多都是在战争中久受锻炼,功勋卓著而出身低微的亲密朋友。如,陆军院院长缅什科夫出身于宫廷马夫家庭,本人早年曾在莫斯科街头叫卖馅儿饼,由于作战勇敢并富有创新精神,以后被擢升为元帅。外交院副院长沙菲罗夫原为一犹太商人,曾在一家商店当店员,彼得在一次闲聊中发现对方通达数国语言并富有外交才干,当即介绍他到政府任职,以后成为外交方面的重要骨干。除了在用人方面不拘一格,整个院的建制都体现了创新特点,许多院是传统政治机构中所没有的,如海军、工业、矿务等院;许多院更新和扩大了与原政厅相对应的传统职能,如分管财政工作的 3 个院,不仅分工明确,而且相互制约,适应了对外战争和国内建设的多方面需求。以后增加的 3 个院:司法、教育、宗教,本身是改革演化的产物,是国家职能在这些重要领域内的延伸。彼得不限于设立新机构,为了使各类机构有章可循,他以极大的精力亲自投入各院工作条例的制订工作。除去前述的陆海军条令之外,《海军部章程》以及各院《总章程》的制订,他倾注的心血最多。这些章程载明了与它管辖范围有关的权利和义务,并规定了对失职人员的处罚办法,是国家体制法制化的重要举措。

除了各种规章条令,1722 年还颁布了《官秩表》。这是一道反映彼得向传统的官职晋升制度挑战的敕令。官秩表将官位分为 14 个品级,每一级官吏的选用、升降,均以其才能、知识和勤勉为据。依据这一制度,非贵族出身的优秀人才可以迅速取得高级官位,它打破了传统的门阀习尚,激发了公职人员的工作热情,对于提高军队和行政部门的工作效率,提供了法制保障,体现了彼得破格用人的一贯主张。

彼得十分重视保障中央政府机构正常运作的监督机制。经过多年的探索,他在 1722 年成立了以元老院总监察官为首的监察署,实现了由独立于被监督机关的国家要员督促和检查政务活动的机构创新。这不仅对揭露违法事件,而且对防范违法事件的发生,提供了制度化保证。出身于风琴演奏家家庭的雅古任斯基,由于机敏、才干和忠于职守,荣任这一崇高职务,被称作"国家的眼睛"。

地方行政机构的改革,从 1708 年 12 月开始施行。为了强化中央集权,彼得用行省制取代了旧有的督军制,全国被分成 8 个省,由省督统管特定省区的行政、司法和军事要务。1714 年,随着北方战争的胜利进展,行省增加到 11 个。1715 年,又在省以下设置了新的县制。1719 年,全国又重新划分为 50 个州,州下设区,各区设行政长官。州的建立没有取消原有的省,但分割了省督的权力,省督仅限于掌管军事,州成为地方行政权力中心。

通过上述这些改革,彼得终于在莫斯科公国的废墟上构筑起现代俄国政治体系的大厦。这个大厦以一定的技术进步和法制精神为基础,经受了长期战争和持续变革的考验,并对二百多年来,俄国社会变迁产生了持久的影响。当然,由于改革的阶级属性所限,改革的成就又是通过残酷掠夺国内人民和蚕食邻国来实现的。

营建新都

彼得堡,它的全称应是圣彼得堡,是彼得对外战争的产物,也是他西化改革的象征。彼得堡是彼得的创造,是在涅瓦河口一片沼泽地上凭空升起的一座大都会。自 1704

年,彼得打算把这里确定为新都以来,它就成为俄国得以俯瞰欧洲的窗户和斩断帝国守旧传统的"外偏中心"。这个外偏中心,它距离边境几乎在步枪射程之内,充分显示了沙皇的扩张野心,同时也展示彼得试图借助西方的影响加速俄罗斯文明开化的宏大决心。所以,营建彼得堡是彼得从政和改革的一个缩影,在他的生平事业中占有独特地位。

18 世纪中叶油画中的俄国圣彼得堡

营建彼得堡的活动,可以追溯到北方战争的最初岁月。如前所述,1703 年 5 月,当俄军攻下尼昂尚茨要塞之后,涅瓦河流域已全部落入俄国手中。为了防止瑞军卷土重来,需要在河口入海处建立一个强固的要塞。当时选中了一个叫卢斯特·艾兰特的小岛(即快乐岛),俄军很快在这里动工修建了一座新的城堡,取名为"圣彼得堡"。这里成为未来帝国首都的摇篮。由于战时的环境,沙皇为保卫这里采取了两项紧急措施:第一,在距彼得堡 30 俄里的科特林岛上构筑了喀琅施塔得要塞;第二,在彼得堡就地建立了一座造船厂。直至 1704 年,俄军先后占领杰尔普特和纳尔瓦之后,彼得才形成把彼得堡变成帝国新都的愿望。此后,大规模营建新都的活动逐步展开。

营建初期,彼得堡的建筑基本沿袭古罗斯的传统:木质结构、布局混乱、街道弯曲。这些建筑物今天已荡然无存,唯一保留至今的是沙皇住过的小木屋。1711 年以后,彼得的夏宫,海军部大楼,以及三圣大教堂开始修建起来。当时最豪华的建筑还数缅什科夫在瓦西里耶夫岛上修建的两层府邸。虽属木质结构,但富有意大利风格,富丽堂皇,令人瞩目。以后阿普拉克辛伯爵、沙菲罗夫等人的公馆,也在海军部大楼附近建立起来。在造船厂周围,七零八落地分布着工匠们的住所。全城当时已有近 800 户人家,8000 多人口。

1713 年,宫廷、元老院和外交使团开始迁往彼得堡,新城堡成为帝国的正式首都。许多居民,特别是贵族,在沙皇诏令强制下开始迁往彼得堡,城市人口已增至35000余人。城市建筑也开始从木质向石质结构过渡。

　　1717年,城建工程进入一个新的发展阶段。法国著名建筑师勒布隆受聘为城堡建设制定了总规划。规划打算通过开凿一些新运河,把彼得堡变成北方的威尼斯。由于气候关系,彼得否定了这个计划,但规划本身加快了城建工程。每天都有大量的石料被运进城区,每年都有数百幢新屋拔地而起。新建的海军部大厦雄伟壮观,气势恢宏。在这座巨型建筑物的一边,横穿着又宽又长、铺满石头路面的涅瓦林荫大道,另一边是能容纳1万人的海军部造船厂。修葺一新的海军上将阿普拉克辛的三层楼住宅,坐落在今天冬宫的位置上,它成为新都首屈一指的豪华大厦。在大厦后面分布着总监察官雅古任斯基、海军中将克留斯等显贵的府邸,沙皇的冬宫也选在这里,但它在这片建筑群中毫无出众之处。沙皇的夏宫倒是设计得别出心裁。这是一幢按照中产人家标准设计建造的普通二层小楼,家具陈设朴素无华,但它旁边点缀着一座精心设计的御花园,却使人十分赏心悦目。花园中有独具匠心的小径;修剪得体的乔木和呈立方形、金字塔形和球形的灌木丛;还有花圃、无数的雕像、瓶形花坛、半身雕像、圆柱、喷水池、池塘等。在花园靠近涅瓦河的一边,一条逶迤的游廊直通河岸,人们可乘轻便的帆船,出海遨游或沿宽阔的涅瓦河荡漾。所以,同西欧最美的花园相比,这座花园都毫不逊色。

　　在距夏宫花园不远的地势略高处,分布着新都颇有名气的两座建筑。一座是海军部军需官基京的旧宅。房主因参与皇太子谋叛案在1718年被处死,没收充公的府宅被辟为博物馆和图书馆。一层博物馆陈列着自沙皇1697年出国访问以来,所能搜集到的一切珍贵收藏品,包括著名解剖学家弗烈德里克·路易斯等人毕生的生物解剖标本,国内的稀世珍宝、珍奇异兽,以及以往战争中使用过的老式大炮和被征服地区的古代文物。二楼是图书馆,收藏着迁都以来的公共文件,私人赠书、药物学著作等,约达11000卷。

　　另一座是坐落在基京府宅旁的首都第二大工业企业——铸造局。这是一个以制造大炮为主的联合企业,彼得曾来这里参加工人们的铸炮劳动。

　　涅瓦河对岸是已接近竣工的彼得保罗要塞。它的内部建筑工程最引人注目的是一所大教堂。教堂将成为城内最宏伟的建筑,因为彼得已打算使教堂钟楼塔尖的高度超过莫斯科的最高建筑物——伊凡大帝钟楼。

　　在瓦西里耶夫岛上,一座号称"十二院大厦"的建筑群正拔地而起。这里将成为元老院,宗教局和中央各院的办公所在地。

　　正在兴建的博物馆大厦,将成为首都最大的建筑物之一。一座多层塔楼居中矗立,把两翼的侧楼联成一体,它将容纳基京府宅内的所有展品和图书,并将夏宫花园内的霍托尔普地球仪置放在塔楼的顶层。这项工作直到彼得去世之后,才逐步完成。

彼得堡不仅以宏大的建筑规模引人瞩目，而且那里所呈现的经济和文化生活也与帝国的其他城市迥然有别。

首先，这是一个海的世界，在辽阔的帝国，任何地方都看不到这样的景象：湛蓝的涅瓦河水，缓缓地注入欢腾的大海。浪花飞溅的岸边，四处飘逸着海风咸涩的芳香。一望无际的大海尽头出现了映入蓝天的舰船桅杆，飘扬着英国、荷兰、法国国旗的巨型海船，由小变大，正驶向薄雾缭绕的港湾。一等海船靠岸，码头上装御货物的喧闹声即刻连成一片，压倒了大海的澎湃声。数以百计的平底船、轻便帆船、帆桨并用的大船，穿梭般地往来于涅瓦河上，彼得堡又迎来熙攘繁闹的一天。

其次，这里也是国内贸易的物资聚散地。由于新都周围是一片半荒芜的地区，无法为居民和商贾提供必要的生活必需品和出口物资，因而需要从遥远的内陆吸引各类生活用品和原料。伏尔加河中游和乌克兰送来了谷物和面粉；斯摩棱斯克地区提供了亚麻和大麻；远在西伯利亚的德米多夫工厂，通过"运铁船队"，辗转送来了俄国出产的生铁。俄国广大农村纺织的夏布和帆布，也源源不断地输送到货物吞吐量最大的商港。彼得堡已取代北方的旧港埠阿尔汉格尔斯克，成为巨大的商业中心。

第三，新都的文化生活也以其丰富多彩、高雅欢快的欧式格调，使古旧的莫斯科相形见绌。为了营造无拘无束的文化气氛，提高上流社会的文化教养，彼得亲自出面组织了寓教于乐的大舞会活动。大舞会不定期地轮流在上流社会中举行，高级军官、达官显贵、舰队技师、知名商贾和学者及其子女，都是邀请对象。每一个客人都可根据自己的爱好自由地安排自己的活动和时间，可以跳舞，可以下棋，可以闲聊或仅当观众。沙皇希望通过这种形式，达到上流社会之间的自由交际、高雅的娱乐，并熟悉社交礼仪。大舞会为人们的交往提供了新场所，减少了传统的宴会活动；同时，它结束了首都妇女的幽居生活，使妇女们走出深闺，来到了人间。彼得堡开始成为西方时尚的示范中心，上流社会的伊甸园。

进军里海

北方战争的胜利结束，不是彼得军事生涯的终点，正如它不是他对外战争的起点一样。沙皇对南部水域和邻国领土的争夺，始终抱有强烈的野心。在长达21年的北方战争前后及其间，彼得曾三次对南部邻国用兵。第一次，是前文提及的征服亚速之战。这是初试锋芒的尝试，经历了转败为胜的曲折过程。第二次是1711年远征普鲁特河的军事冒险。此役孤军深入的俄军被土耳其10多万人围困在普鲁特河畔，彼得被迫以重金收买敌方主帅,并放弃亚速及附近军事设施为条件,幸勉地保存了实力,无功而还。第三次是北方战争胜利结束后,沙皇远征波斯的战争。三次战争,为时甚短,成就有限,但它反映了彼得对南国疆土和热带水域的持久谋划。这即是他对外扩张的组成部分,也对后代沙皇具有传统影响。因此,要完整地再现彼得的军事生涯,远征里海仍是不容忽视的最后插曲。

里海,是连接波斯和俄国的世界上最大的内陆海。沙皇早就奢望通过夺取里海西南的土地,打开一条经由波斯通往印度的道路。1715 年,担任波斯专使的阿尔杰米·沃伦斯基就曾奉诏对波斯沙赫进行试探。他试图说服沙赫:波斯与西欧的丝绸贸易,从水路运到彼得堡,比由土耳其的陆路转口更为有利。但是,18 世纪初的波斯正处于地方封建割据的混乱之中,分崩离析的沙赫政权无法满足彼得的大胆计划。此外,土耳其封建主已在利用波斯政局的混乱,对波斯的南高加索属地用兵。土耳其人在里海西南部的扩张,将使沙皇经由波斯进入印度洋的计划化为泡影;同时,由于这个传统敌人在边境地区实力的扩大,也将使俄国南部边疆的防务更趋复杂化。因此,当为北方战争胜利祝捷的烟火尚未熄灭的时候,醉心于南部热海通道的沙皇就立刻点燃了远征波斯的战火。在他看来,征服暴乱四起、民怨沸腾、宗教迫害不断加深的南部邻邦,正当其时,且轻而易举。

1722 年 5 月,当波斯人洗劫了俄国商人在舍马哈的商店,当阿富汗人闯入伊斯法罕这些消息在彼得堡开始盛传的时候,由新、旧两京同时开拔的两支队伍就浩浩荡荡地向里海进发。7 月,部队抵达阿斯特拉罕。然后兵分两路:步兵从这里渡越里海,向杰尔宾特方向挺进,骑兵从陆上沿海岸南下。参加这次远征的俄军约有 4 万人,包括 5000 名水手,2.2 万名步兵,9000 骑兵,以及一些非正规部队。

这次南下所面临的敌人并不十分强大,途中除了一些小规模的遭遇战,并未太大的障碍。但是,由于骑兵在行军途中严重缺水,渡河的陆军又缺少船只,所以征途备受艰辛。

8 月 23 日,在俄国大军威胁下,杰尔宾特不战而降。沙皇占领了这座曾由马其顿王亚历山大大帝建造的城堡。但这里不是俄军南征的最终目标,沙皇渴望攻占具有重要战略和经济地位的巴库。

占领巴库,俄军面临着两大困难:一是粮草缺乏;二是气候酷热。越过杰尔宾特试图南进的俄军,头顶骄阳,脚踩砾石,找不到河流,看不见小溪,没有一滴水,没有一丝风。疲惫的士兵们绝望地看着湛蓝的天空,没有一块云,他们嗓子冒烟,舌头发干,昏昏欲睡。接着,又传来一个打乱全盘计划的消息:停泊在杰尔宾特港外的运粮船遇到了意外风暴,粮草尽数沉没里海。饥渴的俄军处于一片混乱之中。

彼得立即召开军事会议,决定主力部队撤回阿斯特拉罕,待来年再重整旗鼓。新占领的杰尔宾特、塔尔基等 3 个城堡，由俄国卫戍部队驻守，算是这次南征的主要战绩。

第二年，陆军没有再次出动，而主要由里海区舰队完成了攻占巴库等地的军事任务。依据 1723 年波俄签订的彼得堡条约，波斯将里海西部和南部沿岸的土地割让给俄国，俄国以支持波斯对其敌人（指土耳其）的斗争作为交换条件。彼得堡条约是波、俄之间最早的不平等条约，它加强了俄国在里海西南部地区的优势，为 19 世纪初俄国吞并南高加索，并在波斯北部推行殖民化政策创造了条件。

俄罗斯金盔

严惩腐败

远征里海归来，彼得基本告别了戎马倥偬的军事生涯，开始集中全部精力充实、完善他几乎从未停顿的改革大业。巨大的内政建设自北方战争结束已全面展开，许多举措已初见成效。但是，随着改革的深入，改革遇到的阻力就愈大。为了同反对改革势力做斗争，早在 1718 年，他亲手处决了企图复旧的皇太子阿列克谢。此后，他不惜以严刑酷法为武器，对付一切敢于反对改革、破坏改革的言行和人物。继血雨腥风般地镇压太子余党之后，他开始运用这一武器惩罚所有玩忽职守、侵吞公款和勒索贿赂的腐败行为。沙皇一生对贪污受贿深恶痛绝。随改革的深入，经济生活的活跃，贪赃枉法之风开始弥漫宫廷朝野，许多在战争岁月不避生死追随彼得的亲密朋友开始涉足各种盗窃国家财产的丑闻。彼得不得不把惩罚的屠刀对准这些不肖之徒。

西伯利亚省督加加林公爵，是彼得惩治腐败的第一个牺牲品。这位省督大人利用远离首都之便，不仅屡次通过吃空缺的办法侵吞公款，贪污受贿，而且竟然将为叶卡特琳娜皇后从中国买来的珠宝据为己有。罪不容恕，在铁证面前，加加林抵赖无门，上书认罪，要求皇上恩准他去修道院了此残生。彼得没有送贪污犯去修道院，而是当着高级官吏和他的全体亲属的面，把他绞死在司法院大厦前。

继加加林之后，揭发他的总督察官涅斯捷罗夫也被送上绞刑架。这位总督察官素以大公无私、果敢有为，并善于揭发检举大型贪污要案而蜚声朝野，深得沙皇之器重。但是，这位受命揭发别人犯罪行为的"廉吏"，却因一次偶然包庇下属贪赃枉法的过失而触怒了沙皇。特设法庭作了严厉的判决:处死涅斯捷罗夫!

　　沙皇的另一位战友库尔巴托夫也险遭涅斯捷罗夫同样的结局。这位出身农奴管家的人,曾因上书皇上,通过出售印花税来开辟新财源,而获得俄国第一个聚敛家的褒奖。此后便青云直上,官运亨通,由军械厅的书记官直至阿尔汉格尔斯克省副省督。但是,他同样经不住金钱的诱惑,把手伸进了国库。以后,查明他的贪污款是16000多卢布,其中12000卢布直接盗自国库。只是由于他在结案前几个月去世,才免于被送上绞架的惩处。

　　在彼得晚年审理的舞弊案件中,沙菲罗夫一案曾轰动一时,特别引人注目。由于犯罪者官高爵显,它十分清楚地反映出政治上层的道德风气和彼得严惩不贷的严厉作风。沙菲罗夫身为元老院元老又兼任副总理大臣,在战争岁月和和平时期,主要承担着国家的外交重任,屡建奇功,不辱使命,多次以微小的让步为俄国赢得巨大的外交利益。加上他能够写得一手漂亮的政论文章,并精通数国语言,深得沙皇之器重,为有数的几大宠臣之一。但是,在彼得远征里海期间,他在元老院和临时总监察官皮萨烈夫——他交恶甚久的政敌,发生了一场激烈的争吵。后者揭露了他一件在当时看来微不足道的舞弊劣迹:他利用元老身份,徇私枉法,使他的弟弟领取了比规定高出一级的薪俸。由于沙菲罗夫知道对方意在报复,并在营私舞弊方面不下于自己,因而不甘示弱,恶语相争,结果元老院会议变成了对骂的场所,喧哗声压倒了正常的国事讨论。最后被迫中断会议。两星期后,余怒未息的双方又发生一场争吵。消息很快传到彼得那里,双方都递了诉状,继续互相攻讦。由里海回来的沙皇即刻组成最高法庭的专案组,进行调查。结果,过分狂妄的沙菲罗夫处于下风。法庭作了严厉的判决:处死沙菲罗夫。1723年2月15日,不避严寒的莫斯科人纷纷来到克里姆林宫,观看副总理大臣的最后结局。肥胖的沙菲罗夫已被按倒在断头台上。元老院的秘书纵马飞驰而来,他宣读了沙皇改判沙菲罗夫流放西伯利亚的敕令,免他一死。流放地以后又改为诺夫哥罗德,并准许家人陪同,但须受严格监视。

　　皮萨烈夫也受到免官处分,离开元老院去督修运河工程。捡回一条性命的沙菲罗夫心灵受到巨大震动,他不胜感伤:飞黄腾达的宦海生涯结束了,物质匮乏的生活开始了。与其长久地经受贫困的折磨,还不如让刽子手砍开自己的大血管!

　　在位极人臣的沙皇战友中,也许唯有缅什科夫是个例外。无论贪污受贿,还是盗窃国家财产,他都使前述几人望尘莫及。他一次次地卷入各种贪污丑案,却一次次地逃脱应得的惩罚;充其量被沙皇用大棒教训一顿,或交纳一笔罚金,就会安然无恙。沙皇并非不知道这位宠臣手脚不太干净,他那豪华的府邸、镀金的马车、频繁的宴会,都清楚地向人们昭示他的开销来路不正。但是,缅什科夫并不否认他花过国家的钱。在证据面前,他一方面坚持这些钱是为国家的需要而花,同时他也为国家花过自己的钱;并且,他还能证明:他拿进去的比付出来的要多得多。此外,他是个天生的乐天派,能在处境十分危机的情况下,靠机敏和诙谐摆脱危局和尴尬。据说,一次沙皇在盛怒之下,威胁说要让他提上馅儿饼篮子到大街上去叫卖,干他年轻时的老行当。缅什科夫真的到街上去从一个卖饼小贩手里抢来一篮馅儿饼,回到沙皇面前。沙皇被这个玩笑逗乐了,他笑着向缅什科夫吼道:"你听着,亚历山大! 别再游手好闲啦,要不然,真叫你去卖馅儿饼就不好了。"缅什科夫离开沙皇时,把自己的货物递给卖主,大声吆喝着:"买刚出炉的馅儿饼啊!"

除去这些素质之外,缅什科夫在战时具有无可置疑的勇敢。冒险是他的天性,他总是藐视危险;每逢决定性的战役,他总是一马当先,冲锋陷阵,不计安危;他坚信打中他的子弹还没有制造出来。凡是需要奇袭猛攻、快速出击的地方,沙皇总是派他前往,并总能出色地完成任务。此外,他还有令人赞叹的组织才能,在治理收复地区、营建彼得堡的过程中,他都取得了令沙皇满意的政绩。为执行圣谕,他既不怜惜别人,也不吝惜自己。可以说他有许多过人的美德,唯一的缺陷是:他对财富始终不能无动于衷。

回顾缅什科夫生平活动中的辉煌之点,是想说明:沙皇对侵吞国财的行为严惩不贷,却又对最大的贪污犯宽大包容。这唯一的例外,反映了彼得在用人和执法问题上的矛盾。人们不免认为沙皇也在枉法徇情。如果我们用它来和处置太子案做一比较,也许就会理解彼得的选择,因为在用人和执法之间有一道界线,就是:服从他的改革大业。

尽管如此,缅什科夫的地位到沙皇晚年已大大削弱,他失去了陆军院院长之职,与主上的关系也变得日渐疏远。双方早年那种无拘无束的亲密情感已荡然无存。有人推断,沙皇如果天假以年,活得更久,不知悬崖勒马的宠臣未必不会中途送命。这种判断,也同样适用于沙皇无限信任的御前机要秘书马卡罗夫。后者长期享有干练、规矩、公道的美名,可是到沙皇逝世的前夕,终于发现他也在暗中接受贿赂。

接连发生的违法案件,毒化了彼得晚年的心情,特别是当他身边的头面人物卷入这类案件时,更是如此。他开始困惑不解:为什么自己劳筋累骨、以一当十地向山头冲去,而自己的同胞却成千成百地往山下跑?为什么许多跟随自己多年,南征北战、生死与共的战友,一旦到了和平时期,总不能克制对非分之财的欲望,而不顾忌自己的名誉和信用?!不少的战友已经去世,但更多的战友正以秽行在背离他所开创的事业。彼得无法理解这些变化。他变得不大与人来往而且容易动怒,昔日炯炯有神的目光,如今已黯然失神。他过上了以往自己所不习惯的离群索居生活,常常凝神默想,若有所失。显然,朋友们的劣迹已使他失望,同时,他也在考虑:不惜生命为之奋斗的事业应该交付于谁?

自从皇太子阿列克谢获罪致死以来,彼得就一直没有可供选择的理想继位人。他对皇孙,即阿列克谢9岁的儿子十分慈爱,但不放心由他来继承皇位,因为孙子有可能受外戚的影响承袭其父的立场,而反对祖父的事业。至于他和叶卡特琳娜所生的两个女儿——安娜和伊丽莎白,虽聪明可爱,但他认为都不是他所期望的坚强有力的事业继承者。还有谁呢?十有八九,他选中的是妻子叶卡特琳娜。这位出身卑微的女子,不仅天姿国色、善解人意,而且多年来一直伴君南北征战,备尝艰辛,功勋卓著。特别是在普鲁特河远征期间,大智大勇、自愿牺牲随身佩戴珠宝,贿赂了土军司令,才使俄军死里逃生。此举不仅令彼得长期感念,而且赢得了士兵们的尊敬。此后便恩宠有加,青云直上,成为彼得身边任何人所不可取代的知音和贤助。正是为了为她上台做好准备,彼得在远征里海归来不久,就决定为她正式加冕,让全世界知道:俄国真正的合法皇后是叶卡特琳娜!

为皇后加冕打破了俄国皇室传统,也使全俄舆论为之哗然。为了证明她理应承受此等殊荣,彼得在 1723 年 11 月的一份文告中,不惜用许多溢美之词,赞誉她长期随军转战,历尽艰辛,为皇上始终不渝的助手。隆重的加冕仪式及其庆典,从 1724 年 3 月持续至 5 月,历时甚久,耗资巨大,在千人百众的欢呼和一片礼炮和钟鼓声中,昔日的女奴成为头戴金冠、光华四射的全俄皇后。

耗时过久的庆典活动损害了彼得已经十分虚弱的身体,他不得不在庆典刚一结束就到疗养地去休息。但日常琐务仍然分散着他的精力,他的健康已每况愈下。8 月末他参加了一艘三桅巡洋舰的下水典礼,然后,又不顾医生的劝告,做了一次长途旅行,主要是参加施利色堡每年举行的占领该城纪念活动,并视察奥洛涅茨冶金工厂和拉多加运河工程。至 11 月初,他回到彼得堡时,病情开始严重。这时,传来了一件有碍皇后声誉的绯闻:一位年轻的高级侍从走进了皇后的生活。这件事加速了沙皇病情的恶化。

侍从很快因"贪污罪"遭到处决。叶卡特琳娜保住了声名,但夫妻间的关系从此不再心心相印。不知是出于对过去的恩惠的追忆,还是顾忌两个女儿的婚事,彼得没有对皇后绳之以法。但也没有运用手中的权力,把为叶卡特琳娜加冕的意图引导到合乎逻辑的结局。

1725 年 1 月,彼得的病情开始加剧。它使一切问题都退到了次要位置。叶卡特琳娜奉召来到彼得床头,陪伴他度过最后的时日。病痛者已进入痛苦的弥留之际。1 月 27 日。从昏迷中醒来的沙皇,要人笔墨伺候。看来,他已拿定主意,要对继承问题做最后安排。忐忑不安的人们注视着那张决定皇位继承的白纸,只见沙皇吃力地写着:

"一切权力归……"

笔从他颤巍的手指中滚落下来,他长喘一口气倒在床上,从此不再言语。看来,沙皇依旧没有对皇位继承做出安排。沙皇应该知道,这时候他的选择该有多么重要,但他仍没有做出选择。这就是所谓盛传的沙皇遗嘱之一。临终前的这几个字是可靠的,但不解决任何问题,虽然可以当"遗嘱"看待,实际上是一纸空文。

据传,沙皇还有一份"政治遗嘱",即征服欧、亚两洲的 14 点计划。这份"遗嘱"在不同时期存在着不同争议。19 世纪，许多欧洲学者认为遗嘱是真实存在的，因为它完整地反映了俄国几个世纪以来对外扩张的意图。这份文件可用来揭露沙皇对外扩张的野心。但到 20 世纪以后，学术界对这份文件又多持怀疑态度，因为一方面文件组织得系统有序，条理清晰，这在彼得戎马倥偬的军事生涯中是不可能形成的；另一方面，彼得毕生的使命是争夺波罗的海出海口，虽然也有征服亚洲、包抄欧洲的想法，但在当时缺乏实力，提不上实践日程，不可能预先周详地制定一个超出实力的具体掠夺计划。因此，"政治遗嘱"可能系后人伪造。

1725 年 2 月 8 日，极度痛苦的沙皇终于合上了双眼，他带着困惑和遗憾，留下了未竟的改革大业和正在扩充的疆土，去了。

彼得一世是俄国历史上雄才大略的专制君主。他所推行的西化改革，冲击了俄罗斯的古旧传统，增强了国家的经济实力，提高了俄国的地位，加速了俄国的文明开化，从而开启了俄国现代化的历程。他为争夺出海口而进行的长期战争，满足了俄国正常发展的外部条件，使俄国由一个孤立、封闭的内陆国家，变为开放型的濒海帝国。在除旧布新的持续变革和长期的戎马生涯中，彼得富有魅力的个性特征和独特品格，诸如勤于学习、勇于实践、视野辽阔、大胆接受新生事物和同守旧势力做斗争的勇气和决心，即是他生平事业的组成部分，也是一种时代精神的反映，对于今日的变革也具有启发意义。

正如许多学者所达成的共识：彼得的改革是通过残酷掠夺国内人民来实现的，并为贵族农奴主阶级服务的，因而不可能从根本上改变俄国的社会面貌；他的对外战争早已越出发展经济和和平交往的界线，并严重地损害了邻国利益。但是，如果从历史的角度，将他同他平庸的前辈和同时代许多无为之君相比较，彼得不失为能够顺应时代潮流、富有开拓精神的新兴君主。在数以万计的帝王世界，彼得一世是具有鲜明个性，并为历史留下深刻痕迹的典型人物。

征服欧洲的"军事巨人"

——拿破仑

人物档案

简　历：即拿破仑一世,出生于科西嘉岛,法国军事家与政治家,法兰西第一共和国第一执政,法兰西第一帝国及百日王朝的皇帝。于1804年12月2日加冕称帝,把共和国变成帝国。在位期间称"法国人的皇帝",也是历史上自查理三世后第二位享有此名号的法国皇帝。于1814年退位,随后被流放至厄尔巴岛。1815年建立百日王朝后再度战败于滑铁卢后被流放。1821年5月5日,拿破仑病逝于圣赫勒拿岛。

生卒年月：1769年8月15日～1821年5月5日

安葬之地：法国塞纳河畔的巴黎荣军院(巴黎伤残老年军人院)。

性格特征：自我、自信、骄傲与残酷构筑了他的野心。

历史功过：对内他多次镇压反动势力的叛乱,颁布了《拿破仑法典》,完善了世界法律体系,奠定了西方资本主义国家的社会秩序。对外他率军五破英、普、奥、俄等国组成的反法联盟,打赢五十余场大型战役,沉重地打击了欧洲各国的封建制度,捍卫了法国大革命的成果。他在法国执政期间多次对外扩张,发动了拿破仑战争,成为了意大利国王、莱茵联邦的保护者、瑞士联邦的仲裁者、法兰西帝国殖民领主(包含各法国殖民地、荷兰殖民地、西班牙殖民地等)。在最辉煌时期,欧洲除英国外,其余各国均向拿破仑臣服或结盟。形成了庞大的拿破仑帝国体系,创造了一系列军政奇迹与短暂的辉煌成就。

名家点评:法国总统马克龙评价说:"拿破仑是法兰西历史上的重要人物,他是设计师、战略家和立法者,但在恢复奴隶制、独裁等问题上犯了一系列错误。"

军旅生涯

1821 年 5 月 5 日,拿破仑在南大西洋的圣赫勒拿岛上溘然长逝。"我愿意把我的遗骨埋在塞纳河畔,安葬在我如此热爱的法国人民中间。"依拿破仑的遗愿,1840 年,法国政府主持将拿破仑遗骨迁葬回国,埋在塞纳河畔的老残军人退休院。

拿破仑和妻子约瑟芬在花园里

遗骸归葬故国,魂灵归故里,这是法国从未给过别人的荣誉。人们不禁要问:这到底是怎样的一个人物?让我们将卷帙浩繁的世界历史翻到 18 世纪末、19 世纪初的欧洲这一章,来追踪这位曾纵马驰骋于欧洲大陆,要建立古代帝王们憧憬的世界大帝国的人物的一生吧!

在拿破仑出生前相当长的时间里,科西嘉隶属于商业国热那亚。1755 年,科西嘉人在其领袖保利的率领下进行暴动并取得最后胜利,赶走了热那亚人,科西嘉成为独立国家。然而,好景不长,法国国王路易十五就伺机派兵强行进驻科西嘉。1768 年,热那亚政府与法国签订秘密协定,做个顺水人情,将名存实亡的科西嘉的"权力"出卖给法国。拿破仑出生前三个月的 1769 年春,法国军队击溃了保利的队伍,科西嘉成为法国的领土。法国表示:对一切承认法国政权的科西嘉人既往不咎,一概赦免。在等待妻子分娩的那段日子里,性格狂热的夏尔·波拿巴虽然曾是保利领导的反抗斗争的积极参加者(一度任保利副官),但经过反复权衡利弊,最终决定全家加入法国籍。但幼小的拿破仑却因科西嘉的捍卫者保利被赶走而伤心惋惜,并对法国入侵者深恶痛绝。此外,与世隔绝的孤岛,深居山林中的野蛮的居民,部落之间的不断冲突和相互复仇,均对他的心灵有着深刻的影响。

拿破仑从小就缺乏耐性,好动的同时又很阴沉、暴躁。母亲列蒂契娅刚强的性格,给拿破仑勤劳、办事井井有条的作风打上了浓重的底色。拿破仑很爱他的母亲,但有时又耍小聪明去蒙骗母亲。他虽然头大脖细,身材瘦小,却精力过剩、淘气任性、打架拼命。

拿破仑七八岁时,夏尔偶然发现这个生性好动的儿子,竟能长时间安静地做数学练习。夫妇俩给拿破仑搭了个小房间,他就一个人整天地待在里面痴迷地演算数学题。数学后来亦成为拿破仑终生的爱好。除此之外,拿破仑还常独自跑到他家附近一座孤零零的岩石洞穴去,或埋头读书,或斜倚着岩石远眺地中海的辽阔天空,少年拿破仑头脑中满是幻化的想象,他已不屑于同兄妹们在花园里草地上玩耍打闹,他是那样的寡言少语,以至于看起来不大合群。在至今还保留着"拿破仑穴"名字的洞穴中,他经常是一个人消磨着宁静而漫长的下午。

多子女的家庭,经济虽不困难却也不富裕,当拿破仑呱呱坠地时,父亲已决定将来把儿子送到法国去上学。后来也正如父亲计划的那样,1779 年,经过一番周折,父亲把两个年长的儿子约瑟夫和拿破仑送到了法国,进奥亭中学读书。同年春天,10 岁的拿破仑转到离巴黎 100 多公里的法国东部布里埃纲城一所公费的军事学校——布里埃纳军校。

在军校中,拿破仑还是个阴沉、孤僻的孩子,他很容易被激怒而且长时间生气。军校的贵族学生都瞧不起这个科西嘉来的乡巴佬。拿破仑从前一直讲意大利语,法语说得很糟糕,还带着浓重的科西嘉口音,那些纨绔子弟夸张地模仿他的口音,嘲笑他穿戴邋遢。自负而好强的拿破仑怒不可遏,同他们几番比试彼此的拳头,并且都打赢了。虽然自己也受了伤并因其行为被关了禁闭,拿破仑一点也不后悔。他的同学都发觉这个小科西嘉人并不好惹。父亲的来信使拿破仑打消了刚刚表露出来的想回家的念头。"……你以往表现的桀骜不驯,我认为只有严格的军校生活才能约束你,让你懂得什么是纪律,学会执行命令,知道什么时候要自我克制。知子莫如父,你是块军人的好材料!……你必须在军校待下去!"拿破仑这一待,就是整整 5 年。"绝不浪费自己的时间和精力"是他在布里埃纳军校时的座右铭。他成了军校最用功的学生,学习成绩名列前茅。课余,拿破仑还大量阅读来充实自己。他所表现的极强意志力使他得到了"斯巴达汉子"的绰号。的确,拿破仑就像从小接受严格体魄锻炼和军事训练,以刻苦剽悍著称的古希腊斯巴达人一样,整整 5 年,他就像父亲信中所期待的那样。实际上一个地道的斯巴达汉子也不过如此。

拿破仑终其一生从未忘怀过这所培养了他的军校。在他生命的最后时刻,他把布里埃纲列入遗嘱,遗赠给这座小镇 40 万法郎。在拿破仑离开母校 70 周年后,拿破仑的上述遗嘱付诸实施。人们在那里修起一座市政府大楼，并在广场上竖立了一座少年拿破仑的青铜雕像——身穿布里埃纳军校的学生制服，执书沉思。在雕像的石座上，刻着拿破仑说过的一段话："在我的脑海里，布里埃纳就是我的祖国，因为在那里，我才首次体会到做人的尊严。"

1784 年，以优异成绩毕业于军校的 15 岁的拿破仑，被送到当时法国首屈一指、众多有志青年向往的巴黎军官学校。一流的教员、丰富的课程，使拿破仑更觉机会的宝贵和值得珍惜。拿破仑对炮兵学产生了浓厚的兴趣。他刻苦钻研，获得教员的好评。该校任教的著名的数学家拉普拉斯甚至破例对拿破仑进行个别辅导，以表示他对这位高才生的赞赏。和在布里埃纳军校一样，拿破仑除了专心学习规定课程外，还如饥似渴地学习能搞到手的书籍，自选读物给他带来了更大的收获。少年拿破仑的心灵被《高卢战记》攫住了。他常常梦见自己追随着恺撒去创造伟大的业绩，一觉醒来，梦中的激动情景又激励着他更加用功地学习。

才在巴黎军官学校进行第一学年学习的拿破仑不能考虑眼下的现实困难。1785 年 2 月，父亲患癌症去世后，家里一贫如洗。家庭的变故，科西嘉人传统的家庭的责任感压迫着才 16 岁的拿破仑。根据少尉拿破仑的申请，1785 年 8 月，学校分派拿破仑前往驻防在离科西嘉较近的瓦朗斯城的拉费尔炮兵团服役。拿破仑就这样告别了巴黎军官学校。

少尉军官薪俸微薄，大部分薪金寄给母亲后，生活更是艰苦。拿破仑在一家书店的顶楼租了一间斗室。他从不像他的伙伴那样，把时间消磨在喝咖啡和游玩上，他只知废寝忘食地博览群书，做笔记、写心得，也全然不顾似水凉夜，如豆之灯。书店老板为之感动，允许拿破仑随便翻看店中之书。最让拿破仑感兴趣的是军事、数学、地理、旅行等方面的书。他也读哲学著作，而其时正是在书店顶楼的斗室里，他接触了 18 世纪启蒙学派的古典作家伏尔泰、卢梭、马布利等人的著作。一度，他接受了卢梭的激进思想。《社会契约论》就在床头，每天都会被翻一翻，那震撼人心的"人是生而自由的"学说，很合拿破仑的口味，而卢梭号召人民起来争取"神圣人权"常使拿破仑热血沸腾。他把卢梭的学说当作行动的指南，宣称自己是卢梭的学生和忠实信徒。拿破仑在瓦朗斯期间记下了大量的读书笔记，保留至今的仍有 368 页之多。除了最感兴趣的那些书外，他也不拒绝小说和诗歌。他总是迫不及待地去阅读任何一本书。他的学习态度就是要尽快地吸收他所不知道的可以充实他的思想的东西。拿破仑善于学习，又注重实践。他十分热爱炮兵工作，在拉费尔炮兵团，拿破仑通过实际操作，掌握了打仗的基本知识。后来的历史表明，他当年的同学，即那些出身贵族的将领们，由于缺乏基本知识这一课，虽然他们在初期看来也很有前途，可大都以不幸的结局结束了军人生涯。在这一点上，拿破仑又一次超越了他们。

初试锋芒

　　1788 年 6 月，从故乡回到法国的拿破仑随其所在团队开赴奥松城。他像以前一样贪婪地阅读一切能够弄到的书，特别是 18 世纪军事家所注意的那些军事问题的主要著作。他身上总显示出那种从事脑力劳动和长时间进行思考的能力。他谈到自己的工作的时候，总是带着非常严肃和执着的神情，他为自己巨大的工作能力而感到自豪。

　　炮兵战术最终成为拿破仑所喜爱的军事专业。在奥松城，他从事写作，除哲学、小说、政治方面的短文外，曾有一篇不长的关于弹道学的论文《论炸弹的投掷》。在生活中，他使自己的热情和欲望完全服从于意志和理性。他这个出身寒微的年轻军官，总是遭到贵族同僚和贵族长官的轻视。对于这样的命运，他是否真正满意呢？未及明确地回答这个问题，更不待说具体地考虑未来计划的时候，他准备登台的那个舞台就动摇了——法国大革命爆发了！

　　有必要来看一下 18 世纪封建君主统治下的法国是怎么一个样子：社会分为两个敌对的阵营，以国王、贵族和僧侣组成的第一、第二等级为一方；以其他社会成员组成的第三等级为另一方。第三等级占全社会人口的 90% 以上，承担着国家各方面的重负，却没有丝毫权利。他们对法国封建制度充满仇恨，对压迫他们的教士和贵族更是切齿痛恨，法国社会面临着政治、经济、社会等各种危机。在此以前，许多法国人出资出力帮助北美洲兴起的独立革命，结果是美国赢得了独立。第三等级都听到了美国的《独立宣言》，法国人民因此也有了反抗自己国王的思想准备；而且法国的启蒙思想家早已给了法国人民"自由、平等、博爱"的思想武器。法国资产阶级革命的爆发已迫在眉睫了。国王路易十六被迫同意召开三级会议。传统的等级投票制规定：第一、二等级各有 300 多名代表，第三等级有 600 多名代表，三个等级各作为一个单位来投票。因此总是第一、第二等级以 2：1 压制第三等级。第三等级要求一代表一票的投票方式，为路易十六拒绝。国王的专制激怒了第三等级的代表，"在完成新宪法的起草以前，决不离开，除非你们用刺刀！"网球场上的庄严宣誓是对国王的挑战，也敲响了法国君主政体的第一声丧钟。国王企图以暴力镇压"国民议会"的愚行更加速了大革命的爆发。1789 年 7 月 14 日，激愤的民众在炮声中攻占了法国专制权力的象征——巴士底狱。

　　拿破仑不愿参加王军的行动，所以他执意申请回故乡休假去了。他一回到科西嘉，就号召家乡同胞戴上象征革命的蓝、白、红三色帽徽，拥护法国新生的民主政体。1791 年 6 月拿破仑升为中尉。不久，他又一次返回老家休假。由于在科西嘉待的时间过长，犯了

路易丝与拿破仑结婚不久,就为他生了
一个儿子,即后来的罗马王。

擅离军队罪。通常,法国陆军部不宽恕这类犯罪的军官,所以拿破仑没有回到他的团队,而是去巴黎解释他请假的原因。由于没有得到陆军部的任何任命,他只好在巴黎等待答复。拿破仑是在 1792 年 5 月底到达首都的,他成为这个夏季暴风雨般的革命事件的目击者。23 岁的军官对这几个月中发生的两个重要事件,即 1792 年 6 月 20 日人民群众攻入杜伊勒里宫,迫使国王路易十六戴上革命的标记之———红色的弗吉尼亚帽向人群低头认罪,以及同年 8 月 10 日人民再度攻入杜伊勒里宫而推翻君主王朝的态度是一致的。由于他只是旁观的偶然目击者,并且是对亲密友人谈论两事件的,他完全不掩饰于表白自己的真实感情和全部天性。他把 6 月 20 日的参与迫宫的人群称作"无赖",认为路易十六是个懦夫,他不应该放纵那群无赖,而应该以大炮消灭他们。8月10日的起义者更被他骂成是"最无耻的群氓"。指出拿破仑的这种天性是很有意义的:还在青年时代,他就认为炮弹是回答人民起义的最适当的手段,而且他是那样地热衷学习并实践这种刻骨铭心的教训,在以后的与这两次事件极为相似的情况下,拿破仑采取的是全然不同的态度和做法。

当时法国正处于将奥地利军队赶出国境的反侵略战争中,法军缺少大批有经验的军官。革命政府也不再追究拿破仑超假的过失,任命他为上尉,拿破仑又看到了前程。1789年开始的革命是一个开端,对外省人拿破仑来说,只有现在,个人的能力才能够帮助一个人沿着社会的阶梯往上爬,这的确使他醉心。当1792年9月21日,国民公会宣布成立法兰西共和国时,拿破仑更加坚定了自己的选择,决心为新诞生的共和国赴汤蹈火。

随着法国大革命的深入发展,革命者认为国王与共和国不能并存:1793年1月21日,路易十六被送上断头台。法国革命的洪流在欧洲和各主要封建国家被视为洪水猛兽,有着冲垮自己统治的危险。欧洲各国联合起来,要以武力干涉法国革命,法国国内的保皇党分子则乘机在各地煽起叛乱之火。内忧外患严重威胁着新生的共和国,以罗伯斯庇尔为领袖的雅各宾政权号召法国人民奋起保卫祖国,保卫革命。这是法国大革命的一段艰难岁月:著名的革命者马拉、沙利埃等人被刺杀,在波尔多、里昂、马赛发生了反革命暴动,普、奥、英、俄等国组成了第一次反法联盟。法国人民戴上红色的自由之帽,高唱着新颂歌《马赛曲》,挥舞着"自由、平等、博爱"的标语,成批地开向保卫祖国的战场。9月法军打败英荷联军,战局发生转折。12月奥军被赶过莱茵河右岸,国内局势大为好转,先后收复了马赛、波尔多和里昂,旺代省的叛军也被击溃了。至此,法国革命的重大威胁来自叛城土伦。大批保皇党分子聚集在这个法国南部港口,他们击溃了革命政权的代表,并向航行在地中海西岸的英国海军求援。依仗英国舰队的支持,他们宣布路易十六年仅8岁的儿子为路易十七;被打倒的波旁王朝以土伦为反革命暴乱中心,大有卷土重来之势。革命军从陆地上包围了土伦,由卡尔多所指挥的革命军部署不当而失败。拿破仑向他的同乡、革命军的政治领导人萨利切蒂指出夺取土伦以及把英国海军从海岸赶走的唯一方法,并被任命为包围军炮兵首领的助手。11月最初几天发动的攻势没有获胜,因为负责指挥的军官在紧急关头没有听取拿破仑的意见而命令军队撤退。拿破仑与士兵同甘共苦,战斗中身先士卒的作风,赢得了士兵的信任与爱戴。他的炮兵成了一支战斗力很强的队伍。通过观察地形,拿破仑发现土伦港有两道向东延伸出去的岩岬,靠内侧的克尔岬把内外港隔开,其上炮台既可控制内港的出口,又可由炮火威胁英舰,使其在内外港都无法停留,而英军一旦撤出港外,土伦就不攻自破。拿破仑有关拿下制高点攻打土伦的方案被指挥官戈来埃所接受。拿破仑配置了炮兵进行猛烈的冲击,夺下了控制舰队停泊处的制高点,英舰周围溅起簇簇水花,见自己完全暴露在法军炮火之下,这些往日耀武扬威的军舰立刻仓皇逃出土伦港。英军逃走前击沉了他们无法带走的军火船。1793年12月17日,从炸毁了的军火船上升起的浓烟烈火,如同火山爆发一样壮观,巨大的爆炸声则增添了胜利者的豪情。从那些船上燃起的熊熊大火,犹如一团团的礼花,在庆祝着土伦港的收复。

"我真是无法向您形容拿破仑的功勋。他的知识丰富异常,智力极其发达,性格无比坚强,但这还不够使你对这位非凡的军官的优秀品质有个最起码的了解。"这是杜纪尔将军在向巴黎陆军部队报告中的一段话。他热切希望陆军大臣为了共和国的利益能够留下拿破仑。围攻土伦的整个军团都很清楚拿破仑在配备炮兵、巧妙布置包围、进行射击同,以及1793年12月17日最后发起冲击的决定关头的重大作用。

土伦之战,是拿破仑指挥并取得胜利的第一个战役。虽然后来有着很多大规模的战役,但土伦战役在拿破仑的史诗中永远占有特殊的地位,他第一次引起了人们的注意,巴黎第一次知道了他。拿破仑才24岁,已被授予旅司令官的军衔,他已迈出了第一步。

葡月将军

拿破仑在土伦之战中的卓越表现,使他得以被雅各宾政权任命为意大利军团的炮兵指挥官。正当他踌躇满志,要在意大利战场上取得更大荣誉之时,法国政局出现了突然的逆转:罗伯斯庇尔主持的雅各宾政权在战胜国内封建势力,将反法联盟赶出法国之后,威望与日俱增。但是,罗氏及其坚持实行限制资产阶级自由竞争的措施及动辄将反对者送上断头台的恐怖政策,已使他的政权实际上处于被推翻的阴谋的威胁之中。热月9日(1794年7月27日),罗氏的反对者促成国民公会通过了逮捕罗氏及其拥护者的决议。未经审判,罗氏和他的21名同伴于次日被执行死刑,雅各宾政权结束了。

大资产阶级政客"热月党人"上台了,紧接着就在全国追捕旧政权的主要负责人的亲信和被认为是亲信的人。由于是被雅各宾政权任命的将军,拿破仑亦遭到了打击。热月9日之后还不到两个星期,他就被逮捕了。拿破仑进行了申诉,因为国民公会负责审查的特派员没有在他的档案中发现任何监禁他的理由,他在被监禁14天后暂予开释。意大利方面军的司令官尼斯对出狱后的拿破仑不予理睬,拿破仑思索后决定回到巴黎。"在巴黎,一个干练的政治家,就决定了一个政党或政府的命运,而在外地,人们就只能听命于拥有最高权力的首都。"他对弟弟路易说。的确,巴黎是当时各种思潮的汇合点,是个特别锻炼人的地方。在巴黎,青年们在各种思潮的激荡中,在令人眼花缭乱的政治变幻中,选择自己的道路。"要在巴黎改变自己的命运!"拿破仑暗下决心。

　　1795年是法国资产阶级革命史上一个决定性的转折关头,资产阶级革命推翻了专制封建制度以后,于热月10日丧失了自己最锐利的武器——雅各宾专政,大资产阶级在取得政权之后,就走上了反动的道路,从1794年冬到1795年春,热月党国民会议在政治上一直从左向右转。

　　拿破仑来巴黎寻找出路时,他所看到的只是新贵族们的寻欢作乐和种种丑恶。拿破仑头脑中那些雅各宾主义的理想,就像一个飘飘荡荡的气球,随着松开的细线飘逝了。他的申请没人理会,失意的拿破仑身处欢乐的巴黎却没有些许欢乐,任凭时光流逝却一事无成,成了一位整月遛大街的"马路将军"。

拿破仑在流放途中

　　在巴黎城郊工人区发生的反对热月党人国民会议的两次——芽月12日(4月1日)和牧月1日(5月20日)——演变成对国民会议直接进攻的声势浩大的武装游行示威失败了,而保皇党人又蠢蠢欲动了,1795年夏季巴黎出现了新的危机,掌握着三万叛乱武装的保皇党人阴谋暴乱,残酷镇压平民群众的热月党不可能指望民众的支持,手中仅有5000兵力。

　　当时情况是这样的:根据国民公会制定的新宪法,由五个督政官来领导政权机关,而立法权集中在五百人院和元老院两个议会中。国民公会准备在实行这个宪法之后即行解散。但是在"老的"大资产阶级中间,保皇的情绪正在滋涨,国民公会担心保皇党人会利用这种情绪,采用狡猾手法,大量钻进即将进行选举的五百人院。因此,巴拉斯为首的热月党领导集团在国民会议最后几天,通过了一项特别法令,规定五百人院和元老院中三分之二的成员必须从现任国民公会的成员中选出,只有三分之一的成员可以从其他人员中选出。这项法令,要巩固国民公会中现有的多数统治,并使其无限期延长下去。保皇党人不乐意这项法令,很大一部分金融寡头及巴黎所谓"富有者"(即中心区的上层资产阶级),对这一"专横"的法令也不以为然,巴黎的工人认为国民公会的各种委员会和国民公会本身是自己最凶恶的敌人,根本未考虑要为这个公会在未来的五百人院中保持三分之二多数的权力而战斗;国民公会本身也不会想要首都的贫苦群众来支援它,群众仇视它,它害怕群众。军队也不可靠:热月党政权的将军梅努偏向于选出一个更为保守的议会,他不愿意枪毙那些显贵,他曾在凯旋时被他们夹道欢迎,双方互有深切的好感,他自己也曾是显贵的一员。

保皇党人欢欣鼓舞,他们不是单独作战,并且一切都是顺着他们意愿发展的。葡月12日夜间,热月党首领们听到了来自四面八方的狂呼声,示威游行的行列和洪亮兴奋的呐喊声在首都散布着一个消息,说国民公会正在放弃斗争,可以不发生巷战,法令已经收回,选举将自由举行。但这帮家伙高兴得有些早了,国民公会决定进行斗争。葡月12日的夜晚是多么令人焦虑啊,梅努被革职并被马上逮捕,巴拉斯被任命为巴黎武装部队总司令。是的,要斗争,必须毫不迟疑地在几个钟头之内马上展开战斗。"唉,可我又能指望谁呢?"巴拉斯不是一个军人,他急切地要网罗一个能扭转局面的将军。已是葡月12日深夜了,保皇党人的暴动定在第二天,巴拉斯踱来踱去仍无良策以对付翌日即至的暴动。

突然,巴拉斯想起了一个穿破灰大衣的最近曾经几次找他帮忙的消瘦的年轻人。巴拉斯所知道的就是他是一个退职将军,曾在土伦显示了突出的才能,现在在首都穷困潦倒。巴拉斯命令把他找来。拿破仑来了,巴拉斯问他能否把叛乱镇压下去,拿破仑请求考虑几分钟。他对于保卫国民公会的利益在原则上是否可以同意这一点,没有考虑很久;但他很快就想到了,如果站在巴拉斯一边会有什么好处——这和他来巴黎的目的是统一的。拿破仑同意的条件是:谁也不干涉他的指挥。他说:"等大功告成以后,我才会放刀入鞘。"

这位新任命的巴拉斯的助手无疑是志在必得:他有一个以炮兵狂轰滥炸为基本的行动计划。到黎明时,国民议会大厦前的炮群即已布置完毕,葡月13日,叛乱者拥向国民公会,炮火的迎接使得叛乱者在圣·罗赫教堂门口血肉横飞,叛乱者只有步枪来回击。到中午时,叛乱者留下几百具尸首,拖着伤员四处逃散,有藏到各处住宅中去的,还有马上离开巴黎的……全部结束了。保皇党人寄此一役可得波旁复辟的美梦破灭了。城市上层资产阶级也意识到了,他们太急于用公开的武装暴动的办法来夺取国家政权。同时,又再次显示出,农村的反复辟情绪对军队和士兵群众发生了特别强烈的影响,而军队和士兵群众是完全可以信赖的。他们坚决反对那些直接或间接与波旁王朝有着千丝万缕联系的势力。

在首都巴黎取得的这次胜利给拿破仑带来了远高于土伦战役的声誉。昨天,将军还在街头踌躇闲逛,眉宇间透出一个愁字;今天,他的名字已震荡着全法国,成为具有指挥天才、果断精神和坚强毅力的同义词,优秀的军人!军界人士,一切社会阶层都已确认。督政府的大权在握者看到这把利刀在必要时还可为其所用,指向敌对势力的骚乱……

巴黎人的街谈巷议中,拿破仑——葡月将军,已成为唯一的话题。

出兵北意

葡月 13 日的化险为夷让督政府对年轻的将军感激不已。拿破仑成了巴黎卫戍部队司令,谁也不怀疑他将成为作战部队的独立指挥官的候选人。

年轻将军在忽然晋升之后迷恋上了丈夫在恐怖时期被处死、大他六岁并有两个孩子的约瑟芬·博阿尔内。这个女人曾有过不少风流韵事,对拿破仑并没有什么热烈的感情,但从物质上考虑,葡月 13 日以后的拿破仑声名显赫,职位重要,能使她和孩子的前程有所保障。而在拿破仑方面,则是为突然激起的并且缠绕着他的情欲所驱使,曾与年轻寡妇有过一段交情的巴拉斯亦是极力促成二人的婚事,他甚至许诺其后他将尽力促使督政府把意大利军团的全部指挥权交给拿破仑。拿破仑也认为娶个伯爵夫人会使自己更快地"法国化",在社会等级中迈进一大步,有更广泛的机会去结识共和国的显要人物。

1796 年 3 月 9 日婚礼举行了,11 日,拿破仑就与妻子告别,登上驿车赶往军团司令部。欧洲历史上漫长而血腥的一章就这样被揭开了。在他忙碌的一生中,无论是初恋时的德西蒂,还是他深爱着的第一个妻子约瑟芬、第二个妻子玛丽·路易莎,还有雷缪莎夫人,女演员乔治·瓦利夫斯基伯爵夫人,曾经与他有过亲密交往的任何一个女人,都不能对他产生任何显著的影响,这个传统的科西嘉人,对荣誉和权力的追求是永不停止的,没有很多的时间去让感情冲动主宰他。

战争的阴霾布满欧洲上空,毫无疑问,奥地利、英、俄、撒丁王国、两个西西里王国和几个德意志国家(符腾堡、巴伐利亚、巴登等)的联盟与法国在即将到来的 1796 年春夏两季有一场大厮杀,对峙的双方均认其主要战场当然在德国西部和西南部——法国人企图通过这些地方侵入奥地利本土,督政府挑选了最精锐的部队和以莫罗将军为首的最杰出的战略家进行这次远征,组织得很好的后备供应更反映了法国政府对远征军寄予厚望。

拿破仑将军的意见是:向奥地利及其盟国意大利发动进攻,以防止反法联盟的祸水西渐,首先得从法国南部进入与法毗邻的意大利北部。这个声东击西的行动,将使奥地利在即将展开的战争中,分散对德国这个主要战场的注意力。这个计划无疑是有益的,虽然督政府官员并无大的兴趣,但还是接受了。1796年2月23日,拿破仑被任命为这个战区的总司令。新婚两天后的3月11日,新总司令挂帅上任。

在意大利军团司令部所在地尼斯,拿破仑检阅了自己的部队,发现他们简直像一群土匪。后备供应极差,因法国军需部门的偷盗贪污行为而加剧了军队的困厄,士气低落,装备极差,饥饿迫使士兵到处抢劫和盗窃,开小差者不乏其人……不只如此,下车伊始的司令官还听到了军队哗变的报告。没有纪律的一群乌合之众怎么能上前线打仗?! 而如果等到军队整顿结束后再进行战争,就实际上放过了1796年的战争,军团内资历比新司令深得多的将军们,被他的时间观念和果敢手段震撼了,所有部门都对严格时间限制的要求配合以有效的行动。

"士兵们,现在还不能说你们能吃得饱,穿得暖……现在,我想带领你们到世界上最富饶的地方去……你们将收获财富和荣耀。意大利兵团的士兵们,你们有没有足够的勇气跟我前进?"这是1796年4月9日,大军开拔前的演说,发了军饷,补充了给养,又经过整顿的军队欢声雷动。仅仅一个月,他们就变成一支斗志昂扬的必胜之师!

年轻的将军只有这一次向自己的军队这样解释工作。他总是善于建立、加深和维持自己对士兵心灵的感召和统治。显然,他是一个爱兵并得到士兵拥戴的统帅:他在各重要战役中与士兵同甘共苦,关键时刻毫不犹豫地冲锋在前、赴汤蹈火在所不惜的行为,是那么深入人心。当时以致后来老兵的记忆中,士兵深情、亲昵地称自己统帅为"小伍长"。那个概念在士兵间的言谈中,在各人心底永远是栩栩如生的。他已成为一种精神的化身、激情之源。毫无疑问,如果能洞悉战场态势,实施正确的战略战术,他和他的士兵将是不可战胜的。

4月9日,拿破仑率军越过阿尔卑斯山。大军沿着阿尔卑斯沿海山脉有名的"海边天险"前进,沿海岸游弋的英国舰队向疾行的法军送去一阵阵猛烈的炮火,虽然英舰在任何一个点上都可以切断法军的队伍,但他们怠于进一步行动,炮击效果极差,以至于像是在为法军的英勇前进而喝彩送行。危险的行军已经结束,与法军相遇的是协同作战的奥地利军队和皮埃蒙特(撒丁王国)军队,法军连续作战,不给敌军喘息的时间,对联军的作战总计六天,取得六次胜利,这个完整的大战役显示了拿破仑用兵的一个基本原则:迅速集中一切力量,完成一个战略任务,马上转入下一个战略任务,不玩弄太复杂的伎俩,把敌人各个击破;同时拿破仑也善于把政治和战略结成一个不可分割的整体,以战场上的节节胜利为筹码,迫使皮埃蒙特接受了条件苛刻的停战协定及最后和约。据战后和约,皮埃蒙特丧失了包括最为坚固的两个要塞在内的许多据点,并承担了全面的义务:与他国结盟被禁止;尼茨、萨伏依割让给法国;法国军队可自由通过其领土;及为法军提供一切所需的物资。

剩下的就是奥地利军队了。追过波河,践踏了中立国帕尔王国的法军,逼近到阿达河畔,一万奥军在此防守。5月10日,洛迪战役打响了。拿破仑再次感到有必要去冒他司令官个人生命的危险,奥军的密集炮火封锁了桥头,二十门奥军大炮用散弹扫荡着桥身及周围地带。总司令带着掷弹兵向前冲击,桥被拿下了。奥军丢下两千伤亡士兵和十五门大炮,溃退了。法军追击前进,5月15日进入米兰,督政府收到"伦巴第现在已属于共和国"的来自意大利军团的报告。

里沃诺、布洛尼、摩纳哥、托斯卡那,相继拜倒在法军脚下,法国大革命的春雷震撼了死气沉沉的意大利。意大利人民在心中呼唤着法国自由主义战士的到来,酝酿着一场反对奥地利殖民统治的民族解放战争。现在,法国人来了,一夜之间,"自由、平等、博爱"被铭刻在米兰所有的高大建筑物上,他们一路凯歌,将奥军打得落花流水,令人振奋!人民的激情还在高涨,城市和乡村多了供应法军需要的一切的义务;金钱、马匹、艺术珍宝这些意大利的财富被源源不断地送往巴黎,法国国库则财源丰富、储备陡增。位居权要的法国政府官员们新添了爱好,他们轮流互访,观赏同僚奢华的来自意大利的珍宝。在意大利,法军得到许可进行劫掠,他们来此之前就已得到允诺,要在此富庶国度中改变自己的困境。

按其自然条件和修筑的工事来说,曼图亚可谓当时欧洲最坚固的要塞之一。法军包围了曼图亚,三万奥军在极有才能的维尔姆泽将军的指挥下,奉命开往要塞。曼图亚城内的人心底掠过一丝被救的希望,憎恨法国军队进入意大利带来资产阶级革命原则的当地教会势力、封建贵族,还有欧洲受法国侵犯的所有国家都感到异常兴奋;成千上万的农民和城市居民也寄希望这支老将出马的援军,能把他们从拿破仑军队横加劫掠的苦难中拯救出来;被击溃的和被迫接受和平的皮埃蒙特则有一股呼应的潜流,在法军后方极为可能的倒戈,将切断法军同国内的交通。在这关键时刻,拿破仑将军还遇到了心烦事:法国政府的几名督政高官认为这位干将太能干了,以至于提出要将意大利军团一分为二,一部分由政府派来另一位将军指挥。咆哮过后的拿破仑亲自向巴黎申述,信至巴黎,无人能与之抗衡,政府沉默了,修剪鹰翼的计划至此成为一页废纸,拿破仑仍是独当一面的司令。

奥地利的所有宣传都发布了这样的消息:8月底之前,奥军将重新占领米兰,意大利将成为埋葬法军的坟墓。拿破仑麾下的优秀将军马塞纳、奥热罗均被维尔姆泽击退了,法军从曼图亚撤围。奥军进入曼图亚,开始预祝即将取得的对凶恶敌人的胜利。但奥地利人高兴得太早了。维尔姆泽的笑容渐渐僵化,他已被所看到的景象惊骇了。在曼图亚和米兰之间的交通线上的另一支奥军被拿破仑军队在三次战斗中都打败了。维尔姆泽率军离开曼图亚城,但与法军的交战他败得惨重。受到重创的奥军败退曼图亚城中,法军再次围城。

　　和维尔姆泽、卡尔大公、梅拉斯等一样享有殊誉的奥地利帝国的卓越将军阿尔文齐来了,率领的是比拿破仑进攻军多得多的奥军。初战交锋,几支法军不能相敌。拿破仑命令法军从一些据点撤退,他要集中全部兵力给敌人以决定性的打击。阿尔斯拉桥的激

1796 年 11 月 15 日至 17 日,拿破仑与奥地利军队在意大利的阿尔科拉附近展开战役,击败了奥军。

烈血战开始于 1796 年 11 月 15 日,到 11 月 17 日晚间结束。阿尔文齐部的奥军精锐人多又骁勇顽强。大桥几次易手,法军伤亡惨重。总司令拿破仑又冲在最前面了。意大利军团的旗帜在战火中前进,后面是无畏的愿以牺牲保全、增添她的荣光的法国士兵。三昼夜之后,阿尔文齐的军队被击退并被粉碎。1797 年 1 月中旬与奥军的利沃里血战,意大利军团又增添了胜利的记录。奥军新败之后,曼图亚投降了,出于对勇敢的老军人的敬重,也为了表示自己的谦逊和宽容大度,拿破仑回避了让维尔姆泽不安的受辱地放下宝剑的仪式。

　　1797 年初春,卡尔大公所部奥军又在一系列战役中为拿破仑击溃,损失惨重。意大

利军团已成为一架高速运转的战争机器。督政府新派的骁勇善战的贝尔纳多特将军则使之更加如虎添翼。维也纳皇宫一片混乱。

意大利军团闪电般地逼近，欧洲封建君主们则日益惶惶不可终日。拿破仑的名字已威震全欧，他的战无不胜也不再像开始那样令人难以接受了。神话也是可以被接受并流传的，何况拿破仑和他的军队是无可辩驳的事实！

继续战争是危险的，1797年4月初，奥皇弗兰茨请求议和。在距维也纳约有二百多公里的累欧本，停战协定签订了。为了法兰西的利益，1797年6月，威尼斯这个存在了一千三百年之久的具有丰富多彩的独立历史生活的商业国不复存在了。它成了法军取得莱茵河岸和所有被拿破仑占领的意大利领土对奥国的补偿。

在1796年和1797年初的这段时间里，法国的其他一些将军们在莱茵河上多次被奥军击败并再三要求给养；而拿破仑却将一群不守纪律、褴褛不堪的乌合之众，变成了一支庞大而英勇善战的军队，他们什么都不要求，同时将千百万金币和大量艺术品运回巴黎。他们占领了意大利，进行了14次大战和70次战斗，接连消灭了5支奥地利精锐部队，迫使奥国屈尊求和，甚至使莱茵河上的失败也蒙上了胜利的光环。这些新功绩使意大利军团在法国军队中独享光荣。他们的统帅拿破仑也在法国确立了他的无可争议的威望。

1797年夏季的巴黎，保皇党人又在策划推翻督政府了。他们组织得很好，又有来自国内外反革命势力的支援，五百人院的局部选举每一次都是右翼反动派甚或是保皇分子占显赫优势，督政府又在危险中了。五位督政官态度不一，甚至有几位反对采用坚决措施或同情正在策划的运动。巴拉斯、勒贝尔、拉·雷布伊埃·莱波持着对葡月13日事件一样的态度，不愿意不经过战斗就交出政权。他们又有些不安：1795年征服荷兰而出名的皮什格鲁将军现在站在反对派一边，他是国家最高立法机关五百人院的主席。

意大利军团胜利进军的余暇中，甚至公务紧急时，拿破仑的双眼也未曾离开过巴黎，他知道共和国又在危险中了。这更让我们能感受当他意外取得有关皮什格鲁将军与现代亲王的代表秘密谈判背叛共和国的罪证时的那种欢喜。这是他从1797年5月贝尔纳多特将军的急使所携的没收自一保皇党伯爵的公事包中一些文件中所发现的。三位决定战斗的督政官收到了来自拿破仑的报告及所附的令人吃惊的文件，奥热罗将军从意大利火速前往巴黎去支持督政官，此外还有三百万金法朗的财政支持。

因为拿破仑的有力支持，巴黎果月18日（1797年9月4日）的第二次粉碎王党复辟活动的事变成功了，共和国得救了。奥地利政府在夏季突然表现出的那种兴高采烈和几乎是威胁的征象消灭了，一直屏息凝神地注视着巴黎的君主制的欧洲的幻想也宣告破产。

1797年5月与奥地利签订的不仅是停战协定。拿破仑将军在签订和约中表现的外交才干,深令谙熟外交手腕的奥国谈判代表科本茨感到了困惑与无奈。他向本国政府抱怨说,很少碰到"这样的诡辩家和毫无良心的人,他像一个疯子"。拿破仑在谈判中狂喊着,用言辞羞辱奥地利,并将科本茨珍爱的俄皇叶卡特琳娜送给他的咖啡盒摔得粉碎。1797 年 10 月 17 日《坎波福米奥和约》确认了拿破仑在停战协定中所坚持的一切,不论是在已被战胜的意大利,还是在奥地利军根本未被法国将军战胜的德国,他的要求均在地图上得以确认。

1797 年 12 月 7 日,拿破仑回到巴黎。10 月,督政府全体成员在卢森堡宫前举行欢迎大会。暴风雨般地喊声和掌声显示了群众的激动,拿破仑已到卢森堡宫前。督政府官员的热情的欢迎辞,广场上群众热情洋溢的赞颂,28 岁的将军都以理所应得的安详的表情接受了。震耳的欢呼声、狂欢的情绪,在他看来,在将他"送上断头台"的那种情景之下,也会出现的。

远征埃及

拿破仑回到了巴黎,并被任命为对英作战军队的总司令。因为在英吉利海峡的英国海军比法国的更为强大,他建议进占埃及,在东方造成进一步威胁英国在印度统治的跳板,他的新计划和 1788 年春督政府会议对这个计划的讨论,一直受到严格的保密。

很多人认为这将是十分荒唐、冒险的事情,但实际上这个计划却是革命时期和革命以前法国资产阶级的夙愿。近东各国,即巴尔干半岛各国、叙利亚、埃及、地中海东岸及希腊诸岛,很久以来就与马赛和整个法国南部有着极广泛的商业联系。这是可以获得大量利润的地方,又是秩序相当混乱的地方。商业总是需要保护,商人总想在需要时得到援助,长期的商业利益要求法国在这个地方加强秩序。叙利亚、埃及丰富的自然资源因 18 世纪末以来许多书籍的记述而变得更加诱人。早在荷兰人经营东方贸易时,有远见的大臣就直接上书路易十四,建议进军埃及,从而破坏荷兰在东方的地位。当历史进入到 18 世纪末时,英国而非荷兰,已通过侵略和征服印度在东方取得优势地位。这样,埃及、叙利亚在法国对英战争中的战略意义就显得十分重要了。外交大臣塔列朗坚决支持拿破仑的计划,督政府被说服了,愿意装备海陆军队来进行这次遥远而又危险的进军。这个计划对他们决不失算:军事政治经济上的好处他们在意大利战争中已经深刻体会到了。同时,即使计划失败了,让这位自作主张签订和约,拒绝分割兵权的不驯服将军到遥远的国度,去进行前途未卜的冒险,督政府也甘心情愿的。因为,拿破仑在督政官们欢迎场面中,所带有的古罗马帝王远征归来才具有的那种态度,已经令他们难以忍受,甚至惴惴不安了。

说实在的，拿破仑并不想离开意大利，在这里，他简直是个国王。但政府已经有些畏惧他的军事成就和威名了，他被委婉地召回并被派往埃及。拿破仑接受了对英作战的任务，准备工作全面展开。

总司令拿破仑表现出比对意战争初期更令人惊叹的才能：他能小处见树枝、大处见森林地权衡、考虑最重大、最困难的措施，而丝毫没有顾此失彼的现象。他视察舰艇，巡视海岸和海军，注意研究世界政局动态，搜集地中海英国纳尔逊舰队活动的情报……他甚至深知将领中哪些人勇敢、坚强、嗜酒，哪些人聪明机灵，哪些人因有疝气而易疲劳……因而，他们几乎是一个个地被选拔出来组成远征兵团的。除此之外，远征军中还有科技人员和渴望探索埃及艺术和文学宝库的法国学者们。从不虚度时光的拿破仑还亲列书单，组建了一个相当丰富的小图书馆。

纳尔逊舰队虎踞直布罗陀海峡，不敢轻举妄动。他们在期待法军的到来，却不知这实是拿破仑散布的假消息。5 月 19 日，法国舰队在土伦扬帆出海，沿地中海东岸经马耳他岛前往埃及。

在船上的拿破仑很多时候都在读书，历史、诗歌或许正是将他引向东方的动力之一。夕阳西下，落日余晖中，他的想象更是丰富瑰丽，马其顿亚历山大的史诗已成昨日，他将向东方前进，建立古代大帝不敢想象的伟业。

当时，埃及名义上是土耳其奥斯曼帝国的属地，实权却操纵在马穆鲁克封建军事集团手中。1789 年 7 月 1 日，法军在亚历山大港附近登陆。次日的进攻遭到了坚强英勇的亚历山大城居民的抵抗。几个小时后，法军破城，居民们虽作了英勇的抵抗，终因兵力相差悬殊和马穆鲁克守军不战自溃而城破失守。法军的《告埃及人民书》飞散在亚历山大城的大街小巷。拿破仑要阿拉伯人相信他们将被从马穆鲁克骑兵的压迫下解放出来，相信他对"古兰经"和回教的尊重，他们只有彻底服从，否则，将会遭受严惩。法军经由埃及人坚壁清野的座座村庄向南方挺进，深入沙漠。

1798 年 7 月 19 日，晨曦中隐约的开罗清真寺的尖塔和金字塔巨大的塔身已在拿破仑的视野中了。他容光焕发，擎剑纵马："士兵们，四千年的历史从金字塔上面看着你们！……"法军热情高涨，战斗在因巴贝村和金字塔之间进行。近卫骑兵的落后战术与武器及其头领的妄自尊大使他们遭到了彻底失败，数千人血洒战场，大批骑兵被驱入尼罗河。他们丢下一部分大炮，余部逃往南方。骑兵与志愿军在守土卫城战中是英勇顽强的，但它面对的却是一支刚从法国大革命中成长起来的资产阶级军队，埃及军队的封建腐朽性决定了它在金字塔战役中的最终失败。7 月 24 日，法军占领开罗。

占领开罗后，拿破仑依靠阿拉伯资产阶级和土地占有者在埃及建立起了新的政治制度。新建立的政府组织机构、正规财税制度、警察制度等均保证了在埃及的军事独裁统治。另外，随法军进入埃及的技术人员和学者也开始工作。但法国对埃及的占领并不巩固：首先，纳尔逊舰队对停泊在尼罗河口的法国舰队的毁灭性打击切断了远征军与法国本土的交通联系；其次，土耳其政府也认为法军染指其属地是一种耻辱，已派军前往叙利亚，准备从法军手中夺回埃及。

拿破仑决定主动出击土耳其军队。1799 年 2 月，远征军进入叙利亚，不断有城市向法军投降。3 月 4 日至 6 日攻占雅法一役，由于雅法拒绝投降，占领军入城后发生了屠城的暴行。4000 名投降了的土耳其士兵被惨无人道地集体枪杀了，血水染红了海岸。

3 月下旬，法军到达阿克城下，围攻两个月仍不能破城。阿克城的守卫由英国人西德尼·史密斯领导进行，他们有英国从海上运来的粮食和武器，土耳其派驻的守城部队也阵容强大。天气渐热，瘟疫在法军中流行。数千名士兵几日之内即丧失作战能力。5 月 20 日，拿破仑下令撤兵。撤退更为艰苦，已是五月末了，热啊，简直热得让人无法忍受！烈日当头，黄沙漫漫。吃了败仗的拿破仑与士兵一起步行向西边的基地。所有的车辆和马匹都被腾出来运送伤病员，包括总司令本人的坐骑。一侍卫依例牵马给拿破仑骑，结果得到一个巴掌的奖赏和一顿臭骂："全体步行，我第一个走！我难道没有听到命令吗？滚蛋！"

驻足回望的拿破仑不止一次地叹息："我在阿克倒了大霉！"他只要一回想起这次失败，就会念叨起这句话。拿破仑心中的梦想——建立从埃及到印度的庞大东方殖民帝国，现在看来，那只能是一个幻影了。

雾月政变

1799 年 6 月 14 日，拿破仑的军队回到了开罗。留在这个被征服国家里的时间不会很久了。

7 月的一天，旧报里的一则消息让久未与欧洲联系的拿破仑震怒了：在远征埃及时，奥、英、俄和那不勒斯王国再次掀起了对法战争，苏沃洛夫进军意大利，击溃了法军；拿破仑建立的西沙尔平共和国已被消灭，法国边境又在威胁之下；法国本土到处都混乱不堪，以至于接近解体；督政府对时局一筹莫展。"一群笨蛋！意大利丢了，我的一切果实都丢了！我要去！"

8 月 23 日，四只已经配备好的船，载着拿破仑和他选拔的 500 名士兵，驶向法国海岸。"身后的埃及由克莱贝尔将军统治吧……法国、巴黎，才是我的舞台，时候已到，督政府不能再存在了,国家的最高权力当为我所享。"

10月9日,在避开地中海英舰,与风浪搏斗了40多天之后,拿破仑一行在法国南岸的弗雷尼斯小镇附近登陆。从小镇到巴黎,拿破仑一路受到群众的夹道欢迎。

督政府在它统治的8年中已经证明,它没有能力建立巩固的资产阶级统治,也不能够让革命中建立的新体制充分发挥效率。果月18日政变后,督政府还可指望城乡新的有产阶级和军队、群众的支持,但现在大家都厌恶了这个政府,想要一个独裁政权。

城镇贫苦群众认为,督政府是有钱的强盗和投机分子的制度,是贪污分子肆虐挥霍和心满意足的制度,是使工人、雇农和消费者走投无路、饥寒交迫的制度;显示工人力量与喉舌的巴贝夫及其追随者被督政府镇压,没有出路,工人的愿望是"需要一个能够吃上饭的政权",任何方面都没有可能让工人去维护督政府了。

对士兵来说,督政府是由一群十分可疑的分子组成的,他们不给军队鞋子和粮食,在几个月中就把拿破仑在十几次战役中占领的地方交给了敌人。军队公开表示对国内贪污公行、叛乱迭起,国外强敌压境的困境的不满……他们又怀念起拿破仑了。

绝大部分有产阶级认为督政府对自己没有什么益处。恢复贸易、发展工业是这些人的美好计划。这均需胜利的和平与巩固的秩序来保证顺利实施,但毫无效率的督政府显然不能胜此重任。

督政府已是声名狼藉了!

法国政局的轮廓就是这样。稳定新的社会秩序,巩固大革命的成果,建立一个稳定的政权,是各阶层共同的愿望。大资产阶级顺应潮流,选择了拿破仑作"佩剑人"。

军队将领、金融界人士、政府官员在胜利大道上每天都络绎不绝,这里有着拿破仑将军的府邸。在法国政坛上总是在出卖自己主子的塔列朗来了。他圆滑机警、政治嗅觉灵敏,看到此时最有希望成为法兰西主宰的只有拿破仑,就投靠过来,出谋划策,支持拿破仑发动政变,推翻他还在其中供职的督政府。惯于玩弄阴谋的督政府警察总监富歇也来了,他竭力要将自己与拿破仑的那不远的未来联系在一起,公开为他服务,以期在未来政权中留任原职。

在拿破仑于10月16日到达巴黎后,督政府继续存在了三个星期。但,不论是政治上就要完蛋的巴拉斯,还是那些帮助拿破仑断送了督政府政权的那些督政官,在当时都没有怀疑末日即将到来,离确立军事独裁的期限已是以日和时来计算了。拿破仑在这热火朝天的三个星期里,看到许多人靠拢自己,他也对这些人进行了许多极有益的观察,以便于决定其去留。

五位督政官中,值得对付的只有西哀耶斯和巴拉斯,其他三位向来没有什么独立见解,也不会在西哀耶斯和巴拉斯认为不必要的情况下表示自己的意见,他们是不足为虑的。拿破仑发迹之时，巴拉斯帮过他不少忙，但他一定不能采用。巴拉斯的为人及政治作风使他臭名远扬，成了督政府腐败罪恶和瓦解的象征，虽然他在雾月前的热闹日子里也曾让拿破仑知道自己对未来制度的好感，但他无疑会玷污新政权的名声。以《什么是第三等级》在革命初期就名声大噪的西哀耶斯，和大资产阶级心心相印地忍受了雅各宾政权的革命专权。作为他们的代表和思想家，热月9日他又与大资产阶级一道盛赞雅各宾派的垮台，并参与1795年镇压贫民起义的牧月恐怖。身为督政官，他的声誉不算很坏，督政官的身份对于政变过程无疑会提供一"合法的形式"，他至少在一段时间内是有用的。在塔列朗的安排下，拿破仑与西哀耶斯会见并结成了临时联盟。五百人院出于对拿破仑的敬畏，推选他的弟弟吕西安为五百人院主席。与督政府陆军部长贝尔纳多特的直接谈判，则使其在最后时刻勉强加入了拿破仑一边。

雾月18日(11月9日)，政变按预定计划开始。早晨，元老院在杜伊勒里宫开会，议员科尔涅无中生有地说，有一个"雅各宾阴谋"威胁共和国安全。元老院通过决定，将元老院和五百人院的开会地点迁往巴黎郊外的圣克鲁宫；任命拿破仑为首都地区武装部队司令，负责对付"叛乱"。巴黎的控制权被拿破仑掌握了。

督政府的垮台是和平的。塔列朗担负了"说服"巴拉斯立即发表退职声明的使命，巴拉斯体会到了受骗般的无奈和艰涩，他过去可一直是骗人的啊！被抛弃的督政官签署了声明，在龙骑兵的护送下前往自己的领地。临别时他不无自嘲地说："很高兴回到普通公民的行列。"

共和国的最高执行机构已经垮台，要推翻立法机关却不是先前预料的那样的顺利。雾月19日，元老院与五百人院在圣克鲁宫开会，拿破仑先派兵包围了会场。"打倒暴君！""打倒独裁者！""立即宣布拿破仑不受法律保护！"年轻议员的喊叫声震聋了拿破仑的耳鼓，他在掷弹兵的救助下逃离了会场内愤怒议员们的围攻。这些议员，与那些由于私利而准备出卖、或由于害怕而俯首屈从者截然不同，他们是伟大革命风暴的残存力量。对他们来说，占领巴士底狱，推翻君主专制，与叛徒进行斗争，"自由、平等，或者死亡"都不是放空炮。他们说，在可以用断头台处死暴君的地方，就应该用断头台处死他；在不能用断头台处死他的地方，就用布鲁图斯的匕首刺死他。拿破仑感到他已被困在一场可怕的风暴之中，以至于他想起了他在奥军枪林弹雨下，打着旗帜占领阿尔科拉桥的可怕时刻。

吕西安是这天五百人院会议的主持者，他拒绝将"立即宣布拿破仑不受法律保护"予以表决。他站在了兄长的一边，并以主席的身份鼓动列队以待的军队。掷弹兵跑步进入会场，清洗开始。缪拉元帅的"把这些都给我赶走！"的雷鸣般的喊声和着掷弹兵前进时的鼓声，对代表们来说是终生难忘、永远回响着的记忆。越窗或夺门而逃的代表被从四面八方逼向会场的军队包围起来。政变需要一件"合法"的外衣,在刺刀威胁下,被抓回来的二十多名代表被迫以"五百人院"的名义宣布将共和国的权力交给以拿破仑为首的三位临时执政,并通过了解散议会的决定。接着,在圣克鲁宫的一个灯火暗淡的大厅里,元老院未经讨论就发布了同样的法令。深夜两点钟了,拿破仑、西哀耶斯、罗歇·杜尔三位新执政宣誓就职,政变至此已告结束。

大卫名画《拿破仑一世加冕大典》

这幅画为法国画家大卫奉拿破仑之命创作的一幅描绘其加冕场景的作品。他为了掩盖拿破仑自己戴上皇冠这个事实,在画中煞费苦心地选取了拿破仑给妻子约瑟芬加冕的场面。

从在法国海岸登陆到11月9日拿破仑成为法国的主宰,其间历时仅30天。政变一个月后,依新主宰的意志拟订的共和国八年宪法公布了。按照规定,执政任期十年;第一执政享有全权,第二、第三执政只有评议权。

1800年初举行了公民投票,法国人民以压倒多数的赞成票接受了新宪法。投票结果是拿破仑获得权力的可靠保证和历史交给他的掌握法国权杖的通知书。1800年2月7日,法国第一执政拿破仑乘坐六匹马拉的豪华马车,前呼后拥地进入杜伊勒里宫。从此,这座著名王宫的新主人,成了欧洲大国的统治者,并维持最高权力达15年之久。后来,当一位学者问起拿破仑的家谱时,拿破仑意味深长地答道:"我的家谱是从雾月开始的。"

内政改革

在拿破仑看来,进行统治的全部秘密就在于知道在适宜的时候扮演"狐狸"或"狮子"的不同角色。他说"我喜欢权力,就像一位乐师喜欢他的提琴"。而他对权力的运用也确是得心应手的。

督政府留下了一个令人沮丧、忧虑的烂摊子:国内盗贼横行,百业凋敝、民不聊生;国外强敌压境,国家安全受到严重威胁。"革命的浪漫史已经结束了,现在需要切实可行的原则。"第一执政声称。

虽然实际上是他决定一切国家大事,但拿破仑从以往的政治生活中已深知秩序的形式不能被恣意取消的道理。临时执政西哀耶斯、杜科在元老院获得了席位,康巴塞雷斯和勒布伦成为新政权的第二、第三执政。曾经积极参与政变的人物都如愿以偿:塔列朗、吕西安、贝尔蒂埃、富歇分别被任命为外交、内务、陆军、警务各部的部长。

拿破仑夜以继日地让他的国家机器保持良好的运转,以便有效地加强权力、控制全国。"我必须利用晚上使我的铺子生意旺起来……我当然喜欢休息,不过耕牛已经套上了,就应该让它犁地!"春季战争已为时不远了,必须把最紧急的事情处理完。

这个农夫是怎样让他的耕牛犁地呢?

执政府时期,拿破仑建立了最能适应专制君主制度的集中制的国家机构,它确认法国大资产阶级的全部目的为创造条件以能够平稳地经营工商业赚钱,并将它系统地付诸实施。作为资产阶级国家机器的"设计者",拿破仑取消了地方自治机构。地方服从中央的原则在社会生活各方面都被加以自觉贯彻;在改革税制,整顿财政机构,选拔人才,淘汰冗员,严惩贪污盗窃、营私舞弊者等新措施下,形成了一个意志统一、高效能的近代资产阶级政府。

执政府新设了警务部和巴黎警察总署,它们的任务是将一切阴谋和不轨行动都消灭在萌芽状态,保证新体制有一能够完全发挥效能的和平环境。督政府末期在法国中部、南部杀人越货、袭击乡村并以火刑烤人以得其钱财的"烤人者"感到形势大为不妙,行迹骤敛,执政府统治开始半年后,盗匪活动已告肃清。

执政府对死心塌地的保皇党分子予以武装镇压,但又宣布凡效忠新制度、放弃对抗即可获赦免。这一软硬兼施的政治手腕的运用使以旺代为大本营的保皇党分子的公开叛乱得以平息,数万流亡者陆续回国,而国内的统一、稳定得到加强。

执政府还管制舆论,创立工人手册制度。拿破仑认为"三家敌对的报纸比一千把刺刀更可怕","战争时期需要对舆论予以明智的指导"。在他的旨意下,警务部长举起了"鞭子和棍子",幸存无几的巴黎政治性报刊,均成为新政权的极其驯服的喉舌。剑有双刃,作为大资产阶级的"佩剑人",拿破仑禁止人民要求什么"自由"和"民主",禁止工人罢工。《勒·霞不列法》确立的工人手册制度则保证了工商业资本对雇佣劳动的绝对控制——雇主可在各工人所持手册上记载与其雇佣、劳动相关的事项并予以留置。无工人手册就只有失业,并被视同流浪汉可予治罪。

拿破仑坚信"谁有强大的军队,谁就正确"。他在进行内政方面的调整改革的同时,扩充军队,加强训练,使军队处于戒备状态,在地方军队及近卫军中确立起他个人的至高权威。军队也感到自豪和荣耀,确认拿破仑是他们的唯一首领与主人,他们将战无不胜。

拿破仑以非凡的精力解决了一系列迫切的问题,他深知奥地利、英国、俄国和土耳其等国再次组成的反法联盟关系到法兰西存亡和自己掌权时间长久的问题。外交途径的和平努力被倨傲的英国人拒绝了,"和平的……天然保障就是让法国原来的王室复位",只有战争了。

1800年5月,拿破仑率两万军众穿越了险峻严寒的大圣伯纳德山口,七天之后,阿尔卑斯山已在身后,奥军司令梅拉斯发现突然间法军已在自己的后方。相较而言,在联军中承担主攻任务的奥军人多,炮兵弹药也充足,但6月14日在马伦哥,德塞将军率部及时赶到战场,挽救了已在败途中的法军,奥军措手不及至于完全失败,在法军骑兵追击下狼狈溃逃。德塞的战死使胜利蒙上了拿破仑的泪水,刚才还欢欣鼓舞的维也纳宫廷,现在则因第二个信使带来的失败消息而沉寂不安。

叛军舒安党的首领卡杜达尔及其一伙已在肯定波旁将复辟是一确定无疑的事实。波旁王室也在准备返回巴黎了。中立的欧洲也在注意事态的发展,以便在恰当时机加入反法联盟。然而,胜利的炮响来自法军方面,他们的期待落了空。巴黎又在欢庆胜利与新秩序的更加稳固了,杜伊勒里宫周围数不清的人群在向第一执政致意、欢呼。

新胜之后,与奥国订立有利的和约、争取与英国和整个欧洲联盟媾和是两个较为迫切的任务。做到这两点将为法国国内建设提供一个良好的外部环境。

"您的君王和我,我们有责任改变地球的面貌。"从巴黎回国的代表向俄皇保罗详述法国的友好表示。莫斯科回应巴黎,法俄军事同盟订立了。欧洲以日益增长的不安的目光注视着两位皇帝友谊的巩固。直到1801年3月保罗被刺的消息传来,欧洲各国外交官员和王室成员的心跳才恢复正常。法国在外交上对俄政策大转变的这个巨大成就就这样飞散了。"英国人雪月3日(爆炸事件)在巴黎对我的暗算落空了,但他们在彼得堡对我的暗算却没有落空!"拿破仑喊道。

法俄的短期结盟对法奥关系产生了重要影响。1801年2月9日,奥地利代表科本茨在他认为从形式和内容上"都是很可怕的"《吕内维尔和约》上签了字。由于顾及可能的东西方夹击,奥地利显得特别温驯和慷慨。

遭到英国援助的盟国都蒙受耻辱地接受了失败性和约。英国统治集团也被具有和解意愿的阶层所代替,不愿屈服的威廉·皮特下台了。1802年3月26日,新首相艾丁顿、外交大臣霍克斯里爵士代表英国签署了《亚眠和约》。这是延续四分之一世纪的英法战争过程中唯一的一次和解,它令英国感到了沉重,虽然她并未战败。

拿破仑时代的法国和欧洲不会有很长的和平时期,到1803年春与宿敌英国战火再起的两年中,拿破仑主持了十分紧张的因战争而中断的国家行政管理和立法方面的工作。

教会势力在法国是一举足轻重的政治力量,拿破仑尊重客观事实,通过谈判,于1801年7月与教皇庇护七世签订了《政教协议》。拿破仑承认天主教是"大多数法国人的宗教",但主教和大主教必须由拿破仑本人挑选和任命,被任命的僧侣才能得到教皇的教职。同样,主教任命的神父也只有得到政府的批准才能任职。教皇的敕谕、咨文、通告、决定在任何时候都要得到政府的批准才能在法国发表。这样,教会势力在执政府及其后的帝国政权体系中占有了一席之地,并在客观上有利于社会秩序的巩固。《政教协议》被誉为"英明的杰作"。

建立司法部、改组法院、废除陪审制度等司法工作上的改革在马伦哥战役前已告完结,远征归来,中断的立法工作有待继续和加强。时人评述说,"在法国旅行,更换法律如同更换马匹一样频繁"。庞杂混乱的法令难以保证上下一致的行动,对法国资本主义的进一步发展是一个极大的障碍,因此,统一法制已是势在必行。

1800年8月21日,民法法典草案起草委员会依令组建,第二执政、大法学家康巴塞雷斯被委以重任。公务余暇的拿破仑尽可能多地参加法典草案的讨论,并亲自主持了35次会议。草案拟出后的讨论他更是积极参加,早年的学习一切的态度使他能十分内行地引证罗马法典,其中自有其精辟独到之处。

1803年3月,立法院通过法典,1804年3月,拿破仑签署颁行,1852年的敕令确定了"拿破仑法典"的名称。

依法典,所有公平一律平等;婚姻家庭关系方面,否定教会的束缚及封建的父母包办子女婚姻制度,确认妇女享有一定的继承权利;财产所有权关系方面,法典严格保护私有财产神圣不可侵犯的资产阶级原则。但也保护了农民从革命中获得的土地等财产。财产所有关系的稳定、契约自由制度的明定均刺激了资本主义经济活动,从根本上对资本主义的发展产生深远影响。在法国军队对外扩张的同时,法典所确立的这些资产阶级原则也随之传播,动摇了欧洲大陆的封建秩序,促进了各国资本主义的萌芽和发展;而作为多国立法蓝本的法典无疑还是世界法制史上的不朽文献。

基本立法工作中还包括商事专门法典和刑法典,它们松紧程度不同地维护着资本主义生产关系。拿破仑在他生命的最后岁月中曾深情地说:"我真正的光荣并非打了四十次胜仗……有一样东西是不会被人忘记的,它将永垂不朽,那就是我的《民法典》。"

依据《亚眠和约》签订后马上举行的全民投票,以及由此而来的 1802 年 2 月议院做出的"全民决定",拿破仑被宣布为法兰西共和国的"终身执政"。显然,法国成了专制君主国家,拿破仑迟早要宣布为国王或皇帝,法兰西仍有共和国的头衔,它也尽早会成为帝国。不论怎么变换形式与称谓,拿破仑政权总是以反革命的大资产阶级为后盾,政权的性质则是军事独裁。

英法利益的对立性使和约只能够延缓战争而不是带来永久的和平。法国各处的造船厂都热火朝天地锤斧叮当不断了。1803 年 5 月 18 日,英国发出了宣战书,但英国政府仍对保皇党人卡杜达尔组织的袭毙"科西嘉魔鬼"的阴谋抱有希望。随着莫罗将军被流放、皮什格鲁将军被关进牢房、波旁的当甘公爵被处死、卡杜达尔上了断头台,暗杀计划彻底失败。

英国豢养的保皇党阴谋分子惨败之余,发现自己实在是帮了拿破仑一个大忙。富歇已在宣扬波拿巴家族的世袭君主制的必要性——即使拿破仑遭到暗杀,其功业仍将永存。谄媚的请愿书纷沓而至,元老院于 1804 年 5 月 18 日通过决议,授予拿破仑皇帝的称号,法国人民也以压倒多数的赞成票确认拿破仑成为他们的皇帝。

1804 年 12 月 2 日,巴黎圣母院大教堂。数不清的人群都在望着宫廷权贵、文武官员、红衣主教和违背惯例离开梵蒂冈前来参加拿破仑加冕仪式的教皇庇护七世,金碧辉煌的车队驶向教堂。

教皇呆立在惊异与尴尬中了,拿破仑阻止了他的进一步行动,从他手里夺过皇冠戴在自己的头上,约瑟芬的皇冠也是他亲手戴上。加冕仪式中的这一关键性的场景意味着:他只确信根本是宝剑赢得而不是教皇这个所谓的人间的神子赋予他皇权,他只想从自己手里接受皇冠。

惊愕过后仍是欢呼致意:法兰西人在仰望他们那非凡的皇帝。

对外战争

加冕闹剧中,拿破仑听到了远处战车辘辘的声响。重新上台的威廉·皮特主持下的英国政府向盟国悬赏:出动 10 万士兵每年可获 125 万英镑。奥地利首先改组和加强了军队，与俄国组成联军向法国边境推进。革命战争开始后的第三次反法联盟已经得以建立并展开行动。

时移势易，拿破仑放弃了准备已久的侵英计划，帝国大军奉命急行军前往多瑙河，以迎头痛击反法联盟的急先锋奥地利。法军及时插到在多瑙河畔的乌尔姆的奥军和从波兰兼程前来的俄军之间，贝尔纳多特、达武将军以四万兵力出色地在慕尼黑切断俄奥军队的联系。法军方面捷报频传，1805年10月下旬，乌尔姆要塞投降了，16名将军、三万多奥军主力成了俘虏。前进！法军马不停蹄，20多天后，拿破仑已住在维也纳奥地利皇宫中了。

从现在起，联盟的希望都寄托在俄国方面了，而与普鲁士国王订有密约及友好宣誓的俄皇亚历山大则把主要希望寄予普鲁士加入联盟这一点上。英奥也都愁眉略展地估计越过鲁特山脉而出现在战场上的普军将怎样的置拿破仑于死地。

但，所有的希望与估计都落了空，拿破仑决定在普军到来前就展开战斗。法军在维也纳得到充分补给，仅用了一营兵力，通向多瑙河左岸的维也纳大桥就在法军控制下了。联军统帅库图佐夫命令后卫队浴血掩护，牺牲万余人而一退再退，但可怕的投降暂时被避免了。法军主力推进到布尔诺，俄皇亚历山大的残部与奥皇弗兰茨合兵一处，决战在即——此即奥斯特里茨战役，又称"三皇会战"。

联军兵力的数量优势及普军可能赶到的危险要求速战速决。初战形势对法军很不利。俄使来访，对拿破仑的印象是信心不足与胆怯——他甚至要求退兵议和，这实在是他施展的悲剧演员角色的技巧的结果。不懂军事、爱好荣誉的年轻沙皇不加严谨分析，自信取胜毫无问题，使他更为轻敌、武断，完全听不进老将库图佐夫关于避开拿破仑从而避免俄军全军覆灭的劝说。"打，现在就打！"奥皇狂喜地附和着。

1805年12月2日，正是拿破仑加冕的周年纪念日，俄奥联军在奥斯特里茨村遭到失败。各有特色的法国将军们像时钟一样准确地执行来自拿破仑的命令，行动扎实有效。联军占领了法军放弃的普拉岑地后又从高地横扫下来包抄法军，他们中了圈套，战线拉长的联军被迅速行动的法军拦腰切断，高地重新控制在法军手中。联军遭到了歼灭性的打击，退至结冰湖面上的士兵因冰层塌陷而葬身湖底，被俘的、侥幸逃走的……俄奥联军事实上已被消灭，俄奥皇帝在颤抖、痛哭。

第三次反法联盟迅速瓦解了。

法国皇帝拿破仑改绘了由许多封建领地拼镶而成的工艺品般的欧洲地图：以法国皇帝的名义及旨意，拿破仑成为意大利国王、新组成的莱茵邦联的"保护人"，御兄约瑟夫是那不勒斯王国的首脑，御弟路易是荷兰国王……至1806年奥皇弗兰茨被迫取消德意志皇帝称号，存在了近千年的神圣罗马帝国从此寿终正寝了。

反法同盟的三位皇帝：从左到右分别是俄国沙皇亚
历山大一世，奥皇弗兰茨一世和普鲁士国王腓特烈·威
廉三世，他们是反抗拿破仑的主要推动者。

　　"要给'科西嘉暴发户'一个狠狠地教训！"英国提供经费、俄国怂恿下充当第四次反
法联盟急先锋的普鲁士在柏林召开军事会议，要求全国总动员，与法决一雌雄。

　　战争的叫嚣在拿破仑这里总能得到最强的回音：1806 年 8 月 13 日，拿破仑已在耶拿
前线指挥所等待黎明的到来了。14 日天色微亮，好战的普鲁士王后骑着一匹雄健的战马
出现在普军中间，向军旗致礼以鼓舞士气。封建雇佣兵组成的普军的作战方式过于传统
化了——整齐的队形只适合检阅，法军在讲求军事艺术的拿破仑指挥下迂回、配合非常
灵活、完美，下午普军就溃败了。普鲁士王后想是已经忘记上午的吹牛言辞，在骑兵护卫
下最先逃走。

　　法军直捣柏林，拿破仑现在又在欣赏、感受普鲁士王宫的舒适程度了，但也没有忘记
在宫前举行阅兵仪式以使普鲁士国王感到羞辱。

　　海涅诗颂"拿破仑呵一口气，就吹掉了普鲁士"。对耶拿战役，恩格斯曾指出它在世
界近代军事史上的重大意义："由拿破仑发展到最完善地步的新的作战方法，比旧的方法
优越得多，以致在耶拿战役之后，旧的方法遭到无可挽回的彻底的破产。"

　　法军离开柏林赶往波兰，为防止再失去波兰，对奥斯特里茨的惨败耿耿于怀的俄军
顶风冒雪迎着法军开来，决心与拿破仑决一死战。1807 年 2 月 8 日，俄法军队在俄境内

艾劳相遇。猛烈的炮击宣告战斗开始,曙光初露的隆冬季节,法军达武元帅冒汗率右翼部队以不可阻挡之势高呼猛进,奥热罗率中路法军迫使俄中军后撤,狂飙突至的哥萨克军队冲破了法军的抵抗,直逼拿破仑的战地指挥所。皇帝还是一如既往地镇静、从容,皇家近卫军奉命迎击突袭军,几乎将对方全歼。夜幕下烽烟未净的冰天雪地的战场上,数万将士永远安息了,濒死伤员凄楚的呻吟声划破寒夜,传入拿破仑耳中。"让敌人与我平起平坐同享胜利的荣誉,这是第一次,但决不能再有第二次!"在喘息休整的时间里,士兵又多了一名——拿破仑。十五个昼夜中,靴子都紧匝着他的腿脚,"谁不想当元帅,谁就不是个好士兵!"就是从这时开始流传下去的。

法军增添了大批有生力量,俄军总司令本尼格森率领的俄军在补给之后准备再战。1807年6月14日,弗里德兰镇在炮火中颤抖。俄军向北退到涅曼河上的提尔西特,对岸就是幅员辽阔的俄国了,法军考虑自己后方的巩固停止了追击,皇帝决定与俄皇握手言和。6月25日,法俄皇帝在涅曼河上的华丽船筏上举行了会晤,《提尔西特和约》在谈判后签署。普俄之间新立了一由法国附庸萨克森国王兼任大公的华沙大公国,易北河以西的普鲁士领土被划入新成立的威斯特伐利亚王国,拿破仑之弟热罗姆任国王。更为重要的是,原来是反法联盟重要成员的俄国,现在变成法国的同盟国。

第四次反法联盟失败了,法国皇帝拿破仑更上升到欧洲大陆独裁者的地位。

巴黎的主人要求她为空前强大的法国增添光辉。法国到处都在大兴土木,依令而建的纪念碑、广场、塑像、凯旋门装点了城市,更令人崇尚胜利和荣誉。

从巴黎辐射出一条条大道通向远方。帝国是空前的繁荣与强大,无子嗣的问题日渐困扰着拿破仑,"这一切都留给谁呢?"对约瑟芬那份最初的情爱及多年的夫妻情分使抉择更是痛苦。"帝国的利益需要你我解除婚约。""政治是不讲感情的。"皇后粉泪横流以至于晕倒在地也是无济于事,判决在1809年12月14日宣布了,杜伊勒里宫灯火辉煌,面色苍白的约瑟芬甚至不能完整地宣读放弃皇后王冠的声明。一步一回头地,约瑟芬依恋而无奈地登上马车,驶向马尔梅松,杜伊勒里宫在身后越来越远,远去的还有她的已告结束的令人心醉神往的昨天。

拿破仑准备以切断英国同所有欧洲国家的贸易联系的经济战来扼杀这个最强大的竞争对手。1806年11月21日,拿破仑签署了著名的封锁大陆的柏林法令。毋庸置疑,整个欧洲直接由拿破仑统治或由他进行严格的、绝对的监督是这一法令取得实效的保证,任何国家的不服从或疏于执行都将使关于封锁的法令成为一张废纸,但英国商品仍将很快以某种途径流向欧陆各地。

伊比利亚半岛因其漫长的海岸线而成为英国在封锁法令发布后向欧陆走私的重要孔道。法军开入半岛,半岛上两国,葡萄牙不战即溃,其王室在英舰护送下逃向美洲;西班牙王室被拿破仑的阴谋赶下了台,御兄约瑟夫被立为西班牙国王。民族自尊心极强的西班牙人民以起义对付法军,也正是这些被拿破仑视为不堪一击的"群氓",最终使强敌法军陷入失败的境地。1808 年 7 月,法军统帅杜邦向西班牙义勇军投降的意义并不限于事件本身:各被占领国家和地区的人民都看到了救国保家的出路。义军被急忙赶来的拿破仑率领的法军打败,奥地利又在"蠢动"了。西班牙的热土养育了一个坚强不息的民族,长达六年的时间里,近 30 万法军精锐被拖住,东西线同时作战的拿破仑再也无法在兵力上造成绝对优势。1813 年,法军被赶出西班牙。这是一次走上下坡路的战争,在圣赫勒拿岛上的拿破仑多次叹言:"正是这西班牙脓疮,把我毁了。"

1809 年春,英奥等国组成第五次反法联盟。奥地利查理大公率十几万奥军开出国门,向法国宣战。法军在前线向奥军发动猛攻,五天中赢得了五次血战的胜利。5 月 22 日在维也纳附近的埃斯林村,法奥军队展开了殊死拼杀,战斗未结束,12000 多名法军将士已战死沙场,拿破仑抱着被炮弹炸断了双腿的拉纳元帅止不住流下了眼泪……这是他带兵以来第一次真正的惨败。拉纳临终时要他结束战争的忠告并不能阻止他继续战争的决心。风雨交加的夜晚,瓦格拉姆的血战空前激烈,查理大公率部退出战场,法军勉强赢得了胜利。奥皇再次请求休战议和,法军耀武扬威再入维也纳。10 月 14 日,签订了《维也纳和约》。奥地利帝国大大减少了自己的领土,失去了通向海洋的全部通道,并向法国支付巨额赔款。

第五次反法联盟又破产了,但法国统治层中离心离德的情况在日益加深,继续战争的政策将使帝国持续多长时间已成为问题。

为保住自己的权力,拿破仑开始拜倒在"正统"的礼仪下:1810 年 4 月 2 日,奥地利哈布斯堡这个欧洲最古老的皇朝接受了拿破仑这个女婿,新皇后玛丽·路易丝于次年生下一个男孩,礼炮按波旁王朝对太子诞生的惯例鸣了 101 响,尚在襁褓中的婴儿被封为"罗马王"。高官显贵们亦得巨赏,封建作风在宫廷弥漫。以一位被处决的行刺未遂的德意志青年的行动为起点,整个德意志都骚动起来。欧洲人民都看到拿破仑及其军队再也不是"自由平等"的传播者了,他到处掀起战争,压迫弱小国家和民族,已成为蹂躏欧洲的暴君。

作为欧洲大国的俄国不甘心对法束手就范,它率先开放港口恢复与英国的贸易。为一种最终打败英国佬、建立世界大帝国的强烈愿望所驱使,拿破仑命令法军于 1812 年 6 月开过涅曼河。法国皇帝准备速战速决,俄军司令巴克莱一路弃战,且战且退但避免与来势凶猛的法军决战。擅长于一锤定音的法军感到了敌军司令的精明:战线拉长、给养困难,交通线兵力需要大增,沿途农村、城市的坚壁清野及突然袭击更使困难加大。俄皇在贵族、平民的强烈要求下改任 76 岁的库图佐夫将军为俄军司令,将军深解巴克莱战术的高明,但决定进行一场不必要的战争。法军欣喜找到了决战的机会。会战在通往莫斯科的大路上一个叫博罗迪诺的村子展开。异常惨烈的血战!伤亡四万多人后法军夺下了小村,俄军则有秩序地退出了战斗。9月14日,法军进驻莫斯科,发现它竟是一座死寂的空城!15日夜间,莫斯科的占领者突然间发现自己已成了囚徒——到处都是凶猛的火墙!"多么可怕的景象!"撤出克里姆林宫的拿破仑边走边喃喃自语。库图佐夫率领俄军追击拦截败退的法军,农民、哥萨克骑兵组成的游击队则以不断袭杀的方式对付法军。11月初开始的大雪,更增添了撤退的艰难,法军吃了一连串的败仗。马莱将军在巴黎散布拿破仑战死的谣言掀起了混乱,秩序的动摇使拿破仑顾不得许多,只身兼程前往巴黎。

叛乱者下了狱,但欧洲各国则视侵俄战败为反抗法国统治者的信号:俄普联军在做着入侵法国的最后准备,法国的附属国和占领地的军队随时准备倒戈投向俄国;法军在西班牙已无胜利希望,而死对头英国却增兵西班牙加强了军事攻势;奥地利亦绝不准备给它的女婿多少实惠……比以往任何一次反法联盟规模都要强大的武装力量,又重新组成了。

皇帝不认为帝国已在盛极而衰,他不愿停止他的战争机器:"我要让敌人在法军的鹰旗下屈膝投降!"他重复着这句话,希望人人都和自己一样有坚定的信心。

1814年和1815年的新兵被提前召集。费尽全力拼凑的30万人中有年近古稀的老人和尚未成年的孩子,他们都被开上前线。

1813年10月,法军与联军在莱比锡展开血战。法国盟军萨克森军队阵前倒戈,法军

1813年10月16日在恐怖的莱比锡战场上,拿破仑再次丢下部队逃跑了,这幅画描绘的正是拿破仑从战火硝烟中穿树而走的情景。

败退莱茵河。85万反法联军四路推进到法国境内。巴黎市民们争先恐后地换上军装,开进首都的各个哨所。前线危在旦夕,众将叛离、诀别妻儿的拿破仑神情坚毅,率领组织起来的三万人的国民自卫军再赴前线。法军停止溃退并在短短数天之中打了几个漂亮仗。奥军统帅甚至致信求和。拿破仑再次展现了他的军事才能,但胜利亦使他对谈判的态度趋于苛刻,以至于谈判根本上就不可能有什么结果而破裂。

拿破仑坚信胜利属于自己,他制订了一个大胆惊人的计划,绕到敌后出击迫使敌人掉头决战而解巴黎之围。但越来越精的联军统帅们只与元帅们的部队作战,避免与他接近,同时保持优势兵力,逼近巴黎。虽然联军的这一策略后来为拿破仑所赞赏,但在当时对他则是一灾难性的事情,它在事实上向联军敞开了通向巴黎的大门,敌后的攻击只能是挠痒而已。

内伊为首的元帅们不愿再冒险了,军队服从了将领。哥萨克骑兵、普鲁士军队、奥地利军队在巴黎显示军威,欢庆胜利。拿破仑仰天长叹:"众叛亲离,大势已去,听天由命吧!"

百日皇朝

1814年4月11日,拿破仑签署了逊位声明。

4月12日,苦闷的拿破仑一整天都沉浸在冥想之中,午夜时服毒欲死未能遂愿。

4月20日,枫丹白露宫前,拿破仑在近卫军依恋、伤感的注视下向他们走去,清脆响亮的声音对近卫军是何等的熟悉啊,但场面却不同往昔地让人感伤!

"老近卫军的军官们、士兵们,我向你们告别了。二十年来,你们一直伴随我走在崇高和光荣的大道上……有你们这样的人,我们的事业绝不会失败……为了祖国的利益,我牺牲了自己的利益。我要走了!……祖国的幸福是我唯一思念的事情。这也是我今后的愿望。不要怜悯我的命运。……再见了,我多么想紧紧拥抱你们每一个人啊!让我拥抱一下你们的旗帜吧!"

拿破仑将鹰旗捂在胸前,抚摸着:"亲爱的鹰旗,这最后一次亲吻将震撼我们所有老近卫军的心。再见了,老战友们,不要忘记我!"

拿破仑在老战士们的呼喊声中登上马车,向流放地厄尔巴岛方向驰去。"世界历史上最庄严的英勇的史诗结束了——他告别了自己的近卫军。"一家英国报纸这样描述4月20日这一天,但它只说对了一半。

按照占领者的安排:退位后的拿破仑是厄尔巴岛拥有完全主权的领主,年金200万

枫丹白露宫

法郎,并可有近卫军一个营的士兵作为仪仗和护卫队。在权力巅峰上滚落的拿破仑,成了这个在他看来,是一声海浪都能击碎的岩礁般的微型国家的"皇帝"。厄尔巴岛面积仅233平方公里,有三个小城市和几千居民。

拿破仑表面很平静地接受了这一切,他以高度的热情和全部精力规划治理这个微型国家。他看起来是那么心满意足,以至于来访的英国代表认为他"除了这个小岛外,对什么都不感兴趣了"。

实际上从1814年的秋天,特别是11月、12月开始,拿破仑就注意听取一切有关法国和刚开始的维也纳会议的报告。所有的消息都表明复辟后的波旁王族及其周围诸人的所作所为比预料的还要轻率和荒唐,就是帮助波旁复辟的塔列朗也慨叹"他们什么也没有忘记,什么也没学会"。

联军刺刀保护下重登王位的波旁王族十分仁慈地同意忘掉和宽恕法国的罪过,条件是国家恢复旧日的虔诚与秩序。但波旁尝试后确信要摧毁拿破仑的国家机器并不容易,甚至是不可能的。各省的地方长官、各部的组织、警察、财税制度、拿破仑法典、法院、荣誉勋章、国民教育制度、政教协议,甚至整个官僚机构的结构、军队的组织——拿破仑所创立的一切,都被保留了,区别仅在于一位高高在上的"立宪的"国王代替了专制的皇帝。

路易十八重登王位,随他卷土重来的那一大批最顽固的保皇党亡命分子开始了穷凶极恶的反攻倒算,渴望夺回自己先前失去的一切。路易十六断头台上丧命的1月21日被定为"国丧日";波旁的百合花旗取代了象征革命的三色旗;残酷的私刑在各地恢复起来,贵族任意鞭打农民,受害者却申诉无门;反动僧侣高举《圣经》,恣妄引证曾经购买过土地的农民将遭"天罚",被狗吃掉……

根据和约,法国仅保留了1792年疆界以内的国土,丧失了莱茵地区和意大利等广大土地。反法联盟的苛刻和波旁王朝的软弱无力,使从国外撤回或释放归来的士兵愤懑不已。波旁王室在大量裁军和清洗军官的同时,另外组建了一支由六千名贵族和保皇党分子组成的、享有高薪和特权的王室卫队,军队更是怨声载道了……杜伊勒里宫内的流亡人物小丑般地乱作一团,广大民众、士兵及一部分资产阶级的恐惧和愤怒在积累着,人们又开始怀念起拿破仑了。

时势如此,当1815年2月一天,巴黎兰斯贵区的区长、青年文官夏布隆乔装来到厄尔巴岛时,拿破仑感到了绝处逢生的喜悦和激动。借着英国特派员正在休假、在海上监视的英舰已离开厄尔巴岛的难得机会,拿破仑奇迹般地避开了在海上的英法巡逻舰船,于1815年3月1日,和他的因经常操练还保持着良好战斗力的千余名近卫军,在法国儒安港安全登陆。海关卫兵向他脱帽致敬。康布罗纳将军带领部分老兵去寻找军火,拿破仑则亲率数百名近卫军向北进发。他又做了一次讲演:"士兵们……现在,我回来了……戴上三色帽徽吧,过去你们曾戴着它赢得了辉煌的胜利。我们决定不再像以前那样,去充当其他民族的主人,但我们也决不能忍受其他国家来干预我国的事务……士兵们,在帝国鹰旗下集合吧!有着我们民族颜色蓝、白、红的雄鹰,将从一座钟楼飞向另一座钟楼,一直飞到巴黎圣母院大教堂!荣誉归于勇敢的士兵们!归于我们的祖国法兰西!"

拿破仑的声音响彻了全国,他坚信自己将一枪不发地赢得法国。前进的队伍枪口朝下,沿路的农民大群大群地聚拢并护送这奇异的队伍进到下一个村庄,另外的人群又接力赛般地护送他们前进。一座座城市向拿破仑敞开大门,"只要他一走近","皇帝万岁!"昔日的将士集结起来迎接他们的统领。拿破仑已在前进中发布命令、派遣急使、接收情报、任命指挥官和大臣了。当甘公爵的血影又浮现在波旁王室及其拥护者的眼前了,这个科西嘉的吃人者会怎样对待他们呢?波旁王室满是无法掩饰的恐惧。路易十八召命被皇帝拿破仑称作"勇士中最勇敢的人"的内伊元帅前去抗击拿破仑。"我要让他成为俘虏,把他关在铁笼带回来。"内伊保证,他认为皇帝归来意味着与欧洲的战争,法兰西将又处在无穷灾难之中。

麦克唐纳元帅镇守里昂,国王的兄弟阿图瓦伯爵发现军队以死寂而不是表白对王室的忠诚那样对待"国王万岁"的呼语,"皇帝万岁!打倒贵族!"拿破仑的骠骑兵和甲骑兵已经进入城市,守城军队与之相混合,伯爵和元帅先后逃出城去了。

在里昂,拿破仑正式恢复了自己的统治,波旁的国王被赶下宝座,他们制定的宪法被废除。拿破仑再次申明他要保护和巩固大革命的原则,使法国获得自由和和平。时代不同了,今后,一个法国对他已满足,不再想到侵略。

内伊在里昂与巴黎之间必经的道路上布防,他决心与皇帝对抗。军队先是沉默,继之部分哗变,跑向皇帝那边。"我将像在莫斯科近郊之战后的第二天那样接见你。拿破仑。"这张纸条结束了元帅的动摇,在士兵们山呼"皇帝万岁!内伊元帅万岁!"的激情中,来自拿破仑的调遣部队的命令被十分准确地予以立即执行。

逃跑!——波旁王室在惊惶中闪出的第一个念头。

"科西嘉怪物在儒安港登陆。""吃人魔王向格腊斯前进。""篡位者进入格勒诺布尔。""波拿巴占领里昂。""拿破仑接近枫丹白露。""陛下将于今日抵达自己的忠实的巴黎。"——绝对准确地反映了拿破仑的行程,但出于同一编辑部、一些同一的报纸上的消息连贯起来确实有些可笑:这些接近统治集团的巴黎报纸,从过于自信转为完全地泄气和掩盖不住的恐惧,而最后又变成了谄媚。

3月20日,欢呼声笼罩了杜伊勒里宫,拿破仑又在巴黎了。国王全家已于前一天逃走,群众的欢呼加强成持续不断的、震耳欲聋的欢乐的狂涛是前所未有的景象,就是在最辉煌的进军和胜利之后也没有见过。"百日皇朝"开始了,直到六月拿破仑兵败滑铁卢。

在滑铁卢战役中,威灵顿公爵指挥的英军在普鲁士军队的支援下大败法军。

自由与和平是皇帝的许诺,但他深知刀剑才是立即要拿起的东西。远征俄国时他拒绝了来自"普加乔夫"(农民革命)的帮助,他现在也不要"马拉"的帮助。皇帝当时和以后都十分清楚革命的高涨,而不是温和的自由主义的立宪的文告对他的重大意义,在对1815年的回忆中他说:"……必须重新开始革命,使我能够从革命得到它的创造的一切手段。必须激起一切激情,以便利用激情的眩感,不这样,我就不能拯救法国。"只有大资产阶级才是他感到亲切并了解其愿望,准备为其利益而战的唯一的他视作自己政权基础的支柱的阶级。

三月奇迹正如滚过头顶的阵阵惊雷,炸响在维也纳会议的上空。关于分赃的争吵沉寂了,各盟国签署了一项联合声明,宣布将运用它们所有的力量与拿破仑决战。远逾百万的干涉军开向法国边境。帝国大军只有十二万六千人。

6月14日,正是马伦哥和弗里德兰两次大捷的同年纪念日,拿破仑侵入比利时,与欧洲的最后一次大厮杀开始了。内伊元帅所指挥的法军左翼行动稍有迟缓,未能牵制住威灵顿率领的英荷联军,戴隆尔将军行动的差池,使两万法军奔走于战场之间,左翼及拿破仑指挥的右翼的胜利终是功亏一篑。17日、18日圣让山高地的争夺战即是著名的"滑铁卢之战",天雨地湿,法军的轰炸计划不能奏效,骑兵也不能纵马驰骋,炮火连天的阵地上烟尘蔽地,人喊马嘶,惨烈空前。近卫军也投入战斗对英军做最后的进攻。"近卫军宁死不降!"法国骑兵在英军炮火下接连倒下,但仍以极度的热情前仆后继地投入战斗。威灵顿向英军下达了"与阵地共存亡"的命令,关键时刻,三万普军赶到战场,法军溃退了。

兵败如山倒,陈尸遍野的惨景在无言倾诉着。英普军队损失也不小,但武装起来的欧洲才开始显示它的力量。这一天,雄鹰跌落滑铁卢,即使胜利了,也只是一次胜利而已:连年战争下的法国已是消耗殆尽了,她已不堪重负。

孤岛遗恨

1815年10月16日,英舰"诺森伯号"载着拿破仑驶向圣赫勒拿岛。贝尔特朗、蒙竺隆将军等人随行。法国、欧洲是越来越远了。死气沉沉的、一望无际的深蓝的大西洋上,站在甲板上的拿破仑沉思着,凝视北方的天空,在那片亮丽的湛蓝下,是他纵马驰骋了二十多年的地方。

没有永远在演着的一幕剧。时候到了,演员就要谢幕退场。滑铁卢的炮火将他击下长空,杜伊勒里宫外的人民还是忠诚地、热情地支持他继续战斗,有胆略的大臣也有同样的建议。但是,当他回过头来寻那捧他上台、他亦为之浴血奋斗的大资产阶级,拿破仑心底里掠过一丝苍凉与苦涩。众议院正竭力迫使他退位——他被自己的阶级抛弃了!"皇帝万岁!""不需要退位!""要皇帝和国防!"在巴黎到处回荡着的呼声始终是那样的遥远,不能接近他的心。当年的那个拿破仑早已随着督政府的垮台而消失了,在对权力与荣誉的追逐中,在对世俗封建势力的妥协中,这个曾称赞并准备追随保利一行的科西嘉人已不能接受人民了。1815年6月22日,拿破仑再次签署了退位诏书,结束了史称"百日皇朝"的统治。6月28日,路易十八在外国军队护送下又一次重登王位,百合花又在法国全土绽放了。

拿破仑决意听凭敌人安排自己的命运。7月15日,身穿近卫军骑兵制服的拿破仑登上英舰"伯雷勒芬"号。欧洲所有的不满分子能不集结于他的周围,保证刚被恢复的秩序不被扰乱吗? 这是令人疑惧的。二十多年来(从土伦战役开始),使世界对任何事情都不感到吃惊的正是这个已在手掌中的人物。英国政府不能压制自己的疑惧,精心挑选了距其最近的非洲西海岸,至少在两千公里外的圣赫勒拿岛,作为拿破仑终其天年的地方。就是当时的大篷船快船也得至少两个半月才能完成英国至该岛的航程。再者,岛上所有着陆点都设有炮台防卫,各处悬崖峭壁上设的信号站则完全排除了外来舰队营救的可能。英国政府总算松了一口气。

圣赫勒拿岛上的大树已不如以前那么多了,但总的来说还是草木繁茂,众多的野禽栖居在密实的灌木丛中,岛上降雨充沛,墨绿色的几近陡直的崖石构成坚固的海岸。

首府是詹姆斯敦,但拿破仑依英政府之命前往易于防守的高地"长林"。1816年4月以前,岛上的首长是海军上将科伯恩,其后直至拿破仑逝世,岛上总督是赫德森·洛。有这么个神奇人物做俘虏使洛的愚笨展现极致,拿破仑没有与外界联系的自由,不论是人是信件都有严格的限制。周长12英里的三角形地带是拿破仑的自由活动区域,再往前就是哨兵的枪口了。命令是这样的,但是,人非草木,卫队官兵对这个英国死敌不仅尊重,有时还表露出难以掩饰的伤感的情绪。士兵们向他献花,请求他的随从人员允许他们偷着去看他,虽然是拿破仑的原因使他们来到这荒远的孤岛,但同情心却总是向着他而产生。驻岛监视的俄国代表巴尔马因伯爵说:"最奇怪的是,这个失去了皇位、被卫兵看守着的人,这个俘虏,竟能够影响一切与他接近的人……法国人……英国人甚至那些看守他的人……但谁也不敢和他并列。"

戎马一生、桀骜不驯的拿破仑坚毅地忍受着自己所处的境况,还在"诺森伯号"驶向圣赫勒拿岛时,他已开始对秘书拉斯卡斯口述自己的回忆,在岛上这种工作一直持续到1818年拉斯卡期被洛总督逐离小岛。蒙托隆和古戈尔将军后来以日记或回忆录的形式作了有意义的记述。

拿破仑在失意和痛苦的情绪中时,叱咤风云的往昔则使他感到憋闷。相较这个弹丸之地,他曾统治欧洲人口的一半,率法军取得奥斯特里茨等一系列辉煌的胜利,"百日皇朝"时人民对他的热爱亦令他自豪。对埃及的放弃及阿克城的撤围则令他惋惜不已——他始终梦想成为东方的皇帝。但,进攻西班牙、远征莫斯科无疑是错了,并使他的帝国从根基上动摇了。滑铁卢在他的回忆中被反复谈到,思来想去,他总认为是不能预见的偶然性帮助英国人赢得了对他的最后的战斗,这尤其让他感到沉痛。写回忆录外,拿破仑以下棋或演算数学题来消遣时光,他也学习英语、看报纸,有时也种花、散步,甚至骑马。

　　然而,极富传奇色彩的连年征战、宦海沉浮的生活经历,严重消耗了他的精力,年岁在增长,衰老、多病成了1819年以后拿破仑的写照。"这是从我内部起来的滑铁卢",拿破仑这样说他的病。癌是他家族的遗传症,另有医生的确诊。病情急剧恶化的拿破仑在心中掠过小儿子的身影,"一切为了法国人民",他在心中反复嘱咐着,一改病痛所带来的倦怠。1821年4月15日,拿破仑将先前的口述遗嘱抄写下来并签了字。4月21日,他对蒙托隆口述了改组国民自卫军的方案,以便在保卫领土时能够合理地使用。

拿破仑的墓棺

　　1821年5月5日,拿破仑在岛上宣布日落的炮声中溘然长逝,终年52岁。从他努力张翕的唇中说出断断续续的最后的话语:"法兰西……军队……冲锋……"几分钟后,夜幕降临了大地。

　　葬礼在四天之后依军葬礼的仪式隆重举行了。以总督为首的文官,拿破仑的仆从、卫队人员以及全体水兵和海军军官都加入了送葬的行列。由优秀英军士兵扛着的灵柩下放到墓穴中的时候,礼炮齐发,山谷轰鸣。又远播重洋,告知死者故里:法兰西最伟大的战士和执政者已然长眠。

走向神坛的东洋强人

——明治天皇

人物档案

简　　历:明治天皇,名睦仁,是孝明天皇的第二皇子,母亲是英照皇太后。万延元年(1860),他被定为储君,并赐名睦仁。庆应三年(1867年)其父孝明天皇突然去世,睦仁继承天皇之位。明治四十五年(1912年)7月30日凌晨零时四十三分因尿毒症去世,享年60岁。

生卒年月:1852年11月3日~1912年7月30日。

安葬之地:日本京都的伏见桃山御陵。

性格特征:是一个喜欢西服的皇帝,性格强硬,霸气十足。

历史功过:建立亚洲第一个资本主义国家,吞并大韩帝国,建立朝鲜总督府,实行明治维新,积极主张学习西方,制定《大日本帝国宪法》和《教育敕语》。

名家点评:弗兰克·萨克雷评价说:"(明治)在位期间,日本经历了巨大的变化,逐步走向现代化。他性格强硬,作为日本名义上的最高统治者,在社会和政治改革中发挥了不容小觑的个人影响力,他统治的时期因这些改革而被称为'明治时代'"。

新皇继位

睦仁出生于 1852 年 11 月 3 日,是孝明天皇和他的宠妃、大纳言中山忠能的女儿庆子的儿子,小名祐宫。

庆子并不是皇后,而是孝明天皇几十个宫妃中最受宠爱的妃子。祐宫由生母和外祖父抚养到 8 岁。1860 年,祐宫的最后一个异母兄弟死去,他就由英照皇后收养,被立为太子,赐名睦仁。从此,睦仁长期跟随在孝明天皇身边,出席各种宫廷活动。因此,他有许多了解国家政治与外部世界的机会。一些比较了解外部世界的开明藩主在朝拜孝明天皇时,也会私下里跟睦仁讲述有关西方的物质文明和精神文明,使少年睦仁内心充满憧憬。

当时的日本危机四伏,天皇名义上是最高统治者,其实国家大权掌握在幕府将军手中。"天子虽有若无",完全成了傀儡。

睦仁的母亲出生在一个不断遭受德川家族打击的贵族之家。她的父兄都主张由皇室重掌实权。19 世纪 60 年代初,全国各地的改革派武士云集朝廷所在地京都,在睦仁的母亲庆子周围形成"大政归还"派。他们要求推翻德川幕府的专制统治。但孝明天皇并不希望这样做。他只要求幕府将军忠于职守,驱逐夷狄,而并不想亲自包揽国内一切事务。他对改革派武士和公卿干预朝政表示不满,压制想推翻幕府的运动。

1857 年,第 13 代幕府将军德川家定去世。在幕府方面拥立德川家茂为征夷大将军后,孝明天皇为了改善与幕府的关系,同意将皇妹和宫嫁给征夷大将军。1862 年举行婚礼,年幼的将军一本正经地向天皇的使臣承诺,在 1876 年以前一定把所有的外国人驱逐出日本。然而,这时的幕府已经没有能力去实现诺言了。

紧接着,幕府方面三次赴京都活动,企图利用朝廷威信,挽回幕府颓势。

1863 年以后,改革派武士把"尊王攘夷"口号转变为"武装倒幕"。孝明天皇也不得不把改革的希望寄托在朝廷的激进分子以及追随他们的武士身上,终于开始同意讨伐幕府。但态度并不坚定,还命令幕府征讨长州藩。

1866 年 3 月,萨摩和长州两藩结成倒幕同盟。德川家茂在这年第二次征讨长州藩时,在大阪据说是患肠胃病突然去世。德川庆喜继任征夷大将军,以为德茂家戊举行葬礼为由退兵。形势对倒幕派越来越有利。

1867 年 1 月 15 日,孝明天皇发病,诊断为天花。不久,天皇已能进食,普遍认为他会较快地恢复健康。但他的病情在没有任何征兆的情况下突然恶化,1 月 30 日,年仅 36 岁的孝明天皇死去,"御九穴流血"。当时京城内外普遍传言天皇是在天花治愈以后被朝廷中反幕府的公卿岩仓具视等人害死的。他们的目的是为了摆脱倒幕运动的最大障碍。

1867 年 2 月 13 日,16 岁的睦仁亲王继位,成为日本史上第 122 代天皇。因天皇年幼,先由二条齐敬任摄政,管理朝政。

明治维新

当改革派武士和公卿控制了政权以后,天皇政权实际上是以拥戴青年天皇的萨摩、长州、土佐、肥前等强藩为核心的诸藩联合政权。一批年轻能干的改革家努力制造天皇的权威,使一切权力集中于天皇。又不断借助天皇的权威,来推翻幕府的统治,实行维新变法,贯彻自己的意志。因此,接下去朝廷所做的任何一件事,都打着天皇的旗号。

明治维新

1868 年夏,政府军进入江户,当年秋改称东京。考虑到这里处于日本真正的中心,并且,为了改革朝廷的旧弊,就必须使天皇与象征旧弊的京都割断联系,因此,东京被定为首都。次年 4 月,政府机构从京都搬迁,11 月 26 日,御驾也进了东京,并在紫宸殿举行即位式。

1868 年 10 月 23 日,朝廷改元。从中同古籍《周易》"圣人南面而听天下,向明而治"而取年号为"明治",并规定从此一代天皇只用一个年号。天皇在世时应叫他的真名睦仁。明治是他的年号,也是他逝世后的谥号。他作古后就被称为明治天皇了。

1869 年 6 月北海道五棱郭之战后,幕府残余势力被扫清,倒幕运动以新政府军队的全胜而宣告结束。从此,日本历史进入明治维新的第二阶段。以明治天皇为首,由改革派武士控制的政府着手实行资本主义改革。总目标是"富国强兵、殖产兴业、文明开化"三大政策。

幕府虽已被推翻,但封建势力仍相当强大。各藩藩主拥有全国大部分土地,他们不仅经济力量雄厚,而且在藩内握有行政、军班大权。强藩更是各自为政。

1869 年 7 月,政府宣布"准许"各藩奉还版籍,即令各藩交出辖地和对人民的统治权。各地的藩主还没有实力和中央抗衡,于是四强藩无奈交出了版籍,其他藩主也不得不自动地放弃了长期统治的领地。然而,天皇政权只接受奉还,却不再授给他们。深感上当的藩主们无可奈何。奉还版籍后,各藩主成为中央任命的藩知事,藩政基本上服从中央。

1871 年 7 月,明治政府召集在京藩如事会议,宣布实行废藩置县,免除各藩知事职务,令其一律移居东京,向国家领取俸禄。全国行政区划为 1 使(北海道开拓使)、3 府(东京府、京都府、大阪府)、302 县(后并为 72 县,又并为 43 县),由中央政府任命的开拓使长官、府知事和县令治理。这样,就结束了封建领主制,消除了封建割据势力,日本成为实行以天皇为首的中央集权制的统一国家。

明治政府又改革土地和税收制度。1872 年准许买卖土地、发放地券,地主阶级取得合法地位。同年,明治政府颁布"征兵令",规定实行普遍兵役制,取消武士垄断军职的特权,建立了一支直属围家的陆军和海军。

明治政府对封建等级制度也实行了改节。公卿、诸侯等称号被废除,改为"华族",其地位仅次于皇族。武士的等级也被取消,统称"士族",世袭特权也被取缔。士、农、工、商"四民平等",平民有就业、迁居的自由,被允许在名字前用姓,并有和华族、士族通婚的自由。

明治天皇开创了到民间巡幸的先例。1872 年 5 月,他巡视畿内(京都、大阪等地)、中国(冈山、广岛等地)和九州。1876 年又巡幸奥羽(日本东北地区)。此后,他还多次出巡,实行了空前绝后的一次接一次的地方巡幸,在庶民面前亮相。

君主专制

明治天皇在登基之初,毕竟还是个孩子,也从未受到政治上的训练,所以大权都操纵在他的大臣手中。当年公布的《政体书》,并没有明确天皇的地位。它规定设立辅相,位居行政机构的中心,其任务是"辅弼天皇,奏宣议事,总督国内事务,总判宫中事务"。在公布《政体书》的同时,朝廷又发布《告示》和《近习须知》,预示了天皇即将亲裁万机:"主上尚在幼年,迄今居于后宫……今后,圣意将任在外殿,每日辰刻(上午 8 点)至皇宫学问所,听取万机政务;希尔辅首奏闻。"

日本明治天皇一家

但那时事实上是"无论何事,皆以圣上年幼处之。即或偶有既成之事上奏,圣上有时一句话也听不完,遂听之任之;政事上,万事皆委于两大臣(三条实美和岩仓具视)全权办理,圣上虽有时若有所思之状,仍一日一日地消遣"。

随着明治天皇慢慢成长,他的观点与选择终于具有了一定的分量。1871年起,明治天皇开始过问一些政务,依靠上层文武官僚,建立明治体制。但是,他的大臣们仍坚持由他们作基本的决策,并代天皇贯彻"天皇意志"。

在1877年~1878年间,被称为"维新三杰"的木户孝允病死,西乡隆盛因发动西南战争兵败自杀,大久保利通被刺身亡后,日本政治"进入了由下一代政治家承担的新时期"。明治天皇终于能一步步把国家大权集中到自己手中,成为名副其实的专制君主。

1881年,明治天皇颁发开设国会的诏书,许诺在1890年前开国会、制宪法。同时拟定《制定宪法之准则》:"酌采各国之长,但不失我国体之美;广兴民议,公集众思,但不坠我皇室之大权。"

1889年2月,明治天皇主持了《大日本帝国宪法》的发布仪式。宪法的颁布虽然使日本采用君主立宪制,但宪法"以君权为基础","而不依据欧洲的主权分立的精神",其制定"均不外乎绍述皇祖皇宗贻于后裔的统治的洪范",因此国家体制没有什么本质的变化。宪法规定,"大日本帝国由万世一系之天皇统治之","天皇神圣不可侵犯","天皇以帝国议会之协赞,行使立法权","天皇统帅陆海军"。天皇还拥有批准、公布和命令执行法律的大权,召集、停止帝国议会和解散众议院大权,发布赦令大权,任免官吏大权,对外宣战、媾和及缔约大权,宣布戒严大权,授勋、宣布特赦大权,财政紧急处理大权,提议修改宪法大权等等。

谋私敛财

明治天皇在其任内不断为个人和家庭积蓄财富。他登基之初,财力困窘。在鸟羽、伏见战役时,皇宫里所有金钱收集起来,也只有 500 两。

1872 年,宫内省确立了经常性的开支预算,天皇家的财产逐年增加。尤其到 1882 年时,岩仓具视等大臣为了防止实施宪法后天皇统治宝座的动摇,煞费苦心地准备一旦扩充军备计划遭到国会否决时,由天皇的财产来支付军费开支,因此,"今日当务之急在于确定皇室之财产",政府想方设法为天皇家财添砖加瓦。政府将持有的日本银行、横滨正金银行和日本邮船公司等企业的股金 860 万日元归天皇所有。

明治天皇老年像

19 世纪 80 年代初日本银行创办时,天皇是最大的股东,拥有 69660 股。而别的股东中,最大的三井银行也只有 2100 多股。由于保密,要全部弄清明治天皇有多少财产是困难的,但他是全国最大的资本家则毫无疑义。他所拥有的财富之多,居全国第 4 位。

1912 年,他的财富(约 4000 万美元)已扩充到 1867 年(约 5.1 万美元)的 800 倍。同时,天皇还拥有土地 1110 町步,为全国最大的地主。

明治天皇的晚年在政治上处于相对平静时期。他牢牢掌握了统治大权,拥有绝对权力。但是,日本社会却日益动荡。社会主义运动、平民运动和反战运动不断高涨。

1912 年春天,明治天皇病重,据诊断是得了胃癌。他将全部权力都交给了统治集团的重臣。成千上万的日本人在为天皇的健康而祈祷。但这个使日本强大起来的天皇却在这年 7 月 30 日谢世,享年 61 岁。

明治天皇自幼受到日本武士侵略思想教育,对拿破仑和华盛顿最为崇拜,一直以征服亚洲和世界为己任。在推行明治维新使日本走上富国强兵之路后,必然走入对外侵略的歧途,成为日本发动侵略战争的直接推动者,因而欠下了中朝人民不少的血债。

罗马帝国的缔造者

——屋大维

人物档案

简　历:罗马帝国的开国君主,元首政制的创始人,统治罗马长达 43 年,是世界历史上最为重要的人物之一。屋大维是恺撒的甥外孙,公元前 44 年被恺撒指定为第一继承人并收为养子。公元前 43 年,恺撒被刺后登上政治舞台,与安东尼、雷必达结成"后三头同盟"。公元前 30 年,被确认为"终身保民官",公元前 29 年获得"大元帅"称号;公元前 28 年被元老院赐封为"奥古斯都"(意为神圣伟大)。并改组罗马政府,给罗马世界带来了两个世纪的和平与繁荣。屋大维曾先后获得执政官、保民官、大祭司长等职衔,实为罗马皇帝。公元 14 年 8 月 19 日去世。

生卒年月:公元前 63 年 9 月 23 日~公元 14 年 8 月 19 日。

安葬之地:古罗马城中的万神殿和波波罗广场之间。

性格特征:性格内敛,沉默寡言;做事温润而雅,彬彬有礼。

历史功过:屋大维真正的盖世功勋在于他完成了罗马的再造,改组罗马政府,给罗马世界带来了两个世纪的和平与繁荣。

名家点评:历史学家通常以他的头衔"奥古斯都"(尊崇的意思)来称呼他。"条条大路通罗马"的谚语曾形象地描述出罗马帝国当时交通发达,商业繁荣的景象。

进入罗马

公元前44年,恺撒遇刺的消息传遍了整个罗马。他的继承人、年仅18岁的屋大维,不顾家人的强烈反对,来到罗马展开了他生命中新的一页。

屋大维出生于骑士家庭,他的父亲曾为元老院成员,在他4岁时去世。但他很快就得到了另一个父亲,成为舅公恺撒的养子,并得到了恺撒大部分财产的继承权。恺撒遇刺之后,他意识到他想继承的不仅是恺撒的财富,还有恺撒的权力和尊荣,这促使他告别了宁静的家乡,进入到艰险莫测的罗马权力竞技场中。

初到罗马,他面对的是恺撒心腹大将安东尼轻蔑的脸,安东尼自视为恺撒当然的继承人,不把这个毛头小子放在眼里。但屋大维很快就显示出了恺撒继承人的风范,利用元老院的力量,对安东尼宣战,在穆提那和波伦西亚战役中打败了安东尼。此战不仅使屋大维得到了罗马执政官的地位,还使他赢得了安东尼的重视。

结成同盟

公元前43年,屋大维、安东尼和恺撒另一心腹大将雷必达结成了"后三头同盟",除了规定互相支援外,还划定了势力范围,屋大维得到了阿非利加、西西里和撒丁。"后三头同盟"和"前三头同盟"一样,由几个渴望独裁但力量暂时不足的野心家组成,它的形成必然导致元老院力量的削弱,而它的结局必然是在几个野心家之间的火拼中解体,直到产生一位最后的胜利者。

"后三头同盟"成立之后,第一个举措就是追究刺杀恺撒的人,实际上是借此机会清剿共和派之中的强硬分子。结果,以元老院领袖西塞罗为首的300余名元老为他们的共和制信仰付出了生命,死于"后三头同盟"的刀下。接着,屋大维和安东尼亲密合作,率28个军团攻入希腊,在腓力比一战中击溃共和派主力,刺杀恺撒的主要策划者布鲁图和喀西约被迫自杀。恺撒的刺杀者中几乎没有在恺撒死后能活过三年的。

在这场共和派的大劫难之后,罗马走向独裁政体已不可避免,唯一的悬念是谁将成为独裁者。屋大维返回罗马,认真经营自己的势力,并夺取了原为安东尼势力范围的高卢。而与此同时,安东尼却流连在埃及女王克里奥帕特拉的温柔乡中不能自拔。此后,三头曾于公元前40年和37年重新会晤,延长同盟期限,并重新划定势力范围,屋大维分得意大利和高卢。屋大维的姐姐屋大维娅嫁给安东尼为妻。

公元前 36 年，三头密切合作，打败了桀骜不驯的馁克斯都·庞培。接着，在屋大维引诱下，雷必达的军队倒戈，屋大维趁势解除了雷必达的军权，只给他保留了大祭司长的职位，雷必达算是比较体面地退出了历史舞台。终于剩下屋大维和安东尼之间的两强决战了。公元前 32 年，两人公开决裂，安东尼正式遗弃了屋大维娅，屋大维则在元老院公示了安东尼准备将罗马的土地赠送给克里奥帕特拉及其子的遗嘱，引起罗马人公愤。罗马元老院对克里奥帕特拉和安东尼宣战。屋大维和安东尼大战于亚克兴海角，屋大维大获全胜，进军埃及本土。公元前 30 年，安东尼和克里奥帕特拉先后自杀身亡，埃及正式被纳入罗马领土。对埃及的征服，同样是罗马至关重要的大事，对当时任何统治者来说，埃及是一个天然的粮仓国库。

祖国之父

公元前 27 年接受了罗马元老院赠予的"奥古斯都"（意为"至尊者"）的称号，这一年通常被视为罗马帝国建立之年。经过 15 年的奋斗，屋大维终于成为罗马独一无二的统治者，但与他的义父恺撒不同的是，他还有 40 年的时间来经营影响他的帝国。

从公元前 27 年到公元 14 年，屋大维断断续续地担任罗马执政官、保民官、大祭司等职务，但无论他担任何职，他都一直牢牢地掌握着军政大权，公元前 2 年，他又获得"祖国之父"的荣誉称号。

屋大维同他的义父恺撒一样，上台后的首要大事就是改组元老院，不同的是，屋大维缩小了元老院的规模，但不管是扩大还是缩小，他们都在改组中达到了清除异己，安插亲信的目的。屋大维还设立了元老级咨询会议，由元首的亲信、执政官和少数德高望重的元老组成，后来逐渐成为凌驾于元老院之上的决策机构。屋大维还建立了"元首金库"，给自己手下的文官发放工资。

屋大维改组了行省，完善了税收制度。他自掏腰包大兴土木，兴建神庙、大剧场、大浴池等有公众意义的设施，并改善了交通设施。他自豪地说"我接受的是一座砖做的城市，留下的是一座大理石的城市。"

屋大维改组了军队，将军队分成军团和辅助部队，还创设了近卫军，建立了一支职业常备军队，并使这支军队常靠近前线，这也是他对罗马体制的一大贡献。他在位前期花费最大的军事行动是对西班牙西北山地部落的征服战争，最终获得完全胜利。他对扩张罗马领土的主要贡献有两个，一是在日耳曼和多瑙河中下游地区建立了众多行省，不过因此被拖入了潘诺尼亚大起义中，另一个则是在东方，利用亚美尼亚和安息的矛盾开展外交斗争，同时以武力为后盾，夺得了幼发拉底河以西土地。不过，屋大维并非穷兵黩武之人，当政时期的战争不算多，相反，从他开始罗马进入了 200 余年的大体上和平的局面。

公元 14 年，这位罗马世界的"奥古斯都"在一次旅行中平静地离开了人世，他的地位由其养子、已确定的继承人提比略继承。确立了帝位交接的王朝法则，这是他对罗马历史的又一大影响。

走向成功

不妨将屋大维与他的义父恺撒做一比较。通常认为屋大维的个人魅力难以同恺撒相比，不同的是，恺撒的历史印记主要在于登上罗马最高位之前的奋斗上，而屋大维除此之外，更重要的影响在于获取最高权力之后实行的措施。不动声色地削弱元老院的作用，拒绝有形的王冠，但不拒绝无形的王权，使国家机构向着元首的办事机构的方向发展，他为罗马打开了条条通向帝国的道路。恺撒去世之时，罗马的历史通向何方尚为未知数，而屋大维去世之时则大局已定矣。

屋大维为什么能一路走向成功？综观他的奋斗生涯，他总是巧妙地站在人气的一边，先是利用群众对恺撒遇刺的愤怒铲除了元老院中的共和派，接着又利用元老院对安东尼"通埃及卖国"的仇视而灭了安东尼一派，后来又利用民众对连年内战的反感而"顺应人心"建立了独裁统治。对于热衷于权力斗争的人们来说，屋大维确实是一本好教材。

波斯帝国的缔造者

——居鲁士

人物档案

简　　历：古代波斯帝国的缔造者，是古代世界一个杰出的军事领袖和政治家。本是伊朗西南部一个小首领，经过一系列的征战而胜利，打败了 3 个帝国，即米底、吕底亚和新巴比伦，统一了古中东部分地区，建立了从印度到地中海的特大帝国，当代伊朗人将居鲁士尊称为"伊朗国父"。他所创建的国家疆域辽阔，从爱琴海到印度河，从印度河到地中海，从尼罗河到高加索。在自传铭文中他骄傲地说："我，居鲁士，乃世界之王，伟大的王。"

生卒年月：公元前 590 年（或前 580 年）~约公元前 529 年。

安葬之地：伊朗法尔斯省省会设拉子东北部约 130 公里处。

性格特征：豁达大度，宽厚仁慈，智勇双全。

历史功过：居鲁士开创的古代波斯帝国持续了大约 200 年，直到被亚历山大大帝征服为止。在巴比伦推行宽容政策，尊重巴比伦的宗教和传统，释放以前被掳到巴比伦的犹太人。

名家点评：人类历史上皇帝万万千，但能称大帝的却寥寥无几，而居鲁士就是其中之一。因此，后世尊称他为"居鲁士大帝"。

身世离奇

居鲁士是古代波斯的一位卓越的军事领袖和政治家，他缔造了波斯帝阳。居鲁士在古代世界声名显赫,波斯人称他为"父亲",希腊各城邦称他为"主人",犹太人有感于他的恩惠,称他为"涂圣油的王"。

居鲁士出身于世代为王的阿黑门尼德氏族,祖父居鲁士一世曾统领波斯属土的西部,父亲冈比西则兼并了东部,势力渐大。小时的居鲁士聪明伶俐,才智过人。

居鲁士虽然出生在王族,但是他的身世却颇为离奇。据说,距波斯不远的米底国的国王阿斯提亚格斯,有个女儿名叫曼丹妮。一个晚上,米底王梦见曼丹妮身上发出一股洪水,不仅淹没了其都城阿克巴塔纳,而且泛滥整个亚洲。米底王深感不祥,找来占梦僧,该僧说圣上之女将危及国家。于是,他害怕将曼丹妮嫁给本国的贵族,会危及自己的王位,就把她下嫁给了属邦波斯的冈比西。后来,米底王又梦见曼丹妮身上长出一枝葡萄藤,这枝长藤荫蔽了整个亚洲。阿斯提亚格斯又请来占梦僧,其预言他女儿的后裔将会取代他而成为国王。这时曼丹妮出嫁尚不足一年,米底王派人召回已经怀孕的女儿,严加监视。不久,曼丹妮产下一个男婴,即居鲁士。阿斯提亚格斯担心居鲁士长大后取代他统治亚洲,于是命令亲近的大臣哈尔帕哥斯将婴儿带回家杀死。哈尔帕哥斯不愿亲手杀死婴儿,将其交给国王的牧人去办。那个牧人的妻子恰巧当时刚产下一个死婴,于是这对夫妇就把居鲁士替换下来,由哈尔帕哥斯用死婴去复命。这样,小居鲁士居然绝处逢生。

当居鲁士10岁时,他已是村子里顽皮淘气的孩子之王。有一天,在游戏中他被群孩选举为国王,他似国王一般发号施令。有一个孩子拒绝服从命令,居鲁士命令"卫士"把他鞭打了一顿。结果,事情上告到了米底王那里。经过询问,米底王阿斯提亚格斯居然认出了自己的外孙,在惩处了大臣哈尔帕哥斯以后,米底王又找来了占梦僧,让他预测居鲁士的未来。那个僧侣说,这个孩子既已在游戏中当了国王,以后就不会第二次再做国王了。米底王闻听此言后,才暗中松了一口气。这样,小居鲁士又被送到了波斯部落,重新回到了母亲的身边。

在父母的呵护下,居鲁士迅速成长。在阿黑门尼德氏族,居鲁士在同辈人中最为勇敢,也最有声望。这时候的波斯受米底王国的统治,居鲁士长大以后,决心摆脱这种奴役的统治,建立起属于自己民族的波斯国家。

居鲁士把波斯人民引上了反抗之路。他们起义以后,米底王派兵来征讨。一直被奴役的波斯人这时迸发出满腔的怒火,很快把征讨军打败了。

得知战败消息的米底王怒不可遏,他把都城里的米底人不分男女老幼,一律武装起来,然后亲自率军迎战。但是大势已去,无法抵挡波斯人的进攻,他的军队被歼灭了,自己也成了居鲁士的俘虏。波斯人现在耀武扬威地进入了阿克巴塔纳,米底王国就此寿终正寝。推翻米底人的奴役统治后,居鲁士建立了波斯人的国家,自己成为国王,他的王朝以阿黑门尼德命名。

东征西伐

推翻米底王国以后，居鲁士凭借波斯民族新兴的锐气，组建了波斯军队，分为步兵和骑兵两种。此时的居鲁士仗恃自己的军队，开始谋求对外扩张，以进一步巩固波斯的统治。

居鲁士统一波斯以后，最初东亚的阿富汗和中亚的游牧部落对波斯尚不构成威胁，因而他把主要力量用于西进。首先，居鲁士迫使原来归属于米底王国的亚述、亚美尼亚和小亚细亚东部承认波斯的统治。其次，进一步控制小亚细亚和叙利亚。这个时期，小亚细亚的吕底亚是个较强的国家，乘米底败亡之际正欲向东扩张领土，其军队在国王克诺伊索斯带领下已渡过小亚细亚北部的哈利斯河（今克孜勒河）。居鲁士得到消息后，立即率军队出伊朗高原，前往小亚细亚迎战。双方经过数次激烈的战斗，最后，居鲁士的军队击溃了吕底亚的骑兵。波斯士兵随后包围了城池，并发起多次强攻，后来从城后悬崖夜袭，攻破了萨迪斯城，生俘了国王克诺伊索斯。

消灭吕底亚王国以后，居鲁士把扩张的矛头指向了小亚细亚沿岸的各希腊城邦。他采取孤立分化、各个击破的战略，或用武力，或行贿赂，先后使各城邦臣服。

在波斯帝国的西部既安，小亚细亚也被征服后，居鲁士又瞄准了东部的巴比伦。

约公元前544年，居鲁士亲率军队前往征伐。在沿途扫荡了东部游牧民族以后，居鲁士等待时机夺取巴比伦。此时的巴比伦城经国王尼布甲尼撒二世的大力经营，已是古代设防最坚固的城市。面对固若金汤的城防，居鲁士非常清楚，如果强攻将付出巨大的代价。因而他经过考虑后，决定暂时先不攻城，等待时机进行智取。

这时，巴比伦的国王是那波尼德。他的父亲原是两河流域北部哈朗月神庙的祭司，因为崇奉月亮之神辛，为之大建庙宇，强迫加沙、埃及边境、地中海沿岸、叙利亚直到波斯湾的百姓为此纳税和服劳役，引起了人们的普遍不满。他又将乌尔、埃利都等各城邦的神像移入巴比伦城内，此举原为加强巴比伦城的至尊地位，但却受到巴比伦祭司的猜疑。更激起乌尔等城的反对，进而导致百姓怨怼，僧侣嫉恨，人心尽失。于是，这时，巴比伦的贵族显要遂暗通波斯密谋反叛，把那波尼德抓起并投进了监狱。居鲁士见时机已经成熟，遂于公元前539年春发兵两河。10月初，波斯军队在底格里斯河西岸的奥庇斯大败巴比伦军队。10月13日，居鲁士的军队进入巴比伦城，未遇任何抵抗。那波尼德也被俘虏。两河流域的历史至此掀开了新的一页。这个地区从此与伊朗高原密切联系在一起，一直延续了若干世纪。

宽容怀柔

居鲁士不仅是一位杰出的军事领袖,而且是一位卓越的政治家。他充分地利用了当时对波斯有利的形势,发挥自己的才干,使波斯成为一个西起爱琴海和地中海沿岸,东抵今锡尔河的大帝国。居鲁士建立帝国的手段不是专靠武力征服,相反,他往往表示出宽容大度,实施怀柔的政策。

米底人的统治被推翻以后,居鲁士善待米底国王,也没有使米底人成为波斯人的奴隶,而是把他们看作与波斯人处于平等地位的统治部族。这样,居鲁士也就扩大了波斯帝国的基础,有利于国家的巩固。

对吕底亚国王克诺伊索斯和巴比伦末代国王那波尼德,居鲁士也相当宽厚。那波尼德去世时,居鲁士还亲自表示悼念。他对被征服地区的居民采取怀柔政策,尊重被征服地区的习俗和宗教信仰。他不以外来征服者的姿态出现,而以本土的合法的君主自居。他采用了阿卡德古代习用的称号——"予居鲁士,世界之王、伟大之王、正统之王、苏美尔与阿卡德之王、天下四方之王"。

居鲁士征服巴比伦之后,继续保持巴比伦作为帝国都城的地位,并让巴比伦神庙祭司集团和工商业奴隶主继续其商业贸易与高利贷活动,因而赢得了他们的支持。对于其他被征服地区的居民,只是表示臣服交纳赋税,居鲁士也不过分干涉他们的宗教信仰和生活习俗。在新年节,居鲁士还依照巴比伦的习俗礼拜马都克神像,亲握神像之手,表示他是巴比伦正统的新王。他又下令把那波尼德掳到巴比伦城的其他各城邦的神像都送还原地。这些措施的实行获得了巴比伦僧侣的欢迎和拥戴。

一代君主

在居鲁士统治晚期,让他深感不安的是帝国东北边境草原上的游牧民族。他们分布的区域十分广阔,而且具有很强的战斗力。其中的马萨革泰人是中亚草原上一个游牧部落联盟,首领是一个女王,名叫托米丽斯。

由于马萨革泰等游牧民族经常骚扰帝国边境,居鲁士决定亲领军队前去征讨。公元前529年,居鲁士率军向马萨革泰人展开进攻。在深入一天路程之后,他故意将军队后撤，只在前方营中留少数老弱士兵。马萨革泰人不知是计，前锋抵达偷袭了营地后，就地庆功饮酒，然后埋头大睡。居鲁士指挥军队趁夜杀了个回马枪，马萨革泰人死亡甚众，大部分被俘，其中包括女王托米丽斯的儿子。女王之子在被松绑后，趁人不备抽出裤腿里的匕首自戕而死。

女王为报仇，引诱居鲁士率军深入草原腹地，然后倾全体部众围攻波斯军。双方展开了激战，打得难分胜负。居鲁士在这次战斗中身先士卒，勇猛拼杀，最后身负重伤，三天后死于营中。居鲁士戎马一生，最后战死在抗击侵略的疆场。他的尸体在战斗结束后被运回波斯，后来埋葬于故都帕赛波利斯。

居鲁士是古代世界一个杰出的军事领袖和政治家。经过十几年的奋勇征战，他从伊朗高原的一个小邦之君成为疆域空前的波斯帝国的君王。他一生为人豁达大度，宽容开明，因而在古代许许多多的君王中，声誉独好。他开创的帝国延续了 200 年之久，直到被亚历山大大帝征服。

以佛法立国治世的古印度帝王

——阿育王

人物档案

简　　历：印度孔雀王朝的第三代君主，"频头沙罗王"之子，"旃陀罗笈多"孙子，是印度历史上最伟大的一位君王。即位后 8 年，征服了羯陵伽统治几乎所有的印度次大陆。

生卒年月：约公元前 303 年~公元前 232 年。

安葬之地：不详。

性格特征：宽容、慷慨，倡导非暴力主义。

历史功过：他一生的业绩可以明显分成两个部分，前半生是"黑阿育王"时代，主要是经过奋斗坐稳王位和通过武力基本统一了印度，后半生是"白阿育王"时代，在全国努力推广佛教，终于促成了这一世界性宗教的繁荣。

名家点评：赵朴初评价说："阿育王继承他父亲王位，在历史上第一次实现了全印度的统一。他征服南印度羯陵伽国的时候，看到了战争的惨状，大动悔悟之心，从此放弃了由武力征服的办法，而归依了佛教。"

阿育降生

说起阿育王，我们首先便会想起他的降生。这其中夹杂着许多非常有趣的故事。

据佛教传说，佛祖释迦牟尼当年在摩揭陀国的竹林精舍居住时，有一次到王舍城里乞食（早期佛教规定，出家僧人均必须以乞食为生），半路上遇到两位小孩正在玩土，其中一位名叫德胜，属最高等级即婆罗门家庭的孩子，另一位名叫无胜，是第二等级即刹帝利家庭的孩子。这两位小孩用土垒成一座城池，城中又用土做了许多房舍和仓库，仓库里存放着面粉，当然这些面粉也是用沙土代替的。当时，释迦牟尼佛身披袈裟，满面红光，由众多弟子环拥着，向这边走来。两位孩子一看，十分欢喜，想要给佛布施些食物，可手头什么也没有。那位名叫德胜的孩子情急之下，便从他们正在玩耍的仓库中取出一把当作面粉的沙土，布施给佛。无胜在旁边一看，赶紧也取出一把沙土，布施给佛。佛的弟子们一看，急忙上来阻拦。谁知佛却拿起吃饭的钵接住了两位小孩的布施。弟子们正在诧异之时，佛的脸上已泛起了慈祥的微笑。贴身弟子阿难莫名其妙，便上前合掌问佛道："世尊，您从来不会无缘而笑，您此刻这般微笑，不知包含有何种深妙之缘？"释迦牟尼佛以沉稳的语气，严肃地回答说："是的，我从来都不会无缘而笑。阿难呀，你看这两位小孩，竟然想到以土布施，这也是难能可贵的福德啊！我涅槃百年之后，这位小孩将在姓孔雀的王族中降生，继承王位，成为转轮王（即伟大的国王），建都于华氏城（即现在印度的巴特那），号为阿育。那位随后以土布施的孩子则成为阿育王的第一辅相（即宰相），协助阿育王治理国家。到那时，阿育王还会建起八万四千座塔，珍藏我的舍利（即佛的遗骨）。"说完，佛便将两位小孩布施的沙土寄给阿难，让他用牛粪拌和沙土，涂在佛刚才走过的地方。阿难一一照办。随后，佛还告诉弟子们摩揭陀国阿阇世王之后的历代国王名字，一直说到华氏城的频头沙罗王，也就是阿育的父亲。

公元前 4 世纪后期，希腊的亚历山大远征东方，侵占了印度河流域。那时，印度正值难陀王朝统治。民族的危机使人民对腐败无能的难陀王达那产生了普遍的厌恶情绪。不久，亚历山大退回到西亚的巴比伦城，将印度河流域交给其手下将领统治。这时，印度人民在不断反抗外来入侵的过程中，发现了一位杰出的青年领袖，此人名叫旃陀罗笈多。据公元 3 世纪罗马史学家贾斯廷说，旃陀罗笈多出身寒微。印度的资料则说他的祖母是驯养孔雀的，属于贱民等级。他本人也是在孔雀驯养者以及其他牧人和猎人中间长大的。据说他还在幼童时，在印度西北的旁遮普遇见

阿育王石柱

了亚历山大，由于言语冒昧，触怒了这位不可一世的君主，这位皇帝下令杀死他，幸亏他逃得快才幸免于难。这时，在他躲藏的地方，有一位名叫乔底利耶的婆罗门，慧眼识珠，认为旃陀罗笈多来日必有作为，便毅然抛弃了自己的家宅与他做伴。乔底利耶利用他在地下发现的宝藏为旃陀罗笈多募集了一群绿林豪杰，于公元前 324 年推翻了难陀王朝的统治，建立了孔雀王朝，然后进军西部，与亚历山大留在印度的地方长官们展开了激烈的战斗，最终夺回了印度河流域的大片国土。战败一方的塞琉古将自己的女儿嫁给了旃陀罗笈多，并派使节麦伽斯梯尼来到孔雀王朝的宫廷，而他得到的回报则是旃陀罗笈多赠来的五百头大象。

旃陀罗笈多晚年皈衣耆那教，在耆那教圣者巴德拉巴胡等人的陪同下，到迈索尔附近以耆那教的传统方式，绝食而死。其子频头沙罗于公元前 297 年继承王位。

频头沙罗也是一位很有作为的国王，他继承父志，发扬国威，东征西讨，将孔雀王朝的版图又扩大了许多。希腊人称其为阿米特罗查泰斯，意为"摧毁敌人者"。据说他是一位有广泛兴趣的人，曾与叙利亚的塞琉古国王安泰奥卡斯一世有过接触，并要求对方给他送来一些甜酒、无花果干和一位哲学家。他与西方的希腊人保持友好的关系，促进了国内的稳定和与西方文化的交流。频头沙罗踌躇满志之时，自然忘不了营造宫殿，广招美女。

那时，詹波城（今巴迦尔普尔附近，为古代印度的六大城市之一）有一位婆罗门，生下一位女子。此女天生丽质，姿色盖世。长到十几岁时，遇到一位看相的，相师对她父亲说，此女将来会做皇后，将生两个孩子，第一子作转轮王，统领天下，第二子出家为僧，证得正道。这位婆罗门一听，十分高兴。为了实现相师的预言，求得富贵荣华，他便带着这位女儿，沿恒河而上，来到当时孔雀帝国的首都华氏城。尽管是绝代佳人，尽管王室时常在民间选美进宫，可因缘不巧，前来他这里求婚的都是些富商大贾，连王室的边都没沾上。这位婆罗门不死心，他一一拒绝了对方的求婚，然后亲自去打探王室的情况。当时，频头沙罗已立了长子苏深摩为太子，太子年方二十，英俊潇洒，前途无量。于是，这位婆罗门便开始在心中盘算，如何将女儿嫁给这位王子。恰在这时，他又遇到了那位相师，相师告诉他，尽管你的女儿与苏深摩年龄相仿，但你未来的外孙将与苏深摩是兄弟关系。婆罗门一听，心想，难道要将女儿嫁给年过半百的频头沙罗不成？

这一天，宫中差役听说城中来了一位倾国倾城的佳丽，便前来征选，一见果然有沉鱼落雁、闭月羞花之相，便立即将其纳入后宫，从此，这位婆罗门女便成了频头沙罗王的一位妃子。相师的预言总算兑现了一半。谁知进宫以后，宫女们大为嫉妒，她们心想，这么漂亮的女子，国王见了，一定会倾心爱重，如此一来，必然会轻薄疏远她们。于是，她们想了一个办法，让这位婆罗门女学习只有贱民才从事的职业——剃须。这一天，国王要求剃须,宫女们便让这位婆罗门女脱去华贵的服饰,为国王剃须。国王有个习惯,每当剃须之时,都会美美地睡上一觉,今日也不例外。当国王醒来之后,对着镜子一照,发现那散乱的胡须已剃得干干净净,心中非常高兴,便问这位剃须女:"你有何需求,随你开口,我一定会满足你的。"这位婆罗门女想了半天,终于红着脸十分害羞地说:"妾唯愿与大王共享床上之乐。"

频头沙罗王一听,甚感意外。定睛一看,发现这位女子还真有些姿色,可身为国王,怎能同贱民共相娱乐呢? 于是国王说:"我是刹帝利,身为一国之主,而你却出身贱民,仅仅是个剃须师,我怎能同你作那种事情呢?"这位女子连忙回答说:"大王,小女并非剃须师,而是一位婆罗门家的女子,刚刚入宫,如今是您的嫔妃呀!"国王一听,又是一惊,便问:"那么是谁让你作剃须这种下贱事情的呢?"这位婆罗门女便将事情的经过一五一十地讲了一遍。国王听后,大为恼火,将教唆此事的几位宫女打入冷宫,命人为这位婆罗门女装饰打扮,沐浴之后,赐寝一宵。谁知这一寝竟使年老的国王青春焕发,精神为之大振。国王一高兴,便宣布将其立为第一夫人。

频头沙罗王与第一夫人日夜厮守,纵情行乐,不久,夫人便身怀六甲,十月过后,终于生下一子,这便是本文要讲述的阿育王。

"阿育",意为无忧。据南朝梁代扶南(今柬埔寨)来华僧人僧伽婆罗翻译的印度佛典《阿育王经》上说,此子诞生后,国王忧虑尽除,故名此儿为阿育。又据西晋时期安息(今伊朗)来华三藏法师安法钦译的印度佛典《阿育王传》说,夫人生下此子后,再也没有忧患了,故为儿取名阿育。与此说接近,还有一种传说,南朝齐代僧人僧佑所著的《释伽谱》引《杂阿含经》说,国王将这位婆罗门女立为第一夫人后,"恒相娱乐,乃便怀体,月满生子。生时安稳,母无忧恼,过七日后,立字名无忧。"总之,不论对频头沙罗王来说,还是对那位婆罗门女来说,生下王子阿育,在当时是被看成一件吉祥如意的事情的。不久,这位夫人又生下一子,取名叫宿大多,意即除忧。从此,这位婆罗门女真正过上了无忧无虑的生活。

可是,随着阿育王子一天天长大,第一夫人那种舒适安逸的生活却逐渐被打破了。原来,阿育王子不但越长越丑陋,而且全身皮肤黝黑粗糙,加之本性狂放,鲁莽野蛮,宫廷上下,无不讨厌。更可怕的是,作为生身之父的频头沙罗王对这位王子也十分厌恶,这样一来,不但阿育王子屡遭不公,常受排挤,而且第一夫人的日子也越来越不好过了。不久,频头沙罗又重立了一位美女做皇后,阿育的母亲则备受冷遇。

那时,印度占相之术十分发达,首都华氏城经常聚集着大批技艺高超的相师。频头沙罗王对此也特别热衷,他经常请一些相师入宫,为他占相算命。这一天,频头沙罗王听说城中来了一位名叫宾陵伽婆蹉的相师,相术超群,十分灵验,便下了一道圣旨,召这位相师入宫。相师入宫后，频头沙罗王便让相师把他所关心的事情一一占算了一番。这时，太子苏深摩来拜见父王，频头沙罗便向相师介绍说，这是太子，未来的国王。相师一看，面带迟疑之情。频头沙罗对相师的这一表情十分在意，心想，莫非自己对王位继承人的精心挑选还会有什么差错？频头沙罗越想心中越忐忑不安，他觉得这事非同小可，一定要问个水落石出。

于是，这一天频头沙罗王又把宾陵伽婆蹉叫到王宫，极其严肃地对他说："大师，寡人已年逾古稀，恐怕在世之日也不会太长了。寡人这一生嫔妃成群，所生之子也是不少，可未来之世，到底由谁来继承大业，我尚未最后拿定主意。您的相术十分灵验，就请你给诸王子们相相面，看谁有王者之相，也好让寡人有个参考。"

宾陵伽婆蹉一听，心中十分恐慌。他知道，王位继承之事非同儿戏，说到国王的心上，或许可获重赏，可一旦不符合国王的旨意，他一气之下还不得杀了自己。尽管相师十分为难，可国王既有此令，何人胆敢违抗，于是，相师只好让国王把所有王子都叫到金殿所在的金地园。

频头沙罗王同宾陵伽婆蹉坐在金殿上面，各位王子陆续来到殿前参拜。这时，在阿育王子那边，昔日的第一夫人正在劝说阿育去金地园参加占相活动。阿育对母亲说："父王那么讨厌我，今日他们是在看王者之相，我去还有什么意思呢？"阿育之母始终相信十几年前那位相师的预言，相信她的大儿子阿育终究会做国王的，所以，她对阿育说："不管怎么说，你今天只管去就行了。"无奈，阿育只好遵从母命。临行时，阿育再三嘱咐母亲不要忘了派人送饭给他，因为尽管他也是王子，但因父王嫌弃，宫中的佳肴已多年都没有享受了。

阿育王子告别母亲，匆匆向城外的金地园赶去。临出城时，遇见了年轻的宰相罗提掘多。罗提掘多问他要去什么地方。阿育便将大王在金地园为诸王子看相以测身后谁能继承王位之事向宰相说了一遍。罗提掘多一听，感到十分惊异，心想，阿育毕竟还是一位王子，怎么连一头象都没有，于是，他便将自己乘坐的一匹老象交给阿育，让他骑着这头老象前去金地园。阿育谢过宰相，跨上这匹老象，摇摇晃晃地向前走去。

到了金地园，拜过父王，阿育看见诸位兄弟早已在园子里置办了华丽的座位，此刻业已各自落座。他们身后都有一群仆役侍卫，而他们的座骑则是既年轻又纯正而且十分肥壮的大象。与他们相比，阿育则显得寒酸多了。阿育对此也不在乎，他牵着这头老象，来到园子中的一块草坪上，席地而坐，而心里却充满了惆怅。

可就在阿育王子闷闷不乐地走出金殿之时，宾陵伽婆蹉的心中却涌起了一阵惊奇。原来，他发现只有阿育独具王者之气，将来必当作王。他差点叫出声来，可突然想到国王最不喜欢的就是这位王子，若预言阿育将来作王，国王肯定会杀了自己。于是当国王命令他正式开始占相时，他便回答说："大王诸子不愧龙子龙孙，个个相貌非凡，自有一副逸群之气，为他们占相真是难煞贫道了。这样吧，我还是从今日之因缘别相入手，尽力观察，但愿能圆满大王的愿望。当然，这样观察就说不出王子的名字了，还请大王恩准。"频头沙罗对这位相师十分敬仰，便同意了相师的意见。

这时，诸王子们已开始各自用餐。阿育的母亲派人送来奶酪、粳米饭和饮水，以瓦器盛之。可诸王子均用金银美玉作餐具，吃的是奇珍异味，喝的是美酒佳酿。阿育心中愤愤不平，可也无法，只好以酪和米，大口大口地吃了起来，渴了则拿起清水壶，仰头痛饮，犹如享用上等的美酒一样。

相师放眼向园中一看，心里顿时有了主意。"大王，以贫道来看，在座王子中谁若有第一乘，此人便堪为王。"

国王一听，急忙向园中望去，但见个个坐象膘肥体壮，高大魁梧，除了阿育乘坐的那头衰老羸弱的老象明显逊色之外，他真不明白到底谁的坐象才算得上第一乘。于是，他又对相师说："大师，请你再仔细观察一下，可否说得更明确一点。"

"若第一座者，必当作王。"相师随口便答了出来。

频头沙罗睁大双眼，向园中扫了一圈，他还是看不出来，因为除了阿育王子席地而坐之外，其他王子的座具都十分考究。没办法，国王又让相师再占一次。

"第一餐器盛第一饮食者，堪受王业。"相师说完，趁国王察看思考之机，起身合掌，拜别而去。

国王还没弄明白，王子们倒先争执起来。他们有的说自己的象骑是第一乘，有的说自己的座具是第一座，有的说自己以第一器皿盛第一饮食，饮第一琼浆。阿育王子心想，相师不说名字，莫非苏深摩没有继承王位的福分？那相师说的第一乘、第一座、第一器、第一食，第一饮到底指的是什么呢？阿育灵机一动，恍然大悟，他觉得相师所言肯定指他自己，因为他骑的象是老宿之象，堪为诸象之首，他以大地为座具，岂非第一座具；他以瓦器为餐具，而瓦以大地合成，何种质地的器具可比；他以印度产量最高、食用最普及的粳米和以奶酪为食，当然可视为第一食；他以水为饮，而各种酿制加工的饮品无不以水为前提，更何况水为生命之源，取之方便而用之不尽，所以，以水为饮即可称之为第一饮。

当阿育王从金地园回到家中，发现那位占相大师正在与母亲说话。原来，那位相师坚信阿育将来会做国王，便前来向其母报喜，并借机讨好。阿育回到家里，把自己的看法向相师讲了起来。其母连忙拦住，然后转过身对相师说："感谢大师慧眼神算，只是阿育历来不讨国王喜欢，为了您也为了我母子的安全，请您千万不要把此事透露出去。鉴于国王很可能还要再请您明确占相谁可作王，所以，您还是立即离开这里，等阿育将来真的作了国王，您再回来，到那时，我们母子再来报答你的恩情不迟。"相师点头同意，当天便离开华氏城,隐姓埋名,远走他乡。

阿育母子多年来一直被忧愁紧锁的脸颊上终于绽开了一丝微笑,当年詹波城那位相师的预言经宾陵伽婆蹉的再次占相,显得更加可靠了。阿育母子的忧愁一下子便除去了一大半。

不久,阿育将来作王的议论便在宫廷中秘密传开了。频头沙罗王听到之后,大为恼火,他立即发了一道圣旨,派了一帮凶神恶煞的武将,带阿育王子入宫觐见。阿育母子被这突如其来的变故一下子惊呆了。

锋芒初露

自从金地园那次占相活动之后,频头沙罗王一直闷闷不乐。这也难怪,他一心一意挑选的苏深摩王子没有得到相师的明确印证,而那位丑陋、卑俗、狂野的阿育却被视为最具王者之相。

多少年来,频头沙罗为了苏深摩能继承将来的大业,不知倾注了多少心血,而对这位阿育,除了没有剥夺其王子的身份外,他又何曾给予过父亲的关怀与爱护呢?这些年来,他四处征战,把孔雀王朝的版图又扩大了许多,阿育王子也就是在父王节节胜利的凯歌声中被遗忘得干干净净。的确,阿育王子太不让父亲喜欢了。父王既然嫌弃,宫廷上下谁还会向他靠拢。如此一来,阿育不但深受兄弟姐妹的排挤,而且也被朝中大臣们所疏远。他只好与母亲及弟弟宿大多住在一座简陋的房屋中,生活日用十分朴素,日子过得冷冷清清。尽管这样,阿育那种倔强狂野的性格却始终没有改变,他不但生性残忍,易怒好动,而且放荡不羁,蛮横无理,经常惹是生非,弄得平常百姓之家对其也是避之不及。当然,对频头沙罗王来说,百姓之好恶并不要紧,关键在于他本人的确不喜欢这个丑陋的儿子。如果说以前他的这种厌恶心理并未引起他的任何注意,那么,自从这次占相活动之后,这位年迈的国王始感到问题的严重。虽说阿育也是自己的亲生儿子,可十几年来他对阿育的嫌弃已使二人之间积怨甚深,不但父子关系名存实亡,而且相互之间还产生了一道很深的鸿沟。万一阿育真的继承了王位,昔日得宠的大臣们的死活事小,自己的其他儿女的生死事大。频头沙罗王越想越害怕,最后,他终于得出了这样的结论,横下一条心,置阿育于死地,以除后患。

那时,北方雪山地区的尼泊尔一再反叛朝廷,频头沙罗王派去平叛的部队每次都是全军覆没,就连领兵的大将也没有一个能生还的。孔雀王朝虽在其他地方屡获胜利,可对于北方和南方部分地区常常束手无策,特别是北方的尼泊尔和旦叉始罗(今克什米尔），南方的羯陵伽和邬阇衍那，更令孔雀王朝的兵将们谈虎色变，因为，他们都认为，到这些地方作战，无异于去送死。频头沙罗王本来已放弃了征服这些地区的想法。可这时为了尽早除掉阿育，他又想起了尼泊尔，那里的山民既凶悍强硬，又足智多谋，几次血腥厮杀，曾令他胆战心惊。他想来想去，决定借尼泊尔人之手，除掉阿育。阿育被带进王宫，原来就是为了这个。

几天后，阿育领兵北上，直驱尼泊尔。此时，适至隆冬季节，尼泊尔地区大雪覆地，寒风呼啸，这些来自温暖的恒河平原上的士兵们个个冻得浑身发抖，他们真不理解，为什么国王偏偏在这个时候派他们来尼泊尔打仗，更何况所给的人数少得出奇，加之粮草短缺，兵器不足，大家心中都怀着一股怨恨之气。可阿育已顾不得这些，他想："如此寒冷的地域，如果扎营于一地，不用尼泊尔人来围攻，光这寒风就足以冻死我们了。"于是，他命令部队来往穿梭，在运动中伺机作战，如此一来，竟弄得尼泊尔人捉摸不定，疲于应付，屡吃败仗。阿育的凶残不但令兵士们唯命是从，不敢有丝毫的懈怠，而且也令尼泊尔人闻风丧胆。没有多久，整个尼泊尔便被征服了，从此，阿育的威名远播四方。

消息传到华氏城，宫廷内外顿时沉浸在一片胜利的喜悦之中，人们张灯结彩，彻夜狂欢，店铺中多年积压的陈酒都被一抢而空。这的确是一个出乎意料的胜利。在人们的欢呼声中，频头沙罗王的眉头却紧紧地锁在了一起。

不久，又有一道圣旨传下，令阿育王子领兵远征几千里之外的旦叉始罗。这一次，频头沙罗王分给的兵士不但数量很少，而且全是些临时雇来的老弱病残的百姓。更令人不解的是，作战必需的兵器和粮草竟一点都不给。对于国王的这种奇怪决定，宫廷上下无不窃笑。可阿育母亲的心里却十分清楚，国王是想让阿育送死。临行前，母亲望着那支散乱的队伍，紧握着儿子的手，说："儿啊，今日一别，万水相隔，千山相阻，不知还有没有重逢之日。旦叉始罗人以强悍善战闻名于世，加之那里山水环绕，易守难攻，唉，父王怎么如此狠心哪！"说着，已是泪如泉涌。阿育"啪"的一声折断了手中那条长长的兵杖，脸上的青筋暴溢在外，双眼射出道道凶狠的光芒，他紧握双拳，对母亲说："儿坚信置之死地而后生，儿一定会回来的！"说完，扭头就走，步伐依然是那么的强劲有力。

从华氏城到旦叉始罗，绵绵数千里。一路上，阿育王子想尽各种办法招兵买马，可当人们听说是去遥远的旦叉始罗，谁还愿与他同往。所以，虽然队伍稍有扩充和加强，但要征服旦叉始罗还只是呓人说梦。然而，福人自有天相，谁知旦叉始罗人还没见到这支松松垮垮的队伍，一听阿育王子的名字，竟不战而降。史载："国中人民闻阿恕伽（即阿育——笔者注）来，自然归伏，庄严城池，平治道路，各各持瓶，盛满中物，以花覆上，名为吉瓶，以现伏相。"他们以这种独特的方法表示归伏，就像后世战争中以举白旗为降一样。不光如此，旦叉始罗人还派代表到城外几十公里处亲自迎接阿育王子，对他说："我不叛于王,亦不叛王子,唯逆王边诸恶臣耳。"(《阿育王传》卷1)阿育一听,大喜,这不光是因为不费一兵一卒且叉始罗就归顺调伏,而且因为且叉始罗人同他一样,也恨朝中的那帮奸邪之臣。

频头沙罗王没有实现置阿育于死地的计划,但却意外地得到大片的疆土,这又使他不禁暗暗欢喜,由占相活动带来的忧愁一下子便散去了许多,除掉阿育的心思也慢慢地淡化起来。看来,这位老国王最感兴趣的还是扩疆掠土,他一高兴,便又发了一道圣旨,让阿育王子再去征服法沙国。法沙国内有两位猛将,力能平山。他们听说阿育来伐,对其国王说:"我二人力大无比,阿育丑儿算得了什么,千万不要称臣归降,我等为大王做主。"可这位大王早已为阿育的恶名所吓倒,何况又听说阿育将会成为转轮圣王,统治整个南阎浮提大地(指整个南亚地区),所以,还是效仿且叉始罗,乖乖地归附了。那两位猛将后来也死心塌地地归顺阿育,使阿育王子如虎添翼,势力更加壮大,他乘胜出击,不断征伐,"如是乃至平此天下至于海际"(《释迦谱》卷5)。

阿育王子没有战死沙场,他的赫赫战功为他带来了无人可比的威望,频头沙罗王只好任命他作邬阇衍那的总督。这样,既能使阿育得到安慰,也好使他远离京师,而频头沙罗那里也有机会对苏深摩的继位问题再作周密安排。

邬阇衍那位于印度次大陆的西南方,南邻纳尔马达河,北有文迪亚山脉与恒河平原相隔,西面是一望无际的马尔瓦高原和广袤无边的沙漠。它的东面则是连绵千里、沟壑纵横的德干高原。这是一片偏僻而富饶的山地,早在佛陀时代,它便是十六大国中阿槃底的首都,以后逐渐成为四强之一,与另外三强即憍萨罗国、摩揭陀国和跋蹉国常有战争。邬阇衍那人英勇顽强,在印度古代史上建树甚多。当阿育王子坐镇这里时,邬阇衍那人慑于阿育的威名,表现出难得的恭顺和友好。阿育王子在此一住就是三年。在此期间(前278~275),阿育娶当地一位长者的女儿戴蛮为妻,过上了美满温馨的生活。戴蛮姿色盖世,而且非常温柔,对阿育王子体贴入微,境内百姓调顺归附,手下将士亦无二心,这般称心如意的生活,使阿育多年倍遭排挤的冤屈得到一丝慰藉。一年后,戴蛮生下一子,取名摩哂陀,这便是后来漂洋过海把佛教首次传播到斯里兰卡的南传佛教始祖。

再说华氏城方面,频头沙罗王正在通过各种办法来树立太子苏深摩的威望。然而,或许是天意难违,这位自幼娇惯自负的太子总难让父王感到放心。可不是嘛,这位太子长得虽是一表人才,但文不能文,武不能武,只精于两种事情,一是讨好父王,二是寻欢作乐。有父王的支持,他把朝中大臣们根本不看在眼里,如此一来,逐渐引起宰相罗提掘多的不满。

按佛教传说,罗提掘多就是列国时代在王舍城一小道上玩泥土的两位孩童之一,名叫无胜。那位名叫德胜的小孩以土为面供养佛陀之后,无胜也学着他的样子,以土供佛,因此善根,今生获得身居宰相要职的果报,而那位德胜就是现在的阿育王子。也许罗提掘多前世就与阿育有缘,所以他与太子苏深摩迟早是要决裂的,出人意料的是,二人决裂的导火线竟是罗提掘多那业已脱去乌发的秃头。

事情是这样的,罗提掘多自从担任宰相之职后,头顶上原来稀疏的头发逐渐脱得一干二净,可他足智多谋,依然深得老国王的重用。一些对他心怀妒忌的大臣们常常私下以秃头进行侮辱,以解心头之恨,天长日久,宰相的秃头似乎成了一个无法弥补的短处。不过,这种拿不到桌面上的"口实",只能是那些卑俗无能之辈在阴暗中聊以自慰的儿戏,可那位傲慢的太子苏深摩竟常常以此公开取笑罗提掘多,弄得宰相心里好不舒服。

这一天,罗提掘多乘车出城,正好在城门口遇见苏深摩的车队要进城,双方车夫们都自恃其主位高,所以互不相让。当罗提掘多得知对方是太子的车辆时,急忙命车夫让道于太子,可太子哪肯罢休,他冲下车来,对着宰相大发雷霆。罗提掘多忍气吞声,苏深摩却愈加放肆,他竟以宰相的秃头为笑料,极尽嘲弄,大肆奚落,尤其令罗提掘多难以忍受的是,苏深摩竟伸手在他光秃的头上拍拍打打,而太子手下的一伙人则在一旁哈哈大笑。罗提掘多此时在想什么呢? 史载:"是时,大臣思惟说言:其今以手拍我,若作王时,当以刀害我。宜作方便,令其后时不得为王。"(《阿育王经》卷1)

此后,罗提掘多以宰相的身份,在诸大臣中频频活动,以种种合适而巧妙的办法,也就是《阿育王经》中所说的"方便",拉拢诸大臣,挑拨他们与苏深摩之间的关系。与此同时,罗提掘多又选定阿育作盟友,暗中与阿育取得联系,结成同盟,以图大业。此后,罗提掘多以相师的预言为借口,向大臣们宣传阿育继位乃上天之意,不可违抗,尽早依附阿育乃是明智之举。这些大臣虽多奸佞之辈,但迷信相师的态度及明哲保身的处世原则使他们很快便接受了罗提掘多的意见,这样一来,太子苏深摩的灭顶之灾便是迟早的事了。

频头沙罗王似乎预感到事情的不妙。为了锻炼并提高苏深摩的威望,加强太子手中的兵权,老国王命令苏深摩率大军征伐旦叉始罗。其实,旦叉始罗自从阿育王子的那次远征之后,基本上是平安无事的,间或有不满情绪的爆发,也都是因为"王所遣大臣在我国者为治无道,愿欲废之",并"不为斗争,亦不与彼大王相嫌"(《阿育王经》卷1)。频头沙罗王以为旦叉始罗人软弱可欺,于是声称旦叉始罗又要反叛,给予苏深摩大批将士和众多精良的兵器以及充足的物资,目的是为了给苏深摩一个建功立业的机会。

苏深摩与父王一样,以为旦叉始罗不堪一击,谁知大军一到旦叉始罗,便遭到迎头痛击,经过数十日长途跋涉的将士们疲惫不堪,战斗力大减。旦叉始罗人因为朝廷的无端征讨而义愤填膺,他们齐心协力,顽强作战,弄得苏深摩犹如掉进泥潭之中,进不得,退也不得。消息传到首都华氏城,年迈的国王忧心如焚,茶饭不思,寝不能寐,不几日竟一病不起。

　　频头沙罗王预感自己将不久人世，为防止意外，他只好命令阿育替代苏深摩，这一方面好使阿育滞身遥远的边疆，另一方面也好让苏深摩从中脱身，并立即返回京师，以便承接王位。此时的阿育正在邬阇衍那，接到圣旨之后，他立即率领一支精悍的部队，全副武装，开拔出城，向西挺进。

　　恰在这时，忽然从华氏城来了一位密使，要求面见阿育王子。阿育莫名其妙，立即召见。原来，此人是宰相罗提掘多派来的信使。罗提掘多在信中说，国王病危，欲传位于太子，你若西进，即中调虎离山之计，请你立即调转兵锋，东进京师，以接大位，兵贵神速，万勿迟疑！阿育沉思良久，只好豁出一条性命，领兵东进，直指京师。

　　阿育一到京师，便同罗提掘多密商大计，制定出一套严密的夺位计划。可计划还未实施，国王听说阿育违抗圣旨，领兵进京，便立即诏其入宫问罪。阿育毫无准备，吓出一身冷汗。幸亏罗提掘多急中生智，"便以黄物涂阿恕伽身，以罗叉汁洗，盛而弃之，诈称阿恕伽得吐血病不任征伐"。（《阿育王传》卷1）频头沙罗王一见面色枯黄的阿育，口吐黑血，一脸的痛苦，便信以为真。这一关总算躲过了，但夜长梦多，罗提掘多连夜行动，联合几位大臣，作了周密安排。几天后，阿育派兵包围王宫。这时的频头沙罗王已病入膏肓，卧床不起。阿育王子由大臣们精心打扮了一番，昔日的丑陋之相顿时消失了许多。罗提掘多等大臣环拥着阿育王子来到频头沙罗王的床前。跪拜问安之后，罗提掘多开口说道："大王龙体有恙，需安心调护。可国中不能一日无主，阿育乃大王亲生之子，请您授其王位，以传国政，待苏深摩回来后，我们再把王位还给他。"频头沙罗一听，大怒不已，他强撑起身，以颤抖的声音吼道："你们……你们……反了！"

　　大臣们纷纷回答道："大王，这是天意啊！"这时，阿育站起身来，大声说道："我若真有福德之力，可如法为王的话，上天将即时赐我天冠。"话音刚落，只见一顶天冠从空飘来，正好落在阿育的头顶上。众人顿时齐声欢呼。频头沙罗王扑通一声倒在床上，嘴里还艰难地骂道："你们……你们玩的什么把戏，你们……你们眼里还有我这个国王吗？"然而，已没有任何人能听到他的责骂和呻吟了。这位风云一时的老国王气愤已极，口吐鲜血，一命呜呼。大臣们立即拥立阿育为王。阿育也不推辞，宣布正式即位，封罗提掘多为第一辅相，其他有功人员也一一论功行赏。这一年是公元前275年，阿育整整21岁。

　　可即位还没有几天，太子苏深摩便率大军直逼京师。

灌顶登基

　　太子苏深摩在旦叉始罗进退两难之际，忽接父王诏书，令其火速赶回京师，准备继承王位。苏深摩如释重负,他立即撤兵南下,越过印度河,再沿恒河一路东进,几十天后便抵达拘尸那迦城,这里离首都华氏城已很近了。

谁知就在这时,首都方面忽然传来消息,说频头沙罗王突然病逝,阿育王子业已继承王位。苏深摩一听,怒火中烧,立即率领数万将士,星夜奔驰,次日中午,便抵达华氏城外。

面对如此严峻的局面,阿育这位只知疆场驰骋、不谙宫廷争夺的新国王真不知如何是好。何况他刚刚即位不久,而过去又一直被排挤在宫廷政治之外,所以对一切都感到十分陌生,十分棘手。这时,宰相罗提掘多却胸有成竹地对他说:"大王不必担心,只要依我之言,保您安然无恙,至于王位,还是非您莫属啊!"一向刁横自负的阿育,这时只好言听计从。

按罗提掘多的安排,由阿育最信任的二员猛将分守南门和西门,罗提掘多守北门。阿育在几名卫士的环护下来到华氏城东门城楼上。一上城楼,但见东门两侧整整齐齐地站立着十几排长长的队伍,他们个个全副武装,面容严肃,一动不动。阿育心中暗自惊叹:"宰相治军也有一套啊,这些士兵不但纪律严明,军威振奋,就连个头也

佛教圣地——尼泊尔佛教兰毗尼

一模一样,甚至长相也差不了多少,有这样的军队,还怕什么。"阿育知道,苏深摩从西北方向赶来,首先进攻的当是西门和北门,根据华氏城的特点,东门受攻的可能性最小。阿育坐在城楼上,忧虑不安的心情一下子平静了许多。

一会儿,便有军士来报,说苏深摩攻西门未克,撤去。又过了一会儿,守卫南门的那位猛将也派人来报,说苏深摩攻南门未克,撤去。阿育一听,十分高兴。谁知没过多久,太子苏深摩却领兵直驱东门城下。阿育王大吃一惊,急忙命令士兵准备战斗,可那些士兵竟毫无反应。他再次大声叫喊,士兵依然不听他的。阿育大惊失色,心想一定是罗提掘多背叛了他,倒向了太子苏深摩,从而设下了这个圈套。他真后悔自己怎么就这样轻信了罗提掘多。忽然,他想起罗提掘多等大臣当初在父王面前说过的话,即待苏深摩回来后,他们再拥立苏深摩为王。这么说,自己只是一时的补缺国王了。可为了这补缺国王,他如今恐怕连性命都难保了。

这时,有一亲信急急匆匆地赶来,在阿育耳边叽咕了一阵,阿育听后,气得脸色铁青,

连一句话都说不出来。原来这位亲信说的是北门那边的情况。北门是由宰相亲自把守的。罗提掘多原以为太子苏深摩会首先攻北门，那么，他就可首先与太子会面，以便为太子进谏。没想到太子却先攻西门，再攻南门。罗提掘多正在担心：太子如果不来北门与他会面，而是直驱东门，那么，他的计谋能否实现？忽有兵士来报，说太子正向北门进发。罗提掘多一听，露出了阴险而神秘的微笑。

罗提掘多不慌不忙，他只带了两名卫士，便走出了城门外，静等苏深摩的到来。苏深摩一到，先是一惊，既而大喜，因为，这分明是宰相在迎接他嘛。二人相见后，罗提掘多对苏深摩说："太子想必已知道京师的变故。唉，太子从来都不离开京城，没想到这第一次外出竟发生了这么大的事情。我们几位大臣都向老国王表示过，待你回来后，就将王位还给你。可如今阿育既在位上，一切都得听从他的。臣子们又有何法。事到如今，只有除掉阿育，才能夺回王位啊！北门由我把守，随时向你敞开，请您留下部分兵士与臣共守，然后直驱东门，阿育此时正在那里。那里的守兵都是臣的部下，不会听从阿育的，请您当机立断，切莫迟疑。"苏深摩一听，大喜过望，他立即留下大部分队伍由罗提掘多亲自指挥，自己亲率数千名将士直驱东门城下。

阿育得知这一情况后，肺都要气炸了。此时，黄昏已近，城下一片朦胧。阿育立即命令随身卫士们火速集合自己的队伍，以便趁黄昏再作最后的努力。可还未等卫士们走远，忽然传来一阵兵器的撞击声。放眼望去，只见城楼下那些士兵手中的武器全都丢在地上，如今个个赤手空拳，依然整整齐齐地站在那里。苏深摩骑在象上，一边向城门跟前移动，一边向两边的士兵招手。忽然从城门下走出一头威武而华丽的大象，大象背上骑着一名全副武装的大将。只见他手举长刀，向苏深摩迎面走去。因天色黄昏，加上是从城楼上望下看，所以，阿育并看不清此人的面孔，但从那副举动来看，分明是要阻止苏深摩入城。不过，这头大象虽然威武，但似乎有些笨拙，那位大将也是勇气有余而灵活不足，倒像是一个机器人。阿育心中依然充满了焦虑。

且说苏深摩自从在北门听了罗提掘多的进谏之后，内心欢喜不已。来到东门城下，又见两排士兵果然如罗提掘多所言，不但不听从阿育的指挥，而且全都放下了武器，排列两旁，欢迎他入城。正走着，发现阿育骑着一头白象从城内出来。他见阿育虽然手举长刀，但那副木呆的样子分明反映了阿育内心的惶恐。他想，两兵相接勇者胜，阿育已无勇可言，怎能胜我。于是，他扬鞭策象，冲向前去，举刀就砍。就在这关键时刻，只听扑通一声，苏深摩连人带象一下子便从地平线上消失了。紧接着，只见那头白象前面，一股浓烟升起，一种焦臭的气味随之飘向城楼。阿育正在莫名其妙之时，只听一串哈哈大笑之声传来。原来是罗提掘多狂笑着朝他走来。

"大王，苏深摩太子上来了！"罗提掘多依然大笑不已。

"什么？苏深摩他……?"阿育又大吃一惊。

"怎么，还未嗅到那浓烈的焦煳气味?"罗提掘多显得十分得意。

阿育王依然莫名其妙。于是，罗提掘多便将他如何设计火烧苏深摩的经过向阿育王仔细地汇报了一遍。原来，自从阿育即位之后，罗提掘多便知道苏深摩肯定会率军攻城，所以，他分析了当时形势后，便派两名猛将严守南门和西门，自己独当北门。而在东门下则令能工巧匠制作了百名与人一样大小的木制武士俑，个个威风凛凛，几乎与真人无异。又制作了可以起动的白色大象，大象上固定着一位木制军俑，面相与阿育王一模一样。当苏深摩向城内走来时，开动白象的机关，白象便端直朝前走出。事先又在白象要停下的地方挖下一个深坑，里面放着特制的无烟木炭，上面蒙上粪草和燥土。当苏深摩兵临城下时，坑中的炭火业已熊熊燃烧。可怜苏深摩还未看清白象上的阿育是否真人时，便陷进火坑，连同大象活活地被烧死。

苏深摩一死，他手下的大将贤勇便乖乖地缴械投降。次日，贤勇便领着数千士兵剃度出家，作了和尚，其他士兵或被阿育收编，或是遣返回乡。阿育王即位后最强劲的一个对手就这样被消灭了。此后，阿育又重赏有功之臣，对罗提掘多更加信任和重用，在此人的帮助下，阿育王的统治得到不断加强。

阿育王二十多年来一直遭受排挤和冷遇，如今成为一国之主，多年的压抑一下子得到纾解，于是他立即命人在华氏城中修建了许多园林，从全国选来一千多名美女，日夜同这些美女在一起寻欢作乐。他以邬摩天女为本尊，大肆供养祭拜，并依此而放纵淫乐，所以，国人都称其为"迦摩阿育"，意即爱欲阿育王。

然而，不到两年，频头沙罗王的另外六个儿子相继在王舍城、鸯伽城等地称王。这六个王子虽然不像他们的兄长苏深摩那样具备太子的身份，但他们并不愿这位丑陋的弟弟独享王权，于是都各自拉起了一支队伍。可惜他们各怀野心，相互猜忌，并未形成一支统一的力量，所以，很快就被阿育王各个击破，六位兄长兵败被杀，他们原来占据的城市也受到严重的毁坏。

兄弟之间大开杀戒，又唤醒阿育王那一度被爱欲掩藏起来的疯狂野性。此后，他的脾气变得越来越暴躁，也越来越傲慢。藏传佛教史料对此有非常形象的记述。多罗那他著于17世纪初的《印度佛教史》中说，阿育王由此"嗔暴转增，若不做刑罚等事心就不坦然，饭也吃不下去。早晨命令作了杀戮、捆打等刑罚，然后才心安理得地进餐"。阿育王的暴虐与傲慢引起宫廷上下的不满。这些不满情绪便逐渐地表现了出来。阿育王感觉最明显的就是宫女对他的冷淡和大臣们对他的轻蔑。对此，阿育王是不会容忍的。

转眼间又到了第二年的秋天，这是华氏城最美的季节。阿育王在宫廷中玩得腻烦了，便带了大批嫔妃，到郊外的一处园林游乐。园内清新幽雅，景色迷人。嫔妃们个个雍容华贵,体态婀娜。阿育王一高兴,就变得鲁莽粗野起来,宫女们表面上只得强颜欢笑,可内心却是怨气冲天。中午时分,阿育王终于折腾够了,便在园内一宝殿内呼呼大睡起来。宫女们总算有了一个相对自由的空隙,她们跑出殿外,漫步园中,尽情地欣赏那品种繁多的奇花异草。

忽然,宫女们的嬉笑之声停了下来。原来她们看到了一颗长满奇花的树木。这种树非常珍贵,据说谁若能得到一株,他的忧愁即可消除,不知是因为那奇妙的花朵可以卖钱获财,还是因为那花令人赏心悦目,总之,人们给它取了一非常吉祥的名字,叫"阿育",即无忧的意思。这种阿育树与阿育王的名字完全相同,所以深受阿育王的喜爱。由于此树十分稀有,这座偌大的园林也才只有这一棵,所以阿育王令园丁们对它格外养护。按说这种无忧之树正可为宫女们消愁解闷,可在阿育王那里受了一肚子委屈的宫女们,见了阿育树好似见了阿育王一样,内心的怨恨一下子便迸发了出来,于是,她们便把对阿育王的恨全发泄在阿育树上,大家一齐动手,不消片刻,就把一树的奇花全都折了下来,树上的绿叶和枝条也被毁坏得七零八落。

宫女们刚发泄完毕,一时被怨恨冲昏了的头脑便清醒了过来,恐惧顿时袭上心头,只可惜为时已晚。阿育王早就怀疑宫女们对他无情,特别是他满身粗糙的皮肤,更为这种怀疑添上了一把妒火。所以,当阿育王一觉醒来,发现他那心爱的无忧树被宫女们毁坏时,顿时怒火大发,暴跳如雷,他一把抽出随身佩带的钢刀,当场便砍倒了两位宫女,其他宫女见状,吓得四下逃窜。阿育王紧追上去接连砍倒了几位,可心中的怒气依然没有消散。他随即下令,让手下人取来许多竹帘,用竹帘将每个宫女层层裹住,然后堆放在阿育树周围。尽管宫女们不停地哀号求饶,可阿育王还是一把火点燃了这些竹帘。大火越烧越旺,宫女们徒劳无益的挣扎平添了几分惨烈之像,临终前的哀鸣更是撕心裂肺,惊天动地。可怜这些青春少女不一会儿便舍弃了娇嫩的姿容,舍弃了永不再来的生命。阿育王望着那滚滚的浓烟,脸带狰狞,狂笑不已。

对于阿育王这一残酷之举,宫廷中一些大臣们颇有微词。这些大臣都是频头沙罗王在世时进入宫廷的老臣。那时候,阿育虽为王子,可受父王嫌弃,身无半点职权,大臣们谁能把他瞧在眼里,相反,阿育王子倒是想方设法巴结这些大臣们。后来,因为太子苏深摩横行霸道,得罪了一些大臣。特别是宰相罗提掘多。于是,他们私下联合起来,拥立阿育为王,目的就是为了抑制苏深摩。在他们看来,阿育之所以能够即位称王,完全是他们的功劳,所以当阿育耽于酒色,享受王者的福乐之时,这些大臣们并不只是尽情享受阿育给他们的赏赐,而且还对阿育的施政指手画脚,说三道四,这便引起了阿育的极大反感。阿育心想,这些大臣们自恃有功,太不知趣了,不给他们点颜色看,以后何以统治辽阔的疆土。

这一天，阿育王在某林园中设宴招待朝中大臣。大臣们开怀畅饮，笑语如潮。突然，阿育王命令停止用餐和言谈，可许多人酒兴正浓，对于阿育的命令置若罔闻。直到阿育三番传令，嘈杂的宴席才肃静下来。阿育王通过这一测试，明明白白地看出，大臣对他是相当轻视的。阿育心中大为不快，他要再试试他们是否真的醉了。阿育站起身来，指着旁边一处花坛对大臣们说："把这些花都给我折下来，然后拿到那边去，将那片棘刺树围护起来。"大臣一听，心中好笑："莫非大王喝醉了，从来都是以棘护花，没有听说以花护棘的。"席间发出一片嘀嘀咕咕的声音，没有一个人去执行国王的命令。

阿育大怒，把刚才的命令又重复了一遍。罗提掘多觉得不妙，急忙起身离席，折了一大堆鲜花，插在棘刺树的周围。阿育王又向其他大臣喝道："你们怎么不去折花护棘？快快给我去！"大臣们回答说："大王，臣等没听说过以花护棘的道理，应当以棘护花才对呀！"阿育心想，他们并没有醉，纯粹是轻慢本王。他又问："那罗提掘多为什么这样做呢？"大臣们回答说："罗提掘多不识此理，必会贻笑他人的。"阿育心想，大臣们说罗提掘多不识此理，其实就是说本王不识此理；说罗提掘多贻笑他人，其实就是说本王贻笑他人。岂有此理，他们也太放肆了。阿育怒目圆睁，大声吼道："先王有令，轻君者杀，你们都犯了轻君之罪，来人啊！"

这时，早已隐藏在四周的将士们一拥而上，将上百名大臣全都拉了出去，除罗提掘多外，没有一个逃脱杀头的下场。自此以后，阿育王便以杀戮为能事，稍不如意，就钢刀相见，不知有多少人惨死在他手中。宫廷上下，血腥弥漫，一片恐怖。国人皆称其为"旃陀阿育"，意为暴恶的阿育王。

罗提掘多向阿育王进谏说："大王身为一国之主，尊贵无比，而杀戮之事原系贱民所为，大王不宜直接参与。依臣之见，还是设一专门机构，任用专门人员，审察有罪之人，行施杀戮之职。如此，既能避免百姓对大王的怨恨，也能更有效地惩治犯罪，还请大王三思。"

阿育王觉得此言有理，于是就下了一道敕令，在全国各地征召杀戮能手，以为酷吏。那时，在遥远的边陲山区，有一个村庄，村中有一织匠，以织布为生，此人生了一个儿子，名叫耆梨。耆梨生性残暴，能行不仁，为人极恶。时常"手则携钢，脚则顿机，涂毒草叶虫兽，触者无不即死"，"恒骂父母，家中男女悉皆拍打，乃至一切众生无不杀害"。因此，周围人都称他叫"旃陀耆梨"，意即暴恶的耆梨。在暴恶方面，此人与阿育王完全一样，所以，都获得了"旃陀"的臭名。

朝廷派来的使者听说此人后，便找到这个山村，召见了耆梨，问他说："阿育大王想找一位杀戮能手，专治有罪之人，不知你能否胜任此事？"耆梨一听，冷笑道："杀尽全世界的人我都能行，何况区区一个孔雀王朝。在下除了杀人之外，别无兴趣，请您放心，此事一定会干好的。"使者向阿育王做了汇报，阿育王一听，大为高兴，立即命令使者将此人带来。使者又来到这个村子，召耆梨入京。耆梨让使者稍候，过了片刻，才出来同使者出发。使者问他何故来迟。耆梨回答说："我告知父母要去为国王行杀戮之事，父母不同意，我就杀了他们，所以迟到片刻。"使者一听，吓出了一身冷汗。

一到京城，阿育王立即召见了这位天下有名的恶棍。耆梨对阿育王说："杀人之事太简单了。不过，为了杀得有趣，杀得愉快，杀得轻松，还请国王允许我建造一个牢狱，并定下规矩，凡进入者，一概杀之，任何人均不得再出。"阿育王满口答应。于是，耆梨便在王宫北面选了一处地方，建起一座高大雄伟的房舍。从外观来看，哪像牢狱，简直就是一座美丽的宫殿。雕梁画栋，红墙碧瓦，白色的大理石台阶映衬在红花绿草之间，自由飞旋的小鸟在屋宇上空欢快地鸣叫，清风吹来，绿叶婆娑，鲜花飘香。在这美丽的房屋里边，耆梨却设置了各式各样的刑具和专门杀人的各种洞穴、台板、刑架等，极为恐怖。

这一天，罗提掘多乘着象车路过这里，发现这座美丽的建筑，不禁下车观看，才知道是新任酷吏耆梨的任职所在。他问耆梨："你这个衙门还真不错，可与王宫媲美了。"耆梨说："不瞒宰相，这并非衙门，而是地狱，因其外观美丽，人见人爱，所以我叫它爱乐狱。国王有令，凡入者一律处死，所以，不令其华丽可爱，谁还愿意进去呢？宰相大人可愿进去看看？"罗提掘多一听，愤然离去。他原是想限制阿育王滥杀无辜，所以才建议由国家成立专门机构，专治有罪之人，可如今这个耆梨却是不论有罪无罪，凡上当误入者，格杀勿论。设置这样的爱乐狱，难道不是一场灾难吗？谁有力量能阻止这种野蛮暴行呢？

爱乐狱对外开放第一天，耆梨便杀死了数百名无辜的百姓。虽然被判有罪的人也送到这里处死，但绝大多数死难者还是为其外表迷惑而误入其中的人。可惜这个爱乐狱中只进不出，所以，许多人并不知它的真实情况，于是，误入其中者仍然每日不断。

阿育王对内血腥镇压，对外继续征伐，朝廷上下，无不慑服，所辖境界也不断扩大，阿育王盛气凌人，不可一世，便于公元前271年，举行灌顶大典，正式登基称帝，从此成为阿育皇帝，但历史上仍习惯称其为阿育王。

皈依佛门

耆梨以爱乐狱屠杀无辜，死者无数，可他还觉得不过瘾，总是想方设法改造狱中的设置。这一天，耆梨外出抓人，路过华氏城外的鸡雀寺，突然听到里面传来阵阵诵经之声。耆梨对佛法毫无兴趣，可他万万没有想到，佛经中竟也讲有关地狱的事情，于是，他就驻足细听，这一听，对他的启发极大。

原来，耆梨并不是听到佛经而有悔罪之心，而是有一位比丘在念诵《恶婴愚经》，其中讲到六道中的地狱道的情况，言及镬汤、炉炭、刀山、剑树等种种苦事，谓"喜镬汤者以碓捣之，喜碓臼者以镬煮之"以及"在地狱中吞大铁丸，融铜灌口"等等。耆梨一听，暗想，那个爱乐狱也应该这样，于是，他回去后立即如法炮制，增添了铁镬、石碓、刀山、剑树等刑具。另一则资料则说，鸡雀寺中的一个比丘得知耆梨以杀人为业，便起了慈悲之心，前去教化，为其讲述杀人作恶将来也要下地狱的道理，其中讲到地狱中的各种痛苦，耆梨听后不但没有反省，反而依经文所讲地狱之状，改造他的爱乐狱。

公元前265年，爱乐狱中不幸误入了一个年青的和尚。此人名"海"，人称海比丘。说起他的来历，还得从20年前讲起。那时，舍卫城有一对夫妻，以经商为生，一次，夫妻相伴到海中去探宝，不久在海上生了一个儿子，便为其起名叫"海"。他们在海上奔波劳作，一晃就是12年。于是二人领着孩子回到大陆，但不幸遇到盗贼，惨遭杀害，财物被抢，唯有儿子海得以幸免。海经此打击，又一无所有，便出家为僧，那时，印度僧人都是"一钵千家饭，孤身万里游"，即以云游乞讨为生。海比丘辗转乞食，四方云游，八年后来到华氏城。这一天，海比丘行脚途经爱乐狱，见其华丽雄伟，以为是富人之家，便前去乞食，从而误入耆梨的圈套。

耆梨对海比丘说："你如今进入狱中，必受死罪，这是国王的命令，谁也不能例外。"比丘一听，大哭不已。耆梨不耐烦地说："不就是死嘛，还哭什么？"比丘说："我并非怕死而哭，而是因为害怕失去了善利而哭。因为我自八年前出家以来，虽到处参学，精诚修持，但至今依然没有证得道法。人身难得，佛法难遇，所以我才哭啊！"

耆梨觉得此人是进入爱乐狱的所有人中最特殊的一位，因为其他人都是怕死而哭，而他却是因为尚未证道而哭。可事先业已立下的规矩怎能例外。这位比丘求耆梨允许他再活一月，以便再作精进，争取证道，然后赴死。耆梨不允，比丘又将期限缩小，如是经过再三哀求，耆梨只允许他再活七天，七天过后，就让他上铁镬受煮。

海比丘知道自己的死期不远，所以勇猛精进，坐禅息心，可直到第七天还未证得道法。恰在这时，阿育王宫中的一位宫女与一男子偷偷说了几句情话，阿育王一怒之下，便将这位宫女和男子送往爱乐狱惩办。耆梨将这位宫女放入石臼中，以碓捣之，一位白皙秀丽的女子瞬间便眼睛脱出，血肉模糊。海比丘看了这副惨象，心中顿时大悟。《阿育王传》中记述海比丘的证道感想如下："呜呼！大悲所言诚谛，说色危脆，犹如聚沫不坚，速朽无有暂停，端正容貌今安在？好颜薄皮亦俱败坏。怪哉，生死，婴愚所乐！"海比丘由此看透了人身和人生，从而获得须陀洹果，由此再进一步思考悟道，第七天的后半夜又获得了阿罗汉果，从而最终证得正果。

我们再来看证果之后海比丘的境界。《阿育王经》卷1中说："旃陀耆利柯（即耆梨）

语比丘言：'是夜已过，明相已现，受苦时至，汝应知之。'比丘答言：'我今不知汝之所说——是夜已过，明相已现，唯能自知无明（佛教认为痛苦最根本的原因）夜过，智慧日现。我以智慧日光见一切世间皆无有实，是故我今欲以佛法摄诸世间。……我今此身，随汝意作。"

耆梨一点也听不懂，他只知杀戮，便双手抓起比丘，嘟的一声扔进铁镬之中。铁镬中盛满浓血屎尿等污秽之物，镬下架起大火，烧了起来。海比丘双手合十，双目微闭。耆梨则在一旁疯狂地嚎叫。可是，柴烧完了，镬还没有热起来。耆梨怪罪烧火者不力，一杖将其打死，自己亲自拿来大堆柴火，可柴用尽了，镬还是没热。他又将屋椽拿来烧，可水还是不热不冷。《阿育王经》中则说是火始终无法点燃。不管怎么说，反正是出现了奇迹。耆梨接开镬盖一看，只见海比丘双膝盘坐，双手合掌，端坐在莲花座上。耆梨大吃一惊，急忙上奏阿育王。

阿育王一听，甚感奇怪，便亲自前来查看。这时，海比丘又现出了几种神通，使阿育王惊叹万分，他不禁肃然起敬，合掌说道："你的身躯与常人无异，而你的神力却胜过人力，你到底是谁，你的法术到底是怎么回事，你若告诉我，我就做你的弟子。"

于是，海比丘便将佛法如何惟妙、佛陀如何伟大以及他怎么做了佛的弟子，怎么证道等向阿育王详细地叙说一遍。阿育王听后，虽然没有真正理解，但觉得还是很有道理的，加之刚才在兴头上已答应如果对方告知这些底细，就做人家的弟子，所以，这时他便合十再拜，以师相称。海比丘趁机对阿育王说："您今生为王，佛陀早已预言，不光如此，佛陀还预言您将建造84000座塔，在世界上广泛传播佛法。佛的预言一定不会错的。"阿育王又是一惊，他原以为自己为王只是他出世前后两位相师的预言，原来佛陀早在二百多年前就为他作了预记。他急忙询问佛陀预言的情况，海比丘便将二百年前两位孩童如何以土施佛从而得佛预记，将在今生分别为王和宰相的事完整地叙说了一遍。阿育王一听，大喜不已。

这时，海比丘趁间隙逃出爱乐狱。阿育王回过神来，也跟着要出去，可耆梨却是严守规矩，毫不留情，他拦住阿育王，合十言道："大王，您应当知道，我已奉您之命主此地狱，凡是入者，不论何人，盖不能出。"阿育王冷笑道："难道你还要杀我吗？"耆梨严肃地说："是的，您当初并没有说您可以例外呀！"阿育王一听，知道耆梨是动真的，至此，他才知道事情的严重。幸亏两名卫士走来，阿育王闪身躲在后面，对耆梨说："我当初也没有说你可以例外。我问你，咱俩谁先进来？"耆梨依然冷静地回答道："大王，是我先进来的。"阿育王便说："那好，就先处死你吧！"耆梨点头同意，于是狱卒们便将耆梨放置胶舍中烧死。随后，阿育王又命令将整个爱乐狱烧毁。

从此以后，海比丘便成为阿育王宫中的常客，每次入宫，都受到阿育王的盛情款待。

海比丘知道不依国主则法事难立的道理，所以，通过他八年云游四方的经验，以巧妙的方式向阿育王循序渐进地揭示佛法的奥秘。阿育王对佛教逐渐有了兴趣。当然，这时他尚未明白佛法的根本，而只是把佛法当成法术与神通，并利用这种神通为自己服务。不管怎么说，阿育王自从亲近佛法以后，昔日的暴恶逐渐得到一些收敛。据汉文资料讲，阿育王便是在此时皈依海比丘的。据说阿育王还对海比丘诵了一首皈依的偈子，其中最后四句是："我庄严此地，以种种佛塔，其白如珂雪，如佛之所说。"这四句反映了阿育王当时皈依佛教的心态，即遵奉佛陀当年的预言，在世界上建立佛塔。一个暴君怎么会变得如此尊敬佛陀呢？一个重要的原因恐怕是海比丘讲述的佛陀当年预言的阿育王因缘果报之事，正好贴合了阿育王的心理。因为阿育王是通过一项宫廷政变，杀死合法的王位继承人以后才登上王位的。尽管已有两个相师曾预言其必做国王，但相师在民众当中的号召力、影响力远不及佛教，更何况相师并未说明阿育为何可以做王，而海比丘所讲的故事正好通过佛陀的金口弥补了这一缺憾，即所谓种瓜得瓜，种豆得豆，今世为王乃前世所修因缘，这便与君权神授差不多了，阿育王怎能不感激佛陀呢？由于海比丘讲述的佛陀预言故事除了以土布施、受报为王之外，还有为王之时兴建佛塔、广播佛法的内容，为了维护佛陀预言的权威性，阿育王广建佛塔就是很自然的事了。看来，阿育王不光是残暴蛮横，他还是一个聪明机灵的人。

佛陀曾为阿育王授记的消息一传出，便在华氏城引起了极大反响。人们对阿育王的看法发生了急遽的变化，不光老百姓的归服心理大增，就是那些上层政敌们也纷纷打消了与阿育作对的念头。宫女们对阿育王崇拜不已，阿育王一高兴，满身粗糙的皮肤也奇迹般地消褪下去，阿育王对佛教的感激之情进一步增加。于是他来到鸡雀寺，向寺中的上座耶舍长老表达了他要兴建 84000 座佛塔的心愿。耶舍长老对此大加赞叹。二人又商讨了建塔的一些事宜，包括如何取得佛陀舍利，如何在一日当中的某一时刻同时动工等等。

就在建塔的各项工作正在积极筹备之时，从南方传来消息，说羯陵伽联合南方十几个国家反叛朝廷。更严重的是，这个歧视佛教崇信外道的国家，对阿育王的前世因缘果报之说大肆批驳，说这是阿育王愚弄人民的一种卑鄙伎俩。阿育王一听，火冒三丈，急忙派人南下，打探详细情况，建塔的热情顿时冷落了下来。

羯陵伽位于印度次大陆东南部的东高止山与孟加拉湾之间，北起马亨纳底河，南抵哥达瓦里河，相当于现在的奥里萨省。此地南北狭长，地势平坦，为南北印度之间的天然通道，地理位置十分重要。传说远古时候，奥特拉族有一个名叫羯陵伽的人在此建国，遂号羯陵伽国。后来雅利安人进入这个地区，建立起雅利安人的王国，但羯陵伽的名字却一直延续了下来。"羯陵伽"意为"相斗战时国"，斗战成为此国的一个传统，所以，该国在南印度一直处于霸主的地位。孔雀王朝建立后,由于不断扩张,在中印度逐渐出现了一个空前统一的大国。羯陵伽被迫北向称臣纳贡,南部十几个小国更是直接委国于孔雀王朝,再也不听从羯陵伽的摆布了。阿育王即位后,进一步强化对南方的统治,羯陵伽在经济和政治方面所受到的压力进一步增加,自古相传的好斗情绪便日益高涨起来。如今,阿育王又宣布皈依佛法,还要在全印广建佛塔,如此更使这个崇信外道的国家深感不安,因为佛法一旦在此地推广,他们在南部印度赖以统治的精神支柱就会被摧垮。于是,羯陵伽国王实行全民动员,裹挟南部诸小国,公开反叛孔雀王朝。

据南下密探回来报告说,羯陵伽有精锐步兵 6 万,骑兵 1000,象军 700,加上南部各小国的力量,总数在 20 万人左右,如果再算上临时征集来的百姓,那数目就更大了。阿育王犹豫起来,说打吧,羯陵伽人兵强马壮,必是一场恶战,何况他刚归依佛法不到两年,怎好大开杀戒;说不打吧,羯陵伽扼守南北通道,为南印的霸主,羯陵伽一反,先王在南印苦心经营的成果将全部丧失,不仅如此,若坐视羯陵伽反叛,西印、东印各国也会蠢蠢欲动,而羯陵伽一旦强大,必然还会向北扩张,到那时,统一全印的大业不但实现不了,而且连孔雀朝廷本身恐怕也难保了。阿育王越想越害怕,最后终于做出决定,南下征讨。

公元前 263 年,阿育王率领大军,一路南下,越过了马亨纳底河。羯陵伽人民同仇敌忾,拼死抵抗,双方展开了激烈的厮杀。一时间,硝烟弥漫,火光冲天,尸横遍野,血流成河,凄厉的哀号震天动地,血淋淋的屠刀寒光四射,座座房舍被毁坏,道道高墙被拆除,阿育王的大军终于攻破首都弹多补罗,杀红了眼的士兵们见人就杀,见房就烧,一座美丽的古城被彻底摧毁,羯陵伽遭到完全失败。据《阿育王摩崖法敕》第 13 章记载:"天佑慈祥王(指阿育王)于灌顶九年,打败了强敌羯陵伽国。当此战争,在该国杀了十几万兵,从该国捆来十五万俘虏,此外受伤病死的又有数十万人。"从这些记载可以看出这场战争的残酷。

硝烟慢慢散去,南印度再次划归孔雀帝国的版图之内,阿育王也逐渐从战时状态中回复过来。拭去钢刀上的血迹,阿育王又来到鸡雀寺。上座耶舍听说阿育王在南印的暴行之后,内心强烈地震撼了。面对这个沾满几十万生灵鲜血的刽子手,他真不明白,这个曾经以土施佛获国主之报的人,怎么又种下了如此深重的恶业,耶舍不禁长叹道:"地狱中又多了一位候补者,众生的业障难消啊!"自从这次事件之后,耶舍意识到,要使阿育王护持佛法,就必须使其真心皈依佛法,而要使其真心皈依佛法,就必须让其真正领会佛法。过去以各种神通进行慑服、诱化的方法是有重大缺陷的。但耶舍也明白,自己虽为上座,但只长于神通,要真正教化阿育王,自己是无法胜任的。于是,耶舍想到了摩偷罗国的优波笈多。

事情还得一步一步地来。阿育王正热心建塔,这也不是什么坏事,耶舍便全力协助。

据说释迦牟尼佛当年涅槃之后，八国分其舍利，各建一塔供养。阿育王首先将王舍城阿阇世王所建佛塔中的四升舍利取出，接着又依次掘开其他各塔，取出所藏舍利。据说阿育王取了七座塔后，又到第八座塔中去取。此塔位于罗摩村中，是最初建的一座。可当阿育王要掘塔时，有一龙王出面阻止，执意要保留此塔，继续供养。阿育王觉得此塔乃世间最早的佛塔，守护得十分精细，也便同意留下。又据《释迦谱》卷5中说，阿育王在此也获得了一部分舍利，这么说，最初所建八座佛塔中的舍利都取到了。

取得佛舍利后，阿育王回到华氏城，命人制造了84000金箧，每个金箧都用各种珍宝装饰起来，一个宝箧中放一枚舍利。另外又令人制造了84000宝瓮，84000宝盖和84000匹彩绸。每瓮装一宝箧，再用彩绸包扎起来。然后组成一支庞大的队伍，分送舍利到全国各地。凡是有一亿人口的地方就建造一塔。在分送舍利的过程中出现了一个小插曲。传说西北部的旦叉始罗号称其有人口36亿，所以要求给他们36箧。使者上报阿育王。阿育王心想，旦叉始罗哪里有这么多人，存心是想给他们多建佛塔。可若给了他们，其他地方也多要的话，舍利就不足以布满全国了。于是，他想了一个绝招，传令下去，说旦叉始罗人太多，须除去35亿，唯留一亿。旦叉始罗人一听，回奏国王说，他们宁愿只要一枚舍利，也不愿大王再开杀戒，以造恶业。阿育王接受了他们的要求，接着又发了一道命令，以后凡人口越过一亿的地方，也只给一枚舍利，凡不足一亿的地方则一律不给舍利。

处理完这些杂务之后，阿育王来到鸡雀寺，请求上座耶舍再解决他最后一个问题，这就是如何在同一时间各地同时动工。据说耶舍答应以手遮日，各地发现有手障日时，即举行开工大典。据西方学者推测，阿育王这次大规模的建塔活动，很可能是在精于天象的人业已预测到的一次日食时同时开工的(参见渥德尔著《印度佛都史》P245)。而《释迦谱》则记述到，耶舍得知阿育王欲某日同时动工，便通知他，可以十五天后的月蚀为信号，各地同时动工。关于一时建塔的事，历史上还留下许多神奇的传说，这里就不一一介绍了。阿育王建造的这些塔，后世就称其为阿育王塔。这些塔大多数都很小，后来有些塔又经过进一步扩建，规模才不断增大。中国僧人法显、玄奘等人在印度旅行时，就曾看到许多阿育王塔，并在他们的游记中做了准确的描述。这些佛塔后来相继湮没，今天的山奇古塔恐怕是印度唯一留存的一座阿育王塔。传说这些塔分布在全世界的范围内，那么在中国当然也有。《广弘明集》卷15举出中国17座阿育王塔，《法苑珠林》卷38则举出21座。陕西扶风法门寺和浙江宁波阿育王寺的阿育王塔，最为有名，相延至今，香火不绝。

阿育王之所以要建这么多的佛塔，根据有关史料，主要有以下原因。其一是尊奉佛陀的预言，以维护其完整性和权威性。因为佛陀的预言对阿育王维护王权是极有利的。其二，《释迦谱》说，阿育王杀了84000夫人，应堕地狱，一位名叫消散的比丘前来度化。

阿育王问，杀 84000 夫人的罪孽能否救赎。消散比丘告诉他，为每个夫人各建一塔，内藏佛舍利，这样就可消除罪过。其三,《释迦谱》又说，阿育王皈依佛法后，问一法师，他过去杀了那么多无辜的百姓，今修何善可免恶报。法师告知其"唯有起塔，供养众僧，赦诸徒囚，赈济贫乏"。阿育王又问何处可以起塔，法师便以神力左手掩日，日光即成 84000 道，散照大地，所照之处，皆可起塔。其四,《阿育王传》卷 7 记载，太史占相，说"王有衰相"，"王问太史，云何禳却。太史答言：唯有修福，可得禳却。王时即造 84000 塔，作诸功德"。其五，全印度基本上已经统一，再不需战争征服他人，以佛法教理特别是伦理思想诱导社会，维护统一，稳固统治就显得十分重要。建塔就是推广佛教、实行佛法教化的一个重要手段。上述五种原因可以分为两类，一是为了维护自己的统治，二是为了救赎自己的罪孽，前者是为现实的利益服务，后者是为精神的和来世的生活服务。

阿育王对佛教的信仰经过了一个很长的过程，第一阶段为海比丘的神通所慑服，从而接近佛教；第二阶段发现可以利用佛教证明其王权的合理性，故而支持佛教；第三阶段在原有宗教或其他迷信思想及佛教学说的初步影响下，认为自己的血腥屠杀会遭到报应，为了赎罪而开始修持佛法；第四个阶段，由供僧、建塔等外在的修持活动转向对佛教义理的认识，因赞赏佛教理论，从而成为一名真正的佛教徒；第五阶段，随着对佛教认识的不断深入，对佛教的信仰变得虔诚而稳固，为了给自己积累更多的福德，也为了维护其对辽阔疆域的统治，故大力弘扬佛教。第六阶段，迷信佛教，走向极端。

根据以上所述，阿育王建造佛塔时，尚未专一地、虔诚地信仰佛教，由此转向对佛法义理的认识是在长老优波笈多的教化下实现的。

据几种主要的汉文资料记载，阿育王建造了八万四千佛塔之后，率领群臣，来到鸡雀寺拜见耶舍长老。阿育王问耶舍，这个世界上还有没有像他这样得到佛陀授记的人。耶舍告诉他，佛当年在西北印度说法之后，来到摩偷罗国对阿难说，佛灭后摩偷罗国有长者名为笈多，其子名优波笈多。此人长相虽丑，但教化众生的本事与佛相差不远。佛当时还指着不远处的一座青山对阿难说，这山名叫优留慢茶山，山上将建起一座寺院，名叫那罗拔利寺，优波笈多将住锡此寺，教化众生。阿育王又问："那位优波笈多尊者现在出世了没有？"耶舍回答说："不但业已出世，而且证得了阿罗汉果，现在正在那罗拔利寺开示佛法，许多人都在那里获得了解脱。"

阿育王一听，立即派人备车并集合三军，准备前往摩偷罗拜见优波笈多。这时，宰相罗提掘多建议道："此国隘小，您率领这么多的人马，让对方如何招待。还不如派使者请优波笈多来这里见面。"阿育王回答说："我虽为一国之主，但尚未证得金刚之心，怎能委屈如佛之人呢？"

却说优波笈多得知阿育王要率众前来时，为了避免打扰大众，急忙派人禀告，要求亲自前去见王。阿育王只好答应。于是,优波笈多派人将几艘船合在一起,形成一个巨大的长舫,领着上千名弟子,自恒河顺流而下,直达华氏城。

优波笈多的船舫一到,就有人跑去皇宫向阿育王报告。阿育王十分高兴,立即脱去佩戴的价值千金的璎珞将其赏给这位报告的人。然后传令击鼓,集合宫廷上下,大声宣告道:"凡欲得大富大贵者,欲生天国者,欲求解脱者,欲见如来者,都准备好自己的供品,我们一同迎接优波笈多去吧!"众人纷纷附和。阿育王又令人清扫巷陌,庄严城郭,随后领着众人,带着各种名贵的梵香,以伎乐仪仗为前导,浩浩荡荡,开出城外。

快到河边,远远看见优波笈多伫立船头,弟子们相拥在两边,犹如半月一样,十分庄严。阿育王急忙从象座上下来,快步来到河边,扶优波笈多上岸,对他合十言道:"我业已消灭了一切怨敌,获得了整个天下,可这样的欢喜也比不上今天见到尊者的喜悦啊!为什么呢,因为见到尊者,就等于见到了佛。"

说着,阿育王诗兴大发,随口就是一首偈子出来:"佛虽入寂灭,尊者补处生。慧日已潜没,尊者继大明。今应垂教授,我当随顺行。"阿育王不但对优波笈多大加赞颂,而且明确要求他垂示教诲,并表示一定遵循奉行。优波笈多也以偈说道:"谨慎恐惧莫放逸,王位富贵难可保。一切皆当归迁灭,世间无有常住者。三宝难遭汝值遇,恒常供养莫休废。"就是说,王位虽然高贵,但又很难维护,所以一定要小心谨慎。而这就必须按佛法行事,而佛法又是什么呢?佛法的关键就是"无常",要深刻领悟无常之法,达到"有常"的妙乐境界,就必须皈依佛、法、僧三宝。皈依三宝是二千多年来所有佛教派别都一致认可的必经的入教途径。所以,我们看优波笈多的偈子,是先从世俗王权难保说起,而落脚点却是要阿育王皈依佛门,供养三宝。优波笈多接着对阿育王说:"佛把正法嘱咐于你,也嘱咐于我,我们可要携手合作,好好护持。"阿育王一边点头,一边领着优波笈多坐上象车。大队人马随即又返回城中。

优波笈多对佛法义理业已融会贯通,又极善于因材施教,随机说法,加之辩才无碍,神通广大,所以,几个月后,阿育王便对佛教有了很深的理解。于是,公元前262年的一天,阿育王正式加入教团,从此成为一位真正的优婆塞,即四众(四类佛弟子)中的男居士信徒。从此,国人又称他为"达摩阿育",意即佛法阿育王或正法阿育王,而他自己则自称为"德瓦南皮亚·皮亚达亚"。"德瓦南皮亚"意为"诸神宠爱的人";"皮亚达亚"意为"容貌和蔼可亲的人"。二者合在一起,一般译为"天佑慈祥王",或"天亲仁颜大王""天宠慈颜王"。

广播佛法

阿育王皈依佛门之后，逐渐对自己昔日的残暴行为表示反省，特别是对两年前发生的羯陵伽战争更为后悔。

公元前 259 年，阿育王令人将自己的忏悔刻在一块巨石上，以昭告天下。其中说："从羯陵伽国被占以后，天佑王就热心信奉佛法，喜爱佛法，并且推行佛法敕令。这就是天佑王对征服羯陵伽国忏悔的表示。因为征服最难征服的强国，有许多的生灵被屠杀而惨死，或者被俘虏，所以，天佑王总是感觉到痛苦悲伤。天佑王尤其感觉到悲痛悔恨的事，就是在羯陵伽国内居住的沙门、婆罗门和其他宗派的信徒们，以及向来是遵从长者、父母、恩师、亲戚、朋友、知己、同事和善待奴仆而素有坚固信心的居士们，也因战争遭受了屠杀的惨事，或者遭受了与至亲和妻子生离死别的痛苦事情。即使自己本身侥幸得以免去战死，而他的至亲、密友遭到了不幸而惨死，活得因此悲伤而成疾病，也是天佑王最感觉到痛苦悲伤的事情。以上各种人们所遭受的厄运和惨事，都是天佑王所最感觉到悲伤痛恨的地方。……天佑王到现在仍是感觉到悲痛悔恨而来不及的。"（《阿育王法敕》第 13 章）。

这篇法敕被认为是阿育王一生的转折点，即政治上，从血腥统治到仁德统治；个人修养上，从粗野狂暴到温和仁慈。从此，他认为，"根据佛法得来的胜利，才是真正高尚的胜利"，因为"这个佛法的胜利，既是关于今生的福利，又是关于来世的福利，所以希望世人把一切的爱好变为对佛法的爱好"。为了把佛法推广到帝国的每一个角落，阿育王采取了一系列措施，规模最大的当数巡礼佛迹、广布法敕和组织传教。

据《阿育王经》卷 2 记载，阿育王完成了分散舍利、建塔供养这件事之后，对优波笈多呈上一偈，其曰："我今已供养，世尊舍利像，处处广起塔，珍宝来庄严，唯不能出家，专修于梵行。"优波笈多答复说："修行在于心诚，出家不出家关键在个人的因缘。既然佛授记您今生为王，那么，您今生就不会有出家的因缘。佛说您将以转轮圣王的身份护持佛法，所以，您还有更伟大的使命要做。"这话正好说到了阿育王的心上。他对佛教的确产生了一定的信仰，并看准了佛教在教化人民、巩固统治方面的重要作用，但要他出家清修，他是做不到的。

不久，阿育王便向优波笈多提议，说他想巡礼佛陀当年生活过的地方，并修建一些纪念性标志，以教化众生，一心向佛。优波笈多说："佛陀当年说法，足迹遍布整个阎浮提大地，要实现这样的巡礼，是相当耗时的，您政务缠身，能抽出时间吗？"阿育王说："巡礼佛迹就是目前的头等政事。"于是,优波笈多便作为向导,领着阿育王及其随身相伴的大批人马,开始了世界历史上第一次有组织的佛迹巡礼活动。

这次巡礼活动从华氏城出发,第一站就是佛陀诞生地尼泊尔的蓝毗尼园,最后一站则是佛陀涅槃的拘尸那迦城婆罗双树林。整个巡礼过程是非常仔细的,各种史料对此均做了不厌其烦地记述。仅以佛陀少年时代的生活地迦毗罗卫城为例,他们就去了抱菩萨(释迦牟尼未成佛以前的称呼)示净饭王处、示诸释天祠处、诸相师相菩萨处、阿斯陀仙相菩萨必作佛处、婆阇婆提养菩萨处、菩萨学书处、菩萨骑象处、菩萨学乘马处、菩萨乘车处、菩萨学射箭处、菩萨休息处、菩萨转石轮处、菩萨与彩女娱乐处、菩萨见老、病、死、生悲痛处、菩萨阎浮树下修禅定处、菩萨入初禅处、菩萨夜半出家出城门处、菩萨脱宝冠并遣马车匿还处等等。每到一处,优波笈多都详细介绍了其中的故事,然后阿育王便虔诚礼拜,慷慨布施,并命人修建标志。

离开佛陀故乡后,他们按佛陀当年出家求法的路线,依次朝拜,包括佛陀当年随外道学习、行外道之法的地方也都去了。佛陀成道后的遗迹更是他们巡礼的重点。在所有巡礼过的地方,阿育王都做了标志。对此,《阿育王经》卷2是这样说的:"我欲于佛行、住、坐、卧处悉皆供养,又欲作相令未来众生知佛如来行、住、坐、卧所在之处。""作相"就是制作可视性的东西,在历史实物无存或破损的地方重新树立起有相标记。这多少有点类似现代的作为文物保护标志的石碑,但现代的石碑形制单一,阿育王所做的标记都是形式各异,有的是佛足印形,有的是与佛有关的物品形,有的是种植有关的树木,有的是佛的某种相好,如卐字形,有的则是表示佛法的记号如法轮、菩提树和莲花等等。在所有这些标志中,最著名的要算佛塔,特别是四大处佛塔,雄伟壮观,为后世巡礼佛迹者必至之处。它们是迦毗罗卫国蓝毗尼园的生处塔、摩揭陀国伽耶城菩提树下的成道塔、婆罗奈国鹿野苑的转法轮塔、拘尸那伽国跋提河边的涅槃塔。

阿育王对佛陀遗迹进行标记可称为历史上第一次有组织的佛陀遗迹普查活动,其规模之大,空前绝后。后世佛教徒巡礼佛陀遗迹主要就是根据阿育王时代确定的标记来进行的。那么,阿育王对佛陀遗迹的确定又是根据什么呢?史料上只说是听从优波笈多的指定。那优波笈多又是根据什么呢?史料对此没有说明。按我们分析,佛涅槃后,佛教徒为了表示对佛陀的怀念和敬仰,常在佛陀生活过的地方凭吊,从而形成许多朝拜点,但由于时间久远,传说纷纭,对于佛迹的认定也很不统一,其中不免夹杂了许多非真实的成分。尽管如此,这种自发的、零散的纪念活动的确把许多佛陀遗迹确定并延续了下来,优波笈多就是在前人的基础上对佛陀遗迹做了一次全面彻底的清理和重新认定。

这次清理肯定也把相当多非真实的佛陀遗迹包纳进来。历史上,佛陀主要在恒河两岸活动,多数学者并不认为佛陀曾去过西北印度和南印度等遥远的地方。但阿育王这次确定下来的佛迹却北起兴都库什山,南到斯里兰卡,遍布整个南亚地区。非真实的佛陀遗迹的大量出现,在当时来说是不可避免的。因为,佛教在不断传播过程中,佛陀的人格与学识得以不断地升华甚至神化,对佛陀的敬仰之情不断增加,而制作佛像的习惯尚未产生,所以,对佛陀遗迹的崇拜便成为当时佛教的一种主要崇拜方式。从这一历史背景来看,大量非真实佛陀遗迹的出现就成了一种必然的宗教文化现象。自从阿育王这次全面普查标记之后,南亚次大陆的佛迹基本上统一肯定下来,后世虽还有增加,但大体上都是这时确定并相传下来的。玄奘到印度巡礼时之所以能见到那么多的佛迹,主要应归功于阿育王的这次普查活动。

阿育王为推广佛教、实施佛法治世而开展的又一项重要活动就是广布法敕。这一活动最早是从公元前 261 年开始的。大约于公元前 245 年结束,前后延续近 20 年。

作为统治全印的一个大帝国,正式颁布皇上的谕旨到帝国全境,这并不是什么新奇的事情。但向帝国全境颁行佛法敕令,却从未有过。尤其特殊的是阿育王颁行佛法敕令的决心。为了使佛法治世这种全新的政策达到最大限度的普及,而且保证在他身后还能继续执行,阿育王在他领土内一切重要地点将他推行佛法治世的敕令雕刻在各种形式的石面上。这就是闻名世界的"阿育王法敕"。

这种法敕分布范围极广,几乎遍及整个南亚次大陆。法显、玄奘在印度各地经常看到的石柱,即为法敕刻文的一种形式。可惜后来逐渐湮没,以至世无知者。直到 1356 年,伊斯兰教徒菲罗兹夏尔在距德里 160 多公里及 60 公里处各发现一根石柱,遂将其移至德里,再到百年前为英国人霍尔所注意,并于印度、尼泊尔、阿富汗等地又有发现。后经普林斯苦心研读,至 1837 年始得确认为阿育王法敕。这在学术界被视为印度古代史研究中最大的发现。根据现有的发现,法敕刻文分为大崖、小摩崖各 7 所、石柱 10 根、石窟刻铭及石板等 5 种。除小摩崖法敕中有阿育王的名字外,其他皆刻以"天佑慈祥王"的名字。

法敕的主要内容并不是关于佛教的深奥义理,而是直接与现实生活有关的教戒及依据佛教理论而来的生活准则、道德观念等。试引一法敕如下(《阿育王法敕》第 9 章):

天佑慈祥王诏告如下:

百姓在有病的时候、嫁娶的时候、生男育女的时候以及出行的时候,工作各种祈祷。在这些时候,男子也做许多的祈祷,尤其是妇女们在这些时候更做许多细小而且精细的祈祷。这种祈祷虽然是不可不做的事,但是这种祈祷只有小的果实,相反的,若是专心作那种佛法的祈祷,总会有大的果实。在那些佛法的祈祷里面,包括下面的事项:善待奴仆、尊敬师长、不杀生命、布施沙门和婆罗门等等。祈祷上述的和其他类似的事项,就叫作佛法的祈祷。所以,身为父亲、儿子、丈夫、兄弟、主客、亲戚、朋友和邻居的人,都应当互相宣誓说："这是善事，我们直到达到目的为止始终应当做这种佛法的祈祷，并且达到目的之后，仍应做这种祈祷。"这是因为在佛法祈祷之外的祈祷都是靠不住的。它们或许能产生福果，也或许产生不了福果。即使能产生福果，它也只是关于今生的。而佛法的祈祷，其成功并无时间的限制。假使在今生不能达到目的，在后世也能发生无限的功德。而如果既能达到今生的目的，也能达到后世的成功，那就有两种收获了。也就是说，根据佛法的祈祷，在今生可以获得收获，在后世也能发生无限的功德。

在其他几道法敕中，阿育王还说：

"朕在朕领土以内不许屠杀任何生物作祭祀的牺牲品，也不许当作宴会的用料，原因是天佑慈祥王在宴会上看见了许多的过失错误。因此天佑慈祥王认为不用屠杀生物，也可以做出很美满的筵席。"

"法是美妙的，但法是什么呢？它是少恶、多善、慈悲、慷慨、真诚、洁净。"

"一个人往往只看到他作了什么善事，而看不到他作了什么恶事。虽然恶事难以看到，但这是必须看到的，如果它是粗暴、残忍、愤怒、骄傲、嫉妒，那么就叫作堕恶道。让我不要因此缘故而屈服吧！那是应当坚决看清的：这是为了此世的利益，或者勿宁说这是为了来世的利益。"

"为善不易，所以无论何人开始去做善事，就是开始去做不容易的事。朕做了许多善行，因此叫朕的诸皇子、皇孙和皇曾孙们直到宇宙成为劫灰为止，以朕为法，做一切好事。做了这样的事就是作了善事。相反即使让人推卸一部分善行，就算作了恶，作恶实在是太容易了。"

"普通的俗人，因为有种种的贪欲和享乐的关系，所以他们不能够做到十分圆满的制欲和清净的行为，甚至一部分也不能做到。这样的俗人即便做出广大的钱财布施，其内心仍然缺少制欲和清净、报恩和诚实，那么，他还是一种有漏的俗人。"

除了直接针对广大普通老百姓的法敕外，还有对各级政府官员特别是地方官员的训示性法敕。如："灌顶后十三年朕命令下列事项：无论在国内任何地方，所有的各级收税官员、司法官员和地方长官等，应为了佛法教敕而外出巡示一次，就像为了他本身的政务一样。所教的就是'顺从父母是善行；对朋友、知己、亲族和婆罗门、沙门布施是善行；不屠杀生物是善行；节欲和储蓄是善行'。再者，大臣会议对于税收官员，也须命令他们根据理由和证件办理事务。"

再如："天佑王用诏书告诉在塔舍离市的高级都市司法官员们：……所有的人都是朕的孩子，所以，正如朕一心希望所有子孙们都获得今生和来世幸福一样，朕也一心希望所有人都能获得这样的幸福。卿等在执行这种意旨过程中虽有个别的成功，但并未达到全面地完成。卿等平素虽然办得很好，但仍须注意以下的事项：就是关于治民之事，往往将因犯监禁入狱受着痛苦，……卿等务必本着判断正确的精神去裁判方可。凡根据嫉妒、愤怒、不正、轻率、懈怠、懒惰、困惫等性情的人，判事常有错误，所以，卿等应当希望：'不愿这些恶劣性情的错误发生于我。'这个佛法敕令的目的，就是为了让都市高级司法官员们无论何时不可令人民受到无理的困苦，不可使他们蒙受无理的劳役以使其能够专心于他的本职工作。"

通过佛法教化对边疆地区推行怀柔政策，是法敕的又一重要目的。有一道法敕中说："只有下列事项才是朕所希望于边区人民的，这就是专心一意地叫他们不要因为朕而产生恐怖，并且要他们信赖于朕，进而由朕这里接受幸福而不受任何苦恼。又叫他们了解，大凡朕所能忍耐于他们的都会忍耐，并让他们知道，他们若能根据朕的佛法敕令实行佛法，就能得到今生和来世的福利安宁。"

这种佛法怀柔的对象涉及非常遥远的地区。据一道法敕中说："天佑王认为根据佛法而得来的胜利才是真正高尚的胜利。这种胜利天佑王已经屡次在领土以内获得，并且在相距六百由句的边疆地区也获得了。在这些地区有希腊国王安泰奥卡斯(叙利亚的)，还有另外四个国王，名叫达拉马耶(即埃及的托勒密二世)、安迪基尼(即马其顿的安迪俄那)、马伽(西勒尼的马伽斯)和阿里伽沙达罗(伊庇鲁斯的亚历山大)；在南印有科陀，番地亚，直到泰拉巴尼(斯里兰卡)；同样，在天佑王版图以内，在希腊人和伊朗人之间，在拿巴加斯和拿巴波提斯人之间，在波杰斯和比丁尼加斯人之间，在案达罗人与派拉达人之间，到处都听从着天佑王的佛法敕令。就是在天佑王的使臣没有达到的地方，他们也都不但听从着天佑王的佛法的实践、制度、规则和佛法的教敕，而且是永久地听从着。由此得到的胜利，不论是在何处得到的，其根本性质都是快乐的胜利。这种快乐才是根据佛法而得到的快乐。"

为了配合佛法敕令的实施，公元前258年，阿育王设立了一个新的机构——"护法院"，置"佛法官员"，总管全国的佛教事务，特别是树立佛法，宣扬佛法，并在希腊人、伊朗人、键陀罗人、罗斯拙伽人、比丁尼伽人以及所有其他西方邻邦人中间，专心作佛教信徒的福利事业。他们还负责在主仆之间、婆罗门和富人、穷人和老人之间作佛教的福利事业，以扫除实行大法的障碍。佛法官员还要关心因犯利益，检查世人是否皈依佛法、信奉佛法，是否专心布施等等。

与此同时，阿育王还下了一道敕令，以检查并督促各地法敕的执行情况。敕令中规定，各级政府机构均要指派一些不暴躁、不恶劣而且和气的高级司法官员，根据佛法敕令检查普通的法官们，看他们是否如法办理。这种检查规定每5年举行一次。为了同样的目的，太守、皇太子应当指定出巡的随员们出去检查，每三年最少出巡一次。由此可以看出，阿育王的佛法治世是有一套严密而完整的制度的，这在整个人类历史上，可说是一个创举,对印度后世的历史文化与民族传统产生了很大的影响。

阿育王推广佛法的另一重大举措是结集佛典、组织传教。

据《善见律毗婆沙》卷2记载,阿育王当时在鸡雀寺每天供养上万僧人,许多非佛教徒也混杂其中,天长日久,戒律有了松懈,教义有了分歧,内部争论不断,弄得一般信徒无所适从,不但阻碍了教团宗教生活的正常进行,也影响了佛法在全社会的教化作用。于是,阿育王从全国搜选精通佛教戒律的高僧共一千人,聚集华氏城,以目犍连子帝须为上座,举行结集,这就是佛教历史上的第三次佛典结集。

"结集"又称"集法藏",意为会诵、合诵之意,即僧人们聚集一起,对佛陀学说进行会诵,经过讨论、甄别、审核后,用文

阿育王传播佛教图

字确定下来。佛陀在世时,直接由佛陀为弟子们释疑、指导,至佛陀入灭后,为防止佛陀遗教散失,确立正统教权,故有必要将佛陀的说法结集起来。在阿育王之前,已有过两次结集。第一次结集是在佛陀入灭当年,在阿阇世王的护持下,于摩揭陀国王舍城郊外七叶窟举行,以摩诃迦叶为上首,共有五百人参加,故称"五百结集"。第二次结集是在佛陀入灭后一百年左右在毗舍离城举行,以耶舍为上首,共有七百人参加,故称"七百结集"。

目犍连子帝须是阿育王之子摩哂陀的师父。据传说,他是大梵天帝须自梵天下降后在目犍连婆罗门家的托生,16岁时出家,后得私伽婆的付法,成为护持律藏的第五祖,深受众僧敬仰。阿育王拜其为师,后又劝自己的儿子摩哂陀随帝须出家学法。不久,帝须栖隐深山,摩哂陀则成为护持律藏的第六祖。可为了净化僧团,统一说教,阿育王又请帝须复出,主持这一次佛典结集活动。

阿育王举行的这次佛典结集,其范围包括经、律、论三藏。会上,目犍连子帝须对外道的各种异说进行了批驳,历时九个月,终于完成了对佛教经典的重新整理工作,并编成一部《论事》,对不同派别之间相互争论的问题做了详细的整理,正反面的论点各五百条,合计一千条,逐一刊定是非,在佛门产生了深远影响。

结集完成之后,阿育王从参加结集的高僧中精选了十几位年富力强、学有成就的僧人,分成九批,分别派往四方传播佛教。其中,末田地携带《蛇喻经》到西北部的罽宾和犍

陀罗传教;摩诃提婆携带《天使经》到南印度的摩醯娑罗陀罗地区传教;勒弃多携带《无始相应经》到南印度婆那婆私地区传教;昙无德携带《火聚喻经》到印度西部的阿波兰多迦地区传教;摩诃昙无德携带《大那罗陀伽叶本生经》到印度西南部的摩诃勒陀地区传教;摩诃勒弃多携带《迦罗罗摩经》到阿富汗以西的臾那世界传教;末示摩携带《转法轮经》到喜马拉雅山一带传教;须那迦和郁多罗携带《梵网经》到金地即今东南亚缅甸等地传教;王子摩哂陀和郁帝夜、参波楼、拔陀等人携带《小象迹喻经》,到斯里兰卡传教。上述传教人员各自率领一个佛教使团,所带经典除上面列出者外,恐怕还有一些。各使团的传教工作均取得了巨大的成功,特别是派往斯里兰卡和西北部的几个使团的传教工作,对后世印度佛教的向外传播格局产生了直接的影响。赴斯里兰卡的使团首领摩哂陀被视为该国佛教之祖,派往犍陀罗和罽宾的末田地则被视为开创那里的佛教与文化的先驱。

这次传教活动是佛教史上第一次由国家出面组织的传教活动,就其规模来说,则是历史上最大的一次。如此宏伟的使团战略,在人类文化史上留下了辉煌的一笔。从此之后,佛教不但在印度南部、西部、北部最终站稳脚跟,而且传播到印度以外的地区,至此,佛教才真正开始了国际化的过程。所以说,佛教作为世界三大宗教之一,其原因除了佛教本身的理论体系能普遍适应其他国家和地区民众的需要外,与阿育王的这次大规模传教活动有很大的关系。

阿育王为推广佛教还做了许许多多的事情,并留下了很多有趣的故事,限于篇幅,就无法一一介绍了。

孤苦离世

自从阿育王大力提倡佛教之后,外道异说受到沉重打击,势力迅速衰减,佛教实际上已成为孔雀帝国的国教,这个庞大的帝国终于在意识形态上取得了高度的统一,这恐怕也是印度史上思想最统一的时期。

不过佛教以外的学说并没有就此销声匿迹。这些学派中势力最大的要算婆罗门教和耆那教,它们不甘心孔雀帝国对佛教的独尊政策,总是千方百计地发展自己的势力。这两个学派中的确也潜藏着一些很有学识的高人,他们的说教得到一部分人的拥护。基于这种情况,已变得非常宽容的阿育王只好调整他的宗教政策。于是,他又发了一道敕令,承认其他教派的存在,但要求它们必须停止对佛教的攻击。敕令说:"天佑王通过布施和荣誉来尊重一切教派,但各教派价值的提高主要还取决于他们自己的行为,这就是谨防自己的语言,不要自夸自己而没有关系的攻击别人的宗派。即使有关系,也要做得缓和一些,反之,不但伤害了别人的宗派,更损害了自己的宗派。所以,团结,就像信奉和研究佛法一样,是难得的善道。"

这个敕令原是想推行一种佛法为主、诸派共存的宗教政策。对其他教派的尊重实际上也只是维护佛教正常发展的一种手段。可谁知这敕令一出,反而为各教派提供了与佛教进行斗争的有利条件,外道学说得到进一步传播,甚至连宫廷中的一些要员也对其产生了同情心理。阿育王的同胞弟弟宿大多就是其中的一员。

公元前 245 年秋,阿育王命人在全国许多重要地点竖立刻有法敕的石柱,再次表示了他推行佛法的坚定信念。可当阿育王御驾出巡返回华氏城,听说弟弟宿大多在宫廷上下大肆诋毁佛法。阿育王十分生气,按过去的脾气,他非严惩这个弟弟不可,可阿育王自信奉佛法后,性情已变得非常和善,他要以理服人,于是他决定从弟弟入手,教化所有诋毁佛法的人。

这一天,阿育王把弟弟宿大多叫到跟前,问道:"你为什么信敬外道,诋毁佛法?"宿大多回答道:"任何教法都是为求得最终的解脱,可出家沙门没有一个得解脱的。"阿育王依然心平气和地问:"你怎么知道出家沙门没有获得解脱呢?"宿大多说:"佛教僧人不修苦行,生活优裕,这怎么能解脱呢?"

宿大多对阿育王直言不讳。接着,他便将自己如何产生这种看法的经过讲了一遍。原来,有一次宿大多曾与阿育王一同外出游玩,在一座山中看见一位婆罗门五热炙身,正在精诚修炼苦行。宿大多为其行为所感动,便独自上前礼拜,问这位仙人道:"大德住在这里多长时间了?"仙人回答说:"整整 12 年没有离开这里。"宿大多又问:"您平日吃的是什么呢?"仙人答:"以树木充饥。"宿大多再问:"您平时穿什么衣服?"答曰:"结茅为衣。"宿大多复问:"卧处如何?"仙人答道:"以草铺地。"宿大多对这位仙人产生了敬仰之情,急忙俯身再拜。然后又问道:"您目前感到最痛苦的事情是什么?"仙人回答说:"经 12 年精勤苦修,现只剩下一苦未除。这就是每当看见附近的雄鹿和雌鹿交合之时,欲火升腾直烧我心,苦不堪言。"宿大多一听,深感意外,他想,一个如此精诚苦修的仙人都没有排除欲念,那些佛门弟子不修苦行,生活优裕,怎么会见欲而不动心呢?看来佛门的说教是骗人的。他们欺骗王兄,让他多作功德,其实都是为了自己的享乐。

阿育王听了弟弟的述说,真不知如何来教化他。

这一天,阿育王在宫中沐浴,守候在外的侍卫拿起阿育王脱下的皇冠皇袍对宿大多说:"阿育一死,您就可以继承大位,今天先试试这套皇服如何。"宿大多经不住侍卫们的劝说,便将阿育的皇冠、皇袍披戴身上,坐上王位。这时,阿育王突然走了出来,看到宿大多那副样子,愤怒地说:"我还没死,你就作王了,来人啊,拉下去斩了。"大臣们急忙上前进谏说："大王,宿大多虽犯死罪,但谅他是您的弟弟,还请大王手下留情。"阿育王犹豫了一会儿,便说："好吧,给他七天时间,然后斩首,鉴于他是我弟弟,临死前这七天就让他真正当当国王吧!"

于是,宿大多被安排在一座雄伟华丽的宫殿之中,头戴皇冠,身穿皇袍,臣民每日朝拜,美女时时伴随,歌舞不断,妙乐不绝,美酒佳肴随其享用。不过,负责监管和斩杀死囚的狱卒却随时站在门口,他们面目狰狞,手执大刀,每过一天,都要对宿大多说,离执行死刑还有多少天。七天过后,大臣们脱下宿大多身上的皇冠皇袍,带着宿大多去见阿育王。

阿育王问宿大多："七日来你作为国王,各种伎乐都欣赏够了吧?"宿大多回答说："如果我看到色,听到了声,此刻就能回答您的问题了。"阿育王反问道："你身为国王,百种伎乐,任意享用,无数臣子日日请安,怎么说不见不闻呢?"宿大多鼻子一酸,泪水不禁流了下来。他对阿育王说："一个行将就木的人还有什么雅兴欣赏美女和歌舞?还有什么心思享用美味佳肴?刽子手们执刀站在门口,报时的铃声时时响起,死橛已钉在我的心上,每时每刻都淹没在恐怖的海洋中,世俗的享用还有什么意义?"

望着宿大多那副忧伤的样子,阿育王叹了口气说："你于七日中想着今生死去的痛苦,所以虽有极妙的五欲可享,但却毫无兴趣。出家比丘们天天都想着死亡之苦,他们怎么会产生欲心而起烦恼呢?何况他们不但想着自己多少世的死亡之苦,而且想着地狱之苦、饿鬼之苦、畜生之苦,不但想着死亡之苦,而且想着生老病苦、爱别离苦、求不得苦以及其他数不清的痛苦。六道轮回中没有一个地方没有苦的,也没有一个地方不是无常变换而不可执着的。无常之火烧世间,譬如空村无居民。佛弟子常做此观,怎么会烦恼呢?他们深乐解脱法,不贪于五欲,心境如莲花,处水而不著,而你对他们却横加指责。"

阿育王通过各种方法向宿大多解释佛法的微妙,宿大多有了这七天的亲身体会,很快便对佛法产生了虔诚的敬仰之心。他当即表示,自己虽死在临头,但也要皈依三宝,赞叹佛法。阿育王一听,走向前去,双手搂着弟弟的脖子说："弟弟受惊了,我不会杀你的,我只是为了让你体会佛法啊!"原来,阿育王假装沐浴,并告诉大臣们把皇冠皇袍给宿大多穿上,还安排大臣们在他要处死宿大多时进谏暂缓。宿大多不知这些,但却因此体会到悟得苦谛后不著五欲的精神境界。

此后,宿大多又去鸡雀寺随耶舍长老学法,对佛教的认识进一步加深,于是便要求出家为僧。耶舍不敢收纳,宿大多只好请求阿育王同意。阿育王得知弟弟的想法后,内心十分悲痛。想起自己过去受嫌弃时弟弟与他相伴不离的情景,他实在不忍心弟弟离他而去。阿育王目前最亲近的只有两人,一位是儿子鸠那罗,另一位便是弟弟宿大多,他也只有这一个亲弟弟。过去,他还有许多同父异母兄弟,可几乎全让他杀了。为此他曾不止一次地忏悔过。如今他已年过半百,身体每况愈下,对亲人的渴望比以往更加强烈。

　　阿育王对宿大多说："宿大多啊，你不要有这种念头，出家之人形服粗弊，饮食假人，眠卧树下，四海为家。你只需要制心，不必出家。"宿大多说："大王，我今日出家不是因为生气，不是为了摆脱怨家，也不是为其他企图，我只是为了解脱生生死死的苦难才出家修行。"接着，宿大多将自己作的一首偈子呈给阿育王。阿育王一看，原来是："生死为悬绳，有人则恒动，在上必复堕，和合必分离。"阿育王禁不住泪流满面。

　　宿大多在宫廷内先体验了一下佛教出家人的乞食之法，然后便到遥远的地方出家修行去了。临行前，阿育王再三叮咛，要弟弟务必随时回来看他。

　　兄弟二人一别就是六年。第六年宿大多回来看望皇兄。阿育王送其一偈，其曰："无复亲友爱，如鸟飞虚空。我今悲啼泣，由汝今舍我。"宿大多回赠一偈，嘱其善自珍重，然后又远走他乡，消失于茫茫人海之中。不久，宿大多在东部边疆地区不幸染病，头上长满了疮。阿育王知道后，急忙派医生前去诊治。病情稍微好转，宿大多便将医生遣回，自己又继续在边疆地区孤苦清修。

　　这时，东印度奔那伐弹那地区耆那教大兴，他们攻击阿育王的佛法敕令，大肆侮辱佛陀，有的竟画作佛陀形象，让佛陀跪拜其双足。随着这股毁佛之风的蔓延，当地的分离主义势力也日益猖獗。阿育王知道此事后，决定杀一儆百，派人将画佛拜足者全部杀死。可这并没有阻止得住那股毁佛运动的发展。于是阿育王盛怒之下便命令将该地所有的耆那教徒一律处死，并规定凡能在该地取得一耆那教徒首级者，奖金钱一枚。

　　恰在这时，宿大多云游到奔那伐弹那，更不巧的是，他的病又犯了，什么也吃不成，只能以牛奶充饥，所以便专找牛多的地方云游行乞。这一天，他来到一户养牛人家，因天色已晚，便在牛棚住下。那时，由于宿大多长满头疮，多日未曾剃发，加之衣服破烂肮脏，与耆那教徒的外形完全一样。这位养牛人家以为他是耆那教徒，为了得到阿育王的一枚金钱，便合伙杀了宿大多，将其首级拿到华氏城。分发赏金的朝廷官员觉得面熟，那位医生则一眼认出是宿大多的首级。阿育王闻知此事，震惊万分，难以自持，竟当场昏倒在地。众人急忙以冷水洒其面部，过了一会儿，才逐渐苏醒过来。然而任凭他老泪如雨，弟弟的性命是永远也挽救不回了。

　　经过这个打击之后，阿育王一下子又衰老了许多。多年来的仁德统治虽然为帝国带来了一时的稳定与祥和，但也为一部分奸邪之辈提供了兴风作浪的良好土壤。宿大多惨死不久，阿育王又遭到一次更大的打击。

　　这一天晚上，天气闷热难耐，阿育王与皇后帝失罗叉在宫内一高楼上乘凉歇息。皓月当空，万籁俱寂，阿育王望着遥远的西北方，又想起了远在旦叉始罗的儿子鸠那罗。这种思念的焦灼，不知折磨他多少次了，因为儿子离开他已两年多了，自从弟弟宿大多于一年前冤死之后，他便只剩下鸠那罗这一个亲人了。当然，阿育王还有几个儿子，但有的早已出家,数十年云游在外,他已淡忘了。有的则是娇生惯养,不信佛法,与他素有隔膜,彼此之间积怨很深,已无一点亲情可言。

鸠那罗是阿育王与莲花夫人所生的儿子。此儿相貌端正,清秀机灵,特别是一双水灵灵的大眼睛极为漂亮。阿育王以为这是他护持佛法、传播佛教的果报,便为其起名叫法增(或作法益)。又因为此儿的双眼与雪山中最漂亮的鸠那罗鸟眼相似,就为其另取一名叫鸠那罗。阿育王非常喜欢这个儿子,时常带在身边,细心照料,百般呵护,生怕出现一点差错。《阿育王息坏目因缘经》中说,阿育王对此子"最所敬爱,随时赡养,不令有失。王恒遣候,探察内伺,知子吉祥,然后乃食。躬抱法益,欣弄终日,情慇爱感,瘀痳无厌"。鸠那罗不但英俊潇洒,而且心地善良,性格温和,与父亲一样喜爱佛法。长大之后,娶妻金鬘。金鬘贤惠温柔,清纯可爱。小两口恩恩爱爱,深得众人敬仰。阿育王立其为太子,准备将来把皇位传付于他。

鸠那罗长大之后,阿育王后宫中又来了一位美女名叫帝失罗叉。此女不光长相漂亮,而且极有心计,很快便讨得阿育王的喜欢。公元前240年,也就是阿育王去世前5年,皇后善无续病逝,帝失罗叉被立为皇后。可阿育王已年过半百,身体不佳,难以满足帝失罗叉的生理要求。为此,帝失罗叉常常唉声叹气,前年还曾因为阿育王全心爱护菩提树使她受到冷落,便心生嫉妒,派人以烫水浇灌菩提树,差点将此树毁掉。后因见阿育王对菩提树的枯萎万分悲伤,更加影响了夫妻间的感情,所以才停止了暗中破坏的行为。

帝失罗叉既不喜爱佛法,也不愿作善行。无事则生非,不久,她竟将情欲投向鸠那罗,以至"昼夜伺捕,欲与私能",慨叹"我当何日,果其所愿"。机会终于来了,据《阿育王经》卷3记载:"帝失罗叉向鸠那罗所,见其独坐,爱其眼故,抱鸠那罗,而作是言:'猛火炽盛,烧于山野,淫欲逼我,亦复如是。汝今与我,宜相爱乐。'鸠那罗闻是语已,以手覆面,而说偈言:'此语不和善,塞耳不欲闻。云何以母道,与子有欲想。非法欲不断,是为恶趣门。'帝失罗叉嗔恚而言:'汝不从我,不久之间必当灭汝。'鸠那罗复偈答言:'愿守净法死,不受淫欲生。破坏天人道,贤智所诃责。'帝失罗叉从是已后,常求其短。"可惜阿育王对此竟毫无觉察。

不久,西北印度的旦叉始罗发生了骚乱。大臣们建议派鸠那罗率军远征。阿育王大怒道:"你们怎么想让我的穷胎之子远征,你们的舌头怎么不断掉呢?有谁再敢提鸠那罗的名字,我非亲自杀了他不可。"然而,阿育王有心亲征,可身体衰弱,实难经受长途跋涉。后来,一大臣冒死进谏,终于说服了阿育王。临行前,阿育王举行了规模宏大的送别仪式,他与儿子同坐一车,抑制不住满腹的别离愁情。

其实,旦叉始罗的局势并没有想象的那么严重。原来,国王派往那里的大臣为治无道,旦叉始罗人要求将其撤换。鸠那罗乃仁慈之辈,自然满口答应,于是,旦叉始罗人民对鸠那罗十分感激，双方关系非常融洽。就这样，一箭未发，旦叉始罗的问题就解决了。

与此同时，在华氏城方面，阿育王得了一种怪病，全身毛孔溢出恶秽之物，找遍了天下名医，可就是治不好。帝失罗叉想了一个办法，他派人把全国得这种病的人都召集起来，把他们杀死进行解剖，发现是一种虫子在作怪。然后又试了几种草药，终于以大蒜杀死了这种虫子。于是，她便给阿育王服用大蒜，还真的治好了这种病。阿育王非常高兴。便对皇后说："你要什么东西，朕就给你什么东西。"皇后一听，便说："臣妾什么都不要，只想为王七日，好体会一下您做国王的滋味。"阿育王便同意了。

于是，帝失罗叉便以国王的名义，给旦叉始罗写了一个诏书，说鸠那罗犯了重罪特处其剜眼之刑，并削其所有职权，赶出旦叉始罗城，望立即执行，不得违抗。那时，国王诏书下发要以国王的齿印为凭。帝失罗叉待阿育王熟睡之后欲印诏书。可说来奇怪，阿育王竟很难熟睡，动辄惊醒。皇后问他为何突然醒来。阿育王说，他做噩梦，梦见二个鹫鸟欲挑鸠那罗的眼睛。皇后一听，大吃一惊。可阿育王说完之后又睡了过去。皇后又去印封诏书，阿育王再次惊醒，如此连续多次，每次阿育王惊醒后都说他作了有关鸠那罗的噩梦，而皇后在一旁却不断给他宽心。最后，他还是睡着了，皇后阴谋得逞，诏书很快抵达旦叉始罗。

然而，旦叉始罗人十分爱戴鸠那罗。他们认为，王子诸根调顺，无有娇慢，仁慈博爱，恒怀悲愍，是天下难得的善人。于是，他们烧掉诏书，杀死来使，众人云集一起，手握兵器，发誓宁愿遭受刑罚，也不忍心挑去王子的双眼。可鸠那罗却表示要坚决服从王命，于是他找来专门从事杀戮之职的真陀罗来执行此刑。真陀罗一见鸠那罗，大惊道："宁愿挑我双眼，也不能损坏了这么美丽的眼睛啊！"后来，鸠那罗竟以出金万两的悬赏寻求剜眼之人，终于来了一个"人面十八丑"的恶魔剜去了鸠那罗的双眼。

鸠那罗的妻子金鬘夫人听说丈夫双眼被剜，急忙来到丈夫的营地，看见丈夫满面血迹的惨相，不禁号啕大哭，悲痛欲绝。按照诏书，鸠那罗如今已是没有任何权力的一介平民，而且必须离开部队所在的旦叉始罗城。可无论是鸠那罗，还是金鬘夫人，自幼在名门望族家庭中长大，一直靠人服侍，不堪任何苦力，也没有任何谋生的技艺，如此流落在外，将何以为生。幸亏鸠那罗能弹一手好琴，于是夫妻二人你弹我唱，相依为命，离开旦叉始罗城，沿街卖唱，乞讨为生。如此辗转流浪，几个月后回到了首都华氏城。二人来到皇宫门外，守门人见他们是乞丐，喝令其滚开。他们如实说明了自己的身份，可对方哪里相信。这也难怪，几个月的颠沛流离，风餐露宿，他们已是面容憔悴，满身污迹，昔日的风姿早已荡然无存了。二人无法，只好来到宫门外的马棚中暂住下来。

此时的阿育王虽然医好了那种奇怪的病变，但对爱子的思念却折磨得他坐卧不宁，茶饭不思。他曾下了一诏书，让儿子处理好旦叉始罗的事情后就火速返回，可几十天过去了，还是没有鸠那罗的影子。

这一天晚上，阿育王与皇后帝失罗叉登上高楼。刚坐了一会儿，便隐隐听到远处有幽幽的琴声传来。这琴声是那么的哀婉怅惘，是那么的低沉凄迷，它直渗入心，荡气回肠。阿育王那忧愁烦闷的心情一下子便与这琴声合拍了。琴声似乎越来越大，越来越近，阿育王听得更加真切，更加投入。一会儿，又有悲怆的歌声伴着阵阵琴弦吟唱。那歌声由男女二重之音组成，时而男音低回颤抖，如泣如诉；时而女声婉转清越，缠绵悱恻，似乎饱含着倾诉不尽的苦难与惆怅，埋藏着道不完的辛酸与冤屈。阿育王实在经受不了这袭人魂魄的歌声，他自感内心如大海一样翻腾，头脑一阵发昏，就什么也不知道了。

当阿育王苏醒过来时，已是第二天的上午。明媚的阳光透过窗户照射进来，形成几道迷人的光柱，清凉的晨风吹拂在华丽的幔幕上，为宽敞亮丽的宫殿增添了几分轻柔和谐的氛围。阿育王似乎忘掉了昨夜的伤感，脸上禁不住露出了慈祥的微笑。

帝失罗叉急忙过来为阿育王穿戴衣帽。盥洗之后，二人走出殿外，在御花园中随意漫步起来。突然，宫门外传来一阵琴声，接着又有男女之声伴琴而唱。阿育王这次听得清清楚楚，他肯定，这琴声正是昨夜琴声的再奏，这歌声也正是昨夜歌声的再起。阿育王实在摆脱不了这琴声的诱惑，他停下脚步，伫立园中，静静地倾听起来。听着听着，阿育王不禁皱起了眉头。"这琴声怎么这么熟悉？"阿育王自言自语道。帝失罗叉急忙接过话题说："大王，还不是那些卖唱的穷汉，我们回宫歇息吧！"阿育王摆摆手说："莫非这是鸠那罗在弹琴歌唱？"帝失罗叉强掩着内心的恐惧，急忙否定道："这怎么可能哩，王子正统率千军万马，坐镇旦叉始罗城，那里处处金莲，遍地银叶，美女清丽，山川秀美，太子要尽情享受，怎么会这么快就回来呢？"

阿育王长叹一声，只好随帝失罗叉回到宫中。自从阿育王推行佛法治世策略以来，孔雀王朝的统治的确稳定了许多，朝中的政事也变得简单多了。阿育王回宫之后，很快便处理完当日的几件朝政，然后又禁不住想起了那凄凉哀婉的琴声，并由这琴声想起了他那英俊可爱的儿子鸠那罗。昔日与爱子在一起的欢快情景一一浮现在眼前。阿育王一阵高兴，一阵伤感，两行老泪不知什么时候已流到嘴边。一会儿，那凄切的琴声又缓缓地弹起，悲凉的歌声也随之在王宫上空回荡。阿育王仔细听了一会儿，心想："这不是我的鸠那罗又是谁呢？如果是他，为何又不来见我呢？"阿育王实在耐不住了，他立即派人前去查看。

王差来到宫外，寻声望去，只见远处一座马棚前面围着一大堆人。走到近旁，只听那女声唱道："同室相煎，情将何堪？"又听男声唱道："再莫诉冤，只因业缘。"一阵琴声过后，又传出清脆而幽怨的女声："人生无常，美色如幻。"紧随女声之后的，又是那激越的男声："千古一帝，何日涅槃？"

王差拨开人群一看,原来是一位失去双眼的瞎子和一位憔悴忧伤的女子在那里弹琴歌唱。王差返回王宫如实向阿育王作了禀报。阿育王一听,想起自己曾做梦梦见鸠那罗被鸷鸟啄去双眼,所以,对街上这对卖唱者的真实身份更为怀疑,他让王差再去仔细打问,若是鸠那罗,就立即请进宫内。

"走吧,走吧,让我们走向净土,再不受这迷幻世界的污染;走吧,走吧,让我们走向永恒,再不受这无常世界的摆布……"卖唱人的歌声时断时续,悠扬的琴声依然在空中袅袅回旋。王差斥散人群,问卖唱人:"你是谁家的孩子,你叫什么名字?"卖唱人弹起琴弦,用他的歌声将自己的身世和遭遇诉说一遍。王差听后,大吃一惊,原来他们正是阿育王的爱子鸠那罗和其妻子金鬘。王差急忙恭敬施礼,然后带他们向王宫走去。

身处王宫的阿育王,听着外面那如泣如诉的歌声,内心焦灼不安。《阿育王经》卷4对阿育王此刻心思的刻画非常精细:"我所闻声似鸠那罗,而声清妙复兼悲怨。闻此声故令我心乱,如象失子而闻子声,其心回遑。"而当王差领着鸠那罗夫妻二人来到他的面前时,他却一点都不认识了:"是时,使人将鸠那罗及其妇至宫中。时,阿育王见鸠那罗风日曝露,以草弊帛杂为衣裳,形容改易,不复可识。时,阿育王心生疑惑,而语之:'汝是鸠那罗不?'答言:'我是。'阿育王闻,闷绝堕地……旁人以水洒王,令其得醒。还至坐处,抱鸠那罗,置其膝上,复抱其颈,啼哭落泪,手拂头面,忆其昔容,而说偈言:'汝端严眼今何所在……? 谁无慈悲,坏汝眼目;汝于世间,谁为怨仇? ……懊恼心火,今烧我身,譬如霹雳,摧折树木,懊恼之雷,以破我心。'"

这段文字对阿育王当时的悲痛刻画得非常形象生动。接下来,阿育王便一再询问凶手是谁? 鸠那罗只说自己前世造业,今世命该如此。后来在阿育王的不断追问之下,鸠那罗便把接到皇诏的事讲了出来。阿育王一对日期,才知道这是皇后帝失罗叉所为。阿育王受不了这突如其来的打击,顿时便气昏过去。

第二天,阿育王亲自护导鸠那罗到菩提树伽蓝瞿沙罗汉处医治,鸠那罗身体稍得恢复。可不久传来帝失罗叉被阿育王以火刑处死的消息。鸠那罗内心十分伤感,病又复发,几天后便告别了人世。

阿育王在极度的忧伤中强撑着衰弱的身躯,继续着孔雀帝国佛法治世的梦想。然而,此时的孔雀帝国已是危机四伏,风雨飘摇。各地反对佛教的异端势力进一步发展起来,而非暴力的政策早已使帝国的军事力量名存实亡。大夏希腊人在西北方虎视眈眈,羯陵伽人在南方蠢蠢欲动,边远各省的分离倾向日益明显,而帝国内部,权臣竞起,尔虞我诈,机构松散,效率低下,依佛法为基础的仁德教化也未能阻止腐败之风的不断蔓延。鸠那罗死后,皇族成员觊觎皇位,相互之间明争暗斗。整个帝国如同阿育王的身体一样随时都有崩溃的可能。

公元前237年，阿育王立鸠那罗的儿子三波提为太子。这时的阿育王虽然还不到花甲之年，但病痛不断，身体业已十分虚弱。太子三波提年纪幼小，根本不能为祖父分担任何忧愁。宰相罗提掘多年近古稀，虽还在位上，但风烛残年，昔日的威力早已丧失殆尽。于是，朝中大臣们各怀野心，他们以各种手段拉拢、利用三波提，这位年仅五六岁的太子纯粹成为他们手中的傀儡。

公元前235年，阿育王病情转重，卧床不起。此时的阿育王一味迷信佛教的神力，把挽救自己和挽救帝国的希望全都寄托在佛教上，所以依然忘不了对佛门的大量布施。其实，阿育王自从亲近佛教以后，他对佛门的布施就一直未断。正式皈依特别是虔诚信仰佛法之后，这种布施的规模更为惊人。据法显和玄奘旅印时看到的石柱铭文记载，阿育王在位时，曾三度以整个帝国的疆土进行布施。这同中国的梁武帝以身布施一样，都是佛教史上别出心裁的布施形式。

据说阿育王皈依佛门之后，曾问优波笈多，佛在世时最大的布施者是谁。优波笈多回答说，佛在世时，长者须达多曾以真金供佛，此为最大布施。阿育心想："一位长者能做如此布施，我身为一国之主，岂可落在其后，于是，他发下誓愿：今生要做总数为百亿两黄金的布施。为了实现这个誓愿，阿育王广建塔庙，举行无遮大会，养护菩提树，结集佛教典籍。如今，他重病不起，预感在世之日不久，便让人把过去的各种布施合计了一下，总共可折合黄金九十六亿两，离百亿两的目标还差四亿。

这一天，阿育王把罗提掘多叫到跟前，十分伤感地对他说："我快不行了，这一生怎么这么短促呢？"说着，禁不住掉下泪来。罗提掘多安慰道："人生无常，难免一死。大王福德深厚，来世定会康健富贵的。"阿育王很艰难地摇摇头说："我并不是因为自己将要命终而难过，也不是因为将要失去帝位而痛楚，我只是因为还没有实现自己昔日的誓愿啊！"罗提掘多知道阿育王是说那百亿黄金布施的事情，便安慰道："大王已完成了九十六亿，只差四亿，据臣所知，目前国库还很充裕，再拿出四亿是不成问题的。"阿育王破涕为笑，对罗提掘多说："你我相伴一生，只有你最了解我了，这事就由你去办吧！"

这时，朝中一些大臣对太子三波提说："阿育王即将命终，他不顾一切地布施，等到你继承皇位之后，国库恐怕就空了。从来国君都以库藏为支撑，您若不阻止他的布施，将来怎么做皇帝啊！"三波提认为言之有理，于是，随同诸朝臣一起，拒绝拨付任何费用。阿育王得知后，十分气愤，诏三波提入宫训示。可三波提在朝臣的扶持下，对其命令置之不理。阿育王万万没有想到，自己的孙子竟如此无情，他更没有想到，当初能呼风唤雨并拥有整个帝国疆土的人今天竟落到这种地步。如今他重病在身，孤苦无助，只能有泪肚里流。没办法，他只好尽其所有让侍者把给他送饭用的金盘布施给佛寺。三波提对此也不满意，便命令用银盘送饭，阿育王又将银盘施舍出去。后来，三波提又相继换成铜盘、铁盘直至瓦盘,阿育王统统施舍出去。最后,大臣们唆使三波提不要再送饭给阿育王。

这一天,侍者偷偷送给阿育王一个庵摩勒果。饥饿中的阿育王连皮也没削便吃了起来。突然,他又想起布施之事,便将吃剩的半个果子留下,对侍者说:"你说如今谁是大地的主人?"侍者说:"您为皇帝,当然是大地的主人。"阿育王说:"你在骗我,我如今只是这半个果子的主人。"阿育王不禁潸然泪下,他拿起那半个果子,以微弱的声音对侍者说:"今天我再让你做最后的一件事情,请把这半个果子拿到鸡雀寺,布施给众僧们,就说这是我最后的布施,请他们务必收下。"侍者眼含泪水点了点头。

当鸡雀寺众僧正在饮用庵摩勒汤时,这位曾经威震十方、叱咤风云的阿育王终于在饥饿和病痛的煎熬中默默地离开了人世。

阿育王死后,罗提掘多对继承帝位的三波提说:"阿育大帝临终前已把整个国土布施给了佛门,您如今要做皇帝,只有再把国土赎回来才行啊!"三波提只好从国库中拿出四亿两黄金,交给佛门,以求做个名副其实的皇帝。至此,阿育王百亿黄金布施的梦想总算圆满实现了。不久,鸡雀寺僧人们把阿育王最后布施的那棵庵摩勒果核珍藏起来,建塔供养。玄奘去印度时,还曾看见到这座庵摩勒塔。

世界名人百传

世界政要

王书利⊙主编

导　读

　　"我如何才能获得成功?"这是每一个领导干部都会问到的问题。这些被冠以"成功"殊荣的世界政要最有资格向您娓娓道出在政界获得成功的秘诀。本卷《世界政要》讲述了十几位世界政坛领袖的传奇人生,他们无疑都是对世界产生过重大影响的人物。聚焦国际风云,对话政坛精英;感悟观点力量,分享智慧人生。他们才华横溢,他们的成功经历,无不令人叹为观止。全书从不同侧面展示了这些世界政要丰富多彩的人生,尤其是重点展示了这些世界政要在成功的关键期是如何面对挑战、困境,勇敢选择的,这是他们与众不同的临门一脚。他们善于选择,勇于选择,这给今天面临人生十字路口的人们以很好的启迪。书中每一位世界政要都有他们独具特色的选择方式,人们从中不仅可以读到他们生动感人的故事,更能读懂其人生成功的真谛。

美国开国元勋

——乔治·华盛顿

人物档案

简　　历：美国政治家、军事家、革命家，首任总统，美国开国元勋之一。华盛顿出身于弗吉尼亚的一个富有家庭，早年当过测量员，后曾加入英军参与法国印第安人战争，1759~1774 年为弗吉尼亚下议院议员，带头反对英国统治。1775 年至 1783 年在美国独立战争中任大陆军的总司令。1787 年主持立宪会议，制定《美利坚合众国宪法》以取代《邦联条例》。1789 年，当选美国总统，1793年赢得连任直到 1797 年。他在两届的任期中多有创举，任期结束后自愿放弃权力，不再谋求第三个任期，1799 年12 月 14 日在弗农山庄逝世。

生卒年月：1732 年 2 月 22 日~1799 年 12 月 14 日
安葬之地：弗吉尼亚蒙特弗农山庄
性格特征：相貌堂堂，风度雍容高贵，举止安静威严。
历史功过：带领美国赢得独立战争，获得独立。1787 年主持制定了美国宪法，领导创立了民主政体。1789 年担任美国首任总统，被尊称为"美国国父"。
名家点评：晚清名臣徐继畬在《瀛环志略》中评价说："华盛顿，异人也。起事勇于胜广，割据雄于曹刘。既已提三尺剑，开疆万里，乃不僭位号，不传子孙，而创为推举之法，几与天下为公，骎骎乎三代之遗意。"

出任大陆军总司令

　　1775 年 4 月 19 日,在英属北美马萨诸塞殖民地的莱克星顿镇,一阵密集的枪声划破黎明的天空。北美殖民地民兵与前来查抄军火的英军展开了激烈的战斗。由此,北美独立战争的序幕拉开了。英国在北美的 13 个殖民地从此走上了与英国分道扬镳的革命道路。莱克星顿枪声极大鼓舞了殖民地人民,他们到处进攻并夺取英军的堡垒、兵工厂和仓库,各地的群众大会纷纷表示要为维护自由而奋战到底。人民的呼吁、革命形势的发展迫切需要有一个坚强而有力的领导。为解决这一问题并准备随时抗击英军的镇压,5月,各殖民地政治领袖组成的第二届大陆会议在费城召开。会议决定把汇集在波士顿周围的约两万名民兵组织起来,整编为"大陆军",准备应付即将到来的战争。在讨论由谁来出任大陆军总司令这个问题时,马萨诸塞大律师亚当斯发言指出,这个重要人选应该有丰厚的财产、优秀的品格、卓越的军事才干和丰富的战斗经验,而具备这些条件的人不在别处,就在会议大厅里,那就是来自弗吉尼亚的乔治·华盛顿。亚当斯的话音一落地,几十双赞许、肯定、支持的眼睛便纷纷转向弗吉尼亚代表团的座席。6 月 15 日,会议一致投票提名并选举华盛顿担任大陆军总司令。这一大变化,使华盛顿的全部生活历程都突然为之改观,而且要求他立即奔赴前线。6 月 20 日,他接受委任状,第二天就是动身奔赴前线的预定日期。在这样的时刻,他的思绪又回到了他所十分珍爱的家乡村庄以及他在那里的愉快的农村生活。但是,他所关心的主要还是这种变化给他的妻子所带来的痛苦。在这个问题上,他写给他妻子的信充满了男性的柔情。他写道:"我在家里和你在一起生活一个月所能得到的真正幸福比我在外面呆七七四十九年可以十分渺茫地希望找到的幸福多。但是,命运既然安排我担任这一职务,我就希望把它做好,做得有意义。"在这之前,应民兵军官的要求,他检阅了好几个骑兵民兵连。人人都希望看到新上任的总司令,也很少有人能像他那样完全符合公众心目中司令官的理想。这时,他正当盛年,才四十三岁,相貌堂堂,一表人才,风度雍容高贵,举止安静威严。当他威风凛凛地骑在马上的时候,他的军人气派使人感到赏心悦目。不管走到什么地方,空中都响彻一片欢呼声。他很快就发挥了他杰出的军事才能。他每到一个部队就强调纪律性、组织性对一场战役的重要性。不久,他就将一批纪律涣散、自由散漫的乌合之众训练成一支纪律严明、能征善战的正规部队。

奇袭波士顿

　　华盛顿指挥大陆军的第一仗是与英军争夺马萨诸塞殖民地首府波士顿。对波士顿的围困,实际上在华盛顿当选总司令之前就已经进行了很长时间。大陆会议渴望能够成功地给予敌人某种打击,借以振奋人心,华盛顿也抱有同样的希望。他屡次在军事会议

波士顿惨案

上建议对波士顿发动进攻,但是他发现手下的大多数军官都持反对态度。他本来希望上天赐给一个机会,使军队可以利用港口冻结的时机,从冰上接近这个城市。可是,这一年虽然在入冬时分有些寒冷,整个冬天却是一个温暖的冬季,海湾始终没有冰冻。而城内的英国军官仍然像以往那样,千方百计地尽情娱乐,借以消磨时光,尽管食品、燃料、武器正变得日益匮乏。

　　时机终于来临了。不久,海湾天气骤冷,整个海湾给冻了个结结实实,可以运输军队了。华盛顿主张马上进攻波士顿。尽管他知道进攻会带来很大的损失,但是他相信,如果士兵英勇作战,进攻就会获得胜利。同时,他在默默地着手准备足够的弹药与大炮。通过炮轰,他可以先夺取多彻斯特高地和诺德尔岛。经过几番周折,弹药、大炮终于被送

到了华盛顿手里。同时,十几个兵团还前来增援他。此刻,他认为最重要的事情是设法在一个高地上构筑工事,因为一旦这样,大陆军就可以控制很大一部分市区,而且差不多控制了整个港口。

华盛顿心里很明白这次进攻的成败关系有多么重大,为此他在内心也感到痛苦。公众心上还笼罩着一片阴郁和乌云。因为,北边与南边都是危机四伏。蒙哥马利已经在魁北克城下以身殉职,出征加拿大的部队一败涂地。

1776年3月初的一个夜晚,受华盛顿的指挥,托马斯将军率领部队出发了,开始小心翼翼的秘密行军。那天晚上,皓月当空,十分明亮,但双方据点发射的炮弹的闪光和隆隆声及炮弹在高空的爆炸声完全吸引了敌人的注意力。接着,这支部队一分为二,一半前往最接近波士顿的据点,另一半前往最靠近威廉斯堡的据点。在夜色的掩护下,他们十分麻利地筑起了两座初具规模的碉堡,可以抵御小型武器和葡萄弹的杀伤。黎明时分,高地上出现了一座威风凛凛令人生畏的堡垒。

这一天是3月5日,是波士顿惨案的6周年纪念日。华盛顿号召士兵们为惨遭杀害的同胞们报仇。晚上,英军开始行动了。他们准备把士兵运到威廉斯堡的集合地点去。然而天公不作美,一阵强烈的风暴从东方袭来,波涛汹涌地拍打着预定登陆的海岸。进攻只好推迟。大陆军趁机向城内发起猛攻,英军将自己全部暴露于敌方炮火之下。不久,联邦的旗帜——星条旗飘扬在波士顿的上空。第二天,华盛顿本人进入市区,受到市民的热烈欢迎。华盛顿指挥大陆军取得了第一次胜利。华盛顿在整场艰苦的围城战役中的卓越贡献以及他那运筹帷幄、驾驭全军的才能,赢得了全国人民的热烈称赞。

约克镇战役

1781年9月,美军从陆路包围了弗吉尼亚约克镇的8000名英军,与美国结成同盟的法国也派出海军封锁了弗吉尼亚海面。华盛顿亲自点燃大炮,向约克镇猛烈炮击,英军则在康华利主帅指挥下拼命抵抗。一次,华盛顿正在视察阵地,一颗手榴弹打在附近的地面上扬起一阵尘土。站在华盛顿旁边的牧师埃文斯先生大吃一惊,他摘下帽子,指着上面的尘土喊道:"将军,你看这儿。"华盛顿看了一看,用开玩笑的语调对他说:"埃文斯先生,你最好把这顶帽子带回家去,让你的夫人和孩子们看看。"还有一次,华盛顿通过一个射击孔观察战斗的进行情况,一位副官说这个地方太危险了,华盛顿严肃地说:"如果你那么想,你可以退到后边去。"过了一会儿,一颗子弹打到射击孔内的大炮上,沿着炮身落在华盛顿脚下。旁边的人抓住华盛顿的手臂喊道:"我亲爱的将军,我们现在不能没有你。"华盛顿平静地回答说:"这颗子弹冲击力没有了,造不成伤害。"就这样,英勇的大陆军挫败了英军突围反抗的企图。英军弹尽粮绝,康华利不得不做出最后选择:放下武器,向联军投降。10 月 19 日下午 2 点,在约克镇的广场上,举行了受降仪式。美、法联军分列两行,美军士兵虽然衣衫不整,但却精神抖擞,情绪高昂。8000 名英军虽然身穿刚刚发的红色上衣,但却脸色阴沉,神情懊丧,垂头丧气地放下武器。他们由奥哈拉将军率领,奥哈拉将军骑着马向华盛顿将军走去。他摘下了帽子,并为康华利由于身体不舒服不能

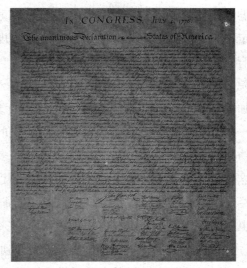

《独立宣言》原件

前来表示歉意。华盛顿用庄重的礼仪接待了他,但是他指着一位少将,说这位少将是接受守卫部队投降的军官。此后,英军无力再战,战斗即将接近尾声。约克镇战役是独立战争中最大的一次战役,也是美军决定性的胜利。1783 年 9 月,英国被迫在巴黎与美国签订和约,承认美利坚合众国为自由、民主的独立国家。

倡议制定新宪法

独立战争结束了,华盛顿急流勇退,郑重地把大陆军总司令的任命书交还给大陆会议主席,回到芒特弗农与家人团聚,开始陶醉于庄园生活,享受庄园丰收的喜悦。

虽然他表面上脱离了政坛,但他实际上却一直关注着国家政治的变化,不断通过书信与一些著名政治家讨论治国方略。1781 年成立的联邦实际上是 13 个独立国家的松散联合,各州保持相对的独立,保留征税、征兵、发行纸币等权利,联邦政府无权干涉各州内部事务。到 1786 年,13 个州各自为政,整个联邦面临着分崩离析的危险。华盛顿忧心如焚,开始积极筹划如何拯救合众国。他给政治家麦迪逊写信说:"政府软弱涣散的后果是十分明显的。13 个主权国家你斗我,我斗你,又一块与联邦政府斗,很快就会同归于尽。可是,如果我们能制定出一部充满活力的宪法,实行严格的相互钳制和监督,我们就可能拯救我们的国家。"

在华盛顿军人的倡议下,1787 年 5 月到 9 月,制宪会议在费城召开。代表们一致推

举德高望重的华盛顿为制宪会议主席。经过 4 个月的讨论后,美利坚合众国宪法草案被制定出来了,这就是 1787 年宪法。该宪法规定美国实行三权分立的联邦共和制。中央政府立法权属于参议院与众议院组成的国会,行政权属于合众国总统,司法权属于最高法院。宪法赋予中央政府重大权力,特别是总统权力很大。当时人们都害怕总统建立专制独裁,但一想到他们敬爱的华盛顿会当总统,他们就放心了。

华盛顿对新诞生的宪法做了这样的评价:宪法中规定的防范实施暴政的钳制办法和制约办法比人类迄今所制定的任何体制都多,而且按其性质来说,也更难逾越。我不期望这个世界上有十全十美的东西,但是,现代人类已经在政治科学方法取得一些进展,假如经过试验,人们发现现在放在美国人民面前的这部宪法还可以定得更完善的话,宪法中也明文规定可以加以改进。宪法制定出来之后,随后又呈交给国会,然后分送各州议会,进行批准。在这段时间里,华盛顿又回到弗农山庄过隐居的生活。回到家后,他从来没有怀疑过这部宪法最后会获得批准。事实上,全国人民热烈拥护这部宪法的决心比他预料的还要明显。

当选总统

联邦宪法的通过揭开了华盛顿生活的新的一页。在正式选举以前,全国人民已经异口同声地一致拥戴他出任总统。在考虑当选总统的可能性时,华盛顿十分谦逊,又出自内心地犹豫不决。选举如期举行,很快他就得知他当选为总统的消息,从 3 月 4 日起,任期 4 年。此时,由于亲友们竭力劝说和恳求,也由于他本人愿意为公众谋利益,他已经决定出任总统,因此,他开始安排家务,准备一接到他当选总统的正式通知,就动身前往政府所在地。1789 年 4 月 14 日,华盛顿在弗农山庄向妻子及子孙们告

美国白宫

别,启程前往纽约,参加就职大典。4 月 30 日,就职典礼开始举行。在宣誓仪式上,华盛顿身穿一套深褐色美国制服,手放在推开的圣经上,缓慢地宣读誓词。宣誓一完毕,整个

纽约市欢腾起来了。

在华盛顿走马上任的时候，全世界的目光都集中在他身上。他在战场上赢得了桂冠，但是能经得起执掌一个处境困难的国家政权的考验吗？很快，在任总统期间，华盛顿就发挥出他卓越的领导才华。他在内政外交、政治经济各个方面采取了一系列措施，旨在巩固新生的美利坚合众国，发展资本主义经济，达到国家长治久安的目的。一般说来，第一任新政府的重点是处理国内事务，其中最困难的是财政问题。独立战争期间，美国曾向外国借款，并以债券形式向国内人民举债。独立以后，偿还债务的问题迫在眉睫，这不仅关系国计民生，而且直接影响政府的声誉。对此财政部长汉密尔顿提出一切债务包括州的债务都应按债券面值赔付，另外成立国家银行发行纸币以保证政府信用。华盛顿权衡利弊，签署了法案。新政府的财政政策解决了战争遗留下的问题，保证了联邦政府的财政信誉，为稳定政局、推动资本主义工商业发展起了很大作用。

4年之后，华盛顿又当选了第二任总统。期间，华盛顿主要致力于确立外交。1793年，大革命中的法国对英国宣战，美国政府内外都认为法国曾支持美国独立战争，若不支持法国是忘恩负义。但华盛顿独具慧眼，认为今天的法国执政者已非昨天的法国执政者，而且国家大事容不得感情用事，最重要的是美国外交要有鲜明的独立性，不受任何外国的影响。因此，华盛顿不顾朝野一片反对，签署了中立宣言。根据中立宣言，美国同法国、英国均保持和平关系，禁止美国公民参加海上的任何战斗。事实证明，华盛顿的中立外交政策是正确的，是合乎美国利益的，这也成为美国建国初期外交政策的主流。

1796年9月，华盛顿在致人民的告别辞中宣布不再争取连任美国总统，决定退出政坛。就这样，64岁的华盛顿急流勇退，辞官回家。这一举动开创了总统连任不超过两届的先例，赢得了美国人民衷心的拥护。

迟来的爱情

华盛顿虽然在全世界享有盛名，但是他同样是一个普普通通的人，有普通人的生活。华盛顿的爱情艰难坎坷，主要是他不善于同女孩子打交道。但是不久，上帝的爱情天平就向他倾斜了。华盛顿在一次出差的过程中碰上了他的熟人张伯伦先生。在共进午餐的时候，张伯伦先生把一位年轻貌美的寡妇介绍给了华盛顿。这位寡妇名叫玛莎。其实张伯伦不知道，他们两人早年曾相识，只不过没在一起共事过而已。玛莎是一个种植园主的千金小姐，尽管她身材矮小，但却带有南方妇女的那种迷人、可爱的风度。虽然算不上聪明过人，却处事坦诚，了解许多的生活常识。不幸的是，她丈夫过早地离她而去。华盛顿虽然严肃拘谨,却很容易被女性的魅力所俘虏。由于在边疆上戎马倥偬,军务繁忙,整天只看到边疆战场的一派荒凉景象,因此,女性的妩媚便一下子吸引住了他。其实,他们俩人都处在一种一见钟情的心态之中。

午餐的时间似乎太短了,当着众人的面,谁也不会说更多的知心话。但是华盛顿了解到了玛莎失去丈夫的不幸,玛莎也得知华盛顿还没有婚配。第二天,华盛顿单独来到玛莎的庄园。这次见面,两人像是一对非常熟悉的老朋友,谈起话来滔滔不绝。比华盛顿大一岁的玛莎一眼就看上了这个血气方刚的小伙子。华盛顿也被这位楚楚动人的寡妇迷住了。两位怀着同样心事的男女,毕竟是第一次以这样的方式见面,谁都没有说出"我爱你"。而华盛顿却从这次见面中领悟到"玛莎对我有情,玛莎是我的知音"。下午,他高兴地跨上军马,兼程赶往威廉斯堡。

两天之后,华盛顿办完公务,再次去看望玛莎。他关切地问起了她的生活以及对今后的打算。玛莎坦诚地向华盛顿表示了再婚的愿望,以求有人帮她经营农庄财产。华盛顿在离开玛莎家的时候,双手将这个寡妇揽入怀

华盛顿与家人在一起

中,向她正式提出求婚。玛莎被这位年轻少校军官的坦诚和热情所感动,立刻满口答应了。此后,华盛顿又多次专程去玛莎的庄园看望玛莎。他们海誓山盟,决定待夺取迪凯纳堡的战役结束后,就举行婚礼。1759年2月6日华盛顿与玛莎正式结婚。华盛顿与玛莎结婚后非常幸福。他们和睦相爱,彼此忠实,从不吵嘴。玛莎用自己的心去爱着自己的丈夫,两人没有再生孩子。华盛顿用法律程序将玛莎的两个孩子承认下来,并像对待自己的孩子一样严加管教。华盛顿一生征战在外,驰骋疆场,这给玛莎带来了思念与担忧。当华盛顿功成名就、当选总统之时,玛莎并没有因之欢欣、喜悦。相反,她的眼睛里却充满了忧虑。因为,她意识到,她的丈夫不再属于她一个人,而是属于整个国家。不过她默默地接受了这一切。在华盛顿担任总统期间,她从不参政,做她该做的事情,尤其注意以自身的形象为总统增光。1799年,华盛顿不幸去世。在以后的三年中,玛莎一直郁郁寡欢,1802年也离开了人间。

新时代伟大的解放者

——林肯

人物档案

简　　历：美国政治家、战略家，首位共和党籍总统，主导废除了美国黑人奴隶制。生于美国肯塔基州，1860 年 11 月 6 日，林肯当选美国总统。美国南北战争爆发后，林肯签署了《宅地法》、颁布了《解放黑人奴隶宣言》，为北方获得南北战争的胜利奠定了基础。1864 年 11 月 8 日，林肯再次当选为美国总统。1865 年 4 月 15 日晚在华盛顿福特剧院观看演出时遇刺身亡。

生卒年月：1809 年 2 月 12 日~1865 年 4 月 15 日。

安葬之地：美国伊利诺伊州首府斯普林菲尔德市的橡树岭公墓。

性格特征：性格坚毅，能够坚持自己的主张，具有领导能力和影响力。他的谦虚、勇敢、决断和沉着冷静，以及对团队的重视，都让他成为了一位杰出的领袖和肯定的历史人物。

历史功过：提出民有、民治、民享的纲领性口号，解放黑奴，颁布《宅地法》

名家点评：马克思曾经这样评价说："他是一位达到了伟大境界而仍然保持自己优良品质的罕有的人物。这位出类拔萃和道德高尚的人竟是那样谦虚，以致只有在他成为殉道者倒下去之后，全世界才发现他是一位英雄。"

同情黑奴

1809 年 2 月 12 日,林肯诞生于美国肯塔基州霍詹维尔城诺林河附近的一间小屋中。他的父母都是老实巴交的农民。他的父亲虽一字不识,但是他经常给儿子讲述祖先移民定居美洲的事情以及黑人的悲惨命运。虽然小林肯对这一切还不能完全理解,但他幼小的心灵里已萌发了对黑奴的同情。他的朋友中有不少便是附近庄园里的黑奴,小林肯想不通为什么奴隶主可以任意打骂、奴役黑人,为什么与黑奴交朋友便是"非法"行为。

后来,已长成小伙子的林肯被一家店铺雇佣,当一条木船的"船长",到一些较远的城市贩卖货物。有一天,他们来到了拥有四万多人口的新奥尔良,林肯在大街上惊讶地发现了贩卖黑人的广告和悬赏寻觅逃亡黑人的布告,他的心被深深地刺痛了。

这幅 19 世纪的木版画描绘了弗吉尼亚州的奴隶们在向富有的种植园主及其家人鞠躬问候的情形,奴隶制的存在已严重阻碍了资本主义在美国的发展。

林肯第二次到新奥尔良做生意时,在黑奴市场上看到了惨不忍睹的拍卖黑奴的情景。黑奴戴着镣铐,半裸着身体。奴隶贩子一面凶狠地鞭打黑奴,一面夸耀自己的"商品""货真价实"。有一个奴隶贩子指着一个沉默不语的女奴,无所顾忌地介绍着她的优、缺点,就像描述一头物美价廉的牲畜一样,周围的人怪叫着、争吵着,可怜的少女羞怯的泪珠一颗颗地落了下来,最后她被一个出价最高的买主像牲畜一样牵走了。还有一位做妈妈的黑奴也被买走了,她的孩子哭着要妈妈别走,而另一个买主却把这个小黑奴硬给拖走了。

这一幕幕凄惨无比的情景让林肯愤怒不已,他握紧拳头说:"总有一天我要彻底摧毁这一制度。"30 年后,林肯果然实现了自己的诺言。

婚姻爱情

林肯与其夫人玛丽·托德的婚姻应该说是一位伟大男人与一位美丽、有个性的女人的结合。

林肯也曾有过少年时期的早恋,也曾爱过别的姑娘,但他最后选择了玛丽。他们相爱,感情甚笃,经历了一些磨难后,终成眷属。

1830年,林肯全家迁居到伊利诺伊州。这时,已长成男子汉的他,爱上了新塞勒姆的旅店主人的女儿安·拉特利奇。安面容姣好,身材窈窕,温柔贤惠,迷人的她得到了林肯对女人的所有最高的赞颂。谁知美人命薄,这位安小姐于1835年患了伤寒而突然去世。林肯对安的死非常伤心,甚至有人说,在安葬礼后的几天中,他几乎有了自杀的念头。

林肯与后来成为他夫人的玛丽·托德相识于一次舞会上。玛丽是肯塔基州莱克星顿远近闻名的美人,活泼的性格和倾城的美貌使她声名远扬,人们无不赞赏她头脑机灵、不拘小节和热情奔放,她娇小柔美的身材和火一样的热情可以征服任何一个男人。

林肯与玛丽一见倾心,很快双双坠入爱河,玛丽是一个银行家的女儿,林肯当时却是个不名一文的穷小子,地位的悬殊对他们的相爱甚至结婚造成了重重的阻碍。然而,玛丽坚信这个个子很高很瘦、不英俊但很有个性的小伙子是她唯一而又正确的选择。两人经过种种努力,终于获得了托德家族的同意,于1842年11月举行了婚礼,两颗相爱的心终于找到了归宿。

反奴斗士

1846年,林肯在妻子的支持下,参加国会议员竞选,并取得了胜利。

林肯一直都非常关注黑人奴隶问题。他虽然没有参加过废奴运动团体,但是始终很同情黑奴的遭遇。他认为奴隶制度是罪恶的,是建立在不平等、不公正的基础上的。他曾公开发表反对奴隶制的言论。在全国废奴运动的影响下,他逐渐认识到奴隶制已成为资本主义发展的绊脚石。林肯当选为国会议员后,奴隶制度的废存问题已成为美国社会的主要矛盾,在这种形势下,林肯更坚定了自己的信念。

国会议员任期结束后,他回到斯普林菲尔德,重操律师旧业。在此期间,他经常深入各地,去了解群众的种种疾苦。随后发生的堪萨斯事件和国内尖锐的政治斗争形势,使林肯放弃了心爱的律师工作,重新投入到反对奴隶制的活动中去。

1854年,堪萨斯和内布拉斯加两个地区的移民不断增加,他们要求加入联邦。北方资产阶级认为这两个地区应划为自由州,而南方奴隶主却想把它们变为蓄奴州,双方僵持不下。后来,伊利诺伊州的参议员、民主党人斯蒂芬·道格拉斯提出这两个地区应由当地人民自己的投票来决定是自由州还是蓄奴州。这主张显然是维护奴隶主利益的,因为所谓的"由当地人民自己投票来决定",实际就是由奴隶主操纵把两个地区变为蓄奴州。最后,奴隶主促使国会通过了这个不合理的法案。可是奴隶主又担心北方资产阶级会同他们争夺这两个地区,于是组

为了捍卫他们的旗帜、联邦、宪法、民主和尊严,北方人随时准备献出生命。

织了武装暴动,试图强占堪萨斯和内布拉斯加,结果这引起了广大工人和农民的强烈反抗,奴隶主的武装被打败。可是,联邦政府马上又派来了大批军队,强行镇压了工农。这就是著名的"堪萨斯事件"。堪萨斯事件正式拉开了美国内战的序幕。

同年,辉格党在关于奴隶制的争论中开始分化瓦解,一些左派人物建立了反对奴隶制的新党——共和党,林肯也成为共和党的一员。1858年,林肯在与民主党人斯蒂芬·道格拉斯同时竞选参议员时失败,但他与对手的辩论却使其在全国赢得了很高的声望。

林肯反对奴隶制度,但认为目前主要任务是保持联邦统一。他说:"一个家庭分裂为两部分,彼此互相敌对,这个家庭是站不住的。"他相信"联邦政府也不能永远处于半奴隶、半自由的状态中",他"决不希望联邦分裂,决不希望家庭分裂"。

在与道格拉斯就黑奴问题展开辩论时,林肯说:"人生来就是平等的,这在《独立宣言》中早就说过了。"道格拉斯狡辩道:《独立宣言》中所指的人,与黑人及其他低级的人无关。"林肯驳斥说:《独立宣言》中所指的人包括所有的人,不管他是白种人还是黑种人,他们在天赋的权利——生存权、自由权、幸福权上应一律平等。"道路拉斯仍坚持说:"不管怎样,反正各地人民应有自己决定奴隶制度是否应该存在的权利。"林肯厉声痛斥道:"这种权利,完全是荒谬的,蓄奴制度早已得不到人民的同意,它很难在联邦任何地方

推行了。"

拯救危机

竞选参议员失败后,林肯常常到美国东部和其他地区去发表演讲,这为他 1860 年竞选总统做好了舆论准备。

1860 年 5 月,林肯被选举为共和党的总统候选人。而此时民主党却分裂成南北两派,各自选出一个总统候选人,因此力量有所分散。11 月,选举结果揭晓,林肯以近 2000000 票当选为美国第 16 任总统。而就在其当选后的 3 个月内,南方先后有 11 个州退出联邦,组成新政府,选出了总统和副总统,并制定了新宪法,奴隶主公开打出了叛乱分裂的旗帜。

内战气息已弥漫全国,北方形势十分危急,宣誓就职后的林肯面临着严峻的考验。1863 年 4 月 12 日,随着萨姆特要塞的一声炮响,南北战争正式爆发。

战争初期,由于北方军队准备不足,因而军队连遭挫折。到了这年冬天,数日没有战事,战争进入了相持阶段。对此,每一个司令官都有自己的借口来说明他们为什么不能发起进攻,还向林肯提出新的要求。

司令官们之间的分歧也与日俱增,这时林肯开始认识到现在有必要由他来独撑危局了。

根据宪法,现在他是陆、海两军的最高统帅,可他自己身边还没有能担负重任的将领,这样的现实状况加上对别人缺乏信任以及一种重大的责任感都驱使他决定通过学习亲自去担当这份责任。

林肯认为其实带兵打仗也没什么神秘的,他在 1862 年 12 月至次年 1 月的 2 个月里,没日没夜地埋头于一堆战略著作、军队领袖的档案、地图及军队给养方面的书籍,如饥似渴地学习这一切。

现在,他开始以一种新的态度来对待那些将军们。而那些将军们也不得不对他刮目相看,他们不再把他视为不懂军事的笨拙的外行。他要求将军们尊重他的意见,并这样分析当时的形势:"在数量上我们占优势,在迅速集结兵力方面敌人占优势。如果我们不能设法对敌人进行突袭,并一鼓作气打他个落花流水的话,那我们必败无疑。"他主张在同一时间不同地点以优势兵力对敌军紧逼不舍,因为敌人不可能在所有战场上都有那么多的兵力来抗衡。

1863 年 1 月,林肯认为时机已经成熟,便准备下令对南方发动总反攻。可他与他的将军们就进攻计划产生了分歧,他主张让军队直入里士满,而部下则想经由一个半岛袭击敌军。

最后,他下的这个重大的命令只在一定程度上得到了实施。多年后,一些批评家纷纷写文章评论说,若是当时完全采纳了林肯的计划,那么北方早在当年的 2 月份就可以轻轻松松地取得一次胜利了。

发表宣言

当战争进行了一年时,战场上仍没有多少进展,黑奴问题也没有得到解决,这是因为在林肯政府看来,战争的目的只是为了"维护宪法和联邦的统一"。林肯考虑到各方面因素,采取十分谨慎稳妥的步骤,并不想立即废除黑奴制。他的做法激起了人民与资产阶级左派的不满,因而得不到他们的支持。所以,局势一直没有向有利于北方的方向发展。

在这种情况下,有很多人认为林肯一定不敢公开原定于 1863 年新年发布的《解放奴隶宣言》。的确,他必须为宣言的实施积极地做准备:南部一些并未脱离联邦的小地方须被稳定下来,这样,惩罚措施才可以得到更加有效的实施。同时,他还得处理层出不穷的新问题,

林肯(左三)召开废除奴隶制的部长内阁会议

考虑如何安置那些即将被解放的奴隶们,怎样名正言顺地征他们入伍,如何让各级军官懂得,他们应该对黑人士兵和白人士兵一视同仁。除此之外,林肯还派人研究了使海地黑人脚趾皮肤溃烂的河蚤,并寻找医治这种疾病的良方。

对于那些措施的矛盾之处,林肯当然也很了解。英国人写的讽刺性杂文说,林肯若是在哪个地方无法发威,他就要去废除那里的奴隶制,而在他统治的地区,奴隶制依旧存在。林肯对这个令他头疼的问题考虑了很久后,清楚地认识到这种讽刺可能引发的危险。他的话一下就指出了问题关键所在:"我们就像是捕鲸鱼的猎手一样,在我们终于把鱼叉插入了鲸鱼那庞大的身躯里以后,我们必须要注意把好船舵,否则鲸鱼摇摇尾巴就会让我们船毁人亡了。"在他看来,现在已经到了该改变战争目的为解放黑奴而战的时

候了。

　　林肯想征召被解放的黑人们参加到为解放他们而建立的军队中去，这样，他们就可以为自己而战了。他非常激动地表达了令他十分鼓舞的这种思想："现在，一部分黑人终于要变成真正意义上的人了，将来，他们会十分自豪地想起当年他们曾以他们的沉着和冷静，扛起枪杆，与白人们一道完成了一项伟大的事业！"

《解放奴隶宣言》发表后的华盛顿一片欢腾

　　满怀激情的林肯有时也会变得没什么信心，他曾这样说过："上帝既然允许人类以自己的同类为奴，又允许这场战争持续下去，那他一定是从中发现了什么奇怪的东西。我渴望胜利，对方也渴望胜利，我们双方都认为自己有望。上帝应该怎么对待双方呢？年轻的时候，我曾读过《伊索寓言》，那本书已经很旧了，木头做的书页泛着黄色。在那本书里有一个故事说，有四个白人为了让一个黑人变白，就把他放在一个容器里，用石灰和水给他漂白皮肤，他们以为这样就可以让他变白，但干完了之后，他们却发现那个黑人伤风而死。即便我们好不容易熬过了战争，黑人的命运如何，我们也不得而知！"

　　在新年临近的时候，林肯一定对在宣言上签字的重要意义有了更深刻的认识。他要发表的宣言只是9月那份宣言的一个框架。新年的那天，因为人们成群结队地涌来，他不得不走出去，祝他们新年快乐。到了下午，他又重新回到自己的办公室。他一边把笔蘸到墨水里，一边对等他在宣言上签字的人说"有生以来，我从没像现在在宣言上签字时感觉这么安全。不过，刚刚我和那么多人握手，胳膊又酸又麻，都有些不听使唤了。将来，一定会有人仔细观察我的签名，如果他们看出我的手在签字时发过抖，那他们一定会说，看来林肯当时还有顾虑啊！不过，无论如何，字我是签订了。"

　　就在签字的最后时刻，他还在怀疑他这一历史使命的正确性。然而，他清楚怀疑只是暂时的，而历史赋予他的使命却是永恒的。

他充分感觉到,他写下的这几笔将使那些受到不公正奴役的人们最终获得自由,所有的黑人都将甩掉他们脚上的锁链,成为自由人,当然也包括了在新奥尔良奴隶买卖市场上看到的那个女奴。于是,他坚定地握住笔,慢慢地写下了:亚伯拉罕·林肯。《解放奴隶宣言》真正是"联邦成立以来的美国史上最重要的文件"。

1865年4月,历时4年的美国内战终于以北方的胜利而告终。

遇刺身亡

从内战结束的第一天起,林肯每天都忙于战后的重建工作,精神异常愉快。他对妻子说,等他的任期满了,就回家乡去开一个律师事务所,可是林肯的这个愿望并没有实现。

1865年4月15日晚上,林肯及夫人玛丽在华盛顿福特剧院观看演出《我们的美国兄

华盛顿林肯纪念堂

弟》。正当演出达到高潮时,被南方奴隶主收买的野心勃勃却又默默无闻的悲剧演员约翰·布思潜入林肯的包厢,用手枪抵住他的后脑,砰的一声扣动了扳机。布思击中林肯后,跳到舞台上,大喊道:"暴君从来就是这样的下场,我替南方报了仇!"然后便夺路而逃。

"他把总统杀死了!"不知是谁喊了一声,可一时间仿佛没人听懂他喊的是什么。玛丽绝望地尖叫一声,人们才从恐惧中回过神来,大厅里一片混乱。林肯从椅子上摔了下来,头上满是鲜血,早已失去了知觉。

人们马上把他抬到附近的一幢楼房里。对林肯来说,这张陌生的床实在太小了,他那么高大,人们只能把他斜放在床上。整整 9 个小时,这个巨人和那颗致命的子弹做着殊死的搏斗,他呼吸困难地挨到了第二天清晨。早上 7 点钟,昏迷不醒的总统终于停止了呼吸。他像朝圣者一样,又像是个先知似的,在复活节这天,在一张陌生人的床上永远地躺下了。就像安葬一位旧时君主一样,美国给这个人民的儿子举行了国葬。

　　林肯的英名和事业,不仅值得美国人民自豪,而且也为世界人民所怀念。

圣胡安山英雄
——罗斯福

人物档案

简　　历：华人称为"小罗斯福"，美国历史上首位连任四届的总统。1882 年 1 月 30 日生于美国纽约州，1904 年哈佛毕业，1907 年哥伦比亚法学院毕业，1910 年当选纽约州参议员，1930 年成为纽约州州长，1932 年当选第三十二届美国总统，1944 年第四次连任美国总统。1945 年 4 月 12 日，罗斯福在佐治亚州的温泉因突发脑溢血去世。

生卒年月：1882 年 1 月 30 日~1945 年 4 月 12 日。

安葬之地：纽约州哈德逊河畔的海德公园。

性格特征：罗斯福具有英俊的容貌、善良的性格和聪敏的天赋。他坚信"困难可以压垮一个人，也可以成就一个人的辉煌"。

历史功过：罗斯福任总统期间，推行新政使美国摆脱了空前的经济危机，进入国家垄断资本主义发展时期；与英国首相丘吉尔会谈，起草了反法西斯战争的《大西洋宪章》；与英、苏、中四国建立了"联合国救济总署"，为联合国的建立奠定了基础。

名家评点：美国记者约翰逊在罗斯福传记中写道："他推翻的先例比任何人都多，他砸烂的古老结构比任何人都多，他对美国整个面貌的改变比任何人都要迅猛而激烈。然而正是他最深切地相信，美国这座建筑物从整个来说，是相当美好的。"

竞选州长

1882 年 1 月 30 日，富兰克林·德拉诺·罗斯福出生在美国纽约州海德公园的一个村子里。命运赐给了他英俊的容貌、善良的性格和聪敏的天赋。得天独厚的家庭条件使富兰克林从小就与上层社会有着广泛的接触,从而对政治有着特殊的敏感。

1904 年 6 月,罗斯福从哈佛毕业,获文学学士学位。随后进入哥伦比亚法学院学习法律。1905 年 3 月,罗斯福与西奥多·罗斯福的侄女安娜·埃莉诺结为伉俪。

罗斯福在 1907 年从哥伦比亚法学院毕业后,进入华尔街一家著名的律师事务所工作。

1910 年,罗斯福如愿以偿当选纽约州参议员。1912 年,罗斯福助威尔逊竞选成功,威尔逊登上了总统宝座。

第一次世界大战时的海军助理部长生涯,显露了罗斯福的政治才华,也锻炼了这位年轻的政治家,为他日后入主白宫,特别是二战中担当三军总司令的重任积累了经验。

1921 年 8 月 10 日,罗斯福一家乘小帆船去郊游。途中遇到一处野火,罗斯福同家人一起扑灭后,跳到水湾里去冲洗。谁知湾里的水冰凉刺骨,寒气往他的心里钻,身子冻得发颤,手脚也开始麻木了。罗斯福勉强划了几圈,赶紧上岸。

回到家里,罗斯福发起了高烧,两腿的肌肉酸痛,并且渐渐扩散到了胸和背。很快,罗斯福胸部以下的肌肉不听使唤了,两腿完全失去了知觉。

为了使两条腿能够伸直,罗斯福自此以后每天都像踏上中世纪的酷刑架一样,把两腿关节处的楔子往里打进去一点,以便使肌肉放松。为了重新站立和走路,罗斯福让人在草坪上架起两根横杠,他每天数小时不停地在这两条高低不一的横杠上来回挪动身体。渐渐地,他能挂着拐杖慢慢地行走了。

罗斯福把治好病看作是从逆境中崛起的一个基本条件。为此,病情刚有所好转,他就挂着双拐忍着剧痛又回到了办公室工作。病魔没有击倒罗斯福,反而把他变得更坚强,同时,也使他的名字像长了翅膀一样传遍了整个美洲大陆,人们甚至把他看成是一个英雄。

1930 年,在妻子的鼓励和支持下,罗斯福不顾严重残瘫的身体,毅然加入竞选纽约州州长的行列。在激烈的角逐中,罗斯福面带笑容,依靠一副夹板,一根手杖,一只抓东西有力的胳膊,以及自身的才智,一步一步地为自己铺设成功之路。最后,他,一个残废的竞选者,赢得 25000 张选票。挂着双拐坐上了纽约州州长的交椅。

入主白宫

罗斯福取得州长选举胜利后,就立即开始了争取民主党候选人的提名活动。

1932年,美国人民在灾难深重的经济危机中迎来了总统大选。共和党推不出新的候选人,仍由刚任职期满的总统胡佛应战。民主党在角逐提名的几个人中,罗斯福资历最浅,但他从1930年担任州长后,顺应民心,政绩卓著,无人能与之相比。

罗斯福顺利获得了民主党总统候选人提名。按照传统做法,被提名的总统候选人要等待几个星期,听候党的委员会送来得到提名的正式通知书。罗斯福决心打破这一虚伪的传统,他一得到消息,立即由奥尔巴尼出发前往芝加哥,发表他的接受提名演讲。这篇演讲回顾了美国的经济繁荣和随后的危机,以及共和党政府在应付危机方面的无能,并简要介绍了罗斯福在应对危机方面所要采取的策略。这个策略与共和党的有很大

罗斯福就任美国总统图

不同,罗斯福称之为"新政"。他在演讲结束时所说的一句话,"我保证为美国人民实行新政",给千千万万的美国人民带来了希望。

同罗斯福生气勃勃的竞选活动相比,胡佛的竞选则黯然失色。他四年的总统履历已让选民看清了他的"富人代表"的面目,现在也拿不出什么新货色,只能用罗斯福的残疾来做文章。共和党人散布谣言说,他的这种病会损伤大脑,影响正常思维。而广大的公众则针锋相对地认为,"遭受经济危机打击的美国就像一个双肢瘫痪的人,只有战胜了这种疾病的罗斯福才能挽救危机"。

这场竞选戏剧没有留下任何悬念,最后选举的结果是:罗斯福得票2280万张,胡佛1575万张。在48个州的选举人中,罗斯福赢得42个州,共472张,而胡佛只得到6个州的59张选举人票。这是1860年林肯以212票对21票之比击败麦克莱伦以来,美国竞选史上第二个悬殊的比率。罗斯福终于成为美国第32届总统,入主白宫。

推出新政

罗斯福在竞选总统时向人民宣誓要"实行新政"。"新政"(New Deal)这个词,打动了

选民的心,使他们生出摆脱危机的希望。但是,在罗斯福本人的思想中也并没有一幅"新政"的清晰蓝图,能够肯定的就是要改变胡佛的"自然调节"的放任政策,进行美国历届政府都没有进行过的某种经济实验。在美国历史上,没有哪一次危机能比胡佛政府卸任与当选总统罗斯福就职期间这四个月的"政府过渡"时期的危机更加引人注目,其范围之广、危害之大是前所未有的。对美国人民来说,这四个月真是最难熬的漫长时期,正逢银行破产和濒临恐慌的混乱局面。

宣誓就职以后,罗斯福就大刀阔斧地开始了"旋风式"的"新政"运动。大危机是由疯狂的股票投机活动引起的金融危机而触发的,罗斯福新政的处方也首先从整顿金融入手。就职后的第三天,罗斯福下令全国所有银行一律停业,从而制止了存款者的挤兑风潮,同时要求国会召开特别会议讨论解决银行危机的立法问题。3月9日,国会通过《紧急银行法》,决定对银行采取个别审查、颁发许可证制度,凡有偿付能力的银行,允许尽快复业,其余的一律改组。

在银行重新开业后,为了使存款户对储蓄安全放心,在罗斯福的倡议下,国会又通过了1933年《银行法》,规定设立联邦储备局和联邦储莆保证公司,对5000美元以下存款(后增加到2万美元)由政府保证其安全,商业银行与投资银行分开;全国信贷体系由联邦储备局控制,并监督私人银行。由于采取这些措施,银行信用很快恢复,在不到一年内增加了10多亿美元存款。

在解决银行问题的同时,罗斯福还促使议会先后通过了《农业调整法》和《全国工业复兴法》,收到了显著成效。

20世纪30年代罗斯福推行的新政,使美国摆脱了空前的经济危机,使下百万生活贫困的工农群众免于饥寒的威胁,同时也使濒于瓦解的资产阶级民主制度得以保全,为美国在反法西斯战争中充当民主国家兵工厂做了思想和物质准备。更为重要的是,新政大大加强了美国政府在经济生活中的作用,美国由此脱离了"古典资本主义"而进入所谓"现代有控制的资本主义",即国家垄断资本主义发展时期。

见筹联盟

就在国内对新政的一片赞誉声中,四年一度的总统大选又到了。罗斯福大选获胜,他获得了除缅因州和佛蒙特两州的全部选举人票。罗斯福成了门罗总统以来接连两届由本党控制国会两院的第一个总统。

1939年9月1日,德国悍然进攻波兰,3日,英、法对德国宣战,酝酿已久的第二次世界大战爆发。9 月 5 日,罗斯福宣布美国实施《中立法》。

1940 年,又是美国总统选举年。针对纳粹希特勒的疯狂进攻,罗斯福激流勇进,第三次连任总统。

1941 年 3 月 11 日,罗斯福正式颁布《租借法》,它标志着美国孤立主义传统的结束,使美国由中立转变为事实上的反法西斯国家。

苏德战争爆发后,罗斯福在 6 月 24 日的记者招待会上明确表示:"美国准备在可能的范围内,全力援助苏联。"11 月 7 日,罗斯福宣布苏联为《租借法》受援国,美将向苏提供 10 亿美元的无息贷款。

在援助和支持苏联抗击德国的同时,美英两国的战略合作关系也得到了加强。1941 年 8 月初,罗斯福在一支舰队的护航下,乘"奥古斯塔号"秘密来到纽芬兰附近的大西洋海面上,与英国首相丘吉尔举行了战时第一次首脑会议,史称"大西洋会谈"。

在以后的几天里,两位政治家纵谈世界局势,商讨共同的战略方针。在最后一天即 8 月 12 日,他们在"奥古斯塔号"的方形大舱内起草了有关战争目的的联合声明——《大西洋宪章》。

几乎所有反法西斯国家都立刻接受了它。到 9 月 15 日,已有 14 个国家附议了宪章,它的基本原则成为反法西斯国家团结合作的政治基础,并为后来的《联合国宪章》所采纳。

1941 年 12 月 7 日,日军偷袭珍珠港,美军损失惨重。次日上午,罗斯福发表演讲,正式对日宣战。至此,美国直接加入了世界反法西斯的阵营。

构建联合国

1944 年,罗斯福在总统大选中,击败共和党总统候选人,第四次蝉联美国总统。

在第二次世界大战中,罗斯福一直在心中谋划如何建立一个更加符合美国利益的战后世界。1942 年他提出了最初的"四警察"设想,即由美、英、苏、中四大国分管美洲、西欧、东欧和亚洲的地区安全,在此基础上,再组成区域组织的国际联合。第二年他又潜心运构,重新设计了未来世界的蓝图,这就是把原来的"四警察"设想的国际安全组织糅合起来,在已有的国际反法西斯联盟的基础上,建立一个常设的圈际安全组织联合国。

罗斯福关于建立联合国的构想很快得到了英、苏两国的赞同,并且出现了最初的联合国组织,这就是 1943 年 11 月由美牵头建立的"联合国救济总署"(简称"联总")。它的任务是向受战争破坏地区的人民提供衣、食、住、行、医疗等方面的援助和服务,以创建一个"更加稳定的世界"。联总的成立及其活动,为以后联合囤的建立提供了经验。

紧接着,四大国的外交代表于 1944 年 8—10 月在华盛顿的敦巴顿树园召开会议,讨论建立联合国的具体组织事宜。会议上,四国就联合国组织的总形式和许多具体细节达成了一致。会议通过的《关于建立普遍性国际组织的建议案》,规定了联合国组织的宗旨与原则以及联合国大会、安全理事会、秘书处等重要机构的组织权限。

1944 年 7 月 11 日,三巨头在苏联克里米亚半岛的雅尔塔再次聚首,就有关安理会的否决权等问题进行了讨论。会议还决定,于 1945 年 4 月 25 日在美国旧金山召开联合国成立大会。然而就在旧金山会议召开前夕,1945 年 4 月 12 日,罗斯福却因心血耗尽而溘然长逝,他未能亲眼看到他精心设计的联合国组织的诞生。

在罗斯福逝世 25 天后,作恶多端的德国法西斯宣布无条件投降;他逝世三个多月后,日本法西斯也投降了。全世界爱好和平的人民将永远怀念他在这一伟大战争中所做出的历史功绩。

打开中美关系大门的总统

——尼克松

人物档案

简　　历:爱尔兰血统,美国第 36 任副总统及第 37 任总统,美国共和党政治家,律师。1913 年生于加利福尼亚州洛杉矶市的约巴达小镇;1937 年毕业于迪克大学法学院;1946 年 1 月开始在海军服役三年半,1968 年入主白宫,成为美国总统,1972 年成功连任,但在他连任过程中,因"水门事件"不得不于 1974 年宣布辞职。1994 年,因中风去世,终年 81 岁。

生卒年月:1913 年 1 月 9 日~1994 年 4 月 22 日。

安葬之地:美国加利福尼亚州约巴林达的尼克松博物馆。

性格特征:热情、真诚,很有政治头脑。

历史功过:获得两枚战斗之星,结束越战,访华,成功使中美关系解冻,打开了中美关系紧锁的大门。引发了著名的"水门"事件。

名家评点:《瞭望新闻周刊》评价说:"尼克松在美国是一位颇有争议的人物,但他在 1972 年顶住各种压力,以很大的勇气毅然对中国进行访问,打开了中美关系的大门,结束了两国长期的敌对状态,这一功绩是不会被人们忘记的。"

勤奋的儒将

1913 年 1 月 9 日,理查德·尼克松出生于加利福尼亚州洛杉矶市的约巴达小镇。尼克松的父亲是爱尔兰人的后裔,曾经当过菜农、电车司机和柠檬园主,后来开小杂货铺兼加油站。

尼克松的童年生活是充满艰辛和磨难的。他 3 岁时从马车上摔下来,差点儿因流血过多而死去。4 岁时又得了急性肺炎,差一点要了命。

尼克松从小就帮助父母做家务,稍大一些时,每天从洛杉矶菜市场采购新鲜水果蔬菜,回来后再加工送进店铺。假期中,他做过游泳池的看门人等各种工作。

学生时代,尼克松始终是一个勤奋、认真和敏捷的学生。小学时期他能轻松自如地取得优异成绩。中学时期,他曾代表西海岸参加全国演讲大赛,1930 年,他以全班第一的成绩毕业,并获得加利福尼亚校际联盟学业成绩金印奖以及最佳学生哈佛奖。

1937 年,他从迪克大学法学院毕业。

1941 年 12 月,因一位教授的推荐,华盛顿物价管理局聘请尼克松担任助理律师。在物价管理局工作可以缓役,但当尼克松听到征募海军军官的消息后,立即申请报名并取得军官任命。

1942 年 8 月,尼克松被派到海军军官学校受训。

1944 年 1 月,尼克松被调到布干维尔,因为接近前线,时常会遭到日本轰炸机的袭击。在布干维尔工作一阵,尼克松获准到一个分遣队去担任指挥官。

1944 年 7 月,尼克松奉调回国。1945 年 1 月,他到东部去办理海军包工合同的结束工作。在战争接近尾声的最初几个月中,尼克松夫妇先后在华盛顿、费城、纽约和巴尔的摩等地住过一段时间。1945 年 10 月,尼克松成为海军少校并于 1 月复员,在海军先后服役三年半。

向政府进军

1945 年 9 月,尼克松收到赫尔曼·佩里的一封信,问他是否有兴趣参加共和党众议员的竞选。尼克松欣然同意,决定回加利福尼亚州参加竞选,并着手进行竞选准备工作。

当然,一名无名小卒与政坛宿将对抗,能否成功?尼克松心里也没有底。他的稳重老成、善工心计的性格再次帮助了他。他到国会大厦去拜访众议院少数党领袖乔·马丁,听取他们对对手沃勒斯的评价。

尼克松刚接受共和党副总统提名,来自民主党方面的猛烈攻击便接踵而至。共和党权威人物要求尼克松向全国发表电视讲话,澄清基金事件。1952 年 9 月 23 日,共和党为尼克松提供 7.5 万美元让他作了 30 分钟动人的电视演说。在演讲中他承认自己有这笔基金。为了使公众相信他没有因当官而发财,他列出了自己的财产和债务清单。在演讲快结束时,他承认接受了条矮脚长耳猎犬。他装作十分严肃地说:"现在我只想说,不管人们怎样议论,我们将留下这条狗。"观众的支持信潮水般地涌向共和党全国委员会。艾森豪威尔笑着对尼克松说:"你是我的孩子。"尼克松明白自己已获得一半以上的胜利。

1952年11月4日,艾森豪威尔和尼克松分别当选正、副总统,从而结束了民主党对白宫的控制,共和党众议院又获得22席,总席位变成221对213。这样,共和党控制了参众两院,尼克松本人也因在竞选中的出色表现而受到党的普遍尊敬。

1960年尼克松获得共和党提名,同民主党总统候选人肯尼迪对阵。

肯尼迪信奉自由派政策和观点,主张政府对经济进行积极干预,缓和阶级矛盾。尼克松则以保守主义思想为依据,主张健全的私人经济和个人进取心是发展经济的前提。他们之间的分歧主要是政策方法的不同。在整个60年代到70年代,美国历届总统的基本政策仍然遵循"凯恩斯主义"。最终尼克松以微弱票差败北,但也为日后卷土重来积累了经验。

跻身总统府

尼克松55岁生日那天,他决定再次参加总统职位的角逐,他这次的对手是汉弗莱。

1968年2月2日下午,尼克松在新罕布什州正式开始了竞选总统的活动。

到1968年10月31日,尼克松与汉弗莱的竞选已进入白热化阶段。在这一天,尼克松夫妇与他们的竞选伙伴同时登上讲台,出席一个有电视实况转播的集会。

到11月4日,尼克松与汉弗莱的竞争更为激烈。他觉得应该在选举的前夕,尽一切可能做一些对选票有影响的事。尼克松不顾他的顾问们的反对,买下了连续4小时的电视节目时间,进行最后的竞选演说。

经过激烈的拉锯战,尼克松终于长舒一口气,他已经赢得了总统职位。

同美国历史上的许多总统不同,尼克松是怀着一种复杂的心情走进白宫椭圆形办公室的。他在高层政界周旋了多年,又担任8年副总统,他太了解白宫了。他已为共和党在选举中获胜整整奔波了22年。

在同国会打交道时,尼克松想方设法同资深的保守民主党人结成联盟,以赢得立法所需要的关键性投票。民主党众议员威尔伯·米尔斯长期任众院筹款委员会主席,他对尼克松关于税收、收入分成和福利改革的立法提案能否获得通过,起着至关重要的作用。尼克松认为,从他来到华盛顿后的26年中,国会已经发生剧烈的变化,它与总统的分歧进一步加深。打击国会等于击中民主党的神经中枢,所以尼克松首先把矛头对准国会。

尼克松通过改革国家预算和税收来打击国会。他知道，国会能发挥很大的政治功能，关键在于它掌握国库收支的大权，为联邦政府制定预算和管理税收。此举直接触犯了东部权势集团的利益。作为国会议员，他们已习惯于迎合本选区和本党领袖的意愿就某一拨款计划进行投票。尼克松控制预算无疑是对这项特权的挑战。对东部财团来说，尼克松的改革实际上是断其财路。多年来他们积极扶植国会中的自由派势力，通过遥控国会来达到自己的目的。

难过"水门"关

1972 年 6 月 18 日，在水门大厦民主党全国委员会总部有 5 个企图进行窃听的人被捕，这一消息被《迈阿密先驱报》披露。两天后，《华盛顿邮报》头版以醒目的标题声称：白宫顾问与窃听人物有关联，是 1972 年 3 月 29 日以前一直在白宫充当尼克松总统顾问的查克·科尔森的助手。民主党向共和党政府发起猛烈攻势，希望在大选之年将尼克松拉下马。水门事件虽然没有成为尼克松连选连任总统的障碍；但却导致他提前下台。

为平息"水门"风波，尼克松先后实施了几套策略。

尼克松对水门事件的最初反应是不以为然，但是当《华盛顿邮报》提到科尔森的名字后，尼克松承认这使他大吃一惊。如果争取总统连任委员会受牵连，问题都不大。然而科尔森是他的助手和顾问，如果他也受牵连，情况就完全不一样了。

水门案发后，尼克松的人很快达成默契，对外声称白宫与此案无关。

亨特作为案件的新线索被《华盛顿邮报》掀出来后，白宫发言人罗恩·齐格勒马上发表声明说：亨特曾任总统特别顾问科尔森的助理，他自 1972 年 3 月起，已与白宫脱离关系，不打算代表白宫就一件三流窃案发表评论。

尼克松不但指示齐格勒出面发表"极为明确有力和结构严谨的声明"，而且亲自出面答记者问。亨特和利迪被捉拿归案，尼克松便与其心腹幕僚商定，采取第二套策略，将联邦调查局和公众的视线引向古巴人身上。鉴于被捕者中有几个是古巴侨民，将水门事件解释成是古巴人为了自己的民族利益而进行的窃听活动。尼克松还让手下人在佛罗里达州建立一个古巴人委员会，由这个委员会出面为在水门被捕的古巴人打官司。因为谁都知道，流亡叛国的古巴侨民都担心民主党候选人麦戈文会决定恢复与卡斯特罗的外交关系。从某种意义上说，古巴人、麦科德、亨特互有牵连，正好说明水门窃听实际上是古巴人的行动。

尼克松还准备了第三套方案，就是把戈登·利迪以后的线索掐断，让他承担水门事

"水门事件"导致尼克松下台,副总统福特接任总统。

件的主要责任。水门案发时,他跟亨特正在水门大厦的另一个房间里负责指挥,没被当场抓住。

　　果然不出尼克松所料,联邦调查局代理局长帕特·格雷接到了中央情报局的电话,要求他不要插手,不久,格雷被告知总统将提名他为联邦调查局局长。

　　尼克松积极促使中央情报局去进行干涉和限制联邦调查局的调查,任其手下人从事各种对水门事件进行掩盖的行为。米切尔等人想方设法斩断有可能牵连到白宫的线索。他们决定从利迪从事窃听活动的经费来源上入手,重新编造拨给利迪的经费数目,有人还同意出面在调查此案的大陪审团面前作伪证,他们还用大笔金钱收买被押在狱中的几名犯人,让其守口如瓶,不再提供新线索。

　　尼克松认定水门事件是民主党拆他的台,深信对付敌手的最好办法是以牙还牙。联邦大陪审团在 9 月 15 日起诉亨特、利迪以及在民主党总部被捕的 5 个人,白宫安然无恙。尼克松大松了一口气。1972 年大选获胜后,尼克松无所顾忌地攻击东部权势集团,大规模削减预算计划,提倡税收分享,改组联邦政府机构。凡此种种都损害了东部集团的传统利益,从而激起国会和最高法院重新操起"水门"事件向尼克松发动反攻。

　　对尼克松来说,"舍卒保帅"是他唯一的选择。他把赌注压在下属对他的绝对忠诚上,这形同于高空走钢绳,稍有疏忽,就会掉下来,后来问题果然出在这里。除了用大笔钱笼络为他做出牺牲的"走卒"们外,尼克松还允诺在他就任第二任总统时,对他们实行大赦。尼克松决定从当时为抗议越南战争而举行的游行队伍中,逮捕一部分"罪犯"作陪衬,将来同"水门"事件的案犯一起大赦。没想到最知水门事件内情的迪安竟离他而去。为减轻自己的罪状,迪安主动向司法部门自首,在参议院特别委员会听证会上连续揭发了一个星期,将白宫在"水门"事件中的问题,特别是总统本人的问题和盘托出。尼克松知道他再硬挺下去只会招致更严重的后果,决定利用总统权力,为自己安排后事。尽管他辞职的目的是为了逃脱弹劾,但他尽量避免给人留下逃离现场的印象,副总统人选的更替为他提供了预备条件。副总统格纽因"故意未报收入"受到起诉,不得不宣布辞职。由谁来接替他呢?尼克松认为这是一个良机。他想方设法物色一个能够为自己开脱在水门事件中责任的继任人,首先他挑选了康纳州。几经权衡,尼克松选中了拉尔德·福特。此人是全面支持尼克松的几个共和党议员之一。

果然,福特的提名在参众两院顺利过关,他也为尼克松在"水门事件"中的表现辩护。1974年8月8日,尼克松宣布辞职。。1994年,因中风去世,终年81岁。

伟大的国际外交家

——基辛格

人物档案

简　　历：毕业于哈佛大学，美国著名外交家、国际问题专家，前美国国务卿。1923年5月27日生于德国巴伐利亚州，犹太人后裔，1938年8月移民美国，1969年入主白宫。基辛格与越南人黎德寿一同为1973年诺贝尔和平奖获得者，原美国国家安全顾问（美国总统国家安全事务助理），后担任尼克松政府的国务卿并在水门事件之后继续在杰拉尔德·鲁道夫·福特政府中担任此职。作为一位现实政治的支持者，1969年到1977年之间，基辛格在美国外交政策中发挥了中心作用，并在中美建交中扮演了重要的角色。2016年5月9日，美国前国务卿基辛格获得了美国国防部卓越公共服务奖章。2020年11月25日，美国前总统唐纳德·特朗普政府撤掉了基辛格在内的美国国防政策委员会成员。

生卒年月：1923年5月27日~

性格特征：冷静理智，聪明睿智。

历史功过：是基辛格叩开了中美关系紧闭多年的大门；是他协助尼克松把美军从越南战争的泥潭中拔出脚来，是他使中东地区避免了一场一触即发的核战争。

名家评点：约翰·霍普金斯大学学者詹姆斯·曼说："评价基辛格最好的说法是，他在外交上极富创造力，在全球范围内改变了旧的模式和关系。"

童年身世

1923 年 5 月 27 日,德国南部巴伐利亚州纽伦堡附近的菲尔特镇,依然像往常一样平静。这一天,一个犹太教师的家里诞生了一个男孩,他就是后来美国历史上赫赫有名的"教授国务卿"——亨利·基辛格。当时,无限惊喜的父母给他取名为海因茨·阿尔弗雷德·基辛格。亨利·阿·基辛格是他到美国后改用的名字。

知道菲尔特镇的人并不多,但纽伦堡则无人不晓。1945 年,盟国决定以纽伦堡,这个本身具有一段罪恶历史的城市,作为审判纳粹战犯的地点,以昭示世人:万恶的纳粹终于得到了应有的报应。菲尔特镇距纽伦堡只有 8 公里。

美丽的莱得尼兹河畔的菲尔特镇是一个有着千余年历史的古老小镇,海拔只有 300 米。早期的封建君主曾在此修建过闻名于欧洲的菲尔特王宫,但无情的欧洲 30 年战争(1618~1648)把它毁于一旦,整个城镇也被夷为平地。早在 16 世纪 30 年代,就有不少犹太人来到纽伦堡谋生,但纽伦堡有权有势的封建贵族禁止他们在城内居住,他们中的一部分到了菲尔特镇,并定居下来,后来,聚集在这里的犹太人越来越多,菲尔特镇俨然成了一个小小的"犹太国"。1806 年拿破仑的军队横扫德意志时,它成了巴伐利亚州的一部分。到 20 世纪 30 年代,它已有 7 万人口,其中约有两三千犹太人,他们中的 90% 从事商业、手工业和机器制造业,尤其是商业,商贩们在德国和北欧的许多地方都有业务。只有少数人做医生、教师、律师等。他们笃信正统犹太教,在政治上并不活跃。19 世纪末,在瑞士巴塞尔和巴伐利亚首都都开过犹太复国主义大会,但对菲尔特镇没有太大的影响。它的犹太居民对犹太复国主义运动比较冷淡,他们内部联系紧密,有着自己的教堂、学校、图书馆、印刷厂、孤儿院和处理犹太人事务的办事机构。这里的犹太人一直都过着平静而祥和的生活,直到希特勒掌权之后,厄运才降临到他们头上。

基辛格出生在一个教师世家,爷爷和父亲都是当地的教员。后来基辛格也当上了哈佛大学的名教授,教师这一神圣职业在基辛格家已传了三代。

基辛格的父亲叫路易斯·基辛格,母亲叫保拉·司特恩·基辛格,他们是在希特勒发动啤酒馆暴动的前一年即 1922 年结婚的。当时,路易斯 35 岁,保拉才 21 岁,他们的婚姻很成功,两人感情很好,婚后 9 个月,保拉就生下了海因茨,第二年又有了他的弟弟瓦尔特。

路易斯在一所专为富裕家庭的女孩子开办的女子中学任教,专教希腊文和拉丁文。他是一名受人尊敬的班主任,一个严肃正经、循规蹈矩的人,一位平易近人、对人和气、教书认真、对人从不摆架子的文雅之士。据在菲尔特镇档案馆工作的埃米·维滕迈尔夫人回忆，海因茨的父亲"真是一位好老师，胸襟开阔，非常和气，从不粗暴惩罚学生"，他总是"彬彬有礼，诲人不倦"。

保拉出生在菲尔特镇附近的一个小村庄，父亲是一个贩牛商人，多少有些教养。母亲很漂亮，但不幸很早就去世了。后来，保拉到菲尔特镇上学，就一直住在姨妈贝尔塔家里，保拉的性格与路易斯不同，她比较外向，有幽默感，爱开玩笑；善于理家，做得一手好菜；会交际，也很有主见。在他们婚后的生活中，在一些关键的事情上，往往由保拉做主，比如：1938 年，当纳粹屠杀犹太人进入高潮时，保拉竭力主张"我们最好是出去"，并通过亲属关系，携全家迁往伦敦，后移居美国，从而挽救了全家的性命。否则，基辛格一家或许早已进了纳粹集中营的焚尸炉。

路易斯一家住在马蒂尔登大街一所公寓里，生活并不富裕。但由于路易斯有稳定的薪水收入，保拉又善于持家，日子过得还算舒适。海因茨就是在这样一种家境中长大的。他同镇上的孩子一块儿上学，一块儿参加足球赛。每逢激烈的比赛不分胜负时，观看比赛的他总是情绪激昂地要求上场。父亲说他算不上一个运动员，但他并不计较，照样常常去过足球瘾。

莱昂是海因茨最要好的朋友。两个人总是形影不离，都喜欢在课堂上搞点别出心裁的恶作剧来捉弄人，为此，他俩经常受到老师批评。从七八岁起，海因茨就很喜欢和女孩子一起玩，十多岁时，每到礼拜五的晚上，海因茨和莱昂就带上各自的女伴去镇上公园里散步，冬天则到结冰的湖上滑冰。在一个安息日的夜晚，两人玩得太开心，以致回家晚了。莱昂的父亲把儿子训了一顿，还责怪海因茨把他带坏了。在以后的一个星期内，他不准海因茨找莱昂玩，再后来，干脆把莱昂送到捷克的一个夏令营，让他在那里过了一个多月。

在纳粹党徒大闹菲尔特镇之前，海因茨享受着正常、平静的生活。他热爱体育运动，课余喜欢与小朋友一块儿打闹，但学习成绩平平，在学校里并没有表现出令人惊羡的才华。

小镇上了解海因茨的人都认为他童年时代的表现比较平庸。在菲尔特犹太学校教过基辛格英语的教师埃尔达德·希蒙说：

"海因茨当年并不是出色的学生，他在班上很活跃，常常参加讨论，发表意见，而且当他知道问题答案的时候，也爱踊跃回答问题。但他并不是一个优等生。我在他身上并没有发现什么特别的东西。"

曾经是路易斯的学生的波拉克夫人听说美国赫赫有名的国务卿竟是海因茨时，惊讶地说：

"海因茨吗？他跟别的孩子有什么两样呢？谁会想到他会这么飞黄腾达呢？"

菲尔特镇一家杂货铺的老板娘则回忆说：

"海因茨常到店里来，他每次放学回家总要路过杂货店，只见他一阵风似的闯进来，把书包往柜台上一放，就一溜烟地跑出去，头也不回地说一声'我妈妈会来拿的'就不见人影了……有时候，他在店铺里呆上一阵，悄悄地走过来要几块糖吃。"

海因茨的童年算是比较幸福的。作为一个生活在中产阶级家庭的孩子，他穿着体面，备受父母宠爱，过着无忧无虑的生活。但是，好景不长，到了1933年——海因茨10岁的时候，纳粹头子希特勒成为德国的最高统治者，这个写过"灭绝犹太人并不是一件不得已而干的事情，而是非干不可的事情！"的油漆匠（指希特勒）把犹太人当作德国一切敌人的化身：他们是奸细、间谍、叛徒、共产主义者、和平主义者，凡是希特勒所憎恶、仇恨和反对的，都加在犹太人的身上。纳粹的魔影罩上了菲尔特镇以及整个德国犹太人的头顶。

1933年4月，希特勒发出了第一道排犹命令："凡是担任警察、军官、法官、政府公职和教师职务的犹太人，一律开除。"德国的犹太人开始在苦难岁月中煎熬。在希特勒上台后的3个月内，德国出现了第一批纳粹集中营，纳粹暴徒开始大规模洗劫犹太人的店铺。

1935年，希特勒下令捣毁全国各地所有的犹太教堂，3万多犹太人被送进了集中营。同年9月，纳粹国会又在纽伦堡开会，通过了"纽伦堡法令"。这个法令宣布把德国的所有犹太人降为"次等公民"，剥夺犹太人的公民权利，禁止他们同"纯种"德国人即雅利安人结婚，并对那些所谓"杂种"德国人——雅利安人和犹太人通婚后所生的子女，强制进行绝育手术，以消灭"杂种"后代，"净化"日耳曼族的人种。一下子，德国城乡各地的许多杂货铺、面包房、牛奶站门口纷纷挂上"犹太人不得入内"的牌子，甚至连药店也不敢卖给犹太人药品，旅馆不敢接纳犹太人住宿，有的城市干脆宣布"本市严禁犹太人入境"。

更大的灾难还在后头。1938年11月9日，全国上下度过了一个"水晶之夜"，这是由希特勒的得力干将——戈培尔组织的一次有预谋的大屠杀行动。这一天，犹太人的商店遭到抢劫，几乎所有的犹太教堂被摧毁，91名（一说300多名）犹太人被杀，3万多犹太人被送进了集中营。之后，对犹太人的开业禁令扩大到行医、做律师、从事工商业。犹太人不能进入电影院、剧院、音乐厅、公共游泳池，不许参观展览会。而且纳粹政府还公开地、大规模地没收犹太人财产。从1933年到1939年，它总共没收了90亿美元的犹太人资产，掠夺了从大工厂到小商店的40万家犹太人企业。

在这股疯狂的排犹浪潮面前，海因茨一家的命运和所有犹太人的一样悲惨，他们不但丧失了基本的生活保障，而且受到了死亡的威胁。路易斯很快失去了在女子中学的教职，只得转到一所商业学校去教会计学。到1936年，路易斯再次失去工作，一家人的生活失去着落，海因茨和瓦尔特也从菲尔特普通中学中被赶了出来，不得不到一所犹太学校去念书。令兄弟俩痴迷的足球赛看不成了,而且他们再也不敢去踢足球了。放学回家的路上,他们常常遭到纳粹分子的毒打,回到家经常是鼻青脸肿的。所以兄弟俩整日里提心吊胆,生怕横祸天降。这样的生活经历给海因茨心理上留下了深深的阴影。多年后,当他全家定居纽约时,他若看到街对面有一帮年轻人走过来,就会形成"条件反射",迅速躲到能藏身的地方。

在那段苦难的岁月里,父母为了确保兄弟俩的安全,叮嘱他们不要轻易外出,外面情况特别危险的时候,保拉干脆把他们成天关在院子里,不许他们跟外面的孩子玩。在那些黑暗而恐怖的日子里,基辛格家共有 13 个亲戚被纳粹分子杀害,这给小小的海因茨留下了难以磨灭的心灵创伤。

但后来功成名就的基辛格对这段身世一向讳莫如深,他曾对一名著名记者说:"我的那一部分童年生活,对我的一生不起什么关键作用。当时我并不认识到什么不愉快。我并不那么敏锐地觉察到当时所发生的种种事情。对孩子们来说,这些事情不是那么严重的,现在任何事情都用心理分析来说明,这已成了一种时尚,但我对你说,我童年时代所受的政治迫害并没有决定我的生活。"

很多人不相信他的这种说法。那时候,海因茨已经 10 多岁了,应能记住当时所受的谩骂、侮辱和毒打。他的 13 个亲人被纳粹杀害,他也不可能不记得。于是人们对基辛格这样忌讳讲童年经历的态度有了各种各样的评论,有的说是"好心的遗忘",有的说是"逃避现实的疗法",而一些从德国逃生出来的犹太人则说这是一种欲盖弥彰的做法。

有些学者使用了心理分析法,认为基辛格对人类的认识中有较强的悲剧色彩,他的作品中有一种宿命论的阴影,他对施本格勒的《西方的没落》情有独钟,而且,惯于把纳粹一手制造的大浩劫与核战争相联系,这些思想都与他早年的经历有关。他们还认为基辛格是典型的革命时代的保守主义者。童年的动荡生活,使他对稳定和平衡有一种本能的向往,这为他以后在外交上处处寻求势力的均衡奠定了思想基础。

在失业、贫困和死亡的严重威胁下,1938 年 8 月,在保拉的全力安排下,海因茨一家为了逃避纳粹迫害,离别了菲尔特镇的家园,辗转到了伦敦,后又越过大西洋,移民美国。

行伍生涯

在美国做难民的时期,基辛格一家在纽约"华盛顿高地"艰难度日,但基辛格学习十分勤奋,成了乔治·华盛顿中学的高才生。但此时卷入第二次世界大战的美国急需扩大兵源,基辛格也成了应征的对象。

1943 年 2 月的一个晚上，基辛格上完会计课后，回到家里，桌子上摆着一封赫然写着"致敬"字样的信，这是一封征兵信，它改变了基辛格的一生。

……办完了入伍手续，基辛格很快坐上了开往南方训练营地的军列。当兵使 20 岁的基辛格兴奋不已。那种第一次离开家人的伤感转瞬即逝，他想："我要单枪匹马闯荡世界了。"他激动的情绪无法自抑……

几天后，基辛格和战友们被送到北卡罗来纳州的克罗夫特营地，接受 16 周的步兵基本训练。军事训练的项目很多，除了每天早晨出操外，还要学钻铁丝网、射击、打靶、过路障、攀登很高的木梯，等等。训练的强度很大，摸爬滚打样样都练，一天下来，基辛格一躺上床就呼呼睡着了。兵营的生活节奏很紧张，并且纪律十分严格。不过，这些对吃过大苦的基辛格来说，算不了什么。

1943 年 6 月 19 日，基辛格在营地加入了美国国籍，正式成为美国公民，基辛格平生第一次对美国有了认同感。

事情很凑巧。不久，克罗夫特营地的军官召见基辛格，指示他北上宾夕法尼亚州伊斯顿市的拉斐德学院，去参加为期两年的机械工程课程的学习，也就是去参加一项陆军特别训练计划。基辛格心想：自己来部队才 1 个月，怎么又要回去干自己的老本行——读书？心里虽是这么想，但嘴上却坚定地回答："是！长官。"军队的生活已教会他无条件地服从上级的命令。

就这样，基辛格又回到了校园。在拉斐德学院学习期间，基辛格向人们证明自己有相当高的智力水平，教官们也都认为他是最有才华的学生。进入拉斐德学院学习的都是各部队的佼佼者，而在学生中，他的成绩总是名列前茅。他还初步显露了自己具有某种学术才能，通常，这是一个普通的列兵所不具有的。

然而，正当基辛格和同学们拼命地学习时，一道上级命令传到拉斐德学院：特别训练计划立即停止，所有人员马上返回部队！大家对这个命令都感到十分意外，基辛格忿忿不平地说："这是个朝令夕改的典型，纯粹是瞎胡闹！"

但，实际上，这是美国军方反复考虑的结果。当时，由于美军在欧洲、太平洋战场上伤亡很大，急需补充兵源，这是其一；其二，这种训练项目也招致很多人的非议："当成千上万的士兵在战场上流血牺牲的时候，那一些家伙却在这里安静地学习，这很不合适……把那些'愚蠢'的家伙派去打仗而把'有才华'的人送入大学的做法是不公正的。"在重重压力之下，高级军官们只得中止陆军特别训练计划。

后来，基辛格加入第 84 步兵师，在路易斯安那州的克莱尔布兵营当一名步兵。1944年夏天，正当他对单调乏味的大兵生活感到厌倦时，一天清早，一辆半旧的军用吉普车送来了一位不速之客，这个人对他以后的人生产生了一种特殊的影响。

世界名人百传

世界政要

基辛格清楚地记得,当时,一名中尉驾驶着一辆吉普车挟带着一股灰雾急驶而来,"嘎"的一声,在士兵们面前停下。吉普车还在轰隆作响,就从上面跳下了一名列兵,他摆着一副傲慢的架势,双手抹腰,厉声吼道:"谁是你们的长官?"只见从指挥部里匆匆跑出一名中校,惊慌失措地站在列兵面前:"我是。"列兵又提高嗓门吼道:"长官,将军派我来到你的连队给大家讲讲我们为什么要参加这场战争。"

这个气势不凡的列兵叫弗里茨·克雷默尔。他出生在一个反希特勒的富有家庭,曾当过律师,获得了两个博士学位。他与基辛格一样都是从德国纳粹手中逃出的犹太人。入伍后,他受命到一个又一个兵营做形势报告。

中校弄明白了列兵的来意之后,马上命令士兵们迅速到军人电影院门前集合,并附带地问了一句:"小伙子,我可不可以也听听你的演讲?"列兵善意地笑一笑,再一次吼道:"我的中校,如果您愿意参加,我将十分荣幸。"

站在电影院门前的讲台上,这个有着雄狮般嗓门的人用带德国腔的英语向台下1200多个小伙子——其中就有基辛格——讲话。声音很刺耳,但内容却十分激动人心。他双手抹腰,情绪激昂,厉声痛斥希特勒的侵略行径,滔滔不绝地阐述美国参战的重大意义。这个列兵讲得十分起劲,台下的听众也听得入神,他煽动性的演说抓住了时局的要害,也抓住了人心。演讲过程中,台下响起一阵又一阵热烈的喝彩声、掌声。

基辛格被深深地打动了,显然,他十分敬慕克雷默尔的才华。第二天,性格内向的基辛格就忍不住内心的激动,做了一件他从未做过的事——写了一封表示钦佩的信给克雷默尔,信中说:"亲爱的克雷默尔,我昨天听了您的演讲,真是讲到我心坎里去了,我能不能帮您做点什么?"署名是"列兵基辛格"。后来,作为总统国家安全特别助理的基辛格也是以这种传纸条的方式与中国高层领导人商谈他的秘密访华事宜的。基辛格自己没有料到,这简单的几行小字深深地打动了克雷默尔的心。后来,克雷默尔向其他人解释说:"读其文如见其人,信中毫无矫揉造作,没有我所讨厌的'令人振奋'、'真了不起'之类的陈词滥调,说的都是他的想法。我感觉他是一个既守纪律又有闯劲的年轻人。"

克雷默尔马上和这个比他小十几岁的新兵见面。谈话只有20多分钟,但交谈时的情景两人多年后都记忆犹新。克雷默尔发现基辛格这个人绝非平庸之人,是个有培养前途的青年。事后,他跟人谈到这初次会见时的印象说:"我有一种十分惊奇的感觉,我遇到的这个20来岁的青年,虽然见的世面不多,却什么都懂。他的才智一望便知,是个天生的奇才,我心里想,'真了不起,这家伙绝非等闲之辈。他有第6官能——历史感的官能。'他急于要知道的并不是一些表面现象,而是产生那些事物的根本原因,他力求抓住事物的本质。"

谈到基辛格的才能时,他总不怕费口舌,对那些感到惊讶而又略带嫉妒的人,克雷默尔说得更直截了当:"亨利有急迫的愿望,他希望抓住机会,他对历史有很好的直觉,这不是你能够学到的,不管你多么有知识也不行,这是从上帝那儿学来的。"

这便是克雷默尔同这个20来岁的"小朋友"初次见面得到的印象。多年以后,人们常把克雷默尔说成是"发现"基辛格的第一人,然而这种恭维却惹恼了克雷默尔。他吼道:"不是发现,那样说未免太狂妄了。我所做的——不,我只不过使他认识了自己。我对他说,'亨利,你是别人绝对没法比的,你有一种难以想象的天赋。'我当时只不过起了思想催化剂的作用罢了。"

基辛格在克莱尔布兵营遇到克雷默尔,对他来说,这是极为幸运的,同这个人的相识将要对他的人生选择产生巨大影响。事实上,这成了他一生4次奇遇的第1次,后边3次奇遇是同埃利奥特、洛克菲勒和尼克松之间发生的。

对基辛格更有意义的是,克雷默尔的出现,使他对生活有了一种全新的理解,他从克雷默尔那儿找到了一种全新的生活方式。长期以来,父亲胆小怯懦的性格和事业上的失意,使基辛格总有一种压抑感,而克雷默尔与父亲截然相反,他敢于向军官下命令的"胆大妄为"使基辛格惊羡不已。在某种程度上,克雷默尔成了正处于青春期的基辛格崇拜得五体投地,并竭力模仿的偶像。所以在20世纪70年代他辉煌的外交生涯中,他身上就交织着腼腆和傲慢的两种气质。

基辛格认识克雷默尔以后,心里十分高兴,所在部队虽说在秋季就要开赴欧洲战场,但基辛格觉得身边有克雷默尔这个依靠,心里踏实了许多。

1944年9月,第84步兵师被调入欧洲战场,不久与兄弟部队一起攻入德国。在战斗中,基辛格勇敢无畏,在纳粹军队的大炮轰击时表现得镇静自若,还时常说些风趣幽默的话来调节沉闷的气氛。安东·穆达里是他的亲密战友,在战斗中常与基辛格并肩作战,当时正值隆冬季节,寒风凛冽,手冻得发麻。有一次,战斗间歇时,防御工事里的基辛格和穆达里聊天解闷。基辛格煞有介事地说:"安东,对咱兄弟来说,要是这里有一间草屋进去暖和暖和该多好哇!我真想好好地睡上一觉。打仗嘛,我们都有可能被打死,反正怎么着都会死的。"

1945年初,84师继续向东推进,部队所到之处,都是一片废墟,战斗仍时有发生。为正常开展工作,师部需一名德语翻译,克雷默尔大力举荐基辛格。

据说,当时克雷默尔向司令部长官打包票说:"我给你找来一个人,他只有高中文凭,在纽约一家制刷厂干过,要是他完不成任务,那你就叫他去捡木柴片好了!"基辛格果然不负众望,圆满完成了任务,他的聪明才智和知识能力,得到了师部长官们的赏识,军衔也从列兵升为军士。

3月,在离第三帝国覆灭只有两个月的时候,第84步兵师占领了莱茵河左岸的港口城市克雷菲尔德,这个重要城市曾是美国空军轰炸的一个主要目标,全市面目全非、一片狼藉,84 师受命驻留在那里。5 月,战火停息下来的时候,这个有 25 万人口的中等城市仍然一片混乱。秩序如何恢复?居民生活怎么安排?让谁去抓这项工作?恢复工作显然是一个重担,按照常理,一般至少要派一位校级军官担当。克雷默尔再一次举荐了基辛格。他找到负责重建该市的美国将军说:"应该派基辛格中士去!"因为,"基辛格有非凡的才能和独特的见解,更不用说他的德语有多么流利了。"将军在这番鼓动下,居然同意了让基辛格去负责恢复秩序和进行城市管理的工作。

基辛格果然出手不凡。他走马上任后,马上开展工作。3 天之内就凑起了一个办事有效的市政机构的班子,并在 1 周之内把救济难民、清理交通的事情理出了头绪,使克雷菲尔德市的秩序很快恢复了过来。克雷默尔后来回忆说:

"我也感到惊奇,只不过两三天工夫,当地政府就干起来了,而且干得不错,亨利把事情安排得很妙。那里可是本来一无所有啊,没有一架电话,没有食物,什么都没有!亨利怎么知道要干什么呢?真是一个奇才!"

基辛格那时不过 20 刚出头,但处事冷静。比如:有一次,他对手下的人说:"我们得先把自来水搞起来,谁是自来水厂的工程师?"手下人回答:"是个纳粹余党。""那就把纳粹之前的那个工程师找来吧!"基辛格的出色工作令占领区当局的将军们很满意。

鉴于基辛格的杰出表现,将军授予他负责管理整个贝格斯特拉斯地区的权力。他把办事处设在黑森州海德尔贝格郊外的本斯海姆,这是离老家菲尔特镇只有 160 公里的傍山小城,基辛格在这里呆了 6 个月,他拥有非常大的权力,包括随时逮捕和审问任何人。基辛格再一次证明他有管理方面的才能,同时显示他使用权力的公正。军方认为,他没有滥用职权。基辛格的一个勤务兵也说:"从一个城镇到另一个城镇,他就像国家元首或者总司令一样,他的话就是法律,但他从没有滥用职权的意思。"1969 年 12 月美国《大西洋》月刊一篇介绍基辛格的文章里也说:基辛格当时在驻欧美军中表现出来的"充沛活力和严于律己的精神,看来给陆军留下很好的印象"。他也因此获得了一枚铜质勋章和两张奖状。

基辛格当时的一个重要任务是负责清查当地的纳粹残余,不过他对德国人民没有抱什么成见或复仇情绪。基辛格经常对周围的人说:"我们来这里可不是为了复仇的。"

克雷默尔也谈到过基辛格的这种思想,他说:"基辛格在处理纳粹分子的时候,表现了人道精神和自我克制。那真是难以想象的大公无私啊:他本人是犹太人……现在掌握着生杀大权,可是他一点也不暴虐。"

对此,1974 年,基辛格曾这样解释:"就我家庭的遭遇而言,复仇的念头对我来说是不适合的。因为,假如对犹太人实行种族歧视是不好的话,那么对日耳曼人歧视也同样是不好的,我的意思是,你不能责备整个民族。"

1947 年底,基辛格要回美国了,他想回国继续接受教育。临行前他把自己的想法告诉克雷默尔:"我得回国去,我要接受第一流的教育。"

他本打算回到纽约上纽约市立大学,但克雷默尔使他改变了主意,克雷默尔语重心长地对他说:"大丈夫可不能在纽约本地上学啊!"根据他自己的信念和人生体验,克雷默尔还劝他要立志过一种富有创造性的独立生活。

哈佛情结

回国后,1947 年 9 月,基辛格进入了哈佛大学政治系,这又是他一生中的一个重大转折点。

哈佛大学位于波士顿坎布里奇的查尔斯河畔,它是美国最古老也是最著名的高等学府,在世界著名大学中也是首屈一指的。它始建于 1636 年,比美利坚合众国的建立还早140 年,哈佛大学的前身为哈佛学院,由清教徒约翰·哈佛创立。这所校园建筑上布满常青藤的大学,一直是培养美国"精英"的摇篮。在美国历史上有 6 位哈佛毕业生当上了美国总统,现在活着的 20 余万名哈佛校友分布于政界、学术界、科技界、金融界等,许多人身居要职。可以说,谁要是能在哈佛接受教育,这是他一生中的最大幸运,而这好运偏偏又让基辛格撞上了。

当时只有二十几岁的基辛格,深知自己既非出身名门,又无多大家产,要想谋求发展,跻身上流社会,唯一的途径就是依靠个人奋斗。出于这种想法,他一踏进哈佛大门,就过起了那种教室——食堂——宿舍"三点一线"式的单调乏味的生活。正是这种生活塑造了基辛格坚强、有韧性的性格,也使他掌握了一生都受用不尽的渊博知识。

基辛格住在学校的卡尔佛莱楼,那是哈佛最破烂的宿舍。同宿舍的阿瑟·吉尔曼和爱德华·孟戴尔也都是犹太人,在他们眼里,基辛格像一个古板的条顿人教授一样,生活极有规律,衣食上毫不讲究:一套破旧的西服穿了两年多,对吃什么更是马马虎虎。另外,前些年在德国的时候,他还常常找一些姑娘们跳跳舞,玩一玩,可一进哈佛,人全变了。同学说:"看不出他对姑娘有什么兴趣,甚至他谈话中也很少提到女人。"

吉尔曼回忆说:"基辛格对于破旧的宿舍和单调的伙食,一点也不在乎。与别的同学不一样,干劲足,好学习,常常在宿舍里读书读到深夜两三点钟","他用很多时间来思考,什么都想吸收","有时候,他坐在椅子上从早到晚地看书,一边看,一边咬自己的手指头,直到咬出血为止。"

基辛格在哈佛期间,把大量时间花在学习和思考上,与人交往很少,常常是一个人独来独往,同学们给他起了个绰号"隐士"。他还经常一个人漫步在查尔斯河畔,有时面对小船穿梭其上的河面呆坐半个多小时,于是,同学们又称他为"孤独的狼"。

基辛格把主要精力都花在学习上,他的未婚妻安妮时常来看他,弟弟瓦尔特也常来。看到他们,基辛格感到由衷的欣慰。

安妮很聪明,长得也很清秀,脸型稍长一点,有一双明媚而多情的眼睛。她是基辛格所认识的德国移民中长得最漂亮的女孩子,安妮平时腼腆沉默,含蓄内向,擅长音乐和诗,但她的学习成绩不如基辛格。

1948 年末,安妮向基辛格提出结婚,基辛格同意。第二年 2 月,基辛格 25 岁,安妮 23 岁,两人悄悄地在家里举行了简朴的婚礼。有人问安妮为什么要结婚,她说想要孩子,而基辛格对是否要孩子并没有认真想过,他的心仍主要在事业上。

婚后,他们在坎布里奇附近租了一间小小的公寓房,买了一辆半旧的汽车。这对新婚夫妇的收入不多,生活当然不很宽裕。而且,据安妮的姐姐雷诺尔说:"他们工作很辛苦,根本没有时间来享受家庭的快乐。"

后来,安妮生了两个孩子,大的是男孩,叫戴维,小的是女孩,叫伊丽莎白。两个孩子给安妮带来了不少欢乐的时光,但一心扑在事业上的基辛格,很少花时间照看孩子,他一天到晚把时间都用在读书和思考问题上,甚至,因为怕受到干扰而不许安妮与他说话。有时候从外面回来,对安妮也不怎么搭理,基辛格的邻居说:"很少看到基辛格同安妮和孩子们出去走走。"基辛格不喜欢安妮婆婆妈妈的性格和她的没有志趣的生活,他觉得同安妮在一起没有什么可以谈的。1962 年,他与安妮分居,两个孩子跟着安妮生活,第二年,他们正式离婚。以后,基辛格一直过了 10 年的独身生活,直到 1974 年,他才跟洛克菲勒手下的一个漂亮女秘书南希·麦金尼斯结婚。

基辛格在哈佛的成功,除了他的才能和勤奋外,在很大程度上不能不归功于他的老师威廉·埃利奥特。他是在基辛格一生中对其影响最大的第二个人。很多年后,基辛格向克雷默尔谈起他的哈佛恩师时,克雷默尔高兴地说:"亨利,你总是幸运的。每到人生的重要转折关头,你准能遇上引路人。"

在基辛格进入哈佛时,埃利奥特不过 50 岁,脾气很大,已是一位有名的很难伺候的"大老爷"。他出生于田纳西州,20 世纪 20 年代曾在牛津大学读书,二战期间曾任职于美国战时动员署。向来野心勃勃、不可一世,人们都称他为"狂妄的比尔"。他精通国际事务,20 世纪 50 年代担任过国会众议院外交委员会的顾问。他主张采取强硬的反共政策,并且一直认为美国在这个动荡的世界上应起一种特殊的作用。在哈佛的教授中,他自视清高,有时可能夜郎自大,但谁也不能否认他是哈佛的一个权威人物。

在哈佛,埃利奥特的教学方法与别的教授大相径庭,他总是要求学生们事先阅读他指定的一两本专著,然后写出读书心得,课堂上进行讨论,课后,他对学生进行个别辅导。基辛格对他的这种教学方法特别欣赏,他觉得自己遇到了一流的教授。而基辛格勤奋刻苦的学习精神和无尽的求知欲,也引起了埃利奥特的注意。他曾对别人说:"亨利虽不拘小节,却有着不同寻常、有独到见解的头脑。"他认为基辛格将来会大有作为,是一个值得培养的年轻人。

基辛格与他几乎每周都有一次约会,讨论别人看来是深奥难懂的问题。两人还常利用休息日到波士顿西北郊散步的机会,大谈荷马、黑格尔、康德和斯宾诺莎。基辛格后来写信给他说:"有多少个星期天,我们在康科尔德漫步和畅谈,您对我谈到爱的力量,谈到真正不能饶恕的罪过是把人当作东西那样来使用。您给我探讨'伟大'和'杰出'的含义,虽然我并不能完全领会您的话,但我知道,在我面前您是一个了不起的人。"

可见他对基辛格的影响是多么大。

埃利奥特还有意培养基辛格各方面的才能,时常让基辛格帮助自己处理一些简单的行政事务,有时忙得不可开交,不能参加会议,便派基辛格去。他常对人说:"我不能拒绝邀请,我可以派一个学生去。"那个学生往往是基辛格。

这样,基辛格在哈佛有时被人误认为青年教师。可是他的行为却遭到班上同学的非议:"他总爱同上层人物拉关系,而不同地位相似的人来往。大家都承认他是个非常能干的人,可也是个混账透顶的家伙!目空一切,自私自利,唯我独尊。"

1950年,经过3年的呕心沥血,基辛格交给埃利奥特一份长达377页的毕业论文,题目为《历史的意义——读施本格勒、汤恩比和康德著作的心得》。这篇论文结构复杂,文笔流畅,观点独特。埃利奥特看后拍案叫绝,挥笔就题了"最优"。美国《纽约时报》1973年10月28日刊登的约瑟夫·克拉夫特写的一篇文章,也认为基辛格的这篇毕业论文,"其水平之高已与这些人(施本格勒、汤恩比和康德)的著作不相上下"。正是由于这篇优秀的论文,基辛格被允许免试进入研究生阶段的学习。1952年,他获得硕士学位,两年后获得哲学博士学位,以后,"基辛格博士"的大名世人皆知。

1951年,埃利奥特推荐他负责哈佛国际讲习班的教学活动。讲习班每期为时8周,共有40名学员,这个讲习班的经费主要由洛克菲勒基金会捐助,美国中央情报局也资助一部分,基辛格负责这个讲习班是他进入政治和外交界的开端。这个讲习班中的一些学生后来成了各国的领导人:法国总统德斯坦、比利时首相廷德曼斯、西德经济合作部长艾哈德、挪威外交部长弗莱顿伦德、日本首相中曾根康弘、以色列总理阿隆。

通过这种讲习班,基辛格结识不少各国的政界人士,从互相交流中了解了国际形势的变化,这对他后来担任美国国务卿、制定美国外交政策大有裨益。直到今天,基辛格同他的"老学生"还保持着联系,在他出访或那些位居显要的学员来美参加会议、进行访问时,基辛格常同他们见面会谈。

从1947年进入哈佛大学到1969年到白宫担任尼克松的国家安全特别助理,基辛格在哈佛度过了20余个春秋。这20余年,对基辛格来说是十分重要的。初到哈佛时,他只不过是一个衣着简朴、羞涩谦卑的学生,而当他离开哈佛、被尼克松延聘入幕时,他已是踌躇满志,名扬天下的美国外交政策的决策人之一了。

问津白宫

1968年美国4年一度的总统大选拉开了帷幕,纽约州州长洛克菲勒宣布参加竞选,同他展开竞争的是共和党的总统候选人尼克松。洛克菲勒是"东部财团"的大财阀之一,有着雄厚的经济和政治实力。基辛格把实现自己权力欲的希望全部寄托在这个大富翁身上了。他深知,如果洛克菲勒当选美国总统,作为他的首席外交顾问,国家安全事务助理或国务卿这样掌握美国外交大权的职位就非他莫属了。所以,他在竞选过程中,全力以赴,不辞劳苦。

洛克菲勒的竞选总部设在纽约第44号街,基辛格在这里写出了大量竞选材料,特别是一些纲领性的文件。在拟定对外政策方面,基辛格可以"自由行事"。拟写文件时,他一丝不苟,推敲每一个措辞,熟悉基辛格作品的人都说:"洛克菲勒一些精彩的竞选演说,'声音是洛克菲勒的,内容却是基辛格的。'"

基辛格使出肉体与心灵的浑身解数投入了洛克菲勒的竞选运动,不仅要为洛克菲勒拟定政策纲领,起草文件讲稿,而且还要整天操劳奔波:上午同洛克菲勒讨论外交政策,下午赶回哈佛上课,晚上又搭乘末班飞机回到纽约。为使洛克菲勒当选,他极力宣扬洛克菲勒是"能使全国团结的唯一候选人",同时,大肆贬低尼克松。有人问及他对尼克松的评价时,基辛格干脆地说:"如果尼克松能当选总统,那太荒谬可笑了。"在组织竞选班子时,因之前读过基辛格著的《核武器与外交政策》,并极其赞赏他的才华,尼克松有意出高薪将基辛格拉过来,基辛格断然拒绝,而且还表示"对于认为我可以被金钱收买的想法感到侮辱和气愤"。

然而,尽管基辛格精于复杂的外交问题,却不谙国内大选的门道。在竞选角逐中,尼克松出乎其预料,把洛克菲勒远远地抛在后面,在第一轮投票中,尼克松获票692张,洛克菲勒仅获277张,洛克菲勒自愧弗如,宣布退出竞选。

消息传来,基辛格伤心地哭了。他回到纽约曼哈顿55号街的公寓里,蒙头大睡,一直睡到第二天日上三竿。一阵电话铃声把他吵醒,在电话里,他告诉对方:"尼克松这家伙根本没有资格统治美国。"

尼克松当选总统后不久,一个星期五的中午,基辛格正同洛克菲勒共进午餐,电话铃响了,打断了两个人的谈话。

"喂,我是洛克菲勒。"

"哦,洛克菲勒先生,您好,请您让基辛格接下电话好吗?"

基辛格迟疑地接过话筒:"我是基辛格,您是——"

"我是怀特·查平,尼克松想在25日上午在皮埃尔饭店见你一面。"对方的语气急促而十分肯定。

电话挂断了,基辛格拿着听筒怔在那里:尼克松找我干什么? 是不是想用我,想让我在他的内阁里担任什么角色。

1968年11月25日上午10点,基辛格身穿一件普通的粗呢西服,系了一条英格兰式条纹领带,怀着忐忑不安的心情,登上皮埃尔饭店第39层,缓步走进一个豪华的套间,尼克松在里面等着他。

尼克松显然很客气,用苏格兰威士忌招待基辛格,自己端着一杯咖啡坐在沙发上。刚开始,房间里的气氛十分沉闷,尼克松装着轻松的样子,跷着二郎腿,悠然地喝着咖啡,心里却忐忑不安:怎么启口才不会遭到他的拒绝? 基辛格神色有些紧张,坐在安乐椅上望着对方,疑惑重重地掂量尼克松的意图:他叫我来到底有什么目的?

后来,为了打破尴尬局面,尼克松有意识地把话题引到美国的外交政策上,尼克松放下了胜利者的架子,虚心向基辛格讨教:

"亨利,你如何看待美国眼下在欧洲、东南亚和中东的情况……我如何在白宫建立一个有效的国家安全委员会……美国会面临什么危机? 它们将如何演变……在限制战略武器的谈判中该怎样对付苏联?"

尼克松的谦恭态度使基辛格一下子放下了戒心。他侃侃而谈,像与一位老朋友聊天一样,说出了他对这些问题的见解,以及在他看来,一个美国总统应具有的信念与魄力。气氛一下子缓和了,两个人脸上都露出了笑容,他们处理国际事务的观点越谈越接近。由于双方谈得起劲,不知不觉中,3个小时过去了,尼克松不得不取消了其他的约会。谈话结束时,他按了一下电钮,叫来留着平头的助手霍尔德曼,让他设法接通一条直通哈佛基辛格办公室的电话专线,以便他与基辛格及时联系。但基辛格婉辞说:"找我不难,通过哈佛总机转就行了。"

第二天,基辛格找到洛克菲勒,向他汇报同尼克松会见的情况。洛克菲勒心平气和地说,尼克松已给他打过电话,决定不请他担任内阁公职了。正谈着,电话响了,是查平打来的,他要基辛格星期三再到皮埃尔饭店去找尼克松的竞选总管米切尔。

基辛格预感到米切尔将有重要事情与他商量,于是 11 月 27 日一大早就来到皮埃尔饭店第 39 层。刚进竞选办公室,就撞上了叼着烟斗的米切尔,没料到,双方闹了个误会,米切尔严肃认真地问基辛格:"怎么样,你同意担任总统国家安全事务助理了?"

基辛格怔了一下:"可没有谁向我提起这事啊!"

米切尔猛然醒悟:"哎哟,我的上帝呀,你还不知道?"话音未落,他已走出了房门:"过一会儿总统来见你。"

在总统套间里,尼克松正式邀请他担任总统国家安全事务助理这一白宫要职,听到这样的话,基辛格心里十分感慨:自己一直寄希望于洛克菲勒身上的事情却将由这个被自己骂绝了的"混账家伙"实现。他尽力掩饰住激动的心情,装出矜持的样子:"我很乐意接受你的邀请,但我还要回去考虑考虑,征询征询意见。"

尼克松十分干脆:"那好,我给你一星期时间。"接着,两人转换话题,围绕世界形势和美国的外交方针谈了起来。

洛克菲勒对此完全赞同,这是基辛格没有料到的。哈佛的同事也极力支持他,他们认为这是哈佛精英争取政府要职的又一次胜利。他的恩师克雷默尔为他反复考虑,最后还是赞成他到白宫去一显身手:"从国家利益的角度来看,你必须接受总统的任命,没有人比你更合适担任这个白宫职务了。"

又是一个星期五,基辛格三访皮埃尔饭店。坐到尼克松面前,他用肯定的语气说:"我已经考虑好了,我准备接受,这事我不再找人商量了。"

基辛格和尼克松经过三次面谈,终于拍板成交了。1968 年 12 月 2 日,多数内阁成员还未选定,尼克松就在皮埃尔饭店召开记者招待会正式宣布了对基辛格的任命。他强调:"对基辛格的任命,是要杜绝那种危机外交的做法,不要等到出了事情才去应付","不要做形势的俘虏,不要马后炮,要有战略眼光,要有前瞻性。"此外,他还对自己的这位外交政策顾问大力赞扬了一番,说基辛格"多年来通过他的著作、教学工作、在政府内的服务以及其他活动,对国家安全事务做出了重要贡献。"

1969 年初,在尼克松进入白宫就任美国第 37 届总统的前夕,他把基辛格召到他的休假地比斯坎岛,要基辛格提出改组国家安全委员会的建议。几天后,基辛格把一份数十页的方案交给他,尼克松看了几页就笑了,大笔一挥:"同意。"他要让这位雄心勃勃的谋士自己动手干了。

且说基辛格当上了尼克松的国家安全事务助理后,就从哈佛大学搬到了华盛顿,脱掉昔日的粗呢西服,换上了高档的外交礼服。刚走马上任,他就显示出德国人的工作精神,常常一手拎着黑色公文包,一手夹着要送到洗衣房的衣服,匆匆忙忙出门,钻进那辆钟爱的白色奔驰轿车,启动马达,赶往白宫。

国家安全委员会的办公室原来设在白宫地下室,离地面有 30 多级梯子。基辛格在紧挨总统的椭圆形办公室的地方,找了一套宽敞明亮而豪华的房间,作为委员会的新办公室。室内一列法国式的落地长窗,墙上挂着现代派的绘画,书架上整齐地摆满了书籍,桌子上摆了不少古董和纪念品。这套办公室里有一个遥控中心,从磁带数据到直通世界各地的电话,一应

基辛格在白宫

俱全。办公室由海军陆战队日夜守卫,其人数超过了阿波罗登月火箭发射台的警卫。基辛格就在这个美国安全的神经中枢,指挥调度一切。

基辛格工作勤奋、精力充沛。他是当时白宫工作时间最长的人,干起工作来,就忘记了身边的一切。熬夜至两三点对他来说,是常有的事。据白宫记者布拉希尔斯回忆说,基辛格整天忙于外交事务。在任安全事务助理期间,平均每天要和总统通二三次电话,尼克松从来没有找不到他的时候。尼克松也说:"他的工作,从一开始就紧张繁忙,干劲冲天,充分显示了他此后多年工作的特色。"怪不得当时有人开玩笑说:"给基辛格发固定薪水,而不是计时付酬,真是政府的一大节约。"

初显身手

20 世纪 60 年代末,越南战争逐步升级,50 多万美军和 7 万多盟国部队在越南南部的丛林中艰难作战,苦苦挣扎。已有 3.1 万名美国官兵命赴黄泉,尤其是 1968 年以后平均每周就有 200 多名美国人阵亡。大批美国兵阵亡的噩耗激起了国内一浪高过一浪的反战怒潮。被越南战争搞得疲惫不堪的约翰逊政府束手无策,在人民的一片谴责声中,退出了历史舞台。如何结束越南战争,对于新上台的尼克松说,是一场十分严峻的考验。

越南战争的形势越来越明朗了。越南民主共和国和南方民族解放阵线的力量在迅速发展,并得到南北越人民的广泛支持。美国扶植的南越阮文绍政权政治上腐败无能,不得人心;军事上节节败退,伤亡惨重,令美国大失所望。在无法赢得战争的情况下,美国只得放下架子,同南越政权、越南民主共和国、南方民族解放阵线在巴黎召开四方会

谈,以期尽量减少美军伤亡,尽早脱身越南战争。然而谈判从一开始就陷入了僵局,四方仅就谈判桌的形状问题——是圆形的、正方形的还是椭圆形的、菱形的——就争论得不可开交。对美国来说,这意味着阵亡士兵数的继续增加。大选之后,要求尽快采取行动、结束越南战争的信件像雪花一样飘到白宫,人们焦急地期待着新总统能做出正确的决策,而尼克松把"如何使美国体面地从越南撤军"这一难题,交给了基辛格。

基辛格自在哈佛执教以来,就一直密切地关注越南战争局势的发展,并且对如何解决越南问题形成了自己的观点。他自觉能在别人失败的地方获得成功。他刊登在 1969 年 1 月号《外交》季刊的《论越南谈判》的文章,不仅在国内学界、政界引起了轰动,而且使陷入僵局的巴黎和谈的代表们精神为之一振。在这篇文章里,他提议采取一种新程序来打破和谈僵局,这种程序后来被称为"双轨"方式:在一条轨道上,河内和华盛顿集中解决他们冲突的"军事问题",在另一条轨道上,西贡和民族解放阵线将集中解决越南的"政治问题"。人们因此对他抱有很大希望,当时,《华盛顿邮报》的专栏作家指出:"目前对即将上台的政府来说,最大的吉兆莫过于基辛格有关越南的文章了。"

现在,基辛格开始着手解决这一超级难题。走马上任刚几天,就召开国家安全委员会会议,重点讨论越南问题。会议最后确定"必须体面地结束越南战争",实施"越南化"战略:即在无法赢得战争的情况下,尽早使美国摆脱越战泥潭,让越南人自个儿打内战去。当时,他和尼克松对在美越巴黎和谈上取得重大突破、迅速达成越南停战相当乐观。他们相信,只要方式用得对头,武力和外交结合得好,就可以很快创造奇迹。基辛格对前来拜访的以前的哈佛同事夸下海口:"请放心,不消几个月我们就可以摆脱出来。"对一批来访的公谊会反战分子,他拍着胸脯说:"给我们 6 个月时间,到时候如果我们还没有结束战争,你们回来把白宫的铁栏杆砸烂好了。"

后来,当发现事情并不像自己预测的那么容易解决时,他开始穿梭于华盛顿与巴黎之间,留下了一串诡秘的行踪。

且说 1969 年 3 月,基辛格在华盛顿见到了老朋友让·圣特尼,这是位法国银行家,曾担任法国驻越南的外交代表,与越南领袖胡志明有 20 多年的交情。两人都认为:应通过美越间高层秘密会晤来寻求双方的沟通。基辛格安排他拜会了总统。圣特尼同意把尼克松建议接触的信带给胡志明。信中说,要越过"四年战争的鸿沟",进行联系是不容易的,但是尼克松答应,美国准备"不带成见地,(与越共)同心协力,把和平与幸福带给勇敢的越南人民"。在信尾,他又着重强调:"等待绝无好处,拖延时间只能加剧危险。"

圣特尼回到巴黎后,将信交给了河内驻巴黎的和谈代表团团长春水,让他转交给胡志明。不到 1 周,北越同意让春水同基辛格举行秘密会晤。

当时,基辛格正陪同尼克松出访欧洲各国,接到圣特尼的通知后,8 月 4 日,他离开总统一行人,在巴黎留下,名义上是向法国的高级官员介绍尼克松的出访情况,实际上是为了与春水秘密会谈。记者们闻讯后便紧紧盯梢基辛格在巴黎的行踪,但只看见他在美国大使馆里与洛奇大使闲聊,去马提翁大厦同法国总理沙邦·戴马尔会晤,在爱丽舍宫和蓬皮杜总统谈笑风生,没有发现任何的可疑迹象。

一天傍晚,基辛格假借外出观光,甩掉记者的跟踪,匆匆带上私人助理莱克和武官弗农·沃尔特斯将军,钻进豪华的奔驰轿车,一溜烟地直奔圣特尼的住所——沃利路的一幢公寓。

圣特尼的私人寓所像个古董店,摆满了各种各样的珍奇古玩。但此时,基辛格对这些旷世奇品并没有兴趣,春水已先到,圣特尼介绍两人互相认识后,便起身告辞了。

双方面对面地坐在沙发上,中间隔着四五米。基辛格定神看了看春水,但见他身材瘦小,慈眉善目,就是在发怒时也面带着微笑,就不由得有了好感。两人寒暄了几句,即转入了正题。

基辛格向春水说,他对越南人民的勇气十分敬佩,对他们的苦难非常同情,并说美国真诚希望谋求一项无损于双方自尊心的解决办法。春水先是不动声色地听基辛格讲话,等轮到他发言了,就开始了一场长篇的独白。首先,春水追述了长期以来越南人民争取民族独立的光荣历史,乍听起来这些故事很能打动人心。基辛格后来回忆说,在以后 4 年的会谈中,这些故事对北越人来讲,就像是谈判开场白,要经常讲起;而对于美国人来说,它就像是对克制力的磨炼,要经常忍耐。然后,春水描绘了越南人民这几年来遭受的兵燹之灾,谴责了美军的暴行。会谈持续了 3 个多小时,因双方的立场差距太大,没有取得突破,但毕竟,这是美越直接接触的一个起点,因而具有特殊的历史意义。

这次密谈后的第 3 周,胡志明去世,河内新领导人对谈判的态度一时如浓雾包裹的山巅,让人捉摸不透,这使基辛格更加担心巴黎谈判的前景。9 月中旬,尼克松宣布将又从越南撤军 3.5 万人。巴黎的河内谈判代表对此嗤之以鼻,视为美国在耍糊弄人的鬼把戏,"装装样子而已"。在越南南方,河内的部队重新集结,战场形势又起了新变化。基辛格的心情更糟了。

和平在望

1970 年与前一年相比,在基辛格看来,包含着更多的机遇。随着从越南撤军的继续,反战运动开始降温,《新闻周刊》说:"理查德·尼克松使战争不再成为头版新闻。"使基辛格急于恢复谈判的另一个重要原因是,北越也表现出对和谈的热情,派出一个重量级

世界政要

的人物:越南共产党总书记黎德寿参加巴黎的"马拉松赛"。基辛格力图抓住机遇,从2月底到4月初,他先后4次飞赴巴黎同黎德寿在郊区的一所房子里会晤。这类会晤有时长达8小时,但基辛格不在华盛顿抛头露面的时间从不超过40个小时。

他常运用一种巧妙的办法神不知鬼不觉地离开华盛顿。临去秘密会晤前,他常常跑到好莱坞,同袒胸露背、性感十足的女影星宴饮欢谈,一点也没有躲躲闪闪的样子,并故意让记者拍照。然后就在同一天深夜,钻进高级轿车,直奔安德鲁斯空军基地,乘坐总统的"空军一号"赴巴黎同黎德寿会谈。

飞机经过十几个小时的飞行,降落在巴黎以南190公里的阿沃德老机场,而后转乘法国总统蓬皮杜的专用飞机,飞到巴黎南郊10公里处的布尔歇机场。一辆没有牌照装有防弹玻璃的雪铁龙轿车早已静候在此。小轿车很快把他送至巴黎郊区的一幢公寓,这里的男仆只知道一个名叫哈罗德·基尔希曼的美国将军将在这里住上几天。

同黎德寿秘密会谈的地点在巴黎郊外沃利路11号,那一带是一个工人聚居区,不惹眼,只是有些脏乱。1970年2月的一天,在那里,基辛格第一次与黎德寿会晤,两人相对而坐,中间隔着一条窄地毯。黎德寿头发花白,穿着一件朴素的中山装,眼睛大而明亮,看起来精神矍铄。

会谈中,黎德寿板着面孔,态度十分严肃。基辛格试图开玩笑活跃一下气氛,但黎德寿却不加理睬。轮到他发言时,他就像一个严厉的老师训斥一个不听话的学生,从越南人民争取民族独立的光荣传统讲到马克思主义的革命理论。

同时,基辛格发现黎德寿是一个睿智精明的人,当时他曾风趣地说:"战争结束后,我邀请你给哈佛大学开一门马克思主义课程。"

"那你们要保持高度警惕呀!"黎德寿马上机智地答道。

更令基辛格感到惊讶的是,黎德寿对美国的策略理解得非常准确,一上来就告诫美国不要在战争"越南化"上耍鬼把戏。由于这一年美军入侵柬埔寨,双方的会谈未取得实质性进展。黎德寿返回河内了。

9月份,基辛格又两次飞赴巴黎会见春水,带去了新拟订的和平建议:美军将大幅度从柬撤军,河内将与西贡成立联合政府。可这一建议遭到春水的拒绝。河内要求美国在越南问题解决之前,放弃对阮文绍的支持。

和谈没有进展,尼克松决定再让南越军队在战场上试一试。1971年初,尼克松让阮文绍的军队打进老挝,以破坏北越军队的后方供应。

总统批准的这个进攻老挝的行动,越南人称之为"兰地619"战役,结果,南越军队一败涂地。不得已,40多天后,越南共和军就"匆匆忙忙把家还"。从这次战役,尼克松和基辛格彻底看到了阮文绍政权的岌岌可危和南越军队的无能,这使得他们更坚定了通过谈判解决问题的决心。

1971 年 5 月，为了打破和谈僵局，尼克松和基辛格又拟订一个新的和平方案：美方保证在签订协议后 6 个月内全面撤出驻越美军，北越则应释放全部美国战俘。在这个方案中，没有强调河内"必须同时撤军"，这表明美国已做出很大让步。为使北越接受这一创意，基辛格 6 次往返于巴黎与华盛顿。会谈一次比一次更有成效。

这一年的首次巴黎秘密会谈是在 5 月 31 日，即美国阵亡将士纪念日后的那个星期一举行的。总统先期乘直升飞机前往戴维营度假，以转移记者的注意力。基辛格也要了一个花招：他先在一次招待会上露露面，陪着几位金发碧眼的性感女明星调侃了一番，他的几句新鲜的俏皮话，引起了招待会上来客们的哄堂大笑。然后，他趁人不备，带上助手和警卫偷偷地溜出来，驱车前往安德鲁斯空军基地，之后飞赴巴黎。

在谈判中，重返巴黎的黎德寿推出了一个九点和平方案，其中提出在南方建立一个"主张和平、独立、民主的新政府"，河内第一次不再坚持一定要让阮文绍下台，而且第一次同意在美国撤军的同时，释放美国战俘和全部被扣押的平民。基辛格为推动和谈，接受九点方案作为谈判基础，这一点颇让北越人出乎意料。后来，基辛格自己又提出一个八点方案，很多方面类似于九点方案，但要北越保证让阮文绍加入联合政府。黎德寿拒绝："让越南人民来决定阮文绍的命运吧！"基辛格把这一信息迅速传达给尼克松，后者强调："不能为求和平而以搞垮阮文绍为代价。"谈判再次陷入了僵持之中。

1972 年，河内发动了春季攻势，3 个正规师在苏制坦克大炮的掩护下，越过了分隔南北方的非军事区，南越军队节节败退，几个星期以后，河内又在南越首都西贡西北方开辟了第二战场。面对进攻，尼克松显露出"狂人"的一面，下决心再度轰炸越南北方，实施代号为"自由门廊"的行动，这次军事行动对河内、海防等地进行了猛烈的轰炸，使北越损失巨大。

夏天，河内同意重新谈判，基辛格再次赴巴黎同黎德寿会谈，基辛格一方面利用战场优势向后者施加压力，另一方面表现出一定的灵活性，表示南北方建立联合政府也好、分治也罢，美国都可以接受。黎德寿表示：可以把军事问题与政治问题分开解决，这使基辛格感到双方的观点正在接近，他预感和谈将会有突破性进展。果然，10 月，基辛格和黎德寿最后草拟了《关于越南结束战争、恢复和平的协定》文本，会后两人开起了玩笑。

基辛格说："在法国，马在跑道上跑的方向同美国相反。"

黎德寿马上说："但是我们呢？我们是向着和平还是战争的方向在进行一场角逐赛呢？"

尼克松曾为谈判的艰难大发牢骚："法国人为留在越南而战，美国却为撤出越南而战。"基辛格向他汇报这一辉煌成果之后，他为基辛格举办了庆功宴，席间，尼克松忽而想起巴黎是一个温馨浪漫的城市，就问："巴黎的姑娘如何？"

基辛格不禁叹息："没有时间啊！"

随后，在举行的记者招待会上，基辛格摘掉宽边玳瑁眼镜，面带微笑，用手一挥："女士们，先生们，和平在望了！"

记者一阵欢呼，照相机的闪光次数之多让基辛格捂起了眼睛。这一新闻很快传遍了全世界。国会上下一片欢呼，华尔街股市的指数持续攀升，全国渴望结束战争的心加快了跳动。

1973年1月22日，基辛格再次光顾巴黎，蜂拥而至的记者们把基辛格围个水泄不通。记者的提问使基辛格感到有些应接不暇："请问博士，什么时候才能实现和平？"

基辛格风趣地说："你们每隔15分钟来量一量我的体温便知道了。"

第二天，他同黎德寿在美琪饭店举行了最后一次会谈，草签了和平协议。两个人走出饭店时，濛濛细雨下个不停，他们相互微笑，握手，让记者从多个角度拍照。

27日，国务卿罗杰斯代表美国正式签署了《关于越南结束战争，恢复和平的协定》。女记者海伦·托马斯想知道罗杰斯在巴黎落笔签字的那一刻，基辛格在搞些什么，他回答："在搞爱情，不是搞战争。"

秘密访华

1971年基辛格秘密访问北京，参与打开中美关系的大门是他一生外交生涯中最辉煌的成就，他使中国人民领略了他卓越的外交才干。

20世纪60年代末70年代初，美国的全球霸主地位遭到挑战。日本的迅速崛起，西欧的经济复兴，加上苏联咄咄逼人的进攻态势，都使美国感到操纵世界事务已力不从心。事实证明，美国对世界的影响力在下降，要保住美国的霸权地位就需要尼克松政府重新调整战略，以适应变化中的世界。

中国，当时已拥有7亿人口，对世界的影响愈来愈大。然而自新中国成立后，美国政府一直奉行对她的隔绝政策。这对于美国来说，是外交决策的一大失误。尼克松在竞选总统时，就极为关注这一问题："在我们这个星球上，不能让7亿有可能成为最能干的人在孤立的状态中生活。""如果没有这个拥有7亿多人民的国家出力，要建立稳定和持久的国际秩序是不可能的。"

在就职演说中，他再次谈到中国："让一切国家都知道，在本届政府当政时期，我们的通话线路是敞开的，我们寻求一个开放的世界——对思想开放、对货物和人员的交流开放。一个民族,不管其人口多少,都不能只活在孤立的状态中。"

尼克松下决心打通对华关系,这免不了要和基辛格先商量商量。

1969年2月1日,星期六。基辛格一大早带着黑色文件包来到宽敞明亮的办公室,办公室桌上放着尼克松的一张便条:"应竭力鼓励本政府探索同中国人和解的可能性。当然,这应当私下进行,无论如何不要从我们这方面泄漏到公开的刊物中去。"在总统的指示下,基辛格开始进行一次对华政策的调查,以做好准备探讨这种"可能性"。尼克松在私下"探索同中国人和解的可能性",可在公开场合却一点也不动声色。在他举行的当选总统的第一次记者招待会上,有记者问他是否有什么计划同"红色中国改善关系"时,他认为:"在他们那边发生某种变化之前,我们的政策不会有任何改变。"然而他私下在多个场合道出了他的心愿:"我想打开通往中国大陆的大门。"

这一年,华盛顿通过多个渠道向北京抛出了示好的"红绣球"。戴高乐率先打开对华关系的大门,在西方大国中颇有影响。尼克松在巴黎会晤时,专门找到戴高乐,向他诉说心声:"无论困难再大,(我)也要去北京。"向他讨取打开对华关系的"真经"。几个星期以后,戴高乐应邀前往华盛顿参加美国前总统艾森豪威尔的葬礼,尼克松正式请他把美国新政策的精神尽快传递给中国最高层的领导人,戴高乐欣然同意了。4月23日,戴高乐召见法国驻华大使艾蒂安·马纳克,指示他按尼克松的旨意迅速去办。

马纳克果然不负使命。不久,他将来自美国最高层的意思传达给了周恩来,周恩来以惊讶的口吻说:"简直难以使人置信……我还是不太相信。"

马纳克又认真地说:"尼克松对戴高乐说的的确是真心话,尼克松不希望杜勒斯政策再现,我这可不是为美国说好话啊!"

周恩来听后,仰面大笑。

为了尽快向北京传达友好信息,尼克松又开辟了巴基斯坦和罗马尼亚两个渠道。他先后请巴基斯坦总统叶海亚和罗马尼亚总统齐奥塞斯库向北京捎去口信:"(美国)希望尽快同中

1973年11月10日,周总理在北京设宴款待基辛格。

国开展对话。"在国内,尼克松和基辛格开始为改善对华关系做舆论准备。

9月,尼克松对《时代》周刊发表谈话,颇带感情地说:"在我这一生中,如果有什么要

紧的事去做的话,那就是到中国去,去了解这个神秘的国度。"

基辛格在白宫东厅举行的一次盛大记者招待会上谈到中国时,意味深长地说:

"如果今后20年的一个重大问题是建立维护世界和平的国际秩序,单就忽视7亿中国人的这一做法会使这一问题成为泡影。"

"中国人民显然是伟大的人民。"

10月初,基辛格得到总统的许可后,发急电给美驻波兰大使斯托塞尔,明确批示他在适当场合,找到中国外交代表,建议恢复中美大使级会谈。斯托塞尔收到电报后,认为"简直不可思议","基辛格发疯了"。指示被束之高阁了近3个月,直到基辛格发来第三封电报时说:"要么你照办,要么我们就派愿意照办的人去办。"斯托塞尔才感到大事不妙,只好硬着头皮去找中国驻华沙的代办雷阳。

12月3日,在南斯拉夫工业展览会上,斯托塞尔一眼认出了雷阳,多次凑上前去想和雷阳搭话,都被雷阳躲开了,斯托塞尔感到十分尴尬,但他必须完成任务。没办法,当雷阳将要离开大厅时,他疾步奔上前去,气喘吁吁地向雷阳透露了美国希望重开华沙大使级会谈的意向,后者当时愣住了,好久才明白过来。几年后,基辛格在北京访问时,周恩来想起了这件事,开玩笑说:"你如果要让我们的外交官得心脏病,在社交场合同他们接触,建议举行认真的会谈就行了。"基辛格听了,一阵大笑。

12月11日,雷阳和斯托塞尔在中国大使馆正式会晤,会谈的气氛十分融洽,场内时而传出阵阵笑声。会谈约有1个多小时,双方同意恢复华沙会谈。1970年1月20日,第一次会晤如期在中国大使馆举行,会后,美方发表的会议公报中第一次使用了"中华人民共和国大使馆"一词,充分说明了美国对新中国的态度发生了根本性改变。2月份,中美又举行了第二次会晤。在两次会晤中,中方提出以和平共处五项原则发展中美关系,博得了美国代表的好评。中方代表还提出可以考虑在北京举行会谈,美国还可以派一个高级代表团来。消息传至白宫,尼克松和基辛格既兴奋又感到有些出乎意料,尼克松指示斯托塞尔:酌情接受北京方面的建议。

1970年5月,中美第三次会晤即将举行前的24小时,美军侵入了柬埔寨,又加之美国允许蒋经国访美,为此,中国方面宣布取消会晤,中美关系的发展又迷失了方向。好事毕竟多磨难。

柬埔寨风波之后,北京以微妙的方式向华盛顿传达友好信息。

10月1日,北京,天安门广场。彩旗飞扬,晴空万里,五彩缤纷的鲜花烘托出了浓厚的节日喜庆氛围。在红漆巨柱拱立的雄伟的天安门城楼上,曾写出风靡全球的优秀报道《西行漫记》的美国作家埃德加·斯诺被安排站在毛泽东身边,一起检阅游行队伍,对此,斯诺感到惊讶。他以探寻的口吻问周恩来:"我是第一个登上天安门城楼的美国人吗?"

周恩来马上高兴地答道:"是毛主席让我请您来的,在中美关系长期僵化的情况下,您三次访问中国,今天您还登上天安门参加我们的国庆盛典,对一个美国人来说,这是独一无二的事。"

其实,"醉翁之意不在酒"。毛泽东和周恩来不是意在白雪(英语中,斯诺——Snow是"雪"的意思),而是意在白宫,加之第二天《人民日报》头版显著位置刊登的毛泽东和斯诺并肩站在天安门城楼的彩色特写照都在向大洋彼岸传达一个明白无误的信息:中国高层领导人愿意推动中美关系的发展。然而,尼克松和基辛格在关键时刻却粗心大意了。竟没有悟出在国庆节这个特殊的节日,毛泽东把一位美国作家请上天安门的深刻含义。

到10月下旬,尼克松借各国首脑到美国祝贺联合国成立25周年之际,找到叶海亚总统,明确地告诉他:美国已决心实现中美关系正常化。基辛格私下约见齐奥塞斯库时,拜托他向中国传达美国尽快恢复中美对话的愿望,白宫还专门宴请了齐奥塞斯库,尼克松特意在祝酒词中说,罗马尼亚同"美国……苏联……和中华人民共和国"都有着良好的关系。一位美国总统把中国大陆称为"中华人民共和国"这还是第一次,这一点引起在座的苏联驻美大使多勃雷宁的注意。

白宫宴会结束后,多勃雷宁立即打电话给基辛格,要求他解释尼克松这个用语的含义。基辛格幽默地答道:"这有什么特殊意义!难道俄国人不是把中国叫作中华人民共和国吗?"

之后,中美双方又开始使用巴基斯坦和罗马尼亚的秘密渠道传递信息。1970年12月的一天晚上,巴基斯坦大使希拉利匆匆找到基辛格,亲手向他面交了北京传来的一封短信。这是用蓝道白纸写的,书法很漂亮,但少了抬头和署名。内容是美国通过各种渠道传达的信息已经收到,欢迎尼克松总统派一位特使到北京举行高级会谈。送走希拉利,基辛格立即向尼克松汇报情况,两人进行了仔细研究,一直谈到深夜。在尼克松的授权下,基辛格写好给周恩来的复信,表示美国准备很快派人到北京。他把信交给希拉利,要求后者一定要亲手将信递给周恩来。中美高层会晤的时机已经成熟。

在中美高层会谈之前,还有一段"乒乓外交"的小插曲。1971年4月,在日本名古屋举行的世界乒乓球锦标赛接近尾声的时候,成绩斐然的中国乒乓球队主动伸出了友谊之手,邀请美国乒乓球队访问中国,周恩来亲自为美国乒乓球队签发了入境签证。美国运动员飞抵北京后,周恩来在人民大会堂接见了他们,并发表了热情洋溢的讲话:"是你们揭开了中美人民友好关系的新篇章,我相信,我们友谊的这个新开端必将受到两国大多数人民的支持。"

他稍停了一下,对面前发呆的美国年轻人说:"难道你们不同意我的话吗?"

顿时，人民大会堂里响起一阵热烈的掌声。

这一下，美国的舆论界沸腾了。《时代》周刊说："这'乒'的一声全世界都听到了。"有的媒体说："这是周恩来用小球转动了大球（地球）。"尼克松听到这个消息，更是兴奋不已，在白宫记者招待会上，就"我国对华政策"问题向记者们扬扬得意地说："我们已经打开了坚冰，现在就要测测水有多深了"，"我希望，其实我是期待着，有一天我将以某种身份访问中国。"很显然，这句话是说给北京方面听的。

现在该是尼克松物色去北京"合适人选"的时候了。

可派谁去呢？尼克松对自己的助理基辛格第一次产生了一种竞争心理，他不想让基辛格出尽所有风头，他想亲自去，但基辛格竭力奉劝他打消这个念头。"您作为总统，仓促出访中国是危险的。"基辛格坚持说。尼克松提出洛克菲勒，这令基辛格坐卧不安了好一阵子，直到尼克松认为洛克菲勒太引人注目，基辛格才松了一口气。让享有较高声望的职业外交官布鲁斯或是国务卿罗杰斯去怎样呢？尼克松犹豫了好几天，还是司法部长米切尔一语道破天机：除了基辛格还有谁更合适呢？尼克松最终一锤定音。他拍着基辛格的肩膀说："亨利，这回就看你的了。"

基辛格如释重负，他还真担心总统派罗杰斯或别的谁去呢，他有些得意忘形地对尼克松说："理查德，你真有胆量！派我一个人去，到时无法与国内联系，你不怕我把阿拉斯加州卖掉啊！"

随后，在棕榈泉度假胜地，基辛格和美驻巴基斯坦大使法兰一起筹划了美国外交史上最具神秘色彩的一幕：他的秘密访华，他们把其代号定为"波罗行动"，中国人化名为"主人"，基辛格化名为"首长"，基辛格将借助前往亚洲的一次公开访问实施"波罗行动"。

1971年7月1日，基辛格乘坐"空军一号"飞离华盛顿附近的安德鲁斯空军基地，两天后到达西贡，同阮文绍和美驻南越大使邦克会谈，尾随而来的记者们紧盯着基辛格的行踪。《纽约时报》和哥伦比亚广播公司的"每晚新闻节目"中，基辛格的活动成了热点。抵达曼谷时，跟踪的记者少了，报道的热乎劲儿也消退了。7月8日，飞抵炎热的伊斯兰堡时，跟来的只有3位记者，基辛格很快把他们给打发了。

在例行的记者招待会上，法兰大使宣布：从7月8日到10日，基辛格将在巴基斯坦停留48小时。按照外交惯例，基辛格先到总统府拜会了叶海亚，随后同法兰大使会谈，最后出席了叶海亚总统举行的欢迎基辛格一行的盛大晚宴。在宴会进入高潮时，基辛格突然捂起肚子，连声叫痛，一脸难受相，叶海亚总统跑过来，扶起基辛格，大声宣布：基辛格博士尊体欠安，急需休息，伊斯兰堡天气太热，会影响客人康复，因此安排他到北部山区的蒂亚加利总统别墅休养。

7月9日上午8点，一队悬挂美巴两国国旗的车队在警车的护送下，浩浩荡荡穿过伊斯兰堡市区，驶往蒂亚加利山区。巴基斯坦各部军政要员受总统之命前往别墅探望这个泱泱大国的贵宾，却被基辛格的助手苏尔坦·穆罕默德一一挡驾，他说基辛格正在休息，不便打扰。一位名医认真地为"基辛格"看病，却不知他的病人其实是一名真是得了"德里痢疾"，肚子痛得要命的美国特工。

实际上，早在凌晨3点，正当人们睡得正甜的时候，基辛格和随行7人就已悄悄坐上1971型皇冠轿车，直奔机场而去。为了确保万无一失，他装扮成一个英国商人，戴上了大檐帽和深绿色墨镜。

到达机场，只见基辛格的专机停在显眼的位置，而一架巴基斯坦国际航空公司的波音707却停在隐蔽处。基辛格一行人匆匆登上波音飞机后，发现机舱里已有4名穿着军装的中国人，他们是周恩来专程派来迎接他们的。

秘密行动几乎是天衣无缝，然而也差一点被捅出去。伦敦《每日电讯报》记者贝格当时一眼认出了戴墨镜的基辛格，他赶快向报社发一份急电，说基辛格潜往中国，当时的值班编辑看了3遍，就把它扔进了废纸篓，还连声骂道："他妈的贝格这个糊涂蛋！这家伙准是喝昏头了，基辛格到中国去干什么？荒唐！"

后来，这件事成了伦敦新闻界的笑谈。

当飞机飞越白雪皑皑的珠穆朗玛峰时，基辛格心潮澎湃。他在后来回忆当时的感觉说："这件事实在令我兴奋，我在飞往一个神秘的国度，并且我是头一个去，真是……有点历险的味道啊！"

9日正午时分，飞机在静谧的北京南苑军用机场缓缓降落了。叶剑英元帅和黄华大使早在那里等候。寒暄几句后，3人就坐上红旗牌高级轿车，经过天安门广场驶到了西郊钓鱼台国宾馆。

钓鱼台国宾馆6号楼宴会厅里，一桌丰盛的午餐已摆好。除基辛格用刀叉外，其他人都试着用筷子。基辛格很喜欢吃中国菜，对于中国菜的味美，他打趣道："一定是三千年前饿死过一位国宾，中国人决心不让这件事重演，所以把菜做得那么好。"

下午4点，周恩来亲自来到钓鱼台探望基辛格一行人，周恩来作为国家总理来探望他这个职位低一级的国务卿，这是非同寻常的礼遇，使基辛格有些受宠若惊。看到周恩来走进来，基辛格赶忙走上前去，周恩来面带微笑地摇了两下基辛格的手："啊，基辛格博士，一路上辛苦了。"

"没什么，一踏上你们的国度，我就激动不已。"

周恩来接着说："这可是中美两国高层官员二十几年来第一次握手。"

基辛格说："可惜的是，这是一次不能马上公开的握手，否则全世界都要为之震惊。"

两人不约而同地笑了。

而后在钓鱼台国宾馆的会议室里,两人进行了第一次会谈。双方都认为,相互了解对方的愿望,是会谈的最主要的内容。

周恩来说:"两国之间的分歧是巨大的,例如,台湾问题就是两国关系紧张的根源。博士先生,我们终于可以坐下来了,谈谈自己的立场,让对方加以了解。"

对此,基辛格深表同意:"尽管我们之间存在严重分歧,但我们也能找到共同的利益。"

会谈结束时,基辛格欣然讲起了此次中国之行的感受:"这是我第一次踏上你们这个美丽而神秘的国度。"

"神秘?"周恩来诧异地问道,"当你熟悉她之后,你就感受不到她的神秘了。"

7月9日深夜,习习凉风掠过中南海。在毛泽东的住处,周恩来正在向毛泽东汇报白天会谈的情况,谈到美国还想在台湾驻守一些军队时,毛泽东插话说:"我看台湾问题事小,世界局势事大。"他接着说,"猴子变人还没变过来,还留着尾巴,台湾问题也留着尾巴。但它已不是猴子,是猿。"

随后,就第二天将要谈到的越南问题,中美关系问题,毛泽东做了指示。

10日下午,基辛格和周恩来在人民大会堂继续会谈,当谈到台湾、越南等问题时,双方各执己见,相持不下。最后还是周恩来恢复了和蔼的态度,提议说:"我们先去吃烤鸭吧,凉了就不好吃了。"饭后,周恩来代表中国政府向尼克松发出正式邀请,请他在适当时候访问中国。基辛格代表尼克松欣然表示接受,两人还就访问的一些细节问题交换了意见。

这次秘密访华,基辛格获得了巨大成功。他同周恩来一起为打开中美关系的大门迈出了重要的一步,周恩来也给基辛格留下了很深的印象,他认为周恩来是一位胸怀坦荡、有着大国风范的外交家。后来他在回忆录中写道:"伟大人物对重大事件的影响是很难加以确定的。中美两国在20世纪70年代初谋求和解,这是世界大势所趋。但是事情来得这样快,发展又如此顺利,则是由于中国总理的光辉品格和远见卓识起到了不小的作用。"

"失踪"了48小时的基辛格,又出现在伊斯兰堡叶海亚总统的宴会厅,不过此时的基辛格已无心再在巴基斯坦多逗留一小时,他要赶紧回到白宫向"老板"请功了。

改变世界

基辛格到了白宫后,尼克松不让他休息片刻,怀着急切的心情,立即听取了他有关秘密访华的汇报。听完汇报后,尼克松满意地笑了,他知道自己将要做出令全世界震惊的事情。根据周恩来和基辛格的约定,中美两国同时发布基辛格访华的公告。

7月15日,美国人民得知晚间总统要发布一个"事关国家大局"的公告,但不知公告的内容。晚7点,尼克松总统笑容满面地走进了全国广播公司的直播室。

只见他对着话筒踌躇满志地说道:"女士们,先生们,晚上好!我要求在今晚利用这段时间,是为了宣布我们为了建立世界持久和平而做的努力中的一件大事。""正如我在过去3年中多次指出的那样,如果没有中华人民共和国和她的7亿人民的参与,就不可能有稳定和持久的和平。""为了实现这一目的,我派遣了我的国家安全事务助理基辛格博士在他最近的环球旅行中前往北京,同周恩来总理会谈。"

接着,他大声宣读了基辛格与周恩来的会谈公告:"周恩来总理和尼克松总统的国家安全事务助理基辛格博士,于1971年7月9日到11日在北京进行了会谈。获悉,尼克松总统曾表示希望访问中华人民共和国,周恩来总理代表中华人民共和国政府邀请尼克松总统于1972年5月前的适当时间访问中国,尼克松总统愉快地接受了这一邀请。"

美国观众听完这一公告,都惊呆了。电视台为了让现场的评论员发表对这份公告的看法,把电视镜头转向了他们,只见这些平日喜欢评头论足、侃侃而谈的评论员们都怔住了,一个个面面相觑,面对全国的电视观众竟一句话也说不出来。

的确,全美国发愣了,全世界也为之震动了。

第二天,世界各地的贺电像雪片一样飞向白宫,各大新闻媒介也争相报道基辛格的秘密访华行动,赞美之词铺天盖地。基辛格戴着宽边玳瑁眼镜、面带微笑的头像登上了《时代》《新闻周刊》的封面,报刊纷纷赞美基辛格非凡的外交艺术,说他具有非凡的才智和惊人的腿功,擅长搞外交魔术和"特技表演",其"神秘才能可与东方人相媲美",是什么"超级智者","现代梅特涅","超级国务卿"。

基辛格尝到了"波罗行动"带来的甜美的滋味,他精神焕发,逢人便讲:"中国人接待我们周到极了,客气极了。""给我们的待遇好得不得了。""会谈非常实在,非常明确,双方都没有说空话。"

去中国与周恩来会谈成了基辛格的"独门生意",也不免招来白宫和国务院一些高级官员的非议:"基辛格大概被周恩来的魅力和智慧所折服了……由此而来的政策将是不平衡的。"而基辛格对这些指责不屑一顾:有尼克松为他撑腰,他还怕什么?

基辛格没有陶醉于初次访华的成功之中,为了给尼克松访华做出细节上的安排,1971年10月他第二次来到北京。这一次,他特地带上了两位漂亮的女秘书,一位是24岁的朱莉·皮诺,一位是29岁的黛安娜·马修斯,《妇女家庭杂志》说她们俩"有着优美的大腿曲线及容光焕发的脸蛋,对男子极富有吸引力"。她们是基辛格此次行动的得力助手，同上司形影不离，在公开场合表现出同基辛格有着亲密的关系，难怪有人说美国外交上最有能力的单身汉艳福不浅。

10 月 22 日，基辛格一行人到达北京。周恩来在人民大会堂设国宴招待基辛格，从接待档次的提高中，基辛格深感中美关系已经起了微妙的变化。宴会开始时，周恩来手端酒杯，即兴发表了热情洋溢的祝酒词，对尼克松和基辛格大加称赞："中美两国在关系中断 22 年之后，现在两国的关系就要揭开新的一页，我们应该说这要归功于毛泽东主席和尼克松总统。当然，一定要有一个人作为先导，这个先导就是基辛格博士，他勇敢地秘密访问了中国这个所谓'神秘'的国度。这是一件了不起的事情，现在基辛格博士第二次访问这个国度，她不应该再被认为是'神秘'的了。他是作为一个朋友来的，还带来了一些新朋友。"

听了周恩来的祝酒词，基辛格联想到上次会谈时和周恩来有关"神秘的国度"的有趣对话，想不到相隔数月之后，又把这个话题重新搬出来，好像会谈就从没有间断过。基辛格对周恩来这种非凡的交际艺术佩服不已。

周恩来和基辛格谈了 3 天多，为尼克松访华确定了细节安排，经过两人磋商，访华日期定在 1972 年 2 月 21 日。尼克松访华时两国将共同发表的公报成了会谈的重点。两人经过反复磋商，决定公报在重大问题上公开表明分歧，阐明各自的立场。

在谈判中，最棘手的还是台湾问题，周恩来明确地表达了中国政府的立场："台湾问题是中美两国之间的老问题了。华沙会谈 15 年都僵在台湾问题，我必须再次声明：中华人民共和国是代表中国唯一合法的政府；解放台湾是中国的内政；美国军队必须撤出台湾。这三条，必须坚持。"

基辛格强调："可我们不能背弃老朋友呀！如果我们背弃老朋友，盟国不会相信我们，就连你们中国人也不会尊重我们。"

周恩来针锋相对："这真是天方夜谭，台湾是中国的领土，这是你们历届政府都承认的。而现在，是哪国的军队占领着台湾？是你们美国！中国有句俗话，'解铃还须系铃人。'"稍停，周恩来加重了语气："台湾问题，关系到一个国家的主权问题，在这个问题上不能含糊。朋友之间的道义问题不能代替主权国家的领土完整问题。"

基辛格看到这个问题没有多少讨价还价的余地，就建议休会，拉着助手洛德到另一间会议室商量对策去了。

过了大约半个小时，基辛格和洛德回到座位上，基辛格说："我决定换一种方式来表达美国的观点：'美国认识到，台湾是中国的一部分，在台湾海峡两岸的所有中国人都认为只有一个中国，美国对这一立场不持异议。'"

周恩来对这个提法稍做思考，随后严肃的脸孔又恢复了常有的笑容，竖起大拇指对基辛格说:"这句话是一项奥妙的发明,不愧是有博士水平。"接着,周恩来又说:"这句话的基本意思我可以接受,只是个别字句还需要推敲。比如应该用'省',台湾是中国的一个省,更准确,不用'部分'。"

"'部分'比'省'通用,'部分'是对'整体'而言。"

"'省'比'部分'更准确,省是行政上对政府的归属。"

"英语里没有多大区别。"

"汉语却有质的差异。"周恩来雍容大度地说,"我们的僵局有望打破,至于尚未解决的句子和措辞,等总统访华时,还可以继续讨论,总会找到一个解决办法的。"基辛格后来认为:"我所说的和所讲的,给周恩来印象最深的莫过于这个措辞模棱两可,但双方又都可以接受的方案。"

10月26日,基辛格一行圆满完成使命,启程回国,周恩来亲自为他们送行,同基辛格亲切握手道别:"欢迎你很快回来共享会谈的愉快。"

1972年2月21日上午11点30分,北京首都机场一片灰蒙蒙的隆冬景象。

总统座机徐徐降落在宽阔的跑道上。机场上的气氛有些冷清,美国国旗星条旗和中国国旗五星红旗并列着迎风飘扬,少了群众的欢呼,只有350人的三军仪仗队在等候检阅。

待飞机停稳,周恩来率领着为数不多的陪同人员穿过停机坪,走上前去。舱门打开,尼克松和身着皮领红大衣的总统夫人帕特走下长长的舷梯,机场上响起一阵稀稀落落的掌声。周恩来的头微微仰起,给人一种坚毅刚直又潇洒自如的感觉。同周恩来沉稳的姿态相比,尼克松却显得有些急切,他记起以前杜勒斯拒绝同周恩来握手的往事,走到舷梯2/3时,他就主动伸出手来。两位领导人的手紧紧地握在一起,轻轻地摇着,足有1分多钟。

尼克松和周恩来的历史性握手,随着通信卫星向全世界实况播出。从此刻起,尼克松开始领略到周恩来优雅而又坚韧的个性。随后,罗杰斯、基辛格、洛德等代表团成员走出机舱,走下舷梯。

基辛格走下飞机时,周恩来一眼就看到了他:"啊,老朋友。"他笑着同基辛格握了握手。这是基辛格7个月中第三次光顾北京了。

尼克松在周恩来的陪同下,检阅了三军仪仗队,坐上黑色高级红旗轿车离开机场,车上,两人在亲切交谈。

周恩来说:"你同我握手是越过世界上最辽阔的海洋的握手,这个海洋就是长达22年的互不交往。"

尼克松说:"是呀!但是当我们的手相握时,一个时代结束了,另一个时代开始了。"

下午 2 点半，尼克松高级代表团刚在下榻的钓鱼台国宾馆吃完丰盛的午餐，周恩来匆匆找到基辛格，直截了当地对他说："毛主席想尽快见见总统先生。"基辛格马上去找尼克松，向他转达了毛泽东的邀请。尽管尼克松感到有些出乎意料，但仍一口答应下来。

尼克松、基辛格在周恩来等的陪同下，驱车前往中南海毛泽东的住处，毛泽东住在中南海西南角的一所平房里。看到尼克松、基辛格，78 岁高龄的毛泽东从沙发上站起来，同受宠若惊的尼克松握手时，开玩笑说："我们共同的老朋友蒋委员长可不赞成这件事呀！"

他又用另一只手握住尼克松，足足有 1 分多钟，摄影记者赶忙拿起相机拍照。毛泽东似乎对上一个话题语犹未尽，又说："实际上，我们和他的友谊比你们和他的友谊长得多。"

毛泽东听说尼克松在飞机上表示他想同中国主席讨论哲学问题，就风趣地说："今天你在飞机上给我出了一个难题，要我吹的只限于哲学问题。"

尼克松回答说："这是因为我读了您的一些诗词和讲话，我知道主席是一位思想深刻的哲学家。"

毛泽东摆摆手，指着基辛格说："哲学可是个难题，他是博士，可以请他讲一讲。"

基辛格欠了欠身说："我以前在哈佛任教时，布置学生学习过您的著作。"

毛泽东以自我解嘲的口吻说："我那些文章一文不值，我写的文章一点教育作用都没有。"

尼克松尊敬地说道："主席的著作起的作用可不小，推动了中国，改变了世界。"

毛泽东皱了皱眉："我可没那么大的本事，我只改变了北京附近的几个地方。"

当尼克松列举一些具体问题向毛泽东请教时，毛泽东说："这些问题应该找周总理谈，我只谈哲学问题。"

尼克松说他读过毛主席的著作，懂得要"只争朝夕"的深刻内涵，毛泽东指着基辛格说："只争朝夕的就是他。"

毛泽东转向基辛格说："你跑中国跑出名了嘛，头一次来，公告发表以后，全世界都震动了。"

基辛格说："这是尼克松总统的大胆决策。"

针对有的报道说基辛格访华"鬼鬼祟祟"，毛泽东又开玩笑说："他可不像个特务。"

所有在场的人都笑了。接下来，基辛格的风流名声一时又成了谈话的主题。

尼克松笑着说："只有他能够在行动不自由的情况下，去巴黎 12 次，来北京 1 次，而无人知晓——除了两三个漂亮姑娘。"毛泽东似乎对这个说法感兴趣。

基辛格忙着解释道："她们不知道内情，我是利用她们做掩护的。"

毛泽东反问道："是在巴黎吗？"

尼克松大加发挥："凡是能利用漂亮姑娘做掩护的，一定是有史以来最伟大的外交家。"

毛泽东接着问："照这样说，你们经常利用你们的姑娘啰？"

尼克松急忙申辩："是他的姑娘，不是我的。如果我用姑娘做掩护，麻烦可就大了。"

周恩来补充道："特别是在大选期间。"

众人大笑。尼克松的发挥也有道理：基辛格是外交上的罕世奇才，与漂亮姑娘有缘自然免不了，况且，基辛格当时还是独身呢！

谈到美国的总统大选时，毛泽东说他必须老实告诉美国客人，如果民主党人获胜，中国就会同他们打交道。

"这个我懂得。"尼克松说，"我希望我们不会使你遇到这个问题。"

"上次选举时，我投了你一票。"毛泽东爽朗地笑着说。

尼克松马上答道："你是在两害之中取其轻。"

毛泽东开心地说："我喜欢右派，人家说你们共和党是右派，希思首相也是右派。"

尼克松也笑着说："美国的左派夸夸其谈的事，右派却能做到，至少目前如此。"

毛泽东思维十分活跃，话题一转，他又谈到了"乒乓外交"的往事，他意味深长地说："中国的政策在长时间内认为中美两国的民间交往，要在主要的问题解决之后才能进行。后来，我看你们是对的，于是我们就打起了乒乓球。"

尼克松说："让我们走到一起来的是，认识到世界上出现了新的形势。"

会谈进行了1个多小时，毛主席显然有些疲劳了，周恩来频繁地看手表，于是尼克松起身向主席告辞。在这次会谈中，毛泽东显示出非凡的幽默感，在他的引导下，这次历史性的重要会晤，是在漫不经心的一种戏谑、玩笑的气氛中进行的。轻松的俏皮话使人仿佛觉得是几个经常来往的熟人在聊天，一些十分严肃的原则性的主题在毛泽东诙谐随意的话语中谈了出来，后来基辛格把这次谈话称为"瓦格纳歌剧的序曲"，需要加以发展才能显示出它们本来的含义。

几小时后，中国向外国新闻界提供了面带微笑的毛泽东和咧着嘴笑的尼克松会见的新闻照片。

晚7时，周恩来在人民大会堂设宴招待尼克松一行。待宾主落座后，他举杯发表了热情洋溢的祝酒词："美国人民是伟大的人民，中国人民也是伟大的人民，我们两国人民一向是友好的。由于众所周知的原因，两国人民的来往中断了20余年，现在经过中美双方的共同努力，友好往来的大门终于打开了。"

尼克松的答词富有理想色彩：

"过去我们有时候曾是敌人，今天我们仍有巨大的分歧，使我们走到一起的，是我们有超越这些分歧的共同利益……虽然我们不能弥补我们之间的鸿沟,我们却能设法搭一座桥,以便我们能够越过它进行会谈。因此,让我们在今后的 5 天里在一起长征吧,不是齐步走,而是在不同的道路上走向同一个目标,就是建立一个和平与公正的世界结构……"

"毛主席写过:'多少事,从来急;天地转,光阴迫。一万年太久,只争朝夕。'现在是'只争朝夕'的时候了,是我们两国人民攀登伟大境界的高峰,缔造新的更美好的世界的时候了。"

随后,宴会厅里响起了热烈的掌声。

尼克松夫妇、基辛格在周恩来的陪同下,在主宾席的大圆桌前就座。桌上摆放着中国各式的美味佳肴。尼克松夫妇、基辛格都试着用筷子,周恩来对尼克松夫人帕特称赞道:"总统和你都能熟练地用筷子。"

帕特笑着说:"为了来中国,我们在白宫都学着用筷子呐。"

周恩来不时地用筷子为尼克松夫妇、基辛格夹菜,使客人们感到了中国人的殷勤好客。

席间,周恩来指着摆放在桌子上特制的印着大熊猫的香烟盒说:"我想送你们这个作为礼物。"

帕特吃了一惊:"你说……烟吗?"

周恩来笑了:"不,不是烟,我说的是熊猫,我要送给你们的是两只熊猫。"

"哦!"帕特惊喜地对尼克松说,"理查德,周恩来总理说要送给我们两只熊猫!是真的熊猫!"

这个镜头通过通信卫星传送至美国,在早间的新闻节目中播出。这天,在美国的街头,办公室里,人们都在议论周恩来送熊猫。《纽约时报》评论说:"周恩来真是摸透了美国人的心思。"《华盛顿邮报》说:"周恩来通过可爱的熊猫把美国人的心一下子征服了。"

尼克松在北京度过了愉快的 5 天,经历了 4 次紧张的秘密谈判、游览和出席公众活动。双方就要发表公报的内容达成了一致。2 月 26 日,在飞往杭州以前,尼克松和周恩来在机场最后审阅了公报,关于台湾问题的两段文字已达成了协议。

早春的杭州,杨柳已开始吐絮,一派万物复苏的景象。大功告成之后的尼克松和基辛格兴致勃勃地在西湖上泛舟。然而好事多磨,美国方面又有人节外生枝了。

在飞往杭州的飞机上,美国国务院的专家们拿到了公报,看完后,他们一路上嘀咕这份公报不理想,到达杭州后,罗杰斯马上找到了尼克松,说他不同意公报中的几处措辞,尤其是在台湾问题上的措辞,还发了一大堆牢骚。尼克松找到基辛格,看能否再做些修改,基辛格面带难色,说在最后一刻提出这样的刁难,中国方面很难同意。尼克松铁青着脸在房里踱来踱去,发誓回去时必收拾一下国务院的这帮家伙不可,但为了顾全大局,仍让基辛格去找乔冠华商量。果然乔冠华不高兴,在征得毛泽东和周恩来的批准后,只同意美方在一些非原则性问题上做了修改。

美国高级代表团的最后一站是上海,这个城市即将与中美关系发展中的历史转折联系在一起,中美两国在上海发表了联合公报,即著名的《上海公报》。它成了指导中美关系正常发展的纲领性文件。在上海锦江饭店,尼克松和周恩来举行了最后一次会谈,基辛格和助理国务卿格林被授权与乔冠华举行公开的记者招待会。基辛格妙语连珠,对就公报中的许多敏感问题做了机智的回答。《上海公报》发表的消息,立即在国际上引起巨大震动。

2月27日,星期天。周恩来为尼克松举行了最后的欢送宴会,尼克松显得兴高采烈,高度茅台酒使他脸上的笑都泛着红光,他情不自禁地举起酒杯,走到麦克风面前,作了此次访问中仅有的一次即兴讲话:"……联合公报将成为明天全世界的头条新闻。但是,我认为公报中说的话不如我们在今后的几年要做的事那么重要。我们要建造一座跨越16000英里和22年敌对情绪的桥梁。可以说,公报是搭起了这座迈向未来的桥梁……美国人民,要和中国人民一起,将世界牢牢掌握在手中。"

接着,他晃了晃手中的酒杯,更为踌躇满志地说:"我们访问中国这1周,是改变世界的1周。"

周恩来默默地看着,当全场热烈鼓掌时,他轻轻地拍了两下。2月28日,尼克松、基辛格一行从上海虹桥机场启程回国,在美国受到了英雄凯旋般的欢迎。

中东外交

1973年9月,基辛格以其非凡的外交业绩,荣登国务卿的宝座。正当他春风得意之时,美国在中东地区的政策却受到了严重的挑战,就在他担任国务卿仅仅两周后,10月6日,中东十月战争爆发了。

埃及、叙利亚和巴勒斯坦游击队,在其他阿拉伯国家的支援下主动出击,第一天,埃军就成功地渡过运河,突破巴列夫防线,收复了部分西奈半岛。与此同时,叙利亚军队则长驱直入,纵深打到太巴列湖,以军遭受重创。

中东地区位于欧、亚、非三大洲交汇要地,历来是兵家必争之地,其战略价值极其重要。冷战中,美苏两个超级大国为确保自己在中东的利益,排斥异己,都积极插手中东事务,力图在解决阿以冲突中扮演主要角色。十月战争后,中东的局势更加复杂化了,作为担任美国外交重任的犹太人国务卿,如何化解这场危机并借此推动中东和平进程,备受各方的关注。

10月6日凌晨,正在纽约华道夫饭店酣睡的基辛格被一阵急促的敲门声惊醒了,睡眼惺忪的基辛格接过助手拿来的美驻以色列大使馆的特急电报,埃叙两国已做好准备进攻以色列。基辛格为之大吃一惊,匆匆穿好衣服。他知道自己又要忙碌一阵了。

基辛格拨通了尼克松的电话。而此时在比斯坎特休假地的尼克松被"水门事件"弄得焦头烂额,忙得顾不上外交事务了。他回电话告诉基辛格,外交上的问题你自己看着办吧! 随后,基辛格找到苏联驻美大使多勃雷宁,要求美苏两国都不要介入战事,并建议苏联尽一切努力阻止埃叙的进攻,多勃雷宁同克里姆林宫联系后回答说,苏联愿意接受基辛格的要求。然而,这全是苏联的谎言。10月10日凌晨,苏联的大型运输机频频飞向大马士革和开罗,运去了大量武器装备。

10月6日下午,以色列总理梅厄夫人紧急召见了美驻以大使基廷,要求他敦促基辛格施加影响,呼吁埃叙停火,并要求美国尽快向以色列提供武器供应。基廷向基辛格汇报后,基辛格答应了下来,但却迟迟未采取行动。12日晚上,以色列外长埃班、以驻美大使迪尼茨找上门来,要求基辛格尽快解决补给问题。几乎与此同时,美中央情报局把一份紧急情报交给基辛格:苏联正在从海上向埃及和叙利亚用安东诺夫—22大型运输机运送大量武器装备,其海军在地中海集结待命,驻扎在东欧的三个苏联空降师已进入一级战备状态。

面对这种严重的状况,基辛格不再犹豫。在尼克松的亲自命令下,美国开始出动C—5型运输机飞赴以色列。当大批军用设备运抵特拉维夫时,梅厄夫人激动得流下了眼泪,动情地说:"美国没有扔下我们不管!"

苏联一看美国大规模地介入战争,深知事情不妙,就主动呼吁埃及、叙利亚停火。1973年10月22日,联合国通过338号决议,要求三方就地停火,并划定了停火线。埃及和叙利亚分别于22日和24日宣布接受停火。以色列虽然于22日接受了停火,但实际上仍然继续进攻埃军,直到24日完成了对埃及第三军团的包围后,才善罢甘休。这样,10月24日那天,埃以双方阵地上的炮声沉寂了下来,为期3周的赎罪日战争结束了。

然而战后的中东仍存在高度爆炸性的因素:埃及第三集团军在西奈半岛被以军包围,仍有可能战火重燃;阿拉伯石油生产国已实行石油禁运,并削减了石油产量,使石油价格扶摇直上,涨了4倍多。

基辛格认识到,当务之急是使阿以双方脱离接触,而最重要的是解救埃及第三集团军。10月28日,经基辛格牵线,联合国紧急部队司令出面安排,埃的军事代表贾马列斯少将与以色列的军事代表亚里夫少将,在开罗苏伊士公路101公里处举行了25年来埃以之间的首次谈判。最后达成的唯一协议是，以色列同意让一支由联合国士兵驾驶的车队穿过以军防线为埃军运送非军事补给品，然而后来以色列又制造借口撕毁了协议。

基辛格闻讯后勃然大怒，找到梅厄夫人，质问道："你是要正义？还是要俘虏？我们是不会为你们打第三次世界大战的。"而以色列和埃及似乎比美国更着急，以色列总理梅厄夫人亲自出马，埃及萨达特总统则派出新任外交部长法赫米，两人于 10 月底相继抵达华盛顿，由于同梅厄夫人有约在先，基辛格不想让两个冤家对头在华盛顿碰面，向萨达特推辞说，法赫米"此行不成熟"。萨达特的回答是，很抱歉，他已经在路上了。兵来将挡，基辛格对法赫米是有把握的，他

1973 年获诺贝尔和平奖的犹太裔美国外交家基辛格

知道此时埃及的确有求于美国，他私下曾对一众议员说："埃及人知道他们可以从苏联那里得到武器，但只有从我们这里才能得到土地。"

在此后的 3 天里，基辛格往返奔波于法赫米和梅厄夫人之间，常常为了设法缩小两方的分歧而忙到深夜。

梅厄夫人摆出一副胜利者的架势，提出以色列撤回到苏伊士运河东岸，埃及撤回到运河西岸，然后双方再从运河后撤 10 公里。显然，这是萨达特根本不可能接受的建议，在这次战争之前，埃及的军队是可以不受限制地部署在运河西岸的。基辛格显然对梅厄夫人的强硬态度很恼火，一次他竟拍案而起，愤然离去。这时，尼克松出来做"和事佬"，他拉着梅厄夫人的手笑着说："总理夫人，不要生气，您知道，我们有一个共同点，都有着一位犹太人外交部长。"

梅厄夫人反应很快，说道："是的，可我的那位外交部长说起话来可没有外国口音。"

确实，以色列人不明白为什么基辛格要偏袒埃及人，梅厄夫人曾花了不少时间向基辛格滔滔不绝地讲起犹太人的苦难历史，试图以此感化基辛格。可基辛格心里清楚，在中东搞外交不能依靠宗教教义和感情，美国要想充当冲突双方都接受的调停角色，只能不偏不倚。

对基辛格来说，奔走于梅厄夫人和法赫米之间，是他中东外交的头一道难关。被梅厄的软缠硬磨、死不退让搞得精疲力竭的国务卿最后对记者苦笑着说："我跟越南人谈判，我不知道我当时干得怎样。但是，那时越南人只有三方，现在阿拉伯人有四方，再加上犹太人的一方，简直跟但丁的《地狱》故事差不多。"

当11月4日梅厄夫人和法赫米离开华盛顿时，基辛格总算拟就一项考虑了埃以双方观点的非正式的6点方案。第二天，他怀揣着6点方案，踌躇满志且忐忑不安地踏上了前往阿拉伯世界的征途。

11月5日晚上，基辛格的蓝白色座机穿过云层，降落在摩洛哥拉巴特国际机场。就这样，基辛格的中东穿梭外交就拉开帷幕了。

基辛格会晤摩洛哥哈桑国王后，又继续上路了。飞机掠过地中海，在突尼斯做短暂停留后，飞机又继续恢复行程，抵达了此次中东之行中的最重要的一站——开罗。

他与萨达特在塔赫拉宫宴会厅里见面。被满屋子记者拍摄的灯光弄得眼花缭乱的基辛格打量着萨达特，只见他身穿普通卡其布军服，肩上随便披着一件大衣，高高的个子，黝黑的皮肤，器宇轩昂，看上去威严而异常镇定。基辛格笑着快步上前握手，足有1分多钟，他想尽力表现得随便一些，但也难以掩饰内心的尴尬，毕竟就在半个月前，美国帮着武装了埃及的敌人；在停火期间，又威胁要对埃及进行武装干涉……

萨达特将基辛格领进了办公室，他一面往烟斗里装烟丝，一面问道："我一直盼望着你的来访，怎么现在才来呢？"

基辛格有些受宠若惊，没想到这位"农民总统"是这么平易相处。在随后的3个小时中，他们已像老朋友那样轻松地交谈了。基辛格终于说服萨达特暂缓要求以色列立即撤到10月22日停火线，而把这个不好解决的问题放到谋求埃以军队全面脱离接触的框架中去考虑，他劝萨达特要有耐心，夸奖埃军在十月战争中的出色表现。萨达特只是默默地抽着烟丝，时而若有所思地点点头。基辛格后来称他同萨达特的这次会晤是他外交生涯中的"一次出色的突破"。

会谈后，基辛格兴致勃勃地去开罗郊外参观金字塔，他认为表达对阿拉伯古老文明的敬仰之情，有助于他同阿拉伯人的沟通，推动自己的中东外交。他用惊奇的眼光看着狮身人面像，然后向那座最大的金字塔走去。当他顺着石阶攀到金字塔入口处，气喘吁吁的基辛格对尾随而来的记者开玩笑说："这里做国务院新闻发布中心挺合适，但攀登到这么高的地方，对心脏病患者来说，可是一件麻烦事。"

周围的人大笑起来。这种随和的态度，博得了埃及人的好感，尤其是那种沉湎于古埃及文明的劲头，巧妙地掩盖了他犹太人的出身背景。基辛格在阿拉伯人和犹太人之间施展的这种心理平衡术，使阿拉伯人觉得基辛格做到了不偏不倚。

11月8日，基辛格继续在中东访问。他先乘"空军一号"飞到约旦首都安曼，受到侯赛因国王的热情招待；随后又继续飞抵沙特阿拉伯首都利雅得。在这片红色的土地上，他领略了真正的沙漠风光，也领教了费萨尔国王激进的反犹思想。

在以色列那边，基辛格已派助理国务卿西斯科携带着6点方案去见梅厄夫人，她权衡了利弊之后才一本正经地对西斯科说："回去告诉你们的国务卿，我们将在明天上午召开内阁会议。我希望我不会有什么困难，如果有的话，我将设法克服。请替我向他问好，并告诉他，这是一个很了不起的成绩。"

在基辛格的斡旋下，埃以两国举行了"101公里处谈判"。1973年11月14日，埃及和以色列的代表在老地方开罗苏伊士公路101公里处的一个帐篷里签署了6点协议，从15日开始，联合国监督停火部队接管了以色列在运河西岸的检查站，接着，双方开始交换战俘。到11月22日，8300多名埃及战俘和240名以色列战俘全部遣返完毕。

基辛格11月的中东之行圆满结束了。但是6点协议仅是和谈的开端，如何把谈判从101公里处的帐篷里移到12月下旬的日内瓦和平会议上，还有一系列棘手的问题仍摆在国务卿面前：以军还未撤至10月22日停火线，叙以停火线问题尚未解决，战事仍时有发生；而最大的问题是阿拉伯国家的石油禁运尚未解除。为进一步推动和谈，基辛格再次打点行囊，开始新一轮为期43天的"穿梭外交"。

12月13日基辛格抵达埃及首都开罗，萨达特总统不仅同意出席和会，而且愿意帮助说服其他阿拉伯国家解除石油禁运。辞别萨达特后，考虑到叙利亚的强硬态度，基辛格又亲自飞赴大马士革。在他同叙利亚总统阿萨德的会晤中，出现了戏剧性的场面。

在长达6小时的会谈中，他希望阿萨德答应派代表去参加日内瓦和平会议，他把邀请书拿给叙利亚总统看，并详细地解释关于巴勒斯坦人的方案。阿萨德听着看着，一言不发，基辛格心中大喜，以为他对邀请默认了。后来，出于礼貌，他问阿萨德对邀请书有何意见。

"嗯，有点意见，邀请书写得不错，可是有一句不好。"阿萨德回答说。

"喔，哪句话不好？"基辛格反问道。

"就是各方都已同意参加日内瓦会议那句，我们没有同意。"阿萨德冷冰冰地说。

基辛格听了不禁目瞪口呆，闹了半天阿萨德根本就没有接受邀请！

但愿另外两个与会国以色列和约旦千万别发生什么变化，若都拒绝了邀请，只埃及一家，还开什么和会！基辛格不敢有丝毫怠慢。在此后的18个小时里，他赶紧访问了约旦和以色列，从约旦那里终于得到确切的口信，不管叙利亚是否出席会议，约旦一定如期前往。至于梅厄夫人，基辛格费了不少的口舌，总算说服了她。

在离开以色列首都特拉维夫时，善于在以色列人和阿拉伯人之间使用心理平衡术的基辛格，再一次展示他的外交魅力。他特意到一个犹太人的纪念碑前祷告，在那儿时他戴上了犹太人的小毡帽，手举小蜡烛。这一举动给了以色列人一种同种同教的心理感觉，多少平息了不少犹太人因他同阿拉伯人拥抱欢谈而抱有的敌意。

1973年12月21日，埃及、约旦、以色列、美国和苏联的外长齐聚于日内瓦国联大厦，在联合国秘书长瓦尔德海姆的主持下，开始了为中东谋求和平的漫长进程。然而会议的气氛却极为紧张，阿以代表互不理睬，彼此拒绝握手。到发言时，一方不断地引用阿拉伯谚语，一方不断地谈起《犹太圣经》。会谈取得的结果不太令人满意，但对基辛格来说，能把阿以双方请到一间屋子里对话，就是一个了不起的进步了。这是基辛格历尽千辛万苦通过吃羊排和谈判两手取得的。和平的大门已经打开，能否穿越过去就是后话了。

1974年1月10日，基辛格又对中东进行了一次闪电式的访问。他在阿斯旺和耶路撒冷之间穿梭飞行数次，奔波于萨达特和梅厄夫人之间，为埃以两军脱离接触寻找双方都可接受的最佳方案。他还飞赴大马士革，为叙以脱离接触协议铺平道路，在穿梭外交期间，他成了中东事务的大忙人，新闻媒介说他已成为羽翼丰满的国际超级明星。

1月18日，尼克松出现在白宫新闻发布室，自豪地宣布：埃以将签署一项关于双方军队沿苏伊士运河前线脱离接触的协议。他说："这是中东走向永久和平的第一个重大步骤。"

新闻媒介轰动了，说这是破天荒的事件，以色列报纸《耶路撒冷邮报》头版刊登了一巨幅漫画，穿着和平天使衣服的基辛格正乐哈哈地坐在一门沉寂的大炮上。在开罗，萨达特听到这个消息后惊喜若狂，他吻着基辛格的双颊说："亨利，你不仅是我的朋友，也是我的兄弟。"

5月，基辛格又一次去了中东，这次基辛格身旁多了一位新人，漂亮的南希成了他的穿梭伴侣，在一次梅厄夫人举办的宴会上，基辛格带着愉快的笑容，当众吻了南希的两颊，梅厄夫人竟大惊失色："怎么？你也吻女人？"

基辛格哈哈大笑。

在评论他为中东和平做出的努力时，梅厄夫人说道："除了参谋长以外，再也不可能有谁像基辛格一样，对摩奈特拉附近的每一个村庄和每一个山丘了如指掌。"

基辛格的中东穿梭外交结束了。回到美国时，他受到了史无前例的热烈欢迎。从1973年底到1974年初，他在中东频繁穿梭，全部会谈时间达180个小时，行程35000公里，尤其为推动埃及与以色列的和解，他发挥了高超的外交技巧，做出了不懈的努力。舆论界对基辛格的赞扬有加。《时代》杂志说："由于他旋风般地穿梭于中东国家的首都，他可与历史上最伟大的外交家如梅特涅、塔列朗等人相提并论，或许还比得上最擅长于穿梭外交的科斯特克。美国历史上还没有哪一个国务卿像他那样有这么大的权力，担任这么大的责任,同时又承受那么重的负担。"被中东问题搞得焦头烂额的外交官们也说:"基辛格是能够创造奇迹的人。"

的确,基辛格在中东事务上取得了累累硕果,这是他外交生涯中最辉煌的时刻之一。

在野舞台

1972年,尼克松再次当选美国第38届总统。然而,"福兮祸之所伏",当他和基辛格在华盛顿肖尔哈姆饭店举杯庆祝时,尼克松万万没想到1年多以后"水门事件"的丑闻一下子把他从高山之巅甩进了万丈深渊。7个月后,尼克松被迫辞职,黯然离开了白宫。尼克松因"水门事件"而身败名裂,而基辛格却未受到冲击。像卡尔布说的那样:"在那被'水门事件'搅得昏暗的天空中,这颗彗星反显得更加光彩夺目了。"

基辛格又在继任总统福特的手下当了两年零5个月的国务卿。1977年1月他结束了国务卿的任期,轰轰烈烈的外交生涯和引起人们争议的历史活动都成了往事。8年的公职使他获得了美国文职官员的最高奖赏——自由勋章,和由福特加封的"美国历史上最伟大的国务卿"称号。

卸下心爱的公职后,基辛格到乔治敦大学重新操起了教鞭,当上了国际关系客座教授,并成为该大学战略与国际关系研究中心的顾问。

但他这样的人现在已不可能再像以前那样循规蹈矩的教书了。除了在乔治敦大学任教外,他先后成为国家广播公司和大通曼哈顿银行的特别顾问,阿斯彭学会的高级研究员,同时还为各种集团出谋划策。到里根政府时期,基辛格再一次受聘出山。1983年7月,里根任命他为研究中美洲政策的两党委员会主席,负责促进两党对美国的拉美政策形成共识。

多年来,基辛格一直致力于发展中美关系。1987年4月,基辛格、万斯等人宣布成立美中协会,基辛格亲自担任协会主席。在这个协会里,有4位前总统、6位前国务卿以及一些国家安全顾问、企业界领袖和中国问题的专家学者。里根总统发来了贺词,尼克松、卡特发表了书面讲话,他们都公开支持这一新组织。这一组织层次之高,声势之大前所未有,引起了美国政界和商界的注意。基辛格卸任后多次以各种身份访华。

特别值得提起的是,在这一时期,基辛格的个人事业发展迅速,他义无反顾地"下海"了。1982年,基辛格与美国外交界、经济界的一些"超级明星"组建了"基辛格联合咨询公司",自己出任董事长,斯考克罗夫特担任总经理,公司总部设在华盛顿,人员不多,只有8个人,以前在大通曼哈顿银行工作的坎宁安担任了公司秘书,这家咨询公司主要为一些大型跨国公司制定各种国际商务决策提供专家建议。有人估计基辛格咨询公司每年要向每个客户收取 25 万美元的咨询费。在信息时代的社会里,智能的价值是无限的,这笔钱对于这位美国超级战略明星来说,算得了什么呢!

20 世纪 90 年代以来,已 70 多岁高龄的基辛格仍没有沉寂。当海湾战争的硝烟还没有散尽,他就告诫布什:战争的目标是维持中东的稳定,削弱萨达姆政权的军事进攻能力,但不能摧毁那个国家。1994 年,时任美国对外关系委员会主席的基辛格,就中美关系向克林顿总统提交重要报告:告诫克林顿美中对抗不仅会影响美国同亚洲其他国家的关系,而且还会严重损害美国的全球战略利益。主张从全球战略角度来处理美中关系,努力扩大同中国的交往。这份报告对于促使克林顿总统取消把给予中国最惠国待遇与人权问题挂钩的做法,起到了积极的推动作用……美国杰出的外交家和地缘政治家亨利·基辛格在 2023 年 5 月 27 日迎来他的百岁诞辰。美国之音电台网站称,在长达半个多世纪的漫长岁月里,基辛格一直是国际政坛上最具传奇色彩的人物之一,他对打开中国大门、缓和美苏关系、结束越战等做出了卓越的历史性贡献,并因此在当代国际政治舞台上留名。

英国最伟大的首相

——丘吉尔

人物档案

简　历：英国政治家、历史学家、演说家、作家、记者，第 61、63 任英国首相。出身贵族家庭，毕业于桑赫斯特皇家军事学院。1895 年投军，并以记者身份参加过西班牙镇压古巴革命及英国侵略印度的战争和英布战争。1900 年以后，曾连续当选为自由党或保守党议员，历任殖民、海军、财政和国防大臣等职，曾因承担加利波利战役的失利而改授闲职。希特勒在德国当政后，提出联苏制德的主张，反对绥靖政策。第二次世界大战全面爆发后，丘吉尔重任海军大臣，次年担任首相，组建联合内阁，领导英国人民对德作战。1941 年苏德战争爆发后，立即发表声明援助苏联。同时还极力争取美国的援助，为反法西斯战争的胜利做出贡献。1945 年败选辞职，1946 年发表"铁幕演说"，揭开冷战的序幕。1965 年 1 月 24 日，丘吉尔因脑溢血在家中与世长辞。

生卒年月：1874 年 11 月 30 日～1965 年 1 月 24 日。

安葬之地：伍德斯托克布伦海姆宫附近的巴拉顿的"圣马丁教堂的家族墓地"。

性格特征：精明、圆滑、务实、孤傲、保守，工于心计，坚韧不屈。

历史功过：两度任英国首相，领导英国人民取得二战胜利。1953 年荣获诺贝尔文学奖，以及诺贝尔和平奖提名。作为政客，他唇枪舌剑，论辩雄健，顺风使舵,随机而变,被誉为"千面政客";作为首相,他统筹全局,内领导英国人民,外联合友邦,智胜德国法西斯,成就了一代伟业。二战后却没能观察国际大势,违背人民意愿,不得不递交了辞呈。

名家点评:英国《星期日泰晤士报》在战争期间这样评论说:"丘吉尔是我们的秘密武器。在这个伟大的时刻,我们在伟大领袖的英明领导下战斗,感到无比幸福。今天,丘吉尔不仅是英国精神的化身,而且是我们的坚强领袖。不仅英国人,整个自由世界都对他无比信任。"

当选议员

丘吉尔的家庭有着一段不寻常的历史,他的父亲伦道夫·丘吉尔勋爵是马尔巴罗家族第七代公爵的儿子。

丘吉尔出生于 1874 年 11 月 30 日,在刚成年时就考进了桑赫斯特军校的骑兵学科。毕业以后,进入英军第四骠骑兵团,从此开始了戎马生涯。这以后,丘吉尔曾随部队到过印度和南非。在南非与布尔人的战争中,丘吉尔立下战功。作为随军记者,丘吉尔从印度和南非战地向国内发回不少战地报道,受到读者的欢迎。他还把在印度的经历写成了一本书,此后又在军旅征战的间隙写出了第二本书。

丘吉尔从南非参战回国后,不仅成了英国的民族英雄,而且还给他带来了梦寐以求的巨大的政治资本,有十一个选区询问他是否愿意代表他们去当选议员。就在这时,英阳首相——保守党人索尔兹伯里解散了议会,宣布 1900 年举行下院选举,这样丘吉尔又迎来了一个参政的机会,他紧紧抓住了这次机会。

丘吉尔在竞选上保守党议员以后,为了能够在官场更好地进行唇枪舌剑的说理斗争,施展才干,练就了一套"过硬的"演说本领。他的演说不仅思想深刻,逻辑性强,而且对听众有着极强的感染力。于是,随着时间的推移,丘吉尔在议会的能量越来越大,威望也越来越高。

千面政客

1903 年 5 月 15 日,张伯伦在伯明翰发表演说,引起了巨大反响。张伯伦建议建立一个包括英国和其殖民地在内的关税同盟,而对帝国之外的国家则实行关税壁垒。丘吉尔对此正确地估计了形势,公开地站在反对张伯伦的方面。为了不使政府陷入更加困难的境地,丘吉尔把关税问题与"民主保守派思想"联系起来,并于 1903 年 9 月 9 日迫使张伯伦和不主张自由贸易的大臣们全部辞职。

于是,巴尔弗首相着手组织新政府。对丘吉尔来说,这是一个决定性的时刻。但是,巴尔弗并不愿向丘吉尔提供这种机会,他把一个政府大臣职位交给了另一个同样年轻的保守党政治家鲍纳。于是,丘吉尔经过考虑决定离开保守党,投奔自由党。

自由党领袖坎贝尔·班纳曼于 1905 年组织政府,并确定 1906 年 1 月举行下届议会选举。贝尔福的辞职结束了保守党人的十年执政,开始了自由党统治英国的时期。可见丘吉尔投奔自由党并未失算。劳合·乔治当上了贸易大臣,丘吉尔担任殖民地事务部次官的职务。1908 年,丘吉尔进入内阁,担任贸易大臣。

丘吉尔在退党转党问题上,奉行的哲学是有奶就是娘,谁对他有利就倒向谁。1922 年 10 月,随着劳合·乔治的联合内阁的倒台,丘吉尔失去了大臣的职位。不久,在对待日益强大的工党——在他看来是一个社会主义政党的策略上,他与自由党领袖阿斯奎斯产生了严重分歧。他力劝后者同保守党合作,组成反社会主义联盟,以遏制工党,但遭到拒绝。为此,丘吉尔离开了自由党。两年后,当保守党迫于时势放弃关税改革政策时,出于反对社会主义的共同目标,他又重返保守党,并出任财政大臣。

丘吉尔这种见风使舵,随机应变,退党转党又返党的做法,很受时人的鄙夷。人们因此把他称为是"千面政客"。

临危受命

1933 年 1 月 30 日,希特勒出任总理,给德国以至欧洲带来严重的不安。他强烈反对共产主义,反对民主主义,反对犹太主义,并叫嚷要把日耳曼民族统一在德意志帝国周围,到处煽动德国民众的战争狂热。

希特勒在德国上台后,丘吉尔越来越多地在思考纳粹的威胁这个问题。他意识到,纳粹分子上台后,德国军国主义复活,这不光给苏联,也给英国利益带来致命的危险。

二战爆发后,一直实行绥靖政策的张伯伦政府引起人们的强烈不满。1940 年春天,多数下院议员都明确表示政府无能,应当辞职。在对政府的信任投票中,张伯伦惨遭失败,这样政府必须辞职。

丘吉尔成为首相无可争议的继承人。1940 年 5 月 10 日下午,国王终于授权丘吉尔组织政府。

丘吉尔任首相后的最初阶段困难很多。德军突破了马其诺防线,战火向法国北部蔓延,危及巴黎,英国远征军有被歼的危险。针对此种情况,丘吉尔政府需立即着手解决几个问题。要千方百计延长法国的抵抗时间以便给德国军队造成最大创伤,同时也为英国加强同防——训练陆军、空军并为准备生产武器赢得时间。

不久,在法国北部的英法两国的大部队被德军截断。经过苦战,英国远征军和法军虽然最终撤了出来,但几乎所有装备都丢弃在了法国。这样英军在 1940 年遭到惨重失败,英国继续同德国作战的前景十分暗淡。

在这种不同寻常的时刻,丘吉尔表现出了特有的坚定和勇敢。他向英国人民发表慷慨激昂的演讲,号召人民团结起来,继续抗敌。在这种特殊的时期,丘吉尔的演讲起到了极强的稳定人心和鼓舞士气的作用。

智斗希特勒

英国政府在法国失败之后仍坚持作战,这进一步提高了丘吉尔在广大人民群众中的声望。英国人民在同纳粹德国的不断战斗中,意志锻炼得更加坚强。

1941 年春天,希特勒派鲁道夫·赫斯访问英国。赫斯是此前从飞机上跳伞后被英国抓获后放回的。丘吉尔抓住这个难得的机会,运用自己出众的智谋,给希特勒设计了一个很大的陷阱。在与赫斯秘密谈判时,丘吉尔向他抛出了这样一个诱饵,即德国在进攻苏联时可以得到英国的某种支援.从而推动希特勒去冒险攻打苏联。而希特勒一旦真去冒险,则给他以坚决的回击。赫斯是希特勒丢给丘吉尔的诱饵,现在丘吉尔却要让他自己吞下这个诱饵。此前希特勒一直不敢在东西两线同时作战,丘吉尔的这种表态使他没有了后顾之忧。

在 20 世纪 30 年代,希特勒曾不止一次地玩弄过英国的首相和其他国务活动家,而这次丘吉尔却愚弄了希特勒,并给他带来了毁灭性的后果。

1941 年 6 月 22 日凌晨 4 点,丘吉尔得到了德同进攻苏联的消息。

1941 年 12 月 7 日,日本偷袭珍珠港,太平洋战争爆发。至此,苏联和美国同时参战,英国取得了战争胜利的战略性的实际保障,英国得救了。

1942 年底,英军在北非战场转入反攻,并取得阿拉曼战役的重大胜利;很快美军在太平洋转入反攻;1943 年 2 月,苏军取得了斯大林格勒战役的胜利。第二次世界大战发生了转折性的变化,盟军由防御转入反攻。

1943 年德黑兰会议三巨头，斯大林、罗斯福、丘吉尔。

巧谋登陆

　　1942 年，是决定反法西斯战争胜败的关键一年。为了减轻苏联战场的压力，盟军决定开辟第二战场。

　　由于苏德战场上苏军的节节胜利，在欧洲开辟第二战场的"霸王计划"终于在 1944 年 6 月 6 日开始了。1944 年上半年，苏军发动了大规模的战略进攻，德军一再溃败，希特勒只得把大量的预备队和西线兵力调往东线阻止苏军。这为盟军开辟欧洲第二战场创造了有利条件。丘吉尔召集英美参谋长会议讨论登陆地点，最后确定在法国北部的诺曼底。

　　6 月 6 日凌晨，盟军开始在诺曼底地区实施登陆，到当日夜晚，有将近 10 个师的部队连同坦克、大炮和其他武器已经上岸，后续部队还在源源而来，不断扩大盟军对德国守军的优势。希特勒大肆吹嘘的"大西洋壁垒"已被突破，从而为摧毁西线德军奠定了基础。

　　德军虽然组织了一些反攻，但规模都有限，无法把盟军赶下海去。而且盟军后续部队源源而来，补给物资不断增加，滩头阵地逐渐扩大，逐渐向纵深发展。在盟军的强力推进下,法国迅速解放了。与此同时,苏军在 1944 年夏已经开进中欧和东欧。

1945 年 2 月,德军已被压在东面的奥德河和西面的莱茵河之间。4 月间,艾森豪威尔指挥盟军分别在易北河和捷克斯洛伐克境内与苏军会师。另外一路盟军则在奥地利与由意大利北上的盟军会师。

4 月 16 日,苏军发起进攻柏林的战役。25 日,苏军在波茨坦以西包围柏林,并在柏林西南的托尔高地区与美军会师。27 日,进入柏林。30 日,希特勒自杀身亡。5 月 2 日,柏林守军投降,各地德军也相继投降。5 月 7 日,德国代表同艾森豪威尔签订投降书。5 月 8 日,又在柏林向苏军元帅朱可夫签订投降书。至此,欧洲战场的反法西斯战争胜利结束。

丘吉尔领导英国人民和英国军队,为欧洲反法西斯战争的胜利做出了巨大贡献,使英国能以反法西斯大国的地位屹立在战后世界上,这使丘吉尔感到非常欣慰和自豪。但是没过多久,丘吉尔便又为战后的国际秩序而忧心忡忡。

政策违民意

二战结束后,丘吉尔却不明察国内国际的形势,充当了"冷战"旗手的角色,政策严重违逆民意。在反法西斯战争接近胜利的 1945 年春天,丘吉尔提出一个战后的施政纲领,这个纲领把苏联视为潜在巨大威胁,这就与当时英国人民的意愿完全背道而驰。1945 年,整个欧洲,包括英国,人民群众的思想是"向左转"的。英国人民希望同苏联继续保持联盟与合作,在民主的基础上改善国内生活。而丘吉尔没有理解,也没有看到这一点,逆时代潮流而动,结果"失道寡助",遭到了他一生中最沉重的打击。

1945 年 7 月 5 日,英国议会举行战后的第一次选举。结果完全出乎丘吉尔的意料之外,他所在的保守党以惨败被撵出了政府,而工党以绝对优势取胜,艾德礼当上了英国的新首相。对此,他无法想得通,他也不明白曾经和他一起抗敌的英国人民为什么会抛弃他。但是,他必须面对这个现实,尽管心有不甘,他还是递交了辞呈,离开了他曾驾轻就熟的政治舞台。

这以后,丘吉尔主要在家中休养,并且进行绘画创作。另外,他还撰写了六卷本的《第二次世界大战回忆录》。这部著作保留了很多第二次世界大战的珍贵史料,后来还获得了诺贝尔文学奖。

后来在保守党重新上台后,丘吉尔再一次就任首相。可是直到退休,也没有再表现出大的作为。1965 年 1 月 24 日,丘吉尔因患脑溢血在家中与世长辞。

布尔什维克党的创始人

——列宁

人物档案

简　历：无产阶级革命家、政治家、理论家、思想家。曾任苏联人民委员会主席（即苏联总理）、工农国防委员会主席等重要职务。生于伏尔加河畔辛新比尔斯克城，23 岁时列宁来到彼得堡，将马克思主义与工人运动相结合，这之后，长期的监狱和流放给了他进行革命理论研究、筹划新兴政党的机会；1905 年，列宁清楚地认识到斗争发展的必经之路，迅速地准备起义。经过艰难的筹划准备，1917 年 11 月 7 日起义成功，成立了工农苏维埃政府，列宁被选为主席；1924 年 1 月 21 日，列宁因脑溢血停止了呼吸。

生卒年月：1870 年 4 月 22 日～1924 年 1 月 21 日。

安葬之地：莫斯科克里姆林宫旁红场。

性格特征：热情诚信，意志坚强，领袖风采，学者襟怀，战士本色。

历史功过：创立布尔什维克党，领导十月革命，缔造苏维埃政权，缔造世界上第一个社会主义国家。列宁领导的武装起义，改变了整个世界历史的方向，开创了人类社会由资本主义向社会主义过渡的新时代。具有争议的是列宁当选政府主席后却把沙皇一家赶出家门。

名家评点：2022 年 2 月 24 日，俄乌冲突的当日，普京在战前演讲中提到了列宁说："列宁一生最大的错误就是把一个统一的国家改造成了联盟，现在意义上的乌克兰国家根本就不存在，是列宁等人为了创建苏联，从俄罗斯手中夺走领土而创建的国。"

生在革命之家

　　1870年4月22日,伏尔加河畔的辛比尔斯克城(现改名为乌里扬诺夫斯克)一个伟大的俄罗斯人民的儿子在这里诞生了。他就是弗拉基米尔·伊里奇·列宁。

　　列宁的父亲伊利亚·尼古拉也维奇·乌里扬诺夫,是国民教育视察员,出身于一个贫苦的小市民家庭,依靠半工半读求学。他性格坚强、工作勤奋,终生献身国民教育事业。列宁的母亲是一位内科医生的女儿。她擅长外国语和音乐,读书很多,待人周到、亲切,并以刚毅过人著称。还有列宁的妹妹名叫玛·乌里扬诺娃。

　　乌里扬诺夫一家所有的孩子都成了革命者。

　　弗拉基米尔·乌里扬诺夫是一个健壮而勇敢的孩子,喜欢热闹的游戏,喜欢欢蹦乱跳。五岁时,他母亲就教他读书,他也很勤奋读书。他每次到了农村就尽心参加各种儿童游戏。就在这里,他第一次接触贫困的俄国农村。他九岁上了中学,是一个优等生。

　　早在学生时代,他就以能够系统而周密地工作见称。拿他在学校作文的方法来说。首先,他撰写一个简明的大纲,包括引言和结论;然后,他拿张纸一折为二,左面打草稿,有配合写作计划的各种数字和文字;以后的几天里,他在纸的右面写上补充、改正和添改的文字以及从书上参考来的东西等等;最后,他根据这个草稿写出文章——一般先是草稿,然后誊清。

　　这种对一切工作细心准备的作风成为列宁终身的特征。后来,每写一篇报上的文章或做一次演说,他总是写一个简明的大纲。他准备写一本小册子或一本书时,总要起稿几次,一次比一次详细精确。他同样细心地编辑必要的引文、数字和材料。弗拉基米尔·乌里扬诺夫刻苦努力,以训练工作所必需的恒心和能力。

　　列宁的父亲还在上小学时就开始了解俄国工人和农民所受到的残酷压迫。他受他哥哥的影响很大,他哥哥亚历山大·乌里扬诺夫是一个意志坚强、坚定冷静又善于思考的青年。亚历山大·乌里扬诺夫是一个优等生,他正在准备进行科学研究工作。他是一个革命小团体的成员并属于"民意党"这个组织。亚历山大·乌里扬诺夫也在工人中间进行宣传,他读过马克思的《资本论》,可以说是站在"民意党"和马克思主义之间的立场。

　　1886年,列宁的父亲去世,这是乌里扬诺夫一家一个极大的不幸。那时,列宁正在中学最后一年。1887年,列宁的哥哥亚历山大·伊里奇因谋刺沙皇亚历山大三世案被捕并惨遭杀害。哥哥的悲惨遭遇使他终生难忘。

　　亚历山大被捕及遇害后,从前的亲友大都同他家疏远了,因为同一个革命者的家庭保持友好关系是危险的。

哥哥的死加强了他的革命倾向,但是他探索的是一条与他哥哥不同的、跟专制制度做斗争的道路。

哥哥的被害使列宁不得不思考到他终身事业的问题。他清楚地认识到,必须反对的敌人是专制制度、地主、资产阶级和一切剥削者。他知道纯粹的文化教育工作(即他父亲终身从事的工作)不能推翻剥削者和解放人民。但是,他也清楚采用恐怖手段也不可能取得胜利,而只会造成阻碍。“民意党”人谋刺亚历山大二世成功了,但是另一个沙皇又取而代之。沙皇制度依然存在。许多高级的警宪官吏被杀死了,但沙皇、地主和厂主的政权并没有推翻。而最重要的是,这种斗争方法对于组织劳动群众和提高他们的阶级觉悟毫无帮助。相反,它对工作有害,因为革命党人的主要精力都浪费在恐怖活动上。它破坏了革命党人同群众的联系,给革命党人和全体人民对于反对专制制度的任务和方法造成极其错误的观念。

读过他哥哥手里的马克思和恩格斯著作,他就向这些著作请教:劳苦大众应该如何进行革命斗争来求得解放。

他认真地研究其他国家革命斗争的历史以及各民族过去反对专制制度和地主的斗争经验。

1887 年秋,列宁进入喀山大学。在这里,他结识了一批有革命思想的学生。

同年 12 月,他参加了反对大学里的警察制度的学生抗议大会。因此他遭到逮捕,被开除学籍并流放到喀山附近的柯库什基诺村。

在柯库什基诺村,列宁认真观察了农民的情况。一年以后,获准回喀山,可是不准回大学。列宁于是认真学习并研究马克思主义。他在乡间度过夏天,先是在柯库什基诺村,后来来到萨马拉省阿拉卡也夫卡村。

那时,喀山已有一个马克思主义小组,列宁很快成为小组的一个积极分子。就在喀山,列宁开始研究马克思的《资本论》第一卷。

1889 年,列宁移居萨马拉(现名古比雪夫)。他在那里生活了四年半,这正是他埋头读书的时候。列宁学了几种外国语,特别是德语,目的是阅读马克思和恩格斯的著作,因为这些著作大部分还尚未译成俄文。

同时,他还认真阅读了秘密出版的俄国革命书籍,特别是社会民主主义的“劳动解放社”的出版物。这个团体是由普列汉诺夫、阿克雪里罗得等人 1883 年在国外组织的。它在俄国进行了广泛的马克思主义宣传。

在萨马拉,列宁准备国立大学的考试。1891 年,他第一次到首都圣彼得堡。他考得很好,得到文凭,因此可以注册为律师助手。他的业务,尽管收入微薄,但使他可以独立生活了。

这时,人们感到惊异的是,他这样一个仅仅二十一岁的青年,就能阅读德文、法文著作,懂得英文,已经认真钻研了马克思的《资本论》,还熟读了其他马克思主义著作。

这时,列宁把马克思和恩格斯的《共产党宣言》从德文译成俄文,这种译本在萨马拉的革命青年中间流传了很久。在萨马拉,列宁和阿·斯克略连柯、伊·拉拉杨茨组织了一个马克思主义小组。

在喀山和萨马拉的期间,列宁对马克思主义奠基人的著作进行了彻底的研究,为自己参加革命斗争进行准备。他切实地着手掌握马克思主义的方法,而后来他能够发展马克思主义并把它运用到一个新的历史环境。列宁继承了马克思的伟大事业。

马克思在他主要的著作(《共产党宣言》和《资本论》)里指出,资本主义社会的基本力量是资产阶级和无产阶级。资产阶级是资本主义社会的统治阶级、剥削阶级。无产阶级是社会上最受压迫的阶级,是资本主义的掘墓人,它是能够推翻资本主义社会而创造新的社会主义社会的唯一力量。

马克思透彻地阐述并证明:正因为无产阶级是社会主义社会的创造者,在不屈不挠的阶级斗争过程中,无产阶级将推翻资产阶级政权而建立它自己的专政。无产阶级专政的学说是马克思理论中的基本内容。

无产阶级专政是工人阶级的无限权力。无产阶级用这权力消灭了剥削阶级——地主和资产阶级,摧毁了阶级社会,建立了社会主义社会。

马克思的著作是列宁准备在理论上和实践上从事革命工作的基石。

马克思所讲的无产阶级胜利的道路也指明了俄国无产阶级必须怎样进行革命斗争。除了研究马克思著作和革命运动,列宁还必须使自己懂得俄国经济发展的特殊条件。

列宁认真研究了当时俄国的经济情况,以及俄国和国外工人阶级生活和斗争情形。他准备在无产阶级解放运动中积极工作,并发动劳动人民去推翻专制制度和资本主义。

在萨马拉,他在仔细研究统计材料的基础上,撰写了他的第一个论述俄国农民生活状况的科学文献。在这篇论文里,他指出资本主义已经侵入俄国农业,农民分成了阶级,而绝不是像民粹派所说的那样是一个整体了;他指出富农如何剥削贫农和一部分中农。

列宁关于农民的知识,不仅是来自统计资料和经济著作,而且是从直接观察农民生活得来的。他夏天住在萨马拉附近乡村,这对他在这方面有很大帮助。列宁不仅仔细观察各阶层农民的生活状况,而且常常与农民长谈,向他们提出问题,倾听他们所要说的话。

同一时期,列宁还熟悉了马克思主义反对者的著作(90 年代民粹派的著作),并且不止一次地在研究小组和会议上猛烈地抨击他们的观点。

就是在早年，列宁对一切与他接触的人已产生了一种磁石般的力量。人们同他谈话以后就会感到一种异常喜悦的振奋。

在列宁身上，生活的兴致和乐趣是同非常的机敏与朴实结合起来的，他的精深的马克思主义修养是同他对自己力量的坚定信心相配合的，他战斗的革命热情是同推理的逻辑性和前后一致性以及表达的明白清楚相结合的。

在萨马拉，列宁已经发展成为一个马克思主义革命家了。他已找到了他一生的目标。

然而，在萨马拉没有进行革命工作的机会。那里几乎没有无产阶级，没有大学。列宁渴望到革命中心，到大工业中心去。他决定移居圣彼得堡。

他想在 1992 年去那里。那时，乌里杨诺夫家刚刚遭到一个新的打击。列宁的妹妹奥里珈，一个有才气的优秀姑娘，因伤寒病死了。她的死对她母亲是一个沉重的打击。只有别的孩子在她身边才能减轻她的悲伤，因此，列宁决定在萨马拉再多留一些时候。

无产阶级革命创始人

在萨马拉的几年，是列宁一生中的重要年代，他灿烂的思想火花在这里迸发，他的马克思主义世界观在这里形成，他找到了一主的奋斗目标。他需要更广阔的活动天地，渴望到革命中心投身于大规模革命斗争的舞台。因此，集中了大批无产者并开展着波澜壮阔革命活动的大工业中心吸引了列宁。1893 年 8 月，列宁离开萨马拉前往彼得堡。

列宁来到俄国政治生活和工人运动的中心彼得堡，开始为建立马克思主义政党进行大量的思想和组织工作。列宁在彼得堡注册为律师助理，以律师工作作为进行革命活动的合法掩护，并很快就与彼得堡的马克思主义者建立了联系，不久就加入了主要由彼得堡工学院学生组成的马克思主义小组。这是一个人数不多的小组，它在少数先进工人中间宣传马克思主义理论，但在列宁到来之前，他们还不善于把马克思主义学说与俄国工人阶级的迫切政治任务结合起来。年仅 23 岁的列宁来到彼得堡时，已经是一个掌握了马克思主义理论，决心为工人阶级解放事业而奋斗的马克思主义者了。因此，他的到来，使彼得堡的马克思主义者开始朝着与工人运动相结合的方向前进。当时的列宁已经认识到，要完成俄国革命，不能指望那些具有所谓村社传统的农民，也不能指望那些具有献身精神、准备牺牲生命、单枪匹马干革命的革命知识分子，俄国革命只能由俄国工人阶级来实现。因此，俄国马克思主义者的任务就是把科学社会主义思想灌输到工人群众中去。列宁以对马克思主义的真知灼见，卓越的组织才能和对工人阶级事业的必胜信念，博得了大家的衷心敬佩。不久,他便被公认为马克思主义者的领袖。

列宁积极地在彼得堡无产阶级中开展工作。他访问工人小组,经常出席在工人住所举行的会议,并且自己领导了几个工人小组。他仔细地研究工人的状况和他们的情绪,了解他们的需求、他们的观点。列宁经常给工人小组讲课,他的课讲得简明扼要,生动具体,令人信服。列宁不愧为杰出的宣传家和鼓动家,他具有深

鲜红勇敢的列宁旗帜

切的信念,对问题又有深刻的了解,他善于把理论同活生生的现实联系起来,提纲挈领地解释自己的思想,从而使理论明白易懂。由于列宁在彼得堡无产者中的积极工作,彼得堡的工人运动进入了一个新的阶段,即由原来在狭小的小组圈子中进行的马克思主义宣传过渡到群众政治鼓动的阶段。1895年11月18日,托伦顿工厂的工人为抗议厂方压迫和要求改善待遇而发动了罢工。这是马克思主义和俄国工人运动相结合的开始。列宁后来写道:"从1895~1896年起,从著名的彼得堡罢工时期起,开始了有社会民主派参加的群众性的工人运动。"

列宁在工人群众中进行组织和宣传工作的同时,也积极开展了反对民粹派分子和民粹派思想的斗争。1894年,秘密出版了《什么是"人民之友"以及他们如何攻击社会民主主义者》,严正批判了小资产阶级民粹派的经济理论观点和改良主义的政治纲领,第一次提出建立工农联盟是推翻专制制度的主要手段,同时也明确地主张建立一个适合于俄国条件的工人政党。

为创建俄国无产阶级政党,列宁积极进行组织工作,并为此做出了坚持不懈的努力。当列宁从萨马拉来到彼得堡的时候,马克思主义已经在俄国得到广泛传播,彼得堡和其他城市都已建立马克思主义小组,并在工人中进行宣传活动。但这些小组及其活动是分散的,缺乏经常的联系和统一的领导。1895年秋,列宁亲自把彼得堡20多个马克思主义小组联合起来,建立了"工人阶级解放斗争协会"。这是俄国无产阶级政党的萌芽,第一次在俄国实现了社会主义和工人运动的结合。列宁领导的工人阶级解放斗争协会,在工人中进行了巨大的组织工作和政治鼓动工作,他们举办"星期日学校"等,向工人宣传马克思主义思想,引导工人从经济斗争逐步转向反对沙皇专制制度的政治斗争上来。列宁指出:沙皇政府最害怕知识和工人的结合,工人有了知识,他们就有了自己的能力,就有了力量。

1895 年 5 月，肺病初愈的列宁以疗养为名，带着与 1883 年在日内瓦创立的俄国第一个马克思主义团体——劳动解放社建立联系和了解西欧工人运动情况的使命前往瑞士。警察当局就列宁出国一事特地通令国境线上各关卡注意，国外的间谍机关也奉命对列宁的活动和他在国外的关系进行严密监视。列宁取道奥地利直奔日内瓦。在日内瓦列宁第一次拜会了格·瓦·普列汉诺夫。

通过这次会面，使列宁更加坚定地走上了筹建俄国社会民主党的道路。

列宁在瑞士逗留了三个星期左右，接着前往巴黎，以便了解法国工人运动的情况。在巴黎列宁会见了法国和国际工人运动的著名活动家、卡尔·马克思的女婿保尔·拉法格。列宁从拉法格那里了解到恩格斯病得很重，经不起打扰，因此取消了去伦敦拜谒这位科学社会主义巨匠的计划。在巴黎住了将近一个半月，列宁又回到瑞士，然后前往德国，在柏林市郊住了下来，他的大部分时间是在柏林的公共图书馆中度过的，在这里他研究国内看不到的马克思恩格斯的著作，作摘要写提纲。同时，他还注重研究西欧工人运动，并参加那里的工人集会。9 月列宁返回俄国。他用一只夹底皮箱从国外带回了秘密的马克思主义书籍。这些书籍在彼得堡和其他城市的社会主义者中间广泛传阅。

沙皇密探早就注意到了列宁的活动。1895 年 12 月 21 日，列宁和彼得堡工人阶级解放斗争协会的一大批会员遭到了沙皇政府的逮捕。在监狱里，列宁的牢房既是狱中斗争的指挥部，又是同狱外联系的中心。长期的监禁生活常常严重地损害他的身心健康，列宁在这里表现出坚韧不拔的革命精神和革命乐观主义态度。在同探监的亲属会面时，他总是镇定自若，开朗愉快，并用他富有感染力的笑声来驱散亲属的忧虑。列宁还通过密信不断鼓舞狱中的同志们。在狱中列宁给自己订了一个严格的作息制度，整天排满了工作，临睡前他还一定要做体操。

列宁为长期的监禁生活做了安排，他决定利用这段时间为他计划写作《俄国资本主义的发展》一书收集资料。狱中有一个藏书丰富的图书馆，囚犯们也被获准从"外面"得到书刊杂志，这些为列宁的写作开了方便大门。大批书籍送进监狱，堆满了牢房的一角。从早到晚，他孜孜不倦地研究各种经济著作和摘录统计汇编资料，并写下了许多如《论罢工》之类的小册子和《告沙皇》等传单，送出去指导狱外的革命斗争。同时，他还继续努力于建党工作，通过各种形式发表自己的意见，并在狱中拟订了《党纲草案》，后来又写了《党纲说明》。《党纲草案》和《党纲说明》分明写于 1895 年 12 月和 1896 年 6~7 月。这个《党纲草案》是列宁所写的第一个俄国社会民主党纲领。

1897 年 2 月，列宁在彼得堡的监狱里度过了 14 个月以后，被判决流放西伯利亚 3 年，他经莫斯科来到了西伯利亚流放地，位于西伯利亚东部叶尼塞河畔米努辛斯克县的舒申斯克村。初到这里时，由于住在边远的乡村，脱离直接的革命工作，使列宁感到很烦恼,甚至不愿拿起俄国欧洲部分和欧洲的地图。一打开地图,看到上面是星罗棋布的黑点,心里就难受;几个月之后,列宁逐渐适应了流放地的生活,他深切关注着俄国和其他国家的革命运动。由于亲属和各地革命同志的帮助,列宁在流放地不仅保持了与俄国革命运动及在国外的劳动解放社的联系,而且得到了必要的书籍。在流放中列宁进行了大量的理论研究,写了30多部论著。1899年写成了《俄国资本主义的发展》。在这部著作中,列宁系统地阐明了俄国革命的不可避免性,论述了马克思主义关于市场、再生产和危机的理论,从思想上最后完成了粉碎民粹主义的任务。列宁在流放时期,一直保持着紧张而有规律的生活方式。1897年底完成的小册子《社会民主党人的任务》论述了俄国社会民主党人的政治纲领和策略,是党的主要纲领性文件之一。这本小册子于1898年由劳动解放社在日内瓦首次出版,它不仅在社会民主党人中间,而且在先进俄国工人中间广泛流传。

列宁在西伯利亚的3年,是他为新的斗争做准备的3年。1901年,他开始使用"列宁"这个笔名。据亲属推测,很可能是选了西伯利亚一条美丽而雄伟的河流"勒拿河"的名字来纪念这段生活。

19世纪末20世纪初,资本主义进入帝国主义阶段,无产阶级革命问题开始提上日程。当时俄国已是一个封建、军事的帝国主义国家,集中反映着帝国主义一切矛盾,成为帝国主义链条上的薄弱环节。因此,俄国无产阶级革命的条件要比西欧各发达国家成熟得多。俄国的工人不仅数量多而且集中,更为重要的是它身受垄断资本主义和沙皇专制制度的双重剥削和压迫,因而有强烈的革命精神和坚强的斗争意志。从1895年至1904年的10年间,罢工总数达1765次,参加人数达45万人之多。农民运动、学生运动、少数民族反抗民族压迫运动也在工人运动的影响下发展起来。但是,这些反对资本剥削、反对沙皇专制的斗争,由于没有一个无产阶级政党的领导,一直处于自发的斗争状态。19世纪末20世纪初的俄国工人运动迫切要求有无产阶级革命政党来领导。因此,建立一个新型的无产阶级革命政党就成了最迫切的任务。

1898年3月,俄国各地的无产阶级解放斗争协会曾在明斯克召开社会民主工党第一次代表大会,宣告了党的成立。但大会未能制定党纲党章,选出的中央委员会不久也被破坏。所以,党实际上并未建立起来。在流放后期,列宁的全部思考都集中在如何实现建立无产阶级革命政党的计划上。他在1899年为《工人报》撰写的《我们的当前任务》和《迫切的问题》两篇文章中,提出和论证了把党建成集中统一的组织的任务和计划。如何真正从思想上组织上把党建立起来呢?列宁认为,唯一正确可行的办法是创办一份全国性的政治报纸,以便首先为统一全党奠定思想基础。

流放期满后,列宁选择了一个与彼得堡联系最方便的地方——普斯科夫居住。

盼望已久的一天终于来到了。1900年2月11日早晨,列宁一家离开了舒申斯克村。由于克鲁普斯卡娅还必须继续在乌法省流放一年,列宁一家从西伯利亚到达乌法。列宁帮助岳母和克鲁普斯卡娅在新的地方安顿下来,年轻的夫妇要分开了,但他们从来都是把他们所献身的革命工作放在第一位。列宁独自来到了普斯科夫,并在那里以统计局的统计员身份活跃于整个普斯科夫,为实现他出版全俄党报和建党的计划作积极地准备。然而1900年4月,遍及南方的大逮捕使党的"二大"筹备工作遭到了严重的破坏。严酷的现实,使列宁清醒地认识到,在专制主义的俄国,要实现他的计划是不可能的。5月,列宁领到了当局准许他到德国的出国护照。但为了取得社会民主党人的支持,为未来的报纸建立巩固的可靠据点,列宁完成了一系列组织工作之后,延至1900年7月才出国。他先来到瑞士,同普列汉诺夫及其领导下的"劳动解放社"进行了磋商。这时,他们都是列宁的拥护者。列宁同普列汉诺夫协商出版报纸的事情进行得很不顺利,常常出现好像立刻要完全破裂的局面。列宁专为克鲁普斯卡娅所写的题为《"火星"怎么会差一点熄灭了?》的札记,记载了他和普列汉诺夫关于出版《火星报》一事的戏剧性冲突,反映了他对报纸的命运充满了痛苦和焦虑的心情。经过几番周折,终于达成了出版《火星报》和《曙光》杂志的协议,决定《火星报》在德国出版,报纸的编辑部设在慕尼黑。8月下旬,列宁到达慕尼黑。他集中精力筹备报纸出版,寻找印刷地点、购买俄文铅字,这都是不能通过公开途径所能办到的非常困难的组织工作。1900年10月,单页出版了列中所写的《<火星报>编辑部声明》;1900年12月,《火星报》创刊号在德国莱比锡出版。报头用了俄国十二月党人用过的一句名言:"行看星星之火,燃成熊熊烈焰"作为题词。列宁创办俄国马克思主义者的全俄秘密政治机关报的计划终于得到了实现。

　　1902年列宁写成《怎么办?》,阐明了革命理论的伟大作用,并提出了建党的基本原则和计划。长期以来,这部书成了党员的主要指南。在列宁领导下,《火星报》编辑部经过激烈斗争,制定了党纲草案。列宁在这一时期的理论著作和实践活动,为在俄国建立一个新型的无产阶级政党奠定了思想基础。

　　1902年,《火星报》的活动引起了沙皇政府保安局的恐慌,德国和沙皇的警察密探都发现了《火星报》的踪迹。根据列宁的提议,编辑都决定选择伦敦作为出版地点。1902年4月的一天,列宁和克鲁普斯卡娅一起来到了伦敦。

　　1903年春天,在"劳动解放社"的坚持下,《火星报》迁往日内瓦出版。5月初,列宁和克鲁普斯卡娅离开伦敦,前往日内瓦。在这里列宁夜以继日地为党的第二次代表大会做紧张的准备工作,起草了党章草案、制定了会议的议事日程及其规则。

　　1903年7月30日,在比利时布鲁塞尔的一个大面粉仓库里,秘密地召开了俄国社会民主工党第二次代表大会。这次会议有43位代表参加,共代表26个地方组织,会议由普列汉诺夫主持,列宁当选为代表大会副主席并参加了代表大会各个主要委员会。由于比利时警察当局发觉会议可疑,出面进行干涉,会议被迫中断不得不转移到伦敦继续开会。大会的主要议程是制定党纲、党章和选举中央领导机构。由于参加这次代表的代表有《火星报》派和反《火星报》派,还有《火星报》派中的机会主义分子,在反《火星报》派中也有改头换面的经济派分子以及民族主义崩得派。所以,大会一开始就展开了激烈的争论。

大会在讨论党纲时,就关于无产阶级专政的条文问题展开了激烈的斗争。经济派分子阿基莫夫借口反对党纲问题上的阴谋主义、布朗基主义来反对无产阶级专政,企图把无产阶级专政的条文从党纲中勾掉。

列宁代表《火星报》派坚决地驳斥了经济派分子的机会主义观点。在会议期间,列宁发挥了极为重要的作用。团结在列宁周围的坚决的《火星报》派同经济派分子、崩得派、中派分子、不稳定的和"温和的"《火星报》派即马尔托夫的拥护者展开了激烈的斗争。普列汉诺夫在代表大会上与列宁站在一起,虽然在某些问题上也表现了动摇。大会通过了写有社会主义革命的"必要条件就是无产阶级专政,即无产阶级夺取政权来镇压剥削者一切反抗"条文的党纲。这是国际共产主义运动史上第一个列入无产阶级专政要求的党纲。在大会上,围绕党章第一条党员要不要参加党的一个小组的问题出现了尖锐分歧。在列宁提出的党章草案中,明确规定党员应参加党的一个组织;而马尔托夫提出的草案中却认为只要在党的机关监督和领导下积极工作就可以成为党员。这两个草案的根本区别在于是否把党看作工人阶级有组织的先锋队伍。马尔托夫把所有机会主义者和动摇分子联合起来结成同盟,因此大会通过了马尔托夫提出的党章第一条条文。

大会后期五名崩得分子和两名《工人事业》的代表退出了大会,因此大会力量的对比发生了有利于坚定《火星报》派的变化,他们成了大会的多数派,在选举中央机关时,列宁派居多数进入中央委员会,马尔托夫派居少数进入中央委员会。

从此,拥护列宁的多数派,按照俄语的音译称为布尔什维克;拥护马尔托夫的少数派,被称为孟什维克。这样的划分实质上导致了两个政党即真正的无产阶级政党和小资产阶级妥协政党的形成。

大会还选出了由列宁、普列汉诺夫、马尔托夫三人组成的《火星报》编辑部。

俄国社会民主工党第二次代表大会是俄国社会民主党和整个国际工人运动的转折点。列宁为建立革命的无产阶级政党,为建立与第二国际各改良主义政党有原则区别的新型政党而进行的伟大斗争,终于在代表大会上获得了胜利。从此,才真正建立起一个无产阶级革命政党。

领导武装起义

初期的革命使大批革命者从俄国到外国来，他们把斗争进展的详细情况告知了列宁。信件和报纸上新闻报道的数量增加了。工作越来越紧张，前途有了光明。

每天，列宁似乎看着革命军事行动地图，发出指示，指挥各部队的斗争。

大部分中央委员（克拉辛、波格丹诺夫等）在俄国，但是中央委员会的工作却开展得无精打采。

列宁不满意中央委员会的工作，认为它没有正确地预测新的形势。

列宁想让中央委员会印发传单和出版简报。

列宁坚决要求立即举行中央全会，因为有许多问题必须解决。他指出，第四次代表大会快要到了，准备工作也必须做起来了。他号召中央委员们要认真地开展工作："更勇敢更广泛地去接近工人"。关于组织无产阶级斗争的一切问题，他都对中央委员会作了指示。

1905 年秋，列宁清楚地看到无产阶级斗争发展的必由之路，主要的事情是迅速地准备起义。列宁提议，把群众组织为成千成万的战斗队伍，这些队伍应该尽力把自己武装起来，并且进行各种可能的准备。

在圣彼得堡，建立了一个隶属于党委员会的战斗委员会以准备起义。但是这个委员会工作得并不紧张，列宁斥责它只是空谈武装，却不采取实际步骤，"到青年中去，马上在各个地在，在大学生中，特别是在工人以及其他人中成立战斗队。"这一指示里，列宁缜密地、具体地、连最细微之点也不放过地指导人们，怎样来切实准备武装起义。

组织战斗队伍，开始必须只有两三个人。这些队伍应该尽力把自己武装起来——用步枪、左轮枪、炸弹、建筑街垒用的铁锹、铁丝、对付骑兵用的钉子等等武装起来。

列宁列举了训练这些队伍的方法：他们应该筹措武器，进行各种侦察，弄到监狱、警察局和内阁各部的地图，寻找适合于进行巷战的房屋等等。

客观的事实的确在飞速地发展着。莫斯科印刷工人的罢工很快地发展成为总罢工。在其他城市里也发生了罢工，到处都修筑了防御工事，一些地方军队拒绝向工人开枪。

10 月 20 日（俄历 10 月 7 日），在莫斯科—喀山铁路上爆发了罢工。第二天罢工就已扩大到莫斯科的全部铁路线而且还继续蔓延着。全俄铁路工人大会起草了一张列举各项要求的意见表给政府。到处是集会与示威，跟哥萨克与军队发生冲突的事也接着发生。工厂与作坊也罢了工，运动还波及了学校。布尔什维克在列宁领导下拼命地工作着,党中央委员会和地方委员会散发了许多传单,党的鼓动者与组织者在工厂、作坊里、铁路站上持续不断地工作着。它的代表们在集会上不倦地发表演说,把布尔什维克的口号解释给群众听,号召他们对沙皇政府展开坚决的斗争。罢工继续扩大。

到 10 月 25 日(俄历 12 日),俄罗斯帝国所有的铁路,除了芬兰以外都罢了工。总罢工卷入了莫斯科、圣彼得堡、波尔塔瓦、库尔斯克、萨拉托夫、萨马拉及其他城市。

10 月 26 日(俄历 13 日),在圣彼得堡的所有工厂和作坊里举行了工人代表苏维埃的选举,当晚就举行了苏维埃的第一次会议。

宣传画《竭尽所能保卫祖国的城市》

甚至资产阶级知识分子也开始加入了工人的罢工。律师、公务人员、国家机关中的雇员、药剂师等等都行动起来了。

在圣彼得堡,电话局接线员和电报局报务员罢了工,在国家银行和财政部里爆发了罢工。在莫斯科,军队包围了大学,因为大学里正在召开革命集会。在南高加索、波罗的海地区和波兰都爆发了起义。全国到处发生了与军队的武装冲突,并发生了巷战。农民运动席卷全国,地主的庄院被焚毁了。

专制政府被迫让步,以求不致垮台。10 月 30 日(俄历 17 日)沙皇发表了一个宣言,答应召集一个代表人民的国家杜马。沙皇答应给人民以"自由"。

革命取得了第一次胜利。

第二天,10 月 31 日(俄历 18 日),沙皇的宪兵司令,以残酷迫害革命者而臭名昭著的特列波夫下了"不要吝惜子弹"的命令。在圣彼得堡工艺学院那里,枪弹向群众密集射击。为执行政府的命令,黑帮分子在全国各地大肆屠杀。

列宁,布尔什维克们从来不曾被政府的许愿所欺骗。列宁在《无产者报》上写道:"政府口头上做了让步而立刻开始在实际上准备进攻。"

自由的唯一保证是武装民众的力量。布尔什维克发动群众,以推动武装推翻沙皇制度的斗争。

布尔什维克党从秘密状态中走出来了,党的报纸与宣言开始在合法的印刷所里印刷,党的会议几乎是公开地召开。

工人们没有被沙皇的承诺所欺骗,他们知道这些全是空话。斗争继续下去。工人阶级在党的领导下,为彻底推翻专制制度而斗争着。

然而沙皇政府也在匆忙地集结它的力量。宪兵与警察继续在全国对犹太人进行大批的杀戮,并且屠杀革命工人,枪杀革命无产者与农民。

列宁决定返回俄国来,他让斯塔索娃留在日内瓦作为中央委员会的代表以便为党在国外保持联系并取得帮助。在他离开前,列宁又一次试图把普列汉诺夫争取到布尔什维克方面来,请他为布尔什维克的报纸工作,但是普列汉诺夫继续同孟什维克在一起。

1905 年 11 月,列宁回到了俄国。马上召集了中央委员会的一次全体会议,列宁出席了这次会议。

现在列宁直接在当地领导党与革命斗争了。从清晨到深夜,他和从圣彼得堡以及其他城市来的同志们谈话,给他们指示并且把国内的政治形势解释给他们听。他指导着中央委员会的工作,在党的会议上讲话,并且对孟什维克与社会革命党人进行了激烈的斗争。党感到它的舵手在掌着舵,用一只坚强的手领导着无产阶级的斗争。革命的领袖现在是在革命群众之中了。布尔什维克的理论正在斗争中受到检验。

在圣彼得堡出版了一种布尔什维克的报纸《新生活报》。列宁通过这张报纸领导党,写了不少文章,估计当前的形势与阶级力量的对比,并且指明应该做的是什么。

在列宁看来苏维埃是起义的机关,是人民政权的胚胎。列宁指出,苏维埃必须被用来进一步加强与组织无产阶级,以及准备反对沙皇制度的一场新的进攻。

在莫斯科、罗斯托夫、叶卡德琳堡(斯维尔德洛夫正在这里工作)、萨马拉、哈尔科夫、叶尼塞斯克、克拉斯诺雅尔斯克及其他城市都成立了工人代表苏维埃。布尔什维克主持着这些苏维埃,并根据列宁的指示把苏维埃变成了革命的战斗中心。

1905 年 11 月,全俄国组织了邮电工人的总罢工。黑海舰队里爆发了新的兵变。军队里也到处酝酿兵变。

布尔什维克党,在列宁的领导下,不倦地组织群众,发展他们的战斗组织,积极地领导国内的革命斗争。它坚定地执行列宁的计划:组织一个全国性的武装起义以推翻沙皇政府。

由于列宁的发起,12 月在芬兰的塔墨尔福斯召开了布尔什维克第一次代表会议。预定的党代表大会未能举行,这部分是因为有许多代表正在领导着发展迅速的革命斗争,无法离开工作地点;部分是因为铁路罢工。所以召开代表会议以代替大会。

由于列宁的提议,塔墨尔福斯会议把党的土地纲领按照第三次大会的决议加以改变。党宣称它拥护农民的革命手段,包括没收地主的全部地产。

斯大林是南高加索的代表,他积极参加了这次代表会议。

正是在这里,他和其他许多代表第一次看到了列宁。列宁像平常一样,在许多代表到会以前，就毫不耽搁地到达会场，并且立刻在一个角落里和一些先到的人谈了起来。他总是纯朴而谦和的，可是人人又都知道，这个外貌很不引人注意的矮个儿，是无产阶级政党的伟大领袖，他的每一句话他们都听了进去。

整个俄国是处于革命的阵痛之中。在 1905 年的最后三个月里，将近有一百五十万人起来罢工。农民反对地主的起义，是在工人阶级革命斗争的直接影响之下发生的。1905 年春，只在俄国百分之十七的地区中发生了农民起义，而到 1905 年 11 月，则已有百分之五十二的地区发生了农民起义，千百座地主的庄园被烧毁了。工人阶级的革命斗争与农民起义动摇了军队这个沙皇制度的支柱。1905 年春夏两季，陆军与海军中只发生了零星的骚动，但在秋季就有八十九件革命的骚动。布尔什维克在军队中进行了广泛的鼓动工作，出版了很多给士兵看的报纸。

1905 年 12 月，政府对革命进行了一次猖狂的进攻，圣彼得堡工人苏维埃的代表被捕了。革命仍在进行着，它对政府以牙还牙。根据党的决议，在莫斯科开始了一个总罢工，发生了暴风骤雨般的示威运动并且与军队发生了冲突。由布尔什维克莫斯科委员会领导的罢工，发展成了武装起义。全城到处都筑起了街垒，沙皇从圣彼得堡调来了炮兵与近卫兵团镇压工人。

在莫斯科，沙皇的军队围攻革命队伍集中的普列斯尼亚区，炮兵摧毁了最后的街垒，工人们大批被捕，遭到枪杀。莫斯科的起义经过了长期的浴血奋战后被镇压下去了，其他城市里的起义也都被镇压下去了。

无产阶级的革命运动在这些日子里发展到了更高的阶段。群众的罢工已经发展成了起义，但胜利还没有来临。

列宁总结了当时的形势，指出十二月起义是无产阶级斗争向前迈进的新的一步，他提议党应该学会这次起义的经验而更有组织地准备对沙皇的一次新的进攻。包括普列汉诺夫在内的孟什维克们在十二月起义失败以后，竟放弃了他们所有的革命立场而宣称："他们本来就不该拿起武器的。"他们竟诋毁无产阶级的英勇斗争。

1906 年初，俄国正在准备国家杜马选举。列宁指出，革命尚未结束，人民夺取政权的斗争还在进行着。必须准备一个新的高潮，必须准备起义。国家杜马是一个笨拙地伪造出来的人民代表机构，工人和农民不能把他们的代表选入杜马。参加选举不会加强，而只会瓦解无产阶级的战斗准备。参加选举会使民众相信，杜马也许可能为劳苦大众的解放做些工作。因此他们无论怎样不能参加杜马，必须抵制杜马。主要的事情应该是准备革命的一次新的进攻。

布尔什维克遵循列宁的领导拒不参加选举，孟什维克赞成参加选举。他们想迅速地从革命转入和平状态，他们羡慕欧洲的改良主义者，他们所要求的是国会中的空谈。他们想很快地同资产阶级达成默契，并且准备与专制政府妥协。

列宁号召工人农民继续向沙皇制度进攻。

党仍然进行购买与输入军火的工作。李维诺夫、斯托莫尼亚科夫和其他布尔什维克受列宁的嘱托，到各国去购买军火。李维诺夫装成一个厄瓜多尔的军官，购买了来福枪，在保加利亚装上快艇，谎称是运给土耳其的阿尔明尼亚人的。一场暴风雨妨碍了这次装运，但是购买军火的事并未停止。

列宁那时是在使党准备着新的战斗。

革命之火可以燎原

列宁在彼得堡秘密地活动了一年多，在这期间，为了躲避警察，列宁不得不经常在各地流动，在回到彼得堡后不到一个半月的时间里就变换了 8 次住址，而在 1906 年，主要的过夜地点变换了 15 次以上。1906 年 9 月，列宁搬到离彼得堡仅 1 小时路程的芬兰考卡拉距火车站不远的库沃卡拉站上一个叫"瓦沙"的别墅。这所坐落在林边的幽静的别墅，列宁到来后成了真正的指挥布尔什维克一切活动的司令部，同志们每天都到这里，给列宁送来各种信件、报纸和材料，并接受他的指示和命令。1907 年春，俄国社会民主工党在伦敦召开第五次代表大会，列宁参加了代表大会的领导工作。列宁被选入主席团，多次主持会议，做报告和发表演说。这次大会布尔什维克成了胜利者，从而在许多问题上都贯彻了列宁的主张。

1907 年 8 月，德国西南部城市斯图加特汇集了来自五大洲 25 个国家的 886 名代表，第二国际将在这里召开第七次代表大会。列宁作为俄国代表团成员出席了大会。在这次大会上，如何对待军国主义和帝国主义战争是引起激烈论争的中心问题之一。列宁提出了彻底反对军国主义的问题，竭力使大会在这个问题上通过一项革命的决议。他和卢森堡等人对倍倍尔的决议草案进行了重大修改。这些修改强调了社会民主党的任务不单是反对战争，而且要利用战争所引起的危机来加速资产阶级的崩溃，这个说法已经包括了列宁后来提出的"变帝国主义战争为国内战争"这个口号的萌芽。这次会议上，列宁代表布尔什维克党成了国际社会党执行局的一员。过去，第二国际中的机会主义者策划种种阴谋阻挠列宁进入这个中央机构，而且总是站在孟什维克一边，反对布尔什维克。现在，他们不得不让步，因为他们已经无法否认俄国强有力的工人政党是由这位伟人缔造和领导的。

俄国 1905 年革命失败以后，在俄国历史上出现了一个以沙皇内阁总理斯托雷平为代表的"斯托雷平反动时期"。斯托雷平内阁对革命力量进行残酷的镇压,监禁和处死大批革命者,在经济上,资产阶级采用同盟歇业、集体解雇的办法迫害工人。沙皇政府向革命阵营发动了猖狂的进攻。布尔什维克党考虑到列宁的安全,把他送到芬兰内地赫尔辛基附近的一个小车站奥格利比尤,在这里列宁也不能久住,因警察和密探受沙皇的指令,正到处搜寻革命领袖的踪影。布尔什维克中央决定列宁再次移居国外。1908 年 1 月,为了避开密探,列宁必须去一个小岛上躲藏,去海岛大约要在冰面上步行 3 俄里。夜深了,列宁在冰面上艰难地行走着,一瞬间,冰块在他的脚下裂开了,人随着流动的冰块前后左右地晃荡着。列宁立刻直起身子往前走,跳过面前的一道冰缝,加快了脚步。列宁冒着生命危险逃往芬兰,绕道瑞典斯德哥尔摩,再次来到熟悉的日内瓦,开始了他第二次长达 9 年的流亡生活。

1909 年 1 月,俄国社会民主工党第五次代表大会在巴黎举行。列宁作为俄国社会民主党中央委员会的代表出席了大会。当时,社会民主工党内部出现了崇拜资产阶级合法性、放弃党的秘密组织和秘密工作的取消派,也出现了拒绝利用合法机会在杜马(议会)中进行斗争的召回派和最后通牒派,以及其他机会主义分子。在极其困难的条件下,列宁坚信革命必将取得胜利。处于革命失败的时刻而能看到无产阶级必将最终胜利的曙光,这种坚定的革命乐观主义,始终是列宁这样的无产阶级革命领袖所特有的本质。代表大会经过激烈的辩论,大多数人倾向列宁一边,尖锐批判了取消派和召回派。列宁及时总结了 1906 年抵制第一届杜马(议会)的经验教训,在革命处于低潮阶段,党必须及时改变策略,要采取秘密斗争与合法斗争相结合的方针。1909 年 2 月,列宁与布尔什维克内部召回派的斗争越来越激烈,他与波格丹诺夫及其他召回派分子的关系已经破裂,这使列宁感到很难过。因为他们曾长期携手工作,共同斗争。这种激烈斗争严重地耗费了列宁的精力。为了使布尔什维克团结起来同召回派做斗争,6 个月以后,在巴黎召开了《无产者报》编辑部的扩大会议,列宁领导了这次会议,同召回派和最后通牒派作了坚决的斗争,并将那些小资产阶级的同路人从布尔什维克队伍中清除出去。

1910 年 8 月,列宁率领俄国社会民主党代表团前往丹麦哥本哈根,出席第二国际的第八次代表大会。这是列宁出席的第二次国际代表大会。在会上,列宁把第二国际的左派力量团结起来,毫不妥协地与机会主义分子、妥协分子和各种调和分子做斗争,因而使大会的决议都带有革命性。

为了培养坚强的布尔什维克干部,1911 年夏,在巴黎郊外的龙寿姆成立了党校,列宁亲自给学员讲课。他能把极其复杂的政治问题讲得透彻而又简单明了,又能毫不费力地表达出每个基本原理的精确含义。从他口里说出来的每一句话就像不是出于他自己,而确实是出于历史的意志。革命领袖为训练布尔什维克党的干部树立了典范,教会他们独立思考、深入钻研,不断扩大自己的知识领域。这里培养出来的学员,后来大多数成了党的杰出领导人和苏维埃国家的得力干部。1912年1月5~7日,列宁领导的布尔什维克在布拉格召开了党的第六次代表大会。列宁具有听取意见和了解情况的独特风格和能力。在短短的时间里,他能用适当的方式接近每一位代表,并熟记了他们的名字,使同志们倍感亲切。会上,列宁坐在会议桌旁,用手掌托着下颚,全神贯注地听取每一位代表的发言。在会议上列宁做了关于当前形势和党的任务的报告,无情地揭露了托洛茨基的两面派手段和背叛行径,敏锐地指出昔列汉诺夫对布尔什维克的态度必然会导致自己最终与取消派为伍,充分论证了考茨基那种用一些美丽的辞藻掩盖着的中派立场,对于工人运动来讲甚至比伯恩施坦主义更加危险。这一报告为大会指明了方向,大会通过了《关于取消主义和取消派集团》《关于国外的党组织》的决议,决定把孟什维克、取消派开除出俄国社会民主工党。至此,布尔什维克正式形成独立的马克思主义政党,后称为俄国社会民主工党(布),从而结束了布尔什维克同孟什维克在一个党内的形式上统一的局面。

在这个时期,由于世界帝国主义种种矛盾的发展以及俄国革命的影响,欧洲工人运动日益高涨。帝国主义国家为了瓜分世界,争夺霸权,寻找出路,加紧策划战争。在国际共产主义运动内部,围绕战争、和平、革命等一系列问题,斗争十分激烈。从这些斗争中,列宁看到修正主义日益严重地渗入了各国党的肌体。马克思主义是否已经过时?修正主义的本质是什么?为了回答这些问题,从1908年到1913年,列宁写了《马克思主义和修正主义》等许多重要著作,系统地论述了马克思主义的基本原理,对修正主义这种国际现象做了全面分析,指出它的阶级基础是小业主阶层。列宁主义成为帝国主义和无产阶级革命时代的马克思主义的重要标志。这些理论阐述,为十月革命作了理论上的准备。

世界大战加深了帝国主义的危机,促成各交战国革命形势的高涨。1917年1月,列宁预言:"我们不要为欧洲目前死气沉沉的静寂所欺骗。欧洲孕育着革命。"果然,同年俄国二月革命就爆发了。这次革命推翻了延续370年的沙皇专制制度。

1917年4月16日,列宁从瑞士回到彼得格勒,在车站广场受到成千上万群众的热烈欢迎。列宁站在铁甲车上发表演说,号召无产阶级和广大革命士兵为社会主义的胜利而斗争,最后高呼"世界社会主义革命万岁!"许多人激动得热泪盈眶,人们用经久不息的"乌拉"声向这位杰出的革命家欢呼致敬。第二天,在布尔什维克会议上,列宁发表了著名的《四月提纲》,明确提出了从资产阶级革命过渡到社会主义革命的计划和策略。根据当时形势估计到革命和平发展的可能性,提出了"全部政权归苏维埃"的口号。《四月提纲》是列宁创造性地运用马克思主义理论解决俄国革命问题的典范,它是列宁的社会主义革命理论的具体化和新发展,它为布尔什维克党准备和实现社会主义革命,起了巨大的指导作用。三天后,这个提纲在《真理报》上发表。列宁的主张引起了很大争论,普列汉诺夫干脆说它是"梦话"。但是,列宁深入群众进行宣传、演讲,很快使布尔什维克内部统一了认识,列宁并且坚决驳斥了机会主义者反对社会主义革命的谬论。

1917 年 5 月,俄国社会民主工党(布)第七次全国代表大会在彼得格勒召开。这次会议有 151 名代表,他们代表 78 个大的党组织的约 8 万名党员,具有充分的代表性,因而起到了党代表大会的作用。这也是第一次在俄国自由的条件下举行。列宁领导了会议的全部工作,作了目前形势、修改党纲和土地问题等主要报告,起草了代表会议的几乎全部决议草案。他明确指出:19 世纪马克思和恩格斯考察了各国无产阶级运动,曾不止一次地预言社会主义革命将由法国工人开始,而由德国工人完成。这种预言与当时这些国家民族的历史特点是相符合的。但是随着历史的发展改变了这一远景,列宁自豪地宣布:现在"开始进行这个革命的伟大光荣任务已经落到俄国无产阶级身上了"。在这些日子里,列宁以充沛的精力领导着中央委员会和《真理报》编辑部的工作。他旺盛的革命干劲和对胜利的信心感染和激励着每个无产阶级的革命战士。

6 月中旬,召开了第一次全俄苏维埃代表大会。在会上,孟什维克首领策烈铁里企图证明同资产阶级保持联盟的必要性。当他讲到俄国没有哪一个政党准备单独掌握全部政权时,话音未落,会场中便发出洪亮的声音:"有这样的党!"列宁大步登上讲台,庄严宣布:"有的!任何一个政党都不会放弃这样做,我们的党也不放弃这样做,它每一分钟都准备掌握全部政权。"

7 月 16~17 日,约 15 万人参加了反对临时政府施行帝国主义政策的示威游行。这是一次拥护列宁和布尔什维克的无产阶级力量的大检阅。当示威群众经过花园街和涅瓦大街的十字路口时,突然从花园街的右方传来了一阵震耳的枪声,人群遭到射击,一场和平示威就这样被淹没于血泊之中,这就是众所周知的"七月事变"。他们解除首都工人的武装,捣毁了《真理报》编辑部,逮捕了许多布尔什维克的领导人。接着,临时政府下令逮捕列宁。7 月的乌云笼罩着整个俄国的上空,列宁处在险境之中。布尔什维克党中央委员会通过了列宁转入地下状态的决议。之后,列宁化装离开了彼得堡,隐居到拉兹里夫湖畔的草棚中。列宁幽默地称这里为"绿色办公室"。在这座"绿色办公室"里,列宁继续理论与实践等重大的国家问题的研究。8~9 月,他写成了《国家与革命》这一光辉著作,深刻地论证了无产阶级专政的根本原理,阐明了社会主义是共产主义第一阶段的重要思想。9 月,列宁秘密寓居芬兰。在那里他也从没有中断紧张的工作。列宁同布尔什维克党中央保持着密切联系,指导着党的活动与斗争。他的文章总是非常及时地发表在布尔什维克的报纸上,这引起了敌人的注意,他们断言列宁就在彼得堡。一天,列宁看到一份俄国报纸上有篇文章说,侦探已找到了列宁的下落,并吹嘘"即日内便可拿获"。读到这里,列宁意味深长地笑了,他眯起眼睛诙谐地自言道:"真可惜,真替列宁难过,多糟糕!"接着,他又开玩笑似的对房东讲:"要抓住我,得有一个比克伦斯基本事更大的人才行。"

"七月事变"表明革命和平发展的可能性已经不存在了。8月,在列宁指导下,布尔什维克党秘密召开第六次代表大会,制定了举行武装起义,夺取政权的社会主义革命方针。9月,布尔什维克党领导武装群众粉碎了科尔尼洛夫叛乱,国内阶级力量对比发生了重大变化,布尔什维克在人民群众中的威信迅速提高。群众的革命热情使苏维埃恢复了活力,它再次成为战斗的革命机关。布尔什维克党再次提出"全部政权归苏维埃"的口号。武装起义的时机成熟了。列宁紧紧把握形势的脉搏,向党中央发出两封重要信件。《马克思主义与起义》一信就如何把握武装起义的时机和应有的措施做了具体阐述。他指示立即把武装起义提上日程,"等待就是对革命的犯罪。"此刻的列宁心急如焚,唯恐坐失良机,决定赶紧回国。

大决战前的10月20日,列宁乘坐一辆煤水车,从芬兰秘密回到彼得堡。10月23日晚上,列宁在匿居3个月以后,第一次出席布尔什维克中央委员会秘密会议。剃了胡须,戴着斑白假发的列宁受到与会同志热烈亲切的问候。会议专题讨论准备武装起义的问题。列宁做了关于日前形势的报告,他对当时国内革命形势的科学分析得到了与会多数委员的支持。他指出,苏维埃夺取政权的时机在政治上已经完全成熟了。中央委员会通过了列宁提出的具有历史意义的决议,成立了以列宁为首的中央政治局。29日,中央委员会举行扩大会议,批准了关于武装起义的决议,并根据列宁的提议,会议选举了以斯大林为首的领导起义的党总部,担负起指挥起义的实际工作。

两天后,正当中央和地方的武装起义的准备工作全力进行的时候,加米涅夫在半孟什维克的报纸《新生活报》上以他和季诺维也夫的名义发表短评,声称他们反对中央关于武装起义的决定,从而把党的秘密决定泄露给敌人。这是可能给革命事业造成无可挽救的损害的骇人听闻的背叛行为。列宁对此极为愤慨,痛斥他们是工贼,指责他们的行为是背叛,坚决主张把他们开除出党。列宁和布尔什维克党在揭露和批判自己队伍中反对武装起义分子时,展开了更有利于起义的实际准备工作。列宁特别注意革命武装力量的准备工作。在彼得堡各区和国内其他许多城市组织了新的工人近卫队、革命委员会,训练和武装赤卫队员,这些是十月革命的主要战斗力量。

1917年11月6日晚,起义开始了。列宁身穿旧大衣,头戴鸭舌帽,在腮帮上扎了一条肮脏的绷带,顶着朦胧的夜色,与中央交通员拉海亚一起飞快地向武装起义的指挥部斯莫尔尼宫走去。路上遇到了巡逻兵的盘查,拉海亚机灵地挡住了士官生,故意与他们争辩,而列宁没当回事地照旧往前走。巡逻的士官生以为这两个是喝醉的工人,也就没有继续追问。

列宁以无产阶级革命领袖在危险时刻所具有的惊人胆量、沉着和机智地克服了路上遇到的所有障碍，当天晚上来到革命的司令部——斯莫尔尼宫，直接指挥起义行动。

斯莫尔尼宫彻夜不眠，彼得堡通宵激战。各种报告从四面八方送到列宁手里，列宁及时地给予最宝贵、最准确的指示。

7日凌晨，除了临时政府藏身的冬宫和军区司令部大楼外，整个城市都已掌握在武装的无产阶级和革命部队手中。

11月7日晚上，革命的"阿芙乐尔号"巡洋舰响起了历史性的隆隆炮声。攻击冬宫开始了，经过几个小时，起义的工人和士兵胜利占领冬宫。

11月7日夜里，全俄苏维埃第二次代表大会冲破孟什维克和社会革命党人的重重阻挠，在斯莫尔尼宫隆重开幕了。

凌晨4时，胜利攻占冬宫这个最后的反革命堡垒和逮捕临时政府部长的消息传到全俄苏维埃第二次代表大会，会场上响起了雷鸣般的"乌拉"声。大会在热烈的掌声中通过了列宁起草的《告工人、士兵和农民书》，它宣布中央和地方全部政权一律归苏维埃。工农的苏维埃国家诞生了。

已经整整两昼夜没有合眼的列宁，认为胜利已确定无疑之后，才同意去离斯莫尔尼宫不远的邦奇·布鲁也维奇家去休息片刻。但他仍无法入睡，夜深了，列宁悄悄起身，把一本书放在膝盖上，着手起草土地法令。当大家都沉浸在无比激动、欢乐的时刻，列宁已经在考虑明天的事了。

11月8日晚上9时，全俄苏维埃第二次代表大会第二次会议开始举行。列宁来到了会场，大会代表和挤满大厅的工人、士兵爆发出热烈的欢呼声。列宁登上主席台，以执政党领袖身份向全世界宣告：人类历史上的新纪元已经开始！现在我们要着手建立社会主义的秩序！

大会通过了苏维埃政权的第一批法令：和平法令和土地法令。成立了第一个工农苏维埃政府，列宁被选为人民委员会主席。

十月革命的胜利具有深远的世界历史意义，正如毛泽东同志所说："十月社会主义革命不只是开创俄国历史的新纪元，而且开创了世界的新纪元。"它"改变了整个世界历史的方向，划分了整个世界历史的时代"，开创了人类社会由资本主义向社会主义过渡的新时代。

巨星的陨落

整个1919年和1920年，列宁几乎是不休息地工作着，只是有时在星期天去郊游或去打猎。到国内战争结束时,列宁开始出现严重的过度疲劳、失眠和头痛。1921 年是苏维埃国家的第一个和平年,也是向新经济政策过渡的一年。这一年里,列宁的工作不但没有减轻,反而更加紧张。此外,人民群众在饥饿的 1921 年所遭到的苦难,不仅意味着每天都必须进行坚韧不拔的斗争来克服这些困难,而且这种困难本身也严重影响列宁的心情。到夏天,他的健康状况已经开始令人担忧。中央政治局通过决议让列宁休假。但在休假期间,列宁也从未停止过工作。8 月列宁在给高尔基的信中自己也承认"我累得精疲力尽"。过度的操劳严重地损害了列宁的健康。

1921~1922 年冬天,列宁的重病出现了初期的征候。他在过去几年中过于紧张的工作开始发生影响了。列宁在医生与党的坚持下不得不几次停止工作。

尽管有病,列宁却带着他一贯的认真态度为未来的第十一次党代表大会做了准备。这是有列宁发言的最后一次大会。

在十一大以后,列宁建议选举斯大林担任中央委员会的总书记。因病而不得不离开工作的列宁把他最亲密的战友放在党领导机关最重要的岗位上。

经过了几年的耐心与坚持不懈的工作以后,斯大林以卓越的才识,选定了开始进行坚决进攻的时机,这就是列宁在第十一次大会上曾经说过的进攻。在斯大林领导下,党以成功的工业化与农业集体化为基础,很成功地进行了反对国内资本主义分子的坚决斗争。

春天,列宁到莫斯科郊外的高尔克去。5 月 26 日,列宁的病(动脉硬化症)第一次严重发作。他的右臂与右腿部分地失去了作用,说话也出现了障碍。据医生说,列宁的病是他用脑过度所致。在三星期内,他的健康略有起色,可是在夏天他的病又几次复发。在他患病期间。列宁作为党的领袖的工作由中央委员会总书记斯大林执行。斯大林常常去看列宁,向他汇报情况,和他讨论当前的问题,并接受他对中央委员会的指示。

8 月,列宁通过斯大林向全俄党的会议致敬,并且希望他不久能重新工作。10 月,列宁的确恢复了工作。他主持了人民委员会,参加了中央委员会的会议并且在全俄中央执行委员会的一次会议上讲了话。

11 月,他在共产国际第四次代表大会上做了关于俄国革命五周年纪念的演讲。他指出各国共产党应该学习新经济政策的经验,因为工人阶级对农民的态度问题,对于各国的党都是极为重要的。他在演讲结束时指出,无产阶级必须学习再学习。他说我们必须提高群众的文化水平,然后才能建立社会主义社会。外国的共产党必须学习以便消化我们的经验,并在他们争取社会主义的斗争中加以利用。

列宁费了很大的力气作了这个报告,报告做完就精疲力尽了。他的病症已经对他有了严重的影响。

列宁勋章

11 月 20 日,列宁在莫斯科苏维埃全会上演说。这是他最后一次的公开演说。他在最后指出:"社会主义现在已经不是一个遥远的将来,或是什么抽象幻景,……我们把社会主义拖进日常生活中了.我们应当弄清这一点。这就是我们当前的任务,这就是我们这个时代的任务。让我在结束讲话时表示一个信念:不管这个任务是多么困难,不管它和我们从前的任务比起来是多么生疏,不管它会给我们带来多少困难,只要我们大家同心协力,不是在明天,而是在几年以内,我们大家同心协力无论如何会解决这个任务,这样,新经济政策的俄国将变成社会主义的俄国。"

在这次演说后,列宁把他关于对外贸易垄断制的备忘录委托斯大林转交中央委员会全会。在这个备忘录里,他主张必须保持对外贸易的垄断制。

在 1922 年的最后几个月里,党在列宁指示下,为成立苏维埃社会主义共和国联盟进行准备。列宁把主要的工作委托给斯大林,斯大林将于 1922 年 12 月底举行的全俄苏维埃第十次代表大会上做关于这个问题的报告。

尽管列宁的健康还是很坏,他还是想在大会上演说。但是他不能参加,因为在 12 月 16 日他受到了第二次病魔的袭击,这次右半身瘫痪了。

在 1923 年 1 月与 2 月里,列宁的病稍有转缓。在疾病发作的间歇期内,他口授了他最后的几篇文章,因为他现在已经很难执笔了。

10 月初,他决定去趟莫斯科。10 月 19 日,列宁坐车来到克里姆林宫自己生活和工作过的地方看了看,在归途中还游览了市容、参观了农业展览会。列宁的身体状况在逐渐好转,有人甚至估计到夏天就能复原。1924 年 1 月 9 日,加里宁在全俄苏维埃第十一次代表大会上致开幕词时向代表们宣布:为列宁治病的著名医师们认为,列宁有可能重新进行国务活动和政治活动。这番话引起了代表们暴风雨般的掌声和"乌拉"的欢呼声。

但是,人民希望列宁恢复健康的心愿未能实现。1924 年 1 月 21 日下午 6 点,列宁的病情发生了激变,他脸色苍白,呼吸困难,体温迅速升高,很快失去知觉。6点50分,因脑溢血引起的呼吸器官麻痹,使他再也没有苏醒过来,当代一颗最伟大的心脏停止了跳动。

为了人民的幸福和无产阶级事业的胜利,列宁一生都在奋不顾身地工作,在他晚年患病期间这一点表现得更加突出。"鞠躬尽瘁,死而后已"。在对列宁遗体解剖时,所有医生都对眼前这种从未见过的现象感到愕然:脑血管已经硬化到钙化的严重程度,用金属镊子敲击血管,好像敲在石头上一样。血管壁的增厚使流血渠道几乎堵塞,一根头发都不能通过。尽管病情严重到如此地步,但这位伟人还在顽强地思考着世界的现在和未来。这是什么样的意志在支撑着……

列宁逝世后,中央执行委员会根据人民的意愿做出决定,在克里姆林宫墙旁红场上建造保存列宁遗体的墓穴。人们冒着严寒,夜以继日地施工,许多外国侨民也争先恐后地前来志愿参加。

1月26日,党和政府在莫斯科大剧院召开了隆重的追悼大会。27日,是一个晴朗而又寒冷的冬日。祭火燃烧着,烟气弥漫了整个街头。列宁的灵柩由工会大厦移往红场,安放在专门建筑的台上。午后4时,冬日的薄暮开始降临,整个俄国停止了呼吸,列宁的灵柩徐徐放入陵墓。从此至今,几十年来,红场上每天都有肃穆的队伍,缓缓走向列宁墓。

国际共产主义活动家

——斯大林

人物档案

简　历：格鲁吉亚人，苏联无产阶级革命家、政治家、军事家，苏联党和国家最高领导人，苏联大元帅，对二十世纪苏联和世界影响深远。出生于格鲁吉亚哥里镇一个鞋匠家庭。1894 年进入第比利斯神学院；1917 年 4 月当选为全俄布尔什维克党中央委员；成为列宁最坚强的支持者；1922 年 4 月被选为苏共中央总书记；1953 年 3 月 5 日，因脑溢血逝世。

生卒年月：1879 年 12 月 21 日～1953 年 3 月 5 日。

安葬之地：俄罗斯莫斯科克林姆林宫墙附近列宁墓后边。

性格特征：深谋远虑，做事利落，简单粗暴，铁石心肠。

历史功过：领导苏联工业化和农业集体化，领导苏联卫国战争取得胜利，援助国际共产主义运动，扶植社会主义阵营。二战中指挥苏军从防守转为进攻，大败德军，迫使德国在 1945 年 5 月投降；斯大林在任时进行过两次残酷的"大清洗"运动，这是他为了自己权利犯下的不可饶恕的错误。

名家评点：毛泽东评价斯大林说："赫鲁晓夫反斯大林的秘密报告，一是揭了盖子，这是好的，二是捅了娄子，全世界都震动。揭开盖子，表明斯大林及苏联的种种做法不是没有错误的，各国党可根据各自的情况办事，不要再迷信了。捅了娄子，搞突然袭击，不仅各国党没有思想准备，苏联党也没有思想准备。这么大的事情，这么重要的国际人物，不同各国党商量是不对的。事实也证明，全世界的共产党都出现混乱。"

穷鞋匠的儿子

约瑟夫·斯大林生于 1879 年 12 月 21 日，父亲是格鲁吉亚哥里镇的一个鞋匠，母亲是农奴的女儿，双亲都是目不识丁的下层劳动者。父亲对斯大林的愿望是长大以后做个鞋匠，母亲则梦想她的儿子成为一个传教士。但是约瑟夫·斯大林的长相很凶暴，无论如何不像一个传教士。他身材不高但很健壮，一条手臂长，一条手臂短，黝黑的脸上有天花留下的斑痕，而且时常目露凶光。

1894 年夏，斯大林由校方推荐进入了第比利斯神学院的这所神学院，学生思想很活跃，是反对沙俄封建势力的中心，斯大林在此读了大量的进步书籍。1898 年秋，斯大林参加了社会民主党组织的"麦撒墨达西社"。在宣传马克思主义和反对沙皇的斗争中，斯大林先后 7 次被捕入狱，6 次被流放。1917 年 4 月，在全俄布尔什维克党代会上，斯大林当选为中央委员。5 月，斯大林当选为政治局委员。10 月，俄共中央决定由斯大林领导武装起义。在列宁领导的十月社会主义革命中，斯大林一直是最坚强的支持者。哪里有危机，哪里最困难，斯大林就被派到哪里。1922 年 4 月 3 日，苏共中央根据列宁的建议，选举斯大林为苏共中央总书记，从此奠定了斯大林在苏共中央和苏维埃共和国的统治地位，也使他具备了入主克里姆林宫的资格。

也就在此时，斯大林阴谋家的本性开始显露出来。他暗地里策划并挫败了有才能的对手，手段极不光彩。此时，病中的列宁也觉察到了这一点，为此，他在去世前一年写了一份政治"遗嘱"。这份"遗嘱"广为流传，要求撤免斯大林的总书记职务。来自列宁的这一文件可能毁灭斯大林的一生，但是斯大林惯有的好运和善于玩弄手段，使得这一文件在他一生中都未受到别人重视。

1924 年 1 月 21 日，列宁逝世，斯大林发起了对这位死去的领袖过度的、类似拜占庭式的崇拜。第二年，他通过把察里津改名为斯大林格勒，激发人们对自己的崇拜。从此，斯大林成为名副其实的苏联共产党和苏维埃共和国的最高领导。在此后将近 30 年的岁月中，斯大林一直牢牢地控制着最高领导权，占据着克里姆林宫。

残酷的"大清洗"

俄罗斯民族曾经有过漫长的封建专制主义政治历史，广大的农民阶级对无限皇权的天然的崇拜之情弥漫于十月革命以后的各个阶层,而辽阔的土地又使臣民的绝对忠诚成了社会通讯的捷径。于是,苏联的领导者阶层除了列宁等极少数人以外,都对个人崇拜的政治遗产爱不释手。在这种环境下,个性刚烈的斯大林被推到无限权力的顶峰。他已容不得任何不同的意见,而且他固执地相信随着革命的不断胜利,绝望的敌人会越来越多地跳出来反扑。因此,必须用监禁、流放、处决来回应敌人的挑战。

1934年末,斯大林发动了一场政治恐怖运动,肃清"令他不悦"的共产党人,受迫害和受牵连的人遍及社会各个阶层,数以万计。在这场"大清洗"中,"滥捕无辜"的行动大都在夜间进行,人人自危,风声鹤唳,神经高度紧张,生怕深夜有人敲自己的门。

一天晚上,莫洛托夫和卡冈诺维奇在斯大林别墅的花园中夜宴闲谈时,为天上一个星座的名称争论起

斯大林在基洛夫的葬礼上

来。莫洛托夫说是猎户座,卡冈诺维奇说是仙后座。由于二人争执不下,在一旁笑听争论的斯大林认为此事容易,给天文馆打个电话就可以搞清,便吩咐秘书给天文馆打个电话。谁知原天文馆馆长、一位天文学家已与其他几位著名的天文学家一起被"清洗",而新上任的天文馆馆长并非天文学家,而是内务人民委员部的军官,也回答不了这个问题。对斯大林秘书的电话,这位新馆长当然不敢怠慢,急忙派车去找一位尚未被"清洗"的天文学家。而这位天文学家与新近被"清洗"的那些天文学家亦是好友,因此惴惴不安。他家住楼上,在夜里两点半突然被急促的门铃声和敲门声惊醒,见一辆小汽车停在楼下,以为自己的大限已到。这位年届花甲的老人不愿再受凌辱,便纵身从窗口跃向夜空,结束了自己的生命。几经周折后,这位天文馆馆长终于在凌晨5点钟打听清楚了星座的名称,急忙给斯大林的别墅挂电话:"请转告莫洛托夫同志和卡冈诺维奇同志,那个星座是……"但值班人员回答说:"没人可以转告,他们早就睡觉去了。"

希特勒的克星

第二次世界大战期间,在经过了胜利希望渺茫的开始阶段后,斯大林逐渐成为交战国中所产生的最为成功的最高领导人。

1939 年 8 月,斯大林试图与西方强国结成反希特勒同盟,但没有成功。随后,他同希特勒签订条约,这项条约怂恿这个德国法西斯独裁者进攻波兰,于是第二次世界大战爆发了。

但是,斯大林的德国盟友背信弃义,仍忙于东线战事。斯大林不得不加强其西部边境防务,德国吞并了波兰东部、爱沙尼亚、拉脱维亚、立陶宛和罗马尼亚的一些地区后又进攻芬兰,强行租借芬兰领土。1941 年 5 月,鉴于德国进攻苏联日益增长的危险性,斯大林任命自己为人民委员会主席(政府首脑),这是自 1923 年以来他所担任的第一个政府职务。

1941 年 6 月 22 日,希特勒向苏联发动突然袭击,德国的闪电战突破了苏联的国防线,暴露了斯大林战前国防措施的软弱无力,而后德军深入苏联腹地。赫鲁晓夫后来回忆说,斯大林当时被这场猛烈的进攻震惊得不知所措。但即使如此,斯大林仍很快重新振作起来,任命自己为最高统帅。当德军于 1941 年冬逼近莫斯科时,斯大林留在危急中的首都,督促组织大规模反攻。在斯大林的英明指挥下,1942 年冬,苏军在斯大林格勒战役中获胜,并于 1943 年夏在库尔斯克战役中大败德军。德军开始撤退,苏军转入反攻,迫使德国在 1945 年 5 月投降。

作为战时统帅,斯大林始终对各条战线、军队后勤和战时经济实施他个人的严密控制。像希特勒一样,这位苏联大元帅起初多通过电话下达不适当的命令,后来才渐渐学会通过做出军事决定的办法来进行。但即使如此,斯大林仍不失为一名杰出的军事统帅,并在二战中发挥了重要的作用,连他的敌人希特勒都认为他是一个"了不起的人"。

宿敌赫鲁晓夫

众所周知,赫鲁晓夫上台后,将已经去世的斯大林开棺移尸,两人之间似乎结了很深的仇怨。

这件事得从赫鲁晓夫的儿子说起。卫国战争期间,赫鲁晓夫的儿子列昂尼德在古比雪夫市的部队中服役。有一次他酗酒闹事,开枪杀死了一名红军指挥员,因此被逮捕入狱,等待审判。这已是他第二次被捕入狱了。古比雪夫市的事件发生后,赫鲁晓夫为了救儿子一命,便向斯大林求情,让他饶恕自己的儿子。斯大林同意了赫鲁晓夫的请求,让列昂尼德上前线立功赎罪。于是,再一次逃脱惩处的列昂尼德被送到了前线。不过由于赫鲁晓夫的影响,他没有被送到惩戒连作战,而是按他的专业分配到了空军做歼击机驾驶员。可就在第一次战斗中,列昂尼德驾驶的飞机却突然调转了航向,飞到了德军的阵地上,从此便销声匿迹了。

当得知赫鲁晓夫的儿子落入德军之手后,几乎所有的人都认为,列昂尼德飞到德军阵地上无非有两种可能:要么是他自愿投敌,要么是因机械故障迫降。事实证明是前者。列昂尼德是第二名落入敌手的苏共政治局委员的儿子,另一名是斯大林的儿子雅可夫·朱加施维里。凑巧的是,两人分别都是斯大林和赫鲁晓夫第一次婚姻所生的儿子。弄清列昂尼德的身份后,大喜过望的德军决定利用他搞一场宣传战,以瓦解苏军的斗志。众所周知,德军同样的企图在雅可夫身上遭到了失败,雅可夫宁死不屈,坚决拒绝与德军合作,可赫鲁晓夫的儿子列昂尼德却卑躬屈膝地投降了敌人,成了法西斯德国宣传战中的王牌。

斯大林得知这一情况后异常震怒,他下令要不惜一切代价把赫鲁晓夫的儿子从德军手里绑架出来并送到莫斯科审判。斯大林的命令得到了不折不扣的贯彻。赫鲁晓夫的儿子被绑架出来送到了莫斯科,搜集到的有关列昂尼德变节投敌的材料也一并被送到了莫斯科。莫斯科军区军事法庭据此判处列昂尼德死刑,定于几日后执行枪决。

得知儿子被押回莫斯科后,赫鲁晓夫急得像热锅上的蚂蚁。短短几天里,他几次三番地向斯大林求情。当得知军事法庭的判决后,赫鲁晓夫不顾一切地要求召开政治局全会,想撤销军事法庭的判决。斯大林出人意料地同意了赫鲁晓夫的请求,召开了苏共历史上这次最荒诞不经的政治局会议。与会的许多人都纷纷表示维持原判。最后发言的是斯大林,他以严峻的语调说:"尼基塔·谢尔盖耶维奇(注:这是赫鲁晓夫的名及父名,俄国人这样称呼别人时表示尊敬或庄重),你应当站稳立场,如果这样的事发生在我儿子身上,作为父亲,我会怀着深深的痛苦接受这一公共的判决!"斯大林一锤定音,赫鲁晓夫的儿子这次终究没能保住性命。赫鲁晓夫对斯大林等人的怨恨也由此而生。

斯大林逝世后不久,赫鲁晓夫掌握了大权,凡是参与处死他儿子的人都遭到了厄运。斯大林本人则在苏共二十大上被赫鲁晓夫宣布为暴君和人民的奴役者。

孤独的晚年

在妻子自杀、儿子牺牲、所有亲戚都离开之后,斯大林的晚年过得十分孤独,而且神秘。也许是他自己愿意这样,也许是他不得不这样,站在权力顶峰上的人物也许不可能是别样。

一切都是秘密。全国都以为他住在克里姆林宫。克里姆林宫内高于宫墙的一个窗子特意彻夜亮着灯光。而实际上,每到深夜,几辆吉斯牌大型轿车便驶出克里姆林宫的博罗维茨基大门。这些车开得飞快，装甲汽车的深色防弹玻璃令人无法看清里面坐的是谁，所有汽车都是一个样子，没人知道斯大林究竟坐在哪一辆车里。只有在驶进别墅前，他的汽车才开到车队的前头，其余的汽车跟在后面。他住在离莫斯科不远的孔策沃别墅里，这栋砖结构别墅是1931年建成的，妻子死后他就搬到这里住了。别墅四周是5米高的围墙，1938年又建了带监视孔的第二道围墙。别墅内有休息室和一个大餐厅，内务人民委员部的军官和女仆在别墅中服务。

在别墅的众多房间里，斯大林选用一间，实际上他只住在这一间房子里，睡在这里的沙发上。他的桌子上堆满了书籍和文件，吃饭就在这张桌子的边缘上，把书往里面推一推就行了。

斯大林很愿意和保卫人员谈话。那些文化程度不太高的警卫员现在成了他的主要朋友。他同他们聊天，给他们讲当年他怎样过流放生活，像一般老头子那样给故事添枝加叶。他越来越喜欢讲过去的故事了。"他很孤独，怪可怜的，他老了。"一位警卫员这样说。

斯大林计划的又一场大"清洗"已经开始了，到处都在进行。就像1937年一样，他私人卫队中的人开始失踪。关于每一个失踪的人，斯大林都会悲痛地说："老头儿没能证明自己无罪。"他的确可怜他们，不过他必须这样做。所有的老工作人员都应该消失，因为他们知道的秘密太多了。在"静静的1950年"，许多人被秘密杀害。按照斯大林的命令，几十个军事将领在1950年8月的某个夜晚被枪杀，其中包括戈尔多夫、雷巴利琴科、基里洛夫、克鲁佩尼科夫将军，以及空军元帅胡佳科夫等。这又是一场血雨腥风。

该死的都死尽了，终于轮到斯大林自己了。他躺在孔策沃别墅餐厅的地板上，已经没有力气爬起来了。中风发生以后，已经过去了几个小时，但斯大林身边一个人都没有。最后，他的警卫们，由于长久未见他在别墅窗外活动而感到不安，就胆怯地进了房间。但是，他们却没有权力立即召唤医生。斯大林，这位人类历史上最强有力的人物之一，此时却不能指望得到及时的帮助。只是在过了10~12小时以后，惊慌失措的医生们才被带到垂死的领袖身边。但一切都太晚了，这轮曾经"光芒万丈的太阳"终究落山了。

苏共最后一任总书记

——戈尔巴乔夫

人物档案

简　　历：俄罗斯人，苏联政治家，苏联末任领导人，曾任苏联共产党中央委员会总书记、苏联唯一一任总统。1931 年 3 月 2 日诞生于北高加索。大学毕业后回到家乡入区团委宣传鼓动部副部长；1971 年当选为苏共中央委员，步入中央领导层 1980 年 10 月，升为苏共中央政治局委员。1985 年至 1991 年间，担任苏联总书记、总统，推动苏联的经济、政治和军事等多项领域体制改革。1991 年 12 月 25 日，宣布辞去苏联总统一职。1993 年 5 月 24 日，在国际绿十字会成立大会上当选为该组织第一任主席。1990 年 10 月 15 日，获得诺贝尔和平奖。2000 年 3 月 11 日，当选为俄罗斯统一社会民主党领袖。2005 年 6 月，德国统一委员会给

他颁发"阿尔法检查站"德国统一奖。2008 年 9 月 18 日，在美国受颁自由勋章。2012 年 5 月 3 日，被俄罗斯时任总统德米特里·阿纳托利耶维奇·梅德韦杰夫授予俄罗斯最高荣誉圣安德烈勋章。当地时间 2022 年 8 月 30 日，戈尔巴乔夫因长期重病医治无效于莫斯科的俄罗斯中央临床医院去世，终年 91 岁。

生卒年月：1931 年 3 月 2 日~2022 年 8 月 30 日

安葬之地：莫斯科新圣女公墓。

性格特征：性情开朗，聪明过人，诚恳正直，性格软弱，缺乏信心，心慈手软，有很强的组织能力和艺术修养。

历史功过：纵观他的一生有人认为他是苏联的伟人，世界和平的推进者，结束了美苏两个超级大国的冷战状态，同时开启苏联外交的新时代；也有人认为他是俄罗斯的罪人，作为苏联共和国的领导人，一系列的政策改革的失败导致国家解体，一个超级大国就这

样分崩离析。所以到底是功大于过，还过大于功我们无法考证，也不必得出结论。因为任何事物都存在褒贬不一的情况。历史没有对错，一切都是为了推进世界的先进发展。

名家评点：西方一般对戈尔巴乔夫有很高的评价，戈氏在 1990 年获得诺贝尔和平奖，欧洲大部分居民认为戈尔巴乔夫是比普京优秀的国家领导人。而普京则对戈尔巴乔夫评价道："他是历史上最大罪犯，是一个把权力扔在地上，让疯子去捡的懦弱者！但他在外交、经济、社会挑战全面发生复杂、急剧变化的时期领导了俄罗斯"

平步青云

1931 年 3 月 2 日，戈尔巴乔夫诞生于北高加索斯塔夫罗波尔市西北赤卫队区普里沃尔诺耶村，其祖父和父亲都是农民。1941 年夏天，希特勒出动装甲部队入侵苏联，1942 年德军打到斯塔夫罗波尔，戈尔巴乔夫的父亲在战争中死亡，年仅 11 岁的戈尔巴乔夫成了孤儿，与祖父、祖母相依为命。在战乱中，他不可能获得读书的机会，战后，由于家庭贫困，他一半时间下田，一半时间上学念书。当时的生活很是艰苦，他家的状况就是按当地的标准衡量也算是贫困的。在他 15 岁念中学期间，每逢暑假，他就到农田里开收割机，1949 年，他获得了"劳动红旗手"的称号和勋章。少年时期这段艰苦的生活，练就了戈尔巴乔夫同逆境做斗争的韧力和决心，这对他后来的平步青云是大有裨益的。到了 1950 年，中学毕业的戈尔巴乔夫已成为一名模范拖拉机工人，而且加入了共青团，因为表现突出，斯塔夫罗波尔地区的党组织保送他进入了苏联最有名的莫斯科国立大学，在该校法学院学习法律，从此，戈尔巴乔夫掀开了人生中的崭新一页。戈尔巴乔夫性情开朗，聪明过人，诚恳正直（根据曾任捷共中央书记姆利纳日的评价，他在"布拉格之春"事件中倒台），有很强的组织能力和艺术素养。他积极地参加大学的共青团工作，后来当上了法学院共青团的书记。1952 年，正式加入了苏联共产党。这是很重要的一步，因为他从事过共青团的工作，攻读的又是法律，加入共产党几乎肯定使他能到党的机关里工作。戈尔巴乔夫在大学中最幸运和成功的事情当属他的初恋的成功。这个曾立志要刻苦学习不在大学期间谈恋爱的年轻人，在一次例行的周末舞会中见到莫斯科大学哲学系四年级学生赖莎·马克西莫夫娜时，他的想法被彻底地改变。经过一年的追求和热恋，戈尔巴乔夫打败了众多对手，于 1953 年 9 月与莫斯科大学男生们普遍认为高不可攀的美丽公主赖莎结婚。1955 年毕业后，戈尔巴乔夫回到自己的家乡斯塔夫罗波尔，在塔斯夫罗波尔边疆区团委宣传鼓动部担任副部长。那时，戈尔巴乔夫家乡的省城一片破败，没有三层以上的楼房，几乎所有的两层小破楼的顶部都被住户加盖了一个木房来解决住房的紧张。

戈尔巴乔夫费尽九牛二虎之力找到了一间 11 平方米的出租小屋,小屋内唯一的家具是个锈迹斑斑、破旧不堪、中心已快塌到地面的铁床。戈尔巴乔夫买了两把椅子,这个家就算安置停当。赖莎停止了快要完成的莫斯科大学硕士学业,也来到边疆斯塔夫罗波尔落户,两人的财产则是十几大箱书。戈尔巴乔夫大部分工作时间是下乡,他常年住在乡下很少回家,每天都要在泥泞的乡路上奔波。而赖莎则多年承受着一人在家带孩子操持家务的辛苦。1956 年春天,苏共二十大时,赫鲁晓夫秘密会议报告公布,戈尔巴乔夫在边疆区党委看到了中央的通报信和赫鲁晓夫的报告。戈尔巴乔夫毫不隐瞒自己的观点,当众表示赞同赫鲁晓夫的报告和他的勇气。同时,他发现机关中对于报告的反应相当混乱,甚至可以说是张皇失措。许多人不露声色,静观事情的进一步发展,等待下一步的指示。

戈尔巴乔夫后来在回忆录中写道,"一些人根本不相信报告中列举的事实,绝对接受不了对斯大林的评价。还有一些人(这种人还不少)并不怀疑事实的真实性……他们坚持说斯大林在 30 年代清洗的,是那些骑在人民头上作威作福的人,那些人是罪有应得。这个说法居然出现在一个曾在 30 年代经历过血腥大屠杀大清洗的边疆区!"1956 年,他升任斯塔夫罗波尔市团委第一书记。以后戈尔巴乔夫一直上升为边疆区共青团第一书记,并一直干到 1962 年 4 月。

这段时间戈尔巴乔夫不但对边疆建设贡献巨大,而且对赫鲁晓夫发动的反对斯大林个人崇拜运动进行了深刻的反思。戈尔巴乔夫认为,极权主义的问题不是独裁者的坏性格的问题,而是制度的问题,没有最起码的法制制度,单纯的反"个人崇拜"只能使国家用一种崇拜代替另一种崇拜。

1962 年,戈尔巴乔夫调任更加重要的职务——边疆区集体农庄和国营农场生产管理部门的党组织负责人。他大搞调查研究,针对农村的问题进行了改革。赖莎是他的得力助手和调查员,向他提供了农村管理弊端的许多情况。戈尔巴乔夫大力改革农业管理,工作很出色。1963 年,戈尔巴乔夫被调到新成立的农业边疆区党委去当组织部长,戈尔巴乔夫深知,要在农业工作上做出一番漂亮的业绩来,单靠法学院的文凭是不行的。于是,戈尔巴乔夫白天当干部,晚上到斯塔夫罗波尔农学院读夜校.一读就是五年,到 1967 年才考得农艺学文凭。经过多年的努力,戈尔巴乔夫与当地人民一起改变了一个最贫穷农庄的面貌,使得这个农庄成为边疆区的先进农庄。原先随处可见的不透光的破败茅草房不见了,到处是质量良好、设备齐全的房屋。街道铺上了沥青路面,有了学校、图书馆、医院、漂亮的文化宫。前些年逃往四面八方的人们纷纷返回家园。后来,申请加入这个著名农庄的人排起了长队。由于他的农业工作干得非常出色,1966 年,他再次得到提升,担任了斯塔夫罗波尔市委第一书记的重要职务。1967 年举行的苏共二十一大时,36 岁的戈尔巴乔夫作为党代表大会的代表参加了会议。当时赫鲁晓夫为了推进现代化建设,推行了"专家治国"的路线。戈尔巴乔夫生逢其时,他是正规大学的毕业生,在知识化上占了很大的优势,为他的脱颖而出奠定了基础。1968年,他被任命为斯塔夫罗波尔边疆区党委第二书记。1970年,39岁的戈尔巴乔夫被任命为斯塔夫罗波尔边疆区委第一书记。在担任斯塔夫罗波尔边疆区委第一书记期间,戈尔巴乔夫博得了革新者的美名。他在离皮亚季戈尔斯克不远的一个小集体农庄里进行了试验:他增加了农庄庄员的自留地面积,规定种出的庄稼归庄员自己所有,剩余的允许拿到城镇去出售。结果,这个农庄很快富有起来,成了一个模范集体农庄。在当时这样做是要冒很大风险的,要顶住反对改革者的压力,但戈尔巴乔夫坚定不移地努力保证他的试验成功,实践证明,他的这个试验是成功的。在20世纪70年代,苏联农民的自留地只占苏联全部可耕面积的3%,私养牲畜占苏联牲口总头数的25%,但是,这种个体经济却生产了苏联60%的土豆和鸡蛋,供应了全国40%的水果、蔬菜、肉类和奶制品,30%的羊毛。

　　1971年,戈尔巴乔夫当选为苏共中央委员,跻身于真正的执政集团。次年10月,他率领代表团到布鲁塞尔去同比利时共产党举行会谈,那次会谈对苏联具有重要意义,因为比利时当时对于是否忠于北大西洋公约组织举棋不定。戈尔巴乔夫的访问坚定了比利时对北大西洋公约组织的信心。1974年戈尔巴乔夫当选为最高苏维埃青年事务委员会主席。1975年5月,他再次率领苏联代表团出国访问,到西德去参加德国共产党庆祝希特勒垮台三十周年集会。1976年11月,应法国共产党的邀请,他率领苏联州委市委书记代表团访问巴黎。一个比较偏僻地区的区委书记在这么短的时间内三次出国访问,而且是担任代表团团长,这已经明显地说明,戈尔巴乔夫在党内的地位已经越来越重要了。

　　在戈尔巴乔夫平步青云的同时,他的家庭生活也和谐美满。1970年,戈尔巴乔夫夫妇得了一个女儿,取名为伊琳娜,后来在音乐学校读书。他的妻子赖莎在斯塔夫罗波尔的一所小学当教师,他们找了一个女管家来帮助他们照管孩子和家务,他们同社会地位不断上升的所有青年夫妇没有什么两样。

进入莫斯科

　　1978年7月18日,戈尔巴乔夫的恩师和老上级——中央书记处负责农业的书记库拉科夫因突发心脏病猝然逝世,戈尔巴乔夫作为治丧委员会的成员出席了在红场举行的葬礼,并发表了讲话。在库拉科夫去世后不久,47岁的戈尔巴乔夫接替他担任中央书记处农业书记,新官上任就旗开得胜,第一年就是苏联历史上最好的年景,全国粮食总产量达到二亿三千七百四万吨,超额完成了国家指标。鉴于所辖部门成绩辉煌,1979年戈尔巴乔夫荣升为中央政治局候补委员,成了政坛上升起的一颗新星。在政治局里,有两个同斯塔夫罗波尔有重要渊源的人,苏斯洛夫和安德罗波夫,他们正逐渐成为真正的实权人物,同样来自斯塔夫罗波尔的戈尔巴乔夫受到他们的青睐,这为他逐渐走近政权核心创造了十分有利的条件。在短暂的一年之后,1980年10月20日,正是得益于苏斯洛夫和安德罗波夫的大力提携,49岁的戈尔巴乔夫成为政治局正式委员,成为勃列日涅夫的最高领导班子中最年轻的成员。

1982年11月,安德罗波夫接替勃列日涅夫担任总书记,他支持戈尔巴乔夫推行的一些农业改革措施,比如在1983年3月政治局批准了集体农庄和国营农场实行集体承包,而这在勃列日涅夫时期是不可能得到批准的。

进入苏共中央后,戈尔巴乔夫对底层人民的关心和对农业发展的热情仍然不减当年,屡屡碰壁和挫折后,他失望地看到,他身历其中的是一个矛盾丛生、严重僵化的政治体制,要改革,任务艰巨,道路漫长。

20世纪70至80年代,戈尔巴乔夫的地位使他能够经常出国访问,他先后访问了意大利、比利时、法国等一些西方国家,这些旅行很深地影响了他的政见和对社会的认识。他在回忆录中写道:"我对罗马的法律尤其入迷。令人叹为观止的是,人们在很久很久以前就能够制定出这样清楚的法律准则,它为后来的欧洲文明缔造者们提供了无法估量的帮助,又成了对市场和平民社会进行调节的基本原理。而我们苏联到了改革期间,到了20世纪末,却还在证明这二者的必要性。"

1983年,戈尔巴乔夫向中央请求去加拿大访问,他说,我必须去看看加拿大的农业,我一直想弄清,促使获得如此高效益的那根发条究竟隐藏在什么地方。5月中旬戈尔巴乔夫赴加拿大进行7天访问。在温哥华郊区,他参观了国立畜牧研究中心、温室种植园、农场、农产品加工企业和温莎区大载重量飞机制造厂。随后又前往多伦多,去加拿大最大的畜牧和粮食产区艾伯特省,参观了卡尔加里近郊的几个大型畜牧场,那里有长年在草场上露天饲养的肉用牲畜。戈尔巴乔夫还访问了艾伯特一家规模相当大的农场,戈尔巴乔夫临离开前问农场主去年一年经营结果如何。农场主为难地看着陪同的加拿大农业部长,部长笑着说:"你就实说吧!"农场主答道:"如果说实话,我只能说,没有政府的津贴和贷款,我就没法过日子。"戈尔巴乔夫意识到,一个国家农业的发展和发达,离不开农民个体的自由经营,更离不开政府的实际有效的财政支持。

在安德罗波夫执政时期,戈尔巴乔夫在苏联政权中的地位越加显赫。他在中央书记处担负的责任从主管农业扩大为主管整个经济,并且兼任负责党的人事工作的中央委员会书记处书记。在安德罗波夫当政后提拔到中央书记处的两个新书记雷日科夫和利加乔夫(他们分别担任中央经济部长和组织党务工作部部长)都属戈尔巴乔夫领导,渐渐地,他以党的意识形态工作负责人的身份出现了。

安德罗波夫在担任总书记的十五个月里,苏共最高领导层进行的人事调整,有助于加强戈尔巴乔夫在领导层里的权力基础。在安德罗波夫去世之后,契尔年科继任为总书记。1984年4月11日,在新的最高苏维埃的第一次会议上,在戈尔巴乔夫等的支持下,契尔年科担任苏联最高苏维埃主席团主席,而契尔年科则让戈尔巴乔夫主持书记处的工作。这明显表明,他已经是党内第二号人物。实际上这是契尔年科同他做的一笔交易:他让戈尔巴乔夫执掌书记处大权,从而换取戈尔巴乔夫支持他担任最高苏维埃主席团主席这个国家元首的职务。

1984年12月,戈尔巴乔夫率领代表团访问英国,他同英国首相玛格丽特·撒切尔夫人的会晤成为西方大众媒介瞩目的中心。戈尔巴乔夫此次英国之行给西方留下了良好的印象,他的这次访问进一步加强了他在莫斯科的地位,为他担任领袖产生了重要的影响。

戈尔巴乔夫会见撒切尔夫人

1985年3月11日,苏联总书记契尔年科病逝,在政治局中元老、外长葛罗米柯(据称赖莎是葛罗米柯的外甥女)等人的大力支持下,戈尔巴乔夫在契尔年科逝世的当天就举行的中央全会上接任苏共总书记,成为苏联的最高统治者。

着手改革

戈尔巴乔夫接任苏共总书记时所面临的形势是非常严峻的:政治极端腐败,经济大幅滑坡,民族矛盾公开尖锐化……戈尔巴乔夫认为社会发展已经到了不改革就难以为继的历史关头了。戈尔巴乔夫借鉴和吸取赫鲁晓夫时期的改革经验和教训,以列宁时期的新经济政策为蓝本,加快步伐开始对苏联社会进行了一场艰难而又雄心勃勃的改革。

1985年4月24日,苏共中央召开全会,会议认为"国家已经处于濒临危机状态","必须进行根本性的变革和改造",会议提出了"加速国家社会经济发展的战略方针"。四月全会的召开,标志着戈尔巴乔夫的改革拉开了序幕。

戈尔巴乔夫认为,改革的成败在很大程度上取决于干部对改革必要性的认识,因此,他根据对改革的态度,大力调整和整顿干部队伍。在上任的半年里,便免去了吉洪诺夫、罗曼诺夫、格里申等人的政治局委员职务,提升了利加乔夫、雷日科夫、谢瓦尔德纳泽等四人为政治局委员,完成了对政治局的改组。他更换了部长会议主席和六位副主席,撤换了四十多名党中央和政府的部长,撤换了近五十名共和国州委第一书记,中下层干部也进行了大范围的调整和整顿。如此大规模的人事调整,把拥护自己的改革者推上了领导岗位,为推行改革创造了条件。

1986年2月,苏共召开了第二十七次代表大会,这是苏联发生转折的一次重要会议。戈尔巴乔夫在大会上的报告以及大会通过的新党章和决议中,提出了不少新观点,对苏共传统的社会主义理论与实践提出了挑战。这些新的理论观点,为苏联的社会经济改革提供了理论依据。在社会主义发展阶段理论上,新党章中以"有计划和全面地完善社会主义"的提法取代了建设"发达社会主义""成熟社会主义"等提法。这种改变表明了他对过去那种急于向共产主义过渡的不切实际的理论的否定。在生产力与生产关系两者的关系上,戈尔巴乔夫在报告中对那种认为社会主义条件下,生产关系与生产力发展的性质会"自动相适应"的传统理论进行了批评,他认为,在社会主义条件下,生产关系与生产力之间存在着"非对抗性的矛盾",随着生产力的发展,生产关系应当经常加以调整和完善,无疑这一理论为苏共的经济体制改革提供了理论基础。戈尔巴乔夫在报告中还首次提出了社会主义所有制不单纯是一种归属问题,而是"具有丰富的内容",它包含着"人与人之间,集体与集体之间,部门与部门之间,地区与地区之间在利用生产资料和生产成果分配的一整套多方面的关系和一整套经济利益",他明确提出要不断调整这种关系,并把这种调整与"社会经济自治"联系起来。戈尔巴乔夫的上述观点,无疑是对苏共传统理论的重大突破。大会还提出了对外政策的"新思维",认为世界大家庭中的成员之间是相互联系、相互依存的,世界在很大程度上是一个整体;强调苏联的外交战略任务是为国内建设创造和平的国际环境。戈尔巴乔失在政治报告中进一步阐述了"加速国家社会经济发展是战略方针",同时指出必须对苏联经济机制进行根本"改革"。大会还更新了党的领导机构,二十七大的召开,最终确立了戈尔巴乔夫的领导地位,并确立了戈尔巴乔夫的改革路线。

苏共二十七大以后,戈尔巴乔夫在实践上加快了改革的步伐。1987年1月全会上,提出了必须重新审视关于社会主义过时了的观念,并建议采纳一系列社会和国家民主化的激进措施。同年,苏共六月全会制定了"改革的完整构想",指出"加快社会经济发展的最主要条件是根本改革经济管理"。在戈尔巴乔夫主持下,苏共中央六月全会制定了一整套经济管理体制,基本内容是:从行政的领导方法向经济领导方法过渡;从过分集中的指令性管理体制向民主化体制和调动个人积极性的体制过渡;企业和联合公司向完全经济核算、自负盈亏和自筹资金的经营机制过渡;企业自主解决从内部生产组织直到选举企业领导人的自治过渡。这套管理体制的核心,是"将企业改成完全经济核算制,同对国民经济的集中领导进行重大改革结合,自下而上地形成一个统一的整体",同时辅以一系列配套措施。制定了《关于根本改革经济管理的基本原则》和《企业法》,其基本思路就是给企业放权,使企业实现"三自一全",就是完全自主经营,扩大企业自主权。戈尔巴乔夫的"加速战略"仓促上马,阻力很大,同时,对长期形成的畸形经济结构的调整和对农业体制的深入改革未予重视,对企业改革的宏观决策缺乏具体可行的配套措施,以致各项改革都没有取得很好的效果。例如,企业自主权扩大以后,企业滥发工资和奖金,造成职工收入的增加速度大大超过劳动生产率的增长速度,同时,苏联财政失控,通货膨胀加剧,市场供应紧张,生产和人民生活水平进一步下降。在经济改革出师不利的情况下,戈尔巴乔夫等人的思想又发生了重要变化,将重点转向政治改革,政治思想向民主社会主义倾斜。

　　1987年11月,戈尔巴乔夫发表《改革与新思维》一书,该书强调"改革的最终目标"就是要"最充分地展现出我们制度的人道主义性质",并说"新思维的核心就是承认全人类的价值观的优先地位,即承认人类的生存"。1987年12月,戈尔巴乔夫访问华盛顿,与美国总统签署了历史上第一个《核裁军条约》,标志着新思维外交政策的启动与走出"冷战"的开端。1988年他宣布从阿富汗撤军。戈尔巴乔夫于1989年5月15—18日对中国进行了正式访问,中苏两国领导人举行高级会晤,实现了中苏两国、两党关系正常化。

　　戈尔巴乔夫的政治改革是以公开性拉开帷幕的。他强调,政治改革就是全面发扬民主,扩大社会生活各个领域的公开性,充分揭示社会制度各方面的人道主义性质。戈尔巴乔夫说:"苏联社会的进一步民主化,是党在政治体制改革中的中心任务";"苏联共产党坚决让党和人民知道一切,公开性原则是社会主义民主的实质所决定的";苏联社会主义的本质就是"一切为了人,为了人的幸福"。戈尔巴乔夫大声疾呼:人们有权"了解有关过去的全部真相。必须废除关于档案的禁令,使任何文献都成为公开性的财富,如实地恢复我们所经历过的一切的本来面目"。

　　公开性像一阵狂飙首先在思想文化界刮起。"原来被出版检查打入冷宫的作品纷纷出笼",一批揭露斯大林体制给苏联人民造成灾难的影视作品、文学作品、历史著作以及一大批遭到迫害流亡国外的思想家的著作得到开禁。在面对这些被强行尘封的思想与智慧时,戈尔巴乔夫回忆录写道:"当时我脑子里首先想到的是:真可惜,大学时代竟然没能读到这一切! 是的,我们这一代人缺少精神营养,只准许吃一份单纯意识形态的可怜口粮,却被剥夺了亲自去比较、对照不同流派的哲学思想并作出自己选择的机会。"到1988年底,数千部以前被称为特殊作品的著作(包括托洛茨基、李可夫、克伦斯基、邓尼金等的著作)同读者见面。

戈尔巴乔夫进而提出"取消意识形态垄断"。他认为,把马克思主义作为指导思想是"精神垄断"。他强调意识形态要多元化,他甚至公开说:共产主义并不理想,一个多世纪以来,国际共产主义运动的"主航道"是错误的。

1988年6月,苏共中央第十九次代表大会召开,戈尔巴乔夫在会议上指出:十月革命后建立的政治体制不久就发生了"严重的变形",从而导致斯大林独裁,形成了高度集中的行政命令体制,"我们现在所遇到的许多困难,其根源也都在这一体制",他指出,现行的政治体制,口头上宣布实行民主原则,行动上搞的却是独裁专行;在讲坛上颂扬人民政权,而在实践中搞的却是唯意志论和主观主义。他强调解决苏联问题的关键是改革体制。会议决定,把政治体制改革放在首位。

在这次会议上,戈尔巴乔夫首次提出了"人道的民主的社会主义"的概念,实质内容是建立"真正的人民政权制度"。进而戈尔巴乔夫提出"党的地位不应当依靠宪法来强行合法化","苏共要严格限制在民主程序范围内"去争取执政地位。主张把权力从独家控制的共产党手中交到按宪法本应属于通过自由选举产生的人民代表的苏维埃手里。会议还决定首先是向实施1917年之后的第一次自由选举议会过渡。

他在会议上还说:"法治国家的主要标志是要切实保证法律的至高无上的地位。无论是国家机关公职人员、劳动集体、党组织或社会组织,还是个人,都必须服从法律。公民对自己的全民国家负责,同样,国家政权也要对公民负责。公民的权力应当得到切实的保护,不受政权及其代表的专横行为的侵犯。"他还提出司法工作要严格遵守"当事人的辩论原则和平等原则、公开性、排除成见和起诉的倾向性、坚决实行无罪推定的原则"。在法制和无罪推定原则指导下,1987年9月苏共中央政治局建立了一个委员会重审历史案件。在一年半的时间里,委员会为约100万公民平反。其中意义深远的是,斯大林的政治反对派(布哈林、季诺维也夫、加米涅夫和托洛茨基等人)的几十年沉冤得到了平反昭雪。赫鲁晓夫也得到了部分平反,1989年首次发表了赫鲁晓夫在二十大上所做的"秘密报告"。一些在勃列日涅夫时期被剥夺了苏联国籍的持不同政见者和人权活动分子被恢复了国籍,著名物理学家萨哈罗夫从流放地回到了莫斯科。

在紧接着的七月全会和九月全会上,戈尔巴乔夫完成了对党的领导机构的改革:调整了政治局成员,削弱了中央书记处的职能。这说明戈尔巴乔夫已经在将他的思想逐步地付诸实践。

1989年1月,中央委员会核准了苏共参与选举的政治纲领。戈尔巴乔夫主持进行了政权机构的改革,首先建立了一个新的国家最高权力机构——人民代表大会,人民代表大会的常设机构是最高苏维埃。

3月,苏联举行了第一次全国人民代表大会代表的选举,通过民主选举,20%的非党人士获得了胜利,引人注目的是代表民主激进派的叶利钦和著名的持不同政见者萨哈罗夫都成功当选,而苏共的一些领导人则纷纷落选。1989年5至6月,苏联第一届全国人民代表大会召开,大会选出新的最高苏维埃,戈尔巴乔夫当选为苏联最高苏维埃主席。此后,政权便开始转交到苏维埃手里。

戈尔巴乔夫对中苏关系十分重视,早在1985年春、冬,就在莫斯科两次会见中国副总理李鹏,1988年12月,又会见了中国外长钱其琛,并就中苏关系问题达成了一些共识。

1989年5月15日,戈尔巴乔夫访问中国,这是继赫鲁晓夫1959年9月30日到北京参加中国国庆十周年活动后,苏联最高领导人首次踏上中国的领土。戈尔巴乔夫在首都机场发表了一篇颇有亲和力的讲话,他说,苏中两国有个一样的民谚,叫作"百闻不如一见",对中国的改革,真可谓是百闻了,我们今天来,是为了一见,我将和中国的领导人谈谈,与老百姓聊聊,尽可能多看看。

5月16日上午10日寸,戈尔巴乔夫会见了中国领导人邓小平,双方进行了友好会谈,坐在邓小平这位曾震撼过世界的"传奇人物"身边,戈尔巴乔夫的崇敬之情显而易见,似乎有些紧张,他打开随身带的手提箱,一支笔突然从箱内掉落在地,发出小小的响声,戈尔巴乔夫对这个小小的"闪失"有些尴尬,邓小平以长者的大度,为戈尔巴乔夫掩饰尴尬,他笑着进入会谈,开门见山地说:"我们这次会见的目的是八个字:结束过去,开辟未来。当然,对过去的事完全不讲恐怕也不好,总得有个交代。"邓小平指出:沙俄"侵占"了150多平方公里的中国领土,从中国得利最大,以后延续到苏联,"真正的实质问题是不平等,中国人感到受屈辱。"在谈到20世纪60年代的中苏论战时,邓小平指出,经过20多年的实践,回过头来看,"双方都讲了许多空话,现在我们也不认为自己当时说的都是对的"。见戈尔巴乔夫有些紧张,邓小平话锋一转,说,历史账讲了,这些问题就一风吹,把重点放在未来。接着邓小平花了20多分钟时间谈发展马克思主义和建设社会主义两大问题,强调各国必须根据自己的条件建设社会主义,固定的模式是没有的,墨守成规只能导致落后,甚至失败。

对邓小平的讲话,戈尔巴乔夫一直聚精会神地听,不时边听边记、边点头,连连说:"对""是的""同意""完全赞同",对中苏关系的风风雨雨和恩恩怨怨,戈尔巴乔夫也做了回应,他说,(1)对俄中、苏中关系的某些问题,苏方有自己的看法;(2)对两国在不太久远的过去所产生的问题,苏方也感到有一定的过错和责任;(3)同意过去的问题就讲到此为止。

1989 年 11 月 26 日,戈尔巴乔夫在《真理报》上发表长篇文章,他说:"如果前几年苏联的改革只是完善过去的制度的话",那么现在"必须改建我们(苏联)整个的社会大厦——从经济基础到上层建筑"。他还力主"促进多元化",提倡议会民主和三权分立。苏共党内随即形成了以叶利钦为代表的"激进派",以利加乔夫为代表的"传统派"和以戈尔巴乔夫为代表的"主流派"。

1990 年 3 月,苏联第二次人民代表大会召开,戈尔巴乔夫主持对宪法进行了重大修改,取消了苏共的领导地位,允许多党制和政治多元化,实行三权分立的政体和议会民主,确立了总统制,提出了向可调节的市场经济过渡。戈尔巴乔夫当选为苏联的第一任总统。

7 月,苏共二十八大召开,通过《走向人道的民主的社会主义》的决议,提出修改苏联宪法中关于"苏联共产党是苏联社会的领导力量,是苏联政治体系、国家单位和社会团体的核心"的条文,修改这一条文的目的是向政治多元化、多党制过渡。

1990 年 12 月,第三次人民代表大会召开,决定实行总统直接领导下的内阁制,并设立副总统职务。亚纳耶夫在这次人代会上当选为苏联副总统。至此,戈尔巴乔夫的政治改革的设想已基本完成。

戈尔巴乔夫的改革措施,终于撬动了苏维埃联盟这块巨大的顽石,各加盟国家纷纷掀起了民主的浪潮。1989 年和 1990 年春天,先后有立陶宛等 11 个共和国发表主权宣言,宣布独立,联盟形势岌岌可危。为了挽救联盟,戈尔巴乔夫决定让苏联全体人民来决定联盟的命运,1 月 15 日,他签署总统令,决定全民公决,3 月 17 日,苏联全民公决,结果大多数公民主张保留联盟。

但在 1991 年 5 月选举上台的俄罗斯总统叶利钦显然不满意这一结果,他代表的"激进派"鼓动矿工罢工和在一些城市组织游行集会,要求改组政府和最高苏维埃,实行军队"非党化"和没收苏共财产,并明确要求戈尔巴乔夫辞职。

而此时的戈尔巴乔夫显然还在幻想通过改革来挽救国家命运。1991 年苏共中央七月全会,戈尔巴乔夫提出"对党进行脱胎换骨的改造",通过了一个"新党纲"决议案,"允许党员自由地选择自己的信仰","全面实行私有化和市场化"。面对即将分崩离析的联盟,戈尔巴乔夫作了最后的努力,他想通过妥协与退让来换取国家形式上的完整,因此,在 8 月,他颁布了新联盟条约,规定各共和国拥有本领土内的全部主权,并改国名为"主权苏维埃共和国联盟",想把苏联变为一个松散的联邦,该条约定于 20 日举行签字仪式,但在 8 月 19 日，副总统亚纳耶夫等 8 位苏共中的保守派发动政变，他们组成了"国家紧急状态委员会"，宣布解除正在克里米亚度假的戈尔巴乔夫的总统职权，并软禁了戈尔巴乔夫一家，在莫斯科实行紧急状态，试图保住苏联帝国，但是没有得到人民、军队和大多数苏共党员的支持，政变仅仅维持了三天便宣告失败。但是，获释后的戈尔巴乔夫声望大跌，而俄罗斯总统叶利钦则声望大增，他加紧了对权力的争夺。8 月 23 日，叶利钦发出限期解散机关、企业和军队中的苏共组织的命令，查封了苏共中央和苏共莫斯科市委等 5000 多个各级领导机关。面对步步进逼的叶利钦，权力已经被架空的戈尔巴乔夫毫无办法，迫于形势，8 月 24 日，戈尔巴乔夫宣布辞去苏共中央总书记职务，并建议苏联共产党中央自行解散。29 日，苏联最高苏维埃通过决议，"暂停苏共在苏联全境的活动"，而此时，戈尔巴乔夫只能发出软弱无力的抗议。11 月 5 日，叶利钦下令停止苏共和俄共在俄罗斯联邦境内的活动，并解散其组织机构，苏联共产党从此解体。

在这种形势下，各加盟共和国纷纷宣告独立，1991 年 9 月，戈尔巴乔夫被迫承认波罗的海三国的独立。9 月到 10 月实际上所有的共和国都宣布了独立。戈尔巴乔夫再想用"主权国家联盟"把这些国家维系在一起已经不可能了。12 月 8 日，俄罗斯、白俄罗斯和乌克兰三国领导人在白俄罗斯首都明斯克签署了一个关于成立独立国家联合体的协定，要求苏联停止存在。21 日，俄罗斯等 11 个苏联前加盟共和国作为独立国家在哈萨克斯坦共和国首都阿拉木图举行了独立国家联合体首脑会议，25 日，戈尔巴乔夫宣布辞去苏联总统和武装力量最高统帅的职务，并将核按钮交给叶利钦。当晚，克里姆林宫降下苏联国旗，俄罗斯联邦的三色旗升起。第二天，苏联最高苏维埃联盟院宣布苏联停止存在，苏联正式解体，戈尔巴乔夫也从此从政治中心消失了。戈尔巴乔夫的改革失败了，其原因是多方面的，它给真正坚持马克思主义、走社会主义道路的人们留下了深刻的教训与思考。

凄惨晚年

戈尔巴乔夫并不甘心寂寞地了此残生。1992 年初，他刚从权力中心退下来，就创立了"戈尔巴乔夫基金会"，致力于政治、经济、社会问题研究。他经常以基金会主席的身份发表观点，参与社会活动。女儿伊丽娜是基金会的副主席。

起初，戈尔巴乔夫也不甘心被历史推出政治舞台，颇有"主动出击"之举。1996 年，他出马竞选俄总统，却只获得了 0.5% 的选票。1999 年，俄罗斯社会舆论基金会就"20 世纪的俄罗斯领导人谁对国家发展给予最坏的影响"题目对俄罗斯民众问卷显示，戈尔巴乔夫的得票率以占被调查者34%高居榜首,叶利钦以30%居第二位。2001年的民意调查显示,高达66.1%的俄罗斯人认为戈尔巴乔夫、叶利钦应对当前国家的困境负责。

2000年,戈尔巴乔夫成立"统一社会民主党",并出任党主席,但在政党林立的俄罗斯,这个小党至今未在俄议会大选中取得过任何席位。他不知疲倦地发表演说,针砭时弊,从"普京的政策""俄乌天然气争端",到"哈马斯获胜",所有热点问题他都要评论一番。戈尔巴乔夫仍然希望对政治发挥一些影响,他曾说:"我曾是一国元首,万人簇拥。如今我虽然只能从侧面观望,但仍然能够发挥影响,阐明观点。"

2005年,当普京大刀阔斧地试行社会福利改革的时候,戈尔巴乔夫跳了出来,他指出,普京推行的社会福利改革导致人民的生活更加贫困,并不无讽刺地说:"人民的工资应增加4倍,才能跟得上改革的速度。"

对环保和儿童事业的关心,倒为戈尔巴乔夫赚了些名声。因为领导、创建全球性环保公益组织"国际绿十字会",安南曾向他致电表示赞扬;2004年,他同美国前总统克林顿、意大利影星索菲亚·罗兰为俄罗斯音乐剧《彼得和狼》一起配音,令他意外地获得了格莱美奖。这年年底,由他的基金会筹建的儿童血液及器官移植中心在圣彼得堡竣工。

戈尔巴乔夫为路易威登做的广告。戈尔巴乔夫带着一个路易威登旅行袋,坐在一辆赫鲁晓夫时代的高级轿车的后座上,望着窗外的柏林墙残垣断壁。

2006年3月2日是戈尔巴乔夫75岁生日。按照常理,75岁该是一个老人颐养天年、含饴弄孙的年纪,然而,戈尔巴乔夫的晚年生活可谓多姿多彩:出回忆录、拍广告、评论时政、热心公益与慈善事业……可以说,戈尔巴乔夫从来没有在人们的视线中消失过。

此前一个月,与他同岁的俄罗斯前总统叶利钦刚刚庆祝完生日。不过,戈尔巴乔夫的境遇可比不上叶利钦。每月4万卢布(约合1400美元)退休金,住在普通的公寓,与俄政府给叶利钦的待遇相差甚远。

尽管都曾占据过苏俄政坛第一把交椅，戈尔巴乔夫过生日的排场却比不上叶利钦。眼看着叶利钦在克里姆林宫大宴宾客，他只能动用自己的基金会，于 2 月 28 日在莫斯科国际音乐厅举办慈善音乐会，为自己庆祝生日。

戈尔巴乔夫恐怕无法抱怨生日的冷清，因为从 1991 年苏联解体后，他的地位就一落千丈。75 岁生日前一周，俄社会舆论基金会公布了一项民意测验结果：超过半数的俄民众认为，戈尔巴乔夫作为苏联领导人"过大于功"，持相反观点的受访者不过 11%，仅有 14% 的人对他表示好感，反感的人则为 28%，大多数民众对他"漠不关心"。

苏联解体后几年，俄国经济陷入历史上最困难的时期。通货膨胀使戈尔巴乔夫的退休金大为贬值，仅有的 8 万美元存款也因银行破产付之东流。不过，可别小看戈尔巴乔夫赚钱的能耐。1997 年，他带着外孙女一起上镜，为一家快餐店拍广告一下就赚了 16 万美元。

写书是戈尔巴乔夫收入的一个重要来源。从苏联解体至今，戈尔巴乔夫至少已经出版了 10 本回忆录形式的书籍，其中既包括反思苏联解体的《八月事变的原因与后果》《不幸的改革者》，也有洞察当今俄罗斯社会的《新思路？全球化时代的政治》《关于过去与将来》等等。他的书以大胆新锐的观点而著称，有些内容直指当今俄罗斯政府的弊端和不足。因此，每本新书的面世，都会带来不小的影响。

从 1992 年到 2006 年，他的作品多达 80 部，多数是对改革时期的回忆与反思，其中最畅销的《真相与自白：戈尔巴乔夫回忆录》已成为世界各国研究冷战历史的宝贵资料。这本书还让他赚到了数百万美元的版权费。2006 年 2 月，他将新作《理解改革》作为献给自己 75 岁生日的礼物。此外，到大学演讲也是他最热衷的事，以"现身说法"讲述十几年前苏联解体惊心动魄的一幕幕，是他永恒的话题。刚退位的几年，他的演讲费可达到每场 2 万~10 万美元，现在有些缩水，基本上是 1 万美元一场。

作为冷战末期的重要人物，西方世界一直将戈尔巴乔夫列为座上宾。他的书在欧美十分畅销，西方各国的政府、大学及民间机构还纷纷颁发给他形形色色的奖项和荣誉称号，1990 年他甚至被授予诺贝尔和平奖。

所谓"树大招风"，戈尔巴乔夫名声在外，自然也带来不少烦恼。其中最让他厌烦的就是自己的名字和肖像频频出现在伏特加酒瓶和通心粉的外包装上。2003 年，戈尔巴乔夫索性宣布，将自己的名字和昵称统统登记注册成商标。第一家被授权使用"戈尔巴乔夫"商标的，是俄罗斯一家小有名气的伏特加酒厂。

戈尔巴乔夫的商业头脑还不仅限于此。20 世纪 90 年代初，他决定筹建"戈尔巴乔夫国际社会经济政治理论研究基金会"。为了解决资金不足的问题，他接拍了包括必胜客比萨饼连锁店、美国苹果电脑在内的一系列电视广告,并获得了相当高的商业酬劳。

面对有些人说他"掉进钱眼里"的批评,戈尔巴乔夫毫不在意地说:"我从来都是靠自己的劳动养活自己!"

自从 1999 年痛失爱妻赖莎后,戈尔巴乔夫一直无法从巨大的痛苦中解脱出来。每当谈及妻子,他都无法抑制悲哀。在 46 年婚姻生活中,他们始终深爱着对方。

如今,唯一的女儿伊丽娜成了他的生活支柱。他们几乎天天见面,伊丽娜卖掉位于市区的大房子,用卖房的钱在郊外买了所小房子,为的是离父亲近些。伊丽娜对父亲的饮食起居关怀备至,戈尔巴乔夫和女儿一家经常在一起过节假日,他们喜欢找偏僻的地方休假,譬如希腊的克里特岛、多米尼加的乡村。

戈尔巴乔夫在莫斯科还有一套三居室的房子,那是他和赖莎一起住过的地方,室内布置保持原样。戈尔巴乔夫经常去那儿坐坐。在午后和煦的阳光下,在黄昏夕阳的余晖中,回忆与赖莎共同走过的日子……

2022 年 8 月 30 日晚上,戈尔巴乔夫因长期重病医治无效,于莫斯科的俄罗斯中央临床医院去世,享年 91 岁。

共产主义皇帝

——齐奥塞斯库

人物档案

简　　历:罗马尼亚社会主义共和国党和国家最高领导人,曾任罗马尼亚共产党中央委员会总书记和罗马尼亚社会主义共和国总统。1918 年 1 月 26 日出生于奥尔特县一个贫苦的农民家庭。年轻时当过学徒、工人,1933年加入了共青团,同年又加入了罗马尼亚工人党。二战中成为中央政治局委员、中央书记。1965 年3 月当选为第一书记。1989 年 12 月 25 日罗马尼亚国内剧变,齐奥塞斯库被处决身亡。

生卒年月:1918 年 1 月 26 日~1989 年 12 月25 日。

安葬之地:布加勒斯特西部的根恰公墓。

性格特征:早年开明,晚年多疑,性格叛逆,具有极强的斗争意识。

历史功过:在二战中,坚定地反对法西斯的侵略,平反冤假错案,以及对外独立自主的强硬政策,深得人心,同时也使他走向异化。不久,他集党、政、军大权于一身,独断专横,为所欲为。并把他的数十位亲属安排在各级领导岗位上。他的专制独裁和国家发展战略上的失误使罗马尼亚危机四伏。

名家评点:罗马尼亚国内民众评价说:"尽管罗马尼亚加入了北约和欧盟,尽管不少人至今对齐奥塞斯库夫妇并没有好感,然而,越来越多的人对枪决齐奥塞斯库夫妇、特别是在圣诞节那天将国家领导人'像一条野狗似的处死'感到如鲠在喉。随着时间的推移,特别是经济危机当前,开始以肯定眼光怀念齐奥塞斯库时代的人明显增多。"

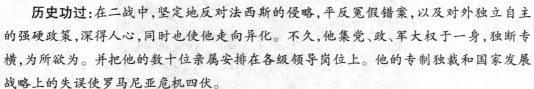

赢得辉煌

1965 年 3 月 19 日,罗马尼亚工人党第一书记兼国务委员会主席乔治乌·德治因病逝世,罗马尼亚政坛出现真空。为了稳定政局,3 月 22 日,工人党中央召开紧急中央全会,以尽快确定党的新领导人。在全罗马尼亚人民的期盼下,选出了罗马尼亚工人党第一书记,他就是时任中央政治局委员、中央书记、年仅 47 岁的齐奥塞斯库。

齐奥塞斯库面带微笑,出现在全会主席台上,在如雷的掌声中,他既感到十分荣耀,也感到肩上责任的重大,当他回首这通向权力巅峰的道路时,更深感其中的漫长与曲折。

1918 年 1 月 26 日,尼古拉·齐奥塞斯库出生于奥尔特县斯科尔尼切什蒂村一个贫苦的农民家里,年轻时当过学徒、工人,饱尝了人生的艰辛与苦味。1933 年,15 岁的齐奥塞斯库加入了共青团,同年又加入了罗马尼亚工人党,积极参与工人运动。工人党在罗马尼亚被反动政府宣布为非法组织,受到迫害和镇压,齐奥塞斯库多次被捕入狱,在狱中认识了乔治乌·德治等工人党中央领导人。他也逐步扩大了在党内的影响,地位也随之提高。二战爆发后,齐奥塞斯库坚定地和人民站在一起,反对法西斯的侵略。此间,他先后担任罗马尼亚共青团中央书记,工人党中央候补委员,中央委员,中央组织局委员,中央政治局委员,中央书记等职。

齐奥塞斯库夫妇

虽然如此,但齐奥塞斯库毕竟还年轻,罗马尼亚人民对他的了解还不够,比起逝世不久的乔治乌·德治的威望来,他还差得实在太远了。齐奥塞斯库深知,他已走到了权力的顶峰,前面的路还很长。

要超越乔治乌·德治,首先得搞掉乔治乌·德治时代的一些印记,让人们逐渐适应新的时代。为此,齐奥塞斯库在上台4个月后,即1965年7月,召开了罗马尼亚工人党第九次代表大会,大会决定:将国名"罗马尼亚人民共和国"改为"罗马尼亚社会主义共和国",将"罗马尼亚工人党"改名为"罗马尼亚共产党"。会议选举齐奥塞斯库为罗共中央总书记,为了争取民心,鼓舞士气,雄心勃勃的齐奥塞斯库在会上发表了热情洋溢的讲话,他说:"在经济方面,要用最发达国家的标准来规划罗马尼亚的发展蓝图,以期达到这一水平。在政治方面要坚持集体领导,营造民主气氛,不能允许对集体领导原则的任何形式的损害,反对任何形式的个人崇拜。要使全体劳动人民能够对国家内外政策的根本问题自由地、不受约束地发表意见,对管理国家事务的方式表明观点,毫不保留地对建设社会主义过程中出现的缺点进行批评。竭尽全力和才智克服这些缺点,保证社会不断前进。"齐奥塞斯库的讲话赢得了全场如雷的掌声,他在党和人民心目中,一开始就树立了一个崭新的形象。

为了稳定阵局,也为了使他新的形象为人民所认可,齐奥塞斯库对乔治乌·德治时代的工作进行了认真的审视与反思,对其中一些错误实行坚决纠正。

乔治乌·德治执政时期,受斯大林及20世纪50年代席卷东欧的清洗"铁托分子"运动的影响,罗马尼亚党内也进行了大规模的清洗,留下了大量冤、假、错案。齐奥塞斯库决定从平反冤、假、错案入手,争取党心、民心。于是,党中央成立了专案调查委员会,在齐奥塞斯库直接领导下,复查过去的全部政治案件,为遭到无辜杀害或迫害的人平反昭雪。

在查阅这些政治案件的材料后,齐奥塞斯库感到,其中最大的冤案是卢·珀特勒什卡努案件,这是横在整个平反冤、假、错案工作前的一个关键冤案,这个案件解决了,其他案件即可迎刃而解。但解决这个案件的难度很大,不仅因为这一冤案的铸成有乔治乌·德治的亲自参与,而且,直接责任人、当时的内务部长阿·德勒吉奇还在职,担任部长会议副主席,如果重新判别这一冤案,势必会遭到阿·德勒吉奇的反对,引起党中央内部的不稳定。

卢·珀特勒什卡努是罗马尼亚著名的马克思主义理论家,是1921年就参与建党的老党员,曾多次当选为罗马尼亚工人党中央委员和政治局委员,在反对本国反动政府和法西斯侵略者的斗争中,他努力工作,英勇不屈,曾多次被捕,在监狱里继续与敌人斗争,赢得了人民的爱戴和党的信任,罗马尼亚人民共和国成立后,曾任司法部长。因对斯大林的大国沙文主义不满,在清洗运动中,被打成"铁托分子""资产阶级的代言人""民族主义——沙文主义者"。1948年,根据斯大林的旨意,乔治乌·德治下令将卢·珀特勒什卡努逮捕,罪名是"为地主资产阶级和法西斯效劳的间谍"。1954年4月27日,没经公开审判便被秘密处决,铸成了罗马尼亚战后史上一桩大冤案。

在中央工作会议上,齐奥塞斯库提出,要对珀特勒什卡努案件进行复查,果然遭到反对,部长会议副主席、政治局委员德勒吉奇认为平反这一案件就是反对乔治乌·德治,就是背离社会主义原则。

齐奥塞斯库毫不退却,他坚定地说:"共产党人要坚持真理,我们在道义上和政治上有义务还给真理以本来面目。在我国动荡的历史年代里,曾有不少人滥用职权,对人民犯了罪,造成了不少冤、假、错案,我们是共产党人,要对历史负责。"在齐奥塞斯库的坚持下,罗共中央决定对珀特勒什卡努案件进行复查。

经过专案调查委员会大量调查和取证,认定对卢·珀特勒什卡努的指控是没有根据的,在审讯过程中,曾采用了诱供和逼供等许多不正当的手段。

案情大白,齐奥塞斯库底气十足,1968 年 4 月 22 日至 25 日,他主持召开了罗共中央全体会议。会议审查和通过了专案调查委员会的报告,决定为卢·珀特勒什卡努在政治上予以平反,责成司法机关撤销原来的错误决定,追认他为烈士,并为此案受牵连的人彻底平反昭雪。此外,这次中央全会还审查了其他一些冤、假、错案,为 1944 年 4 月以"叛徒"罪名被开除出党的罗马尼亚工人党总书记弗里什以及在斯大林时期被判刑的人彻底平反,恢复名誉。

一桩桩冤案触目惊心,暴露了当时党的领导人破坏民主、独裁专制造成的恶果。在事实面前,作为直接责任人的德勒吉奇像泄了气的皮球,不再说话。全会批判了德勒吉奇,决定将他开除出中央委员会,撤销其部长会议副主席职务。同时,会议还批评了乔治乌·德治的错误,并以政治局名义承担了责任。

齐奥塞斯库在全会上做了讲话,他认为造成冤、假、错案的原因有两个方面,一是内部缺乏民主,二是外部受到斯大林的干预。因此,他提出,今后健全社会主义民主,加强党内纪律,防止个人独裁专制,对外则要坚持独立自主的政策,尊重每个国家人民掌握国家财政和自己命运的权利。

罗共中央全会后不久,苏军联合东欧一些国家,组成五国部队,侵略捷克斯洛伐克。作为华沙条约成员国,罗马尼亚拒绝与苏联一起出兵侵捷。事件发生后,齐奥塞斯库立即召开罗共中央、国务委员会、部长会议三方紧急联席会议,商讨对策。在会上,齐奥塞斯库主张谴责苏军的侵略。他说:"社会主义国家之间的合作必须建立在平等、尊重独立和主权、互利和互不干涉内政的基础上。合作不应通过干涉内政实现,分歧应通过会谈来解决。把社会主义国家分成三个或五个的组合是同团结一致的原则相违背的。"大家都赞成齐奥塞斯库的主张,联席会议一致决定了罗马尼亚关于苏军侵捷事件的应对政策。

1964 年 3 月，毛泽东接见来华访问的齐奥塞斯库夫妇。

第二天，罗马尼亚首都举行了 10 万人的群众集会，齐奥塞斯库在群情激昂中发表讲话，他公开谴责了苏军的侵略，严正指出："五个社会主义国家的部队入侵捷克斯洛伐克是一个重大错误，是对欧洲和平、对世界社会主义命运的严重威胁。"他重申："选择什么样的社会主义道路，是各个共产党和各国人民自己的事。"对齐奥塞斯库的讲话，全场报以热烈的掌声。

平反冤假错案，以及对外独立自主的强硬政策，使齐奥塞斯库深得民心，他的威望很快盖过了乔治乌·德治，在国际上也赢得了广泛声誉。

走向异化

执政初期的成功让齐奥塞斯库飘飘然起来，在党内、国内以及国际威望的提高，也助长了他独断专行的作风。齐奥塞斯库大步迈向自己的反面。

齐奥塞斯库是党的第一书记，执掌党的大权，他觉得还不够。1967 年 12 月，在中央全会上，他提出要兼任国务委员会主席一职。当时，全场沉默，都不说话。一会儿，元老派人物、中央书记斯托依卡发言，表示反对。

斯托依卡说："不准兼职，这一规定，是你提出的，并为党的'九大'认可，怎么能随意违反呢？"斯托依卡的发言，得到党内一些元老派的拥护。

齐奥塞斯库毫不退让，他说："党的第一书记兼任国务委员会主席是为了加强党的领导，这是党的工作需要。"

齐奥塞斯库这么说，他的一帮亲信也跟着鼓噪，说过去的规定不适应形势，应加以修

1988 年 10 月 17 日,邓小平会见罗马尼亚共产党总书记、罗马尼亚总统齐奥塞斯库。

改,还有的说斯托伊卡反对齐奥塞斯库兼任国务委员会主席是反对党的领导,很快,齐派意见占了上风,齐奥塞斯库也就顺利当上了国务委员会主席。不久,齐奥塞斯库同样在加强党的领导的幌子下,又兼任了共和国总统、武装部队总司令、国民卫队总司令、社会主义民族团结阵线主席等职,集党、政、军大权于一身。

一朝权在手,便把令来行。权力的膨胀使齐奥塞斯库更加独断专横,为所欲为。他虽然达到权力的巅峰,但仍不满意,因为党内毕竟有人敢抵制他,他对中央全会上斯托伊卡等元老派反对他兼职一事耿耿于怀,总想除掉他们而后快,1969 年,在罗共第十次全国代表大会上,齐奥塞斯库便以年龄、健康等理由,将以斯托伊卡为代表的"元老派"人物全部排挤出了中央领导机构。

此后,齐奥塞斯库在党内更是独来独往,君临一切,不把任何人放在眼里。1971 年,在一次中央工作会议上,罗共中央书记伊利埃斯库小心谨慎提出了在意识形态问题上一些不同的意见。话还没说完,便被打断,齐奥塞斯库指着伊利埃斯库的鼻子,大声斥责道:"你是老糊涂了,需要换换脑筋。"会后,撤除了他的中央书记职务,被贬到地方去工作。

齐奥塞斯库个人专权日益严重,他除了自己包揽党、政、军全部最高职务外,还大搞家庭统治。本来,罗马尼亚共产党早有纪律规定,不许把近亲纳入领导机构,但齐奥塞斯库公然违反这些规定,先后把他众多的亲属安排在中央各部门的重要岗位上。1973 年,在齐奥塞斯库提议下,他的妻子埃列娜成为中央政治局委员,掌握全党的干部大权,从

1980 年起,她一直担任政府第一副总理的职务,同时还兼任全国科学和教育委员会主席一职,成为党和国家的第二号人物。在齐奥塞斯库的干预下,他的小儿子尼库 20 多岁就担任了共青团中央第一书记,后又当上罗共中央委员,政治局候补委员,并被派往锡比乌县担任党委第一书记。此外,在齐奥塞斯库的安排下,他的儿媳担任中央委员、共青团中央书记、全国妇联主席等职;他的妹夫担任中央主管农业的书记;两个弟弟分别担任国防部副部长兼总政治部主任和国家计委副主任的职务。总计,担任各级领导职务的齐奥塞斯库的亲属达数十人之多,罗马尼亚成了齐奥塞斯库的家天下。

在经济上,齐奥塞斯库为罗马尼亚制定了高积累、高速度发展的方针,面对中央有些人的怀疑,他理直气壮地说:"对于同其他国家存在巨大差距的我国来说,坚持大规模的投资计划和保持高额的积累是占首要地位的根本需要。"他无视罗马尼亚底子薄、科技落后等国情,大借外债,大力发展原料和密集型的化工、钢铁、机械三大加工工业,建设了一些耗费高、效益低的大型重工业项目,造成农业投入逐年减少,外债逐年增多,原材料和设备供应紧张,食品供应紧张,人民生活痛苦的局面。面对日益加深的经济危机,广大党员、干部和群众忧心忡忡,迫切希望齐奥塞斯库能够采取改革措施,使国家走出困境,但齐奥塞斯库十分顽固,坚持认为罗马尼亚的政治经济体制是建设社会主义唯一正确的模式。

在 1979 年罗共"十二"大上,一位党内元老、政治局委员即席发言,十分恳切地指出罗马尼亚经济已出现危机,希望齐奥塞斯库能正视问题,采取必要措施,扭转危机,同时认为党内缺乏民主,缺乏监督,造成了一系列决策的失误。齐奥塞斯库一听恼羞成怒,当众将这位元老恶狠狠斥责一顿,并不容申辩,命人将其逐出会场。

由于齐奥塞斯库在政治上专制独裁,在国家发展战略上的失误,到了 20 世纪 80 年代中期,许多问题已变得十分尖锐,社会矛盾积累得越来越多,党内外不满情绪日益加重,罗马尼亚社会已经是危机四伏,山雨欲来。

1989 年 3 月,齐奥塞斯库收到六位老党员的联名上书,其中有原罗共第一书记格阿波斯拉尔,原罗共总书记、党的创始人之一——康·帕伏列斯库,原罗共中央政治局委员、政府副总理亚·伯尔拉德亚努等,齐奥塞斯库展开书信,仔细阅读,一会儿,眉头紧锁,陷入深深的沉思之中。

老党员的联名信首先指责齐奥塞斯库破坏民主、破坏法制的行为,明确提出,国家安全机构本来是维护社会秩序,对付敌人的,现在却用来限制公民的言论和自由,这是无视法律的恶劣行为;其次,指出乡村规范化计划强迫农民搬进楼房,违反了农民意志;再次,强制性的民族同化政策"导致日耳曼、匈牙利和犹太等少数民族的人大批移居国外",联名信最后得出结论说:"政府已无法领导这个国家。"

联名信因为是几个老党员写的，多少对齐奥塞斯库有些触动，他承认信中提示的问题多少有些真实，但他认为联名信是完全否定他的领导，否定社会主义成就，在这个原则上不能让步。因此，他下令，严密封锁联名信的消息，不让有关内容泄露出去，同时，派人秘密监视六位老党员，不让其自由活动。

然而，没有不透风的墙，尽管齐奥塞斯库严密控制，联名信的内容还是在社会上流传开来，信中的观点引起了广大党员和干部群众的共鸣。罗共前中央执行委员会候补委员卡·基拉果在答外国记者问时，公开抨击了齐奥塞斯库的政策。一个名为"社会主义爱国阵线全国筹备委员会"的秘密组织发表了《致罗马尼亚全体党员和全国公民的宣言》，号召人民起来，推翻齐奥塞斯库的统治；另一个秘密组织"救国战线"通过西方传媒发出一份呼吁书，指出："齐奥塞斯库下台也许是避免发生重大社会冲突和流血的唯一方法。"随后，布加勒斯特的一些电话亭出现了"打倒齐奥塞斯库"的标语，有些地方还出现了散发倒齐传单的事件。

对国内出现的倒齐风潮，齐奥塞斯库尚可以用强力进行镇压，令齐奥塞斯库头痛的是国际上的反齐势力也在加紧活动，形势十分不妙。首先，侨居巴黎的罗马尼亚东正教主维尔吉尔·乔治不断地向国内教民发出指令，号召他们起来造反，公开煽动说："一个人民共和国就像监狱国，在一座监狱里，即使人们不想造反，也得造反，因为再没有办法忍耐了。"与此同时，世界自由罗马尼亚人联合会法国分会发出一份公报，要求齐奥塞斯库下台，要求废除共产主义制度和通过自由选举实现国家民主化。

苏联和一些政局发生或正在发生变化的东欧国家出现了针对齐奥塞斯库的抗议活动。在莫斯科，一些抗议者聚集在罗马尼亚驻苏联大使馆门前高呼"齐奥塞斯库下台"的口号，匈牙利的官方报纸和民主德国的示威者，也抨击齐奥塞斯库侵犯人权的种种行为，要求给罗马尼亚人民自由。

西方国家趁机推波助澜。美国宣布取消原定的罗美高级会谈，在保加利亚共产党总书记日夫科夫下台的第二天，《美国之音》电台发表评论说："现在东欧该轮到齐奥塞斯库总统了，如果他不愿意引退，那么罗马尼亚的老百姓将把他赶下台。"法国推迟混合委员会会议，并召回驻罗马尼亚大使，法国外长拒绝访问罗马尼亚的邀请；联邦德国也召回大使并宣布中止同罗马尼亚的一切经贸关系，欧共体终止了同罗马尼亚的经济谈判。

面对内外交困的危局，齐奥塞斯库并没有清醒过来，他太相信权力的作用了，以为自己大权在握，什么人也奈何他不得。因此，他一方面继续强调自己的正确，另一方面，利用手中权力，对社会进行强力控制，对人民进行野蛮镇压。他下令隔绝罗马尼亚人民同外界的联系，下令国内各种武装力量处于紧急状态。这就进一步激化了社会矛盾，使社会局势到了一触即发的地步。齐奥塞斯库离末日也越来越近了。

自食恶果

在罗马尼亚西部地区,有一座并不出名的中等城市,叫蒂米什瓦拉市,人口 30 万,1989 年底首先从这里敲响了齐奥塞斯库的丧钟,令全罗马尼亚、全世界所关注。

蒂米什瓦拉市新教神父拉斯洛·特凯什是罗马尼亚著名的持不同政见者,经常在教众中公开批判齐奥塞斯库的政策,引起当局不满。1989 年 11 月 28 日,当局以特凯什神父在布道时散布攻击齐奥塞斯库的"乡村规范化"的言论为由,解除了他的神父职务,令其搬出神职人员住地,随后,地方法院也做出了令其迁出居住区的判决。

特凯什神父不服,拒不迁出住地,地方法院便采取强制执行的办法。12 月 16 日晚,执法人员来到教堂执行公务时,附近市民、学生和工人闻讯赶来,迅速聚集几百人,他们在神父藏身的教堂外,组成一道人墙,保护神父,反对当局和地方法院的强制迁居决定。由于执法人员不肯妥协,教堂外愤怒的人群越聚越多,到深夜时已达千人。有人提出:"上街游行,抗议政府!"得到大家的响应,平日里积压多年的怒火一下子喷涌而出,燃烧起来。

于是,成千上万的市民挥舞手臂,走向街头,向市中心集结,他们唱着《觉醒吧,罗马尼亚人》的歌曲,高呼"打倒齐奥塞斯库!""打倒暴力!""给我们自由!"等口号,群情激昂,声势浩大。

面对群众的示威游示,蒂米什瓦拉市政府采取镇压措施,他们调动大量警察,强行驱散了示威者,并抓了带头的人,局势似乎恢复了平静,但不料第二天,示威游行再度爆发,而且人数比先一天还多,已成数万人。下午,愤怒的人群冲击了当地县政府和县党委大楼,扯下并撕毁了齐奥塞斯库的画像,并占据了这座大楼。当局仍然采取强硬手段,派出更多的警察和保安人员,试图再次驱散示威者,这一次,群众没有示弱,奋起抵抗,结果双方发生冲突,造成不少人员伤亡。

蒂米什瓦拉事件爆发时,齐奥塞斯库正在伊朗访问,他得知消息,内心深感震惊,但表面上仍装作若无其事,他说:"这是少数人闹事,有反革命分子破坏。"因此,他批示国内要采取严厉镇压措施。根据齐奥塞斯库的批示,罗共中央召开紧急会议,讨论蒂米什瓦拉的局势,最后决定以强制措施制止事态蔓延。

12 月 18 日,罗马尼亚主要报刊发表社论和文章,说蒂米什瓦拉市事件中有反革命分子捣乱,指出"反对执行法庭判决是犯法的,应受到法律的制裁。"接着,内务部宣布在蒂米什瓦拉市实行紧急状态,并从各地调来大量警察和军人以及保安人员,遍布大街小巷、工厂企业、党政机关，进行布防，同时宣布职工上下班不准擅自离开工作岗位。并断绝了蒂米拉瓦市与外界的交通和电讯联系，关闭了罗保、罗苏、罗南和罗匈边界。

然而，政府的强硬措施并没有产生预期的效果，所谓"抽刀断水水更流"，暴力行为只会激怒更多的群众。19日和20日，蒂米什瓦拉市再次爆发群众性示威，而且迅速向全国蔓延，引发了全国性政治风暴。19日，首都布加勒斯特发生了两起爆炸事件，群众开始发生骚动现象。

面对国内爆炸性局面，在伊朗访问的齐奥塞斯库再也待不住了，他意识到问题的严重性，是带有全局性的危机，他必须亲自处理，否则后果不堪设想。因此，齐奥塞斯库提前结束访问，迅速返回国内。12月20日晚，刚下飞机，齐奥塞斯库顾不得旅途疲劳，风尘仆仆赶往电视台，向全国发表电视讲话，对最近蒂米什瓦拉市发生的事件，他严厉指责说："12月16日和17日，几十个流氓团伙以不让执行法院判决为幌子，寻衅闹事，攻击了一些国家机关，捣毁和抢劫了一些建筑物，商店和公共设施。"接着以吓人的语言将这一事件定性为反革命行为，他说："在蒂米什瓦拉市发生的恐怖主义行动是同反动的帝国主义、领土恢复主义、沙文主义集团以及外国间谍机构密切配合下搞起来的。这些反民族行动的目的是制造混乱，使局势不稳，搅乱经济，为分裂罗马尼亚领导、破坏社会主义祖国的独立和主权创造条件。"

电视讲话后，齐奥塞斯库主持召开罗共中央执委会会议，会议上，齐奥塞斯库再次重申了蒂米什瓦拉事件的反革命性质，要求采取更严厉的措施以渡过难关，他的主张为执委会通过。于是，齐奥塞斯库向全国宣布：蒂米什瓦拉市进入紧急状态。并颁布戒严令，严禁任何集会，禁止五人以上同行，实行宵禁。

12月21日，根据齐奥塞斯库的安排，在布加勒斯特市中心的共和国广场，由政府当局组织了万人集会。齐奥塞斯库企图以这种群众声势来反对蒂米什瓦拉的骚动事件，造成人民拥护政府的假象，而根据以往的经验，这种办法十分奏效。但齐奥塞斯库这次却失算了。

在万人群众集会上，齐奥塞斯库就蒂米什瓦拉的事态发表讲话，他重申了前一天电视讲话的内容。为了安抚群众，他宣布从1990年1月起提高职工的最低工资并增加多项社会福利开支，以消除群众的激愤。他要求广大群众顾全大局，站在党和政府一边，反对少数坏分子。同时，还要求各单位建立纠察队、保安队，以保卫国家财产和公共设施。

齐奥塞斯库以为他的讲话会激起群众拥护的掌声和欢呼的口号，会出现一个同仇敌忾、声讨反革命的场面，他怎么也没有想到，人们反对的矛头直接指向他自己。齐奥塞斯库的话还没有讲完，会场中便有人高呼"打倒齐奥塞斯库"的口号，很快，口号声此起彼伏，形成一个浪潮。随后，有人开始焚烧手中齐氏的画像和罗马尼亚国旗，人群中开始出现骚动,齐奥塞斯库的讲话被迫中断,只好提前散会,在保安护送下,离开会场。

集会结束,群众并不甘心,部分参加大会的学生、工人、市民集结起来,在市中心举行反对齐奥塞斯库的示威游行。游行队伍越来越大,由最初的几百人扩大到上万人。示威群众情绪激动,高呼:"要自由,要民主!""打倒专制"等口号。

齐奥塞斯库在这场政治危机中完全失去了理智,他下令严厉镇压。于是,当局出动警察、军队、装甲车和坦克,封锁示威游行现场,施放催泪弹,并鸣枪警告,到处抓人。在此种情况下,示威群众与警察、军人发生剧烈冲突,造成人员伤亡。受首都群众游行的影响,罗马尼亚其他地方如雅西、锡比乌、阿拉德、克拉约瓦等地也同时出现了反齐示威游行。

由于21日出现人员伤亡,广大群众愤怒难平,第二天,即22日上午,布加勒斯特市又出现了群众的示威游行,而且人数越来越多,一下子激增到10万多人。人们情绪高昂,径直涌向罗共中央所在地,齐声高呼"打倒齐奥塞斯库!""打倒专制"等口号。

齐奥塞斯库既恼恨交加,又无可奈何,他紧急调来大批军队,将示威群众包围。军队在现场多次鸣枪警告,但群众已抱定一死的决心,面对荷枪实弹的军队毫无惧色,继续高喊口号,要齐奥塞斯库下台。

齐奥塞斯库见军队并没采取镇压行动,很是不满,他将国防部长米列亚叫来,痛斥一顿,并亲自下达开枪镇压的命令。米列亚意识到,开枪镇压将会让千万民众的鲜血染红布加勒斯特,自己将会成为千古罪人。再加上,米列亚平时就对齐奥塞斯库专横作风深感不满,因此,米列亚拒绝执行齐奥塞斯库开枪镇压的命令。

米列亚的态度很快影响到军队,军队随后倒戈,站了示威群众一边。中午12时,守卫在重要部门的军队开始自行撤离,于是,示威群众向党中央大厦挺进,并迅速将这座大楼团团包围。没有了军队的保护,齐奥塞斯库惊恐万状,12时15分,他带着夫人埃列娜来到党中央大厦楼顶,钻进一架直升飞机,仓皇出逃。

然而,齐奥塞斯库终于没能逃脱厄运,当天晚上,齐奥塞斯库的飞机在博维察县着陆,他携夫人刚刚走出座舱,便被当地民兵捉住,落到了倒戈的军队手中,成了阶下囚。

就在齐奥塞斯库夫妇出逃不久,支持他的安全部队迅速赶往党中央所在地,试图镇压示威群众。此时,国防部队站在示威群众一边,于是两支军队发生激战。示威群众毫无退路,便乘此机会冲进党中央大厦,整个中央枢纽机构一下子瘫痪,政府总理德斯克列斯库宣布政府辞职。晚上10时半,国防部长米列亚通过罗马尼亚电台、电视台宣布,军队已基本控制全国局势,齐奥塞斯库政权被推翻。1个小时后,前罗共中央书记扬·伊利埃斯库在电视上宣布,由30人组成的临时政府"罗马尼亚救国阵线委员会"成立,接管政府,解散齐奥塞斯库的所有权力机构,起草新宪法,改革经济等。

　　齐奥塞斯库在兵营被关押 3 天之后，便受到了新政府组织的特别军事法庭的审判，审判结束后，特别法庭宣布，判处齐奥塞斯库夫妇死刑。随着齐奥塞斯库生命的终结，罗马尼亚历史上的"齐奥塞斯库时代"也宣告结束。

南斯拉夫铁人

——铁托

人物档案

简　历：原名约瑟普·布罗兹，南斯拉夫杰出的无产阶级革命家，国际共产主义运动活动家，南斯拉夫社会主义联邦共和国总统，不结盟运动的创始人之一。1892 年 5 月 7 日出生于南斯拉夫克罗地亚西北的一个小村庄，一战中被俄军俘虏。十月革命后加入了红色国际纵队。成为俄国布尔什维克党员。1920 年回到南斯拉夫，加入了南斯拉夫共产党。1937 年任南共总书记。1941 年开始领导南斯拉夫各族人民进行反法西斯战争，任南斯拉夫人民解放游击队总司令、反法西斯委员会(临时政府)主席。后被授予南斯拉夫元帅称号。1945 年建立南斯拉夫联邦人民共和国，任部长会议主席。1952 年当选为南共联盟总书记。1953 年起任共和国总统和武装部队最高统帅，并连续当选南斯拉夫联邦总统

近三十年。1969 年当选南共联盟主席，1974 年被确定为终身主席。1980 年在卢布尔雅那逝世，享年 88 岁。

生卒年月：1892 年 5 月 25 日~1980 年 5 月 4 日。

安葬之地：塞尔维亚首都贝尔格莱德南部的雅布兰卡山上。

性格特征：性格刚毅，坚韧不拔，意志坚定，不畏牺牲。

历史功过：他坚持独立自主的思想，为不结盟运动的发展奠定了基础。在与斯大林对抗的同时，在国内进行全面的改革，逐步实行"非国家主义化和分散管理"，扩大自治的职能和权力。

名家点评:铁托去世后,中央人民广播电台的广播评论对他予以高度评价,称其为"南斯拉夫人民的伟大领袖""杰出的无产阶级革命家"。

投身共产党

1915 年冬天,第一次世界大战正激烈进行。在喀尔巴阡山麓,寒风卷着大雪在山谷肆虐,奥匈帝国的军队正守在这里,士兵被冻得瑟瑟发抖,有些人因冻饿而仆倒在地。此时,俄国军队发动突然袭击,毫无任何战斗力的奥匈帝国军队纷纷败退,死的死,伤的伤,大部分成了俄军俘虏。

俘虏中有一个身材高大的士兵伤势很重,伤口流出的鲜血染红了军装,在高寒下结成了冰块,伤兵已处于昏迷中,很快被送进战俘医院.医生看了直摇头,连声说:"恐怕没救了!"不巧的是,这名伤兵进医院不久,又得了肺炎,还染上了斑疹伤寒。值班医生认为必死无疑,已放弃了治疗。

但几天后,奇迹出现了,伤兵不仅睁开了眼睛,而且伤势逐渐好转。这名从死神手里逃出的伤兵,便是后来成为南斯拉夫人民领袖的铁托。

铁托原名约瑟普·布罗兹,1892 年 5 月 7 日出生在南斯拉夫克罗地亚西北部一个叫库姆罗韦茨的小村庄。铁托的父母是贫苦的农民,有 15 个孩子,铁托排行第七。由于孩子多,生活异常艰难。铁托小时候常帮父母干活,每天清晨 3 点便起床,到地里除草,掰玉米,或者帮大人耕地,回到家里还推磨磨面。

铁托 7 岁那年,村里办起了一所初级小学,很多农民不愿让孩子上学,怕减少劳动力。但铁托的父母非常开明,认为小孩读书是最重要的,便让他上了学。铁托一面读书,一面劳动,放学回来,经常边放牛边读书。12 岁那年,他终于念完了初级小学。

念完小学后,铁托开始独立谋生。他先帮舅舅看牛,后来到了离家 90 多公里的西沙克小镇,在一家饭店当招待员。工作虽然不是很累,但没有时间读书,铁托觉得不理想,便离开饭店,到镇上一家锁厂当学徒工,这里工作辛苦,工资也少,但每周有两个晚上可到徒工学校去上课,铁托十分高兴。

徒工学校毕业时,铁托已 18 岁了,他要出外闯世界。于是,他先到奥地利的卡姆尼克,再到捷克斯洛伐克、德国,后来到了奥匈帝国的首都维也纳。但不久,铁托就被征召入伍,进入奥匈帝国第 25 近卫团服役,参与世界大战,并成为俄军的俘虏。

铁托在俄军战俘医院,伤口一天天痊愈,病情一天天好转,闲下无事,他便在医院自学俄语。战俘医院对面住着几个中学生,铁托常常向他们借书看,在这里,铁托阅读了托尔斯泰、屠格涅夫等俄国进步作家的作品,思想上也深受感染和教育。

　　铁托伤好后,与战俘一起被押解到乌拉尔,准备再押到西伯利亚去。乌拉尔天气寒冷,战俘在这里不断有人冻饿而死,引起国际社会关注。不久,国际红十字会给战俘送来了救济品,但这些救济品并没能到战俘手中,全被铁路工段长侵吞了。对此,铁托十分气愤,他向国际红十字会告发了这件事。结果,遭到俄军的报复,铁托被毒打一顿后,关进了监狱。

　　俄国二月革命后,铁托被放出监狱,重回俘虏营,这时,他认识了一位波兰籍工程师,是个布尔什维克。在工程师家里,铁托认识了另外一些布尔什维克,他们在一起阅读列宁的文章,受到革命影响。不久,一些与铁托有联系的布尔什维克被捕,铁托也面临被捕的危险,在波兰工程师的帮助下,铁托跳上一辆运粮的火车逃了出来。

　　铁托先逃到彼得堡,后来又到了西伯利亚的鄂木斯克,这时俄国发生十月革命,当地已被布尔什维克的赤卫军占领。赤卫队员告诉铁托,俄国政权已归苏维埃,战俘营也建起了红色国际纵队。

　　听到这些消息,铁托十分激动,他立即回到战俘营,申请参加了红色国际纵队,并在1919年初,成为俄国布尔什维克的一名党员,参与了消灭自卫军的斗争。

　　1920年1月,铁托与俄国姑娘佩拉吉娅·贝卢斯诺娃结婚,组成了一个幸福的家庭。这时,俄国苏维埃政府决定,让红军中所有外国公民复员回国。铁托离开自己的祖国已整整6年了,他十分思念自己的国家与亲人,于是他带着妻子,回到了南斯拉夫。

　　铁托回国后,很快加入了南斯拉夫共产党,先在萨格勒布一家机器厂当工人,并做工会工作,后来又到离首都贝尔格莱德60公里的火车车厢厂做工。这一时期,铁托利用一切机会在工人中宣传列宁思想,宣传十月革命,并在报纸上发表文章,报道工人的艰难困苦,深受工人群众的爱戴与拥护。35岁那年,党组织让他担任全克罗地亚的五金工会书记。这是他一生中重要的转折。从此,铁托全身心投入工人运动,成为一个职业革命家。

　　1921年夏天,由于一些年轻的共产党员进行暗杀活动,先是向国王亚历山大投掷炸弹,后又暗杀内务部长,引起政府的恐惧。于是,政府从议会里驱逐了所有共产党议员,并宣布共产党为非法党,南斯拉夫共产党只好转入地下活动。

　　1928年6月,南斯拉夫的政治形势更加险恶,国王亚历山大准备解散议会,公开实行独裁统治,在全国逮捕共产党人。8月4日,一伙警察闯进铁托的住所,用枪托一阵乱打,铁托当场被打得吐血,随后,警察将他送进了监狱。

　　铁托被捕后,党组织考虑到他妻子佩拉吉娅·贝卢斯诺娃处境危险,便安排她带上儿子扎尔科去了苏联。此后,他妻子没有机会再回南斯拉夫,便在苏联改嫁了。他们的儿子扎尔科在苏联长大后参加红军,在莫斯科保卫战中失去了一条胳膊。二战后期回到铁托身边,参加了南斯拉夫的民族解放战争。全国解放后,扎尔科勤奋为党工作,从不炫耀自己是铁托的儿子,一直在贝尔格莱德市政府当一名小职员,直到退休。

11月7日,萨格勒布的地方法院开庭审理铁托的案子,南斯拉夫的青年工人和学生对这次审讯十分关心,从各地来到这里,对铁托表示敬意。

审讯开始,貌似威严的首席法官问道:"你是否认为你有罪?"

铁托抬起头,他眼镜后面两只灰色眼睛冷冷瞪着法官,机警而沉着地回答:"起诉书上说我是有罪的,但是,实际上我是无罪的。"

首席法官提高声音说:"不仅起诉书上说你有罪,实际上,你也犯了罪,你知道犯了什么罪?"

"我承认我是非法的南斯拉夫共产党的一名党员,我承认我曾经宣传过共产主义,我向工人指出过一切不义行为。我并不认为这是犯罪,是你们资产阶级法庭认为我犯罪。可是,我不承认资产阶级的法庭,因为我认为,资产阶级法庭是保护少数人利益的,是虚伪的,我只对我的共产党负责。"铁托的话铿锵有力,像钢铁一样敲打在法庭上,旁听的人群中响起热烈的掌声。

首席法官连声喊:"安静!安静!"然后转向铁托,再次提问:"你懂不懂国家保卫法?"

铁托不屑一顾地说:"是的,我听说过这个法律,但是我没有读过它,我不知道,因为我对它确实不感兴趣。"

首席法官只好自己回答:"这个法律禁止各种各样的共产党宣传,你知道这点吗?国家通过它来反对你们共产党人。"

铁托据理反驳说:"我知道,这是一项临时法律,而且这项法律不是由人民通过的,也不能约束人民。我一点都不怕它,如果共产党人被一个临时法律吓倒的话,那是一件不幸的事。"

法庭上再次响起雷动的掌声。

首席法官恼羞成怒,威胁说:"你这种固执,只会无谓牺牲你们年轻人的生命。"

铁托毫不畏惧,坚定地说:"是的,我是准备去忍受的。"

这时,法庭上开始骚动,旁观者中大声喊出口号:"共产党万岁!第三国际万岁!"

首席法官见此状况,只好匆匆宣布休庭。

11月15日,法庭在不准铁托和辩护律师辩护的情况下,强行宣布判决,铁托被判处苦役5年。

1934年3月12日,铁托服完苦役,受党组织委派,先到维也纳,与党的中央委员会联系,详细报告国内情况。然后,到了莫斯科,在共产国际工作,担任共产国际巴尔干书记处候补委员。这一时期,铁托利用工作之余,如饥似渴地读了大量经济、哲学、军事和文学著作，提高了自己的文化素养。

1937年，南斯拉夫共产党总书记戈尔基奇被共产国际撤职。随后，共产国际让铁托担任南共临时总书记。铁托受此重任，迅速回国，担当起这巨大的历史责任。

铁托回国后，整顿、改组了党组织，加强与人民的血肉联系，在工作群众中，在青年战士中发展党员，使南斯拉夫共产党不断得到壮大，走向成熟。

抵御法西斯

1941年4月6日，是一个晴朗、温暖的星期天，人们像往常一样开始一天的正常生活，南斯拉夫首相杜桑·西莫维奇的女儿将在这一天举行婚礼。

然而，当早上的太阳刚刚露出笑脸，突然风云巨变，德国法西斯对南斯拉夫不宣而战，黑压压的德国战斗机急驰而来，对几乎没有设防的贝尔格莱德狂轰滥炸，住宅、医院、学校、图书馆都是轰炸的目标，到处硝烟弥漫，战火焚烧，死伤者不计其数。随后，德国陆军在保加利亚、匈牙利军队的配合下，从东面、北面侵入南斯拉夫。4月13日，贝尔格莱德被德军占领，国王佩塔尔及其政府官员逃离国境，仅仅12天，南斯拉夫彻底失败，被德国、意大利、匈牙利、保加利亚等国占领和瓜分。

面对法西斯的侵略，铁托主持召开南共中央紧急会议，决定以民族解放和社会解放为目标，发动起义，开展武装斗争，驱逐法西斯，在占领的地区建立政权。同时，为了更好地领导全南斯拉夫人民的反侵略斗争，决定党中央领导机关从萨格勒布迁到贝尔格莱德。

6月22日，南共中央发表《告南斯拉夫各族人民书》。7月12日，南共中央再次发表《告全国人民书》，号召人民为自由进行最后的战斗，尽快行动起来，发动起义，把全国各地变成阻止法西斯侵略者前进的堡垒。

铁托随南共中央领导机关来到贝尔格莱德，他住在一位共产党员符拉迪斯拉夫·里布尼卡尔的家里，里布尼卡尔表面上是自由派报纸《政治报》的股东，实际上做革命工作。为了铁托的安全，他在家里做了一个十分隐蔽的秘室，当洗澡盆挪开后，便出现一个入口，进入下面通道，一直通往密室。这个密室，离德军司令官的家不远，这是法西斯怎么也不会想到的。

铁托的工作十分繁忙，他每天在城里各处奔走，了解、掌握敌人的各种情报，各界人士的政治态度，组织各种反抗活动和起义。在铁托领导下，贝尔格莱德的共产党员最先对德国法西斯展开了斗争，他们剪断电线，使敌人失去联系；他们袭击德国士兵，夺走武器,使敌人惊惶不定;他们炸毁军用卡车、仓库、办公楼,使敌人后勤指挥中断;他们出版报刊,向人民宣传抗敌、鼓舞人民士气等。这些斗争产生了巨大的政治影响。

苏德战争爆发后,南共中央决定在各地起义的基础上,建立反侵略的武装斗争总司令部,由铁托担任总司令。9 月 16 日,铁托离开贝尔格莱德,前往塞尔维亚中部瓦列沃附近的游击司令部,从此,铁托结束了地下党的秘密活动,开始了军事指挥员的战斗生涯。

当时,在南斯拉夫抵抗德国法西斯侵略军的武装部队,除了铁托领导的游击队外,还有一支由前南斯拉夫陆军上校德拉查·米哈依洛维奇领导的"切特尼克",最初,这支部队也曾抗击过入侵的德国法西斯军队,但不久便以保持实力为名,躲进了森林,并继续扩充自己的力量,以巩固实力,控制地盘。

为了团结一切愿意与德国法西斯斗争的人们,铁托与米哈依洛维奇进行谈判,提出合作抗德问题。而米哈依洛维奇却没有诚意,他一方面与铁托谈判,一方面却偷偷摸摸与伪政权勾结。

铁托一方面继续争取与米哈依洛维奇的合作,一方面独立自主地开展广泛的游击战争。9 月 24 日,铁托指挥游击队向德军占领的塞尔维亚重要城市乌日策发动进攻,以迅雷不及掩耳之势攻破敌人防线,一举解放了这座城市,全城市民兴高采烈欢迎游击队入城。

进城后,铁托指示,利用城市的有利条件,改善游击队的经济和装备等方面。于是,游击队收缴了银行的 5500 万第纳尔,接手了一个月产 400 多支步枪和一定数量子弹的军工厂,大大增强了游击队的战斗力。

德国法西斯不甘心失败,纠集军队卷土重来,向乌日策市合围过来。米哈依洛维奇见铁托遭遇危机,不仅不进行救援,反而配合德军向乌日策市发动突然袭击,企图让游击队腹背受敌,达到彻底消灭游击队的目的。

铁托毫不畏惧,亲临前线指挥作战,极大鼓舞了游击队的士气,大家奋勇战斗,拼死杀敌,使米哈依洛维奇的部队溃不成军。但米哈依洛维奇并不甘心失败,他向在伦敦的南斯拉夫流亡政府发出电报,要求给予支援。同时,还派特务潜入乌日策市,炸毁了军工厂,断绝了游击队军需装备的来源。

南斯拉夫流亡政府在英国支持下,给米哈依洛维奇空投了大量物资。于是,米哈依洛维奇又神气起来。11 月 11 日,米哈依洛维奇和德国侵略者举行秘密会谈,达成联合作战,消灭游击队的协议。从此,米哈依洛维奇公开地和德国法西斯一起,共同对付铁托领导的游击队。

重新装备的米哈依洛维奇部队与德军再次向乌日策市发动进攻,天上飞机狂轰滥炸,地面步兵、坦克野蛮推进,企图一举消灭游击队。

铁托敏锐地感到,形势十分严重,为了保存力量,必须撤退。11 月 29 日,铁托下令,游击队放弃乌日策市,向兹拉蒂博尔山转移。在转移时,铁托留在部队的最后面,敌军开进乌日策市后 20 分钟,他才离开。

铁托率领部队撤离乌日策市后,于 12 月 24 日组建一支新型的军队——无产者第一旅,它标志着南斯拉夫人民以新的规模组建了武装部队。此后,在铁托领导下,武装部队不断扩充,继续与德国法西斯进行顽强的斗争。

1943 年 1 月,德国法西斯纠集意大利军队、米哈依洛维奇军队,向铁托领导的武装部队发动了大规模进攻。铁托率领部队向门的内哥罗转移。敌人在奈雷特瓦河沿岸设置各种障碍,企图阻挡铁托的去路,铁托指挥部队英勇作战,击溃意大利军一个师,缴获大量武器。本来,可以马上渡过奈雷特瓦河,但大量伤病员、老人、孩子、妇女也随部队转移,还没到齐。在此情况下,铁托命令,一定要等这些人到齐后才能渡河。

为了牵制敌军,铁托派人破坏了奈雷特瓦河上的所有桥梁,然后派主力部队去阻击敌人。第二天拂晓,铁托指挥战斗部队占领了河对岸,然后,部队、伤病员和老百姓用了 7 天时间才渡过奈雷特瓦河。过河后,部队快速前进,解放了黑山的大部分和几乎整个山扎克地区。

5 月,德国、意大利和保加利亚组成 15 万的联军向黑山、山扎克地区发动疯狂进攻。情况十分紧急,铁托决定将所有部队分成两部分,铁托及总司令部其他成员与第一师、第二师渡过苏捷斯卡河,向波斯尼亚突围;第三师和伤病员渡过塔拉河,向桑贾克撤退。

铁托及其战友渡过了苏捷斯卡河,但遇到了德国飞机的狂轰滥炸,游击队伤亡严重,铁托的警卫员牺牲了,铁托的左臂也被炸伤。法西斯欣喜若狂,他们在向柏林的报告中说:"彻底消灭铁托军队的时候来到了。"然而,敌人的希望落空了,铁托率领游击队不仅奇迹般突围,而且还解放了汉皮耶萨等一些地方。铁托的部队越战越强,到 1943 年 9 月 8 日,意大利投降后,铁托的部队已达到 30 万人左右。

1944 年 10 月 20 日,铁托的部队和苏联红军联合解放了南斯拉夫首都贝尔格莱德。这一天举行了盛大的阅兵式,铁托用激昂的声音发表了演说:"在战争最困难的时候,在可怕的敌人进攻下,我常常暗自思忖:'我们在贝尔格莱德发动起义,我们将在贝尔格莱德胜利地结束这一战斗。'这个伟大的日子现在已经来临,在我们中间,从 1941 年就开始战斗的人已寥寥无几,他们用生命奠定了自由和人民希望的国家的基础。"

1945 年 3 月 20 日,铁托命令武装部队在 5 条战线上转入对入侵敌人的总攻击,迅速打败了德国法西斯和伪军,解放了祖国,取得了民族解放战争的伟大胜利。

对抗斯大林

第二次世界大战胜利后,铁托与斯大林的关系十分密切。铁托两次访问苏联,与斯大林商谈并缔结了南苏第一个贸易协定和苏联援南等事宜。1947年,斯大林提出建立"共产党情报局",铁托积极响应并参与了筹建工作,情报局成立后,其书记处等机构初期就设在贝尔格莱德。

但这种"蜜月"并没有维持多长时间,铁托慢慢感觉到苏联政策的支配主义性质,在与斯大林的交往中,感到自己处于不平等地位。在南苏经济合作的谈判中,铁托提出了南斯拉夫独立自主的工业化计划,斯大林却表现相当冷淡,他公开说:"你们要重工业干什么? 我们乌拉尔有你们需要的一切东西。南斯拉夫最好集中力量开发它丰富的矿产资源,以满足苏联的能源需要,至于工业方面,苏方可以向南斯拉夫提供全部重工业产品。"

铁托坚决不同意,他认为如此一来,南斯拉夫便成了苏联的附庸。同时,在解决南斯拉夫与意大利边界、南斯拉夫与奥地利边界问题上,斯大林更是粗暴地干预南斯拉夫内政,在没向南斯拉夫打招呼的情况下,就俨然以太上皇面貌出现,代表南斯拉夫擅自同意西方关于南意、南奥边界的方案,让铁托深感气愤和震惊,他明确宣布斯大林不能代表南斯拉夫。由此,铁托与斯大林分歧越来越深。

对铁托坚定的独立性和桀骜不驯的态度,斯大林十分恼火,暗暗下定决心,必须寻找机会,狠狠教训一下铁托,甚至不惜把他搞掉。

由于边界问题,南斯拉夫与邻国奥地利和意大利以及美国关系十分紧张。1948年2月10日,斯大林召集南斯拉夫和保加利亚领导人在克里姆林宫开会,讨论巴尔干形势。会上,铁托提出与保加利亚、阿尔巴尼亚结成巴尔干同盟的建议,保加利亚领导人季米特洛夫当即表示赞成。斯大林却坚决反对,他大发脾气,对铁托和季米特洛夫进行了严厉指责。

在高压面前,季米特洛夫屈服了,他当即表示撤回建议,不参加巴尔干同盟。但铁托却不肯屈服。3月1日,他回到贝尔格莱德后,马上召开中央会议,做出了不理睬斯大林指示的决议。

铁托的举动,大大激怒了斯大林,南苏关系迅速恶化。3月18日,苏联军事代表团团长巴斯科夫将军通知南斯拉夫总参谋长,宣布从南斯拉夫撤出全部苏联军事顾问和教官。第二天,苏联代办宣布,从南斯拉夫撤出全部苏联非军事顾问,理由是他们在南斯拉夫"处处受到敌视"。对此,铁托毫不示弱,断然拒绝斯大林的指责,坚定地走自己的路,独立自主地建设自己的国家。

中共中央副主席叶剑英陪同铁托(左)观看体育表演

在内部施加压力无济于事的情况下,斯大林便调动"共产党情报局"这一欧洲共产党的共同机构来反对铁托。在斯大林授意下,1948 年 6 月下旬,情报局在罗马尼亚首都布加勒斯特召开大会,专门讨论南共党内的状况,通过了《关于南斯拉夫共产党状况的决议》,决议以激烈的语言抨击了以铁托为首的南共领导人,说他们采取"民族主义"立场,呼吁南共内部的"健康力量"行动起来,迫使其领导人承认和纠正错误,或者以"新的国际主义的领导"取而代之。这个决议,意味着把南共开除出情报局组织。一年后,即 1949 年 11 月,情报局又通过了《南共在杀人犯和间谍掌握中》的决议,进一步对铁托和南共进行恶毒攻击。自此,斯大林与铁托完全处于敌对状态。

这期间,苏联及东欧盟国同时还对南斯拉夫进行经济封锁和军事威胁,企图迫使铁托就范。当时,南斯拉夫 95% 的投资项目都与苏联、东欧等国有关系,它的煤、焦炭全是从苏联进口,现在一切中断,南斯拉夫的经济建设遭到极大的困难和损失。在国际社会,南斯拉夫几乎完全孤立了,在东方社会主义阵营里,它是被开除的一员;在西方,它是社会主义国家,与资本主义毫不相容,为资本主义国家所敌视。当时西方人士认为,很难想象南斯拉夫还能在地球上继续生存下去。他们预言:"铁托完蛋了,铁托的南斯拉夫末日到了了。"

在黑云压城城欲摧的情况下,铁托没有倒下,也没有完蛋,他不低头,不屈服,勇敢地面对面前的一切。

1948 年 7 月 21 日至 29 日,铁托主持召开了南斯拉夫共产党第五次全国代表大会,讨论南共面临的境遇及今后的任务。铁托要求每一位要求发言的代表都能充分讲话,他认真听取代表们的发言,尊重他们的意见。最后,在新的中央委员会选出后,在众目关注下,铁托以坚定的步伐走上讲台,向大会致闭幕词,他说:"我代表新选出来的我们党的中央委员会最诚挚地感谢你们的信任,我们目前正处在困难的境地里。我们的党正面临着一种严峻的考验,但是只要我们保持高度的警惕,保持我们党的团结和坚定,只要我们不丧失勇气,我们必定会赢得胜利。"全场报以热烈的掌声。

面对南斯拉夫被孤立的严峻现实,铁托开始努力,发展与世界各国的关系,寻求如何在复杂环境中保持自主与独立。1955 年的万隆会议使铁托深受启发,他由此产生了不结盟的思想。

为了促进不结盟运动的展开,铁托不辞劳苦访问了很多亚洲、非洲国家,动员、劝说这些国家参加不结盟运动。在铁托的努力下,有 20 多个国家的代表在开罗举行了不结盟国家的筹备会,商定了参加会议国家的条件:必须采取或赞同不同社会政治制度国家和平共处与不结盟的独立政策;支持民族解放运动;不参加大国军事集体;不缔结双边军事同盟;不得为大国提供军事基地等。

1961 年 9 月,由铁托、尼赫鲁、纳赛尔、苏加诺、恩克鲁玛 5 人共同发起,在贝尔格莱德举行了第一次不结盟国家政府首脑会议。在会议上,铁托发表了长篇演说,阐发了自己关于不结盟运动的一系列重要思想。这次会议,使铁托的不依附任何大国,不屈服于大国压力,坚持独立自主的思想不仅为参加国所接受,同时也成了这些国家的共同愿望,为不结盟运动的发展奠定了基础。同时,通过这些外交活动,南斯拉夫打破了在国际上被孤立的困难局面。

铁托在与斯大林对抗的同时,在国内,以马克思主义为指导,依靠工人阶级和广大群众,积极探索一条与苏联模式不同的社会主义发展道路。从 1950 年起,铁托对经济管理体制进行全面改革,逐步实行"非国家主义化和分散管理",扩大自治的职能和权力。在政治体制方面,则从中央集权制向自治社会政治体制转化。这些改革,在初期和中期都取得了较好的成效,积累了一定的经验。但随着改革的发展,出现了对马克思主义和自治理论的教条式理解,诱发了一系列问题,为后来出现危机埋下了祸根。

不管是内政,还是外交,铁托都尽心尽力地参与主持,他努力工作,鞠躬尽瘁,耗费了精神,损害了身体,他终于病倒了。1980 年 5 月 4 日,铁托,这位 20 世纪的伟人与世长辞,终年 88 岁。

5 月 8 日,南斯拉夫人民为铁托总统举行了隆重的葬礼,世界上 200 多个国家党政代

表团和党派组织代表参加了葬礼,有多位总统、国王、总督及国家元首的私人代表,30多位总理和副总理,以及其他许多高级官员。中国也派出了党政代表团参加铁托的葬礼。这一天,许多国家都下半旗志哀。许多国家领导人、著名人士纷纷发表文章和谈话,悼念铁托总统,颂扬他为南斯拉夫人民、为世界和平建立的伟大功勋。

铁托生前在谈到大人物在历史上的作用时曾说:"伟大人物只有在了解人民的需要和愿望并且同人民打成一片的条件下,才能创造历史并且在其中起巨大的作用。如果一个人把自己同人民割裂开来,而且总想被高高地供起来,那么他只会引起畏惧和憎恨。"

南斯拉夫人民按照铁托生前的意愿,将他居住过30年的官邸庭院里的一座小花园,稍加整理,铁托便被安葬在花丛中,墓的正中竖着一块白色大理石墓碑,碑上镌刻着"约瑟普·布罗兹·铁托(1892~1980)"9个金色大字,没有其他头衔和赞扬的词句。在花香鸟语中,铁托静静地躺在这里。

南斯拉夫是个多民族的国家,其主体的塞尔维亚人,占了40%。但铁托是克罗地亚人,因此常常会忽视塞尔维亚人的需求。此外,铁托还做出了一个十分匪夷所思的操作,原本大家都认为自己是南斯拉夫人,但铁托偏偏要根据居住地的不同,把国民分成了数个民族,这也为之后的混乱买下了伏笔。铁托死后,南斯拉夫瞬间陷入了群龙无首的状态,各民族间谁也不服谁,谁都想当南斯拉夫主席,之后东欧剧变的发生又让许多民族首领觉得不如自立门户。因此曾经盛极一时的南斯拉夫不可避免地走上了分裂的道路,成为了如今的:塞尔维亚、克罗地亚、斯洛文尼亚、波斯尼亚、波黑、科索沃和马其顿。

越南国父

——胡志明

人物档案

简　历:原名阮生恭,学名为阮必成,在法国、中国时分别化名阮爱国、李瑞、宋文初、胡光等。越南无产阶级革命家、政治家,越南民主共和国的主要缔造者,曾任越南民主共和国(今越南社会主义共和国)主席、政府总理,越南劳动党(今越南共产党)中央委员会主席。1890 年 5 月 19 日出生于越南中部义安省金莲村,1930 年 2 月 3 日,胡志明在香港召开三个共产主义组织代表会,成立了越南共产党。1945 年 8 月 13 日胡志明主持召开印支共产党全国代表会议,号召人民发动总起义,9 月 2 日在河内巴亭广场群众大会上,以越南民主共和国临时政府主席的名义,宣告越南独立。1951 年 2 月 11日,在胡志明领导下,印支共产党改名为越南劳动党,他当选为中央委员会主席,这以后,胡志明领导人民展开了英勇的抗法战争,并于 1955 年 1 月 1 日取得了最后的胜利。1969 年 9 月 2 日在河内病逝。

生卒年月:1890 年 5 月 19 日~1969 年 9 月 2 日。

安葬之地:越南首都河内巴亭广场。

性格特征:灵活、务实,既有狠劲又有韧劲,对社会主义革命无比热情。

历史功过:领导越南人民建立起了人民的革命政权;在中国共产党的帮助下,解放了越南北方,使越南成了一个有首都、海港,有领海、领空主权和国际地位的主权国家。领导越南人民坚决地进行反美斗争。

名家点评:毛泽东评价说:"胡志明是杰出的无产阶级革命家,中国人民的亲密战友。"

南北驱驰

1924 年 12 月,中国的广州依然气候温暖,满城一派春意。此时,孙中山在大元帅府欢迎苏联派来的政治顾问鲍罗廷。鲍罗廷一行走进大厅,与孙中山握手,互致问候,这时,鲍罗廷身后一位身材清瘦、约 30 多岁的青年以流利的中文、俄文进行翻译,赢得了在场各方人士的一致好评,他就是后来成为越南国父的胡志明,当时名叫阮爱国。

胡志明出生于 1890 年 5 月 19 日,越南中部义安省南檀县南莲乡金莲村,原名阮生恭,上学时取名为阮必成。此时,越南沦为法国殖民地,越南人民对法国殖民主义者进行了不屈不挠的反抗斗争,这些深深影响了胡志明。胡志明从初小读到中专,到藩切市育青学校教了八九个月的书,便到了西贡,考入一所专门为法国巴松公司培养海员和技工的职业学校。还没毕业,他就在法国"杜拉舍·特莱维勒"号海轮上找到一个厨房二等杂役的工作。经过几年的海员生活,他积蓄了一小笔钱。1914 年初,胡志明离开海轮,来到英国居住,在这里,他一方面学习英语,一方面参加英国工人运动,得到了很好的锻炼。1917 年,胡志明来到正进行第一次世界大战的法国,并改用"阮爱国"的名字。1918 年,第一次世界大战结束,胡志明认为为祖国争取独立、自由的时刻已经到来,立即与各殖民地代表团联系,并代表越南向参加巴黎和会的法国代表团提出一份请愿书,要求给予越南自治、恢复人民自由、民主和民族自决权等,随后,他将请愿书印了 6000 份广为散发,一部分还寄回越南。这是历史上越南人第一次向全世界宣布争取民族独立的主张。

十月革命胜利后,胡志明开始学习马克思主义、列宁主义著作,思想有了极大提高,他结识了各国革命者,找到了真理和救国道路,而且学会了做宣传和组织工作。1924 年,共产国际第五次代表大会在莫斯科召开,胡志明受邀参加大会,来到俄国。大会后,胡志明被任命为共产国际东方部常务委员,直接领导该部南方局工作。12 月,鲍罗廷被派任孙中山的政治顾问,胡志明便以翻译的身份从莫斯科来到广州。

当时,在广州,有一个叫"心心社"的越南青年组织,成立于 1923 年,领导人叫胡松茂。胡志明到广州后,即与"心心社"取得了联系,他紧紧握着胡松茂的手说:"你们做了很好的工作,要想革命成功,就必须建立一个强大的政党来组织、领导国内群众进行斗争,进而发动起义,夺取政权。"胡松茂表示赞成。1925 年,胡志明以"心心社"为基础,建立了"越南青年革命同志会",明确其奋斗目标为驱逐法国帝国主义,争取民族独立,进而

胡志明(右二)和他的同志们在一起

实现共产主义。

为了培养革命骨干,胡志明在广州举办了大约 10 期青年政治训练班,专门吸收从越南国内来的革命青年参加,在两年时间里,有 200 多人参加了培训,不少学员后来成为越南革命的领导人,如陈富、阮良朋等。

1927 年,蒋介石叛变革命,屠杀共产党人和革命群众,胡志明随苏联顾问鲍罗廷一起离开中国去苏联。他所播下的革命种子,在越南各地生根、萌芽。1928～1929 年,越南各地爆发了多次罢工,随着斗争的发展和复杂化,越南青年革命同志会内部出现了分歧,分成 3 个组织,在北部的改为"印度支那共产党",在中部和南部的改为"印度支那共产主义联盟",原越南青年革命同志总部则改为"安南共产党",三个组织自成体系,竞相扩大自己在群众中的影响,因而互相削弱了自己的力量。

组织的分裂不利于革命的发展,胡志明深感忧虑。1930 年 2 月 3 日,胡志明在香港召集三个共产主义组织的代表举行会议,会上,胡志明对地方主义和宗派主义作了适当的批评,他十分严肃地指出:"三个组织必须捐弃成见,真诚合作,当前最紧急的问题,便是实行越南国内几个共产主义组织的统一。"

胡志明的发言使大家深受教育,与会者一致决定,三个组织实行统一,统一后的组织改为"越南共产党",并立即着手起草党纲党章,会议还根据胡志明的提议,通过一项简要纲领,指出越南革命的性质是资产阶级民主革命,革命对象是帝国主义和封建势力,革命任务是使越南获得民族独立,使越南人民获得民主权利,进行土地改革,实现耕者有其田。越南共产党的成立具有重大意义,标志着越南人民有了自己工人阶级的政党,对于推动革命运动的发展有十分重要的作用。后来,2月3日被定为越南共产党的成立纪念日。随后,越南共产党中央委员会召开第一次会议,决定把党的名称改为印度支那共产党,以便指导越南、柬埔寨、老挝三国的革命,并选举陈富为党的第一任总书记。

胡志明在领导越南共产党成立后,他个人在香港的处境越来越困难,英国巡捕得知胡志明在香港的消息,加紧了在香港的布防,胡松茂、际辉奔、杜玉喻,甚至越共中央总书记陈富等先后被捕。法国政府向香港警察发出通报,如抓住胡志明,将奖给一笔巨款,而法国派船将胡志明押解回越南,在那里,宜安省荣市法院早在1929年10月就宣判了胡志明的死刑。

胡志明住在香港三龙186号一栋两层楼房中。1931年6月6日清晨,胡志明刚刚起床,他洗完脸正准备去晾毛巾,小楼大门被人用力冲开,一群英国警察冲了进来,一名手持手枪的头目大声喊道:"原地不动,举起手来!"

胡志明没有说话,上来两个警察,给他戴上手铐,随房间号外一个同志,被押解到了香港警察局。

在警察局的过道上,一个身材高大的人正被押出,胡志明眼睛一亮,那是胡松茂,胡志明即向他使了个眼色,胡松茂也丢了个眼色,表示会意。胡志明在警察局并没有经过审理,便被投进维多利亚监狱。

胡松茂出狱后,即找到英国进步的民主律师,香港法律家协会主席罗士庇,告诉他:"我们有一位杰出的政治活动家宋文初(胡志明当时的代名),曾被法国缺席判处死刑,今天上午遭英国当局逮捕,准备交给法国当局,我们请求您希望您能把这位活动家救出来。"

罗士庇并不认识这位叫宋文初的胡志明,但出于职业良知,决定营救这位印度支那革命者。几天后,罗士庇在监狱见到了胡志明,两人用英语交谈了很久,胡志明说:"我很感谢您的关心,但我没有钱委托您做我的辩护律师。"

罗士庇诚恳地说:"我为您辩护是为了尊严,而不是为了金钱,我只需要您说出那些可以用来辩护的依据,我相信您可以给我许多帮助。"

于是,胡志明也十分坦诚地将很多情况告诉了罗士庇。以后,罗士庇又多次去探望,了解了整个被捕的过程及一些有利于辩护的依据。

7月4日,由一名在香港华人事务所工作的英国人威廉·汤姆森前来取证。在问了姓名、年龄、籍贯后,汤姆森直接提问:"有人说你是进行共产主义宣传的共党分子,有劣迹。"

胡志明据理力争:"我不接受这种罪名,我不是共党分子。我信仰国家主义,目的是推翻法国的统治。我不清楚我为何被捕。"

"你到香港有多长时间?"

"大约有 7 个月。"

"住在什么地方?"

"我从一位姓王的朋友那儿租用了三龙 186 号这栋房子,我来居住并交了房租。王先生是商人,不是革命者。"

"你在这里认识什么人吗?"

"不认识。"

取证后,法庭要公开审讯,这是香港当局无法回避的。法庭先后 9 次开庭审讯,罗士庇律师与他的好友詹金律师九次出庭,为胡志明进行辩护。在他们的努力下,香港当局以无罪释放胡志明,并提供 400 美元,让他离开香港。

胡志明恢复自由后,即乘船离开香港,前往新加坡。但船到新加坡后,当地警察以"新加坡不必遵循香港的法令"为借口将他拘捕。然后押回香港,胡志明再次被关进原来的监狱。

胡志明正在焦虑思考如何逃脱时,看到了一名熟悉的狱警,便请他帮忙告诉罗士庇律师。

罗士庇律师得知自己的"客户"再次被监禁后,十分气愤,觉得港英当局玩弄花招,出尔反尔。他急忙拜见香港总督彼尔,要求释放自己的"客户",香港总督怕事情闹大,有损自己的声誉,便同意放人。罗士庇律师为免发生不测,要求自己领人出狱。

于是,胡志明随罗士庇律师离开监狱,先在"中国天主教青年会"宿舍"寄住"一晚,第二天,登上一艘国际海轮,离开香港,到了上海,摆脱了牢狱之苦。

缔造共和

第二次世界大战爆发后,胡志明来到中国桂林,住在桂林八路军办事处,与印支共产党海外部的负责人冯志坚、黄文欢等人一起,指导海外部的工作。胡志明认为,以共产党名义公开活动不方便,因此让黄文欢等约请胡学览以"越南独立同盟"名义进行公开活动。越南独立同盟是胡学览和黄文欢等越南爱国者于 1936 年向中国南京政府当局登记过的组织,是合法的。在越南独立同盟的号召下,黎广波、黄森等 40 多名越南革命者都来到广西,胡志明召集他们开会,布置他们在广西的中越边境做群众工作。此时,日军侵入越南,形势发生进一步变化,胡志明又担负起领导越南人民抗日斗争的重任。

1941 年 2 月 8 日,胡志明回到阔别 30 年的祖国,参加印支共产党第 11 次中央全会。当时,越南各地党组织派出代表,越过敌人的重重封锁前来参加会议。在胡志明主持下,会议成功召开。这次会议确定了党在新形势下的总路线,即通过建立农村根据地,建立人民武装和建立广泛的民族统一战线,发展和壮大革命力量,准备条件成熟时在全国范围内发动起义,夺取政权,建立独立、自由的新越南。胡志明根据形势的变化,提出建立"越南独立同盟"的组织,并建议,暂时取消土地革命的口号,代之以"没收法国殖民者,越奸和叛国者的土地分配给农民"的口号,大会接受了胡志明的建议。选举党的负责人时,代表们建议胡志明担任党的中央委员会总书记,直接领导全党工作。但胡志明谢绝了,建议仍由国内工作的同志担任党的领导职务。虽如此,与会的全体同志仍然把胡志明看作是越南革命的导师,全党的领导者。

　　5 月 19 日,在胡志明直接指导下,越南独立同盟举行成立大会,胡志明被推选为主席。6 月 6 日,胡志明发表《告全国同胞书》,号召:"全国同胞们! 赶快起来,仿效中国人民的英勇斗争精神,快快起来组织救国团体,开展抗日、抗法的斗争。"

　　"越盟"成立后,胡志明认为,在新形势下,争取得到各同盟国的承认,正式成为国际反法西斯战争的一个组成部分,是摆在"越盟"面前一个十分重要的问题。如这一目的达到,在反日反法斗争中,"越盟"就可能得到外来的支援,战争胜利后,也就可以取得应有的地位。

　　为此,胡志明决定以国际反侵略协会越南分会代表的名义亲自出国活动。1942 年 8 月,胡志明越过边境,进入中国广西,准备到重庆去会见蒋介石,争取他的支持。不料,刚到广西天保县足荣镇,就被国民党地方当局逮捕。之后,胡志明被辗转押解到靖西、桂林、柳州之间 13 个县的 18 个监狱,受到非人的待遇。但胡志明以坚韧的毅力忍受着这一切,他十分乐观,曾在一首汉文诗中写道:

　　　　　身体在狱中,精神在狱外。

　　　　　欲成大事业,精神更要大。

　　后来,国民党第四战区司令张发奎得知胡志明就是阮爱国,并对他的身世、德才有所了解后,致电国民党政府行政院,说情请予释放,得到许可。1943 年 9 月,胡志明终于获释。

　　1944 年,胡志明回到越南。这时,越北高平、北泮、谅山等地的一些党的负责人认为发动武装起义的条件已经成熟,准备发动起义。胡志明听了汇报后,清楚地意识到,从当地局部情况来看,虽然具备了发动起义的一定条件,但从世界反法西斯战争的全局以及日本侵略者和法国殖民者在越南的联合统治还相当稳固这一基本情况来看,起义的时机还尚未成熟。于是,胡志明反复向这些地方负责同志做工作,讲解世界总体形势。他说:

"现在革命和平发展的时期已经过去,但全民起义的时期尚未到来。如果我们目前的活动仍限于政治斗争,那已不能促进运动向前发展;但是如果立即发动武装起义,敌人就将集中力量对付我们。因此,当前的斗争形式必须是从政治斗争向军事斗争过渡,但政治斗争目前来讲还是应重于军事斗争。"因此,胡志明不仅不同意立即发动武装起义,也否定了当地一些领导人准备正式创建越南解放军的决定,他及时发出指示,在当前条件下,只能成立"越南解放军宣传队",它的任务是"政治重于军事,宣传重于作战",即做好宣传,促使人民觉醒,为将来的起义打下政治和群众基础。

胡志明的决定,避免了革命遭受重大损失,使革命根据地免遭敌人破坏,对保存革命力量,准备将来进一步开展武装斗争,扩大解放区起了重要作用。

1945年初,国际形势进一步发生重大变化。欧洲战场上,苏军将德军全部赶出苏联国境,并开始向德国本土发动进攻,美英联军在法国诺曼底登陆,开辟了第二战场;在太平洋战场上,英军打退了在缅甸的日军,美军在菲律宾登陆,中国人民的抗日战争有了进一步发展。在越南,日军发动突然袭击,解除了法军武装,扶持安南傀儡皇帝保大和亲日分子组成政权,出现了法国殖民主义统治已瓦解,而日本侵略者统治尚未巩固的局面,形势对革命极为有利。

在这种情况下,胡志明召开印支共产党中央常委紧急会议,分析形势。有人认为发动全国总起义的时机已经成熟。胡志明深谋远虑,他认为,全国总起义的时机还没成熟,但现在是举行局部起义和组建军队的时候了。大会接受了胡志明的建议,提出新的口号:"赶走日本法西斯,成立人民的革命政权。"

根据会议精神,活动于各地的越南解放军宣传队与一些救国军联合,组成了越南解放军,有些地方还组成了自卫队和游击队,有些地方发动起义,建立了地方人民政权,逐渐形成了农村包围城市的形势。

1945年8月13日,胡志明主持召开印支共产党全国代表会议,会议进行过程中,传来了日本无条件投降的消息,胡志明当机立断,决定在全国范围发动总起义。印支共产党即发出第一号军令,号召人民发动总起义,攻占各大小城镇,夺取政权。

在印支共产党的号令下,武装起义席卷全国。在河内,起义群众冲进伪北越总督府,夺取了政权;在顺化,起义获得胜利,傀儡皇帝保大被迫宣布退位,结束了帝国主义羽翼下的阮氏封建王朝的统治,在西贡,起义也获得成功,以人民委员会代替了旧政权。

随后,越南民族解放委员会和"越盟"总部迅速从越北解放区迁入河内,并组成了越南民主共和国临时政府,8月30日,胡志明来到河内。

9月2日,在河内巴亭广场举行了有50多万人参加的群众大会,人声鼎沸,红旗招展,胡志明以越南民主共和国临时政府主席的名义,庄严宣告越南独立。从此,9月2日成为越南独立日,即国庆节。

但时隔不久,风云突变,9月21日,法国军队在英军和尚没被解除武装的日军掩护下在西贡登陆,并很快占领西贡和其他一些地方。美军麦克阿瑟将军以盟军总部的名义,命令在越南的日军不得向越南解放军缴械。

年轻的共和国处于极端困难和危险之中,面对这一严重局势,胡志明领导新政权做出了一系列重大决策和采取了许多策略性措施:首先,动员全党和"越盟"领导全国人民组织普选,以产生国会和正式政府,使人民政权合法化;其次,扩大民族统一战线,团结各方面人士;再次,将越南解放军和各地武装力量统一整编,扩大为越南卫国军;同时,对法国采取"力求和平解决,以便继续前进"的策略。

胡志明与法国政府多次谈判,但没取得好的效果,1946年12月,法军攻入河内,越南军队奋起抵抗,从此,越南人民的全国抗法战争开始。21日,胡志明发表致越南人民、法国人民和各同盟国人民书,向全世界宣言:"越南民族任何时候都不愿再做奴隶,越南人民宁死也不肯丧失独立和自由。"

战争开始后,法军企图以10万左右的兵力速战速决,首先,占领大中城市和交通线,消灭越南政府的首脑机关,寻歼越南军队的主力,然后控制中小城镇和农村,肃清抗战力量。

胡志明分析形势后,制定了越军的战略指导方针,即坚持持久战,保存主力,占领广大农村,进行分散的游击战。

胡志明领导越南军民在河内进行两个多月的保卫战后,转移到北方老解放区,同时动员群众彻底破坏铁路、公路等交通线,阻止法军机械化部队前进。

胡志明从河内撤出后,住在太原、宜光一带的山林里,并且经常转移。他的办公处常常是一间只有六七平方米的高脚小竹楼,他的行装十分简单,只是一个背包而已。当敌人扫荡时,胡志明只带着8个工作人员在丛林里与敌人周旋。部队领导要求派一个营的军人来保卫,胡志明严肃地说:"不行,有力量应该拿去打敌人,只有打败了敌人才能保卫自己。"就这样,胡志明在敌人的包围圈中转来转去,度过了艰苦的反扫荡的日日夜夜。

经过两个多月的战斗,法军既抓不到胡志明和越南的首脑机关,也未能与越南的主力部队正面接触,战争进入旷日持久的相持阶段。

正当胡志明领导越南人民进行艰苦的抗法战争之时,新中国成立了。1950年1月18日,刚成立不久的中华人民共和国宣布承认越南民主共和国,从此,越南有了中国这个辽阔广大的后方。不久,中国方面决定派遣20年代胡志明在广州时的老战友陈赓大将到越南协助胡志明指挥战役,并派韦国清率援越军事顾问团到达越南。

7月,骄阳似火。在太原省解放区,胡志明紧紧握住陈赓的手,连声说:"欢迎,欢

1955 年 6 月 25 日，毛泽东、周恩来热情迎接胡志明。

迎！"20 年代，他们在广州，为中国革命并肩作战，今天，为了越南革命，他们又走到了一起。他们一起商定了边界战役的作战方案，又亲赴高平前线、东溪前线视察。胡志明十分高兴，当场赋汉文诗一首，赠给陈赓将军，诗云：

携杖登高观阵地，

万重山拥万重云。

义兵壮气吞牛斗，

誓灭豺狼侵略军。

胡志明在陈赓协助下，指挥边界战役全面展开，经过 20 多天的奋战，敌军沿中越边境 4 号公路设置的封锁线被彻底粉碎，3000 多敌军被歼，取得了这一战役的全胜。从此，在北部战场上，越军掌握了主动权。

1951 年 2 月 11 日，在胡志明领导下，印支共产党第二次全国代表大会召开。胡志明在大会上指出，印支共产党原是领导越南、柬埔寨、老挝三国的党，三国国情各异，想通过一个党领导实际上不可能，而中央领导机关中并没有柬埔寨人和老挝人，因此，他建议，组成名正言顺的越南的党，这个党的名称为越南劳动党。大会接受了胡志明的建议，正式建立越南劳动党，胡志明当选中央委员会主席。

会后，越南人民在胡志明为主席的劳动党领导下，展开了英勇的抗法战争，1954 年 3

月，胡志明在中国军事顾问团协助下，发动了奠边府战役，经过近两个月的战斗，全歼法国精锐部队 16000 多人，取得了抗法战争以来最大的一次胜利。

5月8日，关于印度支那问题的日内瓦会议召开，在周恩来为首的中国代表团和莫洛托夫为首的苏联代表团支持下，法、越双方于 7 月 21 日达成协议，在北纬 17 度附近的边海河上划出临时军事分界线，双方停战，恢复和平。

1954 年 10 月 10 日，越南民主共和国接管河内，1955 年 1 月 1 日，在 10 年前胡志明主席宣布越南独立的巴亭广场举行了盛大的越南民主共和国政府还都仪式，至此，整个越南北方获得解放，成为一个有首都、海港，有领海、领空主权和国际地位的主权国家。望着欢乐的人群，胡志明脸上露出了欣慰的微笑。

鞠躬尽瘁

越南北方在胡志明领导下，走上了社会主义道路，而南方却没有统一。日内瓦会议后，法国匆忙将早已"退位"的末代皇帝保大送到南越当"元首"，由吴庭艳当"总理"，法国远征军撤走后，吴庭艳在美国支持下，推翻保大，自任"总统"，成立所谓越南共和国。

按照日内瓦协议规定，越南北双方应于 1956 年 7 月举行全国大选，实现南北统一，但吴庭艳却予以拒绝。为此，胡志明为首的劳动党中央决定在南方开展自卫战争。在胡志明亲自部署下，1960 年 12 月，越南南方民族解放阵线成立，随后，南越人民武装力量成立了统一的指挥部，武装斗争在各地农村广泛展开，逐渐形成了包围城市的广大解放区。

就在南方政权即将瓦解之时，美国开始进行干预。1962 年 4 月，美军特种部队在南越登陆，对南方人民发动"特种战争"。1964 年 8 月 3 日，美国以所谓"北部湾事件"为借口，调集大批战舰驶往越南海域，并派大批飞机对越南北方的义安、清化、鸿基等沿海港口进行轰炸，从而把战火烧到越南北方。

面对美军的猖狂进攻，胡志明反抗的决心坚定不移，他在《告同胞书》中庄严宣告："战争可以延长 5 年、10 年、20 年或者更长的时间，河内、海防等城市以及一些企业可能被摧毁，但越南人民是吓不倒的！独立、自由比什么都更为珍贵。到了胜利的时候，我国人民将重新把自己的祖国建设得更加堂皇，更加壮丽！"

在越南人民反美斗争最关键时刻，中国人民伸出了援助之手。早在胡志明还都河内之时，中国政府无偿赠送 8 亿元人民币给越南人民，支援越南经济建设。这一次，又给越南以抗美斗争各项军事、物资、技术等无私的援助。1965 年 5 月，胡志明又受邀来到中国。

初夏的长沙绿荫葱葱,凉风习习,胡志明与中国人民的领袖毛泽东会面了。一见面,胡志明便诚恳地说:"我这次到中国来,有三个目的,第一是问候你和中共中央其他同志的健康;第二是代表越南劳动党、越南人民向中国共产党和中国人民表示感谢,感谢你们给予我们抗美斗争的各项援助;第三是祝贺中国第二颗原子弹爆炸成功。"

毛泽东微笑着说:"第一点,第三点我接受,第二点不接受。你们抗击美军,全世界人民都感谢你们,感谢越南,不是你们感谢我们。"

胡志明十分感动,他真诚地说:"还是我们感谢你们,不只是我个人这样看,全体越南人民都这样看。"

接着,胡志明向毛泽东介绍了越南人民抗美斗争的基本情况,并请求中国继续予以帮助。

毛泽东慷慨答应,他鼓励胡志明说:"美国打不了 20 年。美国打不赢你们,他们怕你们,你们将打赢美国。对你们的斗争,中国人民一如既往地支援,我还是那句话,中国是越南的大后方,要人,要物,你说。"

面对坦诚的毛泽东,胡志明真切地感受到兄弟的情谊,他摸了一下已经雪白的胡须,对这样的朋友,他还有什么需要客气的呢,于是,胡志明将越战形势、越军面临的困难及请求中国援助的方面等,向毛泽东和盘托出,毛泽东听得十分仔细,不时提出问题,两位伟人谈得那样入神,那样融洽。

这次会谈后,中国向越南派遣了防空、工程、铁道、后勤等总数达 30 多万人的援越人员,并给予多方面的物资援助。中国援越物资总值超过 200 亿美元,包括足以装备陆、海、空军和民兵游击队 200 多万人的轻重武器、弹药和其他军用品,成百个生产企业和修配厂,三万多辆汽车,三亿多米布,200 万吨汽油,500 多万吨粮食,同时,帮助越南修建了几百公里铁路,供应了全部铁轨、机车和车厢;援助越南 3000 多公里的油管等。

在中国人民的帮助下,胡志明领导越南人民的抗美斗争取得巨大胜利。1968 年底,美国总统约翰逊表示愿与越南谈判,越南政府即表示同意。越美会谈后,美国宣布暂停轰炸北方,和平正逐渐向越南走来。

然而,胡志明并没有能在有生之年迎来越南和平统一的曙光。1968 年,胡志明健康状况严重恶化,但他仍不知疲倦地工作,毛泽东、周恩来对胡志明非常关心,多次将他接到中国的广州和北京,派最好的医生予以治疗。在中国医生医治下,胡志明病情一度有所好转,他关心自己的国家,很快返回河内。

1969 年初,胡志明病情复发,毛泽东、周恩来即做出决定,派专机送最好的医生、护士赴越南协助治疗。8 月 23 日,胡志明病重,中国又派出第二个专家医疗组赴越。三天后,第三个医治组飞赴越南。专家组一下飞机,便直奔主席府,投入紧张的抢救工作,但仍不能控制病情。毛泽东、周恩来知道后，即批示派第四个专家医疗组赴越。

9月2日，胡志明病情急转直下，处于极度昏迷中。这天清晨，胡志明醒来，他眼中放出光芒，十分留恋地望了望他的战友和周边的越南、中国医护人员，想说什么，嘴张了张，又说不出来，一会儿，又昏迷过去。9时47分，胡志明的心脏停止了跳动，结束了他为越南人民英勇奋斗的一生。此时，中国第四个专家医疗组的专机仍在赴越途中。

胡志明的遗体安放在水晶棺里，他依然穿着一套褪色的咔叽中山装，9月6日，河内成千上万的群众参加了向胡志明告别的仪式。9日，在巴亭广场举行了有10多万人参加的追悼会，中国周恩来总理和许多国家的领导人远道前来参加，这在越南历史上，是空前的哀悼。

胡志明逝世后，越南人民化悲痛为力量，在南方加强反美斗争，北方积极支援，终于迫使美国政府于1973年1月在巴黎与越南民主共和国政府签订了越南结束战争、恢复和平的协议。3月底，美军全部撤离南越。1975年4月，越南南方全部解放，越南实现了和平统一。越南人民欢欣鼓舞，庆祝这一胜利。胡志明若地下有知，他一定也会兴奋无比，他一定会告诫越南人民，胜利来之不易，要珍惜这来之不易的胜利，也要珍惜中国人民对越南人民无私的情谊。

从邮相到内阁总理大臣

——田中角荣

人物档案

简　　历：日本政治家、建筑师，日本第 64 任、第 65 任首相（内阁总理大臣）。1918 年 5 月 4 日生于日本新潟县二田村农民之家，1938 年 12 月入伍，不久因病回到东京。开办了建筑事务所。日本战败中变成拥有庞大财产的暴发户。1947 年 4 月 25 日田中在竞选中顺利成为众议院议员，从而进入政界。1957 年年仅 39 岁的田中出任邮政大臣。1972 年出任日本首相，1974 年因涉嫌洛克希德一案下台，1976 年宣布退出自民党，1990 年从政界引退。1983 年 10 月 12 日长达七年之久的洛克希德案结束，田中被判四年徒刑。1993 年 12 月 16 日，田中溘然长逝，终年 75 岁。

生卒年月：1918 年 5 月 4 日～1993 年 12 月 16 日。

安葬之地：日本新潟县柏崎市西山町的田中角荣纪念馆。

性格特征：有胆识和魄力，敢作敢为。

历史功过：田中在任期间，对外实现中日邦交正常化，解决了日本外交的一大悬案；对内提倡"日本列岛改造论"，试图启动内需，寻求经济繁荣的新增长点。其整治国土，形成四通八达的交通网络的构想，至今已经成为现实。

名家点评：《日本政治史》评价说："田中角荣是一位有胆识、有魄力、敢作敢为的政治家。在外交上，田中角荣创下了载入史册的壮举——恢复中日友好关系。战后 30 年，中日关系一直处于不正常状态，1972 年田中出任首相，决心对此有所突破，他力排众议、冲破重重障碍，毅然于 1972 年 9 月访华，同中国发表了联合声明，实现了中日邦交正常化。

中日邦交正常化,不仅使日本在与美国明争暗斗的外交舞台上首次打了主动仗,而且为亚洲的安定奠定了基础。"

青少年时代

1918 年 5 月 4 日,田中生于日本新潟县二田村,有姐妹六人,田中是独子。田中家的远祖是四五百年前开辟这个偏僻山村的 18 户老农之一。田中角荣的祖父田中舍吉是修造寺院的木匠,祖母是村长的女儿。其父田中角次为一介牛马商贩,看到好马就买,又卖马换酒喝,能喝就喝,得醉就醉。其母任劳任怨,一人耕种家中的 11 亩地。操持家务,教养孩子,自然更是她的事情。村里人一致夸她是"一个好女人,一个了不起的母亲"。

有这样一位母亲,对田中来说,实在值得庆幸。田中两岁时,因患白喉发高烧,落下了口吃的后遗症。上学后,调皮的同学总喜欢嘲弄他,让他很苦恼。母亲知道后,鼓励田中下定决心克服口吃,"只要努力,口吃是一定能够矫正的。说话要沉着,不要着急。到底怎样才能治好口吃,你自己好好琢磨琢磨。"田中慢慢发现大声唱歌有利于矫正口吃,就经常一个人跑到深山里练唱。学校举行文艺演出,田中主动跑到老师那里,哭着请求出演主角,并保证"绝对不口吃"。老师感动地答应了他的请求。演出那天,田中按着节拍用各种音调说唱,台词像流水一般脱口而出,台下响起了热烈的掌声。关于这段经历,田中成年以后还引以为豪。他在《我的履历书》中写道:"演出的成功,不知道给了我多大的信心去克服口吃。"

田中小学毕业时,家道已彻底败落。想到父母亲的劳苦,田中放弃了上学的念头,按照自己的意愿,进了柏崎的土木工程临时办事处。

七个月后,田中离开这里,去东京谋生。初来乍到,人生地不熟,旅费被人骗光,想托人找工作,又被面孔冷冰的女仆拒之门外。走投无路的田中,只好在一家小建筑公司做学徒。

当学徒非常辛苦,田中每天 5 点起床打扫公司,然后去工程现场帮忙,当时公司承包的三项工程不在一处,田中每天骑着自行车,来回奔波,疲劳不堪,但午后 5 点,一到下班时间,田中立即骑上自行车,直奔夜校。为了听课不打瞌睡,田中把手掌心轻轻地放在一柄小刀上,只要瞌睡,锋利的刀尖就会刺痛掌心,田中就可以惊醒过来,继续学习。9 点下课后,已精疲力尽的田中,还得赶回公司,为第二天的工作做准备。忙完了这一切,已是午夜 12 点,街道上静静的,大部分人已进入梦乡。田中还得就着昏黄的路灯,在下水道洗衣服。一天算下来,睡眠时间只有三四个小时。

工作是那么的累，每月工资却只有 5 日元。其中，扣去 3.5 日元的学费，再加上测量实验费和买书的钱，就剩不下什么了。可是劳动所得越少，田中这样的感觉就越强烈："我如果不用功读书，就只能一辈子过这种生活。"通过发奋而出人头地，这是田中人生的一个梦。他相信读书是走出困境的捷径。虽打过多份零工，做过商行的送货员，还在一家杂志社当过实习记者，但不管工作怎么辛苦，田中始终没有放弃读书。1936 年，田中以优异的成绩毕业于中央工业学校土木科专业。

从夜校毕业后，田中在中村勇吉开办的建筑所中，找到了一份不错的工作。田中终于走出了谋生的困境，工作专业对口，能够学以致用。但是，田中最初的梦想并不是要当建筑大王，而是成为一名海军。

在广阔无垠的大海上，搏击风浪，威风飒爽、壮志凌云，这就是田中在幻想中描绘的图景。为了通过报考海军的英语考试，田中把整本《简明英日辞典》和日文辞典《广辞林》一页一页地背下来，而且背一页撕一页，直到全部记熟。之所以要这么做，是怕马马虎虎地学，养成一种"忘记了，以后再查"的想法，就会偷懒，什么也记不住。

田中记忆力惊人，在日本政界赫赫有名。出任大藏大臣时，不管在预算委员会里，在野党议员提出什么样的质询，田中都可以自信地随口答出具体的数字，且鲜有差错，弄得提问的人耳瞪口呆。这种惊人的记忆力，多得益于年轻时背字典。"很多人认为死记硬背是无益的，但我却觉得，牢牢记住的方法才是最重要的。我不喜欢那种半生不熟、不彻底的记忆方法。只要你这么想，现在不记住，以后就再也不可能看到，你就会把它牢牢记住。"田中如是说。

在报考海军的体格检查中，身高 164 公分，体重 61 公斤的田中，在一万三千余名考生中名列第十三名。接下来只要通过学科考试，田中就可以如愿以偿，实现其海军梦了。

恰在这时，田中收到了母亲病危的通知，不得不对前途重新选择。"不错，成为一名海军，的确是我长期梦寐以求的理想，但现在还是干脆死了这条心吧！我应该分担一些薄命的母亲身上的重担，多少让母亲的日子过得好一些，才是自己作为家中唯一的儿子应有的责任啊！"经过一番痛苦的思考，田中决定放弃报考海军。

田中还梦想过当一名作家。田中在担任大藏大臣时，为《朝日文艺》写文章，谈到了他的作家梦："青年时代，在东京小石川的烤白薯店的楼上住宿，我暗中立志做一个作家，即使不能成为一名小说家，也许可以成为一个文艺杂志的编辑。直到今天，成为一名大藏大臣，文学的梦还缠绕着我。我写东西很快，至今请人代笔的事，可以说是几乎没有。因此，虽然因别人代笔而被开除公职的政治家是有的，但恐怕这样的事不会发生在我身上。凡是我所写的东西，都完全代表了我个人的思想。即使政治是欺骗，文学也绝不是骗人的东西。"

当海军也好，当作家也罢，都是青春时代与田中交臂而过的梦，最终他还是选择了土木建筑业作为职业。在中村建筑事务所，田中有幸结识了大河内正敏子爵。大河内当时是理化研究所的所长兼理化工业公司的董事长。理研所那时是非常有名的，它承担了国内新技术的开发任务，一大批各个领域的知识分子精英汇聚在这里。抚今追昔，田中对理研所充满了感激之情，称它为"我的私人大学"。他回忆说，在理研所，茶前饭后便可听到日本最杰出的科学家谈论尖端科学，虽然我是生吞活剥，一知半解，但耳濡目染总能学到不少东西。我今天的知识基础大都是理研所教给我的，比如日本实现工业化、现代化需要做些什么？如何发展第二产业，为此要做哪些研究？以及将来的日本应有的形象等等。

结识大河内后，田中离开中村建筑事务所，自立门户，建立"共荣建筑事务所"，自任经理，开始了艰苦的创业。大河内把理化公司的许多工程转包给田中，对19岁的田中来说，这是难得的机遇。为了不辜负大河内的厚爱，田中拼命干活，测量、计算、设计、施工纲要以及与各厂的联系、工事的监督等等，样样亲自动手，苦干巧干，务求用户满意。共荣建筑事务所日渐兴隆，田中的收入也丰厚起来。在一般人的眼里，他算是发迹了。但战争打破了田中的发财梦。

1938年12月，田中接到入伍通知书，被编在盛冈骑兵第三旅团。田中被迫关闭事务所，穿上了军装。次年3月，第三旅团入伍新兵在广岛集合，出濑户内海，在朝鲜的罗津港登陆。田中所在第二十四联队又从这里出发，前往吉林省中苏边境附近驻扎。5月，日苏军队在诺蒙坎激烈交战，日军惨败。田中并未直接参加战斗，被分配在后勤部门。长期高强度的工作，加上精神十分紧张，到1940年11月底，田中得了纤维性肺炎，终于昏倒在值勤现场，被人用担架抬进野战医院。经诊断，田中还患有右胸部干性肋膜炎并发症，因此送回日本治病。

在大阪的红十字会医院疗养时，田中得知妹妹敏江患了肺病，生命垂危，就急忙赶回家探望。与奄奄一息的妹妹诀别，极度悲伤的田中在返回大阪的当夜就发起了高烧，两三天后，病情恶化，被特别列车送至仙台医院，分配在重病人专用的单人病房。两星期后，田中的病情加重，处于危险状态。军医带着卫生兵把他的钞票和手表号码记录下来，预备后事。一天晚上，护士来到田中房间，用手电筒照他的脸，看人死了没有。只见田中目光炯炯，两眼大睁，护士吓得尖叫起来。护士的一声尖叫似乎唤回了田中的生命力，此后田中的病竟然奇迹般地好转竟至痊愈。田中总算从战场和病床上捡回一条命。

1941年10月，大病初愈的田中回到东京。经人介绍，田中租了一间房子，重操旧业，开起了建筑事务所。和理化公司联系上后，田中又开始忙碌起来。

田中的房东是个将近60岁的老太太，其亡夫过去也经营土木建筑。女儿花子离异后,带着孩子住在娘家。花子比田中大八岁,虽然长相一般,但手脚勤快,为人和善。她见田中工作繁忙,衣着邋遢,总是主动照顾他。田中心里很感动,越来越觉得离不开温柔善良的花子。1942年3月3日,田中与花子喜结良缘。时值战争期间,婚礼一切从简。新婚之夜,花子要求田中立下三条誓言:不许赶她出门;不许用脚踢她;若将来出人头地,要相伴偕老,并保证只要田中信守这三条誓言,她可以忍受其他一切痛苦。一向沉默寡言、胆小谨慎的花子提出这样的要求,使田中大为诧异,只好苦笑着点头答应。此后,田中果然信守诺言,没有嫌弃长他八岁的糟糠之妻。两人育有一子一女,儿子六岁时夭折,女儿田中真纪子成了田中的掌上明珠。田中还有两个儿子田中京和田中祐,是情人辻和子所生。不过,在家庭和社会上的地位,毕竟不能与真纪子相比。他们虽是同父异母的姐弟,但彼此很少来往。

贤惠的花子嫁给田中后,承担了所有的家务,让田中放开手脚,埋头事业经营。1943年,田中为扩大经营,把买进的一个仓库改建成建筑事务所,取名田中土木建筑工业股份有限公司。当时的日本正在一步步走向失败,物资供应十分紧张。田中循着"工期短,收费低"的经营理念,到处承包工程。公司以惊人的速度发展,一年时间跻身全国头50家土木建筑公司的行列。田中成功还有一个秘诀,就是善于调动员工积极性。他后来回忆说:"事业能否发展,关键在于能不能推动别人来为你工作。我虽然是总经理,但每天很早上班,扫地抹桌子,和职员们一起劳动,一起游玩,苦乐与共。职员们明白了我的心意,工作也就认真勤快。"

1944年,第二次世界大战的形势发生重大变化。欧洲战场,意大利无条件投降,纳粹德国已成笼中困兽。亚洲战场,侵华日军陷入泥潭难以自拔,东南亚各国抗日斗争日益高涨。美军握有太平洋的制海权、制空权,1944年6月攻占塞班岛,开始实施猛烈空袭,日本战败只是时间问题了。

为了保存实力,日本军部命令本土上的一些工厂向中国东北和朝鲜转移。田中乘机承包了一项转移工程,把一个活塞环工厂全部迁往朝鲜的大田。这项工程前后共耗费37.5万人力和6000万日元。田中本人也亲自出马,漂洋过海来到朝鲜。

1945年8月15日,日本无线电台广播了天皇的《终战诏书》,日本战败投降。田中丢弃了在朝鲜的全部财产,坐船逃回日本。

战后初期的日本一片混乱,物资极度匮乏,粮食奇缺,物价暴涨,黑市猖獗,失业严重。但田中个人却十分幸运:新潟乡间的40幢出租房屋完好无损;在东京的家,损失也不大;战时花10000日元买下的店铺,在来势凶猛的通货膨胀狂潮中,一下子增值百万,田中突然变成拥有庞大财产的暴发户。

雄厚的经济实力为田中走向政界奠定了坚实的基础,战后初期政局纷乱又使田中有

1945 年日本战败投降

涉足政坛的可能,不甘心每天数钞票的大老板田中,开始把目光转向政坛。

向政界挺进

日本政治评论家户川猪佐武认为,如果没有大麻唯男这个人,如果没有战败这个现实,日本政治舞台上,或许就不会有田中这个人。从田中迈入政坛的历程来看,此言不谬。

大麻唯男在战前是民政党总裁町田忠治的亲信,战争期间投靠军部,担任过东条英机内阁的国务大臣。战后被解除公职,离开了政界,但仍保持影响。大麻有个绰号叫"隐拳手",是说他老谋深算,乐于在幕后摇羽毛扇。

战后初期,各政党如雨后春笋般纷纷建立。进步党建党却进展缓慢,原因是町田忠治和原陆军大臣宇垣一成争夺党首之位,僵持不下。大麻心里发急,建议说谁先搞到300万日元政治资金,谁就当总裁。町田和宇垣表示同意。大麻马上找到田中,希望他能出钱帮助町田当上总裁。田中慷慨解囊,他说:"为了重建战败后一无所有的日本,当务之急是确立民主政治。政治不搞好,什么经济复兴、重建生产都谈不上,所以我愿意把我从事土木建筑工作所得提供出来。"

町田在田中的财力支持下,顺利当上了进步党总裁。不料至 1946 年 2 月,盟军总司令部发布解除公职令，凡是在战争期间身居要职的政党、官僚、实业界和舆论界人士，皆因协助战争，负有战争责任，必须解除公职。此令既出，二十多万人被褫夺公职，进步党总裁町田忠治以下 260 名党员干部也只好卷铺盖回家，其中也包括大麻唯男。

政坛突然出现大量空余位置，受挫的保守党四处物色人选填补空位，为卷土重来准备骨干力量。于是，大麻把田中请到自己的办公室，煽动他出马参加众议院议员竞选："我喜欢你这样有魄力的年轻人。日本需要头脑敏锐，有实干能力的青年。青年不登上政治舞台，重建日本，那是不行的。在你的家乡新潟县，我们进步党没有合适的候选人，你与其帮助别人，不如自己参加竞选。"大麻的建议虽然让田中怦然心动，但竞选费要出多少，心里没底，一时拿不定主意。几天后，大麻又来找他商量，并通过田中的两位亲信动员他出来竞选。最后，田中间道："竞选要出多少钱？"回答说："拿出 15 万日元，就可稳坐钓鱼台，一个月后保你当选！"一席话说得田中心花怒放，一拍大腿道："好，那就干吧！"是年，田中 27 岁。

说干就干，田中马上着手准备起来。他首先请来恩师草间道之辅为他出谋划策。草间最初不赞成田中参加竞选，觉得他过于年轻，没有政治经验。田中一脸慷慨之色，说人不能仅仅满足于个人舒适的生活，战争让几百万人受伤、丧命，现在仍有许多人日夜陷于不幸、困苦和窘迫之中，如果对此视而不见，自己的良心过不去。田中表示，他是为了倾尽全力救助这些不幸的人，才立志加入政界。田中的话深深地打动了草间，转而积极协助田中参加竞选。

竞选是个无底洞，不把大量的金钱、时间、精力投入其中，就很难有当选机会。经过一番幕后策划，田中虽然被提名为进步党候选人，但那时在新潟县，他还不为人知，很少有选民注意到他。为了让选民尽快了解、熟悉和支持自己，田中在新潟各地四处奔走，发表演说。

一次，田中和草间骑着自行车，赶往新潟寺泊的学校去发表竞选演说。谁知到了会场，一个听众也没有。据说海报上写的时间弄错一个小时，来了五六个人又回去了。田中和草间茫然地站在会场里，不知所措。等了半天，总算有一位老太太和一位年轻的妇女结伴而至。田中精神一振，道谢过后请她们坐下休息。一会儿又陆续来了两个青年。就在这四人前，田中发表了热情洋溢的演说。演说结束后，田中向听众致谢，并请教他们的姓名。原来，那位年轻妇女是另一位候选人的妻子，而青年则是业余帮助田中张贴传单的学生。尽管如此，田中还得强打精神，赶往下一个会场。

回顾初涉政坛的这段日子，田中感慨万分地回忆说："大约有整整一个月，天天都是暴风雪的日子，眼睛和嘴根本无法张开。但是，除了在积着厚雪的道路上，默不作声地一个劲儿往前走之外，没有别的办法。"田中最小的妹妹幸子，至今还记得哥哥参加竞选那年的情景。她说："是乘着马拉的雪橇,在下雪天里进行选举的。"

田中参加的一场规模最大的竞选演说,是在柏崎市的一所小学校举行的。出发前,田中竞选班子的久保田提醒说:"你在当地人的眼里是个青年,所以首先要做自我介绍。""是,是。"田中老老实实地点头道。久保田还自作聪明地指点说,应该穿上大礼服,带上白手套,衣冠楚楚地向当地的选民表示敬意。演说那天,田中果真理了发,换了内衣,穿着大礼服登上了讲台。出场的其他候选人却是一身工人打扮,脚上穿着沾满了雪和污泥的长筒靴。会场上的大多数听众是身穿满是皱褶衣服的复员兵和劳动裤上溅满了污泥的女人。相形之下,盛装打扮的田中显得十分扎眼,与听众的距离太远。轮到田中演说时,还未等他张口,台下先响起一片斥责声:"把大礼服脱下来!""这么年轻,为什么参加保守党?"田中紧张得有点头晕,强作镇静地开始自我介绍。话未说完,台下立刻又传来一片喝倒彩的声音:"我们可不是来听你的经历的!"田中的脸一下子变得苍白,不知如何是好。

竞选班子缺乏经验、不得力,田中又是个初出茅庐的毛头小伙,知名度不高,也不懂得把钱花在刀刃上,相当多的竞选经费打了水漂,结果田中落选了。

初试锋芒,未能如愿,对田中无疑是个不小的打击。不过田中也并非一无所获,在这次竞选中,结识了许多朋友,有些甚至成为他一生的知己,这为以后竞选打下了良好的基础。

1947 年 4 月 25 日,战后第二次众议院大选拉开帷幕。田中吸取前次落选的教训,一洗前耻,顺利当选为众议院议员。初航政海的田中,很快就崭露头角,成为政坛一颗令人瞩目的新星。

同年 10 月,在围绕《临时煤矿管理法》的纷争中,田中所属的民主党(1947 年 3 月由进步党改组而成)因党内意见不一而分裂。田中紧跟前首相币原喜重郎,猛烈攻击该法案,以不能否定自由资本主义为由,反对煤矿国有和国营。11 月,田中脱离民主党,参加了由币原喜重郎等二十几名议员组成的同志俱乐部。1948 年 3 月,同志俱乐部更名为民主俱乐部。同月,民主俱乐部与日本自由党合并,组成民主自由党,简称民自党(1950 年 3 月改组成自由党。1955 年 11 月自由党与日本民主党合并成自民党)。田中任选举部长,因其长于分析和推算选票得数,被同伙誉为"选举之神"。民自党总裁吉田茂一身官僚贵族习气,以独断专行出名,颐指气使,很少征求党内议员的意见,经常连本党议员的姓名和面孔都对不上号。但吉田对新当选议员的田中却另眼相看。早在反对《临时煤矿管理法》的斗争中,年轻的田中即以精悍的作风,对政敌言辞富于攻击力给吉田茂留下深刻的印象。其后,田中为吉田内阁成立又立下汗马功劳。1948 年 10 月 7 日,芦田均内阁总辞职,宣告社会、民主、协同三党联合执政破产。按照宪政常规,政权应转交给在野第一大党民自党总裁吉田茂。这时,从美国占领军总司令部传来指示,希望以民自党干事长山崎猛为首,组成全国各政党的联合内阁。消息一经公布,顿时在政界引起轩然大波。民主党、社会党、民自党反主流派联合起来,推举山崎为首相。部分民自党干部甚至蜂拥闯进吉田住宅,逼迫其辞去总裁职务让位与山崎。吉田势单力薄,被迫答应召开党总务会发表辞职声明。第二天上午 10 时总务会上,吉田按事先商定正准备发言,位居总务末席的田中突然站起来说道:"日本虽是战败国,但美国要干涉日本的内政是绝对不行的。我首先要质问吉田先生,您作为外交官是一位元老,所以我请教您,您认为美国指示我们让哪一位可以当首相,哪一位不可以当首相,是不是干涉内政?"一番话说得铿锵有力,理直气壮,一下子震住了会场。吉田见形势有转机,一改阴郁沉痛之色,立即大声回答说:"说得好!美国绝对不能干涉内政!"接着民自党主流派人士纷纷表示拥护吉田做首相。主持人民自党总务会长斋藤隆夫见机马上追问:"对刚才吉田总裁、田中总务以及其他各位发言,有没有不同意见?"善于领会意图的山崎派的广川弘禅见风使舵,首先站起来喊道:"没有不同意见!"至此,吉田派占了上风。田中成为吉田的亲信,受到其重用。1948 年 10 月,吉田第二次组阁,亲自提拔田中出任法务省次官,年仅 30 就担任政务次官是没有先例的。田中何其幸运又何其不幸,40 天后,他因涉嫌受贿,被迫辞去政务次官之职。检察厅以田中在反对《临时煤矿管理法》的活动中,接受煤矿主 100 万日元贿赂为由逮捕了他。

这是田中政治生涯的第一次危机。但是,问题解决得很顺利:东京地方法院一审判决田中有罪,东京高等法院二审则判决田中无罪。审判期间,正赶上 1949 年的大选,田中在小菅的拘留所里出马竞选,并在投票前一星期获得保释出狱,直接赶回新潟。结果第二次当选为众议院议员,且得票比上一次还多 3500 张。不久,一副题为《你当选了!》的漫画出现在报端,画上吉田茂把田中头朝下、脚朝天地倒背着,田中两手捧着"煤矿事件"。田中看到后,表面上搔头苦笑,内心里实有几分得意,背着他的可是吉田——当今的日本首相啊!

1949 年 9 月,众议院建设委员会设立地方综合开发委员会,田中任委员长。该委员会立足于国家综合发展战略,制订综合开发地方的报告书,第一次提出"国土开发的综合性"概念。在此报告基础上制定的《国土综合开发法》于 1950 年 5 月先后在众参两院通过。该法是战后日本最基本的开发立法,它促进了日本各地区、各领域的综合发展,成为实现经济增长的政策性支柱。

1950 年 11 月,田中出任长冈铁道公司总经理,着手改建长冈铁路。该铁路自 1915 年创建以来,连年亏损,特别是战后初期恶劣的经济环境下大幅度亏损,负债额甚至超过原有资本总额。田中接手这副烂摊子后,当机立断申请投资 1 亿元,欲先将西长冈至寺泊的一段长达 31.8 公里路段的火车运行电气化。此举颇有远见，但在当时大多数人不理解，许多朋友劝田中慎重考虑。田中回答说，无论是国家铁路，还是私人铁路，实现电气化是大势所趋。我现在虽然还没能赚钱，但几年以后长冈铁路一定可以成为全国私人铁路第一位。果不其然，数年后长冈铁路赢利上升至全行业首位。

1953 年 8 月，田中就任理研化学公司董事长。1954 年，田中先后出任中央工学校校长、第五次吉田内阁自由党副干事长和众议院商工委员会委员长。

从 1949 年至 1957 年，田中始终未能入阁而徘徊于幕后。其间，他结识了吉田学校的两个核心人物——池田勇人和佐藤荣作，并与他们建立起密切的关系。在任命池田为藏相和选举佐藤为干事长两件事上，田中作为吉田的亲信贡献不薄。对此，池田和佐藤深表领情。池田曾对朋友说："在政界里，最先帮助我的是田中角荣。"佐藤更是公开表明："田中是我的左右手。"因此，田中在协调池田、佐藤两大派系矛盾上举足轻重，其稳定保守党权力机制的价值无人可及，这也是田中从一介"头排议员"直至成为执掌大权的总理大臣的奥妙之一。

从邮相到首相

1957 年 7 月 10 日，岸信介改组内阁，田中出任邮政大臣，时年 39 岁，是 1885 年日本实施内阁制以来最年轻的阁僚。田中终于走到台前来展露其政治才能。

就任次日，田中召开邮政省全体成员大会，发表训词："我是新潟县柏崎人，今年 39 岁，不言而喻还很不成熟。接替这个职务，我有点担心，不知究竟能否干好。但是我还年轻，来日方长，希望大家不要将我与前任大臣比较，说长道短，要向前看，把我当成一个还有点使用价值的人。"当年的建筑公司小老板摆出颇有些自知之明的低姿态，但随后就开始使用其"价值"了。

1958 年邮电工人发起要求提高工资的春季斗争。邮相田中对此的回答是大批处分，处分人数相当于工会会员的十分之一，勒令 297 人停职，其中包括解雇"全国递信员"工会的委员长等领导干部七人，降低两百多人的工资等等。然而如此大规模的处分，只遇到失去领导人的工会方面的微弱抗击。"春斗"受挫，田中在自民党内的声望陡然增高，也使同僚对他的"使用价值"刮目相看。

任职期间，田中还果断地处理了一个久议不决的难题。在 86 个公司 153 个电视站的申请中，经过一番筛选，批准其中 43 家电视站开播。此举加速了日本电视时代的到来，对日本社会的经济、文化发展产生了积极的影响。邮相田中的长相和名字频繁出现在媒体中,逐渐成为全国知名人物。

1960年,岸信介强行修改日美安全条约,日本爆发大规模群众反抗运动。6月23日,岸内阁被迫辞职。为争夺自民党总裁的宝座,政坛出现池田勇人、石井光次郎、藤山爱一郎、大野伴睦四雄逐鹿的局面。为使池田上台,田中在幕后进行了一系列的活动。他认为日本保守派的主流应继续掌握权力,只有让池田—佐藤接班,日本的政治方向才不至于偏离。正是在田中的努力下,佐藤退让一步,让池田先登总裁宝座。

1961年,田中回到自民党党内工作,担任池田内阁政务调查会会长。任职期间,在处理医疗费问题上,田中再一次显示出解决难题的能力。医疗费问题久拖不决,田中之前三任干部益谷秀次、福田赳夫、保利茂都未能解决,等接力棒传到田中手上时,当事者的一方——保险业方面的医生宣布若再不解决,将全部辞职。田中匆忙拜见医师会会长武见太郎,但首次谈判失败。之后,田中毅然抛掉厚生省所拟之旧方案,亲自拟订具有谈判可行性之新方案,再次拜访武见。同时田中采取软硬兼施的两手政策,一见面就单刀直入地说:"如果连这个方案您也拒绝接受,那么无论是政府还是自民党,都只好把医师会抛开不管了。请您慎重考虑一下吧!"武见是个善于估量形势的人,知道这是自民党所能承诺的最后底线,便爽快地回答说:"行!"就此两人商定了所谓四原则,即"彻底修改医疗保险制度""与国民福利相结合,提高医学研究和医学教育水平""确立和保持医生与患者之间的自由的人际关系"和"建立自由经济社会的诊疗报酬制度"。这些原则为医师会和厚生省继续谈判打下了良好的基础。

继政调会会长之后,田中连任池田内阁三任大藏大臣,为池田谋求的经济高速增长目标,发挥了尖兵作用。三年大藏大臣的工作经历也使田中本人从财政金融领域的门外汉成长为精通业务的行家。

1964年11月,池田勇人因病辞去首相职务,佐藤荣作继任首相。佐藤声称要继承池田路线,内阁成员除更换官房长官外,其余成员全部保留,田中当然留任其藏相职务,直到1965年6月如愿以偿出任佐藤新内阁的自民党干事长。自民党干事长是执政党自民党的总管家,一手掌握党的财政大权,其在自民党"三常委"即干事长、总务会长、政务调查会长中发挥核心作用,地位和实权仅次于首相,在众人之上。此职位是竞选总裁的一块跳板,可以利用分配议员选举资金之特权,在选举中招兵买马,增强自己的实力。田中在佐藤内阁中共担任五届自民党干事长,长达四年零一个月,呼风唤雨,距离权力顶点只一步之遥。

田中权力日益膨胀,逐渐引起了佐藤派另一位实力人物福田赳夫的强烈不安,两人同时觊觎着首相宝座,并为此明争暗斗。福田1905年生于群马县,自幼有围棋神童之称。1929年以优异成绩毕业于东京帝国大学法学部,长期在大藏省任职,是一名资深的经济官僚。1952年投入岸信介门下,成为岸信介的心腹人物。由于这层关系,福田与岸的胞弟佐藤也走得很近。在佐藤内阁时期,与田中一起被公认为佐藤内阁的台柱。其在担任大藏大臣时推行的以大量发行国家公债为中心的刺激经济景气的财政金融政策,对日本经济的再度高涨起到了明显效果。岸信介曾经说过,福田是岸—佐藤阵线的太子,佐藤之后担任首相的必是福田。佐藤本人也不乐见田中权力过分扩张,希望福田与田中能够相互制约、相互平衡,以谋求佐藤体制的安定。

进入1971年,佐藤政权的"末期症状"已经显露。物价问题、公害问题、人口向大城市过度集中和农村荒废等问题日益严重,人们的不满情绪越来越大。据1971年6月8日《朝日新闻》的调查,佐藤内阁的不支持率超过支持率,上升至46%。在这种形势下,自民党在统一地方选举和参议院通常选举中,均没有达到预期目标。田中身为自民党干事长,深感责任重大,参议院选举一揭晓,便拜访佐藤首相,递上辞职书。

佐藤接受了田中辞呈,在1971年7月5日内阁改组中,撤除田中自民党干事长职位,任命他为通商产业大臣。田中心里明白,佐藤此举是有意识地让他远离政权,为福田接班铺路。但他毫不气馁,决心在通产相的岗位上,大显身手,漂漂亮亮地干一场。时值日美纺织品贸易摩擦急剧升温,田中在一番细致调查和慎重考虑之后,拍板决定日本非让步不能解决问题,并马上付诸行动,与美谈判。田中巧妙地在对美让步的同时,逼迫美方同意日本的出口有一定的增长,最大限度减少国内纺织业的损失。此举得到政界人士的肯定,对田中做事的决断力和行动力表示心服。当时任田中秘书的小长启一发表感想说:"我非常佩服田中作为政治家的魄力,该做的事挨骂也能做到底。当时如果没有赴汤蹈火的决心,问题非但不会解决,而且会越来越恶化。"田中用三个月时间解决了困扰政府三年的难题,为日后出马竞选总裁赢得了一分。

1971年7月的"尼克松冲击"和同年10月中国加入联合国,宣告佐藤一厢情愿的亲美反华外交路线走进死胡同,佐藤下台已无可避免,自民党内争夺下届总裁的角逐白炽化。最有资格竞选总裁的候选人是长期支撑佐藤政权的两根支柱——田中和福田,此外,已经两次参加竞选的三木武夫和池田派系的大平正芳,也先后宣布加入总裁候选人的竞争行列。三木自知此次竞选的胜数微乎其微,但若能在竞选中获得较好的声望,将有利于日后的总裁竞选。而对于新当选为池田派宏池会会长的大平来说,出马竞选的目的在于拉拢会员,巩固人心。前任会长前尾繁三郎下台的原因便在于关键时刻放弃竞选总裁,从而引发了会员的强烈不满。另一小派系领袖中曾根康弘则自知实力不够,按兵不动,静观事态发展。一时间,媒体的兴趣全部聚焦到总裁竞选上,并把四人之间的角逐称为"三角大福战争"。据舆论分析,福田暂时领先,田中在后以猛烈的势头奋起直追,大平和三木当选的可能性不大。但不管情况如何,从当时每人所拥有的自民党全国议员和地方议员的情况来看，任何单独一派都难以夺取总裁宝座，而必须采取联合对手的政策。

这次总裁选举与以往相比，明显不同之处在于：现职总裁退出竞选，完全是新人之间的竞争，而且候选人竟达四人之多，超过历史最高纪录三人。现任总裁佐藤的安排是先让对佐藤政权贡献较大，又有管理财政能力的福田当总裁，然后再由福田让位给田中。羽翼已丰满的田中不甘心居福田之后，鼓足劲儿发起冲刺，就在佐藤的眼皮底下，为迎接最后的决战扎扎实实地做了一番准备。

对田中来说，胜负的关键在于他能否汇聚足够压倒福田的人力。为此田中抓紧时间，积极在佐藤派内扩大旧势力、培植新势力，努力创造变佐藤派为田中派的条件。经过几个月的周密策划和紧张活动，1972 年 5 月 9 日夜，佐藤派内以木村武雄为首拥立田中的集团，在东京一家日本餐厅聚会，正式亮出了支持田中竞选自民党总裁的旗号。这批人由地下活动转为公开活动，意味着田中策略的基本实现。佐藤派事实上已分裂为田中派和支持福田的保利派，前者为82人，后者仅为21人。以众参两院八十多名议员为基础的田中派，包括大家所熟悉的竹下登、羽田孜和小渊惠三，因其"行动迅猛，团结一致"，被誉为"田中军团"，为田中竞选成功立下了汗马功劳。田中之所以能建立起枝茂叶盛的"田中人脉"，一方面是田中本人具有向心力：决断力、领导力和亲合力，更重要的是他善于巧妙地利用"情和利"来笼络人心，这也是田中后来者居上超过福田的重要原因。

接着，田中又在自民党各派领袖中间展开了合纵连横活动。6月2日，田中与盟友大平正芳达成协议，商定在总裁选举的决选投票时联合。在此基础上，努力争取自民党内中曾根派、三木派和各中间派的支持，以求彻底孤立福田。

与此同时，田中还推出了自己的政治主张。6月11日，田中发表著作《日本列岛改造论》，作为其对内政策的支柱。书中不仅勾勒了一些颇具诱惑力的构想，如继续推进经济高速增长，建设"新干线"等现代化交通网络等，还针对佐藤内阁出现的"末期症状"，提出一些解决办法，包括调整工业布局，为扭转人口过分集中于城市的倾向，"把民族的有生力量和雄厚的经济余力引向整个日本列岛"，要在全国各地建立一批25万人规模的城市，并通过工业税收政策，鼓励大城市的工厂向外地转移等。这些设想既迎合了一般民众希望经济继续增长、生活更加改善的要求，也迎合了垄断资本的投机心理和投机行为，他们都梦想日本经济再来一个大飞跃。因此，该书一发行，立即引起轰动，一再重印，创发行88万册的记录。田中的声望进一步提高。

6月17日召开的自民党议员大会上，佐藤正式表示辞职意向，总裁选举战在即。6月19日，佐藤召见田中和福田，建议在总裁选举的第一轮投票中，得票居第二位的人退出决选投票，无条件地让位于得票居第一位的人。福田自觉稳操胜券，当即表示同意。田中的回答非常暧昧，他清楚即使在第一轮投票中不能获最高票数，但在决选投票时，若拉上大平和三木派的票，一定可以超过福田。

同日，素有"风向标"之称的中曾根康弘见大势已定，宣布不参加总裁竞选，转而支持田中。中曾根派虽是自民党内一小派别，但当其他各派实力对比形成均势时，中曾根派何去何从，就具有举足轻重的作用。

消息传出，待价而沽的中间派纷纷倒向田中，田中派士气大涨，福田派则忧心忡忡。到 6 月 30 日，离总裁选举还差五天，日本各大报刊，无一例外地宣称田中已处于优势。

1972 年 6 月 21 日，田中出席成立总裁选举办事处的仪式，正式宣布出马竞选自民党总裁，并按照惯例发表了题为《争取实现新政》的竞选声明，概述他对国内外形势的看法，表明自己的政治抱负，提出"决断与实行"的口号。声明受到广泛好评，人们对他上台执政后解决日本面临的内外课题抱有期待。

7 月 2 日，田中与大平、三木举行三派首脑会谈，一致商定谁在第一轮投票中得票最多就支持谁，并就日后实现中日邦交正常化达成政策性协议。三派首脑会谈意味着田中在与大平结盟的基础上，最终取得三木派的支持。由于中曾根日前表示支持田中，实际上形成了四派联合对付福田派的局面，福田陷入孤立之中。四派能够联合起来对抗福田，是因为具有共同的政治目标——尽快实现中日邦交正常化。大平、三木和中曾根都认为福田一旦上台，将继续奉行佐藤路线，成为"佐藤亚流政权"，在外交上不可能迅速实现中日邦交正常化。

1972 年 7 月 5 日上午 10 时，自民党在日比谷召开继任总裁选举大会。佐藤发表退职讲话后开始投票，投票结果是：田中角荣 156 票，福田赳夫 150 票，大平正芳 101 票，三木武夫 69 票。因四位候选人均未达到超过半数的 239 票，按有关规定，在得票第一位和第二位之间进行决选投票。12 时 34 分，投票揭晓：田中 282 票，福田 190 票，4 票无效。

田中击败福田，赢得了自民党总裁竞选的胜利。顿时，田中阵营爆发出热烈的掌声，坐在前面第二排的田中激动地站起身来，深深地鞠了一躬，举了一下右手，又转身向后施礼，场内再一次响起祝贺的掌声。接着，田中来到讲台前发表简短讲话，表示："我决心全力以赴为国家、为党增添光辉的一页。"

7 月 6 日，第六十九届临时国会召开。由于自民党在国会占有过半数议席，田中自然当选为战后第十一位内阁总理大臣。政治评论家伊藤昌哉评称，田中这个人是一手拎着《日本列岛改造论》，一手拎着"承认中国"这样两项积极政策登上首相宝座的。田中内阁上台伊始，《朝日新闻》8 月进行的舆论调查表明，其支持率高达 68%，超过当年吉田茂内阁的支持率，创历史最高纪录。这反映了国民对田中内阁的期望，希望他能实现竞选时许下的诺言：外交上实现中日邦交正常化，推行和平外交；内政上消除经济高速发展带来的种种弊端，改变生产与生活的失衡局面，提高国民的生活福利水准。

回顾战后的历届总理大臣或自民党总裁,无不是出身显赫,学历傲人。因此出身、学历都十分普通的田中被舆论涂抹上平民色彩,称其为"庶民宰相"。

中日邦交正常化

田中在任职首相期间,主要做了两件事,一是实现中日邦交正常化,二是推行"日本列岛改造计划",其结果截然不同,前者作为田中内阁的突出政绩而载入史册,后者最终成为众矢之的而偃旗息鼓。

1972年7月7日,刚刚出任首相的田中在首次内阁会议上畅谈其外交抱负说:"我要加紧实现和中华人民共和国的邦交正常化,要在动荡的世界形势中,强有力的推行和平外交。"7月19日,田中举行记者招待会,再次就举世瞩目的日中邦交正常化问题直抒胸臆,"我认为中国问题是最大的外交问题","两国邦交正常化时机也已成熟,我要认真地处理这一历史性课题"。无线电波把田中的表态传向四面八方。田中说这番话绝非讨好媒体的宣传性辞令,是体察形势的明智判断。20年前由吉田茂设置的障碍,已到该消除的时候了。

1952年4月,采取对美一边倒政策的吉田茂,为使日本国会批准《旧金山和约》,恢复日本独立,屈从于美国的要求,与台湾蒋帮建立"外交关系",签订"日台条约",制造邦交正常化的假象,设置了中日关系正常化的障碍。与此相反,日本有识人士克服各种险阻,为恢复中日关系顽强抗争。1952年6月至1958年3月,中日先后订立四次民间贸易协定。两国贸易关系一路领先,文化交流推波助澜,形成逐渐积累、民促官的大格局。各界友好人士为两国邦交正常化做出不懈努力,然而要打破两国关系的坚冰并非易事。1957年2月以岸信介组阁为标志,日本政府采取了诸如公开支持蒋帮反攻大陆、包庇在长崎撕毁中国国旗的暴徒等一系列恶化中日关系的行动,两国民间贸易中断。

1960年7月,池田勇人上台执政后,双向渠道重新开通。1962年11月,订立"中日长期综合贸易备忘录"。1963年8月,池田内阁准许日本对华贸易商社使用日本输出入银行的资金。1964年4月,双方互设贸易办事处,并互换长驻记者,两国关系升至半官方水平。但到1964年11月,佐藤入阁执政后,中日关系又进入不稳定的曲折、恶化状态。

佐藤荣作乃岸信介的同胞兄弟,两人对华问题的立场也如出一辙。佐藤上台后做的第一件事,就是拒绝彭真率领的中共代表团入境。之后公然支持美国侵略越南,攻击中国"威胁亚洲和平",推行"美日韩台联合遏制中国"的战略。1967年9月,佐藤仿效岸信介访问台湾,中日关系全面恶化。1971年7月,基辛格访华,中美双方发表尼克松将访华的公告,佐藤政权备受冲击。同年10月,佐藤政权又在联合国第二十六届大会上,追随美国,充当臭名昭著的"逆重要事项和双重代表制"的提案国,极力反对"接纳中国,驱逐台湾"的阿尔巴尼亚提案,结果再遭挫败,中国恢复在联合国的合法地位。佐藤反华外交走入死胡同,舆论界纷纷指责其僵硬、笨拙的外交政策,要求佐藤内阁辞职,期待尽早实现中日邦交正常化。

至田中执政,中日邦交正常化的时机已经成熟。1972年2月尼克松访华及中美《上海公报》的发表,标志着美国对华政策发生大转变,停止对抗、遏止方针,加强对话、扩大交往,从而为田中实现其外交抱负创造了有利的外部环境;与此同时,随着美国国力的削弱,对日本外交的制约也在松弛,田中内阁自主外交的空间因而扩大,用新任外相大平正芳的话来说,就是"美国顾不上日本了。日本也要提高自主性,这是必要的"。

中国的积极反应更为田中内阁解决战后最大的外交悬案敞开了对话途径。佐藤内阁末期,外相福田曾指示日本驻尼泊尔、缅甸、罗马尼亚的大使与中国大使接触,然而均未有实质性进展,无果而终。田中内阁成立后,中国政府对田中的对华讲话反应迅捷且积极。7月9日,周总理在欢迎也门民主人民共和国民族阵线总书记伊斯梅尔的招待会上发表讲话,首次正式表态,欢迎两天前田中关于加紧实现中日两国邦交正常化的声明。11日,中日友协副秘书长孙平化以上海舞剧团团长的名义在东京记者招待会上讲话,强调复交是两国人民的共同愿望,"在恢复日中邦交上,中国方面是没有障碍的"。13日,中国驻日内瓦联合国经济及社会理事会代表卜明大使应邀出席日本代表举行的招待会,与小木曾本雄、北原秀雄等使节进行大使级接触。16日,周总理会见访华的社会党前委员长佐佐木更三,发出"欢迎田中首相访华"的口头邀请。19日,中日备忘录贸易办事处驻东京联络处首席代表萧向前在欢迎宴会上讲话,表达了中方愿为早日实现邦交正常化而努力的积极态度。20日,孙平化、萧向前出席藤山爱一郎主持的酒会,并与外相大平正芳谈话,事实上打开了政府间接触的渠道。22日,双方再次就尽快恢复邦交进行长时间的会谈,加深彼此理解。8月12日,外交部长姬鹏飞受权宣布:周总理欢迎并邀请田中首相访华,谈判并解决中日邦交正常化问题。至此,中国政府正式向日本政府敞开谈判复交的大门。中国政府一系列的积极反响,促使田中内阁下定决心,加快复交步伐。7月10日,田中、大平和内阁官房长官二阶堂进分别发表谈话,对周总理9日的讲话感到放心,一致认为两国政府级接触的时机已经成熟。17日周总理发出口头邀请后的第二天,田中表示充分理解"中日复交三原则",19日会见记者,表示"抱有诚意来解决日中邦交正常化这样一个大问题",并相应采取了协调党内意见等步骤。8月12日,周总理发出正式邀请后,15日,田中会见孙平化等,表示接受访华邀请,下定决心于9月下旬前往北京,与周总理举行富有成果的会谈。

财界积极支持田中尽快实现日中邦交的决断，是促使新内阁采取行动的首要内部因素。时值田中内阁成立前夕，中国政府派遣萧向前于 7 月 3 日抵达东京，出任中日备忘录贸易办事处首席代表。自孙平化 1967 年回国述职，中国在相隔五年之后重派首席代表的举动，立即引起日本财界的注意。7 月 4 日，《产经新闻》透露说：财界认为萧氏赴任是"中日邦交正常化朝向早日实现的方向行动起来的一种具体表现"，"经团联""同友会"等财界巨头主张应"理所当然地""向前看地对待中国问题"。《每日新闻》则报道财界"打算主动地同萧氏接触"，"并同我国新政权的领导一起，使政府的对中国政策来个大转变"，推动政府间谈判，促进两国邦交正常化。7 月 9 日周总理发表欢迎田中执政并恢复邦交的讲话后，财界进一步要求田中直接访华，早日恢复邦交，并提出迅速废除对华贸易限制、放宽巴黎统筹委员会禁运名单、实现日元与人民币结账、开辟定期航线等具体要求，敦促田中内阁采取积极行动。7 月 19 日，日本方面宴请萧向前等中国贸易代表，财界、政界七百余人出席，富士银行董事长岩佐凯实、新日本制铁公司董事长永野重雄与总经理稻山嘉宽、伊藤忠商事公司总经理越后正一等财界人士纷纷赶来，场面极其热烈。孙平化率芭蕾舞团赴日后，三菱、三井、住友、三和等大企业集团相继与其会晤，对中日邦交正常化表示积极态度。8 月 3 日，三菱银行董事长田实涉和三菱商事、三菱重工业公司两位总经理藤野忠次郎、古贺繁一等三菱元老率团联袂访华。23 日，周总理与田实等会谈，对三元老的积极态度和决心表示赞赏。从此奠定三菱财团对华展开大规模经济往来的基础。以田实等访华为龙头，财界掀起加大中日贸易力度的热潮。商工会议所首脑人物永野重雄建议成立中日经济联席委员会。8 月 22 日，以新日本制铁公司总经理稻山嘉宽为团长的中国亚洲贸易经济研究中心访华团从东京启程，前往北京。财界对华的积极姿态，有力地支持了田中内阁。

自民党多数派系和在野党对田中恢复中日关系给予支持，形成超党派的政治合力。在争夺佐藤之后总裁宝座的较量中，以恢复日中邦交为最大政治使命的田中迅速赢得自民党多数派系的支持。社会党、公明党等主要在野党在田中内阁成立后不久即纷纷表态，宣布在对华政策方面给予合作。7 月 10 日社会党委员长成田知已对记者发表谈话，指出：若田中内阁接受"中日复交三原则"，社会党愿意在两国邦交正常化方面与政府合作。7 月 12 日民社党委员长春日一幸发表谈话，表示愿意同田中会见，促其访华并在接受"中日复交三原则"的前提下与政府合作；7 月 13 日公明党委员长竹入义胜也表示了与社会、民社两党同样的态度。在野党明确而热烈的表态，愈加坚定了田中实现其抱负的决心。

舆论界和广大日本国民也一致支持田中内阁在邦交正常化方面的自主行动。7 月 11 日，《朝日新闻》《读卖新闻》《日本经济新闻》和《每日新闻》等四大报刊分别发表社论,认为田中内阁的成立促使中日两国间的政府会谈时机成熟,中国政府的积极反应更敞开了对话的渠道;敦促田中内阁下决心与台湾当局断交废约,勿失良机;强调新内阁的对华方针是战后首次向国外表明恢复外交主体性的出发点,其意义不仅在于中日关系本身,而在于执政者反省追随美国政策和决心实行自主独立外交。田中组阁后,欢迎学历不过是中央工学校土木科的"庶民首相"执政的"田中热"随之掀起,显示了民心所向。

恢复中日邦交已是大势所趋,但田中内阁仍面临着来自内外的压力。在自民党内部,佐藤、石井、园田、福田等派系反对同台湾断交废约,阻挠田中内阁采取相应行动。在国外,美国虽不反对日本和中国接触,却无意赞同田中内阁快速实现日中邦交正常化。与中国处于对峙状态的苏联,一面公开反对日中接近,一面以开发秋明油田、租借国后与择捉两岛为诱饵,向田中内阁施加影响,干扰其决策。田中实现其复交抱负,必须讲究策略,排除阻力。

为此,田中采取了先党内、后党外,先国内、后国外的逐步争取说服策略,小心翼翼地扩大赞成中日复交的阵营。1972 年 4 月 21 日,田中首先与大平、古井夜谈,表明当选总裁、总理后,立即着手实现中日邦交,说服大平出任外相,形成田中、大平派的合作基础。7 月 2 日进而与三木派联合,举行三派会谈,达成"实现中日邦交正常化是我们当前的国策"之共同认识和通过政府间谈判缔结中日和约的协议。接着又争取到中曾根派的支持,确定了田中、大平、三木、中曾根四派联合组阁的权力框架。7 月 7 日组阁时,将反对派排除在内阁之外,组成合力推进邦交正常化的行动型内阁。7 月 11 日,撤销党内的中国问题调查会,13 日,新设直属总裁的机构中日邦交正常化协议会,任命前首相小坂为会长,吸收各派代表人物为协议会成员,使之成为党内的论坛,以集思广益并有利于统一党内思想。

对党外的工作也几乎同时展开。7 月 11 日,田中会见即将访华的佐佐木,表示对中日复交有"绝对信心",嘱托将此消息转达给中国政府;7 月 18 日,会见公明、民社两党的委员长竹入义胜和春日一幸,表示"充分理解""中日复交三原则",并准备派政府代表团访华,谈判复交。田中会见在野党首脑人物的用意,不仅在于巩固超党派合作的政治基础,也在于通过在野党的渠道与中国政府保持联系。这条渠道也的确发挥了加快中日复交进程的重要作用。通过佐佐木访华,田中得悉周总理欢迎其访华。7 月 25 日竹入启程访华,其滞留北京期间与周总理举行三次会谈,亲自听取并逐句不漏地笔录了中国政府关于签订中日复交联合声明的基本要点,即日本政府应充分理解"中日复交三原则",承认中华人民共和国政府是代表中国的唯一合法政府,台湾是中国领土的一部分,日台断交废约,保护在台日本资产,发表联合声明,结束两国战争状态等。这份笔记被政界称为"竹入备忘录"。8 月 4 日,竹入将备忘录面交田中、大平。田中阅后认为中方的基本要点可以接受,下决心9月访华谈判复交。大平则以此备忘录为依据,指示外务省拟订日方草案,复交的准备进入实质性阶段。

对国外的工作,主要集中在与美国磋商、协调对华政策方面。7月20日,大平指示驻美大使牛场信彦就日本政府首脑访华问题会见国务卿罗杰斯,设法取得美国谅解。8月19日,田中、大平分别与前来访问的美国国务卿基辛格会谈。双方在中日复交时机已成熟、中日关系改善不会影响日美关系等方面取得一致意见。8月31日至9月1日,田中与尼克松在夏威夷举行会谈,着重解决日美贸易间不平衡问题,也讨论了中日邦交正常化问题。日方在坚持日美安全体制的前提下,恢复中日邦交的立场得到美方的理解。乘此时机,9月8日,田中召集自民党大会,确定中日复交谈判的基本方针,主要包括:遵循《联合国宪章》和"万隆十项原则";相互尊重各自不同的社会制度,互不干涉内政,尊重各自同友好国家的关系;互不使用武力和武力威胁;增进相互间平等的经济文化关系,互不歧视;为亚洲的和平与繁荣而合作等"五项原则"。尽管上述原则比较抽象,但自民党内的亲台派仍加以阻挠。为此,田中加紧对台湾的安抚工作。

早在7月25日,田中已指示回国述职的驻台"大使"宇山厚设法开展说服工作。同日,大平会见台驻日"大使"彭孟缉,强调日本决心与中国复交,要求给予理解。26日,中曾根授权日本输出入银行资助仓敷人造丝公司对华出口维尼纶成套设备,实际上撤销了"吉田书简"。9月17日,田中派出特使自民党副总裁椎名前往台湾,与张群、蒋经国会谈,告知:日本鉴于国际形势的变化和国内改善中日关系的舆论高涨,只得恢复中日邦交。蒋氏父子虽强烈不满,却也无可奈何。

另外,田中内阁还通过各种外交途径,向英、法、苏及东南亚国家通报日中复交并非针对特定的第三国等等,求得各国的理解。9月14日至20日以小坂为团长的自民党首次访华团来北京的访问,以及与周总理、廖承志等本着求大同存小异原则的会谈,完成了田中访华前的最后准备工作。9月21日,中日两国政府同时发表田中访华公告。

1972年9月25日上午8时10分,田中率大平、官房长官二阶堂进及外务省亚洲局局长吉田健三、条约局局长高岛益郎等政府官员,在参众两院副议长、副总理三木及自民、社会、公明、民社等诸党负责人的欢送下,毅然登上飞机,自羽田机场起飞,经由上

1972年9月25日,周恩来总理会见田中角荣首相。

海,直赴北京。11时30分,田中访华的专机在秋高气爽的北京机场徐徐降落,稳稳地停在开阔的停机坪上。劲头十足的田中快步走下飞机,把手伸向周总理。在经历了硝烟弥漫和长期对峙之后,两国总理的手终于紧紧地握在一起,这是多么有意义的历史瞬间啊!互致问候以后,田中在周总理陪同下检阅了中国人民解放军三军仪仗队,并接受众多各界人士的热烈欢迎。

按事先商定,当天下午3点,在人民大会堂安徽厅举行首轮首脑会谈。周总理和田中首相分别代表本国政府,强调中日复交时机已经成熟,应本着求大同存小异的精神,一气呵成地实现邦交正常化。周总理还指出,为了两国人民的友好,使日本人民免受赔偿之苦,中国政府放弃战争赔偿的要求。首轮会谈后,田中感慨不已,就接触周总理的感受,在题词用的纸笺上写下两句汉诗,"躯如杨柳摇微风,心似巨岩碎大涛。"

当天晚上,总理设宴欢迎田中一行。周总理在祝酒词中指出,田中首相访华,揭开了中日关系史上新的一页;中日复交是中日两国人民的共同愿望,现在是完成这一历史任务的时候了。他深信经过双方努力,充分协商,求大同、存小异,中日邦交正常化一定能够实现。周总理还总结了近代以来中日关系的历史教训,强调中国人民遵照毛主席的教导,严格区分极少数军国主义分子和广大的日本人民,重申两国人民的友好往来和贸易关系的不断发展,为邦交正常化创造了有利条件。田中首相致辞感谢周总理的邀请和款待,当他表示:"我国给中国人民添了很多麻烦,我对此再次表示深切的反省之意"时,在场的中方人士收起笑容,表情顿时严峻起来。

26日上午举行的两国外长会谈中,出现了不和谐的调门。日本外务省条约局局长高岛益郎详细介绍外务省关于中日声明要点时,提出中国政府无法接受的两点主张,即其一,反对废除《日台和约》,理由是废约"违背国际惯例","等于是承认日本过去在外交上犯了错误",并坚持说由于签订"日台条约",中日两国间的战争状态业已结束;其二,借口台湾问题是中国内部问题,拒绝对台湾是中国领土不可分割的一部分这一重大史实明确表态。否认中日之间的战争状态尚未结束和回避台湾的归属,实质上涉及是否承认中华人民共和国是代表中国的唯一合法政府的原则问题。在这方面,中方毫无妥协的余地。高岛的发言,使首轮外长会谈陷入僵局。

在当天下午举行的第二轮首脑会谈上,周总理对田中在欢迎宴会上致辞中"添了很多麻烦"的说法提出批评,指出日本军国主义侵略战争给中国人民带来深重灾难,日本人民也深受其苦,用"添了很多麻烦"来表达,在中国人民中是行不通的。周总理还针对高岛的发言发表看法说:"我不认为高岛局长的话反映了田中和大平两位领导人的真意。如果是那样的话,我就不懂得你们是为吵架而来的,还是为恢复邦交正常化而来的。"随后,姬鹏飞外长和大平外相之间举行了原定日程中未安排的第二轮外长会谈,协商解决关于结束战争状态和台湾地位的分歧。当天夜里,外交部顾问张香山、亚洲司司长陆维钊与吉田、高岛、外务省中国课课长桥本恕、条约课课长栗山尚一等事务当局官员彻夜工作,围绕《联合声明》字句的提法,相互磋商。

27 日,田中首相一行趁会谈间隙,游览了长城。对田中来说,万里长城和金字塔一样,"都是进小学之后最先学到的外国事物",久已心向往之。显得很轻松的田中,沿着将近 30 度的陡坡,快步向上攀登。他打破了只登到第三个烽火台的计划,一直登上第四个烽火台。所以日本和外国记者报道说,"田中远远超过了尼克松",因为尼克松同年 2 月游览长城时只走到第二个烽火台。有人说这象征性地暗示田中发展日中关系的决心。与田中比较而言,大平显得脚步沉重,神色严肃,他只登上第一个烽火台就停住脚步。此时此刻,他满脑海只有两个字"谈判"。为寄托恢复邦交的一腔热情,大平曾赋诗道:"长城蜿蜒六千里,汲尽苍生苦汗泉。始皇坚信城内泰,不知抵抗在民心。山容城壁默不语,荣枯盛衰几如梦。"

游览长城后的当天下午,举行了第三轮首脑会谈。在两国事务性当局官员通宵达旦协商的基础上,周总理和田中首相采用在《联合声明》的前言和正文中弥合双方分歧的解决办法,确定了关于结束两国战争状态和台湾归属的基本文字表达形式。前者表述为"结束两国间迄今存在的不正常状态",关于后者的表述,双方同意在联合声明中写进中国方面的主张,同时写上日本"充分理解和尊重中国政府的这一立场"的意向。至于终止"日台条约",双方约定虽不正式写进联合声明中,但由大平正芳本人宣布废除。随后,双方按照谈判程序,举行姬鹏飞与大平的第三轮会谈,对实质性问题及其措辞进行最后的研究。

晚上 8 时半,毛泽东主席在周总理、姬鹏飞、廖承志等陪同下,在中南海的私邸会见了田中、大平和二阶堂。双方进行了一小时亲切友好的谈话。毛主席一开口就风趣地说:"怎么样,已经吵完了吧! 不打不成交啊!"毛主席用"吵完了"这个词实际上暗示中日谈判已大体完成。聊天中,毛主席时而用英语,时而用日语,谈到了饮食、文化、历史和日本的竞选,思路广阔,挥洒奔放。他还对田中说:"一些年轻人认为添了麻烦这样的措辞是不够的,因为在中国把水溅到女人裙子上时才用这个词。"临别前,毛主席送给田中《楚辞集注》六卷。田中紧握毛主席的手,不住地点头说:"多谢多谢! 毛主席您知识渊博还这样用功,我不能再喊忙了,要更多地学习。祝您健康长寿!"

28 日下午,第四轮首脑会谈对联合声明的内容最后达成协议,并一致同意于 9 月 29 日建立两国间的外交关系。为昭示信义,周总理书赠田中、大平"言必行,行必果"六字,田中首相回赠"信为万事之本"六字。在同日举行的第四轮外长级会谈中,姬鹏飞和大平再次就《联合声明》的内容,进行最后的具体协商,并磋商田中致辞中"添了很大麻烦"的说法,大平建议将其改为"痛感责任,深刻反省",双方遂达成一致意见。

当天晚上,田中在人民大会堂举行答谢宴会。在致辞中,田中表示:"两国间不正常状态宣告结束,两国国民多年所期望的邦交正常化得以实现,不仅会在两国历史上掀开新的篇章,而且也是对亚洲乃至世界和平的贡献。"周总理在致辞中宣布,双方已在有关恢复邦交的一系列重要问题上达成协议,为此高度评价田中、大平所做出的贡献,并将这历史性成就归功于两国人民。周总理还代表中国人民向那些为促进中日友好和实现邦交正常化而做出贡献甚至牺牲生命的日本各界朋友,表示衷心的感谢和敬意。席间,乐队演奏了田中、大平、二阶堂的家乡乐曲,宴会气氛高潮迭起。

9月29日上午10时,在人民大会堂举行了庄严而隆重的签字仪式。周总理、田中首相、姬外长和大平外相一一在联合声明正式文本上签字,然后周总理和田中首相互换签字文本并热烈握手祝贺。历史在这一刻定格,留下永不磨灭的回忆。中日两国睦邻友好关系自此进入新的阶段。

中日邦交正常化的实现,经历了漫长而曲折的过程,是多种因素发展变化的必然结果,是中日双方朝野人士多年来努力奋斗的结晶。所以从某种意义上说,中日恢复邦交是在瓜熟蒂落、水到渠成的形势下实现的。但田中本人及其内阁所起的作用是决不容忽视的。在外交上,最重要的是不贻误时机。田中政权刚成立之时,自民党内以岸信介、贺屋兴宣、滩尾弘吉为代表的亲台派势力明里暗里牵制、阻挠正常化的实现。田中在组阁后仅84天时间内,能够排除各种干扰,抓住有利时机,实现中日邦交正常化,迈出自主外交新步伐,也需要足够的勇气和决断。田中言必行的实干精神使之成为有功于中日关系发展的日本首相。

在贪污案中倒台

田中一上台执政,立即着手实施作为其对内政策支柱的列岛改造计划。然而事与愿违,该计划实施不久,意料之外的各种矛盾接踵而至,地价飞涨,物价哄抬,田中政权深受打击。1973年10月,第四次中东战争爆发,世界石油价格飙涨。石油危机诱发了战后日本最严重的经济危机,全国很快陷入"狂乱物价"的旋涡之中,使田中内阁及其列岛改造计划受了致命伤。1973年11月,田中的支持率下降至22%,不支持率上升到60%,到1974年3月,支持率更降至16.7%。与此同时,群众运动此起彼长。1973年11月11日,日本工会总评议会、中立劳联举行"物价斗争日"活动,呼吁在石油危机、通货膨胀和物价飞涨中保卫生活。1974年3月1日爆发的春季斗争中,55万人举行统一罢工,使日本太平洋沿岸的主要干线、东京和近畿地区的交通陷于瘫痪。就在政局动荡不安的情况下，1974年7月7日举行了第十届参议院议员选举。自民党接受了财界的大量政治捐款，并从银行借得百亿日元"选举资金"，全力以赴投入选举。部分企业家甚至动员本企业职工投票给自民党，因而引起社会舆论的广泛批判，斥之为"金权选举"。选举揭晓，自民党议员数比选举前减少八名，勉强避免保守政党与革新政党力量对比发生逆转局面。选举结果的不如人意，加剧了自民党的内讧和权力之争。1973年7月12日，田中内阁副总理兼环境厅长官三木武夫宣布辞职，随后7月16日，大藏大臣福田赳夫和行政管理厅长官保利茂也提出辞呈。田中政权摇摇欲坠。

　　1974年10月10日，综合杂志《文艺春秋》提前刊行的11月号里，登载评论家立花隆撰写的《田中角荣研究——他的财源和人际关系》一文，揭露田中金钱来路可疑及男女关系不正。此文在全国引起强烈反响，田中的金钱来源及其与选举后援团负责人"越山会女王"佐藤昭的艳闻，成了街谈巷议的热门话题。10月22日，社会党议员寺田熊雄拿着一本11月号的《文艺春秋》，在参议院大藏委员会上叫板，要求追究田中的个人收入问题，会场上一片混乱。自民党内反田中派也要求召开临时党代会，让田中解释。当天田中在国际记者俱乐部发表谈话，涨红着脸谈论他最不愿谈及的金脉（财源）问题，昔日的风采一扫而光。在野党不依不饶，展开攻势，穷追猛打。11月12日大藏相大平正芳出马为田中救驾，在参议院大藏委员会上答称国税局正在调查田中纳税情况，请稍安勿躁。但社会党和共产党在工会"总评"的支持下，发动19团体全国联合行动，要求田中下台。十一万九千余人走上街头，再现群众斗争的盛大场面。在强大的压力下，11月26日，田中决定辞职，由担任内阁官房长官的竹下登在记者招待会上代读田中的声明："最近政局混乱，不少是启端于我个人有关的问题。我作为国政的最高责任者，痛感政治上和道义上的责任。""我个人的问题一时为社会所误解，完全是我作为公务人员不明不德所致，感到痛苦万分。"自民党各派系立即展开总裁宝座的争夺。大平与福田互不相让，结果力量不大的三木派讨了个便宜，喜获渔翁之利，当上总裁。12月9日三木武夫内阁宣告成立。至此两年零五个月的田中内阁寿终正寝。田中十分不甘心地离开首相官邸，搬到目白台公馆居住，心里总盘算着推翻三木现政权东山再起。他依旧每天早晨5点30分起床，6点看电视新闻，并把报纸浏览一遍，7点开始办公，频繁会见各路来客。目白台公馆前车水马龙，每天上午10点以前总有数十名来客需要应酬。大门里的过道上摆满鞋子，简直连下脚的地方也没有。下午，田中大多是去设在砂防会馆内的越山会办事处会见其亲信，彼此打打气。

　　1975年6月6日，养精蓄锐的田中借为原总理佐藤荣作举行葬礼之机，从容露面，正式恢复其官场活动。1976年新年伊始，田中派头十足，扬言"我若不同意，党内就一事无成"。此前一个月，在日本官厅公务人员要求恢复罢工权的斗争中，田中派的强硬主张取得胜利。元旦那天，七百多位来自政界、财界、官界以及他家乡的客人纷至沓来，涌进田中公馆，给田中拜年。1月7日，田中派的核心团体"七日会"在砂防会馆举行新年庆祝会。田中在会上做了抨击三木现政权的发言。田中军团的成员们也摆出不服输的架势，发誓倾全力批倒三木政权。他们昏昏然丝毫未察觉洛克希德一案的阴影已日趋逼近。

就在这个时候，震惊日本国内外的洛克希德案被捅了出来。

2月4日，在美国参议院的外交委员会跨国公司小组委员会上，美国洛克希德公司董事长柯钦证实，该公司为向全日本航空公司（"全日空"）出售三星飞机，曾行贿日本政界的幕后人物儿玉誉士夫和丸红、国际兴业等公司多达三十多亿美元。

1976 年 2 月 6 日，日本前首相田中角荣被判刑。

第二天，日本报纸即在显著位置上沸沸扬扬地报道了这一消息，并说"日本政府的高层官僚中也有一二个人得到了钱"。由于"全日空"公司决定引进三星客机的时期，正好是在1972年田中、尼克松会谈之后不久，于是怀疑的眼光立即转向田中。6 日，与洛案有关的小佐野贤治被曝光。小佐野曾被田中公开称作是"刎颈之交"，从而进一步引起了在野党和新闻界的怀疑，认为这"又是田中的财源之一"。一再受到田中复出压力的三木首相十分兴奋，立即下令彻底调查。

田中强作镇定，决心死不认账，甚至对其亲信也丝毫不露口风。元老二阶堂进问他："您没有卷进去吧？"田中干脆利落地回答说："我从来没有干过给你们添麻烦的事。"在田中授意下，3 月中旬越山会机关报《越山》头版刊登田中的大幅照片，附有"过着光明正大生活的前首相田中"的说明词。田中秘书早坂茂三也发表所谓的"辩解书"，大意是：我们根本没有做过心有愧的事，我们受到右翼暴力组织的威胁！

为了稳住阵脚，4 月初，田中择机要在"七日会"上公开"说几句"。为此他亲自撰写了一本 11 页的小册子，并在会上花了十多分钟时间，郑重其事地宣读了一遍。他念道："现在围绕洛克希德问题，到处乱传各种揣摩臆测，令人感到极其遗憾。但真相一定会大白，我对我自己，从内心里感到自豪。"田中在表白中，谈到夏威夷会谈，购进三星客机和反潜巡逻机事件，以及与小佐野的关系和个人财产问题，发誓说他在这些问题上都是清白的；最后，又大谈出任首相的自豪感，流露出卷土重来的急切心情，等于向三木公开宣战。手握权力的三木断然应战，洛克希德案的调查工作更加紧锣密鼓地进行。

2月23日,日本众参两院全体会议决定要求美国政府提供洛案事件的全部资料。三木首相也亲自出马,写信给美国总统福特,要求予以协助。4月10日,东京地方检察厅和外务省的三个密使悄悄地从华盛顿飞回东京。他们从美国带来通过外交途径获得的材料,其中包含针对田中的致命证据。4月11日是个星期天,检察当局仍然召开了紧急首脑会议。会议持续了十多个小时,根据新的资料,重新布置调查方案。随着调查进入新的阶段,洛案真相大白的气氛陡然升温。记者们一致估计调查工作"在蝉鸣之前将会突破"。他们包围了儿玉誉士夫的住宅,并派人守候在丸红公司与"全日空"公司的干部门前。

6月22日,逮捕行动终于开始。上午,东京地方检察厅与警视厅以违反外汇法的嫌疑,联合逮捕了"全日空"公司常务董事泽雄次等三人。下午,又逮捕了丸红公司的前常务董事伊藤宏、"全日空"公司董事藤原亨一等人。谁都看得很清楚,事件的核心人物只剩下儿玉誉士夫和田中了,问题是在什么时候逮捕谁。

1976年7月27日,这一天,盛夏的阳光从早晨起就很强烈。上午7点刚过,清早就守候在东京霞光检察厅联合办公楼门前的摄影师和记者中间发出一阵阵喧哗声。检察厅的工作人员拦起绳子,保证车道畅通。自洛案爆发以来,已经过去174天。在这期间,接二连三地逮捕"全日空"公司和丸红公司的干部,但拦起绳子维持秩序,还是第一次。记者们凭直觉感到这次逮捕的肯定是个大人物。"今天是谁?"他们问道。检察厅的工作人员故弄玄虚地答道:"是一个大家都非常熟悉的人。"

上午7点27分,一辆黑色的塞德里克牌小轿车飞快地行驶过来。车上的人一露面,摄影师和记者们立刻一脸惊讶,随即兴奋地大声叫喊起来:"是田中角荣!是田中角荣!"拦人的绳子被拥来的记者踩在脚下,全都乱套了。

走下汽车的田中身着黑色西服,衣领上佩戴着国会议员的徽章,白衬衫上打着淡青色带横纹的领带。他在照相机的镁光中,向记者们轻轻地举了两三次右手,但紧绷着脸,显露出内心的紧张。约两个小时后,田中被移交到东京小菅拘留所。

前一天夜里,田中少有地突然失眠。凌晨2点钟突然惊醒后,就怎么睡都睡不着。上午6点半,特搜部的松田检察官与资料课田山课长出现在目白台的田中公馆时,田中非常吃惊。后来他跟亲友说:"那天上午6点半,松田检察官是突然出现在我面前的。"田中受到突袭。检察机关在对田中采取行动的同时,也逮捕了其秘书夏本敏夫。田中的罪名是:1973年8月至1974年2月担任首相期间,从丸红公司手中四次接受洛克希德公司的贿款共5亿日元,并违反《外汇管理法》。

小菅拘留所的生活是田中时隔28年之后的第二次体验。第一次是在1948年因牵涉《临时煤矿管理法》事件的受贿嫌疑而被捕,两年后宣判无罪。两次被捕的情况不尽相同。第一次被捕时，田中是当选议员刚满一年的新人，而这次是在爬上首相宝座，并在历届首相中一度史无前例地获得将近70%的国民支持率之后的大跌跤。

田中的单人监房不足五平米，和一般的尚未判决的普通犯人完全一样。入监心安，在押中的田中表面上显得挺自在，每次早晚叫号点名的时候，他总是脆脆的回答一声："有!"拘留所上下都觉得他服从管教，态度挺好。其实内心里还是有些七上八下，只好用战国时期武将山中鹿之助的名言来鼓励自己："让我经历七灾八难吧!"他最担心的是田中军团可别树倒猢狲散，所以在见到顾问律师原场荣时，说的第一句话是："我很好，希望大家坚持下去!"在田中看来，只要军团尚在尚稳，就总有出头的那一天。

恰好在两年前的7月27日，美国众议院司法委员会对水门事件东窗事发的尼克松总统提出弹劾，迫使其辞职下野。但由于国情不同，在美国，政治家一旦失足，不论其罪行如何，都不可能重返政治舞台，日本则不同。回顾日本近百年来的政治史，重返政界、官复原职的传统一脉相承，失足政治家卷土重来可以反复多次。正因为如此，田中虽身陷囹圄，却始终期待着重返政坛，再展雄姿的那一天。

对于受贿5亿日元的询问，田中总是那句话"本人一无所知"。这倒未必是田中抵赖，而是日本竞选体制使其不认为自己犯了罪。议员竞选从某种意义上说是竞选费的较量，花钱拉选票是议员席位角逐的通则。身为自民党首领，其"义不容辞"的"责任"就是为本派捞取政治资金。5亿日元之于田中，不是"私财"，而是用于竞选战的"政治资金"。田中派内人士认为，如果5亿日元是当作具有政治资金性质的经费，田中就不会有刑事犯罪意义上的犯罪感。自民党政权与各路财团互相利用，权钱交易向来有之，田中并非始作俑者，不过是更加露骨而已。金权政治是田中政权的基础，对他来说，金钱在任何场合下都是十分必要的"润滑剂"。田中派核心团体"七日会"会长西村英一曾经坦率地问田中："您为什么把赚钱看得这么重呀?"田中也十分认真地回答说："我既无学历，也无显赫出身，可以依靠的只有企业和金钱。"

不管田中内心有无犯罪意识，触犯了法律就要受惩罚。特别是当权首相三木必欲置田中于死地而后快时，田中可就在劫难逃了。8月16日，东京地方检察厅以受托受贿罪和违反外汇法为由起诉田中。起诉书称：田中角荣在任职首相期间，洛克希德公司和丸红公司希望让"全日空"公司进口三星客机，田中接受了这一请求和委托，利用总理大臣的职权，指挥运输大臣引进三星客机，以后根据事前的商定，接受了5亿日元的现金。

担任过首相的人因涉嫌任职期间受贿而被起诉，而且把总理大臣的职权提到法庭上来辩论，这在日本的政治史和法制史上均无先例。但是，田中究竟具体进行了什么活动，其对起诉事实做了哪些供述，检察当局认为"有碍于公审"，一概未加公布。

8月17日下午，田中交了2亿日元保释金，保释回家。这时，离他被捕之日已经是第二十一天了。下午 5 点，田中乘坐黑色道奇车回到目白台的家中。他一下车，就向迎接他的家属、越山会会员和朋友们举起右手，面带微笑地连声说："你好！你好！"花子和真纪子泪流满面。进屋后，田中立即给住在新潟的母亲打电话，"我很好，您不用担心。"才搁下电话，就急忙走进公馆内的办事室，和等候在那儿的西村等"七日会"会员谈笑起来。"给自民党的同志们，特别是给'七日会'的同志们添麻烦了，实在对不起！"田中的精神看上去很好。当天，田中还给自民党副总裁椎名悦三郎和中曾根干事长打电话，表示了歉意。

田中出狱回来后不能随便外出，因为他到哪里，都会成为媒介追踪的热点人物。不过来慰问他的客人络绎不断。不管来客是谁，田中都热情地欢迎。

然而，目标指向田中的那张大网在继续收紧。8 月 20 日，前运输省政务次官佐藤孝行以从"全日空"受贿 200 万日元的犯罪嫌疑被捕，8 月 21 日原运输相桥本登美三郎以同样的罪名被捕，只是受贿数目比佐藤多出 300 万日元。10 月 18 日，法相稻叶在众议院洛案调查特别委员会发表报告，称涉及此案的"灰色高官"计有议员 18 名。在野党不满足只发表一个笼统的数字，强烈要求公布其姓名。11 月 2 日，稻叶在在野党一再追问下，公布了其中五人：田中角荣、二阶堂进、佐佐木秀世、福永一臣、家藤六月。田中军团的核心人物被再次曝光，难保军心动摇，要求田中离开"七日会"的内部呼声越来越强烈。竹下登等人请求田中说："我们感到很对不起您，希望您能离开七日会。"田中无奈地表示："明白了，那我就离开吧！"后来竹下登公开闹独立，建立"创政会"而自成派系，田中派里只剩下二阶堂进等人，昔日人多势众的田中军团土崩瓦解。然而，执意结束田中政治生命的三木武夫也未能长期执政。在福田、大平、中曾根等派系的冲击下，只当了一届首相，就离开了首相官邸。

1983 年 10 月 12 日，长达七年之久的洛克希德案宣布一审结案。东京地方法院判决田中有期徒刑四年，并追缴 5 亿日元罚款。法院鉴于田中在担任内阁成员和首相期间的建树，特准予缓刑。秘书夏本被判徒刑一年，主仆两人均受处分。田中对此判决"极为遗憾"，表示："在有生之年，还要履行好作为国会议员的职责"。"极为遗憾"是真心话，但"履行职责"等语，只是说给人听的外交辞令罢了。因为在野党不想给田中任何喘息的机会，10 月 19 日，联名提出决议，要求田中辞掉议员职务。10 月 28 日，首相中曾根找田中谈话，向他说明时局的严重性，田中表示今后一定"自重自戒"，退隐政坛。

十年以后，田中患脑血栓倒下并失去语言能力。在严酷的社会悲喜剧中，曾干劲十足、快言快语的田中，成了瘫坐在轮椅里，有话说不出的老人，默默地体味着夕阳人生的苦楚。当然，对田中来说，也有灿烂的一瞬，1992 年 8 月 27 日，在中日邦交正常化 20 周年的日子里，他应邀访华。当他看到当年的中国朋友，看到天安门、中南海和人民大会堂时，百感交集，泣不成声。不管日本国内舆论如何责骂田中，中国人民对这位当年有功于邦交正常化的前首相给予了温暖和应有的评价。

1993 年 12 月 16 日,田中溘然长逝,终年 75 岁。盖棺论定,就任首相期间的田中功大于过。就其功而言,最辉煌的一页,莫过其作为日本首相能审时度势,一举实现中日邦交正常化,为发展中日关系做出了贡献。即使下野后,田中仍关注中日关系的进展,信守他曾经署过名的《联合公报》各原则,并因而赢得人们的尊重。其次,他所提出的"日本列岛改造论",虽被突如其来的"石油冲击"冲得七零八落,但整治国土,形成四通八达的交通网络的构想,被此后历届内阁逐步实行,至今已成为现实。换句话说,那些抨击或警惕田中的后任们,成了田中构想的执行者。另外,出身新潟的田中不忘造福乡梓,在他的策划和支持下,高速公路伸向地处偏僻的新潟海边,仍为家乡人所感念。就其过而言,1972~1974 年正值日本由经济高速增长到低速稳定增长的转折时期,身为首相的田中也被骄人的经济成就所迷惑,未能觉察"风起于青萍之末",缺乏前瞻性。人无远虑,必有近忧。石油危机一爆发,田中被弄得手足无措,威信大跌。至于田中搞权钱交易,栽进洛案泥潭不能自拔,以至铛铛入狱,对簿公堂,被追罚巨款,固然是田中一生中的不光彩且为当权者戒。但平心而论,洛案之骤发,不仅仅只是个贪污腐败的问题,其背景极为复杂。议会民主体制下长期存在的痼疾、议员竞选过程中的倾轧、自民党派系政治的残酷等因素,无一不在洛案中发挥作用。此外,还应看到洛案的国际背景,即美国人在关键时刻,向田中背后猛挥一刀。美国人何以如此作为?论者见仁见智,各执一词,如美国政府对田中抢在前面实现对中国的邦交正常化心怀不满,伺机报复;再如,分属不同利益集团的美国财界、企业界对田中偏向洛克希德公司很不高兴,乐得把田中赶下台,等等。但不管怎么说,美国政界、财界的一些人介入其中,总不是空穴来风。肆意干涉他国内政,推行霸权主义早已成了美国的"国粹"。

朝鲜共和国永远的主席

——金日成

人物档案

简　　历：原名金成柱，朝鲜民主主义人民共和国建国主要领导人以及朝鲜劳动党、朝鲜人民军、主体思想的创建者。1912年4月15日出生于朝鲜平安南道大同郡一个农民家庭。1929年至1946年领导了朝鲜反日独立战争，并于1946年2月8日担任朝鲜临时人民委员会主席。1994年7月8日凌晨2点，金日成因心脏病突发于在平壤逝世，享年82岁。

生卒年月：1912年4月15日～1994年7月8日。

安葬之地：遗体被永久保存于平壤锦绣山太阳宫内的水晶棺。

性格特征：热情真诚，吃苦耐劳。外向爽朗，是豪放派，开怀大笑的神态很有感染力。

历史功过：1950年至1953年领导朝鲜人民在中国无私的援助下击败了美国的入侵。取得了反美战争的胜利，这之后，他尽力提高国内人民的生活水平，争取祖国的统一。

名家评点：斯大林评价说："金日成是一个真正的无产阶级国际主义战士，共产主义运动的一个生动例子。在远东他以血的代价，用手中的枪捍卫了苏联，反击了帝国主义的侵略。"

反日争独立

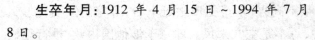

1929年暑假的新学期，在吉林市毓文中学一年级乙班，著名的历史学家、中共党员尚

钺,正给学生上语文课,他在一课时内把长达 120 回《红楼梦》的庞大内容讲完了,提纲挈领,又不断插入一些重要情节,让学生听得如痴如醉。尚钺老师讲完,整个教室寂静无声,学生还沉浸在小说的故事情节中。

"老师,我想提个问题。"一个学生的清脆声音打破了寂静。

尚钺顺着声音看去,一个长着圆圆脸蛋、个子中等的学生站了起来。"你叫什么名字,有什么问题?"

"我叫金成柱,我想问您,为什么没有介绍作者的生平和家史?"

尚钺连忙解释:"上课因为时间不够,所以省略了作者简介,如果你想知道,课后你可以来找我。"

这个叫金成柱的学生,就是后来成为朝鲜劳动党中央总书记、朝鲜民主主义人民共和国首相的金日成元帅。1912 年 4 月 15 日,金日成出生于朝鲜平安南道大同郡古平面南里(今平壤市万景台)一个农民家庭,父亲金享稷因从事反日独立运动遭迫害,移居中国东北,在长白县八道沟定居,后又到抚松县。1926 年父亲病逝后,金日成进入吉林毓文中学学习,正好尚钺担任其语文教员。

尚钺对金日成的提问并没有在意,没想到,第二天,当尚钺在操场散步时,金日成找来了。于是,尚钺将这个虚心好学的学生带回了自己家里,并向金日成详细介绍了《红楼梦》作者曹雪芹的生平和家史。

听完介绍后,金日成继续提问:"作者的出身与作品的阶级性是否存在必然的联系?"

尚钺耐心地回答:"作者的出身影响作品的阶级性质,这倒是事实,但决定其性质的绝对因素并不是作者的出身,而是作者的世界观。"并以曹雪芹为例说:"曹雪芹虽然生在一个受康熙皇帝特殊优遇的贵族家庭,在富裕的环境中长大,其作品却能形象地反映处于衰亡时期封建中国的内幕和它灭亡的必然性,这是因为他的世界观是进步的。"

尚钺先生的话,征服了金日成年轻的心,他抬头望见了书房中的大书架,上面摆满几百本书,一下子被吸引住了,他问道:"老师,要把这些书读完,需要多长时间?"

"勤则三年,懒则百年。"尚钺答道。

"老师,如果我要限三年内把这些书读完,那么您可以把书架对我开放吗?"

"可以,不过有个条件。"

"只要您肯借书我看,什么条件都可以。"

"我很早就想培养一两个能够为无产阶级革命做出贡献的青年作家,你是否可以成为其中的一人呢?"

金日成稍加思索,便诚恳地说:"老师,您这样相信我,实在感激不尽。说实在的,我对文学课特别喜爱,对作家这个职业也十分憧憬。可是老师,我们是被日本霸占了祖国的亡国之民的子弟,我父亲为光复祖国奔走一生,在苦难中去世了。我决心继承父亲的遗志,将来献身于反日独立斗争,就将是我的职业。"

尚钺先生倚着书架,深情地点点头,显然,他为金日成的志气与坦诚所感动,他把手放在金日成肩上,鼓励说:"好样的,如果你的理想是为反日独立而斗争,我的书架统统向你开放。"

此后,金日成常到老师这儿借书,历史的、政治的、马克思主义的都借回去,如饥似渴地读,从中汲取营养,并不断地写文章,开展各种形式的宣传,进行反日本侵略的斗争和活动。

1929 年 10 月,金日成被南京国民政府以宣传马克思主义嫌疑的罪名逮捕。出狱后,没再能回学校,便在东北地区从事反日独立的革命活动,走上职业革命家道路。

1932 年 4 月 25 日,金日成创建了安图抗日游击队,与中国军民一起,痛歼日寇。11月,金日成率安图抗日游击队赴汪清,与汪清抗日游击队、宁安抗日游击队合并扩编为汪清抗日游击大队、梁成龙任大队长,金日成任政委。1933 年下半年,中共满洲省委决定建立东北人民革命军,汪清抗日游击大队改编为第二军独立师第三团,赵春学任团长,金日成任政委。

1935 年 12 月,金日成所率第三团与候国忠所率第四团联合发起老黑山战役。这天,部队先派小股武装吸引老黑山日军倾巢出动,进入我军伏击地带,中朝两国战士英勇出击,作战仅半个多小时便大获全胜。不幸的是,金日成在指挥战争时负了伤。当时,已是深夜,战士们即用担架将金日成抬到宁安一个叫金京玉的农民家里。

金京玉见担架上躺着一个身体魁梧的人,便连忙上去给这个伤员脱鞋,可两只鞋都冻成了冰块,脱不下来,急忙找来菜刀打下冰块,才解开鞋带,将伤员安置在炕上。金京玉的妻子忙着烧开水煮小米粥,并把备作药用的蜜汁也取出来,同小米粥一起熬给伤员吃。这一夜,金京玉一家通宵未眠,一直守候在伤员身边。直到第二天,伤员好转,睁开眼睛,露出感激的神情,以后好多天,金京玉一家精心照顾伤员,但他们并不知道,这位伤员就是金日成将军。金日成伤好些后,便抢着帮金家劈柴担水,做家务事,他们相处得完全像一家人似的。

15 天很快过去,金日成伤愈归队时,十分感激这家中国农民,他拉着金京玉的手深情地说:"感谢你们的照顾,真不知道怎么报答你们才好!"

金日成归队后,东北人民的抗日斗争风起云涌。1936 年 2 月,根据中共中央指示,东北人民革命军改为东北抗日联军,金日成为抗日联军第二军第三师师长。5 月 5 日,朝鲜祖国光复会成立,金日成被推选为会长。金日成发表《祖国光复会宣言》,制定了著名的《十大纲领》,号召"朝鲜人民总动员起来,实现广泛的反日统一战线,推翻日本帝国主义强盗的统治,建立真正的朝鲜人民政府"。

6月,抗日联军第一军与第二军胜利会师,合编为东北抗日联军第一路军,杨靖宇任总司令,王德泰任副总司令,魏丞民任政委,金日成部由原来的三师改为六师。

1937年6月4日,金日成率部渡过鸭绿江,攻打国境警备要地普天堡。在金日成指挥下,部队迅速冲进普天堡,消灭大量敌军,捣毁日寇统治机构,取得了战斗胜利。朝鲜男女老幼热烈欢迎人民军队的到来,金日成向欢呼的人民群众发表具有历史意义的讲话,他说:"普天堡战斗向全世界宣布,朝鲜人还活着,并没有死,他们还在抗击日本帝国主义,只要同日寇做斗争,就能获得胜利。"

随后,金日成撤回中国东北,以长白县为主要根据地,转战临江、抚松、濛江等地,经常出奇制胜,痛歼日军,深受广大人民群众的赞扬与爱戴。

1941年,抗日战争进入艰苦年代,东北抗日联军为适应形势,改为支队编制,金日成为第一支队队长。部队改编后不久,即由东宁县撤往苏联境内。1942年,又组成东北抗日联军教导旅,旅长周保中,副旅长李兆麟,下设4个教导营,金日成为第一教导营营长。

1945年8月8日,苏联对日宣战,东北抗日联军各部按统一部署进行配合作战。教导旅的中国同志组成57个小组,配合苏军在东北作战,而以金日成为首的朝鲜同志,则配合苏军进入朝鲜,开展斗争。

在此大好形势下,金日成命令朝鲜人民革命军各部队迅速行动起来,投入解放祖国的圣战。于是,朝鲜人民革命军同苏联军队一起,向罗津、清津、南阳、雄基等地分路挺进,发起总攻击,到处打击和消灭顽抗的日军部队,迅速解放了朝鲜北部。

10月14日,金日成在苏联顾问的陪同下回到平壤,受到10多万群众的欢迎。金日成满怀激情地在大会上发表讲话,他说:"我们民族从历时36年的黑暗生活中获得了解放和自由,我们祖国的三千里江山好似灿烂的晨曦,放射着希望的光芒。我们朝鲜民族为建设新的民主祖国而把力量团结起来共同前进的时候已经到了。"

11月19日,朝鲜成立北方五省行政局,主席不是金日成,而是朝鲜民族主义领袖曹晚植。曹晚植在抗日战争中是极受尊重的朝鲜民族领袖,但他对苏联人反感,将苏军当作日本军队一样的占领者,于是斯大林决定撤换他。当时,在朝鲜的苏联占领军负责人什特科夫便推荐了年仅三十出头的金日成,斯大林立即表示同意,他说:"朝鲜是一个年轻的国家,需要年轻的领导人。"

1946年2月8日,在苏联占领当局一手操办下,朝鲜临时人民委员会宣告成立,委员会主席由金日成担任。这也标志着三八线以北的朝鲜地区建立了一个主权的国家,金日成反日争独立的愿望在北朝鲜得到实现。

反美卫和平

1950 年 6 月 25 日,朝鲜半岛爆发了战争。金日成希望借此实现朝鲜南北的统一,在他的指挥下,朝鲜人民军迅速越过三八线,向南方挺进。27 日,美国对此做出反应,总统杜鲁门发表声明,宣布美国将从军事上支持南朝鲜军队作战,随后,便派出飞机、军舰和地面部队进行武装干涉。在联合国军的旗帜下,十几个国家的军队卷入了这场战争。

面对强敌,金日成表现出英勇无畏的精神,他号召朝鲜人民,坚决反对美国干涉,保卫国家,保卫和平。在金日成的号召下,战争开始,朝鲜人民军的作战比较顺利,7 月底,人民军已经进抵洛东江,整个南朝鲜军队只剩下几万人,连同前来增援的近 10 万美军,被围困在朝鲜最南端的釜山港一带狭小的范围里,眼看统一朝鲜的战争将进入尾声了。

这一切,让金日成倍感兴奋,他即向朝鲜人民军发出命令,对釜山的敌人发动总攻击,不惜一切代价把美国人赶下海去。9 月 11 日,一声爆炸打破清晨的寂静,朝鲜人民军向釜山防御圈发动总攻击,美军节节败退,仅 9 月 5 日一天,美军 102 人阵亡,420 人受伤,587 人失踪,伤亡总数达 1245 人。

然而,正当战争即将奏响凯歌之际,却发生了戏剧性变化。美军统帅麦克阿瑟将军实施所谓"蓝心计划"。9 月 15 日,美军在汉城附近的仁川港,一举成功登陆。首批 18000 名美军顺利占领仁川港,朝鲜人民的主力部队被拦腰割断在朝鲜半岛南端,面临全军覆灭的危险。9 月 25 日,汉城陷落,美军占领尚州、安东,并向清州方面发展,而人民军在釜山的进攻战宣告失败,美军开始大举北进,情势万分危急。

金日成全面分析战争态势后,认为情况十分危急,单靠朝鲜自己的力量已无法挽回局势。28 日,金日成召集了朝鲜劳动党中央政治局紧急会议,会议一致认定,由于大部分人民军主力部队未能撤回,在汉城陷落后已无法阻止美国军队越过"三八"线,剩余的人民军不可能进行有效的抵抗,北朝鲜将不可避免地沦为美国的殖民地,因此,应向苏联和中国寻求直接的军事援助。于是,金日成于 10 月 1 日直接给毛泽东和中共中央发来求援急电。在这份紧急电报中,金日成首先叙述了朝鲜战后的演变,并着重介绍了美军仁川登陆后朝鲜人民军所处的困境,然后向毛泽东、中国党和政府提出请求说:"目前,敌人乘着我们严重危机,不予我们时间,如果继续进攻三八线以北地区,则只靠我们自己的力量是难以克服此危机的。因此,我们不得不请求您给予我们以特别的援助,即在敌进攻三八线以北地区的情况下,急盼中国人民解放军直接出动援助我军作战。"与此同时,金日成还向苏联斯大林发出了同样的请求。

中国方面接到金日成紧急电报后，毛泽东主持召开中央政治局扩大会议，通过认真讨论研究后决定：以中国人民志愿军名义入朝作战。

正当中国人民志愿军整装待发之时，苏联驻华大使紧急约见周恩来，原来商定的苏联方面出动空军部队配合中国人民志愿军入朝作战事，以没有做好准备为由，决定暂缓出动，周恩来迅即向毛泽东汇报，毛泽东听后脸色变得十分严峻，他与周恩来反复商量后，决定周恩来去莫斯科，亲自向斯大林通报，中国也暂缓出兵。

周恩来离京去莫斯科后，毛泽东三天三夜没睡觉，考虑入朝作战问题，苏联不出动空军支援，我军无空中作战条件，很难白天作战，如果中国真的暂缓出兵，朝鲜难以阻止美军的进攻，情况会更严重，他左思右想，最后决定通知周恩来转告斯大林，不管苏联方面是否出动空军，中国都要出兵。

对中国的决定，金日成万分感动，因为前一刻，斯大林通知他，说中国不出兵，金日成已做了放弃北朝鲜、北撤中国东北的准备。他知道为了这次出兵，中国顶住了多大压力，克服了多大困难。10月19日，金日成冒着弹火硝烟，来到大榆洞附近一个矮小潮湿的矿洞，迎接中国人民志愿军司令员彭德怀。

"金日成同志，你好！毛主席让我代他向你问好。"一见面，彭德怀就热情地转达毛泽东的问候。

"你就是彭德怀呀！我可是久仰你的大名了。"金日成紧紧握住彭德怀的手，深情地说："感谢中国共产党和中国人民的支援。请转达我对毛泽东主席的问候，感谢他派来你这位大将军援助我们。"

紧接着，金日成便和彭德怀一起分析战场形势，认真研究作战方案。此后，金日成与彭德怀指挥两国军队协同作战，在短短一个多月时间内，就夺取了两个战役的胜利，给气焰嚣张的美国军队以狠狠的打击。

眼看志愿军把美国人打得节节败退，以印度为首的11个中立国家的政府联名向北京发出呼吁，要求中国和北朝鲜的军队务必停在"三八"线上，以便终止这场战争。同时，印度、英国在联合国的代表也积极活动，一面与已经来到联合国的中国代表伍修权频频接触，了解中国方面停战的条件，一面提议建立由联合国大会主席等三人组成朝鲜停火委员会，在朝鲜先停火后谈判。

苏联方面否定了停火谈判的建议，这也符合毛泽东的想法，毛泽东希望通过战争把美国人赶出朝鲜去。

金日成得到美国有意谈判的情况通报后，从朝鲜自身利益考虑的较多，他认为，短期内不存在解放南朝鲜的可能性，而支持长期战争，北朝鲜会付出很大代价，因此，他倾向于停战谈判。他亲自到北京，与毛泽东会谈。鉴于这种情况，毛泽东开始考虑停战问题。

1951 年 7 月 10 日,朝鲜停战谈判正式开始。谈判中,很多问题较好地达成了妥协,但在战俘问题上,却在意料之外出现了僵局,中朝方面坚持战俘全部遣返,美国和南朝鲜方面则提出"自愿遣返",两方就此相持不下,使谈判无限期地拖延下去。

1952 年 7 月 13 日,当美国把同意遣返战俘人数从最初 7 万人增加到 8.3 万人之后,金日成的态度发生了变化。因为美国人同意遣返的 8.3 万人中,7.6 万人是朝籍战俘。中国战俘只有 6400 人,还不到中国被俘的三分之一,在关键时刻,金日成的立场站在了本国利益方面。7 月 14 日,金日成给毛泽东发了电报,建议接受美国人的提议,他明确讲,因为几万名战俘,北朝鲜方面正在经受着巨大的损失。他建议接受美国人的提议,尽快就停战问题达成协议。

毛泽东不愿就此让步,他坚持认为必须遣返全部战俘。7 月 15 日,毛泽东在给金日成回电中明确告诉他:"对这个问题我们进行了两天的研究,一致认为,正当敌人对我们狂轰滥炸之际,接受其实际上没有任何让步的、具有挑拨性和欺骗性的建议,对我们来说是极不利的。它必然会使敌人更加傲慢并有损我们的形象。"

金日成虽然不高兴,但也无可奈何,因为朝鲜战争完全靠中国的帮助。另外,斯大林也支持毛泽东,他明确讲:"对美国必须强硬。"

然而,1953 年 3 月 5 日斯大林突然逝世后,苏联态度发生变化,莫洛托夫率先在苏共中央内提出一份关于立即在朝鲜停战问题的备忘录,得到苏共中央和苏联部长会议主席团的同意。随后,苏联方面给毛泽东和金日成发出相同信件,认为"继续执行迄今为止推行的路线是不正确的,要在停战问题上表现主动精神"。

金日成见苏联态度发生变化,便不失时机地向中国方面提出尽快结束战争问题。既然苏联态度变化,朝鲜方面又如此着急,毛泽东自然不能单方面坚持遣返全部战俘的立场,很快,中国方面公开表示有条件地接受美国的所谓"自愿遣返"原则。于是,金日成、彭德怀就联合国军司令克拉克 2 月 22 日发出的关于交换伤病战俘问题的呼吁,做出了积极回答。然后,金日成和中国总理周恩来分别发表声明,说明和积极解决战俘问题,保证朝鲜停战和缔结和约的时机已经到来。此后,经过一系列交涉,双方终于就战俘问题于 6 月 8 日达成妥协。7 月 27 日,交战双方正式签订了朝鲜停战协定,朝鲜战争结束。在这种条件下结束朝鲜战争,对中国来说,未必是一种最好的选择,后来,毛泽东不无惋惜地说:"如果再打 8 个月,我们可以打垮他们的全部阵地。假如在这之后进行和谈,我们可以取得更有利的条件。可是,这个时候斯大林逝世了。"

对金日成来说,这种结果让他感到欣慰,北朝鲜毕竟保住了,在他看来,北朝鲜能够存在,就会有整个朝鲜统一的一天。

鞠躬尽瘁为统一

朝鲜战争结束后，北朝鲜经济十分困难，金日成面对断垣残壁，焦土余烟，开始思考战后经济恢复问题。一方面，金日成号召北朝鲜人民焕发激情忘我工作，尽快医治好战争的创伤，建设好社会主义朝鲜，另一方面，他仍然希望得到中国的援助。

1953 年 11 月 11 日，金日成率领朝鲜政府代表团访问中国。此时此刻，金日成心潮起伏，思绪万千。中朝两国一江之隔，历史上两国人民为了各自民族的命运，为了反对共同的敌人，相互支持，并肩作战。特别是在刚刚结束的朝鲜解放战争中，中华民族的优秀女儿——中国人民志愿军以生命和鲜血与朝鲜人民一道抗击美国侵略者，赢得了这场战争的胜利，保卫了朝鲜民主主义人民共和国。这种深情厚谊，朝鲜人民将世代铭记，他这次访华，就是要把朝鲜人民的感激之情带给伟大的中国人民。

下午 3 时，金日成乘坐专列到达北京，受到了周恩来、彭德怀、董必武、邓小平等党和国家领导人及数千群众的热烈欢迎，这种热情让金日成一下了感到冬日的北京异常温暖。

在中南海丰泽园菊香书屋，金日成与毛泽东亲切会见，他紧紧握着毛泽东的手，连声说："感谢中国人民！"对三年来中国人民在朝鲜保卫祖国的斗争中给予的无私援助表示真诚谢意。他尤其称赞中国人民志愿军不怕牺牲的精神，说："中国军队敢打硬仗，他们的国际主义精神和光辉业绩将载入朝鲜史册，千古流芳。"

毛泽东热情称颂朝鲜民族是一个勇敢、刚毅的民族，他说："朝鲜战争胜利的事实有力向全世界证明：一个国家命运掌握在自己手中的民族，是任何力量也不能战胜的，朝鲜人民的胜利对殖民地、半殖民地国家人民的反帝斗争是一个极大鼓舞。"

随后，金日成向毛泽东详细介绍了朝鲜停战后的局势，朝鲜战后的重建和经济恢复工作，说明朝鲜处境十分困难，希望得到中国的帮助。

毛泽东十分爽快地表示，中国人民将一如既往地支援朝鲜人民战后重建工作，希望看到一个繁荣昌盛的朝鲜出现在鸭绿江畔。

11 月 14 日至 22 日，金日成与周恩来为首的中国政府代表团在相互谅解、诚挚融洽的气氛中进行了为期 4 天的工作协商，双方就两国政治、经济及文化关系中的有关问题达成了协议。

金日成此次访问中国的成果巨大，中国人民再次无私地帮助了朝鲜。鉴于朝鲜方面在医治战争创伤和恢复国民经济工作中开支巨大，中国政府决定将 1950 年 6 月 25 日美军发动侵略战争开始,到 1953 年底这一时期内援助朝鲜的一切物资和费用无偿地赠送给朝鲜政府,同时,从 1954 年到 1957 年 4 年内,中国政府再拨款人民币 8 亿元,无偿赠送给朝鲜。中国政府还承诺,协助朝鲜政府修建被战争严重破坏的铁路交通,并供应机车、客车和货车;派工程技术人员去朝鲜有关部门协助工作;请朝鲜的工程技术人员和留学生来华学习。

在中国人民强有力的支援下,在金日成的正确领导下,朝鲜人民以忘我精神建设自己的国家,迅速改变贫穷落后的面貌,推动社会主义建设不断向前发展。

此后的日子,金日成多次访问中国,每次都受到毛泽东热情欢迎和高规格的接待,令金日成十分感动。毛泽东逝世后,金日成继续与邓小平为代表的第二代中央领导集体保持亲密的联系,使这种唇齿相依的友谊不断加深。

经过几十年的建设,朝鲜经济有了很大发展,但是还不尽人意,特别是农村,还比较落后,存在很多问题,金日成希望农村能尽快发展起来。1982 年 9 月,金日成来到中国,他向邓小平提出,希望学习中国农村的改革,看看中国农村的新面貌。于是,邓小平陪同金日成来到四川成都郊外的双流县白象公社顺风大队第二生产队。

这天,金日成兴致很高,他随邓小平穿过竹林掩映的乡间小道,受到村口数百村民的热烈欢迎。

在这美丽的村庄,金日成什么都想看,邓小平提议:"今天请你看看我们农村的沼气。"金日成点头同意。于是,他们来到队长曹德昌的家。这是一幢红砖水泥砌成的二层小楼,共 8 间房,200 多平方米面积。曹德昌全家 7 口人高高兴兴把贵宾带到宽敞的厨房,金日成站在镶着瓷砖的灶台前,观看了使用沼气的炉灶、炉具,还弯下腰仔细查看沼气管子是如何接进来的。曹德昌在锅里放了些水,将沼气点燃,一会儿,锅里水便煮沸了。金日成十分惊奇,连声说:"好,这个东西很好!"邓小平接着介绍说:"这东西很简单,可解决了农村的大问题。光这个省,每年就可以节省煤炭 600 多万吨。"

听到这里,金日成转身将随行的平壤市党委书记徐永锡叫到面前,要他仔细看看,并说:"这个东西的确很简单。"

从曹德昌家出来,邓小平说:"再看看沼气池吧!"

他们来到社员周道根家后面的一口沼气池旁,邓小平介绍说:"这里面是人粪、猪粪和草,发酵以后就可以产生沼气。沼气能煮饭,还能发电。一家搞一个池子就能煮饭、照明,几家联起来就能发电。搞沼气还能改善环境卫生,提高肥效。"

金日成十分仔细地听邓小平介绍,听完后饶有兴趣地说:"这个确是很好,我们朝鲜有条件,有人粪、牛粪,还有草,我们也可以搞。"

在离开生产队时,金日成紧握着双流县委书记王知深的手,真情切说:"谢谢你们的经验,我们回去要在农村好好推广。"王知深连忙说:"感谢首相的鼓励,我们也要学习朝鲜人民的好经验。"

金日成回朝鲜后,专门召开中央工作会议讨论研究朝鲜农业发展问题,希望找到对策。近几年来,朝鲜农业形势一直不好,据说有的地方饿死了人,但各级领导不敢上报。金日成对农村问题的严重性并非完全不知,他自己也常到农村考察,找农民座谈。一次,金日成来到一户农民家里,询问收成情况,这家农民连声说:"托金主席的福,日子一天比一天好过了。"

金日成听了并不相信,他环顾四周,堆的是一些破破烂烂的家当,大人小孩都是面黄肌瘦的模样,心头不禁一阵酸楚,他轻轻叹了一口气说:"我们当年革命时,农村的生活也不过如此,革命这么多年,没想到农村还是这么穷,这是为什么? 革命的目的就是让劳动人民当家做主过好日子,看来是我没有领导好,我对不起你们!"

金日成在朝鲜农村也搞了些新政策,做了些工作,但成效不大。

金日成内心深处确实希望自己的国家尽快富强起来,他拼命工作,殚心竭力,完全忘记自己是已过 80 岁的老人。

1994 年 6 月,美国前总统卡特为解决朝鲜的危机问题赴朝鲜访问,这次访问,卡特带来了一个令金日成激动不已的信息,韩国方面提议邀请金日成访问汉城。

卡特在平壤待了三天,每天都与金日成会谈,而且时间都很长。最后一次会谈加上参观、宴请活动,一共持续了 6 个小时,中间仅休息了 20 分钟。金日成的夫人金圣爱看在眼里,急在心头,几次提醒金日成,是否休息一下。而金日成与卡特谈得十分高兴,精神一直处于亢奋状态,根本没有在意。

送走卡特后,金日成并没休息,又坐在了办公桌前,认真处理堆放在桌上的一大堆文件,直到午夜,才躺下休息。第二天凌晨,金日成就起了床,召集中央专门会议,亲自布置南北首脑会谈各种准备工作,制定方案,同时,修改与克林顿的谈判方案。

会议结束后,金日成又风尘仆仆地赶往农村调查,他总是惦记着农村、农民和农业生产。在农村考察后,金日成赶往他的夏季办公地妙香山别墅,那里还有很多公务等着他处理。

7 月 7 日深夜,金日成先乘坐火车一路颠簸来到熙川,又乘汽车赶到妙香山别墅,这时的他已经感觉有些疲惫不堪,他好想痛快地睡上一觉,但又觉得不行,如果一躺下,很多事情又得搁到明天。金日成没有休息,叫来秘书,让他把近日发生的情况详细报告。

秘书报告的第一个消息就是 75 岁的赵明选上将病故,这个消息让金日成万分心痛,赵明选从 14 岁就参加革命,追随金日成抗日打游击,可以说生死与共,情同手足,没想到竟先他而去,岁月无情啊,一种衰老的感觉突然在金日成心中升起。

万景台金日成故居

随后，金日成便追问赵明选的病因，秘书告诉他说死于脑溢血，金日成再问采用了什么救治办法，秘书顿了顿说："听医生讲，采用的是保守疗法。"

金日成一听，万丈怒火从心里烧起，大声斥问道："为什么不开颅抢救？这些医生就是怕负责任，是不是住的烽火医院，把院长给我找来，当面给我解释清楚！"

金日成越说声音越大，满面通红，全身打起了哆嗦，身边的同志连忙上前劝说，哪知越劝他气越大，突然，他一口气没接上来，倒在地上。人们顿时慌作一团，手忙脚乱，保健医生检查后认定是心脏病急性发作。由于金日成以前从没有过心脏病，因而整个别墅里竟找不出救治心脏病的药来。

经过紧急商量，决定把金日成送进平壤的烽火医院抢救。直升飞机奉命前来，但由于当天夜里突降暴雨，山区能见度太差，赶来的直升机撞在半山腰上坠毁了。无奈，第二架直升飞机再次起飞，经过一番努力，好不容易才在离别墅 50 米处的地方降落，一行人打着伞，七手八脚把金日成用担架抬上飞机，急送平壤烽火医院。

烽火医院是全朝鲜最高级的医院，医院马上集中最优秀的医生实行紧急抢救，但为时已晚，终无回天之术。1994 年 7 月 8 日凌晨 2 时，朝鲜民主主义人民共和国开国领袖，第二次世界大战首批社会主义国家中的最后一位开国领袖，第二次世界大战中产生的政治家中最后一位世界性政治家——金日成的心脏永远停止了跳动，终年 82 岁。

7 月 9 日，朝鲜劳动党中央委员会和中央军事委员会、朝鲜民主主义人民共和国国防委员会和中央人民委员会、政务院发表告全体党员和人民书，宣告了金日成逝世这一不幸的消息。告全体党员和人民书最后说："今天，在我们革命的最前列有革命事业的伟大继承者,我们党和人民卓越的领导者,我国革命武装的最高司令官金正日同志。我党娴熟的领导是完成金日成同志开创领导的革命事业,使之世代相传的坚实有力的保证。"

金日成逝世后,他的儿子金正日继承他的事业,成了朝鲜最高领导者。

国际顶尖反美斗士

——卡斯特罗

人物档案

简　　历:全名菲德尔·亚历杭德罗·卡斯特罗·鲁斯,又称老卡斯特罗,是古巴共和国、古巴共产党和古巴革命武装力量的主要缔造者,被誉为"古巴国父",是古巴第一任最高领导人。1945年卡斯特罗考入哈瓦那大学法律系,1950年获得法学博士学位。1961年4月,卡斯特罗向全世界宣布"古巴实行社会主义革命"。卡斯特罗1962年任古巴社会主义革命统一党第一书记,2008年2月19日,古巴官方媒体称,古巴领导人菲德尔·卡斯特罗当天辞去国务委员会主席和革命武装部队总司令职务。2011年4月正式隐退。2016年11月25日,卡斯特罗逝世,享年90岁。

生卒年月:1926年8月13日~2016年11月25日

安葬之地:古巴第二大城市圣地亚哥市圣伊菲热尼亚墓地。

性格特征:性格稳定而平和,态度积极,但不激动。风趣、坚强;才思敏捷,记忆力过人。

历史功过:卡斯特罗是拉美及国际上久负盛名的"反美斗士",因为他在长期革命生涯中形成了强硬的政治主张、治国理念,使得古巴和卡斯特罗直到今天仍然在拉美世界具有重要的影响力。

名家评点:中国国家主席习近平评价说:"菲德尔·卡斯特罗是古巴共产党和古巴社会主义事业的缔造者,是古巴人民的伟大领袖。他把毕生精力献给了古巴人民争取民族解放、维护国家主权和建设社会主义的壮丽事业,建立了不朽的历史功勋,也为世界社会主义发展建立了不朽的历史功勋。"

反美巨人

卡斯特罗在通过革命取得古巴的领导权以后,这位长着一脸大胡子的领导人就在思索着如何带领古巴走上富强的道路。1959 年,卡斯特罗在古巴推行了类似社会主义的土改政策,立即遭到了美国政府的强烈谴责,认为这是卡斯特罗在古巴掀起的一股赤色潮流,是对美国的挑战,宣称要对古巴进行制裁。这时,卡斯特罗已清楚地看到,与美国保持友好关系已经不可能,相反,与美国的斗争已经开始并将会长期地持续下去。于是,他毅然带领古巴走上了社会主义道路。美国驻古巴大使邦塞尔说道:"我们不能指望同卡斯特罗达成任何一种谅解了。"古巴和卡斯特罗很快成了美国的"眼中钉"。随后,美国宣布对古巴进行长期的经济、金融和贸易封锁,并长达 40 余年,对此,卡斯特罗戏称"都可以申请吉尼斯世界纪录大全了"。尽管封锁对古巴造成了数百亿美元的损失,但古巴和卡斯特罗并没有被因此压垮。他先后与美国 10 位总统进行过较量,在他们面前,卡斯特罗认为自己"是一头不会顺服的雄狮"。

卡斯特罗有着一张善于雄辩的嘴,因此他每每用自己富有激情的演讲来抨击美国的霸权主义和强权政治。2001 年 6 月 23 日上午,在这盛夏来临的时节,75 岁的卡斯特罗不顾炎热的天气,头顶烈日、身穿军装在哈瓦那郊区考托罗镇举行的有 6 万人参加的群众集会上发表反美演讲。当他连续站立发表激昂演讲达两小时之久后,声音突然开始颤抖,觉得体力不支,一下靠在演讲桌上。在这种十分异常的情况下,保安人员急忙将精神虚脱的卡斯特罗搀扶下台。随即,外交部长费利佩·佩雷斯·罗克拿起话筒,向群众解释说:卡斯特罗主席为准备当天的演讲,前一天晚上整夜未眠。他还要求吃惊、担心的群众保持镇静。

然而,过了不到 10 分钟,并没有倒下的卡斯特罗精神状况良好地重新走上讲台。他告诉激动而又感动的广大群众说,请大家不要担心,他只是有些疲惫,睡几个小时就好了。他戏称自己是在"排练死亡","是为了看看(他晕倒后)人民有何反应"。接着,他的神色严肃起来,表示为事件引起人民担忧而致歉。随后,他离开了会场,于当天晚上天气凉快一些时在电视上完成了他的演讲。就在卡斯特罗重新回到讲台时,数万名群众感动不已地热烈欢呼起来。广大群众为领袖卡斯特罗的超凡意志激动万分,于是抑制不住兴奋地相互亲吻,来表达他们对卡斯特罗的敬仰。从当晚的电视画面上看,卡斯特罗的脸色很好,精神也很好,因为他在电视中一直不停地与弟弟劳尔·卡斯特罗和其他作陪的政治局委员说笑。他在电视上向全国人民发表讲话时说,他知道很多人在为他的健康担心,对此他感到过意不去。

2004 年 10 月 20 日晚,在这个已经充满凉意的深秋时节,卡斯特罗出席了在圣克拉拉市举行的全国艺术师范学校毕业典礼。然而,在他演讲结束后走下台阶时不慎摔倒,当他右侧身倒地时,先是膝盖和臀部着地,然后是肘部和肩膀,导致左膝盖和右臂骨折。这天,卡斯特罗依然穿着一身军装,在他摔倒仅过一分钟后,仍然顽强地重新出现在镜头前,而脸上还在冒汗,但他镇静自若地"向工作人员要过麦克风,告诉出席典礼的听众不要因此而惊慌,并为这一'不幸时刻'向全体古巴人表示歉意"。卡斯特罗还若无其事地微笑着说:"我将努力尽快恢复健康,但正如你们看到的,我还能走路,我还能继续工作。"当他看到现场有许多外国摄影记者和摄像机时,还幽默地说:"外国媒体已经捕捉到了这个镜头,明天我一定会出现在不少报纸的头条。"另外,他要求现场的活动继续进行。当救护车赶到时,卡斯特罗拒绝坐救护车去医院,而是坐着他的奔驰车离开现场前往医院的。2004 年他是在面对 6 万人的反美演讲中晕倒的,但这次摔倒显然没有 2001 年那么严重。

近年来,国际社会上有些人猜测卡斯特罗患有多种疾病,而且年事已高,身体状况每况愈下,但卡斯特罗的私人医生胡赛因对此透露,卡斯特罗的健康状况非常好,他预言卡斯特罗至少能活到 120 岁。10 月 22 日,由于卡斯特罗的坚决要求,他在没有全身麻醉的情况下进行了膝盖骨手术。他通过电视台告诉为他担心的全国人民说,就连在手术过程中他也与自己的秘书保持直接联系。他还说,由于不慎跌倒,造成他的左腿膝盖骨骨折,在经过长达 3 小时 15 分钟的手术后,医生达到了一个满意的结果,目前他的身体完全令人满意。

10 月 26 日,胳膊上缠着绷带的卡斯特罗在电视上发表了谴责美国的讲话。他坐在一张巨大的桌子后面,仅露出胸部以上的部分。他在讲话中强烈谴责美国政府针对古巴的一些举措,如游客在古巴花销美元等。因此,他宣布停止美元在古巴境内的流通。这是卡斯特罗摔伤后第一次回击美国,以此充分证明他并没有像美国政府希望的那样倒下,他仍然有足够的力量抗击美国。虽然卡斯特罗已经 78 岁,但他的伤势正在奇迹般地恢复,恢复的速度不亚于一个青年人。正如美国医生劳伦斯·多尔说:"他能够恢复到重新出现在公众面前并处理日常事务,证明他的身体状况很好。"

面对美国咄咄逼人的态势,步入晚年的卡斯特罗不仅保持着自己反美斗士的意志,并积极和亚非一些国家进行联络来抵抗美国的霸权主义和强权政治,而这些国家是多年来抵抗美国霸权并被美国贴上了"无赖国家"的标签。2001 年 5 月间,卡斯特罗对这些国家进行了一系列的访问。5 月 10 日,卡斯特罗首先抵达伊朗进行访问,在与总统哈塔米见面后,两人一见如故,由于都受到美国强权政治的压迫,两国自然而然地团结在一起,共同站在抵抗美国霸权行径的立场上。在伊期间,卡斯特罗和哈塔米进行了多次亲切友好的会谈,最后达成了共识:"无论在政治、经济、军事上有多么强大,谁也无权将它的意志强加给别国。"卡斯特罗的此次伊朗之行取得了巨大的成功,引起了国际社会的广泛关注,而古伊两国也结成了反美的友好伙伴。5月15日,卡斯特罗结束对伊朗的访问后,对利比亚进行了为期两天的友好访问。在访问期间,他与利比亚元首卡扎菲就一些共同关心的问题进行了会谈。卡斯特罗在与卡扎菲会谈时声称:这次访问是"同他的一个老朋友相会"。此外,他们还就双边关系、地区和国际问题举行了两次会谈。在十分友好的会谈中,他们一致强调:非洲和拉丁美洲之间加强合作对国际和平与安全十分重要。

然而,卡斯特罗在严厉抨击美国政府的同时,十分注意将美国人民同美国政府区别开来,并称赞美国人民是伟大的人民,希望美国人民在维护世界和平稳定方面发挥更大的作用,这些年来,他热情地接见了许许多多的美国参众议员、企业家、艺术家、大学生代表团,还与他们进行了很多的沟通和交流。

"9.11事件"以后,全球政治形态改变,形成了"冷战"终结之后多极化时代的一个分水岭,使国际社会进入了防不胜防的非传统威胁的尴尬中,反对恐怖主义已经成为世界绝大多数国家的共识。美国成为恐怖分子的众矢之的,深受其害。尽管美国政府并没有改变对古巴的政策,但卡斯特罗仍然表示支持这个几十年的宿敌进行反恐斗争,显示出了一个革命家宽阔的胸襟。

2002年5月25日,卡斯特罗在圣斯彼里图斯市举行的大规模群众集会上发表讲话时宣称:美国人民在反恐斗争中将获得友好、慷慨的古巴人民的支持。卡斯特罗还说今

卡斯特罗率百万民众反对美国反恐的双重标准

天的讲话可以说是告美国人民书。他接着指出说:"美国政府的封锁政策给古巴人民带来了巨大的痛苦,但古巴人民不会把这笔账算到美国人民头上,不会将斗争的矛头指向美国人民。"他进一步对此指出说:"尽管受到歪曲宣传和诽谤的影响,古美两国人民之间

的关系仍在不断改善。"随后,卡斯特罗在讲话中猛烈批评美国政府对古巴进行造谣、污蔑,企图欺骗美国人民。他还用洪亮的声调声明说:"古巴从来就没有考虑过要生产生物武器。古巴科研人员的使命和所受的教育是挽救生命,而不是摧毁生命。"卡斯特罗接着严厉谴责了美国无端指控古巴支持恐怖主义。他尖锐地指出说:"古巴革命胜利43年来没有对美国进行任何恐怖行动。相反,来自美国的恐怖活动给古巴造成了重大的人员伤亡和财产损失。"他还指出:"这一点必须让美国人民知道,而不要被谣言和诽谤所迷惑。"

2004年底美国总统的大选争夺战已经达到高潮,小布什最终凭借大选前夕出现的本·拉登讲话录像带一举击败克里并最终获得大选的胜利,对此,卡斯特罗对这个讲话的录像带的真实性表示怀疑,认为这是竞选中有些人玩的一个花招。卡斯特罗指出:那盘所谓的本·拉登讲话录像带很有可能是有人幕后策划,借此刺激美国民众,从而达到让那些中间派把票投给布什、顺利帮助布什胜选的目的。当布什在大选中获得连任之后,卡斯特罗立即在古巴国内电视台上发表评论。他指出说:"我们已经看过太多这样的骗局和不知羞耻的事情了,这不得不让我们联想到这一系列的事件都是有人事先安排好了的。本·拉登在美国大选前夕的讲话看来确实对美国大选起到了决定性的作用。"

对华友好

由于同为社会主义国家,特别是中国综合国力不断增强,在国际上的影响力越来越大,地位越来越高,因此,卡斯特罗对这个社会主义国家充满由衷的钦佩,充满了一种特殊的感情。他于1995年和2003年两度访华,中国领导人也多次访问古巴,加强了中古这两个东西方社会主义国家之间的友谊。

1995年10月,李鹏总理访问墨西哥,代表团途经坎昆时临时请示中央同意,特意绕道加勒比海对岸古巴,在哈瓦那机场会晤了卡斯特罗等古巴领导人。李鹏当面向卡斯特罗再次发出访华邀请,并商量有关安排事宜。卡斯特罗表示,访问中国一直是他多年的愿望,并说中国领导人都很忙,他的时间好安排。李鹏讲了那以后一个多月的中央重要活动安排后,建议他在中央经济工作会议后去中国访问。他当即表示同意。经过中古双方外交途径的进一步磋商,由江泽民主席正式发出邀请,卡斯特罗于1995年11月29日首次踏上中国的国土,对中国进行为期八天的国事访问。通过参观访问和与中国政府的多次亲切友好的会谈,更加加深了卡斯特罗对这个东方社会主义国家的感情。在此次访问期间,卡斯特罗受到了中国人民的热烈欢迎。12月7日,是卡斯特罗一行到达深圳的第二天,并且按计划参观中华民族园。为了安全,当时组织了3000人游园,后来不知什么原因，人一下多了起来，男女老少，人山人海，但秩序非常好，既热情又礼貌，人们发自内心地欢呼雀跃，深深地感染了卡斯特罗。他说，他到过许多国家，经历过各种群众欢迎场面，但从来没有像今天这样激动人心。在欢呼的人群前，一位约20多岁的出租车司机跷起大拇指回答说："好样的，敢跟美国人干！"卡斯特罗在中国老百姓心目中的形象，从这里可见一斑。

2003年2月26日至3月1日，卡斯特罗第二次踏上了中国的国土。欢迎仪式后，卡斯特罗一边与江主席聊天，一边走向会谈室。领导人间这样的亲密举动也是不多见的，许多摄影记者赶忙上前，记录下这一镜头。江主席开门见山："你是从远方来的，我愿意听你先谈。"卡斯特罗回答说："刚才江主席问古巴的情况怎么样，对于这个问题，古巴的同志一定会说'很好'。但我这次要十分小心，因为中国的情况非常好。不过，我还是要诚实地回答，古巴的情况是很好的。"卡斯特罗在会谈中表示，古巴重视与中国的关系。在建设自己国家的伟大事业中，古巴愿意借鉴中国的经验。会谈比原计划延长了半个多小时，结果这条消息没能赶上当天的中央电视台新闻联播节目。

卡斯特罗对中国老一辈革命家怀有深厚的敬意，并不由回忆起了过去的峥嵘岁月。早年间，卡斯特罗率领起义军在马埃斯特腊山打游击时，他和战友们都十分仰视毛泽东，尤其是对毛泽东的有关游击战的战略战术佩服得五体投地。他最喜欢读毛泽东的《论持久战》，从中吸取了战略战术的经验。与此同时，他要求司令部将毛泽东关于游击战和人民战争的著作油印成小册子，下发到各部队，让广大指战员认真学习，以提高部队的作战水平。当起义军中的干部战士读到毛泽东的这些军事著作时，十分喜欢，有的官兵甚至爱不释手。由于从中获取了许多宝贵的作战经验，被起义军称为"来自中国的粮食"。毛泽东的有关游击战的著作对卡斯特罗领导的起义军最终取得战争的胜利起到了很大作用。因此，多年以来，卡斯特罗一直为没能结识毛泽东而深感遗憾。他曾多次对人谈起这种遗憾。由于卡斯特罗对毛泽东怀着深深的景仰之情，于是他经常用中文唱中国的红色歌曲《东方红》。每当唱起这首经典红色歌曲的时候，他总是怀着无比激动和兴奋的心情。一唱起这首歌，他便会回忆起过去打游击时期的峥嵘岁月。2004年3月22日，穿着一身军装的卡斯特罗在电视上唱起了《东方红》这支歌唱毛泽东和中共的歌曲。他的声音虽然有些沙哑，但却十分洪亮有力，而且还高兴地挥动着右手。卡斯特罗并没有唱完整首《东方红》，但他唱得非常认真，非常投入。由此可见，这大概是他最喜欢唱的歌曲之一。

卡斯特罗这次二度访华，是对前一次江泽民主席访问古巴的回访，在3天的访问中，他还去了南京熊猫电子公司及其电视机工厂参观。这个安排源于2001年4月江主席在古巴访问期间的一件事。当时，卡斯特罗主席全程陪同江主席访问古巴。在中国电子产品展览会上,江主席亲自向卡斯特罗解释了电视机逐行扫描和隔行扫描技术的区别。当时,卡斯特罗曾表示,希望能从中国进口电视机。古巴人很爱看电视,20 世纪 60 年代初,当我国普通家庭还没有电视机时,美国制造的电视机就在古巴相当普及。但后来,随着美国与古巴断交以及苏联解体,古巴人看电视遇到了麻烦。当时,只有有亲属在海外和有外汇来源的居民才能在外汇商店买到彩电。后来,在江主席亲自指示和中国有关部门的努力下,100 万台中国彩电运抵古巴。在南京熊猫电器集团帮助下,古巴已建立了电视机的装配厂。

卡斯特罗带伤亲切会见胡锦涛

2004 年 11 月 22 日,在这并不寒冷的初冬时节,中共中央总书记、中国国家主席胡锦涛对古巴进行国事访问,这使中古关系迈向新的高度。此前,当中方得知卡斯特罗在不久以前的反美演讲时摔伤后,为两国元首即将举行的会晤表示担心。但由于卡斯特罗的伤势正在奇迹般地恢复,两国元首的会晤仍如期举行。卡斯特罗对胡锦涛的来访万分重视,因自己不能亲自前往机场迎接胡锦涛,于是派自己的弟弟、国务委员会第一副主席兼部长会议第一副主席劳尔·卡斯特罗迎接胡锦涛。在机场,劳尔为胡锦涛举行了隆重的欢迎仪式。欢迎仪式结束后,劳尔还陪胡锦涛向何塞·马蒂纪念碑献花圈。卡斯特罗不顾伤痛,热情友好地会见了胡锦涛,而且很随意地交谈着。22 日下午,卡斯特罗与胡锦涛举行了正式会谈。在会谈开始时,他首先坦率地向胡锦涛介绍了自己的伤势。他说:这次摔得比较重,左膝盖骨碎成了 8 块,右臂又骨折了;幸亏摔倒时先伸出了右手,才没有碰伤头部。卡斯特罗还微笑着介绍说:每天要做 3 个小时的康复运动,由于身体的底子很好,恢复起来比较快。胡锦涛听完卡斯特罗的介绍,为此感到很高兴,他关切地对卡斯特罗说:看到卡斯特罗主席身体恢复得很好、很快,我们就放心了。随后,会谈进入正题。

胡锦涛对卡斯特罗说:"回顾中古建交 44 年来的历程,我们两国关系经受住了国际风云变幻的考验,我们始终相互帮助、坦诚相待。我们两国是朋友,是兄弟。发展中古友好合作关系,不仅符合两国人民的根本利益,而且有利于维护世界和平、促进共同发展。"

当卡斯特罗与胡锦涛坐在一起亲切交谈了许久时,有工作人员提醒他该拍照了。于是,他扭过头来,兴奋地对着镜头笑了。这时,他突然挥起左手高喊了一声:"中国万岁!"随后,他忍着腿痛毅然站了起来与胡锦涛合影。此情此景,令所有在场的人都感动不已。在长达近 5 个小时的接待活动中,卡斯特罗始终精神抖擞,神采飞扬,谈锋甚健,完全忘了自己是个受伤的病人。11 月 23 日中午,卡斯特罗在革命宫举行隆重仪式,向胡锦涛授予象征古巴国家最高荣誉的"何塞·马蒂"勋章。仪式开始时,古巴军乐队首先演奏古中两国国歌。当国歌响起时,全体起立。这时,卡斯特罗颤抖着拄着一根拐杖,坚毅地随着大家一起站了起来。由于奏乐要持续几分钟,他最后险些摔倒,但他以超人的毅力坚持着站住了。此情此景,使包括外长李肇星在内的中国代表团成员都十分感动。这就是典型的卡斯特罗精神和个性。由此可见他是何等重视古中关系。同时,他把胡锦涛当作最尊贵的客人,没有任何一个国家的元首能在古巴享受到这样的礼遇。

谁来接班

关于是否退位休息的问题,卡斯特罗说道:"如果你们愿意的话,我承诺我将跟你们在一起,只要我还觉得自己有用,只要这不是自然注定的事情,不会少一分钟,也不会多一秒。现在我明白,在我生命的最后时刻,我也不能休息。"卡斯特罗虽然已经达到 82 岁高龄,但他仍然充满了充沛的工作精力,一演讲起来仍然是几个小时,一工作起来有时会连续工作二三十个小时。另外,他还频频与其他国家的元首、政客举行会晤,仍然活跃在国际政治舞台上。

随着年龄的逐渐增大,卡斯特罗的身体状况也开始令人担忧,由于在两次演讲的意外事件以后,更加加剧了人们的担忧,西方国家纷纷猜测谁将是他的"接班人"。对此,卡斯特罗在不同场合都表示:如果有一天谁问我,你某天突发心脏病、脑溢血或突然死亡,谁有能力和经验接替你的位置?我可以告诉他,这个人就是劳尔。

卡斯特罗表示,劳尔是古巴最有经验的领导人,知识丰富,完全有能力带领古巴人民前进,因此"我对古巴接班人问题毫不担心"。卡斯特罗也强调,他给予劳尔如此高的评价,并不是因为劳尔是他的弟弟,而是基于他对劳尔的了解。

与哥哥菲德尔·卡斯特罗相比,劳尔·卡斯特罗的国际知名度的确要小得多。但在古巴国内,劳尔的威望仅次于哥哥。他现在担任古巴国务委员会第一副主席、部长会议第一副主席兼革命武装力量部部长、古共中央第二书记。西方媒体习惯上将他称为古巴第二号人物。

从革命一开始,劳尔就在菲德尔的左右。两人既是兄弟,又是战友。劳尔是菲德尔最得力的助手之一,但他在公众、媒体面前一直比较低调。有意思的是,兄弟俩很少一起在公共场合出现,但这并不是说他们之间有什么矛盾,而是一种默契。

劳尔的主要工作是抓军队建设和干部建设,20世纪90年代初,随着东欧剧变,古巴进入"特殊时期"(经济困难时期),人民生活水平急剧下降。劳尔指出,古巴面临的经济困难既有外来的因素,也有主观的因素。他提出要查找内部原因,改进工作作风。劳尔的务实精神对古巴经济的恢复和发展产生了积极影响。除了抓部队建设,劳尔负责的另一项重要工作是干部管理。在古共中央政治局,劳尔和另外3名政治局委员组成书记处,负责高级干部管理工作。在中央政府,劳尔和6位部长组成干部政策委员会。这些机构专门负责省部级以上高级干部的考核、任免工作。在谈到古巴革命和社会主义时,劳尔曾表示,古巴人民当然是希望卡斯特罗越长寿越好,但人的生死是自然规律,长生不老是不可能的,即便卡斯特罗离开了人世,古巴社会的现行制度也不会改变,要变的话,也是向更好的方向发展。他表示,只要社会主义不灭亡,卡斯特罗和其他革命者的精神就永远不会死。

几十年来,古巴领导人菲德尔·卡斯特罗一直是拉美地区的反美旗手,被称作"20世纪最后的象征"。如今,他因为年事已高,特别是在80岁生日前夕入院动手术时,47年来首次交出了手中的大权。在国内,其弟弟劳尔·卡斯特罗是古巴政权的接班人。而在国际上,在"后卡斯特罗时代",其革命衣钵的真正传承者将是委内瑞拉总统乌戈·查韦斯。他将接替卡斯特罗的位置,以石油为利剑,成为拉美地区的反美代言人。

卡斯特罗与委内瑞拉总统查韦斯的亲密拥抱

自从卡斯特罗宣布入院动手术后,国际社会的注意力马上集中在卡斯特罗和他的弟弟劳尔身上。不过,有一个人也值得留意,他就是卡斯特罗的坚定盟友、委内瑞拉总统乌戈·查韦斯。在布什政府积极推动古巴"和平演变"的同时,查韦斯挺身而出,动用数百万石油美金帮助古巴实现平稳过渡。查韦斯是布什政府的公然反对者,也是现今拉美地区最有影响力的领导人之一。在过去的 6 年里,查韦斯都从"鼓鼓的钱包"里拿出金钱资助古巴政府,他希望维持古巴现政权的稳定,当然,也就可以使美国被继续拒之门外。华盛顿研究美洲关系的专家丹尼尔·埃利克松说:"查韦斯给古巴发出的信息是'我爱你',这对于劳尔·卡斯特罗而言简直是天籁之音。"当然,对劳尔是个好消息,对美国政府却是个坏消息。与美国抗衡,手中必须要有王牌,而查韦斯的王牌就是石油。委内瑞拉是世界第五大石油出口国,也是石油输出国组织欧佩克成员中唯一的拉美国家。油价的飙升让委内瑞拉赚取了大量的外汇。有了金钱开道,查韦斯便积极开展"石油外交"。他给拉美国家提供廉价的石油,加强了他的地区影响力,也帮助了与他政见相似的政客赢得大选。2016 年 11 月 25 日,古巴革命领袖菲德尔·卡斯特罗去世,享年 90 岁。

卡斯特罗领导的古巴在与历届美国政府敌视古巴的政策不断碰撞、冲突、对抗中迎风破浪,越过暗礁险阻,勇往直前,胜利前进,而且千千万万的接班人将会继续卡斯特罗的革命事业。

"沧海横流,方显英雄本色。"